陈嘉庚文集

著述

主　编：许金顶　陈毅明
副主编：刘葵波　郑福清

海峡出版发行集团 | 福建教育出版社

陈嘉庚文集·著述

顾　问：汪毅夫　陈立人

总策划：李清彪　张　侃

主　编：许金顶　陈毅明

副主编：刘葵波　郑福清

编辑组成员（按姓氏笔画排序）：

刘晓斌　刘爱原　李立新　余　娜　陈永升　陈福昌

林翠茹　郑振容　董立功　谢晓燕　谢慧英　廖永健

编辑说明

陈嘉庚（1874—1961）是著名的爱国华侨领袖、企业家、教育事业家、慈善家、社会活动家。他一生苦心创办实业，支持国家建设，兴办各类学校，以其高尚品德和民族气节享誉海内外，被毛泽东主席赞誉为"华侨旗帜、民族光辉"。2020年4月17日，中央电视台中文国际频道播出纪录片《国家荣光·华侨旗帜陈嘉庚》，充分体现出弘扬"爱国爱乡、无私奉献"之嘉庚精神的时代诉求。

陈嘉庚亲历了中华民族的解放，对民族复兴充满期盼，生前所撰回忆录及大量书信、言论、通告等各类文字是时代的直接见证，系统整理编辑出版《陈嘉庚文集》，对于弘扬嘉庚精神、推动爱国主义教育，助力"一带一路"倡议的推进，实现中华民族伟大复兴具有重大意义。其社会价值有三：一是缅怀陈嘉庚光辉而伟大的一生。陈嘉庚少年赴南洋随父经商，兴业致富后，克服困难倾资办学，促进家乡教育发展。抗战时期，亲力亲为，动员南洋华侨倾力支援祖国抗战。新中国成立后回国参政议政，历任中央人民政府委员、华侨事务委员会委员、中国侨联主席等职，曾当选全国政协副主席、全国人大常委会委员，八旬高龄仍积极投身新中国的建设事业，直至逝世。《陈嘉庚文集》有助于后人全方位了解这位爱国华侨的人生历程，感受嘉庚精神的实质内涵。二是弘扬嘉庚精神。"忠公、诚毅、勤俭、创新"是对陈嘉庚高洁品格和卓越行为最好的概括。《陈嘉庚文集》再现陈嘉庚一生为国为民、无私奉献的情操，"诚以待人，毅以处事"的人生信念，鼓励后人在新时代弘扬嘉庚精神，开拓进取，再创辉煌。三是拓宽嘉庚精神研究领域，深化侨史研究。《陈嘉庚文集》力求全面搜集整理陈嘉庚生前著述、书信、言论、电函及通启等系统文献，可适时拓展陈嘉庚爱国思想、教育思想及国民天职观等层面的研究，又为后续系统搜集整理侨史资料、深化侨史和侨文化研究奠定基础，以期创建以人为本的本土侨史研究的理论方法。

有鉴于此，编辑出版《陈嘉庚文集》是学界多年来的期盼。早在1984年福建省委就曾报请中央宣传部批准成立"陈嘉庚文集编纂委员会"，由廖承志同志任主任，廖承志同志去世后改由叶飞同志任主任，由省侨办黄猷同志任办公室主任。由于人事变迁，原编委会未能有效开展相关作业，主管部门亦未有明确的指示，直至1993年才明确指定陈毅明具体承担这项工作。1994年10月《陈嘉庚文集》（征求意见稿）编辑成册，约100万字，涉及书信、言论、通告等内容，基本上反映出陈嘉庚一生主要的建言与重大的活动。只可惜未能正式出版，终成一大憾事。

2020年2月，由集美大学、华侨大学、厦门大学、福建教育出版社牵头，集美校委会、华侨博物院、中国华侨历史博物馆、陈嘉庚纪念馆为协作单位，组建文集编辑工作组，由华侨大学教授、集美大学讲座教授许金顶和华侨博物院原副院长陈毅明担任主编，以《陈嘉庚文集》（征求意见稿）为依托，重启《陈嘉庚文集》编辑工作。2020年6月，编辑工作组在福建教育出版社通过《陈嘉庚文集》出版可行性论证，达成编辑出版合作协议。2021年12月《陈嘉庚文集》入列"十四五"国家重点出版物出版规划。

编辑工作组在《陈嘉庚文集》（征求意见稿）基础上，重新制定详细的编辑大纲，将文献资料分著述、书信、言论和文牍四部分辑录。其中著述篇包含《南侨回忆录》《我国"行"的问题》《民俗非论集》《东北观感集》《新中国观感集》等陈嘉庚各个时期正式发表出版的作品；书信篇含陈嘉庚与亲朋、合作及工作伙伴往来书信；言论篇含陈嘉庚在各种场合的公开演讲及各类报刊发表的涉及公共事务的言论等；文牍篇含陈嘉庚署名的各类启事、公告、电文及公函等。文集共约300万字。

《陈嘉庚文集》除著述部分外，其余相关资料分散在各个公藏机构，搜集整理等编辑工作任务繁重。20世纪80年代，集美校委会资料室陈少斌同志帮助查阅"校董档案""陈嘉庚先生交存文件"等资料，厦门大学南洋研究所陈声贵同志抄录自抗战时期《陈嘉庚》剪报集的部分资料；1991年，陈嘉庚侄子陈共存先生带来崔贵强先生提供的部分1937年至1941年新加坡《南洋商报》剪报缩印资料，这些均成为编辑《陈嘉庚文集》的主要资料之一。前辈先贤有关陈嘉庚书信、言论的整理成果，也为我们提供了诸多便利。例如：沈仲仁编《陈嘉庚救国言论集》，华美图书公司1941年6月版；陈嘉庚著《陈嘉庚言论集》，新加坡星洲南侨印刷社1949年10月版；陈嘉庚先生纪念册编辑委员会编《陈嘉庚先生纪念册》，中华全国归国华侨联合会1961年10月版；集美校委会资料室编《陈嘉庚先生交存文件》；杨进发编著《战前的陈嘉庚言论史料与分析》，新加坡南洋学会1980年10月版；原主编许云樵、编修蔡史君《新马华人抗日史料1937—1945》，原出版人庄惠泉，新加坡文史出版私人有限公司1984年10月版；林鹤龄依据集美校董会档案整理的"陈嘉庚书信"，1989年；王炳增、陈毅明、林鹤龄编《陈嘉庚教育文集》，福建教育出版社1989年7月版；《陈嘉庚言论集》（内部资料），新加坡怡和轩俱乐部、新加坡陈嘉庚基金、中国厦门集美陈嘉庚研究会联合整理，2004年10月；朱立文编《陈嘉庚言论新集》，厦门大学出版社2013年4月版等。此外，工作组得到中央档案馆、上海图书馆、云南档案馆、中国第二历史档案馆及广东省档案馆等机构的支持，并充分利用现代网络技术、资料文库，如从"中国近代文献数据总库""大成故纸堆数据库"挖掘一批资料，极大地丰富了文集内容。

文集编辑过程中获得各界的热心支持与帮助，值此文稿付印之际，衷心感谢郑成功纪念馆原副馆长张宗洽和厦门双十中学林时挺老师协助《陈嘉庚文集》（征求意见稿）的校注；感谢陈共存先生，陈永定子女陈亚彬、陈亚伟的鼓励与帮助；感谢华侨大学和集美大学郑婉芳、刘昭吟、黄秋琳、苏哲、郭晏君、赵一桐、卢晓雯、张欣茹、李欣园、郑张琳等师生在资料搜集和整理过程中的辛勤付出。因篇幅所限，对于其他热心帮助文集编辑工作的机构和人士在此恕不一一列出。

由于时间、水平等因素影响，《陈嘉庚文集》难免存在错落，如战后南侨总会通告等仍有遗漏，尤其是书信的搜集整理工作仍存在较大的拓展空间，均希望各界有心人批评指正，并协力挖掘新资料，为后续编辑《陈嘉庚全集》提供助益。

谨以此文集纪念陈嘉庚先生150周年诞辰，让我们继承嘉庚遗志，弘扬嘉庚精神，共同为国家富强、民族复兴做出自己的贡献。

（许金顶，华侨大学教授，集美大学讲座教授，厦门大学历史学博士，从事区域社会史、华侨华人史研究。陈毅明，新加坡归侨，曾任华侨博物院副院长，主持院务，现为该院名誉院长。）

凡　例

一、文集依据内容分为著述、书信、言论及文牍四类，分别辑录成册，原则上各册内容均依据年月顺序辑录，书信依据通信对象及时间整理辑录。

二、各类启事、公告、电文、公函等公文属性明显的视为文牍，其中与宋子文的往来电文因与其往来通信上下文联系紧密，故视为书信辑录。

三、公开发表的文章、演讲词、电文、通告等，如未辑录原文题引则依据新闻报道编写题注，说明背景，且原无标题者由编者依据内容加以拟定。

四、文字原则上尊重原著及著者使用习惯，明显错别字且需要注明的，均加［］附其后，同一篇内重复不赘，如大红泡［袍］；行文中如有漏字，以<>加以补充；漫漶不清者以□标记。

五、使用方言、外来语、生僻难懂的加脚注释意以疏通文义，已成习惯用语者不注。译名沿用原文。

六、人物、事件、地名、机构等酌情加脚注说明。文中所涉人物，需加以注释者原则上在文中首次出现处加注，后文不赘，部分人物依据主要辞书等整理成"人物注释"附列于卷后，供读者参阅；事件仅注明其主要内容，必要时略述与文中有关的前因后果、影响和意义；机构简注其性质、宗旨与任务。

七、数字、序码、民国年号，概遵原文不予更动。

目 录

南侨回忆录 …………………………………………………… 1

我国"行"的问题 …………………………………………… 483

民俗非论集 …………………………………………………… 525

东北观感集 …………………………………………………… 539

新中国观感集 ………………………………………………… 561

附录　人物注释 ……………………………………………… 679

南侨回忆录[①]

[①] 本文以南洋印刷社中华民国三十五年三月三十日三版为蓝本,同时参考南洋印刷社中华民国三十五年三月廿五日再版、中国华侨出版社 2014 年 9 月第 1 版、上海三联书店 2014 年 5 月第 1 版。

目 次[①]

南侨回忆录弁言……………………………………………………（24）

南侨回忆录……………………………………………………（29）
  一　印赠《验方新编》……………………………………（29）
  二　登报征求良方…………………………………………（29）
  三　世界书局代印医书……………………………………（30）
  四　自印医书未遂…………………………………………（30）
  五　与清廷脱离……………………………………………（31）
  六　闽省光复与南洋华侨…………………………………（31）
  七　创办集美小学校………………………………………（32）
  八　县立小学校之腐化……………………………………（32）
  九　闽垣师范学校…………………………………………（33）
  一○　填池为校址…………………………………………（33）
  一一　筹赈天津水灾………………………………………（34）
  一二　创办集美师范及中学………………………………（34）
  一三　师范生按县分配……………………………………（35）
  一四　集校第一次更动……………………………………（35）
  一五　集校第二次更动……………………………………（36）
  一六　师范中学师资之困难………………………………（36）
  一七　集校第三次更动……………………………………（37）

[①]　本版谨依据底本目次、正文标题修正相应目录。

一八	集校安定	(37)
一九	添办水产航海学校	(38)
二〇	添办农林学校	(38)
二一	添办女师范、幼稚师范及商科	(39)
二二	补助小学校	(40)
二三	反对厦门开彩票	(40)
二四	倡办厦门大学	(41)
二五	演武场校址之经营	(42)
二六	厦大假集美开幕	(43)
二七	厦大校长更动	(44)
二八	厦大第一次募捐无效	(45)
二九	厦大第二次募捐无效	(45)
三〇	厦大第三次募捐无效	(46)
三一	募捐理想之失败	(46)
三二	集美、厦大之支持	(47)
三三	厦大献与政府	(48)
三四	参加捐办星洲大学	(49)
三五	英政府自办星洲大学	(50)
三六	南侨中学校之兴设	(50)
三七	南洋各属之华侨教育	(51)
三八	南洋教育之弊端	(51)
三九	济案筹赈会	(52)
四〇	胶款诉讼案	(53)
四一	公时纪念像	(54)
四二	鸦片与黑奴	(54)
四三	马来亚稻田与华侨	(55)
四四	伍朝枢遇刺	(56)
四五	国旗之意义	(57)
四六	决定拥护中央	(57)

四七	新嘉坡华侨中学新校舍之建筑	(58)
四八	许案与叶渊	(59)
四九	许案之结局	(60)
五〇	广西与华侨	(61)
五一	改良华侨丧仪	(62)
五二	"九一八"与南洋之抵制日货	(62)
五三	闽南水灾捐	(63)
五四	闽省禁止师范学校	(64)
五五	闽建设厅才难	(64)
五六	汪精卫小孩弄火	(65)
五七	对王正廷之劝告	(66)
五八	清衣冠之遗留	(67)
五九	妇女服装应改善	(67)
六〇	跳舞营业之毒害	(68)
六一	南侨救乡运动第一次	(69)
六二	救乡运动第二次	(70)
六三	救乡运动第三次	(72)
六四	救乡运动失败之原因	(72)
六五	助款兴集校	(73)
六六	回国就学须注意	(74)
六七	反对西南异动	(74)
六八	购机寿蒋会	(75)
六九	"七七"抗战侨民大会	(75)
七〇	新嘉坡筹赈会成立	(76)
七一	闽侨宜多捐	(76)
七二	侨生与祖国	(77)
七三	马来亚筹赈会议	(78)
七四	虚荣终失败	(79)
七五	劝募救国公债	(79)

七六	闽代表来洋筹款	(80)
七七	筹备南侨总会	(81)
七八	南侨总会成立	(82)
七九	冯君明见	(100)
八〇	提案攻汪贼	(101)
八一	日本抗议荷属义捐	(110)
八二	南侨总会任务	(111)
八三	闽省府来募公债	(113)
八四	武汉合唱团南来募捐	(113)
八五	华北汉奸来电	(114)
八六	补助宣传抗敌之上海《神州日报》	(115)
八七	救济罢工反日之铁矿工人	(115)
八八	华侨大会堂与图书馆	(116)
八九	新嘉坡继设水产航海学校	(117)
九〇	维持中英感情与抗战	(117)
九一	设立救济残废伤兵委员会	(119)
九二	华侨司机回国	(119)
九三	派员视察西南运输	(121)
九四	供给军需药品	(121)
九五	同情英对德宣战	(122)
九六	回教代表南来	(124)
九七	侯西反君对筹赈会之努力	(125)
九八	侯西反之出境	(126)
九九	宣布并质问	(127)
一〇〇	组织回国慰劳团	(128)
一〇一	妒忌图破坏	(129)
一〇二	余决意回国之故	(130)
一〇三	慰劳代表抵星	(130)
一〇四	慰劳团回国	(131)

一〇五	面辞华民政务司	(132)
一〇六	余起程赴仰光	(132)
一〇七	自仰光飞重庆	(133)
一〇八	嘉陵招待所	(134)
一〇九	冯将军来访	(135)
一一〇	谒蒋委员长	(135)
一一一	教部陈部长	(136)
一一二	行政院孔院长	(136)
一一三	军委会何部长	(137)
一一四	军事政治部陈部长	(138)
一一五	参政会王秘书	(139)
一一六	参政员欢迎会	(139)
一一七	日本通戴考试院长	(143)
一一八	于监察院长	(143)
一一九	居司法院长	(144)
一二〇	王外交部长	(144)
一二一	张交通部长	(145)
一二二	翁经济部长	(145)
一二三	白副总参谋〈长〉	(146)
一二四	赴孙立法院长宴	(146)
一二五	赴朱部长宴	(147)
一二六	访宋子文君	(147)
一二七	中共党员来访	(148)
一二八	访谢内政部长	(149)
一二九	访救济会许会长	(150)
一三〇	访邵力子君	(150)
一三一	与《中央日报》王经理谈话	(151)
一三二	范长江君来访	(152)
一三三	慰劳团迟到	(152)

一三四	孔宴慰劳团	(153)
一三五	各界欢迎会	(153)
一三六	蒋公宴慰劳团	(155)
一三七	中央政府宴慰劳团	(155)
一三八	林主席公宴	(156)
一三九	西南运输会	(156)
一四〇	中共欢迎会	(157)
一四一	参观工厂	(159)
一四二	参观军械厂	(160)
一四三	参观合作社	(160)
一四四	慰〈劳〉团分三组	(161)
一四五	扩大炼药厂	(161)
一四六	诚恳之卢区长	(162)
一四七	华侨投资问题	(162)
一四八	难童寒衣捐	(165)
一四九	黄炎培君谈话	(166)
一五〇	慰劳团出发	(167)
一五一	鹿钟麟君谈话	(168)
一五二	重庆《华侨日报》	(168)
一五三	福建建设协会	(169)
一五四	严令禁应酬	(170)
一五五	厦、集同学会	(170)
一五六	重庆嘉陵宾馆	(170)
一五七	汽车用油多	(171)
一五八	无线电广播	(171)
一五九	庄先生回洋	(172)
一六〇	丞相武侯祠	(172)
一六一	鱼目欲混珠	(173)
一六二	蒋公问何往	(174)

一六三	四川省教育	(174)
一六四	成都市景况	(175)
一六五	灌县观水利	(175)
一六六	磷火称神灯	(176)
一六七	乘机到兰州	(177)
一六八	西北运输难	(177)
一六九	傅主席谈话	(178)
一七〇	古世界英雄之遗骨	(179)
一七一	戴笠之情报	(179)
一七二	兰州旧街路	(180)
一七三	石田种麦	(180)
一七四	青海好精神	(181)
一七五	马兵出抗战	(182)
一七六	西宁佛寺和尚不清洁	(182)
一七七	兰州各界欢迎会	(183)
一七八	西安途中古战场	(184)
一七九	慰劳团不自由	(185)
一八〇	抗战与建国之喻	(185)
一八一	秦王府欢迎会	(186)
一八二	终南山阅操	(187)
一八三	全国总城隍庙	(187)
一八四	南山训练游击	(188)
一八五	周文汉武陵	(188)
一八六	起程往延安	(189)
一八七	中部县祭黄陵	(190)
一八八	洛川民众投书	(191)
一八九	延安临时欢迎会	(192)
一九〇	欲巧乃反拙	(193)
一九一	秘书留医院	(193)

一九二	延安城形势	(194)
一九三	平等无阶级	(195)
一九四	渝军入延界	(195)
一九五	一生洗三次	(196)
一九六	西安事变条约	(197)
一九七	积极扩军校	(198)
一九八	无苛捐什税	(198)
一九九	兼用旧武器	(199)
二〇〇	县长民选	(199)
二〇一	毛主席与寿科长	(200)
二〇二	工业尚幼稚	(201)
二〇三	黄尘常飞扬	(201)
二〇四	不团结罪责	(202)
二〇五	重庆与延安	(203)
二〇六	所闻与所见	(203)
二〇七	宜川途中千山万岭	(204)
二〇八	闽人任总司令	(205)
二〇九	大禹初治水处	(205)
二一〇	阎将军名言	(206)
二一一	敌军不及前	(207)
二一二	山西克难坡欢迎会	(207)
二一三	三省庆甘霖	(208)
二一四	金锁关多匪	(208)
二一五	蒋公蒙难处	(209)
二一六	醉翁之意不在酒	(210)
二一七	卫、朱尚好感	(211)
二一八	河南是故乡	(212)
二一九	南洋为我国将来生命线	(212)
二二〇	卫立煌君之将略	(213)

二二一	洛阳石佛多无头	(213)
二二二	河南农夫勤劳	(214)
二二三	卧龙岗午饭	(215)
二二四	难童为敌有	(215)
二二五	领袖作［做］事偏	(216)
二二六	汉中亦喜雨	(216)
二二七	空军人财两乏	(217)
二二八	第一慰〈劳〉团结束	(218)
二二九	四川更喜雨	(218)
二三〇	名闻中外之峨眉山	(219)
二三一	僧寺作旅舍	(219)
二三二	百闻不如一见	(220)
二三三	其愚不可及之进香者	(221)
二三四	和尚之居心	(221)
二三五	峨眉山上寒	(222)
二三六	乐西新公路	(222)
二三七	武汉学生被拘	(223)
二三八	参观产盐井	(223)
二三九	战后住屋之改良	(224)
二四〇	由嘉飞重庆	(225)
二四一	滇缅路之封禁	(225)
二四二	愚拙的对英提案	(226)
二四三	为封禁滇缅路对华侨广播	(227)
二四四	国共幸妥协	(227)
二四五	苏记者来访	(228)
二四六	西北之观感	(228)
二四七	党人大不满	(230)
二四八	必先灭共产党	(231)
二四九	蒋委员长三问	(231)

著 述　　11

二五〇　苏借我巨款 ………………………………………………（233）
二五一　登报声明结束慰劳团 …………………………………（233）
二五二　函答蒋公三事 …………………………………………（234）
二五三　军火货车损失数 ………………………………………（235）
二五四　滇缅路捐资亦无效 ……………………………………（236）
二五五　司机多礼节 ……………………………………………（236）
二五六　西南运输费 ……………………………………………（237）
二五七　云南新盐厂 ……………………………………………（237）
二五八　探视蒋才品 ……………………………………………（238）
二五九　大理观石厂 ……………………………………………（238）
二六〇　下关腐败主任 …………………………………………（239）
二六一　运输不统一之错误 ……………………………………（240）
二六二　前赠机工物领不足额 …………………………………（240）
二六三　擒孟获古迹 ……………………………………………（241）
二六四　滇缅路最高处 …………………………………………（241）
二六五　云南多肿颈病 …………………………………………（242）
二六六　车路管理仍腐败 ………………………………………（242）
二六七　一月内改善三事 ………………………………………（243）
二六八　安危及薪俸之比较 ……………………………………（244）
二六九　象鼻：龙主席之宴 ……………………………………（244）
二七〇　昆明之见闻 ……………………………………………（245）
二七一　昆明各界联合欢迎会 …………………………………（246）
二七二　答昆明记者问 …………………………………………（246）
二七三　南洋新闻界 ……………………………………………（247）
二七四　南洋华侨教育 …………………………………………（248）
二七五　国共可免破裂 …………………………………………（248）
二七六　回国之观感 ……………………………………………（249）
二七七　贵阳途中之二十四崎山 ………………………………（250）
二七八　"八一三"过盘县 ………………………………………（250）

二七九	贵阳地乏三里平	(251)
二八〇	吴主席费少希望大之妙喻	(251)
二八一	滇缅路开放	(252)
二八二	贵阳中国红十字会	(253)
二八三	努力之精神	(254)
二八四	救伤远胜前	(254)
二八五	勇为与畏缩	(255)
二八六	南侨补助救伤总站	(256)
二八七	离贵赴柳州	(256)
二八八	离柳来桂林	(257)
二八九	桂林问答	(258)
二九〇	刚直与诌懦	(258)
二九一	优缺不愿居	(259)
二九二	桂省征调壮丁数目	(260)
二九三	模范小学校	(260)
二九四	风景名不虚	(261)
二九五	衡阳之将来	(262)
二九六	湘水胜闽江	(262)
二九七	荣誉伤兵五万余人	(263)
二九八	长沙成焦土	(263)
二九九	渝党人通电	(264)
三〇〇	行抵韶关	(265)
三〇一	罢官作工业之名言	(265)
三〇二	粤省食粮足	(266)
三〇三	离粤至赣州	(266)
三〇四	汪精卫跪像	(267)
三〇五	省政界疑惑	(267)
三〇六	熊君说共产	(268)
三〇七	代电中央解释	(269)

三〇八	熊主席之人格	(270)
三〇九	麻袋试制成功	(270)
三一〇	参政员王君之言	(271)
三一一	赣省三业有大希望	(272)
三一二	不居尊处优	(272)
三一三	上饶欢迎同情节约	(273)
三一四	离赣来浙江	(274)
三一五	敌军受贿争权	(274)
三一六	顾前不顾后之金华街路	(275)
三一七	人力车运货代汽车	(275)
三一八	离浙将入闽	(276)
三一九	党人三计策	(276)
三二〇	欢喜到闽境	(277)
三二一	壮丁死逃无数目	(277)
三二二	代表来报闽省惨况	(278)
三二三	如是模范村	(278)
三二四	生男贺杉苗	(279)
三二五	裸体壮丁尸	(279)
三二六	廉米运福州	(280)
三二七	武夷山茶业之利	(281)
三二八	大红泡［袍］名茶	(281)
三二九	武夷风景颉颃广西	(282)
三三〇	观止九曲江	(283)
三三一	作走狗防我	(283)
三三二	不快往邵武	(284)
三三三	订期视察滇缅路	(285)
三三四	古田贤县长	(285)
三三五	告侯君发言须慎重	(286)
三三六	入晚到福州	(287)

三三七	闽政府制售账簿	(287)
三三八	福州各界欢迎会	(288)
三三九	马尾及鼓山	(288)
三四〇	义勇的记者	(289)
三四一	统运之贻害	(289)
三四二	苛政猛于虎	(290)
三四三	政治变营业	(290)
三四四	福清多新屋	(291)
三四五	华侨喜回家	(291)
三四六	外省籍驻防军队	(292)
三四七	莆田文化称发达	(292)
三四八	绳缚壮丁队	(293)
三四九	借口拘挑夫	(293)
三五〇	泉城米亦贵	(294)
三五一	统运造成悲惨	(295)
三五二	省内不应言	(296)
三五三	函电求陈仪	(296)
三五四	华侨反误乡亲	(298)
三五五	劣政勿告余知	(298)
三五六	刚毅敢言之国民党书记长	(299)
三五七	再上书陈仪	(299)
三五八	在安溪之集美学校	(300)
三五九	陈仪拒哀求	(301)
三六〇	劣绅钻营	(301)
三六一	拟设同安初中校	(302)
三六二	县长发大财	(302)
三六三	集美农林地非佳	(303)
三六四	十九年后回故乡	(303)
三六五	海陆空炸击集美	(304)

三六六	亲查运输工人	(304)
三六七	登高看故乡	(305)
三六八	续办角尾学校	(306)
三六九	蒋公电同意视察滇缅路	(306)
三七〇	柴米生命线	(307)
三七一	到处有耳目	(307)
三七二	复电陈仪再请撤销统运	(308)
三七三	柴料何故昂贵	(309)
三七四	龙岩车路多弯曲	(309)
三七五	利令智昏	(310)
三七六	与陈仪三代表论统运之害	(310)
三七七	厦大有进步	(311)
三七八	陈仪无悔心	(312)
三七九	华侨外汇与抗战之关系	(312)
三八〇	闽省捕禁省参议	(313)
三八一	谋没收厦门大学	(314)
三八二	在大田之集美农林、水产、商业三校	(315)
三八三	田赋加十倍	(315)
三八四	应采出而反贡入	(316)
三八五	闽侨应多捐	(317)
三八六	树胶之历史	(317)
三八七	决意攻陈仪	(318)
三八八	太上主席	(319)
三八九	运输专利	(319)
三九〇	省府设贸易公司	(320)
三九一	摧残实业	(320)
三九二	省银行之出入数目	(321)
三九三	军米之补贴	(322)
三九四	设立公沽局致米腾贵	(322)

三九五	擅加田赋	（323）
三九六	虐待壮丁零星分散	（323）
三九七	摧残教育	（324）
三九八	贱待参议员	（325）
三九九	县区苛政	（326）
四〇〇	官设旅运社	（326）
四〇一	食盐统制	（327）
四〇二	党政军要人	（327）
四〇三	无意改善	（328）
四〇四	作恶心自虚	（328）
四〇五	赣州同乡会	（329）
四〇六	电蒋公请弛田赋	（330）
四〇七	泰和开会	（330）
四〇八	再上蒋公电	（331）
四〇九	汽车大王名言	（331）
四一〇	记者甚不平	（332）
四一一	军政视察团	（332）
四一二	复上林、蒋电	（333）
四一三	情理势三事	（334）
四一四	吴主席优容参议员	（335）
四一五	视察滇缅路委员到昆明	（335）
四一六	请改善闽盐政	（336）
四一七	辞行复献议	（336）
四一八	敌机炸两桥	（337）
四一九	功果桥无妨	（337）
四二〇	保山华中校	（338）
四二一	保山诸陋习	（338）
四二二	敌炸惠通桥	（339）
四二三	惠通桥之禁令	（340）

四二四	接蒋委员长覆［复］电	(340)
四二五	滇缅路应改善之事	(341)
四二六	华侨机工非罪禁暗房	(341)
四二七	"华侨先锋队"货车何处去	(342)
四二八	游缅故京王宫	(342)
四二九	在仰光电蒋公报告路政事	(343)
四三〇	出国首次报告抗战必胜	(343)
四三一	在仰光福建会馆报告闽人惨状	(346)
四三二	香港闽侨来电查闽事	(348)
四三三	赴马来亚各地开会	(349)
四三四	招待与献金	(350)
四三五	回抵新加坡答诸记者	(351)
四三六	要求禁开欢迎会	(351)
四三七	新嘉坡闽侨大会	(352)
四三八	运动终失败	(352)
四三九	侨领请发电	(353)
四四〇	吴铁城之活动	(354)
四四一	中正中学校	(354)
四四二	吴威胁校董	(355)
四四三	因救闽事生恶感	(355)
四四四	救闽更积极	(356)
四四五	请政府办华侨师范	(356)
四四六	召开第二届南侨大会及闽侨大会	(357)
四四七	教部阻设南洋师范	(358)
四四八	南侨爱国无党派	(359)
四四九	驱逐出境电英使不负责	(359)
四五〇	辞第二次南侨总会主席不获	(360)
四五一	南侨再开大会	(361)
四五二	狂谬之总领事	(366)

四五三	高总领事罪恶	(366)
四五四	省长可免罪	(367)
四五五	发言失资格	(368)
四五六	代表盗印章	(369)
四五七	假冒菲岛电文	(369)
四五八	全场一致之南侨总会第二届选举	(370)
四五九	南洋闽侨大会开会	(373)
四六〇	成立闽侨总会	(374)
四六一	大会电仍不覆［复］	(375)
四六二	闽省垣失陷	(376)
四六三	陈仪祸闽证实	(376)
四六四	不闻问新四军事	(377)
四六五	借故要求无效	(378)
四六六	为公为私可质天日	(378)
四六七	敌机散宣传品	(379)
四六八	助港币修年鉴	(380)
四六九	南洋教育党化	(380)
四七〇	领袖何是非	(381)
四七一	最上级主动	(382)
四七二	挂羊头卖狗肉	(382)
四七三	模仿欧美效果	(383)
四七四	私人故袒护	(385)
四七五	南洋师范开幕	(385)
四七六	南洋战事发生，欣慰我国不孤	(386)
四七七	两主力舰沉没	(386)
四七八	通告合坡开防空壕	(387)
四七九	政府委任负责总动员	(387)
四八〇	接受负责三条件	(388)
四八一	释放政治犯	(388)

四八二	祖国电三机关协助英政府	(389)
四八三	华侨抗战后援会成立	(390)
四八四	举定抗援会各职员	(390)
四八五	最后义捐汇款数	(391)
四八六	菲律滨华侨与义捐	(392)
四八七	香港华侨与义捐	(392)
四八八	安南华侨与义捐	(393)
四八九	暹罗华侨与义捐	(394)
四九〇	缅甸华侨与义捐	(394)
四九一	苏门答腊华侨与义捐	(395)
四九二	爪哇华侨与义捐	(395)
四九三	荷属〈南〉婆罗洲、西里伯华侨与义捐	(396)
四九四	马来亚华侨与义捐	(396)
四九五	英〈属〉婆罗洲华侨与义捐	(397)
四九六	南洋各属义捐总比较	(397)
四九七	星洲危急，劝移财往祖国	(398)
四九八	劝告军港工人	(399)
四九九	渝电保护领事回国不言侨领	(400)
五〇〇	新嘉坡将放弃	(400)
五〇一	离开新嘉坡	(401)
五〇二	将往巨港转爪哇	(402)
五〇三	荷军闻风逃	(403)
五〇四	避来爪哇	(403)
五〇五	芝勝汁登岸	(404)
五〇六	敌军入爪哇	(404)
五〇七	居停好意	(405)
五〇八	华侨被抢劫	(406)
五〇九	敌在吧城大捕华侨	(406)
五一〇	移居梭罗埠	(407)

五一一	复移住玛琅埠	(407)
五一二	闻风屡迁移	(408)
五一三	回忆录动笔	(408)
五一四	再移峇株	(409)
五一五	移居晦时园	(410)
五一六	敌陆军与联军之比较	(411)
五一七	联军海空可胜敌	(411)
五一八	胜利可期附述志诗	(412)

战后补辑 ······ (414)

一	敌寇投降之喜讯	(414)
二	吧城欢送会，附答词	(415)
三	回新嘉坡	(419)
四	日文书《华侨研究》中一段	(420)
五	南侨总会战后通告第一号	(421)
六	电印尼主席促进中印民族友谊	(422)
七	调查我侨损失	(422)
八	五百社团欢迎会答词	(424)
九	重庆庆祝大会来电	(425)
一〇	出任调解劳资	(427)
一一	组织回国卫生观察团	(427)
一二	编辑《大战与南侨》	(430)
一三	福建会馆振兴教育	(431)
一四	我之华侨团结观	(433)
一五	华侨损失调查之结果	(434)
一六	筹赈会之结束	(435)
一七	中国与安南	(436)
一八	南侨总会否认割弃外蒙	(443)
一九	住屋与卫生	(445)

个人企业追记 ……………………………………………………（453）
  一　未成人经过 ……………………………………………（453）
  二　母丧停柩 ………………………………………………（454）
  三　回梓葬慈亲 ……………………………………………（454）
  四　厦市大火灾 ……………………………………………（455）
  五　四次南来景象已大非 …………………………………（456）
  六　祸真不单行 ……………………………………………（456）
  七　气数或当然 ……………………………………………（457）
  八　收束之结果 ……………………………………………（458）
  九　初步好机会 ……………………………………………（459）
  一〇　同业多庸常 …………………………………………（459）
  一一　福山黄梨园 …………………………………………（460）
  一二　创办冰糖厂 …………………………………………（461）
  一三　还欠志愿尚未遂 ……………………………………（461）
  一四　黄梨园种树胶 ………………………………………（462）
  一五　参加恒美米厂 ………………………………………（462）
  一六　顺安债还清 …………………………………………（463）
  一七　承购恒美米厂 ………………………………………（463）
  一八　遭遇两不幸 …………………………………………（464）
  一九　树胶园卖出 …………………………………………（464）
  二〇　七年总核算 …………………………………………（465）
  二一　在暹罗开黄梨厂 ……………………………………（465）
  二二　后来居上 ……………………………………………（466）
  二三　第四次回梓 …………………………………………（467）
  二四　第五次南来 …………………………………………（467）
  二五　欧战发生 ……………………………………………（468）
  二六　四年总核算 …………………………………………（468）
  二七　租轮船四艘 …………………………………………（469）
  二八　购置东丰船 …………………………………………（469）

二九	复购谦泰船	(470)
三〇	两轮船沉没	(470)
三一	四年又总算	(471)
三二	第五次回梓	(471)
三三	三公司俱失	(472)
三四	出入略相抵	(473)
三五	第六次南来	(473)
三六	四年再核算	(474)
三七	宁人负我	(474)
三八	扩充熟胶品制造厂	(475)
三九	气数已造极	(475)
四〇	三年总核算	(476)
四一	工厂如师校	(476)
四二	胶利已失望	(477)
四三	抵制日货遭火灾	(477)
四四	三年再总算	(478)
四五	改作有限公司	(478)
四六	不景气仍严重	(479)
四七	胶厂概停作	(480)
四八	好机会复失	(480)
四九	本公司收盘	(481)
五〇	牺牲非孟浪	(481)

南侨回忆录弁言

余天资素钝，九岁入私塾，十七岁夏塾师谢世，辍学出洋。时已有简单之日报，余仅一知半解。在洋就商之后，对学问事不知求益，抱憾不少。而生平志趣，自廿岁时，对乡党祠堂私塾及社会义务诸事，颇具热心，出乎生性之自然，绝非被动勉强者。念无甚成绩可纪，故生平未尝记载。此回忆录盖原为纪念华侨参加抗敌而作。我国此次国难，为有史以来所未有，南洋千万华侨，对祖国之贡献如何，不但今时国内外多未详知，而此后必更消声灭迹矣。抗战胜利后，我国史书即有记载，亦不过略提海外华侨曾捐助慈善救济费若干已耳。至于我南侨如何辛苦募捐，同仇敌忾，抵制敌货，严惩奸商，牺牲苦干，数年如一日，以及祖国战时所需金钱与华侨有如何密切关系，当然无由得知；而后人或难免以为当国家存亡关头，千万华侨不思回国报效，尚在海外逍遥也。余忝任南侨总会主席，所居新加坡为南洋最重要商埠，且曾回国慰劳，对国内政府及战区官长多有接触，对南洋各属侨胞筹款会，更有往来，所以知之甚稔。自新加坡失陷，避匿爪哇，闲暇无事，乃思写此"回忆录"，不但使海内外同胞知南侨对抗战之努力，以及对祖国战时经济之关系，亦可免后人对今日侨胞之误解也。为记述南侨对抗战之工作，故并余以前些少服务社会之事及南侨概况约略记之。书末复附《个人企业追记》一篇。全书计三十万言，最大部分为记录南侨襄助祖国抗战工作，次则为余服务社会之经过，再次为个人以前之营业状况。所以补记个人之事，则因先有营业而后能服务社会，继而后得领导南侨襄助抗战工作也。要之余书虽属记载性质，而材料亦甚繁多，然其中固有一贯之根本意见，非杂凑而成书。兹请撮其要点，申述于此，以作导论。

祖国前受制于清廷，政治腐败，国弱民贫。迨光复后军阀专横，官僚贪污，农村破产，百业落后。日本乘危打劫侵占东四省，继将进而并吞华北各省。幸英国派员助改币制，统一财政。然所有国内白银，多被政府没收，输往外国，而代以纸币，复于数年间发出巨额公债票。唯因外强中干，债票在市面价值仅五六成而已。政府财政之困穷，社会民众之贫苦，毋庸多赘。

我国各业既落后，洋货复自由入口，清朝时每年已入超数万万元，民国光复至七七事变廿余年中，入超近百万万元。我国既不能出产金银，其所以免致破产者，端赖海外华侨逐年外汇输入现款二三万万元，故能抵塞漏卮。外国人以货品出口换金钱，而我国则以华侨人身代之也。

战争之国最需要者人力与金钱。外国逢有战争需要金钱，多是发行公债，向国民息借。我国政府亦不能例外，然政府素乏信用，民众又患贫穷。抗战后发行首次救国公债五万万元，虽如何极力推消［销］，总不能达到半数。如闽省由中央政府分派八百万元，经省政府悉力强逼，甚至捕人封屋，竭泽而渔，经年以后，结果仅消［销］四百万元。其他各省可以想见。然政府每年发出公债两次，每次五万万元，至民国廿九年，抗战已三年半，共发出公债券三十余万万元，除首次外未尝再向民间募债，而完全由政府银行负责。银行何以有此能力？此则利用华侨汇款作纸币基金耳。

抗战第四年（民廿九年）春，据何应钦①部长在国民参政会报告，客年全年战费共开出一十八万万元，而同年海外华侨汇归国币十一万万元，义捐交政府约十分之一，余为私人寄家用者，从中南洋约占十份［分］之七有奇，余为美洲等他处。按华侨外汇之款，概是现金，照世界银行发行纸币公例，有基金一元便可发出纸币四元，其信用便可称稳固。政府如以十一万万元现金，存中外银行作纸币基金，便可发出纸币四十四万万元。除十万万元交还侨眷家费，尚可存三十四万万元，除抵补是年战费十八万万元以外，尚有十六万万元也。

我国自抗战以后三四年中，俄国借助我军火值三万万美金［元］；英国自初开战时，借我现款五百万金镑，以维持国币基金；美国以货物交换，借我值四千五百万元美金之物品。除此而外，未有其他现金资借也。

我国战费及政费，所需金钱，既与华侨有密切关系；华侨应如何竭诚努力，

---

① 何应钦（1890—1987），贵州兴义人，时任国民政府军政部部长、军事委员会参谋长。

以尽职责，大可以救祖国之危亡，次可以减将士之死伤。然若考究其实，则遗憾甚多。南洋侨胞虽号称有一千一百万人，其中暹侨五百万人被当地政府压抑不得公开援助祖国，而各属侨生约一百万人则多乏祖国思想。此外，尚有五百万人之众，其中殷富侨领不少，如肯努力提倡，义捐及增寄家信，至少可加一倍。然或以领导不力，或袖手旁观，致成绩有限。故祖国虽遭此空前危险关头，而南洋华侨既众且富，义捐及私家汇寄，犹未及在洋资产十分之一也。

自敌南侵（民卅年十二月）后两三个月，南洋各属地都归失陷，华侨汇款概行告绝，其他美洲等侨汇，亦因香港失守，机关欠灵，阻碍不少。自民卅年以后，我政府既无侨汇现款，可作国币基金，而银行纸币，仍旧增发，以抵政府续发之公债券。加以政治不良，污吏奸商舞弊囤积，由是货物昂贵，战费大增，而政府又不得不增发纸币，以资周转。纸币愈多，价值愈贱，物价亦愈膨胀，此皆由乏相当基金存於（于）中外银行之故，由此更可证明侨汇与祖国之关系。

自民廿九年夏，法英战败，敌乘机侵入安南，美国已逆料世界大战不能避免，而东亚方面，中国为战线要冲，将来中美必须联络，在人力上中国负有相当责任，而金钱与军械，则赖美英供给。故美总统屡派代表，或借名中国顾问，与我政府磋商，其最重要条件，即是财政公开，政治民主化，避免国内分裂，方能一致对外。经历有年，结果无效。迨至日本南侵，美英当然更积极要求，而我政府反视为奇货可居，以为大敌日本，已有美英可代我负责，而眼中钉之中共，便可乘机制裁，即转一部份军力封锁其边界，由是美英诚爱莫能助矣。

余久居南洋，对国内政治，虽屡有风闻而未知其事实究竟如何。时中共势力尚微，且受片面宣传，更难辨其黑白。及至回国慰劳，与各领袖长官、社会名人、报界记者接触，并至延安视察经过，耳闻目睹各事实，见其勤劳诚朴，忠勇奉公，务以利民福国为前提，并实行民主化，在收复区诸乡村，推广实施，与民众辛苦协作，同仇敌忾，奠胜利维新之基础。余观感之余，衷心无限兴奋，梦寐神驰，为我大中华民族庆祝也。

此次世界空前未有大战后，各国政体必多改革，民治化势力蔓延，决不容野心独裁盘据〔踞〕误国。我国惨遭战祸时期最久，而战后之幸福亦必最大，所获利益亦必最多。兹举其大者而言，对外如取消不平等条约，收回百年来所丧失之国土与各租界，及没收敌人在国内所有业产［产业］，至于以前所负不平等外债，亦可脱卸；对内则改革政体，实行民主政治，兴办交通，振兴工业，改善农村，提高文化，注重卫生，以上诸事均为我事事落后之中国所独有也。

我国经大战之后，民治政府百端维新，而卫生端在首要之列。卫生事项虽多，而最困难最重要之根本，则为住屋问题。我国自来人民生死未有登记，设有登记，其数必甚多。余住新加坡五十余年，自初到时当地政府对卫生已有相当设施，而市民每年死亡率，每千人平均廿四五人。迨至近今廿多年前，（民国十年间）市政更大改革，将全市总计划，凡新建屋宅，须照政府计划办理，旧者则逐渐改建，其要点为留街路，留空地，开门窗，留天井等事，目的在使日光空气可以畅达。十余年间改革完竣，而市民死亡率，遂减去十分之一有奇，每年每千人平均仅死十五人而已。余前者回国慰劳，经历十余省，所见城市之住屋街路，大都不合卫生，认为此事极关重要，于民族前途大有影响。各地城乡曾为战区者，其住屋之破坏固无论，即未沦陷之地亦多有遭炸毁者。乘此战后复建之际，各地方政府应就全区通盘计划，颁布合于卫生之建筑规则，使人民遵循，新者全照规定，旧者逐渐改变。从此一劳永逸，他日无须重拆，则卫生之基本已立矣。此事有时间性，逾时即不及，故余特印行《住屋与卫生》一小册，以宣传之，并组织回国卫生观察团以提倡之也。该小册亦附于本书内。

此次胜利国诸大领袖，均有伟大善愿，欲措世界各国于长期和平之前途。然欲达此目的，必须监察既往，揣度未来，以公平道义为根据，消除不平及无理之旧状态，方能熄灭战争之导火线，而达到弭兵之期望。就东亚言，安南为我国属土，已有两千一百余年历史，不幸为法国占夺，此乃我国之奇耻大辱。苏美英诸领袖果真有长期弭兵之诚意，必须将安南之法国政权取消，方能拔除战争之祸根也。本书末附中国与安南一文亦即发挥此意。

此次世界大战后，苏美英诸领袖，既欲以道义造福人类，当然对于不平等苛政，不仁义权利，必须铲除或改善。华侨亦在联军之列，战时共同遭受惨苦，战后各属居留地政府对于华侨，不宜仍照以前苛待，而应改善待遇。例如以前各属地之限制华侨人口，征收人身税，禁止土地权，限制教育，及其他不平等条件，以及鸦片公卖等陋政，必须消除或改善。本书中亦常提及此等事。

要之，本书虽属事实之记载，然其性质颇有关于社会风化，立身人格；对于轻金钱，重义务，诚信果毅，嫉恶好善，爱乡爱国诸点，尤所服膺向往，而自愧未能达其万一，深愿与国人共勉之也。

　　本书节数五百余，头绪繁多，且系按时间先后记录，非按事件之性质，故粗观目次，不能明其内容，兹按其性质略分为以下诸项：

　　一、福建光复时本坡汇款接济及孙总理回国事。

　　二、集美、厦大两校经过，及南洋华侨教育事。

　　三、福建救乡会及"济南惨案"及其他社会事件。

　　四、"七七"抗战后南洋各属筹款会及南侨总会工作经过。

　　五、机工及慰劳团回国，及余亲历十余省见闻之状况。

　　六、陈仪①祸闽及余抗议事。

　　七、余与蒋委员长、毛主席及各战区司令官长等人恳谈之语。

　　八、日寇南侵华侨抗敌动员及沦陷事。

　　九、战后补记附《住屋与卫生》《中国与安南》诸文。

　　十、个人企业追记。

中华民国三十五年一月二十五日于新嘉坡怡和轩

---

① 陈仪（1883—1950），浙江绍兴人，时任福建省政府主席。

南侨回忆录

一　印赠《验方新编》

余二十余岁时，在新加坡见友人珍藏一本药书，名曰《验方新编》，云某友赠送，无处可买。其时上海书局尚未印售。书内注云，版存日本横滨中华会馆，任人印送。据友人所言及余自己经验，其方颇有应效，故余甚为注意。窃念吾闽乡村常乏医生，若每村有此书一本，裨益不少。乃备款托香港友人汇往日本定印，每本三角，前后数次，共印六七千本。书面标明"同安集美陈家奉送"。最后一次定印五千本。其时余适回梓，约半年之久，尚未寄到。余及港友屡函日本该会馆查问。据覆久已寄出，迨后港友查悉，该书在日本托出口商店代寄，该店寄时适倒闭，致失手续。运到香港日久，无主向领，致被船栈拍卖，料该书必散在广东矣。其后多次与该会馆交涉无效，不但不肯认错，且完全不负责任，由是不能继续印送，不胜遗憾之至。

二　登报征求良方

自该帮药书被误后，与该会馆遂绝来往，由是有怀莫展。过后多年乃思向上海书局定印，并拟广集国内及南洋经验良方，以增补该书之不足。不但余义务印送，而公开与印刷家售卖，亦可推广。故不惜报费，在天津、北平、汉口、郑州、南昌、长沙、济南、安庆、南京、杭州、上海、福州、厦门、香港、广州、梧州、汕头，及南洋各大埠，登报日广求云："凡存有经验良方，乞勿居奇守秘，请惠示济众，将药方及住址写明寄交余商店或报馆代转。"并言"予系要印送而非图利，凡有惠寄者待印就时当赠送一本"。月余之间，中外惠寄者千余方。编辑既就，拟托上海商务印书馆代印。

三　世界书局代印医书

新方编竣未寄，适上海世界书局派代表来洋招股，乃向其定印二万本，国币五千元。将新征各方抄一份，及《验方新编》一本，备交该局代表带去。数月后如数印就。除分送诸赠方者及余国内诸分行取去赠送外，约存一万本。以半数在闽省分送，半数寄来南洋应各处需求，已存无几。后接厦门某君来函云："前日寄赠某方，其中某味药只重二钱，而所印书作二两，关系至重，请查谁错。"余乃急查原方单及书稿均为二钱，始知系世界书局印错。乃请人将全书查对，又觉印错不少，事关人命，抱憾无似。虽欲收回，然分散各处无法办到。即向世界书局严重交涉，只有认错而已；若认真计较，或需兴讼公堂，亦非余所愿，由是该书遂复失意停顿也。

四　自印医书未遂

余原拟定印二万本，后以闽省各乡村如分发普及，须再印若干本，计全省作二万五千乡，小乡一本，大乡二三本，五六万本便可普赠，费款仅一万余元。不图前为日本中华会馆运寄失误，而后复为世界书局印错所沮，使余志愿未达。然终不能去怀，乃思重编自印。遂雇一略知医学之人及一书记，专工将新旧方斟酌校对，历经数月全书修正。交本厂印刷部经理陈辉煌君付印。乃挨延日久，及至余有限公司收盘，印刷部被南益购去，而所编书稿陈君竟失于保存，增余无限遗憾。再后战事发生更无暇计及，战后力能办到者，决重行登报征求编印，以遂宿愿[夙愿]也。

五　与清廷脱离

余年三十七岁，即民国光复前一年春，剪去辫发，与清廷脱离关系。是年新加坡道南学校举余任总理。其时校中理事三十余人，后来改理事为校董，总理曰董事长。向黄仲涵捐款一万余元，购置校址。余乃提倡向闽侨募捐四万余元，建筑新校舍。其时国内学制虽已改革十余年，而南洋学校寥寥可数，新加坡只有广帮之养正学校，闽帮之道南学校，潮帮之端蒙学校，客帮之启发学校，琼帮之育英学校而已。女学校仅有广帮一校，余均未有。时社会甚幼稚，侨民只迷信鬼神，爱国观念、公益观念均甚形薄弱。

六　闽省光复与南洋华侨

我国旧历辛亥年八月十九日，即新历十月十日武昌起义，民国光复。时闽省于近日间亦闻光复，其时中外消息尚乏灵敏，唯新加坡路透电有传报。住坡闽侨乃在天福宫福建会馆开会，组织保安会，举余为正会长，筹款救济闽省及维持治安。即发电福州问黄乃裳①君："闽省是否光复？都督何人？此间已成立保安会，筹款救济，覆［复］。"越日黄君回电云："全省光复，都督孙道仁②，需款急，请速汇。"即汇去国币二万元，并电云："厦泉漳素多匪，乞维持治安，款可续汇。"越日孙都督回电云："款收，漳泉已派某大员负责安全，请再汇巨款以应急需，至感。"月余之间，计汇去二十余万元。盖光复初，库空如洗，民心动摇，二〈十〉万元收后，立即宣传"南洋新加坡汇来二十万元，尚有百万元可接续汇到"云云。由是民气更形兴奋，各处地方安定如常。至全省光复，只福州小有纠纷，立即平息，死伤甚寡。时南洋华侨爱国风气未开，故他埠闽

---

① 黄乃裳（1849—1924），福建闽清人，清末民初的华侨领袖、民主革命家、教育家。
② 孙道仁（1865—1935），湖南慈利人，时任福建都督。

侨未有响应捐汇。孙中山先生自欧洲回国，途过新加坡将赴上海，曾言到国内时如私人需款可否帮助，余许筹五万元。其后来电告予，将赴南京需费，予即如数汇交。

七　创办集美小学校

民国光复后余热诚内向，思欲尽国民一份子之天职，愧无其他才能参加政务或公共事业，只有自量棉［绵］力，回到家乡集美社创办小学校，及经营海产罐头蚝厂。故就新加坡筹备全副机器，并向日本聘一海产技师，民国元年秋回梓经营罐头厂，数月无效（见附录）。集美社始祖自河南光州固始县移来，已历二十余世，男女两千余人，无别姓杂居，分六七房。各房办一私塾，男生一二十人，女子不得入学。各房分为两派，二十年前屡次械斗，死伤数十人，意见甚深。兹欲创办小学校，必须合乡一致合作，将各房私塾停罢。幸各房长听余劝告，于民国二年春所有子弟概入集美小学校，校舍暂假大祠堂及附近房祠堂开幕。学生一百五六十名，分五级，应聘校长教员七人，而同安全县师资连简易科毕业者仅有四人，一人改从商业，尚余三人，乃聘来两人。查同安全县人口二十余万人，只有县立小学一校，学生百余名，私立四校，学生三百余名，连集美共六校，学生不上七百名。师资既缺，学生亦少，成绩更不足言矣。

八　县立小学校之腐化

余此次出洋十余年，对本省改革教育事，成绩如何多不知，及回梓办学，始悉教育不振之原因。如同安县立小学校，学生一百余名，十余年未有一班毕业生。其原因为权操县长，由彼委一绅士任校长，教员学生全由该绅招来，若更动新县长，则别委他派绅士为校长，全校更动，教员学生均散去。十余年间县长更动许多次，而该校逐次随之改组，故未有一班毕业。学制改革初期，以县立小学为模范领导全县，乃自身如斯腐化，不但无毕业生可升师范中学，且影响全县小学校成绩，其贻误可胜言耶！

九　闽垣师范学校

　　同安师资缺乏，闻他县亦多如是。而全省师范学校只福州一校，办十余年，在校学生三百余名，经费充裕，闽南学生甚难参加。漳州虽有一校，甫办未久，经费困乏，学生仅百多人，成绩鲜闻。余乃往福州查问师校成绩，及闽南学生如何难入。乃知自来腐败，迄今仍旧。该校自学制改革时，设立已十二年，学生常三百余名，学膳宿等费均免，奖励学生优厚，未毕业时声誉崇隆，似前清秀才风度，四年毕业后，约当举人资格。由是求学者争先恐后，每年招生二班八十名，多不公开招考，盖官僚教师及城内富人豪绅之子弟，早已登记占满，闽南人焉能参加。所收学生既无执教鞭之志愿，又非考选合格，程度难免参差，学业勤惰更所不计，只求毕业文凭到手，谁肯充任月薪二三十元之教师。故闽北虽有此校，而小学教师仍形缺乏。即使每年七八十人肯出任教师，亦是杯水车薪，况其中多属膏粱子弟，教职非其所愿。不知小学教师一职，唯有贫寒子弟考选后经过相当训练，方能收得效果。乃当局违背此旨，师资安得不缺乏。学制改革已十余年，以前之旧学先生日减，乡村私塾大半停歇，新学师校则腐败如此，吾闽教育前程奚堪设想。余常到诸乡村，见十余岁儿童成群游戏，多有裸体者，几将回复上古野蛮状态，触目心惊，弗能自己〔已〕。默念待力能办到，当先办师范学校，收闽南贫寒子弟才志相当者，加以训练，以挽救本省教育之颓风。

一〇　填池为校址

　　余自省垣福州回梓里后，决意建筑集美小学校舍。然集美乡住宅稠密，乏地可建，且地形为半岛，三面环海，田园收获不足供二个月粮食，村外公私坟墓如鳞，加以风水迷信甚深，虽欲建于村外亦不可得。幸余住宅前村外之西有大鱼池一口，面积数十亩，系昔从海滩围堤而成。乃以二千元向各股主收买，做集美校业。从池之四围开深沟，将泥土移填池中，作校址及操场，高五六尺，俾池水涨时，免被侵及。即鸠工建筑校舍，可容学生七班，及其他应需各室。夏间完竣，全校移入。

一一　筹赈天津水灾

民国四年天津水灾，新加坡华侨筹款救济，开游艺会及募捐，举余为主席，计募二十余万元。此为华侨开始不分南北畛域，及对祖国义赈破天荒之成绩，乃光复后民气进步之效果。回忆光复前数年，新加坡闽侨初拟办一小学校，在天福宫开会，资本家及富商多到，议捐开办费及基金，诸富侨咸都踌躇互相推诿，观望不前。有普通店东谢君有祥①自动倡捐一千元，大众多仰其慷慨，盖自来捐助公益义风未振，许时之一千元不亚现在万元。于是资本家及富商不得不跟同认捐，最多者二千元，先后共筹三万余元，该校即道南学校也。民国光复之年，余任董事长，作第二次募捐建筑新校舍，筹四万余元，遂成立今之校舍。

一二　创办集美师范及中学

民国二年秋余复南来。不久欧洲战事发生，余因租轮船及购置轮船，并因黄梨厂、树胶厂颇有所获，故决意创办师范及中学等。民六年春商遭舍弟敬贤②回梓，负责建筑校舍，并函托上海江苏第二师范校长代聘全校校长教职员等，定期新春开课，师范生三班，中学生二班。至课室校址，则从鱼池地小学

---

① 谢有祥（？—1930），福建漳州人，新加坡华侨富商，社会活动家，革命家，"丰和号"创建者，和丰银行与华侨银行的创始股东，牵头参与组建新加坡漳州总会并任首届财务理事。

② 陈敬贤（1889—1936），福建集美人，陈嘉庚的胞弟、创业和办学的助手。

校舍后方及左右起盖,礼堂膳厅宿舍操场等,购鱼池后田地,填筑兴建。自此之后,所有以前风水迷信,及居奇阻挠各事概已消泯。凡学校所需地皮,比通常地价加倍给还,公私坟墓亦然,且酌贴迁移等费。故初时校舍多建在低田卑地,而后来则概在坡上。东与集美乡村毗连,西与岑头、郭厝二村相近,北多田地尚可扩充,南虽有坡地,然临海,不宜建筑,恐碍观瞻。

一三　师范生按县分配

集美师中学校初办时,收师范生三班,中学生二班,中学生只交膳费,学宿费均免,师范生膳费亦免,各生不拘师中,所需被席蚊帐,概由校中供备,以资一律。至新招师范生,因鉴于福州省立师校偏弊,故力思改革,以期普遍。又恐殷实子弟志愿有乖,毕业后不肯服务教职。乃函告闽南卅余县劝学所长,请于每一大县代招选贫寒学生五六人,小县三四人,共一百廿余人,并烦注意人选,详填履历,到校时加以复试,凡违背定章或不及格者决不收容。经如此严格取缔,故各县选来诸生大都相当不错。再后逐期招师范生仍依此例,数年后已无须防弊,始取消此规例。至南洋华侨小学毕业生,如有志回国升入中学者,则由新加坡本店予以介绍函,概行收纳,到校时如考试未及格者,则另设补习班以教之。此为优待华侨派遣子弟回国而设,此例永存不废。

一四　集校第一次更动

余既鉴于闽南师资缺乏,而中等教师想更困难,且素居南洋,与闽省教育界绝不相识。兹欲办师范中学,需用校长教师多位,不得不托人由外省聘来。素闻江苏学校发达,教育称最,南洋小学教师多向该省觅聘,如本坡道南学校教员,亦由上海聘来。乃往询道南某教师,彼由何处何校出身,答上海江苏第二师范学校。余即修函托该校校长代聘校长及教职员,准民七春开幕,蒙覆〔复〕函接受,即派筹备员来集美筹备一切。开学后觉教师多不合格,办理上亦多失妥。缘与集美小校十数教师比较,优劣易知,幸立约仅试办半年耳。

一五　集校第二次更动

民七年夏初舍弟不得已亲往上海别聘校长,其他教职员亦由该校长负责聘委,准秋间来校接办。秋季开学后,冬初接舍弟函云,"新校长及教师比前好些,但教师尚有缺点。校长自承认仓卒〔促〕托人聘来,故有此失,待年假伊回上海亲自选聘"云云。余则认为不妥,覆〔复〕函舍弟云:"聘请教师非同市上购物,可以到时选择。校长若能用人必及早行函往聘相知,如脑中乏此相识者,则函托知友介绍,非充分时间不可。况年终时稍好教师设有更动,早被他人聘定,决〔绝〕无待价而沽之理,希告知之。"迨元月校长回来,云好教师难觅,并通知暑假辞职,嘱我及早别聘校长等情。

一六　师范中学师资之困难

余接舍弟函告后,适黄炎培①先生南来,不日将回上海。黄君为江苏教育会副会长,在教育界鼎鼎有名,曾办一职业学校,余认捐一万元,故颇相知。教育事业为彼最注意之任务,南来视察原非他事,余故将集美学校经过详情面告,且告以欲急进扩大规模,求其代聘校长教职员,承蒙许诺。余又告以再后两三月将回梓里。黄君约到厦门时可电知,彼或亲来集美参观。余又致函北京高等师范学校校长,查询"本学期贵校闽省籍有何科毕业生若干人,肯来集美服务否?",蒙覆〔复〕知有五人。五月间余回梓立电知黄君,黄君招同学友陆君来见,云校长未聘,教师聘定二人。而集美已定六月一日放假,相距只数天,全校教职员大都辞退,秋季又拟再招新生三班,统算全校教职员须四十余人。余不免情急,乃转商黄君,校长仍托彼代聘,其他教职员可就地尽量聘请。黄

---

① 黄炎培(1878—1965),江苏川沙(今属上海市)人,中国民主革命家、教育家。

君赞成之，于是将旧教师选留二十余人，并电北平聘请五人，又托人就本省内再聘数人，尚缺六七人，即电上海黄君访聘，八月秒开课，黄君仅聘到一校长及教师五人耳。

一七　集校第三次更动

新校长①为浙江人，系北京高师毕业，曾留学日本，原籍泉州，故能说泉州话。到校后余告以"现尚缺教师数人，新春拟续招新生两三班，省内教师已乏，请于省外预早谋聘"。迨将近年终，余讶其无何表示，复提两次亦无确息。不得已乃托人代觅数人，由校长聘来者仅两人而已。余见彼才干庸常，办理校内事无何可取，对外聘请教师又短拙，此种人才若任一小规模学校或可维持，若集美学校日在进展，绝非彼所能办。余由是忧虑焦灼，不可言喻，盖未及两年已三易校长，外间难免讥评，而不知当局负责苦衷。但虽焦虑萦怀，亦未便轻向人言，再觅校长既无相知人才，屡屡更动又恐不合舆论，唯含忍静待而已。乃至春末，彼竟来函云至本学期终愿辞职，其原因为顷间与国文主任发生剧烈争诟，意见既深，难以共事，余复函婉劝而不挽留也。

一八　集校安定

由上述经验，渐觉集美校长从外省聘来实属错误。盖校长既用外省人，教师亦当由外省聘来，本省虽有良教师，校长亦不能聘用，从外省觅聘许多教师，又甚觉困难。好教师多不肯离乡井，间有愿来者，多不待期终回去。原因多端，或思恋家乡，或被旧校或母校函电催返，此为两年来常有经验。故虽诚挚如黄炎培先生，亦爱莫能助。余既明白了解此弊，今后绝不复向外省求聘校长。拟待本省有相当人才，然后慎重聘请，否则虽暂时虚位，亦属无妨。故秋季仍添

---

① 即池尚同（1890—1946），浙江平阳人，祖籍福建泉州，时任集美学校校长。

招新生积极筹备，并托人于省内外预聘教师，新校长虽未聘，余心颇宽舒无甚焦虑。迨暑假既近之日，适安溪叶采真①先生来厦，因友人介绍初次识面，同余来校参观，余又送其回厦。在电船中往返言谈，已略识其才干，并认其有负责气魄，即聘为校长，校中一切信任办理，余绝不干预，集美学校从此安定矣。

一九　添办水产航海学校

余以本省海岸线长，渔利航业关系非鲜，故拟办水产及航海学校。乃致函上海吴淞水产学校，托代聘一二位教师，据覆［复］函云，水产教师国内无处可聘，伊校亦甚需用仍付阙如。现有两位高才［材］生本届可毕业，如有意，可资以经费往日本留学，两年后便可回来任教师。余即回函应承。故民国九年集美水产航海学校得以开课。并向德国购全副机器，在厦门造渔船一艘，为全班学生出海实习之用。此种学校闽粤均未有开办，恐招生不易，故待遇同师范生，学膳宿均免。四年将毕业时，念该生等恐乏出路，特向法国购捞鱼轮船一艘，来厦捞鱼，成绩不劣，每次来回数天满载海产物三百余担，多系大鱼，素所罕见。第以厦岛销路短少，他处交通不便，不但售价廉宜，尚须约十日方能售完，冰块尤贵，每吨十五元，不唯乏利且须亏本。余原非为自家营业计，系出于提倡之意，原拟如有利，则招各鱼商组织股份公司，扩大渔业，不图竟无利可获，乃将该船驶往上海捞鱼，其后水产航海学生毕业后，均有出路，而尤以航海为易。然每年毕业仅一班二十余人，其原因为本地渔利未畅，故向学者少，或志愿不坚畏怕风浪，致未毕业便去也。

二〇　添办农林学校

我国素称以农立国，然因科学落后，水利未兴改良无法，故收获不丰，民

---

① 即叶渊（1889—1952），又名采真，福建安溪人，时任集美学校校长。

生困苦。本省虽临海，农业实占一大部份，尚乏农林学校，以资研究改良。余对于农科尤为注意。民十二年函告叶校长，在天马山或美人山麓择地开办，土质虽欠佳，可以肥料补助。此事筹备建设等费去十余万元。开课后疾病频发，尤以疟疾为酷，历年如是。虽学生热诚向学，而阻碍非轻。且自开办以后数年间，闽南治安不良，盗匪纷乱，校内物畜屡遭抢劫，阻挠学业，亦一原因。否则农校毕业生更有出路，各县需用不少。兹拟待战事息后，极力设法消除毒蚊，冀可挽救而谋进展。

二一　添办女师范、幼稚师范及商科

集美学校自民国九年，添办女师范及幼稚师范，其待遇与男师范同，又办商科待遇则与中学同。唯小学校规定不收客生，盖小学校应鼓励各乡村自办为最要，集校如收纳，不但不能容多人，如外乡有钱子弟多遣来学，便失在乡提倡之义，反有损无益，且能占去中学生寄宿位。若南洋侨胞有意遣回子弟就学，以及教职员家属，则尽量接受之。余曾往厦门参观日本人一间小学校，学生百余人，大半我华人，校长教师三人为日本人，余教师则华人。校中玻璃橱内陈列山海各种标本不少，余询从何处购买，校长答概系伊与两日人教师在本地采取制成，只玻璃橱为购得者。伊等三人各任一部从其所好，如海产诸物、陆上动物及矿产等，每星期日自动负责采取，校内栽花不少，亦系学生工作。余见此情形异于我国教师乏自动性，颇生感想。余在新加坡所识美教会那牙校长，连分校学生数千名，终日事务丛脞，而星期日尚招一班学生补习，彼则义务亲教之，其自动负责勤劳如此。我国教师任务既异外国人，而学生又风潮时起，全国汹汹效尤，尤以民国八九年至十四五年，此七八年间为甚。教师既如此，学生又如彼，社会报馆不辨是非，政府机关得过且过。私人负责办学既属少数，或认捐多少钱为己［已］尽职责。若余亦何独不然，虽明知其弊亦无法改善。转念质虽欠佳，而量则愈多愈妙，所谓聊胜于无。余既明白了解斯义，故一意热诚致力，毫无反顾，绝不因学生罢课、校事乖舛、财项有些差弊，便即缩手灰心。窃度民国初基，政局未定，质虽有差，量不可无，如水太清则无鱼，欲速反不达。华侨一富商住居鼓浪屿，在故乡南安办中等学校一所，甫办未久，因钱财有何差错，曾对余叹息曰："吾侪前云赚钱难，今日方知用钱更难也。"后竟停办。盖立志不坚，且不了解过渡时期之应有困难，难免不因噎而废食也。

二二　补助小学校

余为提倡及改善闽南教育计，派人调查县立小学办理不善者，助费改善之，或另设模范小校为领导。泉州有一私立中学，系诸学界人苦心创办，成绩颇好，后因经济困难，将停止，余念泉城为文化之区，不忍放弃，故捐资维持。同安本县华侨在南洋众多，富商及中等商人不少。余乃提倡全县十年普及教育，按每年创办小学二十校，每校平均至多助费一千元，十年二百校，从中富侨自己创办者按五十校，尚缺一百五十校，十年之后每年十余万元。以同侨财力一人可以负担，况富侨百数乎。乃将此计划函告新加坡同侨征求同意，捐资分特别捐及常月捐两种，待进行顺利后，推及马来亚及荷印安南缅甸菲岛等处。由民国十年至十一年两年创办四十余校。而新加坡同侨认特别捐三万余元，常月捐每月数百元。迨收款经年之久仅二万余元，余多互相观望或推诿，除极少数营业不佳外，其他亦拒绝不交。为此当然不便推广续捐，而在乡增设学校亦即停止矣。

二三　反对厦门开彩票

民国十年秋厦门市政会将开彩票，事前各日报未有登载，余亦绝未闻知。是早余往观厦大建筑校舍，忽见市街上贴一大张广告，标题曰"奖券"，详视乃知是月秒将开彩票，距离只二十余天。此系最初次开彩，售票四万元，再后每月定开一次，可增至若干万元，则视销路而定。其广告中极力宣传，如"大公无私"，"主持者概系厦中名人"，"费少利大，利权不致外溢"，极力鼓励推销。余乃往见各日报负责人云："此种彩票乃大赌博，将来贻害闽南非少，况厦门台人横行，更有所借口。市政局系欲利益民众，兹乃首启祸端，请贵报著论驳斥。"越日，各日报绝无一言。余不得已乃致函市政会（办事处设总商会内），劝其取消，并请答覆，越日亦无消息。余复致函其主任，告以日期已迫，请速覆［复］，亦不理。余不得已乃作文将其广告中逐条驳斥，并详述将来利害，月月增加，可售至数十万元，吸收全省膏血，贻祸至大，而尤以贫民为甚。劝民众勿被欺诈，以消弭惨祸，该局如不从劝告取消，余当别筹对待之法云云。此文缮就后送各日报发表，另印多张分送市民及市政局董事。余意此文发表后，再看几天，如无相当表示，拟召集厦门民众大会，讨论彩票利害。如未达目的，则再召集学界，或鼓励学生示威反对，或待其开彩时破坏之，缘彼要开票必须在公众场地，任人参观，以昭公允，而扬声价也。不意该文发表后，不但无人续购彩票，而前日已购诸人且纷纷退回，两三日内退回者大半。盖彼系托厦市各钱店销售，十余日间已售出七八成，再数天立可售完。方自鸣得意，谓厦门一埠如此易售，将来普及全省，定可增许多倍，视余反对置之度外，不图各钱店纷纷将彩票退回，于是急召集市政董事开会，全体三十余人齐到，为该会破天荒之盛举。董事中多有住厦门之南洋富侨者，结果无法支持，唯开办费四千余元，由某富侨负责收场。可见我国政府社会豪绅虽坏劣，若遇事肯见义勇为，出而公开纠正，则民众定不盲从，少却许多苛政祸害矣。事后余因建厦大校舍用料，往厦门海关查询税饷。该关主事英人，见余甚表敬意，云伊前日阅报见余逐条驳斥彩票之害，深为感佩。余云实出于不得已，非故欲开罪于许多绅豪。渠云西哲有言："当为人模范，勿模范于人。"君实堪为贵国之模范人物云云。足见洋人之乐善，虽异国事亦能表同情也。

二四　倡办厦门大学

民国八年夏余回梓，念邻省如广东江浙公私大学林立，医学校亦不少，闽省千余万人，公私立大学未有一所，不但专门人才短少，而中等教师亦无处可造就。乃决意倡办厦门大学，认捐开办费一百万元，作两年开消［销］，复认捐经常费三百万元，作十二年支出，每年二十五万元。并拟于开办两年后，略具规模时，即向南洋富侨募捐巨款。窃度闽侨在南洋资财千万元，及数百万元者有许多人，至于数十万元者更屈指难数，欲募数百万元基金，或年募三几十万元经费，料无难事。而校址问题乃创办首要；校址当以厦门为最宜，而厦门地方尤以演武场附近山麓最佳，背山面海，坐北向南，风景秀美，地场广大。唯除演武场外，公私坟墓密如鱼鳞。厦门虽居闽省南方，然与南洋关系密切，而南洋侨胞子弟多住厦门附近，以此而言，则厦门乃居适中地位，将来学生众多，大学地址必须广大，备以后之扩充。然政府未必肯给全场地址，故拟向政府请求拨演武场四分之一为校址，乃在厦门开会发表此事。

二五　演武场校址之经营

政府既许拨演武场四份一为大学校址，乃托上海美国技师绘校舍图。其图式每三座作品字形，谓必须如此方不失美观，极力如是主张。然余则不赞成品字形校舍，以其多占演武场地位，妨碍将来运动会或纪念日大会之用，故将图中品字形改为一字形，中座背倚五老山，南向南太武高峰。民十年五月九日国耻纪念日奠基。左右近处及后方坞墓石块不少，大者高十余尺，围数十尺，余乃命石工开取作校舍基址及筑墙之需，不但坚固且亦美观。而墓主多人来交涉，谓该石风水天成，各有名称云云，迷信之深难以言喻。余则婉言解释，至不得已则暂停工以顺其意，迨彼去后立再动工，因石众多，两三天大半都已破坏，虽再来交涉亦莫可如何，悻然回去。数月后拟再建其他校舍，不得不迁移坟墓，为屋址，乃将演武场后诸公私冢墓，立碑标明，限日迁移，并在厦门登各日报，如不自动迁移，本大学则为代迁，并规定津贴迁移费。且在数里外之山腰买一段空地，备作移葬地位。从此顺序进行，依限自迁或代迁，绝不致再发生交涉，或其他事故矣。演武场地界面积约二百亩，下系沙质，雨季不湿，平坦坚实，细草如毡。北负高山，南向洋海［海洋］，西近厦港许家村，东系山坡及平地。昔为阅兵场，自厦门与洋人通商，兼作跑马场，后来阅兵与跑马均废，被洋人辟为"哥耳夫"[①] 球场，厦大建筑时概已收回。教育事业原无止境，以

---

① 即高尔夫。

吾闽及南洋华侨人民之众，将来发展无量，百年树人基本伟大，更不待言，故校界之划定须费远虑。西既迫近乡村，南又临海，此两方面已无扩展可能。北虽高山若开辟车路，建师生住宅，可作［做］许多层级由下而上，清爽美观，至于东向方面，虽多阜陵起伏，然地势不高，全面可以建筑，颇为适宜。计西自许家村，东至湖里山炮台，北自五老山，南至海边，统计面积约二千亩，大都为不毛之公共山地，概当归入厦大校界。唯南普陀佛寺或仍留存，或兼作校园，至寺前田地，厦大需用时，则估值收买之。厦门港阔水深，数万吨巨船出入便利，为我国沿海各省之冠。将来闽省铁路通达，矿产农工各业兴盛，厦门必发展为更繁盛之商埠，为闽赣两省唯一出口。又如造船厂修船厂及大小船坞，亦当林立不亚于沿海他省。凡川走南洋欧美及本国东北洋轮船，出入厦门者概当由厦大门前经过，至于山海风景之秀美，更毋庸多赘。日后如或私人向任何方面购买上节所言校界范围山地，建私人住宅，则当禁止或没收之，以免互相效尤，因私误公也。

二六　厦大假集美开幕

汪精卫①在新加坡原与余相识，民国九年来漳州访陈炯明②，余邀到集美参观。回去后来函告予愿任厦门大学校长，余覆［复］函应承，其夫人亦来住鼓浪屿。然不久因粤军回粤成功，彼便来函辞职，谓将回粤办政治无暇兼顾。由是厦大乃组筹备委员会，举蔡元培③、郭秉文④、余日章⑤、胡敦复⑥、汪精卫、

---

① 汪精卫（1883—1944），祖籍浙江山阴，生于广东三水，大汉奸，汪伪政权首脑，时在上海负责《建设》杂志。
② 陈炯明（1878—1933），广东海丰人，时任粤军总司令。
③ 蔡元培（1868—1940），浙江绍兴人，教育家、民主进步人士，国民党四大元老之一，时任北京大学校长。
④ 郭秉文（1880—1969），祖籍江苏南京，生于上海，教育家，时任南京高等师范学校校长。
⑤ 余日章（1882—1936），湖北蒲圻（今赤壁）人，中国最早"红十字会"组织的创立者。
⑥ 胡敦复（1886—1978），江苏无锡人，数学教育家，中国数学会早期组织者。

黄炎培、叶采真、邓萃英①、黄孟圭［奎］②等为筹备员，在上海开会，举邓萃英为厦大校长。邓君即派郑贞文③、何公敢④两人来集美筹备一切。时厦门厦大校舍未建，拟假集美校舍开幕。民国十年四月六日，厦大在集美正式开幕。适美国杜威博士游历上海，故请来校参加，邓校长亦于近日甫到。学生一百二十名，闽生约占半数。闻邓校长开幕后即将北返，彼原为北京教育部参事，当筹备委员会公聘时，关约声明须辞去教育部职务，然彼未有辞卸，故欲急回，而厦大校长居然由他挂名，校务交郑何二君。此种挂名校长虽他处常有，若厦大当然不可。郑何二君知余意志，力劝彼暂留勿回，迨至月杪邓君接学生无名函，骂他无才学且欲作挂名校长，若不自动辞退，不日诸生联名攻击，列首名者即是我。邓君于是来函辞职，余亦不留也。

二七　厦大校长更动

邓君既去，余即电新加坡请林君文庆⑤担任校长，林君于秋间开课前来到。开课后召诸生口试英语，问你从何方来，不能答，复问何姓名亦不能答，而尤以闽省诸生为多。当时中学为四年制，故大学新生须先读两年预科，厦大新生当然在预科两年，然后升入正科。依部章中学生四年毕业，英文已有基础，兹乃粗浅英语尚且不晓，其程度可知，虽读二年预科何能及格升入正科。细考缘由，闽省诸公私中学，对英文教授，多不认真，虽厦门省立十三中学亦然。其原因多为经济关系，盖英文教师每月薪俸八十元，月终便要支清，不似中文教

---

①　邓萃英（1885—1972），福建闽侯（今属福州市）人，曾任厦门大学校长，时任北京高师学校教务主任。
②　黄孟奎即黄琬（1885—1965），祖籍福建南安，生于福州，时任厦门大学筹备委员会委员。
③　郑贞文（1891—1969），福建长乐人，化学家，时任厦门大学筹备委员会委员、教务长。
④　何公敢（1889—1977），福建闽侯人，时任厦门大学筹备委员会委员、总务处主任。
⑤　林文庆（1869—1957），福建海澄（今海沧）人，新加坡教育家、社会活动家、企业家，时任厦门大学校长。

师薪少且可拖欠也。厦大为此即函告闽省各公私中学，从速改善免致贻误青年，此为厦大甫办，影响闽省教育之初步也。

二八　厦大第一次募捐无效

厦大开办时，南洋富侨回居厦门鼓浪屿者颇多，资产千万元以上者三人，百万以上者更多。有某教育家素与富侨交游，屡告余伊拟向某富侨募二三十万元，厦大当然不能专赖君一人负担。余答向富侨募捐，余于开会倡办时，已有明言，唯现下时间尚早，机会未到，君意虽佳，勿作无益要求。后复向余言伊经向某君提议，或有相当希望，然结果终成泡影。民十一年春厦门厦大校舍一部份完竣，厦大由集美移来。不久余复南行。约近年终有一位荷印富侨，原籍同安县灌口区，自前年移居新加坡，富冠全侨，资产称万万元以上，是年获糖利二三千万元，余与相识后认为此机不可失，乃写一长函送他，其中详述本省教育大概，及厦大之重要，并云西哲有言，"凡人有诚意办公益事，当由近处作始"，君祖同安，厦岛前原属同安，请捐五百万元为厦大基金，否则多少随意，抑捐办医学一科，以为君纪念。彼接函后只嘱其商行经理用电话告余该函已收到而已。渠虽侨生，但曾略受过我国文化。其后余托友查询，回报绝无意思，不久竟谢世矣。时厦大开办已近两年，余始敢向该富侨劝募，不意此乃为第一次之无效也。

二九　厦大第二次募捐无效

民十三年春，余因树胶制造厂扩设分行，往游荷属爪哇各埠，先到吧城次至万隆。在万隆商会内遇一富侨，原籍漳州，自少来洋，年近六旬，余早耳其名，闻其资产二三百万盾，唯系初与相识。越日邀余到其住家午饭，亦颇诚恳，并言平生经历及家运不好，无亲生男儿，在梓里伊兄弟送一侄为嗣，养至去年十九岁而夭，现存一女寡居，拟续觅一佳婿，伊年纪已老，将遗业付托了事云

著　述

云。余回旅馆后复萌为厦大捐款之想，即托人向该富侨请捐建厦大图书馆一座，多者十万盾（其时国币与荷币略同），少者六七万盾，一年中陆续汇交。伊兄弟在厦门开钱庄，林文庆校长亦其知友，该款绝不至落空。图书馆可标伊姓名捐建，既可永作纪念，亦可作厦大募捐提倡之例。自开办已四年，余捐输开办等费百余万元，未有标余姓名一字。伊如有意认捐，余当面陈较详。越两日回报无效。又十余日余复到万隆，别托一人重向该侨提议，或降减额数亦可，盖为此机若失，余不复来，结果徒劳往返。此为余代厦大向富侨募款之第二次无效也。

三〇　厦大第三次募捐无效

余离万隆埠往东爪哇泗水，侨领多来相访，有一位富侨原籍同安城，年四十余岁，甫自梓里复来两三月，对于集美、厦大两校规模他当亲身历见，因其为出入必经之地也。彼原为泗水富侨，是季复大获咖啡净利数十万元，闻资产可三百多万元，亦无亲生儿子，唯螟蛉两人尚幼。余不因万隆募捐失望而灰心，再尽为厦大奔走之责任，冀可达目的。乃托一闻人向该侨劝募，所提之事，如在万隆，不意亦竟拒绝，不数年已身故。南洋富侨以爪哇为最多，而爪哇巨埠以吧城、三宝珑、泗水、万隆、四商埠为最富庶。吧城余已经过，富侨除侨生外，乏相当可劝募者，三宝珑富侨已在厦门及新加坡试验矣，兹复经万隆、泗水亦不济。不但希望向富侨募捐数十百万元为基金归于失败，而仅此十万八万元或四五万元建图书馆尚困难如此。所可怪者我国人传统习惯，生平艰难辛苦多为子孙计，若夫血脉已绝，尚复代人吝啬，一毛不拔。既不为社会计，亦不为自身名誉计，真其愚不可及。此为第三次向富侨募捐之无效也。

三一　募捐理想之失败

余为厦大向荷印富侨募捐既如上述，至于马来亚闽人富侨远逊荷印，资产上千万元者未有，百数十万者却不少，若向其募捐巨款绝无效果。余不但筹之熟且知之稔，故不作无益请求。如粤籍富侨上千万元者有数人，然不免有省界畛域之见，况闽籍富侨袖手，彼必更可借口，故我更无［毋］庸问津。余回忆前年倡办新加坡南洋华侨中学校，曾同粤侨数人向一富侨募捐，希望可惠数万元，结果空手而回。该富侨近年谢世，遗产新加坡币六千余万元，被当地政府新增遗产税，抽去四千万元。至他属如暹罗、安南、缅甸、菲律宾等闽人富侨亦属不少，以尤富者数人而言，余早略知其志趣，比较荷印富侨如五十步与百步。余自倡办时即宣布待两年后规模既具，余牺牲二百万元，即向富侨募捐。迨时机已至，实践前议，则到处碰壁，自恨以前之理想失败，夫复何言。余上所言系民国十五年以前之事。自十六年之后，世界景气日非，悲惨之象日深，富侨破家荡产难以数计，其他虽可维持，损失亦多，对于厦大募捐巨款事，更觉灰心无望矣。

三二　集美、厦大之支持

余之营业自民十五年起，至二十二年终，此八年间如江河日下，不但无毫利可长，且逐年亏蚀及支出百余万元。计有四项损失，货物屋地降价，厦大及集美校费，银行利息，每项每年三四十万元，合计八年一千余万元。马来亚事业之荣枯，关系胶锡两物产，而尤以树胶为重要。民十四年树胶每担价二百元，逐年递降至民十九年，每担价十余元，后再降至七八元。当市景繁盛时，马来亚政府发出流通纸币一万万七千万元，迨民二十年后降至五千余万元。居民比前加多而枯竭凄惨不可言喻。外国银行因余侵欠巨款告予停止校费，余不可，故民二十年秋改作有限公司，银行亦参加，并举多人为董事，规定校费逐月坡币五千元（中国币七千余元）。然厦大逐月尚需二万五千元，集美一万余元，共三万余元。除国府补助五千元，其他收入二千元，有限公司七千元，共一万四千元，尚不敷二万二千元。至民二十二年终，有限公司收盘，计二年余用去六十余万元，此系由马六甲曾江水①亲家捐十五万元。叶玉堆②先生捐五万元。（两条申国币三十万元）厦门厦大校业变卖十余万元，集通号③（在厦专理两校财政）向人息借二十余万元，此乃余极力维持两校之实在情形也。

三三　厦大献与政府

　　自有限公司收盘后，余即函请厦大校长林文庆来洋募捐，数月后结果，新加坡募国币十万元，马来亚十五万元，然催收经年，马来亚仅十余万元，余作罢论，共实收国币二十余万元。而厦大经费已缩至每月二万元，集美六千元，除国府补助及其他收入，逐月尚不敷二万元。集通债款又须陆续清还，幸灰余红利（前生胶厂租人订抽红利）上半年颇好，故聊可支持得过。民廿五年买树胶园四百英亩，成本十六万余元，拟作厦大基金，每月入息约二千元，该款系向李光前④、陈六使⑤各捐五万元，陈延谦⑥一万元，李俊承⑦五千元，不敷由余凑足之。民廿六年春，余念厦集二校虽可维持现状，然无进展希望，而诸项添置亦付缺如，未免误及青年。若政府肯接受厦大，余得专力维持集美，岂不两俱有益，此乃出于万不得已之下策，乃修书闽省主席及南京教育部长告以自愿无条件将厦门大学改为国立。过后未有消息，适孔祥熙⑧院长将往欧洲贺英皇加冕，轮泊新加坡，余下船送行，彼对余云厦大事，行政院已通过。再后接

---

　　① 曾江水（1870—1941），祖籍同安禾山（今厦门禾山），生于马六甲，华侨富商。
　　② 叶玉堆（1894—?），福建厦门人，新加坡侨商。
　　③ "集通号"是陈嘉庚设在厦门开元路的"集通银号"，专司集美、厦大经济汇兑，也叫"集通行"；陈嘉庚定时通过集通号提供办学经费，分文不欠。集通号经理孙国栋曾作为陈嘉庚代表，出席厦门大学董事会。
　　④ 李光前（1893—1967），福建南安人，新加坡华人企业家，陈嘉庚女婿。
　　⑤ 陈六使（1897—1972），福建集美人，南洋著名企业家、慈善家，南洋大学倡建者。
　　⑥ 陈延谦（1881—1943），福建同安人，曾任同盟会新加坡分会会长。
　　⑦ 李俊承（1888—1966），福建永春人，曾任新加坡中华总商会会长。
　　⑧ 孔祥熙（1880—1967），祖籍山东曲阜，山西太谷出生，民国时期银行家，时任行政院代理院长。

教育部长来函,并委派萨本栋①君为校长,订暑假时接收,余即函知林校长预备交卸,交卸后而"七七"战事已发生矣。厦大自民十年开办,迄余公司收盘,适十二年足,及至交卸共十六年有奇,余支出款项,适与当时认捐四百万元数目相符,其凑巧如是。每念竭力兴学,期尽国民天职,不图经济竭蹶,为善不终,贻累政府,抱歉无似。回忆古语云,善始者不必善终,亦聊以自解耳。

三四　参加捐办星洲大学

英属马来亚以新加坡为首府,初时对教育甚形敷衍,如历史、地理、化学,与及诸开化智识极少教授,学校教科书只教服务、公役、书记。迨后美国教会学校开办较为提高,故政府学校亦不得不改善多少,但对于地理及化学等,虽中学生亦无由问津,比较菲律滨美国人之设施相差远甚。民七年美教会校长那牙君来访余云,马来亚乏一大学至为可惜。该教会久欲倡办,碍于本坡捐款困难,故目的未达。如有坡币一百万元绝可成立。在美国教会机关愿捐半数五十万元,当地亦须捐得五十万元方能成事。渠筹谋已久,坡侨富人多推诿不肯先捐,恳余首捐十万元,渠自有办法,余即应承,但声明以该大学须兼教中文科,所捐十万元作该科基金为条件,渠亦接受,乃由律师立定合约作十年交清,每年交一万元,约字中声明如办不成,须将原款及利息交回,由其主教与余签押作据,即交去首期坡币一万元。美主教与余签约字后,该校长转向他侨募捐,个人认五万元者已有数人,其他两三万元者亦有多人,不久之间五十万元业已募足。考其成绩如此优异之故约有数端:一、大学设于本坡侨生必多获益,二、主持者为西洋人信用素著,三、美教会办中小学已久,成绩规模为全马冠,富侨子弟多其学生,有此三项故目的易达。于是积极进行,一面向当地政府〈申〉请注册开办大学,一面在市区外购置地址数十英亩,费十余万元,即绘图拟建校舍,据言一年后即可开幕。不图英政府对注册事挨[拖]延年余,始驳回不准,云大学事英政府欲负责创办。盖认为最高学府容外国人设立,于国体有关,

---

① 萨本栋(1902—1949),蒙古族,福建闽侯出生,时任厦门大学校长。

不似我国政府社会茫不知耻也。美教会遭此意外，遂打销［消］计划，所收捐款应当交回。余已交三万元，乃来询可否将母利捐送其中学作理化基金，余应诺，遂不收回。

三五　英政府自办星洲大学

新加坡英政府既不许美教会办大学，欲自行开办，当然有相当之筹备，庶不使民众失望，乃延至民十四年始克成立。迄兹几二十年，所办仅文科理科学生不上百人，且理科多为医学之预备生。该大学无论其质如何完美，然对于量之设施，及扩大收容，必非其立心本意，第不过敷衍塞责了事，维持其殖民地教育本来面目焉耳。当时若许美教会开办，必能推诚积极多设学科，宽容收纳如菲律滨诸大学之进展。至于经费问题，美国方面既负担半数，而南洋诸富侨及该校学生，既感其培养成绩，亦必有相当协助，可惜失此良机，否则，迄今二十余年我华侨人才不知将养成多少矣。

三六　南侨中学校之兴设

民国光复前清学制变动后，南洋华侨学校寥寥无几。光复后略有进展，概属小学校，马来亚未有正式中学。民国七年余乃招多位侨领，在新加坡倡办新加坡南洋华侨中学校，募款五六十万元，向上海聘请校长教师，越年春开幕。自是之后，南洋各处不但中等学校继起设立，而小学校亦更形发展，几如雨后春笋。前年统计约三千校，学生男女数十万人，较我国内地任何地方为普及。其经费概由侨胞募捐，绝非政府帮助。迄至近年马来亚政府始有择校津贴，每生全年不上十元。至能如此发展原因，约有数端，有因各地方或各会馆互相竞争比较者，亦有因校内校长教师发生意见另行创设者。至于经费问题，则受厦大、集美之影响，亦较前容易募捐。加以教师易聘，与民国十年以前大不相同。

本省华侨所办学校，多用本省人，不复如前须向上海远聘。校内教授则用国语，现下南洋国语到处可以流通，较之祖国某省学校，尚有用方言教授者大不同矣。

三七　南洋各属之华侨教育

南洋华侨最多为暹罗，次则为英属殖民地，再次为荷印。暹罗华侨设立学校原本落后，后受各处影响，及民国光复，民心内向，颇见进步，故对中文教育亦知注意，于是热心创办学校者日多。数年后暹政府嫉忌心生，多方取缔，校长教师须用识暹文者。再后亲日派操权，愈增苛例。及中日战事发生，更因媚日而严酷对待华侨，所有学校尽行封闭矣。荷印自来以不平等条例虐待华侨，荷政府所办学校，不许华侨子弟参加，唯许侨生入学。民国光复后，我侨创办学校日多，始取消禁例，然对我国教师入口颇多刁难，故学校之进展，不免受其阻碍。英殖民地对教育方面则较形宽放，虽校长教师须经注册承认，若无不法行动，却亦无何干涉，且时常派视学员到校视察，对卫生上甚加注意，唯三民主义书籍不许教授。至于经费近年来颇有择校津贴，有相当董事及办理良好者方得享受。故马来亚华侨学校比他属更多。法属安南华侨教育虽稍逊英属，然当地政府无取缔之苛例。美属菲律滨政府重视教育，一律待遇，有教无类，其诚意优待为南洋冠也。

三八　南洋教育之弊端

南洋华侨教育既如上述，量数虽略有可观，质的方面不免尚差，其原因不外各自为政，泛而无统，或董事校长任用私人，或因陋就简，种种弊端，颇为不少。盖无教育会之机关为监督领导，亦无我国政府视学员为之纠正，且各校经济概系自筹，既无资助财力，虽有教育会亦等于无。至我国政府虽鞭长莫及，若责委所在领事馆何尝不可。无如我政府既无此远图，而素来领事官大都不满人意，不但不能称职，尚多露出丑状，贻华侨羞。间有一二称职者，则不能久于其位，唯能敷衍应酬，虚伪浮沉者乃得久任。外交官僚既如上言，不但不能改善华侨教育，且有反生陷害者。新加坡有一"中正中学"已办两年，学生五六百名。中正二字校名系倡办人托林君文庆，呈请重庆蒋委员长同意。而校内一位教师为总领事高凌百①内亲，被校长辞退，总领事不满，则电请蒋公取消校名，云该校专为造成共产机关。取消电文既到，立即送交各日报发表，以为该校便即瓦解。不图以此事妨碍当地提学司名誉，致提学司甚为不满，董事长亦以被诬拒绝取消，教师学生更形坚持，仍旧开课，其贻羞国体为何如耶。

三九　济案筹赈会

民十七年夏蒋委员长将兵北伐，日本恐其成功，借保护日侨为名，派兵入济南，阻挠北伐军，并惨杀外交官蔡公时②及许多民众，占据济南城。新加坡发起筹赈会召集全侨大会，名为"山东惨祸筹赈会"，举余为主席。两三月间筹捐国币一百三十余万元，概汇交南京财政部施赈。自筹赈会成立后，新加坡树胶公会议决，每担抽一角交筹赈会助赈，每星期汇交一次。初时依期来交，迨后则迟延日期。及日寇退出济南，筹赈会将结束，树胶公会存款六万余元，任催不交，盖因掌财务者两三人不能一致之故。其后蔡公时夫人③来新加坡募捐，拟为公时办一中学作纪念。余乃召集大会通过。将树胶公会未交款数，捐作公时中学基金。再后多月树胶公会尚未交出，适华北豫陕甘旱灾，新加坡总商会组救济会，因负责者不善办理，成绩甚少，乃异想天开，谋取树胶公会存款移作救济。竟不明向余等磋商，私写约章运动数位胶商盖印承认。由是盲从签同意者七八十家，踌躇未签及反对者五十余家。首谋诸人扬扬得意，谓大半赞成

---

①　高凌百（1900—?），江苏江阴人，时任驻新加坡总领事。

②　蔡公时（1881—1928），江西九江人，民族英烈，时任国民革命军总司令部战地政务委员兼外交处主任、山东交涉员。

③　即郭景鸾（?—1970），广东潮州人，华侨富商之女，毕业于香港华仁书院。蔡公时在"济南惨案"殉难后，得其弟资助在上海创办公时中学任校长至抗战爆发。1970年（一说1977年）于台湾病逝。

便算有效。余乃登报声明该款乃山东惨祸筹赈会存款，业经某月日大会议决，捐作公时学校基金，已登报表明在案，树胶商无权擅移别用。倡谋诸人尚不甘休，屡向树胶公会迫取，该公会乃传集诸胶商开会解决，结果通过仍交还山东筹赈会。越日树胶公会开和丰银行支票一纸六万余元来交，余即转交和丰银行登入山东筹赈会来账（筹赈会始终系与和丰银行来往，树胶公会亦然）。迨至越日和丰银行始将该支票驳返，余则将原票送回树胶公会。该会主席向和丰银行交涉无效，乃以法律控告和丰银行于案，涉讼多月，和丰银行败诉，然尚不休再行上诉，后又失败。至此已拖延两年之久，树胶公会再开和丰银行支票仍旧将六万余元来交了事。此场讼案和丰银行经理在公堂被原告律师鄙辱至于无地，以为经理银行资格，复以感情作用，捣乱商业程序。盖银行可越日驳回支票，系甲银行与乙银行之例，若同是该银行出入，因故要驳回支票只以本日为限，若越日则不可也，此乃银行普通条规，稍有常识者皆能知之。然和丰银行董事长及正副经理等，非不知此粗浅常规为逐日出入支票常例，第因受人嘱托，感情用事，竟置法律于度外。闻系其夜董事长及经理受对方友人要求，乃不顾损失颜面。华侨如此程度，莫怪被洋人轻视也。

四〇　胶款诉讼案

和丰银行既败诉，将款交还山东筹赈会，对方等复挣扎不休，唆使某树胶商延律师阻止该款，不得汇祖国，须留存本坡，其理由谓济案已息，不需救济，且不得捐作别用。余由是不得不以法律解决，讼案由粤侨总务员负责办理，兴讼经年，对方败诉，再行上控复失败，纠延三年余，最后该款仍由筹赈会汇交南京政府财政部了结。至公时夫人所办中学已停罢，故请财政部仍赈济山东难民。树胶公会管财人为拖延不交，致与和丰银行涉讼，继复弄出胶商与筹赈会涉讼，前后拖延五六年。和丰银行及胶商等开讼费四万余元，筹赈会亦费二万余元，诉讼目的物之该存款额数只供洋律师支尽。当和丰银行驳回支票之初，树胶公会将诉诸法律。一日"华民政务司"[①]某君，与数位名律师在西商会楼上午饭。政务司某君言，树胶公会与和丰银行交涉案，渠将为斡旋了结。某名律师答"干汝何事，我侪方将开一金矿，尔勿破坏"云云。所可痛者，吾侨程度参差，好生意见，往往与无谓讼案，耗无数金钱与洋人，并遭受耻辱而不悔耳。

四一　公时纪念像

"济南惨案"发生，蔡公时先生被日本惨杀，全国同胞异常悲愤，新加坡华侨组济案筹赈会已如上述。从中两次汇款六万元，给公时家属一万五千元，余分给同伴被难家属。又筹三万余元将在南京择地为公时立铜像。嗣后因公时夫人举动不端，学校既作罢议，像址及建造亦无可付托，故年复一年，至民廿五年存款除向德国购铜像四千余元（铜像现寄存新加坡三条巷南益胶厂），尚存三万元。适厦大购柔佛树胶园十六万余元，不敷三万元，保款人广客闽四人，同意借该园生息。后该园转归集美学校，民卅年将款收回计母利三万七千余元，寄存中国银行后移交新加坡华侨筹赈祖国难民会收存。该会于新加坡失守时，尚存华侨及中国两银行十余万元。

四二　鸦片与黑奴

鸦片流毒我国，民众受害最惨，清末经与英及关系各国公约限期禁绝，我国雷厉风行笃著成效。适民国光复，军阀割据，故有多处种植鸦片，死灰复燃，此系国体改革暂时不幸之变动。南京政府成立后，即实行严限几年内概行肃清矣。南洋英殖民地马来亚，对禁绝鸦片事无意实行，仍旧公卖，每年获利千余

---

① 1876年，英国为获取廉价劳动力，进一步开发马来半岛，在新加坡设立华民政务司，引入华人协助处理涉及华人相关事务。

万元。概系我华侨之脂膏。民十七年，欧洲国际联盟会特派与鸦片利益无关三国，每国一位计三位代表，来马来亚调查究竟，是英政府贪此利权，抑是华侨必需品。新加坡政府事前组一委员会，多方召诸烟民来问："吸鸦片是有益或有害？"如答以有害，则反诘怒责，不数语便斥去，如答以有益，则欢颜问答不休，愈长愈妙，句句登记以作证据，此种立心不问可知。国际调查鸦片三代表到新加坡时，余则代表华侨开欢迎会，到者中西数百人，在筵中余详述南洋华侨受鸦片惨害，而尤以马来亚为甚，阐明指证，并要求国际联盟会诸代表以人道主义劝英政府早日实行禁绝，则无异美国林肯总统解放黑奴之功德云云。事后政府公卖鸦片，逐年缩减，然迄今仍存流毒未绝也。当筵宴未开时，政府某官员托闽粤两侨领，再三告余筵席中切勿提起鸦片事。然余自有主张，若无目的何必费此筵席。英人多有资格，凡谄媚畏怯之流，彼愈加鄙视，若热诚正义，虽非所愿，然彼衷心尚存敬意。国际联盟三代表往各处调查后，复到新加坡，余则以私人设宴送行，彼等对余甚形满意也。

四三　马来亚稻田与华侨

马来亚各处地面，虽多山冈不似安南暹罗多平地水田可以种稻，然卑湿田地亦属不少。民二十几年不景气流行，男女失业日众，尤以华侨劳动界为最。当地政府为土人设想，改良水利，资助种稻，提倡粮食自足，竭力劝勉鼓励。然土人性怠志短，无甚效果。新加坡政府另设一官署曰"华民政务司"，中设议事会，名曰华人参事局，局员三十余人，多系祖国来者，概由华民政务司选委，任期无限，多有终身者。开会时以华民政务司为主席。虽组织此议事会，亦不过形式上笼络而已。余亦曾任参事局员数年。当不景气之秋，土人既获水田权利，而华人则不能。然华人在马来亚占一半人口，欲图马来亚粮食自足，非华侨共同努力决难达目的，余故提议请一视同仁。蒙赞成通过，由华民政务司向上官要求，结果无效，余即辞退该局职务。而华侨失业日多，除自有旅费自动回梓者外，其他月以万数，由政府资遣回国，足见其排斥华侨之深意矣。

四四　伍朝枢遇刺

民十八年，胡汉民①、孙科②、伍朝枢③、傅秉常④等来新加坡游历多日，晚间余在怡和轩设宴招待，计五席，同席林文庆（厦大校长告假南来）、薛武院⑤（总商会长）、林义顺⑥（中山先生住新加坡系他招待）并余共八人。时适南京政府初换国旗未久，有人通知胡君等总商会仍树五色旗。筵间孙科告胡等"总商会既未换旗，明日我等勿往"。盖越日欢迎会有三处，中午和丰银行，下午二点总商会，四时南洋华侨中学校，薛武院坐余之右，林义顺坐余之左，薛君闻孙科言，告余云："总商会未换旗为总领馆尚未换之故。"余则转告林君，其坐［座］位与胡君毗邻，乃转告胡君。胡听未详尽，误会总商会不换旗系总领事阻止，为其性素燥［躁］，即大声怒问总领事。时总领事李君在右席，闻声急来问故，于是就筵间与薛君议妥，明日总商会须换旗，胡君等应承均愿赴会。不意越日总商会门前旗杆空竖不升何旗，而挂新旗于门上。有人走告胡孙等总商会不升新旗，在和丰银行宴会时孙科即约诸人均勿赴会，而伍君谓恐失侨情不可，乃推伍君独往。总商会散会时，林义顺导伍君出会门将上一汽车，林君始觉伊车在该车后，乃转向后行。刺客立对伍君发枪数响，伍君逃脱，林文庆面被误伤。盖刺客原拟待伍君上车时，然后开枪准可得手，及见其不上车而返行，疑伍君已察觉将避，故急开枪，然伍君自出会门略有注意，故能走脱。刺客被拿，系琼州人，自香港与同志多人来，是日早党人会议，举三人负责各刺杀一人，即孙科、胡汉民，及伍朝枢，幸为总商会不升新旗，故均获无恙。

---

① 胡汉民（1879—1936），祖籍江西吉安，生于广东番禺，中国国民党早期主要领导人之一，时任立法院院长。
② 孙科（1891—1973），广东香山（今中山）人，孙中山长子，时任交通大学校长。
③ 伍朝枢（1887—1934），祖籍广东新会，生于天津，时任驻美公使。
④ 傅秉常（1896—1965），祖籍广东兴宁，生于广东南海，时任驻比利时公使。
⑤ 薛武院（生卒年不详），福建厦门人，新加坡华侨富商，曾任华商银行总理。
⑥ 林义顺（1879—1936），祖籍广东澄海，新加坡出生，民主革命活动家。

四五　国旗之意义

世界各国之国旗必有取义，如英系三岛合国，故用三色，美为联邦合国故用若干星点。我国光复后孙总理在南京就职，公决用五色为国旗，系汉满蒙回藏五族，共和立国之义，何等正大光明，宏伟美观。后来袁世凯野心称帝另有一样旗式，与五色旗无关。至军阀割据地方，仍用五色国旗，亦莫非尊［遵］守国徽，其胜败与国旗完全无关，此理至明无须多赘。乃自孙总理弃世后，国民党北伐胜利，南京政府成立，便即野心变更国旗，以为中华民国是国民党造成，应将青天白日党旗为国旗，俾国民党功勋永存，政权亦可永操。余深知青天白日党旗，系光复前孙总理在新加坡"晚晴园"议定，此系一部份人党徽，与国际无何关系。若国旗则代表全国国徽，对外对内关系至大，不但要取义适当，尚须参以美观及气概宏伟，三者缺一不可。试看该青天白日旗无一可取，言主义则泛而无据，言美观则非日非星，至若宏伟则炎光不展，气象短缩。自光复后，余对政府最不满者，首两件事，一为长衣马褂仍旧保存，一为青天白日旗换作国旗。前年余将回重庆时，曾将青天白日旗，托美术家将炎光修改，较有美术及宏伟气象，然经过数位研究，虽稍胜现状，终难满意。印百多张带至重庆。盖念国旗大事，改革至难，若但修改炎光，或可试探如何。迨至渝见诸要人情况，认为出我意外，遂作罢论。

四六　决定拥护中央

民国十七年南京政府成立，国内纷纷尚未统一，而外国则咸已承认为正式政府，南洋华侨亦未能一致。余则手订规则，交《南洋商报》经理，命悬挂办公处，其语为"拥护南京政府为首要目的"。其时余与蒋委员长尚未相识，亦未有信息相通，特念外国已经承认，国民应当服从。否则，如西南政府要人既多相识，又有消息来往，岂不与个人较有关系，第以此为私人之事，不得因私废公。汪精卫在德国，遥与南北诸不服从者煽动反对南京政府，余与林君义顺联名发电劝止无效。此为余主张应服从中央政府，而不顾个人交情之事实也。

四七　新嘉坡华侨中学新校舍之建筑

　　新嘉坡南洋华侨中学校，当民八年开办时捐款六十余万元。余经手购市内洋楼两座为校舍，费五万余元，又购市外五英里武吉智马律大路边，前马来王别墅八十英亩为新校址，景地均佳，价八万元。余回梓后新加坡屋地业大涨价，董事会议决买市内四万方尺地，拟建店屋为校业，每方尺四十三元，计十七万余元，捐款未收者二十多万元，因商业欠佳均不肯交。所存现金十余万元，两年余经常费提用净尽，至余南来计已三年，校费已无着矣。余乃设法维持，并向认捐未交者，磋商酌衷折交。最巨者为富侨黄君十万元，渠言"实非怠交，当时系有条件，所捐系为建新校舍礼堂之资，不能移作经常费，如有实行建筑立即交出"。余念乘此机会若新校舍落成，可将旧校舍变卖以助校费，则一举两得。于是兴工起盖，除黄君交出十万元，复收旧捐六万元，前置市内四万方尺地仅售两万余元，复向华商银行借出六万余元，合计支出建筑费二十四万余元。礼堂可坐千人，课室膳厅宿舍等仅容三百余人，余如图书馆科学室等尚付缺如，而学生额已满，若有金钱尤须扩充诸校舍。希望热心教育者慷慨输将，俾可继续进展，此为民十五年以前之事也。余辞卸后更换数届校董，其中乃有某董事主席异想天开，提议临马路边建筑两校门，费由渠负担，董事会赞成之。校门造成后有人来告予，门柱标题某某姓名，如此则全校包容在内，将置以前捐款人于何地。余乃往视新建左右两门，相距约一千尺，为该校出入路口，颇堂皇美观，门楣上横书中英文"新嘉坡南洋华侨中学校"，右门柱为白石刻中文，直书"某某姓名捐资建筑"。左门柱亦用白石刻英文，字义与右柱中文同。不筑围墙，只此两门所费不过千余两千元，然以门上有字，观者必误认全校为渠捐建，而以前捐数十万元之数百侨胞全归埋没矣。然此事尚小，该地校址广大，将来可容学生数千名，现所占面积不及十分之一二，空地虽多，日后谁肯复捐资扩充，此则为大问题。余不得已乃告知该校诸董事，请将石柱之字取消，无效。

后乃假总商会召开捐款人大会，到者百余人，举林君义顺为主席，全体通过石柱须拆卸，决议后负责无人，余乃派人办理。窃念教育关系后生极为重要，董其事者必以公忠热诚为主方能收效，否则，不免贻误青年，安得利用学校以为广告，无论中外此风诚不可长也。

四八　许案与叶渊

福建同美汽车公司，川走由同安城至集美，资本二十余万元，由新加坡同侨投资，于民国十年开办，通车后略有利益。同溪汽车公司，由安溪至同安城，资本三十余万元，由南洋安侨投资，因董事多意见，无利可获。倡办时集美校长叶渊亦参加。民十八年许卓然①到同城见陈延香②（同美董事）言拟代某民军筹饷三四万元，要向同美同溪两车路公司息借，招陈君来集美与叶商借款事。叶君答同溪车路公司重要董事住厦门。三人约定越早八点钟在集美下船往厦。许陈两人复回同城。越早两人均未到，叶君乃先行留一名片托车站人交许陈二君云，伊在厦门太史巷街丰益钱庄等候。约近午间许陈始到，渡海至高崎村转坐汽车，来厦至美人宫换坐人力车，到太史巷街口下车步行，陈君在前已入丰益内，许君随后。甫将入门，枪声连响，许君倒于门内，乃移往鼓浪屿医院，有顷而亡。陈叶二君均往探视，而凶手逃走无踪。丧家乃指陈叶二君为主谋，即控于法庭，所以致此者系同溪车路意见人，含恨叶君主动也。陈德麟，集美人，在师范科未毕业即来新嘉坡，在余分店管财，侵逃七百余元回梓赋闲。屡向叶君求职业，叶君知其在洋无状拒绝，由是对叶君无好感，乡校人多知之。许君被刺移往医院时陈德麟适在厦，亦到医院探视然后回乡。在电船中多人议论许事，陈德麟眩巧好言，谓该事伊知情，究实所谓知情，乃受伤后入医院等项而已。即有人往告许家，于是同安县派役拘捕，审问无据。其时许家主持人硬欲加罪叶君，然乏实证可据，不得不利用陈德麟为凶手，造作一篇供词，谓

---

① 许卓然（1885—1930），福建晋江人，革命家，厦门《江声报》创办人。
② 陈延香（1887—1960），福建同安人，时任同美汽车公司经理。

与叶渊同谋,伊任凶手等云云。严刑酷打极其惨苦,使不得不依词认罪。陈德麟既诬服后,移往漳州张贞处囚禁。张君时以师长镇守漳州,在闽南已炙手可热,与许卓然、秦望山①为党友,故许案主持人张秦二人为主脑也。

四九 许案之结局

叶渊、陈延香均被禁厦门监狱,厦门司法官权属中央,张秦鞭长莫及,乃谋将叶君移漳州,借词审问,屡向厦官交涉引渡,实欲置之死地。余乃电南京国府胡汉民、古应芬②二君,请急电厦法官阻止移漳,故张秦目的莫达。后胡君复令将案移至杭州裁判,于是叶君乃往杭州,余杭州分店为担保二万元得免狱禁,而陈延香、陈德麟亦均移杭。讼案判决复翻,纠缠两年余,结果三人均无罪释放。然对方复极力运动,利用军人势力,将再上控。迨闽人民政府发动后,又指叶君曾参加,于是叶君乃辞卸集美校务,而往广西任省府秘书。当叶君被诬时,余即电张君勿冤枉陷害,并云"昔邓禹将兵百万,未尝妄杀一人,子孙兴盛",至与秦君电,则以集美学校关系闽南及南洋教育,请勿诬害。彼等均置不理,更悉力钻营,且靠人势焰武必欲诬杀为快。余在洋适遭世界不景气,不能回梓设法妥人办理校务,致数年间集美学校如无舵之舟,乏人主持成绩退化。所可痛者同为闽南人,既明知叶与许风马牛不相及,必欲硬干到底,既不计冤诬必归无效,又不顾社会教育之损失,欲逞其昧良之心,致死友真凶竟逍遥法外也。

---

① 秦望山(1896—1970),福建泉州人,近代民主革命人士,时任国民党福建省临时党部执行委员。

② 古应芬(1873—1931),广东番禺(今广州)人,时任南京国民政府中央监察委员。

五〇　广西与华侨

广西省自北伐成功后，李宗仁①、白崇禧②、黄旭初③三先生极力整理军政，对交通教育实业尤形注意。缘地方素贫，巧妇难作无米之炊，乃派代表来南洋鼓励侨胞投资开发。广西侨民不多，富商又少，故代表不得不向闽粤人劝勉。数年间计派来多次，每次均曾访余。然余不能以敷衍报其诚恳，乃直言此事之无效。其理由有二，其一富侨绝不肯单独运资亲往经营，其二如设有限公司，招股提倡者恐乏信用。就此公私两事而言，虽在闽省创办，闽侨亦未必响应，况非故乡更觉困难。有潮商某君等曾往广西应承，欲大规模招股投资，在新加坡成立机关，登报鼓励，结果经年，招不上国币二十万元，该公司由是搁浅不前。又有客籍侨胞在霹雳埠颇有资望，亦应承要招集百万巨款，在马来亚各报发表，经过吉隆〈坡〉、新加坡到处热烈欢迎，且在新嘉坡总领事馆宣誓就职。于是遂带秘书等同赴广西，不久回洋，亦是空雷无雨。叶采真先生任省府秘书，最后当局以彼为闽南人，且与余深交，备费数千元，派其南来招闽侨投资，先到安南十余日然后来新加坡。嘱余负责提倡，余仍如前言直告不讳。叶君不信，云经过安南已略有头绪，诸侨商咸言若余肯出倡办，就安南一地要招数十万元易如反掌，言之凿凿可据。余问某某富侨曾言此乎，云无之。余云其他不负责人安可轻信。叶君仍是不信，将往马来亚各埠及荷印宣布使命，计奔波数月将回国，复经新加坡云，某处表同情要筹得若干，某处亦应承拟组公司投资。余答君归去便知是泡影。叶君仍不以余言为然。最后余告叶君云："人之相知贵相知心，余与君交接十余年，君是否认余好妄言乎？"叶君答："极相信所言必实。"余云："既如是何能信诸侨能投资乎。"叶君回广西后，如何覆〔复〕命，余虽不知，但广西政府从此灰心不复盼望南侨投资矣。余详载此段

---

① 李宗仁（1891—1969），广西桂林人，新桂系首领，时任第四集团军总司令。
② 白崇禧（1893—1966），回族，广西桂林人，新桂系代表人物之一，时任第四集团军前敌总指挥。
③ 黄旭初（1892—1975），广西容县人，新桂系主要人物之一，时任广西省政府主席。

事，未免菲薄华侨轻诺寡信，抑或虚妄欺骗，虽非尽然，然亦颇多如此。我国内外同胞，若不觉悟过去虚伪错误，猛省改善，讳病忌医，华侨决不能投资救国。至详细理由可阅余在重庆，马寅初①经济学社②年会，演讲《华侨投资问题》便知。

五一　改良华侨丧仪

民国光复以前，马来亚华侨每年或每两年有一次迎神赛会，装作戏剧马队阁棚弄狮弄龙〈弄〉蜈蚣大锣鼓旗帜等，而尤以新加坡为最。光复后此事稍杀，大不如前之愚迷。乃不知谁人作俑，将上言游戏娱乐之诸项参加于运柩葬仪之中，由是互相效尤，闽粤虽装饰不同，皆不免违背主哀之义。余每于途中遇见，为之羞愧痛心，无地自容。盖此地各国人民皆有，观瞻所系，为人鄙笑指斥，甚为国人之耻。又如死后不葬留柩多日，宴客赌博，热闹终夜，种种陋习为全球所未有。民十七年余主席福建会馆，乃传集开会，议决改革丧事铺张，及宴饮赌博，并规定死后不得留棺过七天。此乃侨民私约规章，非当地政府之法律。福建会馆无权干涉私人，唯有责成各区负责人，每逢丧事亲往劝诫，并登报劝告侨众，颁发规则贴于丧宅。从此以后颇生效力，全马来亚皆随而改良矣。

五二　"九一八"与南洋之抵制日货

民二十年"九一八事变"，日本侵占东四省③，余在新加坡召开侨民大会，通过发电欧洲日内瓦国际联盟会，及美国总统请履行各种条约，维持世界和平，否则导火线自此发生，将造成将来世界纷乱。余明知开会发电虽无丝毫效力，

---

① 马寅初（1882—1982），浙江嵊县人，经济学家、人口学家，时任中国经济学社社长。
② 即中国经济学社，1923年由刘大钧、陈长衡、戴乐仁（美国人，燕京大学教授）、李炳华等人在北京发起成立的社团。
③ 即奉天、吉林、黑龙江、热河。

然祖国遭此侵暴，海外侨民不宜塞耳无闻，自应唤醒侨民鼓动志气，激励爱国，冀可收效于将来。至联络抵制事项，出于不得已下策，任何激烈牺牲，亦往往不能持久，盖由居人篱下，当地当局不但不表同情，尚屡以法律裁制，或袒护对方也。日本有一家炭公司，在新加坡托华侨某君代理，销路颇好，"九一八"发生后，我侨抵制日货甚形剧烈，该代理不得不取消定办之炭。日本炭公司代表南来，详述发动侵占东四省，完全为少壮军人主动，若诸老成政治家绝不赞成，恐将来引起世界大战。又谓山东归还中国，少壮派已生不满，后来复加以华盛顿会议，议定海军五五三限制[1]，则更愤怒不堪，故主张缓和之政治家屡被暗杀。彼等急欲侵略中国，以破坏国际条约，第因前年日本东京大火灾，损失惨重，故暂中止，现已恢复原状，所以此辈，不顾将来危险遂发动此祸矣。

五三　闽南水灾捐

民二十四年，福建漳、泉等处多水灾，而尤以泉州及近处为甚，于是泉绅等来电，求新加坡闽侨汇资救济。余乃以福建会馆名义，募捐国币八万余元，然将付托何机关或何人主持施赈颇觉为难。盖吾闽远不及广东，如粤属逢有灾难，因素有组织慈善机关，可立即备资救济，然后向中外募捐，信用成绩素著，负责劝募者可安心进行。若吾闽省则不然，福州厦门均无此种机关，前有一两次因灾捐款，而施赈方面多生弊端，为捐资者所不满，故闽省逢有灾难，南侨不能救济。此次付托之人不得不慎重，后不得已乃托驻泉李师长主持，并副以数位绅商共同办理。蒙李师长按灾情轻重酌衷支配，泉州居多。而泉州绅商意见不一，有主张将款计口施尽者，有主张灾情已过，将款办工业作工赈者，纷议莫决，结果不知用途如何。依理该款既为水灾劝募，应立即施尽于灾民，以副南侨捐资之义，不宜迟滞或转作他用也。

---

[1] 1921年至1922年华盛顿会议（太平洋会议）成果之一，即签订了五国海军条约，其中规定美英日主力舰总吨位限额美英各51.5万吨，日本31.5万吨，即5∶5∶3，美国意图依据此案确立对日海军优势。

著　述

五四　闽省禁止师范学校

闽南私立男女师范学校多所，自陈仪主闽政后，命令禁止不许开课，只留集美一校。其理由为程度参差，拟归省立办理。师校为教育基本，程度参差或不妥，省府收归统办俾可一律改善，实教育之幸。然省府不但要充分容纳生额，尚须各区分设，俾有志贫生不致向隅，方可裁止诸私立学校。否则，程度虽参差，岂不较善于无耶。然禁止后经过多年，而省立师范仍止〔只〕福州一校，学生数百名，已属杯水车薪。而闽南师范学校仅有私立集美一校，民二十五年冬亦下令禁止。余函电请求保留无效，乃电南京教育部长详言理由，后来电准每年招生一班。此乃敷衍了事，余实无限愤慨。若言成绩集美绝不让于省立，若言普遍收纳闽南有才志贫寒子弟，则远胜于省校，况集美校又有关于南洋华侨学校之师资，重要如是，而乃加以摧残，是诚何心也。

五五　闽建设厅才难

"七七"抗战将发生之前，闽建设厅长陈君①极欲尽其职务，欲兴办多项事业，农矿海利尤加注意，可惜素乏经验，难免反遭损失。余到永安时有人报告，前陈厅长任内曾在某处开矿，损失百余万元，现已罢歇，余颇信为事实。缘前该厅长曾向集美学校建议，由省府备资派遣是届水产学校全班毕业生，往日本留学。又欲租集美第二渔船，订期六个月，每月租金六千元，在闽南捞鱼。两事余均不许，并详告其原因。一为日本无意容纳水产留学生，即肯亦有名无实，徒费无益。前有日本高级视学官来台湾视学，并到厦大、集美参观，受集美校长招待，即要求容纳水产留学生与日生同课，后回覆〔复〕许可五名，只此而

---

①　即陈体诚（1893—1942），福建闽侯（今福州市仓山区）人，时任福建省建设厅厅长。

已,再后要求续派,概行拒绝。至集美第二渔船每月租金六千元,比现在往上海捞鱼,可长两千多元,六个月共可长利一万余元,而省府逐月或须亏蚀七八千元。该船前在闽海经验两月,知之已稔。余不贪得一万余元,而使省府亏损四五万元也。闽政府自来委任建〈设〉厅长政绩无闻,敷衍了事者有之,营私舞弊以政治作营业者亦有之,除是之外,则有上言计划错误者,岂非建设才难乎?

五六　汪精卫小孩弄火

民十七年南京政府成立后,外国已承认。汪精卫在法国遥与南北诸不服从者,互相利用,煽动反对。余与林君义顺联名发电劝止无效。李石曾[①]君将往法国,途过新加坡,余告以汪事,渠云,彼亦常劝其勿参加政治活动,谓:"依你性质,最好作一学者,若要参加政治,无异小孩弄火。"后来余每追念李君,真善知人矣。至汪之左右人物,如陈公博[②]、褚民谊[③]、陈春圃[④]等,余知其皆属碌碌庸常,笨拙无价值可言。陈公博任实业部长有年,未见其做何有利民生事业。来新加坡时在会场演说,及对记者言,渠等如何辛劳服务,每夜工作至午夜后方得就寝。《南洋商报》记者来访,详述其所言成绩,余答:"此亦如前日山东省之梁国有,捐赠政府三千万元,各报多为宣传,究实乃不兑现。"记者发表后,坡中某报赴京报告,则寄一长函来此登载哓哓自辩。褚民谊来洋多次,余识之已久。在南京任行政院秘书长,地位何等重要,乃亲为女运动员执鞭,且拍照登载日报,谄媚妇女不顾国体,人格更觉可知。陈春圃抗战前与同伴七八人来新加坡,寄宿英旅馆,膳宿日费坡币百余元,无非浪费我国民膏血。某

---

① 李石曾(1881—1973),河北高阳人,民国时期著名教育家,国民党四大元老之一。
② 陈公博(1892—1946),广东南海人,时主导国民党"改组派"的活动,曾任汪伪政府代主席。
③ 褚民谊(1884—1946),浙江吴兴人,汪伪政府核心人物之一,时任国民卫生建设委员会委员长。
④ 陈春圃(1900—1966),广东新会人,时任美国《民气日报》总编辑,曾任汪伪政权行政院秘书长。

党员在怡和轩俱乐部设宴招待，陈春圃演说各项，不但极无条绪，且亦无何价值，彼乃认为关系严重，再三吩咐"切勿向外人言"，更足显其幼稚无知。汪精卫自身既奸庸愚昧，而主要徒党亦昏愦鄙陋如一丘之貉，结果自归惨败，无地自容，敌人虽利用彼等作傀儡有何益哉。

五七　对王正廷之劝告

王君正廷[①]任我国外交高级官员多年，余久耳其名，尚未识面。抗战前南来始会见，云此次系私人来南洋游历，先到马来亚再往荷印，其目的要知华侨状况，如政府待遇、经济、商业、教育、社会状况等。及游荷印后将回国，复经新加坡，对报界记者谈话言荷印各埠华侨商会，近来将组"商会联合会"，以资团结，极赞其美举，谓："我华人每被洋人视同散沙。荷印华侨既能联合团结，不但有益商业，其他各事当然亦可获益，希望马来亚华侨当如荷印华侨团结。"余乃往见王君，先述："阅报劝告侨胞诚意，至深感谢。然王君此次虽私人南来考察，与政府社会方面定有关系。闻平素做事多务实，不似其他官僚常存敷衍。唯对南洋情形尚未深知，或有误会，无益此行，故特贡献所知，希望王君明白华侨底细，冀有补救办法，庶不虚此一行。兹就团结二字言，华侨所有组织大都形式上而已，若言内容实际乏价值可称。如各商会联合会，马来亚十余区自十年前已组织联络，按年轮流在某埠开会，至今已久，绝无实际利益可言，徒有形式上之应酬而已。荷印今始倡议，将来料不过五十步与百步。空言团结，仍属散沙，此则甚可痛耳。"王君云："我不知侨胞如是泛散，要当如何方能达到团结？"余答："余意甚难，所可望者祖国政府能治理良好，领导人民团结，为华侨作模范，则华侨当然响应。若祖国政府不能领导人民团结，欲望华侨先行，则无异缘木求鱼，希望先生回国后请政府改善，则华侨受赐无限矣。"

[①]　王正廷（1882—1961），浙江奉化人，社会活动家，有"中国奥运之父"之称，曾任南京国民政府外交部部长。

五八　清衣冠之遗留

民国光复后辫发裁去，不恢复全发之古制，而与世界各国同属短发，诚属妥善。唯满制长衣马褂，则仍保留不改，甚至认为通常礼服，当局之气馁妄从，违背革命真理，保存亡国风气，其弊何可胜言。至改革服制式样，如不恢复古制，亦不尚法西洋，自可研究妥善体式，取其经济与便利，则耳目一新，可除腐旧。否则虏服仍存，丑态依旧，不但世界无此服装，为人指点讪笑，且依附阶级陋习，更非平等制度，如学校教师可穿长衣马褂，学生则不可，高级军官可穿长衣马褂，下级士兵则不可，店东职员可穿长衣马褂，而劳动工伙则不可，世界无论何国有是理否？民九年集美学校修理电机，该发动机不上百马力，乃该技师只令工人开视［开始］工作，自己全不出手，不一点钟完竣，留校午饭，余与校长伴食。回厦后则大不满意，谓受我辱待，与其工人同席。如此骄傲自高，莫非因其身穿长衣马褂乎？技师亦劳工之列，有何高贵可言也。后来新加坡余树胶制造厂中电力发动机二千余马力，凡有损坏请政府电气局总技师来看，每次单身自来，脱去外衣，亲手查验，盖亦尽其义务而已。若论新加坡电力厂与厦门电气局比较，则不啻小巫与大巫，余由是更感长衣马褂之遗害［贻害］。民廿三年曾著论在上海《东方杂志》发表，并函请南京政府立法院限期禁除无效。民廿七年复向重庆国民参政会提议，又不蒙采纳。越后余到重庆，曾参加开会摄影，林主席、蒋委员长均到，合诸参政员及各院部要人二百余人，服装有长衣马褂者，有单穿长衣者，有中山装，有西洋装，亦有西式礼服，有军服，及蒙古西藏等服，及其他便服等，真所谓五光十色，参差不齐。现政府及参政会对清长衣马褂，虽不与余表同情，然余深信必有一日可达目的也。

五九　妇女服装应改善

我国妇女衣服，各处互异，政府既无规定，普通服制多由人民自由变更，故到处多殊,数十年来更常演变,大都由上海倡起,不久便风行中外,时髦屡易,损失之巨难以数计。自改服旗袍以来,身长无限,有至脚踵者,而袖由长变短,现竟变至无袖,长裤改作短裤,现亦有短至露腿者,不特美观未见,而且不耐寒冷,对卫生上实属有碍。若延安中共妇女服装,则短衣长裤,与男服略有分别,为其便于工作,及节约朴素。以我国人之贫寒,质朴勤俭最为首要。如苏俄革命后,耐苦十余年,穿破衣服,食黑面包,乃能成其富强。我全国妇女,如欲勤俭节约,则可短衣长裤,以苏俄为模范,此在乡村中可无问题。若城市殷裕之家,无须劳动工作,不肯短衣长裤,则可仿效西装,长衣束腰,袖长至肘,衣长过膝已足,裤长亦须过膝,若服裙者则衣短,而裙束在衣之外。妇女此种服装,既较经济亦更美观。若云何必模仿西装,是则所见未广。我国古代女裙亦束于衣外,况男子衣服已多仿西装,何必独限妇女,既不能恢复古制,则当取维新、经济、美观、大同、有恒,五项为主要。民国光复后,希望政府对诸不良事项,实行改革,然诸多失望。即就男女衣服而论,政府当局亦应代民众设想,务求经济便利,朴素雅观,命令倡行,表示维新气概。余久欲向政府建议,无如前所提革除长衣马褂,不蒙采纳,故仍有怀莫达也。

六〇　跳舞营业之毒害

马来亚前有青楼妓女,虽住市区内,然另有街巷,不与良家眷宅混杂,不特良家远避,而妓寮亦不敢杂溷良家住所。后来政府禁止青楼,至今二十余年,虽有暗娼,亦匿居偏僻处所,至于日间更不敢显露头面。自民廿几年顷新加坡开设一跳舞厅作俑,既往上海雇来舞女,又向本坡招诱华侨女子参加,俄而小坡跳舞厅相继效尤设立,由是大街小巷如雨后春笋,到处创立,而尤以"跳舞学院"最发达。政府放任而不取缔,坐视华侨腐败,以益市面繁荣。市中到处唯见唇红口丹之冶容,异服奇装之妖态,车水马龙,眩〔炫〕耀于道,堂堂皇皇,毫无羞耻。美其名曰"舞女",夸其技为时髦。且住处多与良家混杂,泾渭不分,致令贫寒女子垂涎羡慕,合污同流,廉耻羞恶,扫地无余,良莠传染之害日甚一日。不但血气青年受其迷乱,便是中年老辈亦多乐此不疲,至以舞场为营业者之计划，则网罗周备，诱惑多端。夜舞、日舞、酒舞、茶舞，时时可舞，事事可舞。问津之人以其名称异于青楼，畏长惧内较免罪责，然而既入迷途，积重难返，轻则精神耗削，事业荒废，重则离异破家，囹圄亡命，种种恶果，日有所闻，不一两年全马来亚到处都有。余睹此情景，痛心疾首，挽救无术。闻菲律滨跳舞亦甚盛，然市内禁绝，凡跳舞厅须设于离市区五英里外。乃呈函坡督详述跳舞营业之祸害，请其设法限制，如不能禁绝，亦当效菲律滨办法，并禁止日舞、茶舞等奇祸。函呈后即接回札，云已收到，再后久无消息。约经六个月之久，复接一函云："君某月日之函，政府现正考虑。"不久欧战发生，无复消息矣。或云："跳舞在欧美已普遍化，若谓我国不可仿效，未免过于顽固。"然凡事当先论利害，若利害参半，或利多害少，取而仿效，尚有可言。若此跳舞营业，有百害而绝无一利，直是卖淫变相，为祸害青年陷阱。若必以欧美风化为比拟，无论是否变本加厉，且我之国计民生，未能望其肩背，安可专学其娱乐，如胎毛未干，便欲学毛羽丰满之高飞，其遗害［贻害］岂胜言哉。又如法国巴黎人，常在大庭广众中，男女互抱，狂吻特吻，几同无知鸡犬，是亦欧俗之尤，我国亦当取而效之乎？至于苏联社会主义，男女自由，为全世界最平等及最新国体，如互抱狂吻之风，鸨业跳舞之害，绝不通行，我国民何不取而之效乎？

六一　南侨救乡运动第一次

吾闽自李厚基①任督军时代，孙总理在广州委任闽人党员八司令官②，组织民军，以闽南人居多。由是各组机关，树旗招兵，所需军械粮食都系地征派。始则善意劝募，为保护治安经费，后则强迫硬派，无复情理，所招军士又多属无业恶徒。迨至意见发生，则各立门户，抢劫勒赎，割据地方，强抽捐税。且

---

① 李厚基（1870－1942），江苏丰县人，曾任福建督军。
② 为反对北洋军阀政府撕毁约法，解散国会，孙中山于1917年在广东成立中华民国军政府，举行北伐，史称"护法运动"。八司令即该期间孙中山所委派的福建护法军正副司令宋渊源、王荣光，福建靖国军正副司令许卓然、杨持平，闽南军林祖密等。

强迫种烟，按亩重征，若不举行，则每亩硬收烟税若干。由是民穷财尽，地方纷乱，盗贼如毛，尤以闽南为甚。民十二年冬菲律滨闽侨发起组织救乡会，派王泉笙①等三人为代表，来新加坡见余云，本人代表学界，彼两人一代表报界，一代表商界。其使命系向英荷等属各埠闽侨请组织救乡机关，然后择期举派代表，到香港或菲律滨开会。现全菲闽侨均同意进行，彼特到新加坡征求组织，然后往马来及荷印同样举行。余问其是否拟定救乡办法条件，及带来何项手续。据云都未有，要如何办法，须待各代表开会时议决。余云，贵处既热诚提倡，且距故乡较近，必先有调查状况，及计划拯救办法，譬如需财若干，需人办理抑或他项，从何方面起手，略具条件，再待各代表开会修正。兹若虚泛无绪，茫无把握，但欲各处先组机关，授权代表赴会，恐多未明白，难收实效。因代表远途赴会，侨领恐不能亲行，愿往之人则未必有决定之全权。王君等不以余言为然，辩论不休，余则告以此系余个人见解勿怪。此间有福建会馆，主席及司理某某希往请他办理。迨后召集开会竟乏效果。王君等往马来各埠，据日报登载多有组织救乡机关。后几月余往荷印，适与王君等相遇于泗水。及王君回菲，订期约各处派代表到菲律滨开会。闻马来亚及荷印均无举派，到者概系菲属而已，至于救乡事则空雷无雨耳。

六二　救乡运动第二次

民十七年马来亚槟城埠，某惠侨倡议救乡，在槟城先开会，举派若干人为代表来新加坡。动身时电知新加坡闽侨诸会馆，故多派人往码头迎接。并预告马来亚诸埠闽侨，均派代表约期同来。假怡和轩俱乐部三楼开谈话会，强邀余参加。诸代表有主张训练乡团若干人者，有主张与民军合作者，亦有主张造铁路利交通，兴实业，开矿产，则民生有赖，盗匪自消，方是根本解决者。所言各有理由，而不计事实能否办到。余则云："凡事言之非艰行之维艰。顷所言练乡团及与民军合作，以闽南之广，不但不能普及，不能满各乡侨之意，反恐画

---

① 王泉笙（1886—1956），福建惠安人，曾任南侨总会常委。

虎成狗，增添许多匪徒。试问华侨有何忠诚人才可负职责。至于兴办各事业，谈何容易，不但无许财力，亦缓不能济急。以余鄙见吾侨果有救乡真诚，则负担相当金钱，按马来亚闽侨力能办到者而行，办法极简单而有效。依光复时经验，现南京政府已成立，可发电或派代表磋商，请派若干军队驻闽南清乡治匪，订若干月可以肃清，每月吾侨补助若干军费，如此较靠得住。若要实行此事，必须筹有相当金钱，方可向政府商议。余按如需一师兵，每月补助至多国币十万元，至迟一年治平，计一百二十万元。政府如实行及治理有效，我则逐月汇交，否则，停止汇寄并与交涉。此款数目可由马来亚闽侨担认。"云云。然诸代表不置可否便散会，余从此不再与闻，余早知倡起者鹜名，非实事求是。盖槟城代表来新加坡，何必分电各会馆，往码头迎接，其虚荣心可以想见。续后数月各埠代表回去，复来开会数次，纷纷不一，结果咸归泡影。而巧妙收场之议决案，则转归新加坡福建会馆办理，其理由新加坡为马来亚首府，福建会馆为闽侨各会馆领袖。余时任福建会馆主席，然救乡事大，公义所在不得不承受，即乘诸代表未归召集开会。余言："贵代表数月来开会多次，救乡无妥善办法，故移责本会馆，究竟诸君是欲卸责任，抑欲与本会馆合作？"诸代表云："系请贵会馆领导合作"。予〔余〕言："既如是本会馆无他权能可以领导，惟〔唯〕有如前谈话会余所主张，侨胞负责出钱，要求南京政府派军兵负责治安而已，如同意赞成方有办法。"于是全体赞成，乃议决募捐坡币一百万元，新加坡卅万元，槟城十五万元，余分摊各埠至足数。余云："此次救乡系由槟侨爱乡热诚提倡，目的若达，功德无量，然不可如前菲律滨空雷不雨，不但贻笑中外，反致有误家乡。各埠认捐数目应限期募足，请由槟城先行劝募，至迟两星期内起手，一个月内募足，成绩如何来函报告。本会馆立即传达各埠及新加坡同时举行，均于一月内募捐足额，再传集开会选派代表赴南京。"全体代表均举手赞成。越日各代表回去，过后十余日槟城绝无消息。余乃致函查问，亦无确实回答，并不见报纸登载募捐工作，余复行函责问，竟覆〔复〕无价值了事，此为第二次救乡之结果也。

六三　救乡运动第三次

　　民国廿三年，南洋闽侨救乡运动死灰复燃，其时闽南匪氛已大减少，唯安溪及内地尚有骚扰。提倡者为新加坡闽侨，素志阴险，人格不讲，每利用时机欺人扬己，不察者则受愚罔。盲从之流，不但坠其术中，并不计将来利害，附和奔走，举动若狂。余曾向两三位热心人忠告无效，或且以余为破坏救乡，盖反对者独余一人耳。至倡议条件，不但救乡，且向中央政府要求闽南十县作自治区，创建设银行兴办各种实业并模范村，计划确是伟大可观。新加坡各日报均用大号字标题，及详细登载，由是南洋及闽南诸日报多有转载，谓此回闽侨确能造福桑梓，闽南民众多有额手称庆，眉飞色舞者。在新加坡传集马来亚各区代表，开会两次议决，派三位代表，槟城、马六甲、新加坡各一位，并筹旅费一万余元。中外报纸既先宣传，三代表及秘书随后前往，先到南京请愿，然后回闽视察，如安溪铁矿、龙岩煤矿，均有查勘，闽南有名城市均往游历。到处空巷欢迎，爆竹震耳，荣耀得意莫可言喻，历时数月方始回洋报告，此一回之救乡责任便已告一段落矣。过后多月复召集马来亚闽侨开会，为建设银行募股，按实备资本国币五百万元（时坡币七十余元申国币一百元），新加坡举多位代表向全马劝募，经过月余未达数额。再后气衰志馁，日形无味，前后纷纭两年余，结果归于解散。此为南洋闽侨第三次救乡之效果也。

六四　救乡运动失败之原因

　　南洋闽侨三次提倡救乡，无益而反有损，盖每次都为虚荣心所误。语云：前车覆，后车鉴。深愿华侨无论为国为乡，若虚荣乏诚，决定失败。兹余按次述其失败原因如下。第一次救乡失败之原因，盖由于提倡者拟自居盟主地位，且未考察真因，计划办法，任其无根之理想，轻率欲招集远处英荷等属派代表参加，此其失也。第二次救乡亦成泡影，则为倡议之人好名乏实，初时轻于传集开会，后来既无办法则捐资请政府负责，实至善可靠办法，彼首倡者既有财力，若肯以身作则，先认捐两三万元何事不成，无如诚意不足，素非慷慨，故归失败耳。至第三次倡议救乡已乏价值，唯办法与前异，而以要求自治及模范县模范村，建设银行，振兴实业，夸张虚构欺蒙同侨，存心原本狡诈，立意为己名利，绝无实事救乡之念，只欲眩［炫］己才干，愚弄他人，其失败固无待言。此第三次闽侨救乡，较前两次同为无利而加有害也。所痛者多位有财力侨商，对银行均有承认购股。曾告某友可认三万元，该友答我安有财力，彼云免兑现名誉可得，社会之坏即在明知其非而不谏止，甚至助桀为虐之乡愿耳。海外闽侨逐次对救乡热烈举动，若不贻误桑梓，损失尚属无妨，无如虚荣影响易招外侮，如陈仪之轻视闽人亦即由是也。余阅报载陈仪在某处演说云"闽人希望南洋闽侨运资发展，利益民众，迄今年久，究有何效，多属空雷无雨，他省免倚靠侨资，其民生更形安定云云"。审此足见陈仪藐视闽侨，而鱼肉闽民之有因矣。

六五　助款兴集校

集美学校创办时，余原意不求外助，迨至民廿二年不得已乃向相知者请其补助，李光前逐月坡币六百元，陈文确①国币五百元。"七七"抗战后集美距离厦门隔海数里，飞机大炮时常来炸，损失之巨无须多赘。民廿八年余乃发动在洋拟向集美诸学生，募捐国币二百万元，按八十万元作修理费，余作基金，定每生最少捐国币一百元，申坡币十五元，不向外人募捐，而巨港校友，竟向商友捐几千元，结果共捐国币二十三万余元。陈六使（集美人亦集美学生）捐公债券一百万元，系托上海华侨银行代购，利息每年六万元，作集校基金。余至重庆知战事未易解决，集校修理尚迟，乃将捐款参加"中国提炼药厂股份公司"国币二十五万元，全年本息六厘，作集美学校基金，该公司资本一百万元。李光前所认月捐至民廿九年春停止，换捐坡币五万元，系麻坡及实吊远胶厂押款，

---

① 陈文确（1886—1966），福建集美人，曾任新加坡同安会馆主席。

逐月可收利息坡币三百七十五元为集美校费。

六六　回国就学须注意

集美师中等学校，自民国七年开办以来，南洋华侨学生前往肄业者不少。集美系乡村学校，不但与城市远隔，不染繁华，而自来校规严格提倡朴素，禁止学生浪费，虽距厦门市不遥，然学生无故不许请假离校。为此缘故，间有富侨子弟，生性好动，或被人招诱，或不耐拘束，转学上海及其他繁华城市者亦属不少。其转学原因，必有相当理由函禀其父兄，该父兄身居海外，虽被欺骗多无由知悉。至上海华侨学生之浪费，有月开数百元者，若百数十元可算为俭省。有某君之子留学上海，不到一年费款两千元，及知其浪费亲往召回，须再清还校费、旅费、衣服费等数百元。其浪费最烈者即是跳舞。跳舞之祸害甚于毒蛇猛兽，我国抗战胜利后，内政方针第一件须禁绝跳舞，否则，执政之腐化庸污，无建国精神可知矣。我南洋侨胞如要遣子弟回国就学，尤希格外注意为幸。

六七　反对西南异动

民廿五年西南将异动之前，陈济棠[①]派某财厅长林某，来南洋探访侨情意向。新加坡总商会特开欢迎会，会长谄媚演说，称广州政府为父母官长，该代表满意回报。秋间发动叛变，余乃联络各界假总商会开侨民大会，表决趣向，结果大多数反对异动，拥护南京中央政府。于是余乃以大会主席名义，发电劝广州陈济棠，广西李白黄[②]以"外侮日迫，万万不可内讧"等语。陈覆［复］

---

①　陈济棠（1890—1954），广东防城（今属广西省）人，时任抗日救国军西南联军总司令。

②　李宗仁、白崇禧、黄绍竑为新桂系三巨头，简称李白黄。其二号人物黄绍竑离开广西后由黄旭初补之，仍称李白黄。

电辩论,余复去电责以"司马昭之心路人皆见"。至广西覆电甚长,约三百字,亦多解释理由,余回电仍善意婉劝忠告,请勿与贪吏叛逆陈济棠合污。彼等苦心治理广西十余年,誉隆全国,万万不可轻弃。敌人得陇望蜀,应共筹抵御不可自生内战等云云。

六八　购机寿蒋会

同年秋蒋公五十寿辰,南京发起捐资购机祝寿。我国驻英大使电新加坡总领事,劝马来亚华侨捐飞机一架,国币十万元。总领事向余提议,余云:"居留政府对募捐例须请准方可进行,况飞机属军械品能否许可未可知。窃思如蒙许可,须联络全马来亚,庶小埠市不致向隅。"乃向当地政府请求,即获准许,出余意料之外,由是感觉英政府对我国方针已变,心中无任欣慰。总商会传集各界会议,举余为主席,宣传驻英大使电,按全马捐十万元购机一架。余按马来亚诸大埠俱能独捐一架,其他小埠不免向隅,余经请准当地政府,联络马来亚各埠合作。即决议成立"购机寿蒋会",登报并通函全马十二区侨领,到吉隆坡开会,计捐国币一百卅余万元(其时坡币约六十余元申国币一百元),概汇交南京购机会。

六九　"七七"抗战侨民大会

民国廿六年七月七日事变,马来亚华侨多埠发起募捐救济祖国难民。新加坡爱国侨胞,向余询问以落后为言,余答:"战事尚未显明,若可息事则毋须筹款。如成战争,关系国家民族存亡,事体极为重大,期间亦必延长多年。开会筹款当有相当计划,不宜急切轻举贻误成绩。可将此意告总商会,预向当地政府接洽,许可于必要时开侨民大会。"越至八月十三日战事已发动。即由总商会登报传单,订十五日开侨民大会,捐款救济祖国伤兵难民。十四日英政府华民政务司佐顿君邀余谈话。问:"明天赴会否?"余答:"赴会。""将举汝为主席

著　述

否?"答:"不知。"佐君又云:"经与总督①议定,此会当由你负责,因本坡华日侨民众多,政府甚为关怀,并附带四条件为明天会场要旨。(一)不得表明筹款助买军火,此乃中立国应守规例。(二)不得提议抵制日货。(三)款须统筹统汇,不得别设机关。(四)款汇交国内何处,由总督指定。"又云:"总督经发电询驻华英大使,待覆〔复〕告知。"余归后即电南京外交部长,速与英大使接洽,款切须交政府机关,华侨方能信任多筹,全马侨胞亦可统一汇交不致分散生弊也。

七〇　新加坡筹赈会成立

八月十五日侨民大会开会,举余为大会临时主席,余即将昨日华民政务司佐顿君所示四条宣布,言我侨如要筹款有成绩,当注意遵守。即通过本会名称曰"马来亚新加坡华侨筹赈祖国伤兵难民大会委员会",简称曰"新加坡筹赈会",规定委员三十二名,闽十四,潮州九,广州四,琼州客帮各二,三江一,由各帮自选。大会授权委员会行事,再由委员会选主席及各职员,议决后余即宣布:"今日大会目的专在筹款,而筹款要在多量及持久。新加坡为全马或南洋华侨视线所注,责任非轻。然要希望好成绩,必须有人首捐巨款提倡,此为进行程序所必然。昨经叶玉堆先生自动认义捐国币一十万元(时坡币五一五②申国币一百元),余则承认常月捐至战事终止,每月国币两千元。"

七一　闽侨宜多捐

越日召开委员会,举主席及职员,举余为主席,议决办事处设怡和轩俱乐部。所有捐款概作义务捐送,不收政府公债券,不得另设其他筹款机关,凡募

---

① 即珊顿·汤姆斯(Shenton Whitelegge Thomas,1879—1962),海峡殖民地第25任也即最后一任总督。
② 即51.5元。

捐款项，概汇交中央政府行政院收赈（此系总督接英大使覆［复］告）。至募款分特别捐及常月捐两种，各帮自动极力进行，并于市区外劝设分会三十余处，以期普及侨胞。规定坡中三大游艺场，每两三个月为筹赈事轮开一次，其他复有演剧、游艺、捐箱、卖物、卖花、报效、游海等募捐手续。特别捐每年复向华侨捐一次或两次，每次降减甚多，亦有不肯续捐者。至常月捐除较成宗外，若月薪甚麻烦，店东多不负责，越久越稀故成绩无多。抗战经年之后，常月捐大半靠货物捐，树胶每担一角逐月三万余元，他如米、糖、鱼、枋木、什货等约五六万元。特别捐、常月捐、演剧、游艺及各分会八九万元，共每月义捐坡币十七八万元。论输款闽侨较有成绩，诸募捐员及出资之人，往往以他帮为言，及闽侨开会余常告以闽侨应多捐理由。抗战重要在出钱出力，我闽省出兵力不及他省，我闽侨应多出钱，以补省内出力之不足，劝捐员务希以此勉励。至于抵制日货事，成绩颇佳，剧烈且持久，此系另一部份热诚侨胞负责工作，虽身入囹圄不辞。然英政府大不似前严格对待抵制工作者，又如各货捐实犯其法律，我侨虽私相授受，而彼知之甚稔，且全马仿行多年如是，不但未有禁止，亦绝未来干涉，其特别优容，使余铭感无任也。

七二　侨生与祖国

华侨在南洋所生子弟统称侨生，光复前学校甚少，侨生未受祖国文化，故对祖国观念极微。此次抗战严重，关系祖国存亡，彼等多不注意，虽巨富之家捐些须［许］金钱亦难。新加坡一家闽侨生，资产千余万至二千万元，屡向募捐结果仅二千元。粤籍一侨生资产数千万元，亦不捐一钱，彼在各埠有药材行，风闻有人倡议抵制，不得已捐出一万元。南京失陷前，政府卫生部来电请组医生队回国救伤，新加坡筹赈会登报招聘，结果印人四名，来自祖国之医学未卒业生二名，而侨生竟无一人。查马来亚侨生，在香港及新加坡医学校卒业者颇多，据诸医生言，侨生医生现乏相当医业者不少，如以辛［薪］俸每月五十元，雇在药房服务极容易，而征聘回国月薪加数倍，则无一人肯参加。有此不幸皆由未受祖国文化所致也。

七三　马来亚筹赈会议

马来亚原分十二区，抗战后各区均组织筹赈会，然无总机关领导，不但筹汇不能一致，亦无可比较及激励成绩。各区侨领能原谅同情者虽多，而偏忌自高者不无其人。故对于召集开会事，余不得不慎重考虑，但求能一致进行，决不计是否领导名称。故思变通办法，函请各区会准国庆日，派代表到吉隆坡（该埠为全马中区）作谈话研究会。议题为：（一）所筹款项是否概作义捐？因南京政府宣布汇款概给回公债券，菲律滨已接受，马来亚诸区亦有接受者。（二）至本年终全马按捐筹若干各区如何分配承认。（三）所筹款项是否一律汇交行政院？（四）不组织总机关及举临时主席。计四条议案。及开会时代表百多人各区均到，多数主张须举一临时主席，正式开会，乃举余为临时主席。余言义捐不应换取公债理由："如可取公债，则资本家及稍成数者毫免损失，大多数劳动界捐出一元数角，则白牺牲，其他演剧、游艺、捐箱、卖物、卖花等什捐零碎将如何办理，故新加坡筹赈会经通过，概作义捐不取公债。至公债事项待后另行劝募。此次抗战救亡为有史以来最严重之国难，国民须尽量出钱出力，海外华侨只负出钱一项而已，若不作义捐而贪取公债，出钱之义何在，且何以对祖国同胞？"于是全体决议不取公债。第二项认捐数目案，决议至年终坡币一千万元，新加坡负担三百万元，余各区分摊。第三项决议概汇交行政院。第四项诸代表谓虽不设总机关，亦当设一通讯处，俾可与中央政府及马来亚各区会通消息，乃举余为马来亚各区会通讯处主任，余将离新加坡来吉隆坡时，已知孔祥熙院长由欧回国，国庆日可抵新加坡，即留函报告："马来亚义捐，至年底可募国币二千万元，救国公债须待新年方能进行，至多亦二千万元。"彼接函后即发电来吉隆坡祝开会成功，并谢侨胞热诚义举。

七四　虚荣终失败

南京政府对敌抗战后，首次拟发救国公债五万万元，按新加坡四千万元（包括全马），付交余及其他两人函件并证书。余按此办法不妥，必乏成绩，盖三人均闽侨，而粤侨未有，且以新加坡一处领导全马亦不可能。余即覆［复］函开释缘由，提议"新加坡须添增粤侨某某三人，马来亚分十二区，除新加坡外〈其〉他十一区各有筹款机关，领袖某某请各直接寄交诸手续"云云。总领事闻知余接公债证书消息，即与新加坡、吉隆、霹雳侨领暗中联络，一面向本坡政府要求立案，成立马来亚募公债机关，一面电告南京政府，云余不肯负责募公债，他等以为募数千万元公债易如反掌，其意要居此虚荣功。政府即派广东交涉员刁作谦①南来帮助，向坡督及华民政务司运动，结果拒绝要求，仍委筹赈会由余负责办理。盖彼等如何努力向当地政府运动，余绝不与闻，念均属义务，甚愿相让，无如坡政府不肯。可叹者我外交官及数侨领，在此国家危险时代，尚不自量力而犹醉心虚荣也。

七五　劝募救国公债

民二十七年春，政府复派募债员南来，其时余亦以首期义捐已办妥，应进行劝募公债，然仍必由新加坡发动较为有效。但须先觅有人认购巨额，方能影响本坡及全马。乃向数位富侨提议未遂，余不得不自己负责。于是召集侨民大会，宣布募债缘由。"政府发出五万万元救国公债，分配马来亚四千万元。余按不能如数办到，然至少亦须接受半数二千万元，庶免过负政府期望。以二千万元核计，新加坡区应负担六百万元，此项巨款非全侨努力不能足数。余经济有限为诸君所知，然为尽国民一份子之天职，愿购一十万元（汇水坡币五十一元

---

① 刁作谦（1880—1974），广东兴宁人，时任外交部两广特派员。

半申一百元)。"于是在场认购二三十万元。再后积极进行,至秋间结束仅五百余万元。而马来亚诸区虽有进行或观望不前,或成绩不佳,后经政府及余再三催促,延至年终截止约一千余万元。统计全马一千五百余万元。盖我国政府公债,前时未曾推行海外,而上海市公债时价,每百元常行五六十元,南洋华侨银行素不肯典押我国公债,有此种种阻碍,故推销困难。况义捐劝募逐月进行亦一原因。回忆暹罗华侨对公债事,因南京政府托某银行办理,该行在暹京无何势力,又不自量力,不让总商会接办,致诸侨商袖手观望,故无成绩可言。缘许时暹政府尚未排斥华侨,若付托得人,数百万元或可办到也。

七六　闽代表来洋筹款

"七七"抗战后冬月,闽省府派数代表来,系闽南人,萨镇冰[①]亦同来,云:"要筹款二百万元救济闽省,否则,夏末青黄不接,惨状难言。"余告以"现下绝难办到,理由有三,抗战后侨民大会及本坡政府约定统一机关,凡所筹款概须汇交行政院,一也。国庆日全侨在吉隆坡开会,决定义捐坡币一千万元,限本年底筹足,新加坡数额须三百万元,现尚捐筹未足,二也。中央政府责成马来亚华侨,须认购公债四千万元,余按至多承受二千万元。在吉隆坡开会时,余主张待新春开始劝募,而各区代表多欲同时与义捐并进。然俗语云针无两头利,新加坡公债须负责五六百万元,必待新春开募,且不知若干日月方能筹足,三也。以上三件事均系全马议决在先,万万不可违背失信,私为闽省筹募,此乃最易知明白事项,望诸代表原谅"。而诸代表有不明白之人,纠缠月余不休,且听人怂恿,谓闽侨另筹确有效果,余告余既负总筹赈汇交中央政府之责,无论如何在新年夏季内决无办法,他闽侨言可另筹,汝可请他另立机关劝募,何必纠缠不满。后诸代表往吉隆、怡保、槟城,到处如新加坡应酬招待,各埠均许筹国币五十万元,系股份式作兴办农业之款(时坡币五一五申国币一百元),

---

[①] 萨镇冰(1859—1952),祖籍山西代县,福建福州出生,海军上将,曾任福建省省长。

并有侨领同诸代表来新加坡，要余赞同亦认五十万元，共二百万元，使诸代表不致空手回去。余云："做事须务实，若轻诺寡信，他日空雷无雨，反贻害本省，此等事余决不效尤。试问贵区会议定救国公债额数过期数月已募若干？"该侨领答："尚未起手。"余则驳以"何故迟延，可见未有把握故尚迟延。新加坡应摊五六百万元，开募月余仅二百余万元，尚欠之额不知须延迟至何时，且大半靠闽侨负责。贵区迄未动作，兹又欲增加省款，非至两败俱伤不已。在平时对故乡事犹当脚踏实地，何况抗战严重期间，已许中央筹募公债战费，安可迟误失信。无论如何必待数月后公债募有把握，方可筹及省项"云云。该侨领无言可答，而诸代表中难免有含意不满者，及余回国尚有余言也。

七七　筹备南侨总会

"七七"抗战后，菲律滨李君清泉来函，言："南洋华侨应在香港或新加坡，组一筹赈总机关，领导募款。"余覆［复］函谓："新加坡乏相当之人请转商香港较妥。"越后又接荷印吧城庄君西言来函，嘱余在新加坡组南侨总会，所言目的与李君同样。余辞以乏相当才望，不敢接受。越年（民廿七年）夏末，忽由新加坡总领馆转来重庆孔行政院长电，云："吧城庄西言先生建议，应由君在新嘉坡组筹赈总机关，领导各属华侨筹款。本院已委外部，电知南洋各领馆，通知各属侨领，派代表到新加坡开会，希筹备一切。"余以国府命令当然接受。于是登报并通函英属香港、马来亚、缅甸、婆罗洲，荷属爪哇、苏门答腊、西里伯，美属菲律滨，法属安南，及暹罗等处、各筹赈会、慈善会、商会，订十月十日国庆日，派代表来新加坡开南洋华侨筹赈祖国代表大会，并限定大埠十二名，次八名，又次六名，旅费各自备，附列重要议案：（一）总会名称；（二）地址；（三）举主席及职员；（四）各埠会承认常月捐义款每月若干；（五）各埠代表提案，须于开会前七天交到本筹备处。

七八　南侨总会成立

南洋各属华侨代表到者一百八十余人，唯香港及暹罗代表最少。其原因香港粤侨十居八九，自抗战以来年余，尚未组筹赈机关，故无举派代表参加，只有闽侨一部份派两代表而已。至暹罗商业最盛者为暹京曼谷。华侨亦最多，其时暹亲日派执政，禁止华侨捐款汇寄祖国，故代表无法选派。唯暹京外诸埠秘密派人参加。新加坡华侨无相当大会堂，乃假距市五英里"南洋华侨中学校"礼堂为会所。布置颇堂皇，并拍有声电影。祖国重庆及各省主席，或战区司令长官，多来电祝贺。开会时举余为临时主席。各处代表演说后，越日正式开议。对第一条名称决议曰"南洋华侨筹赈祖国难民总会"。次办事处地址在新加坡。三举余为正主席。庄西言①、李清泉②为副主席。四各埠会承认常月义捐国币四百余万元（规定坡币三十元申国币一百元）。又议决一条谓政府如派任何官吏南来，须先征本总会主席同意，由主席函知各属会方得招待。其他议案及规则颇多。

附录一
南洋各属华侨筹赈祖国难民会代表大会专刊弁言

本年五月中旬，寇陷厦门，难民逃鼓浪屿。鼓浪屿中西各界即组国际救济会，电请南洋各地华侨筹款协助。而福州救济会陈肇英③、陈培锟④、林知渊⑤等君亦来电要求华侨电请中央派兵援闽，并筹汇赈款，当时庚曾覆［复］电云："华侨不便过问中央军政，请自行设法，至救济事，待必需时当即进行。"旋接

---

① 庄西言（1885—1965），福建南靖人，时任巴达维亚中华总商会会长。
② 李清泉（1888—1940），福建晋江人，时任菲律宾华侨抗敌委员会主席。
③ 陈肇英（1888—1977），浙江浦江人，时任国民政府军事委员会委员。
④ 陈培锟（1877—1964），福州人，时任福建省政府顾问、福建省临时参议院院长。
⑤ 林知渊（1890—1969），福建闽侯人，时任福建省政府委员。

菲律滨李清泉君函电,倡议召集各埠侨领在香港或新加坡开会,讨论援救华南事宜,巴城庄西言君亦来函表示此意,而集议地点则主张以新加坡为适中。庚对李庄二君之征询,概用函覆:同意集议研究加强筹款,而不同意牵涉军事政治。至以新加坡为集会地点一问题,庚鉴于马来亚情形之复杂,及过去召开联合会之经验,深感诸多困难,未敢接受。此函覆后,即未有再通消息。事隔两月,至七月三十日,忽接孔院长自汉口来电,文云:"陈嘉庚先生,庄西言建议,在星组织华侨领导机关,此项组织,有无必要,环境能否许可,如何组织,始有成效,盼核覆,电渝,孔祥熙世。"庚即电覆如下:"重庆孔院长鉴,来电悉,菲荷各属,前曾对庚建议,集星组织机关,意在请求中央援闽,及研究筹款成绩,然关于军事,庚不赞同,若筹款则可,环境无问题,如以国府命令电各属埠,集星组织机关,研究有益筹款,庚甚欢迎,并可资以激励督促,如赞成,乞电示奉行,陈嘉庚叩世。"来函函电而外,又复沉寂,约廿日,高总领事过访,称接孔院长电,委查召集各属侨领来星开会事,庚乃将经过情形一一详告,数日后高总领事再接孔院长电,通告各驻地领事,传知南洋各属侨领来新加坡开会,其范围包括菲律滨、香港、安南、暹罗、缅甸、苏门答腊、爪哇、望加锡、婆罗洲、马来亚等,于是庚忝居新加坡筹赈会主席,分属东道,乃负责筹备一切,并订双十节日为开会日期,虽日期仅余三十多日,惟[唯]南洋各地侨胞均早已闻讯,有意奉行我政府命令者,选派代表参加,自不至如何逼促也。大会之期既届,最先到者为菲律滨代表,其他各埠代表亦相继贲临,至为踊跃,暹罗因环境关系,未便公然多派代表,然暹京、暹南、暹北,亦均有人出席,香港华侨财力,以粤侨为最,不意粤侨出席者竟无一人,苏门答腊各埠参加,独首府棉兰与其近属,乃反放弃,查系前时各设机关,未有联络,迨大会前夕,方组总机关,故不及举派代表,其他数处来函,称因事未便派代表,惟愿拥护大会一切决议案,并愿加入总会为会员。至于上述暹罗一地,因环境所限,爱国侨胞不能充分显示其精神,然此后抗战前途愈呈光明时,则该地环境自能随以转变,以该地侨胞之众,将来筹款成绩当不至逊于马来亚。他如香港粤侨,去国最近,观感最切,富庶又为华侨冠,今后亦不能多所贡献,另有若干地方组织欠完善或事阻未克参加者,尤希速谋改进,加入总会,以通声气而收宏效,此次出席代表,计四十五埠,凡一百六十八人,实南洋华侨史上所未有，亦云盛矣。大会既告闭幕，此一次南洋华侨大团结之空前盛举，已成为历史上不磨之纪［记］载，会中重要文件，兹已编成报告专书，爰将经过情形，摘述梗概，以弁简端。

廿七年十一月

附录二

南洋各属华侨筹赈祖国难民会代表大会通启

巴城庄西言君前向孔院长建议：南洋各属侨胞应推派代表集新嘉坡开会，组织最高救亡领导机关，使筹赈购债汇款及其他救亡工作得收统一行动之效，而加速进展。菲律滨李清泉君亦持此主张，二君曾先后以函电询庚，惟［唯］间涉军政问题，故庚未尽赞同。日者，庄君重提此议于孔院长，孔院长乃电征庚意，并承高总领事过访面商，庚即以集会目的如在研究筹赈购债汇寄信款及国货问题，当甚赞成为答，现此事经拟进行，至领导机关云者，乃各侨领集思广益，组总会以相联络，而非操事权于少数人或个人，各埠侨胞自应明白此义，以民族国家利益为前提，服从政府指导，而体庄李二君之意，俾斯会得告成功也。南洋各属包括香港、菲律滨、爪哇、苏门答腊、婆罗洲、安南、暹罗、缅甸、马来亚等地，以地理位置言，新加坡实居中心，以华侨人口言，马来亚亦居多数，庄李二君所以主张召集各属华侨代表会议，组织最高救亡领导机关于新加坡者，盖即以此。自芦沟桥战事发生，我南洋八百万侨胞，奔走筹款，不遗余力，而时至今日，义捐公债成绩，合计不过国币六千余万元，平均每人负担七八元而已，视敌国国民"七七"一日献金四千余万元，相去霄壤，能不惭愧！以吾侨财力与敌侨较，盖远过之无不及，而国家遭遇之痛苦，又十百倍之，乃物质上为助于祖国抗战者若是其微，则中间显有许多亟待改善之缺点，此我南洋各属侨胞不能不集会研究者一。敌自一九零五年战胜俄后，跃为一等国，欧洲大战又假以造成富强之机会，于是黩武穷兵，蓄志侵略，积极谋我，垂数十年。"七七"变起，敌图以迅雷不及掩耳之手段夺我华北，我最高领袖，蒋委员长鉴于最后关头已至，毅然发动全国长期抗战，一年余来，愈战而我之人力愈强，愈战而我之物力愈充，最后胜利属我，已为理势所必至，列邦所共许矣，然最后胜利云云，究非时间所能幸致。而宜以长期抗战争取之，此欧美军事专家所以有"时间为日本之敌，中国之友"之论也，是则今后敌我兵连祸结，历三年五载而不休，或亦意料中事，而欲支持我之长期抗战，并保证最后胜利之属我，则军事上之机械部队，尤当加紧整顿。国防建设，尤当充分完成，凡此种种，皆有待于后方国民之协助，华侨安居海外，独免流离转徙之苦，天职所在，更宜感愤惕厉，黾勉有加，使输款益臻普及，而无复见不出钱之人，此我南洋各属侨胞不能不集会研究者二。南洋侨胞逐月内汇寄家之款，总计不下千余万元，间接增厚国家经济力至大，数月前敌陷厦门，扰及潮汕，闽粤海疆，受制益甚，而各该地原有银行或缩或停，一部份民信局则乘机取利，抬高手续费，于是吾侨寄汇信款，颇感困难。幸中国银行负起责任，遍设办事处于闽粤内地各城市乡村以谋补救，款无论多寡，地无论远近，路无论通塞，皆乐予收汇，而汇水又甚低廉，近月来我侨胞远处乡国之父母兄弟姊妹，得如涸鲋获苏于勺水者，泰半恃此。然中国银行仅设分行于新加坡，其他南洋各属尚付阙如，则除新加坡及其附近各埠外，他处侨胞寄汇信款之困难，仍未解决。是项困难不及早解决，直接固足以影响吾侨故乡之经济，而内汇锐减，间接亦足以影响祖国抗战之前途。倘新加坡成立一相当机关以通南洋各属侨胞声气，而金融亦设法由此流转，使僻远侨胞同感交通之便利，则于国于家，皆有大益，此我南洋各属侨胞不能不集会研究者三。抗战军兴，我政府迅集巨大人力开辟西北西南等省交通线，铁路公路，双管齐下，期使内部脉络相连而远达邻境，以解除敌人锁海之威胁，及今战区难民内移者达数千万人，而丰富资源亦得赖以开发，奠建国之基于风雨飘摇之日，启复兴之运于河山破碎之时，操心弥苦而抱志弥坚，努力愈大而收功愈著，将来寇氛一扫，转贫弱为富强，特俯仰问事耳，吾侨爱国，素不后人，则于建国复兴之大业，何可袖手旁观，而不速图自效耶？此我南洋各属侨胞不能不集会研究者四。综上四端，实有召集南洋各属华侨代表会议组织最高救亡领导机关之必要，孔院长所以深致关怀者，盖亦同感。现各大埠由孔院长或领事直接通令准备，其他政令难及之区则由庚代为传知，并订本年国庆日为开会日期，凡已正式成立筹赈机关之大埠，应请从速举定代表以便来会，而该埠辖内之各小埠分会或支会皆属之，不必另派代表。例如马来亚分十二区，每区有一筹赈会，大会仅承认各该区筹赈会推派出席之代表，其余各该区内诸小埠之筹赈分会或支会如另有代表，则大会不能接受，若各埠会不能推派代表参加者，则其所属之分支会便可直接派代表出席，其职权概与各埠会代表同，此外若干不相统属之小埠或偏远孤僻之地，应请迅自组织机关与大会直接联络，除修函奉达外，特另文刊登各埠报纸，如函有未达，仍希自动示悉，并举代表依期参加，至大会议程及其他有关文件，经交托各驻地领事馆代发，请就近询取，或函索即寄。

陈嘉庚谨启　廿七年八月□日

附录三

大会开幕主席陈嘉庚先生致词

（由同上专刊转载）

总领事，各位代表，各位来宾，今日适在我国国庆日举行此会，蒙推兄弟为临时主席，兄弟忝居东道，亦不客气接受。两月前得孔院长自汉口来电，拟邀各属侨领集星开会，组织领导机关，其最大目的在增加筹款效率，今日诸位踊跃光临，足见大家奉行政令甚诚，要求团结甚切，将来群策群力，加强后方工作，必有良好收获，可以断言，现在谨将经过各情，约略报告一下。

（一）孔院长来电垂询三问题

本年七月卅日接汉口孔院长来电称巴城庄西言先生建议在新加坡组织领导机关，电文中提出三问题征询兄弟意见。

（甲）领导机关有无组织必要，（乙）环境能否许可，（丙）如何组织始有成效。兄弟对此三问题，抱如下见解。

第一条，兄弟认为组织领导机关，确属必要，因为世界上任何事业，若有组织，能合作，当然有益无损，若无组织，不能合作，则散沙之弊，实所难免。以兄弟经验而言，如前年马来亚购机寿蒋运动，若无组织总机关，不但成绩将减弱，而且各区内之小埠亦将不能统一区会机关，其领导者何人，所筹款数若干，亦皆无由得知。又如抗战以来，若非在吉隆坡举行联合研究会，组设通讯处，则各埠汇款亦不能统交行政院，义捐亦不能概免换公债券，义捐公债数目不得而知，全马组十二区筹赈会及领导者何人，国内政府亦必不能获悉。政府既不知若干区会及领袖为谁，则劝募公债事宜，无从委托，或委托不得其人，种种弊端，势且因而发生。若全南洋各属华侨，能推诚合作，共同设立总机关，则其收效之宏，更不待赘，故兄弟认为领导机关，必须组织。

第二条，属于环境问题，兄弟接孔院长电时，曾先用口头通知当地政府，后复写函正式奉告，已不成问题。

第三条，如何组织始有成效，此条兄弟有两项见解：一、若由政府命令侨领组织，当然较有成效。二、各属侨领集会如何组织，方有成效。对于前者政府已命令各驻地领事召集，兄弟不过负责筹备而已，对于后者则端赖今日到会诸领袖贡献高见，兄弟识见有限，惟［唯］望大家集思广益，俾组织周密，办法妥善，以完成抗战后方任务，而尽国民天职。

以上所言，即兄弟对孔院长来电所提三问题之见解，兄弟覆［复］孔院长电及对高总领事面商内容，除军事政治不谈外，当然承认组织领导机关有必要，反过来说，兄弟若覆电认组织领导机关为无须，将不免有三失误。

（甲）悲观畏缩，见义不为，如富人有钱不出，减少抗战经济力量，于祖国为不忠。

（乙）除军事政治外以必要而欺为非要，对政府郑重垂询为不诚。

（丙）妄自菲薄，误认海外华侨无觉悟心，无团结力，以自侮辱。诸位试设身处地，究竟可否放弃此职责，而设词推诿了之乎，兄弟知在座各代表必能共体此意，而不轻易放过此机会，至会后有成效无成效，完全视我各代表之精神态度为转移。按南洋华侨八百万人，而出席代表不出二百人，则每人实代表四万余人，我侨所负责任，不外指导宣传出力工作，增加筹款效率，事轻易举，不难办到，绝非挟泰山超北海之类也。

（二）从利害研究有无组织总机关必要

凡事无论大小，必须先审利害，以为进退，如害多利少，当然不可干，如利害参半，则放弃亦可，如明明利大而害小，甚至有利无害，乃欲借故反对，意气用事，在国家无事时，尚且不宜，况今日何日，今事何事，稍能爱国者，何忍出此，致蹈违反政府之命令可乎？今次大会所损失者，不过诸代表须花费多少耳，然所费无多，平日备资游历，尚可增长见识，况目的乃为祖国服务乎！至成立总机关后每月应开之费，除报纸多能尽义务外，余者该处自能负责，亦免支取筹赈会分文。

（三）大会筹备之经过

（甲）孔院长电高总领事请各属侨领集星开会后，本筹备处立即印发通启秩序议程及其他有关文件，托由各驻地领事转寄各埠侨领，如菲律滨、香港、安南、爪哇、苏门答腊、望加锡、婆罗洲、暹罗、缅甸、马来亚等地，亦有一部份由本处直接寄交各埠商会或筹赈机关，共计五六千件，想各属侨胞均已接到，不至遗漏。此外并在各属埠登报通告或七八天或十余天。

（乙）敝埠华侨未有相当地点，可为此次大会会场，故假座华侨中学礼堂，因距离坡中较远，各代表来往实较不便，请原谅。至略事布置，一为尊敬国家政令，一为各属侨领聚首一堂，机会至为难得，故外表上不能不稍求隆重。至所有物料多属假借或报效者，工作人员亦多自动尽义务，所费实属不多。

（丙）筹备以来，前后接到我国府林主席、蒋总裁、汪副总裁、孔院长、蒋夫人宋美龄女士之训词，及各省主席、各处机关之贺电，计若干件，容请总领事及兄弟并纪［记］录宣读。

（丁）各属代表共列报一百七十余名，填具履历者虽多，而未填者亦属不少，凡已填者本处俱依报制表，至未填者则无法代填，亦希原谅，如函件遗失或本处疏忽误漏，希即通知，以便补入。

（戊）各属代表最先到者为菲律滨，其他或舟或车，络绎不绝，亦有本早方到者，因时间无定，或事前未有通知，又寄寓旅馆多处，到本处招待欠周，深失东道天职，无任抱歉。

（四）大会之意义

我海外华侨寄人篱下，所有行动应受当地政府法律限制，若对我祖国政府，则绝对自由，因我国政令不能施行于海外侨胞，凡集会结社，无论何人肯否遵行，均可自由主张，故此次代表大会，虽由我行政院孔院长命令召集，而通过何项议案遵行与否，总机关实无权干涉。唯抗战严重期间，凡我侨胞自应精诚团结，集思广益，俾能加紧出钱出力，增强后方工作，此为召开大会之第一义，为欲求达此目的，故须组织机关为之领导也。

（五）华侨捐款及公债，抗战迄兹，近一万万元，每月扯七百多万元，加以寄家信等每月千余至二千万元，合计每月可二千余万元。前日吴主席在香港演说，有云我国战费每日二百五十万元，即每月七八千万元，如此则我华侨对战费几负担三分之一。莫怪我政府重视华侨之助力，与最后胜利，大有关系，我侨既知此义，更当增加奋发，源源接济，以达到胜利之目的。

（六）华侨不应对祖国政府随便干请

我祖国政府自来优待海外华侨，凡事多可直接用函电向国府省府往来，若在国内人民，则情有所见制，级有所必经，当然无此权利，但我政府既特别优待华侨，我华侨自应慎重从事，不可苟且，此尤兄弟所深自警惕者，况抗战时期，军事政治问题，千头万绪，非我海外华侨所能明识，若轻信人言，随便干请，必至动多失宜。在我政府既重视吾侨财力之贡献，遇有请求，不许则有失侨胞之意，迁就则或有损无益，所以吾侨机关如不慎重从事，随便干请，实使政府左右为难。今日举行大会开幕礼，总领事及各位代表，尚有许多宝贵意见要贡献，兄弟不敢多费时间了。

附录四

南洋各属华侨筹赈祖国难民会代表大会宣言

南洋各属华侨筹赈祖国难民代表大会，建议于荷属华侨庄西言，经中国国民政府行政院孔院长同意而召集。大会目的在谋组织领导机关，增筹赈款，推销公债，以救济中国抗战中之难民，并协助政府完成建国大业。军政问题，概不讨论。各属参加者有香港、菲律滨、爪哇、苏门答腊、西里伯斯、婆罗洲、安南、暹罗、缅甸、马来亚等地代表，凡四十五团体，〈一〉百六十四人，此华侨史上之空前盛会，蒙新加坡居留政府赞许，得于本年十月十日开幕，大会同人谨先鞠致恳挚之谢忱。

中国立国五千年，凤以和平正义昭天下，不幸邻邦日本，军阀专横，妄图吞并中国以为征服世界之准备。民国四年二十一条件之提出，十七年济南惨案之发生，特荦荦大端，世所共闻者，其他无理压迫，非法要求，擢发罄竹，难以具举。二十年"九一八"日本更挟其坚甲利兵,攫夺中国东三省,继以占据热河。翌年,"一·二八",又不惜启衅于淞沪。中国自念加入国际联盟,且为九国公约①,非战公约之签字国,懔于盟国之尊严,惕于和平之神圣,不得不负重忍辱制愤抑悲,勉循外交途径,以求合理解决,而冀日本之觉悟,乃侵略者野心未戢,变本加厉,转鹰瞵为虎瞰,舍蚕食而鲸吞。去岁芦沟桥炮声,盖世界和平与国际盟约之丧钟,中华民族与人类公理生死存亡之警号也。中国政府鉴于最后关头已至,毅然发动全面全民长期抗战,将以争取领土主权之独立完整,将以争取国家民族之平等自由,故中国之抗战,实为御侮而战,实为自卫而战,实为维护国际盟约而战,实为保障世界和平而战。中国国民政府乃中国国内外四万万七千万共同信赖之惟〔唯〕一政府,中国最高领袖蒋委员长乃中国国内外四万万七千万同胞共同拥戴之唯一领袖,国民政府之主张,即中国全国国民之主张,蒋委员长之意志,即中国全国国民之意志。大会同人,集议伊始,用首次决议通电拥护国民政府及蒋委员长抗战到底。

　　同人于此,愿更揭举数义,为我南洋八百万侨胞告:

　　其一,抗战十五阅月,敌财消耗百万万元,敌兵伤亡七十万众,我之物质损失虽巨,敌之物质损失亦巨,我之国土,虽涂满黄帝子孙之血,亦涂满三岛丑夷之血。惟我有无限之资源足以支持,我有无穷之人力足为后盾,忍万屈以求一伸,拼千输以博一赢,艰苦奋斗,义无反顾,否极之后,终有泰来。敌则资源有限,人力易穷,踵决肘见,百众不安,时间愈延长,危机愈逼近,墓由自掘,祸由自取,行见鼠窜而败,鱼烂而亡耳。故当前领土之沦敌,无关大局,最后胜利之属我,绝对可期。此种理势,吾人必须认识;此种信念,吾人必须坚抱!

　　其二,华侨素有"革命之母"之令誉,爱国精神,见重寰宇。"七七"以来,输财纾难,统计不下一万万元,南洋方面,占十之八。此在道德的义务上,可谓已尽,而在国民天职上,究有未完。盖国家之大患一日不能除,则国民之

---

　　① 1921年11月12日至1922年2月6日,美国、英国、日本、法国、意大利、荷兰、比利时、葡萄牙、中国九国在美国首都华盛顿举行国际会议,达成三个重要条约:四国公约、限制海军军备条约、九国公约。其中《九国公约》全称为《九国关于中国事件应适用各原则及政策之条约》。

大责一日不能卸,前方之炮火一日不能止,则后方之刍粟一日不能停。吾人今后宜更各尽所能,各竭所有,自策自鞭,自励自勉,踊跃慷慨,贡献于国家,使国家得借吾人血汗一洗百年之奇耻,得借吾人物力一报九世之深仇,而吾人之生存与幸福,亦庶几有恃而无恐。大会开幕之日,我国府林主席之训词曰"急难轻财,护兹祖国",我最高领袖,蒋委员长之训词曰"财力增厚,即战力增强"。林蒋二公,语重心长,凡我侨胞,宜皆铭诸肺腑,奉为金玉,而各代表所报告,今后常月捐义款,总计每月约近四百万元,尤当分别依其自定标准,努力求其实践。

其三,南洋各属华侨,山海修阻,云天遥隔,声气欠沟通,感情失联络,常时犹病其不可,非常时更何能集中力量,效劳国家。大会同人,有鉴及此,爰议决组织"南洋华侨筹赈祖国难民总会"于英属新加坡,期使筹赈购债之效率,得以增强,抗战建国之功业,有所补助。是项组织实现,不特各属筹款机关,可密切联系,而冶于一炉,即全南洋八百万侨胞,亦可精神团结,而化为一体。吾人既共成之,既共有之,则吾人必须养之育之,予之以生命,赋之以灵魂,俾能发挥活力,为国家用。敢假借此组织以遂个人之私图者,固为吾人所不许;敢破坏此组织以快个人之私意者,亦为吾人所不容。

其四,吾国丰于矿产,啬于产品,故建设难以进步,贸易难以发达。今欲一面抗战,一面建国,借自力之更生,谋自强之不息,则开发矿藏,推销产品,实不容缓。惟政府专力御侮,未遑秉［兼］顾,海外侨胞,应速分负其责。南洋华侨筹赈祖国难民总会之设立,于此亦将加以注意,务使国产深为侨胞所认识,永为侨胞所乐用,以振我工商业,而厚我经济力。更拟组织公司,开发祖国富源,维持难民生计。凡此加强战时经济机构,奠定战后复兴基础,皆属至急之要图,为我国内外同胞所当尽心尽力以求之者。

其五,南洋各属当地政府,平昔爱护华侨,不存歧视,此次吾国发动抗战,各属侨胞,本慈悲之怀,为救济之举,当地政府皆能深表同情,予以协助,凡我侨胞自应致其敬佩与感谢。然各属环境不同,法律不同,我侨胞宜各顺适环境,遵守法律,屏叫嚣而尚沉着,崇理智而制感情,步伐必求其齐,路径必取其正,使各方获好印象,而利我进行。吾人须知,吾人之敌,只有一个,敌以外皆吾人之友,吾人应以左手拳挥以击敌,应以右手伸掌以握友,然后足以孤敌困敌，然后足以加速博取最后之胜利。

　　以上五端，为吾人之态度，亦为吾人之方针。本此态度，循此方针，以求达目的，则在乎大会全体代表与南洋全体侨胞之共同努力。大会同人谨乘休会之时，更郑重致意曰：惟精诚始足以言团结，惟团结始足以言力量。精诚充，则团结未有不固；团结固，则力量未有不宏。愿我八百万同胞自今日起，充大精诚，固大团结，宏大力量，以为我政府后盾，则抗战断无不胜，建国断无不成。鞠躬陈词，幸相与勉之。

中华民国廿七年十月十六日

附录五

南洋各属华侨筹赈会名称一览表

（由同上专刊转载）

　　（英属）
　　新嘉坡华侨筹赈祖国难民大会委员会
　　霹雳华侨筹赈祖国难民委员会
　　雪兰莪华侨筹赈祖国难民委员会
　　巴生华侨筹赈祖国难民委员会
　　彭亨华侨筹赈祖国难民总会
　　玻璃市华侨筹赈祖国难民大会委员会
　　吉兰丹华侨筹赈祖国难民委员会
　　吉礁区华侨筹赈祖国难民委员会
　　马六甲华侨筹赈祖国难民委员会
　　森美兰华侨筹赈祖国难民大会
　　登嘉楼华侨筹赈祖国难民大会委员会
　　槟榔屿华侨筹赈祖国难民委员会
　　柔佛华侨筹赈祖国难民总会
　　砂胜越华侨筹赈祖国难民大会委员会

诗巫华侨筹赈祖国难民委员会
山打根华侨筹赈祖国难民委员会
美里华侨筹赈祖国难民大会
民那董华侨筹赈祖国难民委员会
纳闽华侨筹赈祖国难民大会
北婆罗洲亚比筹赈祖国难民委员会

（美、法、暹、香港、缅甸各属）

缅甸华侨救灾总会
菲律滨华侨援助抗敌委员会
岷里拉福建救济会
曼谷华侨筹赈祖国难民委员会
陶公华侨筹赈祖国伤兵难民会
董里华侨月捐部
北大年华侨筹赈祖国难民委员会
浪丕汶华侨筹赈祖国难民委员会
越南南圻华侨救国总会
越南南圻华侨缩食救济兵灾慈善会
海防华侨缩食救济兵灾慈善会
高棉华侨救济祖国灾民慈善会
香港旅港福建商会救济难民临时委员会

（荷属）

巴达维亚华侨捐助祖国慈善事业委员会
万隆华侨捐助祖国慈善事业委员会
茂物华侨捐助祖国慈善事业委员会
井里汶华侨捐助祖国慈善事业委员会
日惹华侨捐助祖国慈善事业委员会
梭罗华侨捐助祖国慈善事业委员会
万里洞华侨捐助祖国慈善事业委员会
峇眼亚比华侨筹赈祖国难民委员会

望嘉丽属华侨筹赈祖国难民大会委员会
萌菇莲华侨捐助祖国慈善事业委员会
占碑华侨筹赈祖国难民委员会
任抹华侨赈灾会
吗辰华侨捐助祖国慈善事业委员会
山口洋华侨捐助祖国慈善事业委员会
硕顶华侨公益社
达板努里华侨救济祖国战区灾民委员会
实叻班让华侨筹赈祖国难民委员会
火水山华侨捐助祖国慈善事业委员会
楠榜华侨赈灾委员会
邦加兰华侨筹赈祖国难民委员会
洞葛华侨筹赈祖国难民慈善金委员会
文岛宜华侨捐助祖国慈善事业委员会
笠望中华学校
北加浪岸华侨捐助祖国慈善事业委员会
松柏港华侨捐助祖国慈善事业委员会
邦加勿里洋华侨赈灾委员会
棉兰华侨团体联合筹赈祖国难民委员会
邦加槟港华商公局
北干峇汝华侨筹赈祖国难民委员会
邦戛华侨慈善委员会
三宝珑华侨捐助祖国慈善事业委员会
泗水华侨赈灾委员会
沙璜华侨筹赈祖国难民委员会
冷沙华侨筹赈祖国灾民委员会
西婆罗洲三发华侨赈济祖国难民委员会

附录六

各埠筹赈会办法举要

（由同上专刊转载）

谨依据代表大会决议："总会应行订定各种筹捐赈款办法之细则及其方式，通告各属会尽量采用。"一案特草拟本文筹赈办法举要，都为十二种类，以供各属会参考，而采用之，在此十二种类之外，各属会如有更切实有效之办法，亦得举报本总会分达各处。

（一）特别捐

（甲）每若干月相机出捐一次，视地方景况而决定之。

（乙）逢大纪念日，可倡行献金运动。

（丙）采用国内新发生某种灾难名义，即同时进行特捐——例如黄河水灾等类。

（丁）国内有何种倡捐，在时间上急需者——例如劝募寒衣等类。

（二）常月捐

（甲）各行店公司应捐认者。

（乙）各店员伙伴应捐认者。

（丙）自由职业应捐认者。

（丁）劳动界应捐认者。

按此项常月捐在都市而外，并应推行及山内、乡村，以求普遍，办法应雇员催收，如各地方有热心家负责催收更妙。

（三）货物助赈捐

（甲）出产品或入口货。

（乙）如与环境有关者，应设法避免干涉。

（丙）此项货物助赈捐，如办理得妥时，实惠而不费最可持久。

（四）纪念日劝捐

（甲）一月一日开国纪念，及旧历正月初一二等日（约阳历二月间），可借此年节劝侨胞节省各费助赈。

（乙）三月十二日总理诞辰①及三月廿九日黄花岗烈士纪念日择一举行。

（丙）五月九日国耻纪念日。

（丁）七月七日芦沟桥惨案纪念日。

（戊）八月十三日抗战纪念日。

（己）九月十八日暴敌入寇东三省纪念日。

（庚）十月十日国庆纪念日。

（辛）十月卅日蒋委员长寿辰纪念日。

（壬）十一月十二日总理诞辰纪念日。

（癸）十二月廿五日云南起义纪念日。

按每逢纪念日劝捐办法，或口头劝募，或演剧，或卖纪念品，或卖花，均可随时地而决定，其中惟［唯］卖花较为简便，若距离月余或二个月举行一次，虽颇麻烦，然以国难严重关头，出力出钱，固应勉为其难，爱国侨胞，当能原谅，而乐表同情，若逢一月之间，有两纪念日者，可以就地变通，观局打算，总求加强筹赈成绩是也。

（五）卖花卖物捐

（甲）每逢纪念日组织卖花队出发向各行店及个人劝售。

（乙）要以广大队伍普及劝售求成绩之伟大。

（丙）卖花而外或兼售别种纪念品物，如蒋委员长像章等类。

蒋委员长像章铜质每个大宗六占②［分］余，镀银约近一角，镀金约近二角，如需要可代介绍购办。

（六）游艺演剧球赛捐等

（甲）此数种之中，各有不同且多属娱乐性质，虽每月多举几次亦属无妨。

（乙）场内卖票，多出游客自由购买，若场外买［卖］票，则须用工作鼓励，方有成效。

（丙）场内货物，多用征求义务捐助者。

（丁）场内卖物，亦有当场鼓励顾客加价之效率。

---

① 应为逝世纪念日。

② 闽南语，即分。

（七）舟车小贩之助赈捐

（甲）舟车小贩等应经若干时日，请报效一次，须察情形而定，但应派员鼓励，方能有效。

（乙）每次给以救济箱，收来若干，应为之表扬，俾互相观感。

（丙）报效之日应大书特书，挂布表扬，俾买者更不计值，而多捐助。

（八）迎神拜香演戏捐

（甲）迎神等虽近于迷信然习惯难除，便宜利用，有此机会宜劝诸当事人节约开费，移款助赈，此举甚有效果。

（乙）旧历七月盂兰胜会（俗称普渡［度］），此项习俗，耗费更巨，若能设法利用鼓励其节资移赈，收入定必不少。

（丙）各社神诞香火热闹，人山人海，彼等虽为迷信诚心而来，倘乘机组队，卖花卖物，亦可收巨效。

（九）设救济箱于公共场所

（甲）制木柜高二尺余，大约尺余方，柜后面墙枋高出约十寸，绘一伤兵或写标语，以引致观感。

（乙）该木柜安置于公共出入场所，或任何大机关门户口，托其所内人员兼管。

（丙）该木柜应加封锁，按若干时日，由筹赈会派员会同所内人员公开核算，得若干赈款即给收据，并表扬之。

（十）宣传有效方法

（甲）多设阅报室，及壁报，任人观阅。

（乙）另拟白话文告，隔若干时日，印发一次。

（丙）利用世俗各种纪念日，作演讲会，会场或借戏台一半小时便足。

（丁）通俗演讲，意在感化文盲，切勿多用文言，宜用乡土浅白之语句，能令男男女女家喻户晓者为要。

（戊）通俗演讲，每人不过半点钟，讲时应简短，及能感动者为合，并多招演讲人员，每次集会，至多一点余钟，至二点为限。

（己）注意在市区外各山芭村落演讲，俾能普及出钱。

（十一）各处应多设筹赈会分支会

（甲）各埠市区之外，所占地域更广大，应派员向各内地乡村鼓励，组织分支会。（语云，十室之邑，必有忠信，无论何处，吾侨定必有热心家，可负其地方之职责）

（乙）分支会若有成立则其常月捐或何项特捐，定有多少可以增加收入，在组织初期，应宜派员指导。

（丙）乡村内地如多设分支会，则必互相观感，互相竞进，盖不甘后人，不甘受不爱国之恶名，此乃我民族之特性，但期各埠会领袖，尽力设法领导为要。

（十二）各埠会常月捐应求有进无退

（甲）各埠会对此次大会报告之常月捐额数，此后当求增加，不可减少。

（乙）要达到所期之目的，势必用心用力，勤事工作，然救国筹赈，责无旁贷，所望负责筹赈会领袖，与同事人员之努力。

（丙）本节所谓各埠会常月捐乃包含各埠会逐月收入一切捐款而言，非仅指各类捐款中之一类常月捐而已。

附录七
南洋华侨筹赈祖国难民总会通告　第一号

暴敌扰粤，广州告陷。在时间上，可谓意外，在情势上，实在意中。吾侨切于爱国爱乡，难免骤受刺激，然不宜因而丧失意志，更不可因而动摇胜利可期失地可复之信念。盖抗战初发，我最高领袖即已立定三大策略曰"焦土抗战"，曰"全面抗战"，曰"长期抗战"，以对付暴敌。此三大策略果能坚持到底，则暴敌虽有世界一等军备，亦终必失败，兹谨为我全南洋侨胞陈之。

（一）焦土抗战，所谓焦土抗战者，将不惜糜烂若干领土，使敌于偿付重大代价之后，纵有寸进，终无所得。敌虽有飞机大炮之轰炸，使我田园庐舍，悉化灰烬，然不足以惧我、屈我，敌虽肆其劫掠屠杀之手段，施其恫吓离间之技［伎］俩，然不足以阻我、挠我。反之，我之团结日以坚，我之力量日以大；宁为玉碎、不为瓦全；宁成仁而死，不忍辱而生；宁以焦土葬敌，不以净土资敌；我虽失败于一时，敌必失败于最后。此种策略，实出敌意料之外，而足以碎敌之迷梦也。

（二）全面抗战，所谓全面抗战者，将精诚团结，举国动员，使处处抗战，人人抗战，不致示敌以弱点，予敌以个别击破。目前敌虽占我江海边地，繁华城市，铁路交通线，然每省被占之地，至多无逾十分之一，其余全在我国手中。我政府更派员组织游击队，而民间壮丁队又从而附益之，无论城市乡村郊原山野，皆有其踪迹，神出鬼没，夜袭昼狙，毙敌日以千百计。如华北之山西、河北、山东等省，虽被占最久，被祸最甚，然境土十分之九，仍在我统治下。平津近郊，屡受我游击队威胁。仅此数省，敌须经常留兵二十万左右，犹且防不胜防，疲于奔命。故此后无论敌能再占我若干省，我之游击队壮丁队亦必随之增加，以陷敌于四面楚歌之境，试问敌有若干兵力可分驻许多日而逐月伤亡盈万，更将如何补充。由是以观，可知敌多占我一省之地，则多损彼一臂之力，似此人力财力有限之小国，而欲妄图吞并地广人众决心全面抗战之大国，其最后胜败之数，盖不待卜而知矣。

（三）长期抗战，所谓长期抗战者，将养我之兵，耗敌之力，坚持到底，义无反顾，使敌速战速决之野心，悉成画饼，而逐渐暴露其先天不足之病征，自召政治经济之总崩溃。民二十年敌占东四省，易如反掌，遂得陇望蜀，拟于客年再吞华北，敌初按六星期至三个月即可得手，迨我蒋委员长发动长期抗战后，其狂谬计划遂完全失败。抗战以来，十六阅月，敌于华北尚不能占一全省，况华中华南华西之区域较华北广大十数倍，而能尽为吞没乎？稍有常识之人，当能明白此理，而了然于泥脚之敌终不能久立矣。然敌固自知久战必败，故狡图速战速决。当南京被陷时，敌即请求友邦与我商谈和平条件，为我最高领袖所拒绝，占徐州后，复施此策而无效，最后乃谋急夺广州汉口，以胁我采择和平之一途，观此即知所谓和平计划，即敌之逃死计划，绝非蒋委员长三大策略所能容。故无论何城何镇失守，皆我抗战中难尽避免之过程，于我抗战前途，实不发生恶劣影响，吾侨惟〔唯〕有信仰领袖，拥护政府，尽后方出钱出力之责职，以与战事相终始，则最后胜利属我，期在不远耳。

抑更有言者，敌占我东四省，已阅七年，费款卅万万元，死亡士兵十余万众，至今仍时时受我义勇军攻击，不得安居乐业。我东四省人口不过我全国国民十分之一，自沦丧以后，无我政府机关为之领导，军械又甚缺乏，财物又甚枯竭，而民心依然未死，民气依然甚盛，相率振臂揭竿，且冒万险，以与强仇抵抗，使其损失与时俱增，而无法解免。今我战区各省人民众多，组织周密，供给领导，日臻完善，抵抗力量视东四省加十余倍，岂容入寇之敌一日得安寝食耶？

我国地势，河北山东诸省多平原，乏高山深谷可以藏守，尚能遍组游击队，到处活跃，其他诸省，高山深谷，所在皆有，尽为游击队绝佳战地，进可以杀敌，退可以保身，敌之机械部队，更何所施其技，长是与敌周旋，终以使敌消耗巨大，而趋枯竭也。

我国地大物博人众，居世界第一位，特科学未昌明，实业未发达，故宝藏于地，不能富强，今抗战建国兼筹并顾，自力更生，自强不息，则最后胜利之日，即民族复兴富强之时矣。美国独立战争，初期失败，名城尽失，要地多丧，余众不过万人，卒以华盛顿之坚苦沉毅，百折不挠，长期抗战至七年之久，而博最后成功。今日我国抗战情势，持较当时美国实远胜之无不及，最后成功之希望必更容易实现，断无疑义。一时之胜败，一地之得失，岂足转移我同胞之心乎。愿相与共勉淬励，以加速民族解放之日之来临，幸甚，此布。

中华民国廿七年十月廿七日

七九　冯君明见

广州未失陷十天前，有香港冯君某因友人介绍来见。其人在香港似有地位者，来新加坡受总督招待，寓督署内，汇丰银行长亦设宴应酬。余询来此何干，渠答："半作游历，半为探看有何商业可作。"年五十余岁，身穿中国衣及中国鞋（非长衣马褂），看似诚实人。余又问在香港作何商业，答："前经营广东及国内矿产，年来被官僚借战时统制，上下争利营私舞弊如锡及锑等均在贪吏之手，故无法经营。"余又问："港侨对筹赈事何不注意，迄今尚未设机关筹款。"渠答："香港与广州咫尺，诸官员贪污浪费为目所共睹，重庆某大官子女在香港挥金如土，为此感触遗憾，致灰心提倡，又乏热诚之人，为负责领导之中坚。"余又问："闻陈济棠资产数千万元，在香港多置屋业是否事实？"答："陈某贪污多财确是实情，然我国贪官巨富尚多，陈济棠仅列第十一名耳。"又问："余前日阅报广州民众十万人游行示威，省主席吴铁城①慰劳甚为得意，此种虚浮儿戏，究何理由裨益抗战？"冯答："我所言腐败官僚就是此辈。对实际防备则乏精神，敌人要来取广州，无须用如何武力，势极容易。君如不信不久便知，我言是否事实也。"

八〇 提案攻汪贼

自南京失守后，余屡风闻汪精卫主张与敌和平妥协，然不信有是事，盖日本野心欲吞灭我国，虽孩童亦晓然明白，前既侵占东四省，今又侵略华北，如与言和则华北数省复失，不数年华中华南相继丧尽，是亡国灭族大祸，若非奸贼安肯出此。过后复闻汪屡与德国驻华大使接洽与日言和，然实否无由得知。迨广州汉口相继沦陷，欧洲路透社电传"汪精卫发表和平谈话"，余于是始略信其有因。乃以南侨总会主席名义，发电询汪大意言："路透社电传是否事实，和平绝不可能，盼覆［复］以慰侨众。"越日汪覆电大意云，凡两国战争终须和平，以我国积弱非和平即亡国，伊主张和平为救亡图存上策。余接电始确信系实情，复发去长电二通，极陈其错误，大意谓："武力虽弱，敌寡我众，民气旺盛，长期全面抗战，华侨外汇金钱源源增加，敌决不能亡我，英美苏亦决不坐视，若与言和，各省定必反对，分裂纷乱甚于自杀，务希惠鉴鄙言，抗战到底。"越日汪复来电，力持其主张为无上良策，嘱余劝南侨赞同其主张。计来往五电，均交各日报发表，余至此知对汪无挽回希望，复拟一电，极不客气，指他为"秦桧卖国求荣"，该电交秘书修正，尚未发出。总领事高凌百便来阻止，云"汝与汪总裁来往各两电，伊均阅悉，兹决须停止不可再发，恐贻笑外人，至切至要"。余不答是否，但心鄙其无人格臭腐一丘之貉，他去后即将电文发去，并交各日报登载。余复思汪精卫此举为何等大事，而重庆及各省何寂寂未闻有反对者，岂多表同情乎？抑畏惧不敢言乎？乃将致汪两电拍往重庆某日报

---

① 吴铁城（1888—1953），广东香山（今中山）人，生于江西九江，时任广东省主席。

请为登载。电发后两天又思渝各日报必不敢登，适参政会第二届将开会，余即拍电参政会提案，"敌人未退出我国以前，公务员谈和平便是汉奸国贼"。并电王秘书提向参政员赞同签押（例须有二十人赞同方成提案）。后接友人来函，褚辅成①君首赞成签押，不多时例额已签足，于是成案，付诸参政员讨论，时汪精卫任主席，形容惨变，坐立不安。反对提案赞成和平最力者为梁实秋②，表决时大多数赞成通过，将原文文字修改减半为"敌未出国土前，言和即汉奸"。汪精卫尚哓哓不休，甚形不满。及参政会闭幕时，梁实秋甫出会门，被重庆学生百余人包围殴辱，从此之后，重庆各日报方敢稍论是非，而社会亦纷纷疵议，指为卖国。盖路透社记者虽载汪谈和平，如昙花一现，中外未有证实汪确有此坚决主张。及与余来往数电，十余日间中外报纸多有转载，至此其奸状显然大白，难免为众矢之的。加以参政会通过反对和平议案，梁实秋遭殴辱，已成四面楚歌，可惜中央政府尚予优容不即拘禁。迨汪逃至安南，余即电中央政府宣布汪卖国罪状，请革职通缉。否则，必逃往南京任敌傀儡。然政府尚徇党情不纳。其后经八九个月汪由香港而日本，始下令革职通缉已太迟矣。

附录八

为反对和议事来往电文

（转录总会年刊）

和平绝不可能　告汪精卫

精卫先生勋鉴：敌暂时得意，终必失败，路透社电传先生谈和平条件，侨众难免误会，谓无抗战到底决心，实则和平绝不可能，何若严加拒绝，较为振奋人心也。

南洋华侨筹赈祖国难民总会主席陈嘉庚叩养（十月廿二日）

---

① 褚辅成（1873—1948），浙江秀水（今嘉兴）人，九三学社发起人之一，时任国民参政会参政员。

② 梁实秋（1903—1987），浙江杭县（今杭州）人，中国现当代散文家、文学批评家、翻译家。

与日寇议和确否　问孔院长

孔院长勋鉴：电传甚炽，现正与日寇议和平条件，蒋委员长将辞职，影响筹款至大，是否事实，乞速电示。

南洋华侨筹赈祖国难民总会主席陈嘉庚叩敬（十月廿四日）

与日寇议和确否　问宋子文①先生

子文兄鉴：电传甚炽，现正与日寇议和平条件，蒋委员长将辞职，影响筹款至大，是否事实，乞速电示。

陈嘉庚敬（十月廿四日）

汪精卫谬饰和平之言论　答覆[复]养电

南洋华侨筹赈祖国难民总会主席陈嘉庚先生大鉴：养电诵悉，深感先生主持正义爱护友谊之盛意，中国为抵抗侵略而战，故对外向无拒绝和平之表示，去岁比京会议，主张调停，中国接受，而日本拒绝，国际遂决定日本为祸首，而援助中国，今岁国联大会，援引第十七条主张，以和平方法解决纠纷，中国接受，而日本拒绝，国联遂决定对于日本实行第十六条之经济制裁，凡此皆证明日本为戎首，中国为抵抗侵略，故能博世界之同情与援助，盖抵抗侵略，与不拒绝和平，并非矛盾，实乃一贯，和平条件如无害于中国之独立生存，何必拒绝，否则，中国自无接受之理，中国之立场如此，决心如此，光明正大，绝无丝毫屈服之意，侨胞误会，尚祈开示为荷。

汪兆铭漾（十月廿三日）

主客异势言和不同　驳斥汪精卫漾电

精卫先生勋鉴：漾电敬悉，比京会议，国联大会，诸代表居在客位，任何时可以发表和平意见，但无论诚伪虚实，均不致影响我抗战力量，动摇我抗战决心，若先生居重要主位，则绝对不同，一言兴邦，一言丧邦，关系至大，倘或失误，不特南侨无可谅解，恐举国上下，皆不能谅解，昨日路透电谣传，和

---

① 宋子文（1894—1971），广东文昌（今属海南）人，时任中国银行董事会主任。

著　述　　103

平将实现，蒋公将下野，世界观听为之淆乱，可不警惧耶，万望接纳老友忠告，严杜妥协之门，公私幸甚。

南洋华侨筹赈祖国难民总会主席陈嘉庚叩有［宥］（十月廿五日）

秦桧阴谋张昭降计　　揭发汪精卫主和野心

精卫先生勋鉴：有电计达，顷接国内可靠消息，先生主和甚力，事虽绝不能成，难免发生磨［摩］擦，淆乱观听。今日国难愈深，民气愈盛，宁为玉碎，不为瓦全，继续抗战，终必胜利，中途妥协，实等自杀。孰利孰害，彰彰明甚，若言和平，试问谁肯服从？势必各省分裂，无法统摄，不特和平莫得实现，而外侮内乱，将更不堪设想。坐享渔利，唯有敌人。呜呼！秦桧阴谋，张昭降计，岂不各有理由，其如事实何哉！先生长参政会，犹记通过拥护最高领袖抗战到底之议决案否？态度骤变，信用何在？二次之会，又何必开？海外全侨，除汉奸外，不但无人同意中途和平谈判，抑且闻讯痛极而怒，料国内群情，亦必如是。万乞俯顺众意，宣布拥护抗战到底，拒绝中途妥协，以保令誉，而免后悔。不胜迫切待命之至。

南洋华侨筹赈祖国难民总会主席陈嘉庚叩宥（十月廿六日）

汪精卫理曲词穷　　答复有电不知所云

南洋华侨筹赈祖国难民总会陈嘉庚先生惠鉴：有电敬悉，侵略国破坏和平，被侵略国保障和平，抵抗侵略，国内之团结，国际之援助，全恃此为立脚点。此为中央一贯之方针，无论何时，均有阐明之必要。当此危急存亡之际，谣言繁兴，尤赖明识辨正之也。

汪兆铭宥（十月廿六日）

请注意秦桧张昭　　上蒋委员长电

蒋委员长钧鉴：汪先生谬谈和平，公必被误，万乞坚决实践庐山宣言，贯澈［彻］焦土全面长期抗战三大策略，宁为玉碎不为瓦全，以博最后胜利。国内外同胞，咸抱此旨，拥护我公，若中途妥协，即等自杀，秦桧张昭，无世不有，幸公明察之。

　　　　　　　南洋华侨筹赈祖国难民总会主席陈嘉庚叩感（十月廿七日）

孔院长覆敬电　勿信谣传

陈嘉庚先生：敬电悉，谣传不可信，盼相机纠正，并继续筹款为祷。

　　　　　　　　　　　　　　　　孔祥熙感（十月廿七日）

蒋委员长覆感电　坚决抗战

陈嘉庚先生：感电悉，抗战决策，已发布告国民书，详切揭示，务期贯澈[彻]，希释廑虑，为盼。

　　　　　　　　　　　　　　　　中正冬（十一月二日）

请通缉汪逆归案正法　上蒋委员长电

蒋委员长钧鉴：汪精卫甘冒不韪，公然赞同日寇亡国条件，稽其行迹，不仅为总理之叛徒，抑且为中华民族之国贼。我公庐山宣言，抗战到底，全国拥护，已成抗日铁案，中途妥协，等于灭亡。汪固深知此义，最近参政会决议，公务员中途言和，即为汉奸国贼，汪身居议长，岂竟充耳弗闻，乃敢弃职离都，背党叛国，殆谓南京傀儡，已首席高悬，非彼莫属耶？此而不诛，何以励众，更何以根绝效尤。敬乞我公宣布其罪，通缉归案，以正国法，而定人心，八百万华侨，拥护抗战到底。

　　　　　　　南洋华侨筹赈祖国难民总会主席陈嘉庚叩世（十二月卅一日）

蒋委员长覆世电　汪逆案中央已有处置

陈嘉庚先生：世电悉，中央已有处置，业经宣布，计当阅及，吾人必从抗战胜利，争取国家主权领土之完整，此为已定国策，决无变更，希转达侨胞，一致淬励，努力赞助，为盼。

　　　　　　　　　　　　　　　　中正有侍秘渝（廿八年一月四日）

请以国法严惩汪逆　上国民政府及各机关电

国民政府并转中央党部军事委员会国民参政会钧鉴：汪精卫叛国求和，罪情重大，实古来奸贼所未有，丁兹抗战救亡，胜负未决，暴敌狡计，利在以华制华，汪与党羽，因中央宽假，得脱身离境，乃复发出艳电，冀摇人心，全国上下，莫不痛恨，咸请中央必能严令通缉，以正典刑。不意仅革党籍，未及国法，而汪又竟无悔祸意，非但不肯出洋，敛迹思过，尚广布爪牙，巧肆簧舌，外则加紧勾结敌人，内则阴图颠覆政府，此而不诛，何以励众。若曰汪有前功，卖国便可无罪，且为党之副总裁，应特别包涵，虽中央宽大为怀，欲留余地，然此于法于理，皆属失当。盖汪既不忠总理，出卖民族，则为党之罪人，国之奸贼，过去任何高功，亦不容诛，现汪虽逃外境，以避国法，而中央为正内外视听，国法仍不可不行。至所谓宽大为怀，亦须待抗战胜利以后，今日前方将士，浴血挥戈，后方民众，卧薪尝胆，战区受难同胞，无虑数千万，蒋委座复锐意推动精神总动员，而独容汪贼与其党羽，逍遥法外，实南洋八百万侨众所莫解。谨布区区，尚祈对汪贼严加惩处，不胜迫切待命之至。

南洋华侨筹赈祖国难民总会主席陈嘉庚叩元（四月十三日）

蒋委员长覆电　叛国附敌自必制裁

陈嘉庚先生鉴：元电悉，忠诚奋发，嘉佩殊深，中央对于叛国附敌者，自必酌察情形，严加制裁，然国法未施，已为天下共弃，亦足以垂炯戒，尚希酌本此旨，善慰侨胞，为幸。

中正有侍秘渝（四月廿五日）

附录九

南洋华侨筹赈祖国难民总会通告　第二一号

为揭发国贼汪精卫之罪恶请侨胞毋为妖言所惑事

为通告事，汪贼精卫，妒忌成性，反复无常，只知一己之权欲，不惜民族之牺牲，叛国事仇，罪大恶极，千秋万世，莫可洗雪。查其"七七"以前，暗植党羽，从事政争，蒋委员长正以国家多难之秋，外侮频来之际，海量优容，时予隐忍。抗战而后，京沪失守，汪贼以为时机已到，包藏祸心，力主求和，谋夺领袖地位,目的未达。广州继陷,武汉退出,则更盛倡和平谬论,认贼作父,居然通敌,与近卫大谈妥协条件,又欲一意蛮干,冀遂欲望。本总会主席,早已洞烛奸谋,遂电责其主和妖言行同秦桧,复向国民参政会提案,在敌寇未退出国土以前,有言和者,即以汉奸国贼论,冀可戢其野心。乃汪贼终不觉悟,及见奸谋败露,责言四起,弃职外逃,公然投降日寇,甘作走狗傀儡,妖言惑众,无所用其极,南洋方面,报纸杂志,印刷文件,日增月累,源源流入,不可胜计,更复收买汉奸,到处活动。本总会以其计划既经揭破有人,中外攻击,报纸纪[记]载,无日不有,对其丧心病狂,奴颜婢膝之丑态,未再加以声讨。近接吧城庄副主席西言来函,以汪贼宣传品流入荷属,日多一日,难免妖言惑众,淆乱听闻,请本总会通告侨胞,注意预防等情,亟应照行办理,爰将汪贼妖谬各点列告如下:

(一)以汪贼之机警奸狡,决[绝]无不知我国之持久战,日寇必败,乃突变故态,一如深患恐日病然,力主中途和平,其原因所在,不外为领袖欲所昏迷,乘外寇侵略急迫之机,借和平妥协,以谋推翻我蒋委员长,而取其政权以自代耳,可知绝非政见不同之主和,此点实当明辨。汪贼不恤牺牲国土民族,卑躬屈节,媚事仇敌,以求遂其领袖欲之目的,陷我四万万七千万同胞,及世世子子孙孙于万劫不复之惨祸,呜呼,其肉岂足食耶。

(二)汪贼及其爪牙,误认如前期军阀内战时代,反叛政府,视为故常,无知民众,失意政客,必多附和,而一般朝秦暮楚,反复无常之党徒,皆可为其同志,故对外则依附敌寇施威,对内则煽引军人附己。不图外寇侵略,与军阀内战不同,兄弟虽阋于墙,然外御其侮,则团结抵抗,不但响应无人,抑且函电交攻,使其一败涂地,汪贼果真聪明,宜即幡然悔悟,勒马悬崖,出洋以作寓公,国人皆可留其自新之路,乃竟投降敌寇,愈闹愈凶,觍[腼]颜无耻,悍然作贼,一至如是,可胜痛哉。

(三)日寇逞其野心,侵略我国,师出无名,借言防共,冀可欺瞢[蒙]世界,汪精卫卖国乞和之奸谋,则以抗战造成共产势力,借以刺激国民党,彼此阴险恶毒,同出一气。不知自前年西安事变,共产党领袖即力主拥护中央,服从三民主义,真诚合作,共赴国难,早为全国敬仰,抗战以来屡建殊勋,更臻团结,并复宣布拥护蒋公遵行国策,轰轰烈烈,光明正大,可以质诸天地鬼神而无愧,岂汪贼及其少数嫉忌党人所能破坏耶。

（四）汪贼宣传品,鼓煽马来亚华侨,对当地暴动示威,谓东京谈判,英国如何卖友屈服,大不利于我祖国,并列举各条,无中生有,捏造事实,以惑侨胞,冀与当地政府发生恶感。按英日东京谈判,权操英伦政府,关于我国如应有所表示,当由我外交部长执行,吾等既无直接行使交涉之权,新加坡政府,亦何能代负谈判是非之责？吾侨公意所在,仅可由新加坡政府代达耳。然举动应守文明法律,请愿要求,亦当出以合理行动,不宜兴风作浪,轨外生端。况自抗战而后,全马各埠均有筹赈会之组织,新加坡全侨大会所产生之星华筹赈会,对祖国,则积极募捐救济,以尽后方任务,对当地政府,则极力遵守秩序,以消弭意外事端,逢有问题发生,当然要负责领导,为祖国努力。故一闻东京英日谈判有不利我国之风讯,本总会立即遍发函电,劝促英国朝野名流,主持正义,反对妥协,南洋各属会亦一致同情,纷纷响应,本坡星华筹赈会,则同时召集侨团大会发电呼吁。以上过去各情,除非汉奸,殆未有不乐示同意者,新加坡总督在立法院宣布,深赞华侨之爱国守法,良由于此,凡我南洋各地侨胞,应明白理义,勿为无益之举,勿为汉奸利用,则幸甚矣。

（五）汪贼宣传品,对海外华侨踊跃筹赈,抵制日货,亦极力破坏,非谓血汗资财,被人中饱,用途不报,账目不明,则谓伤兵乏医,难民无救,任其呻吟沟壑,饥死郊野,硬指谓捐款落空,以惑众听。彼辈岂知各属各埠筹赈或慈善机关主持侨领,均为坡中闻人,侨众信服,出入款项,报纸宣扬,结册征信,尽可任人查阅。至于收款机关,非行政院财政部,则红十字会,总收若干,按期编布,条目分明。至于医治伤兵,救济难民,抗战之初,设备未周,难保无缺,年余以来,补偏救敝,尽力规划,已臻完善,唯夏末秋初,防疫卫生一项,因地广人众,未遽普遍而已,各地慈善家正在向外呼吁,广图救济,汉奸之群,何得借是以诬蔑一切也。

（六）汪贼宣传品,对于国币汇水降跌,则谓为我国财政枯竭,无力维持法币,与及将另出一种新币,以代旧法币,并谓孔行政院长将去职,宋子文先生任财政,种种无稽之言,极其破坏能事。然事实胜于雄辩,不终朝即已败露无遗,惟[唯]汇水降落,乃回击敌寇之经济战,本总会第二十号通告,业已剀切申明,法币地位之健全稳固。我蒋委员长近日亦曾宣示,谓我国资源浩大,法币基金充裕维持,与汇水升降,绝无关系云云。海外侨胞,逢此大好时机,倘能预先投资祖国,不久之将来,日寇崩溃,国家锐图建设,各业繁兴,我华侨联翩回国,不难立成巨富矣,彼辈汉奸谣言,又何足以摇惑吾侨爱国之信念哉。

综上各点,就其荦荦大端言之,从尾溯源,如汇水跌价,既与国家法币无丝毫影响,华侨募捐救济,则出纳分明,有条不紊,非仅报载结册征信于一时,更有簿记印收存查于永久,至谓英日妥洽一事,我侨胞镇定深察,绝无越轨行为,尤取得东道之赞美,国共合作问题,共产党真诚坦白,尽有战功事实,可以证明。汪贼日暮穷途,既无悔心,又无远识,误认国内袍泽,海外华侨,可以受其催眠,而不知国民智识日进,程度日高,是非既明,从违自判,乃竟利用其汉奸爪牙捕风捉影,广事宣传,冀可行诈售欺,以侥幸于一逞,而遂其领袖欲望,亦徒见心劳日拙矣。汪贼卖国求荣,早为天下共弃,我侨捐资救难,不达最后胜利不止,当不为妖言所迷惑也。辨奸讨逆,亦为天职,输财救国,勿止中途,有厚望焉。

此布。

中华民国廿八年八月廿八日

附录一○

邹韬奋[①]君《抗战以来》书中一段

国民参政会第二次大会在重庆民廿七年十月廿八日,当时正在广州失陷(十月廿一日)及武汉撤退的紧张时候。政府和领袖仍在坚持抗战,有一部妥协份子,却又在散布毒素,汪精卫的虾兵蟹将,已在公开讨论"和平"。他们公开理由,是天下没有不结束的战争,战争结束,即是和平,中国与日本作战,也必有结束的时候,所以"和平"只看条件,条件如果有利于中国,日本如果允

---

① 邹韬奋(1895—1944),祖籍江西余江(今鹰潭)人,生于福建永安,中国新闻记者和出版家。

许完全撤兵，允许中国保全领土完整，为什么不可以接受"和平"。当时领袖在前方督师，汪以国防最高会议副主席、中国国民党副总裁及参政会议长的资格，在临时首都，或隐或现地大放"和平"的烟幕，一大篇一大篇的演词和谈话登在党报上。根据官方"批评官吏就是反政府"的铁的纪律，我们老百姓看了于疾首痛心之余，无可奈何。比较认识正确的言论界朋友，也有奋然执笔为文想稍加以纠正的，但民意在言论不自由的情况下，当然敌不过官意，有许多被检查先生扣留登载不出，却凭借汪在党政军的地位，大倡导其"和平"。国民参政会第二次大会就在这样乌烟瘴气的氛围中举行。汪"议长"当然是这次大会主席，开幕之后，霹雳一声陈嘉庚先生从新加坡来了一个"电报提案"。陈先生是国民参政员，当时因事未到。内容极简而意义极大，提案的内容，只是这寥寥十一个大字，"敌未出国土前，言和即汉奸"。这寥寥十一个字，却是几万字的提案所不及其分毫，是古今中外最伟大的一个提案。依会章规定，要提案须有廿位会员的联署，这个"电报提案"一到，在会场上不到几秒钟联署已超出廿位。依向例议长将提案付讨论时，须将提案的题目向全会朗诵一遍，这次当然也不能例外，所以汪"议长"只得向全会高声朗诵道："敌未出国土前，言和即汉奸"。于是讨论开始，当时会员中有几位"汪记"朋友，要起来反对的，就是其他居然也有人为'副总裁'起来辩护的。会员中明白实际情形的受良心的指挥，顾不得'批评官吏就是反对政府'的铁的纪律，奋然起来赞同这个提案的还是不少。结果将提案通过。当汪"议长"高声朗诵"敌未出国土前，言和即汉奸"时，面色突变苍白，在倾听激烈辩论时，神气非常的不安，其所受刺激深矣。

八一　日本抗议荷属义捐

南侨总会甫成立，荷印政府即宣布，此后华侨所捐慈善款，一切须汇交上海万国红十字会。然荷印华侨自抗战后，义捐概汇交香港中国红十字会，该会设施系在中国方面，且由政府指挥。若上海万国红十字会，系外国人主持，其救济则不限敌我。荷印华侨当然不愿服从，而筹捐不免停顿观望。至荷印政府发此命令，其原因系重庆侨务委员会，覆[复]函荷印某慈善会，云所有汇交香港中国红十字会款数政府概行收到。该慈善会将函投某日报发表，驻荷印日本领事，向荷政府交涉，谓华侨筹款系汇交中国政府作战费，而非用于慈善机关，故荷政府有此命令。本总会乃电重庆外交部长，与驻华荷公使交涉，迁延两月，结果改交贵阳中国红十字会吴主席收，此乃维持情面而已。计停顿两三个月，积存国币二百余万元立即汇去，而荷印义捐仍旧进行矣。

八二　南侨总会任务

新加坡南侨总会成立后，各属未曾派代表来参加者多随后加入，统共八十余处公会，而各会所筹义款，多自行汇寄，间亦有托本总会代为转汇者。本总会对祖国政府或机关负责接洽通讯[信]，如有必需则转达各属会，或出通告普告侨众。至对各属会则逐月征集筹汇数目，列表比较投各属日报，并寄重庆政府及《中央日报》等，又寄各属会资俾观感。然各属会对募捐办法处境不同，一面力避犯及居留政府，一面相机进行，努力不辍。除日常筹募汇交祖国政府外，每年复有寒衣捐、药品捐、汽货车捐等。至于特别劝募，则由本总会承国内机关来电告需，及行政院许可，然后发出通告于各属会，或分配数额，并婉告以可多不可少，俾能互相激励增加成绩也。

附录一一
南洋华侨筹赈祖国难民总会通告　第一三号

连奉蒋宋白诸公来电鼓励吾侨加强捐筹令转达各属会各侨胞知照

为通告事，本总会在最近一周间，连接国内蒋委员长、宋子文先生、白副总参谋长来电三通，鼓励侨胞，加强捐输，源源接济，共博最后胜利，合将蒋宋白诸公原电，披露如次，以告海外全体侨胞。

（一）蒋委员长电

"南洋华侨筹赈祖国难民总会陈嘉庚兄：溯自抗战军兴，已历廿一月，海外侨胞，节衣缩食，踊跃捐输，先事购买救国公债，继则月捐义捐，其爱国热忱，殊堪嘉尚。现在第二期抗战方殷，必须资源有持久之力量，始克获最后胜利，仍冀各侨团振发以前之精神，继续努力源源汇寄，俾裕军用，并希转知各属侨团查照为荷。蒋中正五日"

（二）宋子文先生电

"南洋华侨筹赈祖国难民总会陈嘉庚兄：查海外侨胞，除购买救国公债外，其义捐月捐，亦殊踊跃，热心毅力，至堪敬佩，业将各地一年余捐输情形，陈报蒋委员长，奉电深为嘉慰，经由委座五日电达，计荷鉴察。值兹战事正殷，端赖后方源源接济，还祈继续努力，历久不懈，裨益于抗战前途，殊匪浅鲜，特电奉达，即希查照，并转知各属侨团为荷。宋子文歌"

（三）白副总参谋长电

"南洋华侨筹赈祖国难民总会陈嘉庚先生，并转诸侨胞公鉴：二十七年十月三十日函，暨大会宣言，均奉悉。抗战以来，我侨胞踊跃输将，不特被难同胞身受其赐，抗战力量，亦于焉增强，现敌势虽疲，而野心未戢，正赖国内军民、海外侨胞，同心戮[勠]力，驱除强寇，求得民族国家之自由平等。诚如宣言所云，国家之大患一日不能除，则国民之天责一日不能卸，前方之炮火一日不得止，则后方之刍粟一日不得停。尚望再接再厉，本出钱出力之旨，为抗战建国之助，临电无任神驰。白崇禧桂行政三陷（十三）印"

本总会于接读上电之后，深觉蒋宋白诸公，在此抗战方殷，万机丛脞，乃忽关情华侨，发出此电，殷殷致意，不先不后，异地同时，其重要性之所在，吾侨实宜深思详察，不应忽视，更不应淡忘。查自抗战军兴，海外吾侨，对祖国战区难民之筹赈工作，风起云涌，海啸山呼，热烈情形，得未曾有，富商巨贾，既不吝金钱，小贩劳工，亦尽倾血汗。蒋委员长有言，地无分东西南北，人无分男女老幼，全面抗战，应当人人努力。海外华侨，在过去对国家民族，确已尽其最大责任，惟[唯]人事不常，时境有变，最后之胜利，必落在最后努力者之手中。百里行程，半于九十，一着之差，立败全局。故吾侨胞必须坚持不懈，无论人事如何变动，时境如何困难，要当排除瞻顾，勇往直前，出钱出力，能多固好，即少亦佳，务期普遍永久，以与祖国持久抗战，步步联系，息息相关，遥相呼应。尤望各属筹赈会当局，仰体蒋宋白诸公来电嘉勉之至意，不因环境险阻而惊心，不以筹募艰难而馁气，领导侨胞，奋斗到底。

此布。

中华民国廿八年四月十四日

八三　闽省府来募公债

民二十七年冬，闽省政府主席陈仪，派张财厅长果为来新加坡，要募省债四百万元。余接函后即电阻勿来，然不几天已到。其时救国公债新加坡久已结束，马来亚多处尚未。适南侨总会开幕，菲律宾诸代表未归，云该处可承认三十万元（时坡币卅元申国币一万元），谓系前救乡会存款可抵额。于是余乃按照代募二百万元，分配马来亚一百万元，菲律宾三十万元，荷印三十五万元，缅甸、安南各十五万元，香港五万元。而马来亚之一百万元，新加坡按三十五万元，其他各埠六十五万元。劝募许多月，结果新加坡得三十三万元，马来亚诸区三十五万元。且汇水比春初减去四成有奇，尚不能募足。盖闽侨虽富，热诚者少，侨生富者虽多，然对省债更不闻问矣。闻荷印更乏成绩，安南及缅甸亦募未足，总计一百余万元。开募时曾请准行政院许可。

八四　武汉合唱团南来募捐

我国"七七"抗战后，多处青年自动奋斗各尽所能以救国，如武汉合唱团[①]，初自他省提倡联络若干人，到诸重要区域演唱，鼓动民众抗敌救国，后来散而复招，诸团员有多省参加，迨至武汉重新组织全团男女近三十人，故名曰"武汉合唱团"。由武汉来广州演唱，再来香港均属义务，川资系自武汉筹

---

① 武汉合唱团成立于抗战时期。1938年9月，夏之秋团长率合唱团一行28人应南洋华侨筹赈总会邀请赴新马各地演出。1939年5月开始在马来亚各地巡回演出。

备。后由香港举两代表来新加坡与余接洽，约定膳宿川费由筹赈会供给，团员每人每日给零费二角。于是全团南来，团长夏之秋①君。民二十七年十二月到新加坡，在三个世界游艺场，轮流演唱三个余月，入场券计收三万余元。余乃为介绍往马来亚诸区，首往柔佛辖下多埠，十余日间经三几埠，亦仅售入场券，所收仅数千元。及至麻坡有热心家提倡献金，有一富侨先献数千元，其他所献不外三两万元而已，继因各处互相竞献，数日间至二十余万元，然各港各路多计核树胶每亩抽若干，约分三四个月方交清楚。由是再后到马六甲、芙蓉、雪兰莪、霹雳、槟城，诸区互相竞献，计在马来亚年余，筹坡币二百余万元。余又欲介绍往荷印，而荷政府不准入口，乃解散回国。新加坡筹赈会代理川费外每人复送坡币五百元。再后数月王莹②女士及金山③君由安南来新加坡，欲演新剧募款，全团十余人，时英德已宣战，坡政府对华侨演剧募款禁止不准。后来彼等不怕辛苦，原船回安南往昆明，从滇缅路入仰光，复来新加坡演唱，及至吉隆坡已历数月，坡政府查悉原委复下逐客令矣。

八五　华北汉奸来电

南侨总会成立后，北平江朝宗④、池尚同（前集美校长，浙人）、王大贞⑤（泉州人）等二十一人，联名来电告余领导南洋华侨，赞成与敌和平。余覆[复]电极诋其"卖国求荣，诌媚无耻，沐猴而冠，终必楚囚对泣，贻子孙万代臭名。日寇灭天理绝人道，奸伪欺诈，毒祸人类，为幽明所不容，列强之公敌，现虽暂时荣耀，终必惨败无地。尔辈若能及早悔悟，改过自新，尚不愧为黄帝

---

① 夏之秋（1912—1993），湖北孝感人，小号演奏家、音乐教育家，时任武汉合唱团团长。
② 王莹（1913—1974），安徽芜湖人，女作家，时任新中国剧团副团长，率团赴南洋演出。
③ 金山（1911—1982），祖籍湖南怀化，生于江苏苏州，导演、编剧、演员及制作人。
④ 江朝宗（1861—1943），安徽旌德人，汉奸，时任北平治安维持会委员长。
⑤ 王大贞（1881—?），福建晋江人，光绪庚子辛丑（1901年）并科举人，历任农工商部郎中、山西都督府实业司司长、参议院议员、侨务局总议等职。

子孙"云云。新加坡市政府每年需用洋灰甚多，常作一次投票承购，按月交货，而日本出产洋灰售价素廉，加以华侨抵制寡销，轮船又须来马来亚运输铁苗，载资减少，故售价更廉。市政局侨生议员不少，有一粤侨极意主张定购日货，他议员尚怀疑未决。适筹赈游艺开幕，余乃演讲"重庆参政员梁实秋被学生殴打事，与现市政局某忘祖局员同样腐化"。于是各日报登载，舆论反对，下次会议不敢复开口，该局乃不买日制洋灰。

八六　补助宣传抗敌之上海《神州日报》

上海《国民日报》经理蒋公堂，自抗战后受政府逐月津贴经费，极力拥护政府，与诸奸报奋斗。后来敌人势力日增，各报多被收买或停版，所存能拥护抗战之日报已寥寥无几。民廿八年间，政府停止津贴费，蒋君往重庆要求无效，孙科、梁寒操①二君修介绍函，由蒋君带来新加坡，请求维持该报逐月补助国币三千元（汇水卅元申一百元）。余度赈款不能移挪，另募亦非妥善，若拒绝则该报不能维持，即减一宣传机关。不得已乃向黄梨公局商捐，接受其要求逐月汇去。数月后该报因前系由法人借来创办，该法人被敌利诱，遂致停顿。后蒋君不知如何交涉，改名《神州日报》，仍旧资助，按月汇去，至民卅年秋始停止。

八七　救济罢工反日之铁矿工人

马来亚峇株吧辖地方，有铁矿产出铁苗，其质虽非佳品，日本人以其价廉有利可获，"七七"以前开采有年，然规模不大，工人仅千多人，大半为华工，印度工无多。迨战事发后积极扩充，经年间工人添至三千余人，亦华工居多，

---

① 梁寒操（1899—1975），祖籍广东高要，生于广东三水，时任军委会桂林行营政治部主任。

印人仅数百人。峇株吧辖埠爱国华侨，见敌人用华工采取原料，制造枪炮，以杀国内同胞，且逐月扩大，有加无已，惕然心惊，乃向各工人开导勿作自杀工作，于是全体罢工牺牲利益。但罢工后对生活问题须为之解决，如要回梓里者应助川资，要留洋者代觅职业，或暂为安置食宿等项。新加坡同侨乃用福建会馆名义，向侨胞募捐坡币六万余元，其中麻坡五千元、峇株吧辖三千元、槟城二千元，他埠亦捐多少，大半在新加坡劝募。结束时不敷六千余元，系侵用新加坡筹赈会之款。

八八　华侨大会堂与图书馆

　　民国廿八年新加坡中华总商会改选期届，原定两年重选一次，正副会长由闽粤侨商轮流，如本届闽正则粤副，来届粤正则闽副。闽侨不幸有一阴狡之人，每届运动选举为正副会长多年，对会务不但无裨益，且私弊难免。是届适轮到闽正之期，该人仍蹈故智尚无悔过。余念祖国方事抗战，而欧洲亦风云满布，本届总商会正会长应选能相当负责之人，不应复任斯人滥竽，况我闽侨不自改革，粤帮更形袖手。余不得已乃传集闽侨开会，讨论本届正商会长人选，于是决定斯人无被选资格，并通知粤帮诸委员。余对总商会仅一普通会友，未有参加何职务，第逢有关祖国及侨胞要事不能自外耳。总商会会长既选定，余即致函云新加坡为马来亚首府，华侨居最多数，而乏一中华大会堂及图书馆。以总商会地址适中，若拆卸改建五层楼，除小部份作商会办事处外，楼下作大会堂，楼上作中西图书馆，既可增益社会教育，又可供集会团结等需要，按费至多二十余万元，尚希裁酌办理。总商会乃开会讨论，委员陈六使自动首捐四万至五万元，正会长亦拟捐五万元，其他数位殷商按捐四五万元，计闽侨数人已可捐十余万元，广潮等至少可捐七八万元，合计二十多万元，业已足为改建费用，其他许多会友尚可捐筹不少。然闽侨中某资本家自己不愿多捐，而扬言"闽侨不宜独捐大多数"。又有人言"此为殖民地，侨居如作客，不宜花费数十万巨款建厦屋于此，可观日本侨民，谁肯花建筑费十万八万元于殖民地者乎"。总商会长原处在被动之列，非出于热诚慷慨，为侨众谋团结，为社会造幸福，一闻诸殷商之言，意志已退三舍，此事遂成泡影。古语云，百人成之不足，一人坏之有余，正谓此也。至谓闽侨不宜负大多数，此乃鄙吝之夫，胸怀狭窄，不知正义。公益事业当尽力勇往，若寸寸计较，无一可成。又如以华侨与日本比较，则更形荒谬。言侨数日人不及华人百分之二，且彼南来数年，定要回国，与我华侨多数久居相差甚远。如言殖民地不宜多花建筑费，固亦有理由，然如私人住宅或非公益场所，确应极力节约不可建于外地，若有益社会之公共建筑又当别论。华侨素认殖民地为第二故乡，一生大半生活于斯，一大会堂及图书馆固正为大众所必需之公共建筑也。

八九　新嘉坡继设水产航海学校

我国沿海八九省，海岸线长近万里，海产之富，无物不有，水上交通范围极广。唯科学不讲，百业落后，海权丧失，渔利废弃。然自光复后国难虽频，民气日盛，此次抗战最后胜利必属我国，不平等条约必尽取消，利权可以挽回。然此事首需科学人才，而水产航海学校，光复后全国只有吴淞一校，后来继起者，如集美、烟台、广东等数校，虽未甚发展，已略有基础。自抗战后沿海失守，集美、广东两校内移，质量不免有损，其他诸校消息无闻。为此之故，余于民廿八年春，在新加坡倡办水产航海学校，学生三班一百余名，经费由福建会馆担任，甫办三年尚未毕业，而新加坡已失陷。希望战事不久告终，未毕业学生，可回集美或广东等校补修至毕业也。

九〇　维持中英感情与抗战

新加坡华侨青年或学生为爱国热心所驱，不计居留地非我国政权，凡遇有受刺激事，每集队千百成群游行示威，或露天演说鼓励民众。曾因交通关系，与警察冲突，致酿成流血丧命之祸，故当地政府甚不满是种举动，定罪人狱及出境者常有之，有一次曾拘拿数十人，判决出境者二十余人。从中有某侨生参加，彼在祖国乃无家可归者。余不得已乃呈文政府求其释放，并担保以后不再发生组队游行事，幸蒙俯准。于是本筹赈会乃发出通告，劝诫勿复轻举。民廿八年天津英租界华人有爱国行动，敌人要求引度［渡］并迫取白银，英驻日大使将与日本妥协，迁就其条件。我国政府极力反对，海外华侨深表同情，多有不满英国者。余在新加坡假总商会，召集侨民大会。登报及传单发出后，当地政府即召总商会正副会长，责问谓"此系反对英国事，何得允许作会场"，甚形不满，然却未有向余阻止者。迨开会时余则宣布"战争最重要有三项，人力、金钱、军火，尽人都知。昔有人问拿破仑，战争以何项最紧要，拿破仑答'金钱'。我国能维持抗战，端赖国币信用之安定，至国币信用能安定者，良由前年英国派罗素博士助成之。不宁唯是，抗战后英国复借我国英金五百万镑，以维护国币基金。他如英属马来亚香港缅甸等处，逐月侨胞汇归祖国数千万元，为抗战军费之大部份。以上数事我国抗战金钱，与英国甚有密切关系。至于军火成品及原料，多由外国运入，除安南一部份外，大半靠香港入口，自广州失陷，香港路绝，则倚靠新开之滇缅路，然亦须由英属仰光入口。准此而言，无英国良友之惠助，则金钱、军火均发生关系，何能维持抗战，凡我英属华侨实心爱国者，务必知感为宜。至于英大使与日本妥协事，或出于万不得已苦衷，与我国抗战无重要关系，我侨胞应当衡其轻重，加以原谅，万万不可作轨外行动，如示威游行及妄生事端，致兆恶感。不但对抗战无丝毫实益，且更使敌人欣快。至今日召集此会，亦非如上言专讨好英国，必思有较善办法，冀可收万一效力。英国政权虽属内阁，而议院居监督地位。鄙意由大会名义发电致英京，平素主持正义诸议员，如路易·乔治①、丘吉尔②等数人，求其惠助"云云。于是全体通过，散会后，坡政府颇形欣慰，但通知我发出电文，先送伊等阅览，电文发去后即接覆［复］电矣。

---

① 路易·乔治（David Lloyd George，1863—1945），今译劳合·乔治，英国政治家，自由党领袖。

② 温斯顿·伦纳德·斯宾塞·丘吉尔（Winston Leonard Spencer Churchill，1874—1965），英国政治家、演说家，两度出任英国首相。

九一　设立救济残废伤兵委员会

我国抗战后，始在南洋发售公债券，有多人要将原券捐助政府，余不接受，以不但无益抗战输[疏]财之义，恐反阻碍下次续售债券成绩。后有人再来言愿将所购债券五千元捐交筹赈会，余答："君既热诚捐赠，本会却则不恭，若将债券变卖现款，则价贱必影响前途。或另立一'救济残废伤兵'之名义，以此作为基金，将券寄存银行保管，并可以此名义鼓励他侨何如？"彼即应承，于是定名曰"救济残废伤兵委员会"，所收多少概寄存新加坡中国银行。南侨总会乃出通告，劝诸愿捐公债券者请惠下，前后共收六十余万元。新加坡代售省公债，而正式债券寄到已久，尚存约十万元未来交换，乃登报限期来换，否则，概赠作"救济残废基金"，入中国银行保存，迨后期届仍未来换，故将一切全交中国银行，统计七十余万元。待战事告终，则设法交该管机关，以供救济残废伤兵之需。

九二　华侨司机回国

我国抗战后，海口概被敌侵占，外货可入口者，只靠香港、安南两路而已。滇缅路甫在开创尚未通车。及广州失守后，香港存积货物军火二万余吨，我政府乃将西南运输办事处移设新加坡，名曰"西南运输公司"，总机关设在昆明，主事宋子良[①]君。香港存积货物大半移往仰光，由滇缅路入口，其余则由安南入口。滇缅路将通车时，缺乏驶车机工，且新路多崎岖，驶车者非老经验必多蹉跌。宋君来电托代雇司机，及修机工人等回国，往滇缅路并西南等省服务，除薪水外膳宿衣服医药概由政府供给。南侨总会乃出通告，并致函马来亚各属

---

① 宋子良（1899—1987），祖籍海南文昌，上海出生，宋庆龄之弟，时任西南运输公司经理。

会鼓励，数月之间，热诚回国者三千二百余人。经安南往昆明者居多，经仰光者三百余人。有一修机工在洋十余年，每月收入坡币二百余元，自甘牺牲，并招同伴十余人，带其全副机器前往。诸机工到昆明须经军训两个月乃出服务，其训练多属军式礼节。实行服务后有少数人逃回。寄来之通讯亦云，"待遇甚劣，不依照所约办理，如寒衣宿舍医药均缺乏，各站办事人乏精神，手续麻烦、迟慢，站段无车屋，救济车及修理器具不备，辛苦难以言状，常有货车损坏停于山地无人处，车上机工饥寒至两日之久"云。

附录一二

南洋华侨筹赈祖国难民总会第六号通告

征募汽车修机驶机人员回国服务

为通告事，本总会顷接祖国电委征募汽车之修机人员及司机人员回国服务（修机者按数十人），凡吾侨具有此技能之一，志愿回国以尽其国民天职者，可向各处华侨筹赈会或分支各会接洽，并注意下列各条方可。

（一）熟悉驾驶技术，有当地政府准证，粗识文字，体魄健全，无不良嗜好（尤其不嗜酒者），年龄在四十以下二十以上者。

（二）薪金每月国币三十元，均由下船之日算起，如驶机及修机兼长者，可以酌加，须在工作时，审其技术而定。

（三）国内服务之地，均在云南昆明，或广西龙州等处，概由安南入口，旅费则由各地筹赈会发给。

（四）凡应征者，须有该地妥人或商店介绍，知其确具有爱国志愿者方合。

（五）本总会经函达各地筹赈会负责征募，各筹赈会如经征取考验合格者，计有若干人数，须即列报本总会，至应募者前往安南路程，如能由所在地筹赈会办妥手续，直接出发，固妙，否则可由本总会设法办理。

事关祖国复兴大业，逼切需要，望各地侨领侨胞，深切注意办理是要，此布。

中华民国廿八年二月七日

九三　派员视察西南运输

余闻悉滇缅路办理及待遇司机不善事,难免寝食不安,乃举派代表由仰光入口往昆明,沿滇缅路视察事实。且度所传如不虚,或由路甫开竣未暇设备,或限于经济因陋就简。若限于经济,南侨总会可以代筹。余按滇缅路由宛町至昆明九百余公里,可分作六段,每段一百五十余公里,当设七个停车站。每站建几个停车亭,可容货车三百辆,面积五六万方尺,每方尺建筑费国币一元半,共约八万元。工人寄宿舍伙食房阅报室医院二万方尺,每尺以二元半,计共五万元,两条合计需十三万元。七个车站共九十一万元,再加零费九万元,合计作一百万元,申坡币二十余万元。就使再加十万八万元,亦容易办到。乃详列此项计划交代表带去,并嘱沿途考察,逢站特别留神履勘。作［做］事最患乏金钱,金钱如便何事不成。如此设施非但为华侨司机工人计,亦为抗战军运成绩计。该代表于民廿八年秋起程,沿途来函报告果如前闻"所经各站设备极形简陋,并不敷用,所遇各华侨机工等多面无血色,带病含泪,目不忍睹"。迨至昆明急向龚主任提议,将余所计划条件送交,请其赞同从速兴工,并交涉改善他事。该主任答伊无权主张,待备文往重庆请命。代表不能久待归来,余函电昆明均未得确实消息。并电重庆军事委员会,告以滇缅路车站设备不周,办理不善,请速改妥,虽屡蒙覆［复］电嘉奖,第不过官样文章敷衍而已。

九四　供给军需药品

重庆政府来函,要求大宗药品,如金鸡纳霜、匹灵片、仁丹及救伤绷带等,南侨总会应诺供给。绷带由香港办寄。至金鸡纳霜系荷印出产,则转商荷印各慈善会,四十余处,购赠五千万粒,须费荷币三十余万元。该药产于爪哇,政府限制万隆一厂出品,凡售于慈善家特别减价一成余。余发函通知后,约三个月内接各处回报,概已募足,直寄仰光,交西南运输处转交政府。至匹灵片及仁丹等，拟在新加坡设厂自制，盖匹灵片如向药房买便者甚贵，若买药粉自行制片，则可便宜大半，至于仁丹亦然，且材料多出产我国。余如此计划后，已租屋并办置各机器，尚未开工，而欧洲战事已爆发。英既与德宣战，马来亚即严禁各物出口，由是新加坡制药事无法进行，故拟将各机器移往重庆制造。

九五　同情英对德宣战

民国廿八年九月三日，英德宣战，余恐英政府限制金融汇出，马来亚华侨对祖国汇寄家用，及筹赈募款难免发生影响。在抗战期间，我国需财较他时远为殷切，应预为设想，冀可补救多少，此非同无病呻吟及好事诌媚者比也。故于战后在坡即开筹赈委员会，通过拥护英国对德宣战，并用南侨总会主席名义发出通告，劝告全马及他处英属华侨，对英与德宣战，应拥护英国政府，共表同情，对德国当同仇敌忾云云。越日总领事高凌百便来交涉，谓我国与德国现虽绝交，彼此未有宣战，交情仍存，我华侨不应先自告绝，指余所出通告为错误。余早识此败类官僚，如前汪贼将叛国，他亦来交涉，故置之不理。再后月余英京理藩部曾电询坡督，马来亚华侨对英德宣战态度如何，坡政府急欲觅一证据，注意在报界，乃检查本埠两家大报，有无著论拥护英国者，均无所得，后检得代表南洋各属华侨之机关"南侨总会"曾在各日报登有上述通告，认为最有价值之证据，即译覆〔复〕理藩部。

附录一三

南洋华侨筹赈祖国难民总会通告　第二三号

吾侨应尽力拥护英国与法国对德之义战　南洋各地可免战争威胁　要当安居乐业遵守法律维持秩序

为通告事，自前次欧洲大战结束后，世界各国，惩于战祸之惨烈，为保持永远和平计，在欧洲设立国际联盟会，以仲裁一切纷争，消弭未来隐患。在东亚方面，更由美国召集华府会议，签订九国公约，尊重我中国主权，以维系东亚之和平，凡此作为，皆所以谋弭兵罢战，造人类太平之幸福也。不幸东亚贼寇，包藏祸心，乘世界不景之秋，突启"九一八"侵略之祸，由是德意退出国联，扩充军备，步武侵略，假防共面具，肆吞并野心。"七七"事变，敌寇预计三月可以亡我，而今次德侵波兰，亦妄想英法中途妥协，日寇迷梦，业遭打破，德国野心又岂得逞。夫以英法富强，远胜德国，光明义战，举世拥护，彼背约毁信，必为天道不容，祸首毒心，定遭公理屏[摒]弃，古今中外，历史不爽，最后胜利，属于英法，毫无疑问。德国若非败亡，亦必变成共产，东西日德两国戎首，势必相继崩溃，狼狈无依，此理绝有可信者。南洋群岛，居世界重心，物产丰饶，人口达一万万，华侨将及十分之一，对于经济工商业，实占有重要位置。今兹欧亚两洲大战，物产损失之大，人类遭祸之惨，当为有史以来所未有。顾默察南洋各地，虽在战云弥漫之中，实则有惊无险，似危而安，世外桃源，乐业安居，无量幸福，诚属天幸，此为吾人不可不知者，尤以英属马来亚华侨，对眼前时局，更有密切关系，本总会爰特列举数点，通告如下。

（一）日寇前联络德意，借防共轴心，侵略我国，复威胁英法殖民地，故安南与马来亚，不得不极力设防，以保安全。迨欧洲英法对德开战，殖民地设防更形严紧周密，顾形式上虽颇紧张，而实际上则可安然无恙。盖自俄德协定告成，德日轴心已断，意国又守中立，日寇四顾迷茫，已成孤立之情势，自身早陷我国泥淖，坟墓屡掘愈深，陆军已无余力侵略英法殖民地，海空军更不敢冒昧问鼎。假如不知自量，一经启衅，日寇在太平洋海面交通断绝，结果必更速其死，故近来改变凶脸，讨好英美，不复为德国所利用，以威胁英法殖民地者，其故在此。

（二）日寇既不敢助德，以牵制英法，意大利又守中立，不参加欧洲战争，则地中海航路，便可照常通行。以是而观，南洋土产，决不致滞销，舶来物品，亦仍可源源接济，英荷出产重要之胶锡，必将更形活动。马来亚工人既免遭失业，工资且得有相当增加，市肆益有恢复繁荣希望。居此世界重心区域，得以避免东西两洋大战惨祸，凡属居民，应当如何感拜天幸，而戒谨守慎，以克享此世外桃源，安居乐业之幸福也。

（三）马来亚为英国殖民地，英对德之战争，亦即整个马来亚与德国之战争。凡居马来群岛之人，均当随英国之目标，而推诚拥护英国之义战。我华人

著　述

在马来群岛，占最多之数目字，推诚拥护英国，比别种人尤为关切。何以言之，中日战争，我侨胞既视日寇为仇人，而英国乃为我国之亲善友邦，过去赞助我国抗战之伟大事迹，在我祖国人民，尚知感激，与英国极表同情，何况身居殖民地之侨胞，不尤宜倍加注意乎？盖其拥护世界公理正义，与我之抗战武力侵略，抱信义光明之宗旨，以奋斗求和平，固异途而同归也。故凡劝募义捐，救济英国伤兵，及为当地维持治安，保守秩序，与尊重当地政府命令，凡有所需要于吾人者，皆当竭诚努力，以尽侨民之职责，万不可误信汉奸造谣，发生轨外行动，致干咎戾，贻我侨界之羞，则幸甚焉。

此布。

中华民国廿八年九月十五日

九六　回教代表南来

我国回教代表马君天英①等三人，代表中国回教徒来新加坡，持有回教总会及白崇禧将军介绍函，其目的为联络南洋各属地诸回教徒，宣布我国抗战之意义，暴露敌人之野心，并募捐救济国内回教难民等项。马君精神饱满，言辞敏捷，到处受回教徒热烈欢迎。马来亚华侨回教徒无多，盖土人则甚众，其次为印度人，此次受马君之鼓动，对我国抗战较表同情，对抵制敌货颇有关系。至募捐一事成绩极微，盖土人虽众，赤贫居多，性怠志薄，殷实者寡，平素对公益慈善极少注意，虽对马君等极表同情，捐资则多不慷慨，计马来亚仅筹坡币一万余元，半属华侨参加者。马君复鼓励各区派代表到华观光联络，议定十二名，由新加坡至重庆来往川资由南侨总会负担，其他别往及零费由他自筹，然结果竟不成行。马君又欲往荷印，而荷政府不许，乃由英属婆罗洲等处回国，南侨总会助彼等游历费坡币五千元。

---

① 马天英（1900—1982），山东临清人，回族，时任中国回教南洋访问团团长。

九七　侯西反君对筹赈会之努力

民十余年间，南洋各处多有共产党人活动，而尤以马来亚为最，因人口与住居较他处容易也。共产党进行，其初多在中等学校，鼓动学生自由，故屡有罢课风潮，其他社会或工场却鲜波及。英政府视共产党如蛇蝎，驱逐甚严，凡查有实情往报者，每名奖给坡币二百元，党人即逐出境终身不许复来，如或再来则律禁终生。并联络荷印政府，互相报告不得收容。由是三数年间驱除略尽。民廿三四年以后，有借名共产党者复形活动，然非发生于学界，而多在劳动界，首倡之人多以金钱为目的，工人不参加者则武力对付，每人每月缴纳两三角，约如私会之例。英政府对劳动界，不便无证据治罪，设或有证据被拘，立有继起之人。由是煽动工界怠慢工作，增加工资及优待条件，稍不遂意则罢工抵制，波及各界，几于全马都有，尤以新加坡为甚。此多系机狡贪夫自居首领，代为计划指导，知英政府对罢工无法律罪责，故工潮时常发生。侯君西反[①]身健口利，忠勇勤劳，排难解纷，为其特长，凡有请托努力斡旋，多能平息，所有工潮劳资两方，都愿服从侯君调解。虽历有年数，而政府不以为德，反或误会侯君与匪人友善。其实罢工各厂自有领袖，非全由厂外首领指挥。侯君虽为调解，前时多未相识，且自备车费，有时自己或向友捐资垫补了事。"七七"抗战后，新加坡市区内华侨募捐，系分帮组织，劝捐员向其属侨劝募。闽侨方面为侯君领导，成绩最佳，市区外则不分帮，概由侯君招数人向各处鼓励，组织三十余分会，每分会每月至少开会一次，集大众听演说，均在夜时。侯君逐次参加，往往至午夜后返家，常一夜赴两三会。其发言不倦，精神饱满，同侨莫出其右，加以忠勇热诚，熟悉诸侨商吝啬慷慨，殷裕困穷，视力劝募，应付咸宜。余认侯君品性对于服务社会，如调解纠纷，劝募捐款，确为特殊才干，他侨实难企及。新加坡闽侨捐款成绩，可影响他帮，并可以模范全马，与及南洋各属华侨，所以余重视侯君，为筹赈会最重要之职员。至于剧烈抵制敌货，严惩败类奸商，

[①] 侯西反（1883—1944），福建南安人，时任亚洲保险公司副经理。

此则别有组织机关，暗中有他人主持，与侯君绝无关系。至侯君对财物之慷慨，尤为可取，有裘马与共之风焉。

九八　侯西反之出境

侯西反君在新加坡之工作既如上述，彼任亚洲保险公司副经理，自己置有住家洋楼及树胶园，按月入息足抵家费有余。抗战后亚洲保险公司事务托同伴负责，专心致力筹赈会工作，数年如一日。上文所言坡政府虽疑彼与罢工首领有关，不过嫌疑而已，绝无注意侦查备案之事，或告诫责问等手续。至抵制敌货严惩奸商，久为对方不满，彼等当然认筹赈会为眼中针，对余既无法摇动，不得不转向侯君身上。不惜金钱利用无谓讼案，控告侯君与及日报时常制造攻击，为阖埠侨众所详知。民廿八年十二月廿八日上午，华民政务司副官忽来告余，准今天下午三点钟，辅政司代表坡督，招筹赈会诸委员到政府议事厅开会。余询何事惶急，答不便言，余乃告庶务以电话通知诸委员。而侯西反君于下午二点钟，为侦探局长召往谈话。下午开会时新旧两辅政司均到，主席旧辅政司发言："今日请贵筹赈会诸君到此，系奉坡督命令，宣布侯西反君限三天出境，因他犯两件案，一为反英嫌疑，一暗助非法团体有关治安。"并出示多张印刷品为证。余起言："主席发表侯君两罪，是否事实？且此系他个人私事，与本筹赈会无关。政府既要逐他出境自无问题，唯限三天未免太迫促。他住新加坡四十年，一家数十人，有屋业及树胶园，并任亚洲保险公司副经理，与人交接各手续何能办妥，务必宽容多天为宜。"主席答："君所言我甚同情，但我无权接受，待禀请坡督回示。"散会后侯君亦从侦探局回来，云局长刻交他一纸坡督逐客令，系本月廿二日发出，限十日出境，现仅存三天而已。越天辅政司回覆［复］不准展限，于是决定卅日早，搭飞机往仰光转重庆。不图该早飞机因故改期翌日，而诸送行工友等数千人，坐运货车数十辆，直冲进机场自由行动，含愠不听警察阻止。盖该机场自欧战后已颁戒严令，闲人不许擅进，于是警察及守军用电话报告军事机关。若加驱逐必发生流血惨案，幸当局不忍施行。后送行者知飞机须明天方开，乃各自散回。然明天恐送行者更众，政府文武机关，磋商未有妥善办法。余亦恐不幸发生严重事件，阻碍筹赈会成绩，乃商侯君秘密勿布，乘夜间火车明早到槟城，因该机是日须到槟城添油客，然后飞往暹罗仰光也。其夜送行者仅数十人，越早火车到槟城，华侨及印人二［两］三千人，到车站迎接，幸无发生事故。

九九　宣布并质问

新加坡政府设有议事会，若立法院者，全马华侨代表三人，其他二十余人，咸为政府指派，英官民占大半。开会时坡督任主席，坡督外出或有事不到，由辅政司代理。坡督署内另设行政会，官吏绅商十余人，辅政司为当然之一人，华侨占二人，多系前任立法院告老者，开会时亦以坡督为主席。侯君出境后，余往询行政会员某君："政府责侯君两罪，均无实据，而出境令限十天，乃待至第七天下午始交，闻依法律不能超过二十四小时，以上余甚不解，请开示。"渠答："侯君出境事，在行政会讨论数次，坡督甚不忍，无如某有力官员极力主张，实侯君气运不佳，至出境令秘密多天，则系舞弊有违法规。"余乃致函责问坡督，并召集筹赈会及数十分会，公债委员会各委员，及坡中各界大会，到者甚众，假总商会开会。其议程：（一）报告侯君出境经过。（二）报告侯君出境案乃私人事与本会无干。（三）勉励各分会及本会诸募捐员，"仍当继续努力，切勿因侯君不在，或馁志灰心，致误筹赈成绩，失侨民爱国之义务。至第一项政府责罪侯君，谓有反英嫌疑，然未宣布何项确实证据。余敢代侯君证明不反英，且加以拥护。最近有两件事实：英德宣战后，华侨在华民政务司署开会筹赈，侯君捐资一百五十元，当时到会资产远过侯君者有许多人，各仅捐一百元，此其一。该会闽侨募捐主任，亦为侯君，且曾努力奔走，此其二。政府又指侯君暗助非法团体有关治安，以若干张印刷品为证，试问政府非法团体为谁？曾拿来作证否？印刷工人是谁？有无拿到否？两者既无拘拿一人作证，而独指侯君加以诬陷，岂非奇怪。不宁唯是，依政府法律出境字，坡督签押后二十四小时内须交该人亲收，而此次乃延至七天之久乃交，故仅存三天，盖该字原限十天也。此种暧昧事情，更觉令人费解。宪政为人民之保障，以堂堂法治之英政

著　述

府，若如此污弊行为，我华侨此后实多危险。第二项政府宣布侯君两罪无论实否，乃他私人之事，而召集本筹赈会全体委员，当面发表，实与本会名誉有关，岂本会亦与闻乎？余已将上言不明白事情呈函总督，请解释示知。侯君最后一次来新加坡廿余年未曾回国，无非为财利计。然自十年来侯君已放弃自家经商营业，所置树胶园入息足可维持家费而有余，今日出境对私人生活绝无关系，而年近六旬得回国观光养老林下，实人生最好幸福，有何遗憾可言。唯在此抗战胜利未达之前，本筹赈会负南侨对祖国应尽之天职，少此忠勇能干之人实为可惜。深望本会各帮诸负责人，及各分会等更加努力，至荷至幸"。开会后余将演说全文，投中西日报登载，俾南洋中外人咸知英政府意外冤弊有如此者。按新加坡官吏，历来凡诸高级者多廉洁奉公，甚少贪污贿误民众，唯此次举动不免令人疑惑。盖新旧交卸，五日京兆己〔已〕将远去，而一举胜过数年所得，故莫怪其然耳。可痛者同侨中自相摧残，甘牺牲十数万巨资，逞其意气。越后余到重庆，始悉谋陷侯君之辈，发若干电文向政府机关，诬陷侯君种种恶事，及共产党色彩，然重庆政府早接余函电介绍，不受欺罔。余代表南侨慰劳视察十余省，历时十阅月，侯君始终作伴，会见战区各司令长官，省主席及其他文武官员，社会名人，并略知抗战大势，民气进步，民生疾苦，与及观山玩水，游目骋怀，岂非出境回国之幸事耶。再后新加坡失陷，如逃不出，设无生命危险，亦必受敌人威胁，作其痛心不甘作之事，贻后人口实。若幸而平安逃出，不过如余潜匿沦陷区，战事不知，生命艰危，较之在祖国安心自由，其穷达相差不可同日而语，岂非欲害之而反以利之乎！

一〇〇　组织回国慰劳团

民国廿八年冬，余想祖国抗战二年余，沿海重要出入口概失守，华侨回国甚形困难，对于战争状况，民众生活多不详知，虽逐月输汇义捐，及派遣机工回国服务，未尝举派代表回国慰劳忠勇抗战之将士及遭受痛苦之民众，海外华侨于义实有未尽。故发起组织回国慰劳视察团，简称曰"慰劳团"。即登报并发通告，南洋英荷美法暹各属华侨筹赈机关，请派代表参加。按明年春三月起程，希最迟两个月内回覆［复］。并附简章如下：（一）代表须通晓国语及略识中文；（二）须不染鸦片及其他不良嗜好；（三）每人备费新加坡银一千二百元，有剩找还；（四）该代表如须供给家费，由所派机关负责；（五）如意外丧身［生］，须供其家属新加坡币三千元，若残废则酌量补给，如称职回洋，每人奖一百元至三百元，均由所派机关负担；（六）由新加坡出发，按来回三个月。如有私人要参加，须有该处筹赈会或商会介绍，并依第一第二第三规则为准，而无被选为职员之资格。至慰劳团之目的，系欲鼓励祖国同胞，增加抗战民气，及回洋报告侨众增益义捐，及多寄家费以加外汇。至于华侨投资祖国，兴办事业认为次要，非本团所知云云。发表后并电重庆蒋委员长征求同意，蒙回电欢迎，而各处陆续来报名参加者五十余人。

一〇一　妒忌图破坏

　　回国慰劳团通告发出后，平素妒忌之反对派及某报，则坐卧不宁，力思破坏，然不敢公然斥组慰劳团为非义，而以必须侨领亲行为合格。盖明知侨领多系资本家，谁肯于战时回国经历各省，又因语言及营业关系，当然乏人可往。后来见各处报名日多，反对无效，则转攻受薪参加者，谓费须自备不应动支公款。后又见多系私人捐助，则以不当津贴家费为言。日日措辞大登特登，及见无效则转词以为："徒花费十万元巨资，大半为外国赚去，回国慰劳乃形式上无谓应酬，无丝毫实益，不若将巨费汇往救济难民为远胜。"并利用同流之筹赈会某委员，每当开会极力借词反对，然为诸委员鄙视，无人赞成其提议。尚哓哓不休。后被某委员责问："本会所委派代表既免动支赈款，又免向汝捐一文钱，自有热诚私人资助，与汝何干？"盖新加坡派代表九人，均当助费支薪，以教育界居多，闽侨四人，广、潮、琼、客、三江各派一人。诸反对者两月来尽其九牛二虎之力，亦归失败，乃发若干电文与重庆政府等机关，谓诸团员大半为共产党，若回国对政府如何不利，然所发各电文均不敢用正名，故重庆政府不致被荧惑。此计无效后，乃请新加坡总领事高凌百往重庆，冀达其破坏之目的，故乘慰劳团未到之前，乘机先往。幸重庆政府知余亲同慰劳团回国，虽高凌百如何努力终归泡影耳。

一〇二　余决意回国之故

　　余发起回国慰劳团，回国慰劳兼考察，明知各处侨领不能亲行，而诸热诚爱国之文化界及职业界，必多有参加者，盖无重要事务缠绊，容易成行，语言文字为所素习，亦较利便。所以发出通告便附带优待条件，俾受薪者得以参加也。至于亲身回国之举，自发起慰劳团后，虽经数月之久，绝无丝毫存意。若云为自身将回国，故发动慰劳团以为荣耀，此种诈谬行为，在余绝未梦想，诚可以对天日而无愧。且余素知回国有三种困难：（一）国语不通。（二）年老怕寒。（三）数年来腰骨常疼痛不耐久坐。且余若回到重庆而止，有何意味，盖不归则已，要归必须能领导团员，尽力多行，以尽南侨代表责任。为上言不便诸端，所以绝未计及亲行，亦绝对不作梦想也。迨越年（民廿九年）春，慰劳团员将集新加坡之前，总领事高凌百忽来见，云慰劳团将回国，你何不到重庆？余答绝无此意。高又云伊来此数年未曾回国述职，思欲回去可作你之代表如何，余答慰劳团有团长，毋须代表。高又云伊决定回去，顺便代表耳。他回后余思今日此人来言决将往重庆，必非好意，或者受人委托，恐不利回国慰劳团至为可虑，于是转念余非亲往重庆不可。即发电往招［召］南侨总会副主席，吧城庄君西言，菲律滨李君清泉同行。庄君回电可往，李君往美未回。余既决意回国，则招李秘书同行兼任翻译员，并赶制寒衣。至腰骨酸疼，前曾买报纸所载西药丸，屡服无效，即往求中医诊视，开药方二味，人参一钱、附子三钱，附子先煎汤，然后将参加入炖三点钟，服后甚有奇效，后附子增二钱共五钱，参仍一钱，两日服一次，连服七八次该病若失，余便起程矣。余按如乏财力之人，以党参数钱代人参亦可也。

一〇三　慰劳代表抵星

　　余通知各代表准二月末抵新加坡，计各处参加者五十名。菲律滨、香港、安南等处代表由安南往昆明，缅甸二名由仰光启行，故到者三十余人。在新加坡开会数次，并举团长及职员。余再三告诫："此回系到祖国工作，而非应酬游历者比，务希勤慎俭约善保人格。至于华侨投资开发实业，前屡有不兑现大言不惭之人，空雷无雨贻华侨羞。此行无论到国内何处，若非提议切辞以非本团任务为要。"及最后新加坡筹赈会开欢送会，余致词引《论语》："蘧伯玉使人于孔子，孔子与之坐而问曰：'夫子何为？'对曰：'夫子欲寡其过而未能也。'使者出，子曰：'使乎！使乎！盖孔子深赞使者能为主人谦逊'。"今日本会开会欢送诸代表，无他物可奉赠，只有"谦逊"二字作赠品，万望诸代表带回祖国谨守勿失，至荷至感，古之使者即今之代表，诸代表虽由各埠举派，然到国内非仅代表一州或一属，乃系代表全南洋千万华侨，故通称曰南洋华侨慰劳代表。此次祖国抗战为历史以来最严重之大事，尽人皆知。海外华侨虽源源捐资不断，然尚未尽责任，盖所输甚微。以华侨财力宏厚，应增加十倍廿倍亦不为过，无如观望者多，致成绩有限。诸代表尤当明白不足之憾，更不可夸张自满为幸。

一○四　慰劳团回国

民廿九年三月六日，慰劳代表三十余人，由新加坡搭丰庆轮船起程，到仰光转重庆。未动身之前余接国内友人来函，云团员须带帆布床、蚊帐、洋式长衣、手电灯等件，故为备办一切足供五十人之额，交团员带去。到仰光之后搭火车至腊戍，然后转坐西南运输公司货车，每辆一人或两人与司机伴坐。不幸至下关界一辆坠落，团员蒋才品、李英受伤，李英数日治愈，蒋才品因腰骨跌断，留下关医院，其他达到昆明者四十余人，蒙各界热烈招待，不下数十机关，每日应酬两三次，延七八天方得起行。至贵阳亦受多次欢迎至三四天。余原按该团至多卅天可到重庆，乃竟延至四十余天，盖初未料及昆、贵各界招待之繁，故未预告团长辞谢。或联合招待至多一两次，便可节省许多耗费与日子也。

一〇五　面辞华民政务司

嫉忌之反对派力图破坏慰劳团之计，虽层出不穷，而终归失败，及闻余将亲行，乃向英政府宣传运动，以余为共产党，利用英某商人向高等官吏报告。新加坡有三家红砖公司，英商一，华商二，数年来联络有利，故有情感。余亦营一砖厂在坡外，与彼等竞争，故反对派一华商唆使英商，向官吏运动。甫在进行，余便闻知，盖其同业之人即来报告，然余置之度外。迨将回国之日，往见华民政务司佐顿君辞行，并告以"前日有贵国人，向政界宣传余系共产党，君必早已闻知"。佐顿君笑而不言，余又云："余若不离开新加坡，决不辩白，兹欲回国故不得不言。余原为同盟会会员，民国光复后多人续招入党，余概拒绝不加入何党。其抱定理由为'我不能领导人，亦不能受人领导'。盖乏同志而孤立故也。君审此便可澈［彻］底明白，至某商人宣传余为共产党者，彼系营同业之人，误受他人唆使所致也。"

一〇六　余起程赴仰光

余按慰劳团由滇缅路回国，四月初可到重庆，余与庄君及秘书，拟三月终坐飞机往仰光转重庆，不欲留仰光作多天应酬。而蒋委员长来电，嘱准三月内到渝，赴四月一日参政会开幕，谓此系末届，欲海外华侨参加完满，故须早日起程。然乘机往仰须经暹罗，诸顾爱者多劝止，谓亲日派恐生不利，或此间反派作弊，不若坐船较为安全。故十五日同秘书搭英邮船先行，而庄君在吧城未来。十六日余到槟城，马来亚有多区筹赈会侨领来送别。十九日到仰光，各界多派代表来船迎接，余则不客气与诸代表磋商，谓："余须留仰多天等候庄君，对于开会筵宴应酬等项，在此抗战期间，愈少愈妙，最好联合一次便可，否则，彼此麻烦均属不便。"幸蒙接受，故少应酬。膳宿由曾和衷君及族侄福顺[1]诚意招待。而公众宴会计有四次，各界联合会、国际会、集美校友会、颍川公会。在各界联合会余演说制药厂移重庆原因，蒙诸热心家捐助一万余盾。在国际会演说："凡两国战争必有发生之原因，前次欧战为奥国太子被刺杀，今次欧洲再战，为德国欲收回前次损失领土及各殖民地。至于中日战争何由发生，不但今晚到会各国人不知，即世界诸国人亦不能知，不宁唯是，虽交战国之中国人、日本人，亦莫能说出为何因由也。既无因由动手而侵占杀戮，便是盗贼行为。盖盗贼杀人放火，抢劫财产，安有因由可言。既属盗贼举动，狼心兽性，决[绝]无限度，得陇望蜀，得寸进尺，中国可以抢杀，马来亚亦可以抢杀，缅甸印度亦可以抢杀，而尚未波及之诸地，贪眼前微利，与世界大盗贼友好贸易，是真余所不解也。"集美校友会，在仰光办理甚有精神，校友数百人诚意会见，余不得不接受。至颍川公会，余婉辞不获，乃待至最后赴会，在筵间余演说"我国自光复以来已决定实行三民主义，而民族主义居在首要。凡我中华国民当一体亲善，不可如前由省界姓氏之同异分别亲疏，互存意见"云云。

一〇七　自仰光飞重庆

三月廿六日早，余与庄君西言及秘书，自仰光乘飞机起程，经腊戍、昆明各停一小时，午后四点钟到渝，停江底机场，时江水适涸退也。各界欢迎者颇众，在机场设临时茶会，诸记者要余发表此来目的。余则报告余与庄君此来，虽与慰劳团五十余人约期会集首都，然余非团长，乃南侨总会主席，代表南洋一千多万华侨，回国慰劳及考察，"盖念祖国抗战三年，军民遭受痛苦，华侨未能参加，只有派遣机工三千余人，在各路服务而已，故应向军政界及民众致敬慰之意，此其一。抗战必需金钱，海外华侨负外汇重要责任，虽逐月比前公私增汇不少，然尚嫌不足，未尽抗战责任，故亦应派代表回国考察，冀可获悉抗战以来军政如何努力进步，民众如何同仇敌忾，各党如何团结对外，将诸良好

---

[1] 即陈福顺（生卒年不详），福建集美人，陈嘉庚族侄。

成绩材料，带回南洋，向华侨报告宣传，使千万侨众增加爱国热心，俾私人汇款及救济义捐，月月增进，以外汇财力助祖国抗战，此为余及庄君并慰劳团回国之原因。然余久未回国，究可往若干处，能否达到，不便预告。若第八路军所在地延安，如能达到，余亦拟亲往视察，以明真相，庶不负侨胞之委托"云云。最后余续云："今日蒙各界欢迎，余无任感谢。但余到仰光时，曾不客气与诸欢迎代表磋商，以现在抗战艰难期间，此来系有工作，而非游历应酬，愿彼此极力节省无谓宴会，如开会筵宴最好联合一次便足，蒙仰光侨众接受实行，余铭感无任。今日亦愿恳请首都各界从余要求为感。"散会时在门前备三辆肩舆，供余及庄君并秘书坐用。余见众人步行则辞不坐。侯西反君言众人之轿在江边，余答待至江边乃坐，及至江边侯君言汽车在江上等候，余云江岸上既有汽车，何必独坐肩舆，盖由江边至岸上，须历石阶三百级，于是同侯君步行登阶至岸上，回头与诸欢迎者相辞，坐汽车往招待所。

一〇八　嘉陵招待所

余偕侯西反君到招待所，该所在重庆嘉陵江边山坡上，系平屋六间为一座，余与庄君各住一间，侯君与秘书一间，办事室及膳房客厅各一间。尚见有两座，亦平座，各六间，一座在前地势较低，一座在后地势较高，均未有人居。闻该三座平屋，系组织部新置，费银五万元。余休息后，闻前日政府各机关开会，议招待余等及慰劳团，按费八万元，举组织部、政治部、海外部为常务，招待员多闽人，亦有厦大出身者，已向市中有名旅馆定一二等房位，为慰劳团寄宿。余闻后至为不安，盖政府如花许多招待费，则应酬宴会必繁，市中各界亦将热烈仿效。不宁唯是，他日分团往各省区，到处如皆依例，不但消耗各处无谓金钱，且须迟延许多日子。在平时尚不宜，况在抗战期间更觉不合。余虽在机场茶会时，对记者及各界表示，第恐未能实行，不得已越日在各日报登启事，大意如下："闻政府筹备巨费，招待慰劳团，余实深感谢。然慰劳团一切用费已充分带来，不欲消耗政府或民众招待之费，愿实践新生活节约条件，且在此抗战中艰难困苦时期，尤当极力节省无谓应酬，免致多延日子阻碍工作，希望政府及社会原谅。"启事发表后，余则托招待员向组织部假借前后两座空屋，为慰劳团住所，卧床经有自带，只欠膳厅桌椅及盘碗等，亦托向某社团借来，伙夫原已雇定，菜资每桌八人，每天廿元，连余等计七桌，每天一百四十元，慰劳团延至十四日始到，五月一日分三团出发，一切共开出国币六千一百余元，只有备慰劳团使用之客车两辆，及其车油系由政府供给而已，余概由本团自理。

一〇九　冯将军来访

蒋委员长约定廿八日上午会见，余与庄君拟待谒蒋公后，即往谒见林主席①、冯副委员长及其他政界要人，而是早七点钟，冯副委员长玉祥②单身来访，云渠"昨天曾阅启事，甚表同情，故特来会见"。余答："蒙将军辱临，无任感激。昨行装甫卸，即闻政府厚意，筹备巨款招待慰劳团，且已预订旅馆，逐日支费不少。首都政府厚待，市民或不免仿效，异日慰劳团到各省，亦恐以此为例。在抗战艰难时间，不宜耗此无谓开消［销］，故不得已登报辞谢，以表真诚。原拟本天下午登府拜谒，以尽代表南侨职责，乃荷先时惠临，不胜惶感之至。"冯君云："大家均为抗战服务，可免客气。且我久闻先生实践爱国义务，毁家兴学，影响中外，抗战后领导华侨源源捐输，襄助战费，汪精卫叛国，先生首倡攻击，我久铭钦佩，今日得见，深慰下怀。"

一一〇　谒蒋委员长

三月廿八日，余同庄君等往谒蒋委员长，蒋夫人亦在座，互相问候毕，移时辞出。约更十余天，蒋公夫妇设宴招待，筵终蒋公问余："到重庆后，所见景况如何？"余答："政治原门外汉，愧不能言，工厂尚无暇参观，唯经过全市，

---

① 林森（1868—1943），福建闽县（今闽侯）人，时任国民政府主席。
② 冯玉祥（1882—1948），安徽巢县人，西北军首领，时国民政府军事委员会副委员长。

到处土木大兴，交通便利，大有蓬勃气象，实堪欣慰。唯人力车及汽车甚不整洁，与马来亚大不相同。马来亚各市区凡有不整洁车辆，禁诫甚严，故车主逐日必须洗刷清净，盖不但关系车辆而已，因市中大众观瞻所系，且能影响卫生，故甚重要。"蒋委员长立即登记手册，更十余天诸人力车改良甚多，而汽车则仍旧。诸官长所用汽车，多属大型，外观亦颇光洁悦目，若俯瞰车下及车翼等，则泥土积寸厚，似乎日久绝未清洗，车夫怠惰，车主不知督责，机件易坏，用油加多，皆由是也。

一一一　教部陈部长

余往见教育部长陈立夫①，相慰问毕，他即云："现有一件要事，原拟发电告知，知君将来故中止。前福建省政府来函，要求开办福建大学，本部以〔已〕经有厦门大学，在此抗战期间不宜复增一大学。省政府再来函云既不许可，请将厦门大学改为福建大学，为此一事本部特就商于君。"余置之不答，而问："在此抗战期间，对于全国教育，贵部如何计划？"答："自去年已有规定，由本年元月起，限五年普及教育（全国除沦陷区外）。按每保约一百户，每五保于三年内须设国民小学三校，至第五年须设至五校，若大乡村则合办。又于三年内设中心小学一校，至第五年须设两校。早经通告各省教厅，决须实行。"余问："各省师资能否足以分配？"答："师范学校亦令积极多办，以便应付"云。

一一二　行政院孔院长

余本拟先往见孔院长，因彼时间未便，故先往见教部然后到行政院。慰问后孔君亦详述福建省府将厦大改名，其理由如陈部长所言，余亦不答是非。更数天设两筵席招余赴宴，并褒奖"领导南侨源源捐汇巨款，助益政府财力不

---

①　陈立夫（1900—2001），浙江吴兴人，时任教育部部长。

少"。致辞毕后，续云"前在南京有某洋人对他言，伊曾参观厦门大学及集美学校，均开办未久，而规模与设备甚有可观，费款甚巨，闻为闽省南洋华侨某君独力创办，其热心公益，慷慨牺牲，在贵国为首屈一指之义举。伊虽外国人，极表敬佩，且为贵国前途庆贺"云云。余起答谓："战争切须人力与金钱。华侨虽富有金钱，际此国家危急之秋，所输无多，实深抱歉。至余捐资办学，力小愿宏，以南洋华侨众多，切需祖国文化为之陶镕，冀可略有影响。不幸适值世界不景气来临，七八年间营业资产损失甚多，致厦大拖累政府接办，不能尽国民一份子天职，歉愧实甚。"

一一三　军委会何部长

余往见军事委员会兼参谋总长何应钦君，慰劳后，并告以"此次南侨慰劳团回国，系空手来，未带金钱与药品，以慰劳前线士兵，盖逐月义捐全数汇交行政院。至药品如金鸡纳霜，经在荷印定购五千万粒，寄交贵机关，其他方谋制送。兹请教贵总长，对金钱事如有需要，计须若干请示知，余当请孔院长拨交"。何君言："应分送多少，以鼓励士气，现前线军兵二百八十师，人数二百八十万人，每人一元共二百八十万元，伤兵二十万人，每人按二元，计四十万元，合计三百二十万元。"余接受其数目，即函请孔院长如数应承，备交军委会何部长分发。后闻伤兵十七万余人，尚存数万元。余又询何君："抗战迄今，计征调壮丁若干人？"答："至民廿八年终，共征六百余万人，最多为河南省八十余万〈人〉，次四川七十余万人，湖南六十余万人，湖北广西各五十余万人，广东三十余万人，其他二百余万人。"余又问："死伤若干人？"答："死者七十余万人，伤者一百二十余万人。"又问："现下一切军兵若干？"答："前线二百八十万人，游击队八十余万人，后方训练九十余万人，合计近五百万人。未抗战前，全国号称兵力二百万人，而实额不上一百三十万人，现已增加三倍矣。"又问："现下新式武器配备如何？"答："前者步枪形式不一，轻重机关枪亦甚寡，近来步枪概已一律，新式占七八成，再加数月可全数一样，至机关枪亦分配六七成，数月后可配足，唯大炮则甚缺乏，至于枪弹、机关枪、迫击炮、手榴弹等,均能自造,原料国产亦日增,逐月所需可以自给。"又问:"敌人军兵多少及死伤?"答:"敌军一百二十万人,死伤比我减少,因彼武器优良,然患病及死者则甚众。"

一一四 军事政治部陈部长

余往会见军事政治部长陈诚[①]将军,时适白副参谋总长崇禧亦在座,余均致慰劳外,并问白君:"闻将军不在渝,何时回来?"答:"昨天始回来。"于是陈部长推白君先言,白君则让陈君,且云"尔是主人",陈君复推让白君云"你是官长"。白君乃奖誉余领导南侨诸客气话,余除谦让外,并言:"前屡蒙贵省派代表往南洋,招华侨投资振兴实业,结果均归泡影,徒负将军等盛意,而南侨不免有虚浮泛实之议,甚以为惭。然余每向贵代表言,南侨个人决不能投资祖国,盖富者在洋养尊处优,谁肯舍近图远,贫者信用不足,虽欲招股份公司,势不易成。所恨者华侨有好夸言之人,空雷无雨,致祖国误信。兹因限于时间,不能畅谈详细,如有暇时当剖明原因,冀可补救多少。"陈将军亦向余说许多褒奖话,余谢不敢当,并言:"此次我国抗战,为有史以来最严重关头,海外侨民万分关怀,将军等负抗战重任,必能知将来胜利谁属,敢祈惠示。"陈君云:"最后胜利决可属我,现已确有把握,抗战已近三年,我国民气日盛,军兵日多,战具日备,敌人亡我之计划,确已根本失败,了无疑义。至于民气之盛,可从我主持政治学校诸青年学生验之。来受训诸生初高中毕业及未毕业者居多数,大学生亦有之。概系志愿自动而来,有由远地步行两三月来参加者。受训期间不一,自一月至两三月,受训后往战地服务,颇能认真努力,逐月连膳费仅支十五元。此校自抗战后迄今,毕业往战区者四万余人,其廉洁与耐苦,实属可嘉。"余问:"受训如许短促,往战区作何任务?"答:"彼等非担任战争,乃在民众、军兵间疏通合作,联络感情,俾军民免生误会而有恶感,又向军民演说,或教兵士读书识字,或代写家信等。"余又问:"现兵士逐月支薪多少?"

---

① 陈诚(1898—1965),浙江青田人,时任军事委员会政治部部长。

答:"每兵每月薪膳十一元五角,近来米贵,加贴米价,少尉逐月卅二元,少将原四百元,现仅支一百四十元,中将原六百元,现支二百元,上将原八百元,现支二百四十元。军费逐月支清楚,未有短欠。"白将军言:"敌人初时按二三十万兵力。三个月可尽占华北各省,六个月可占华中等省,一年内可占我全国。不图军兵增加许多倍,死伤数十万人,所占领仅交通便利区域,其他十居八九,仍在我军民势力范围之内,但战争日期势必延长。我国人力较敌国加数倍,所缺乏者民气与金钱两项。然民气自抗战后日盛一日,全国皆然,顷陈君已报告矣,此项已无问题。至金钱一事,若海外华侨源源汇来,则战争无论如何持久,最后胜利决可属我。敌之财力人力既被我牵制,损失日巨,不能与列强并驾,亦取败之道也。"

一一五　参政会王秘书

余往见国民参政会王秘书世杰[①],告以"余此来,为南侨慰劳团四十余人,拟到重庆后与政府商酌,分作几路出发慰劳,非为出席参政会者,因国语不通,尸位无益"。王君云:"参政员国语不通者尚有许多人,如蒙古、西藏等处,不但国语不晓,中国文字亦不识,尚且来出席,况君识中文,国语亦略能听,兹既到此,务希出席为要。因参政会本届系最后届,故蒋委员长欲海外参政员参加,较为整齐完满,所以前日去电请来参加也。参政会开会按十天,由四月一日起,首日仅行开幕式,并拍照而已。越日系政府官员报告,并印有中文可阅,然报告亦须三四天乃能完了。君于首数天切希出席,以后来否无妨也。"

一一六　参政员欢迎会

三月卅日晚,参政会副会长张伯苓[②]来柬邀余往赴茶会,并报告"南洋华

---

① 王世杰(1891—1981),湖北崇阳人,时任国民参政会秘书长。
② 张伯苓(1876—1951),天津人,中国近代教育家,时任国民参政会副议长。

侨状况"，因再两天参政会将开会，故诸参政员到此颇齐，约百余名。余报告四项：（一）南洋各属华侨人数及待遇；（二）华侨之商业；（三）华侨之经济及义捐；（四）华侨之教育。最后并述昨天始闻教长及孔院长言，厦大拟改称福建大学事，又致谢前年通过余攻汪提案。余言："第一项南洋华侨最多者在暹罗，约五百万人，占其全国人数三分之一强，此乃近顷驻新加坡暹总领事告余之实在数目。次为英属约四百万人，其中马来亚二百三十余万人，香港一百余万人，缅甸四十余万人，婆罗洲二十余万人。再次为荷印一百六十余万人，法属安南四十余万人，美属菲律滨十三四万人。合计南洋华侨全数约一千一百余万人。言待遇，则最宽者首推菲律滨，其次为英属，若法荷则相差无多，近年来待遇最辣者为暹罗。暹罗土产以米为大宗，米厂七八十家，华侨占八九成，余系洋人之业。暹人虽属地主，然性怠无远志，不能与华侨竞争。数年来亲日派执政，歧视华侨实行种种排斥之手段，华侨之实业教育被认为眼中钉。对华人之米厂，暹政府或租或买，已近三分之一，仍雇华侨任经理。以政府财力华安能与竞争，故华侨商业日形退化。至于教育方面，所有华校初则限制取缔，近更变本加厉，尽行停止根绝。抗战后如爱国义捐，禁止活动，救国公债更不许劝售。然暹罗华侨虽多，因积年已久缺乏祖国文化，大半读暹文，虽知为中国人，而思想已殊。在政界服务者，多属侨生，才干远胜于土人。我国因积弱，竟受此无名之国欺侮，至为可叹。第二项华侨商业，如缅甸安南亦系产米区域，米厂大半为华侨经营，荷印近来产米足可自给，米厂几完全为华侨创办。南洋华侨虽掌握此米业，然均如散沙，无团结，到处自相竞争，非争买则争卖。又如马来亚之树胶厂、黄梨厂、椰油厂、锯木厂等，皆操在我华侨之手，而竞争剧烈，多至两败俱伤而后已，此为海外华侨最大缺点。其他贩卖日用品及收买土产，则处在中介之间，无论大城小埠及内地，都是华侨经营。至日用品多来自日本，每逢抵制剧烈之时，难免遭受许多损失。若我国工业能发达，出品货价能与日货竞争，则华侨定必格外欢迎国货也。第三项经济与义捐，华侨资本家财产宏厚者多属侨生，非因彼等较善经营，彼等多系承受先人遗业，日久增殖［值］，地方发达，产业涨价，故有达千万元以上者，数百万及数十万元者，则到处多有。若身自祖国来者，能成为资本家，存数十百万元者虽不少其人，若达千万元者则甚稀。我国此次抗战，关系民族存亡，而侨生似觉痛痒无关。加以暹罗华侨且被当局阻止。故南洋华侨经济力虽有可观，而对祖国抗战以来义捐甚少，除药物外逐月仅汇国币六七百万元而已。第四项教育，若论南洋华侨教育，应比较祖国为重要。祖国儿童若失教育，至长大后亦自知为中国人，虽后代子孙亦不失为中国人。若南洋华侨则不然，幼时如未受祖国文化，则常被土人或欧人所化，并自身亦与祖国脱离关系，后代子孙更难挽回。幸自民国光复后，学校勃兴，马来亚现有一千多校，全南洋有三千多校，概用国语教授，故南洋到处国语可流通。至殖民地之教育，但培育一种人使可供役使而已，除医学外乏专门或大学以培养技术人才。此次抗战无可遣回帮助，只有多年熟练之驶汽车及修机等工人，去年应政府需要，南侨总会代为鼓励，招募并资助回国服务于滇缅路及他处者三千余人。余蒙张副会长厚意，略报告南洋华侨大概。现有一事亦与南洋华侨略有关系，敢费诸君时间，略陈一二。昨日余往见教长陈立夫，渠云省政府前来函，要办一间福建大学。陈君覆［复］函谓经有厦门大学，在战争期间不宜增加大学。而省府再来函，谓既不许创办，请将厦门大学改为福建大学。本拟电余知志［悉］，为余将来渝故中止。后余往见孔院长，孔君亦以此事见告，余均未回答可否。余不幸前遭世界商业不景气多年，致损失颇巨，不能维持厦大，十六年间费款四百余万元，结果无条件归政府接办。既不能尽国民天职，为善不终，抱愧无地。今晚对诸君所不能已于言者，窃有三项怀疑：（一）新加坡有一所病院，名曰'陈笃生医院'，系七十年前，华侨陈笃生①捐资六千元创办，迨后由政府接收。因地方发达，规模扩大，每年政府开费至百余万元。距今约二十年，政府欲新办一中央医院，有人提议将陈笃生医院改为中央医院，乃将提案交新加坡'议事会'解决。该会议员二十余人，华侨仅占三人，结果否决，其理由为'陈笃生虽仅捐六千元，当时若非彼首倡义举，安有此医院，今日政府如欲创办中央医院，应另外设立，不宜埋没创办人名誉'。以殖民地洋人尚待华侨创办人如斯高风，我国素称礼义之邦，反欲如是摧残，诚所不解，况厦门大学系地方名，与余姓名无丝毫关系也。（二）我国科学落后，近来对农业已有注意，设大学农林科及实验场许多处，至于海洋生物尚多未及，若外国则山海并重。以我国海岸线之长，海产丰富，利源之大，不亚于

---

① 陈笃生（1798—1850），祖籍福建海澄，生于马六甲，新马著名侨领。

诸富强国家。抗战前两三年，北平某大学提倡派员调查，可供研究之机关，乃招数大学组织委员会，议决须有三项资格，方合为海洋生物实验所：〈第〉一，该大学或专门学校须临海；〈第〉二，该处海产须丰富；〈第〉三，须化学生物等仪器完备，委员会由天津至广东，沿海调查结果，认厦门大学为最合格，故每年暑假两个月间，北平及他处大学，多有派员来厦大研究海洋生物者，已经两年。国内各大学或专门学校，如需用海产物标本，亦常由厦大供给。此为厦门大学与国内诸大学不同之点。兹如改为福建大学，当然移往他地，对于海洋生物无从实验，关系非轻。（三）南洋华侨福建居半数，其家乡多在厦门附近一带，自厦门失陷，闽侨无家可归，痛苦哀情不言可喻，因厦门为闽侨唯一出入门户，盼望抗战早日胜利，俾得重睹家乡，兹政府无故将厦门大学改为福建大学，或难免海外闽侨，疑政府将步甲午故智，如台湾之放弃乎？此未免增加闽侨之悲痛，于抗战时筹赈及外汇之助力，难免有多少不利。以上三项疑问，与华侨略有关系，故并述之。复有一事，应向本会诸君道谢，则前蒙通过余之提案是也。汪精卫与余相识已久，厦大倡办时，渠曾来函愿任校长，余亦接受，其妻陈璧君①已来住鼓浪屿，其后粤军回粤，乃因从事政治无暇兼顾，来函告辞。自南京失陷后，在洋屡闻彼主张和平，余绝不敢置信，盖和平则亡国，虽孩提亦能知晓。乃广州汉口相继沦陷，报载路透社记者，电传汪精卫发表和平谈话，余即发电查询是否有此误国主张，渠覆［复］电承认，并道其理由。余再电极力驳斥其错误，并劝其回省，渠复来电力辩其主张，谓须和平乃能救亡，并劝余通告南洋华侨与表同情。余至此知无法挽回，一面复电极骂其为卖国奸贼，甚于秦桧，一面致长电此间某大报，请发表反对，然未覆可否。不得已乃发电向本会提案，谓'敌未出国土前，言和即汉奸'，虽未指何人，而目的则针对在汪身上，蒙诸君赞成通过。今晚得相聚会，特为此事敬致谢意。"越两天教部陈立夫召同萧君吉珊②来见，云前日所告厦大改名事，从兹作罢，以后决不复提起，并已函覆福建省当局不准其要求矣。

---

① 陈璧君（1891—1959），女，祖籍广东新会，于马来西亚槟城出生，汉奸、汪精卫之妻。

② 萧吉珊（1893—1956），广东潮阳人，出身泰国华侨世家，时任国民政府侨务委员。

一一七　日本通戴考试院长

考试院长戴季陶①，前已相识，渠以前久居日本，对其国内政治社会颇有研究，故有人称渠为日本通，年来奉佛甚笃，礼佛拜跪，迷信难返。余到渝后，应往回见，并询日本内容，及侵略我国，将来成败，见解如何？而渠所言甚详，约可两点钟之久。然余大半忘记，兹只回忆大略而已。据云："日本自明治维新，人才辈出，历数十年，老成练达相继执政，主张稳健，按步［部］就班，故国势蒸蒸日上。迨廿年来新人物渐［崭］露头角，既骄且悍，眼空一切，以为世界唯我独尊，尤以武人为甚。执政之老成一辈甚不赞同，每抑阻其举动。然议员亦多与表同情者，由是诸新派人愈加激烈，为欲逞其雄心，不得不树立威权，俾可横行无阻。复重以两三家巨富财阀，利用金钱势力，助长政治军事上激烈派梦想，竟视老成稳健者若仇敌，结果遂出于铲除异己之手段，十余年间明攻暗杀除去要人十余名，不啻自坏长城。考之历史及世界政治人物，凡能振兴邦国者决不如是，唯有祸败之国家，故生此恶兆，虽可荣耀一时，结果终必至惨败无疑矣。"

一一八　于监察院长

监察院长于右任②，系陕西三原县人，三原为唐李靖之故乡，距咸阳不远，文化颇发达，有小学百余校。于君善书翰，曾写对联来赠怡和轩俱乐部。余往会见，询以："监察院负责重大，凡查有确实情弊，经过贵院弹劾后，当局能否奉行，达到激浊扬清之目的？"于君言："我国自来私情积弊甚深，今欲遵行改

---

① 戴季陶（1891—1949），祖籍浙江吴兴（今浙江湖州），生于四川广汉，国民党理论宣传家，有蒋介石的"国师"之称，时任考试院长。

② 于右任（1879—1964），陕西三原人，中国近现代教育家、书法家，时任国民政府监察院院长。

革,实非容易,故虽任何弹劾激励,亦难免有不如意事,况在抗战期间,职权复杂,更能增加困难也。"

一一九　居司法院长

余往会见司法院长居正①,询以:"我国自司法独立,已数十年,究竟能否实行,免致有法外干预之事?"答:"我国官民多未能明白司法独立之宝贵,故常有轨外行动,或情面干求,或势力威胁等事,此种不自量者,不无其人,但从否在我负责之人,若能守法持平,不怕权要,虽有强横亦何能为。"余答:"君言诚是,各处当局若能如君抱定主张,以法治为前提,不但少却许多不白冤枉案,亦可免久讼纠缠,倾家荡产为人民之不幸也。"

一二〇　王外交部长

外交部长王宠惠②,在洋时早已相识,余往会见,告以"英属殖民地,自去年欧战发生后,对华侨汇寄家信,及义捐赈款均实行限制,逐月汇款减去一千多万元。马来亚赈款,逐月仅限坡币五十万元,现积存未汇者数百万元,因是而影响捐款之催收,凡不热诚之人,多以存款难汇而推诿,或拒不续捐。至汇寄家信,每人至多每月可寄坡币二百五十元,逐月已减去不少,近闻复将缩减至一百元,如果实行则南洋华侨外汇必更大减。现英国与我几等于共同作战,金钱有无尚当相通,何况华侨血汗所得之汇款,更不宜如此束缚,请与英大使交涉,或电我国驻英大使,向英京要求"。王君答应即办。余又告以慰劳团员马来亚二十余人,出入口字限三个月,就兹计之须再加三个月方能回洋,请向英

---

　①　居正(1876—1951)原名之骏,字觉生,湖北广济(今武穴)人,中国近现代民主革命家,时任司法院院长。
　②　王宠惠(1881—1958),祖籍广东东莞,香港出生,民国时期著名法学家、外交家,时任外交部部长。

大使要求展限，蒙王君亦应承办妥。

一二一　张交通部长

交通部长张嘉敖①，即前上海中国银行总经理张公权，余已与相识。此次到渝后往见，询以："我国抗战多赖交通，前诸铁路大都沦陷，现西南铁路及各处公路进行如何？"渠答："抗战后，如陇海及其他各处铁路，知无法可守，多将车头及车辆驶避于安全地，铁轨亦拆卸六千余里，运入内地。近年新完成衡阳至桂林，柳州及他处铁路，概系取用旧铁轨。衡阳等路线长数百里，照抗战前工程须三年乃能通车，然因急于需用，开工仅一年便已告竣。至滇缅铁路，路线及桥多已竣工，唯铁轨未到，故须延缓日期，如安南运输无阻碍，再一年便可全路告竣。至于汽车路，抗战后新造数千里，路面皆铺碎石，他如西北四川及西南，前所辟诸马路，多未铺碎石，抗战后亦陆续补铺，数月后概可完竣矣。"

一二二　翁经济部长

经济部长翁文灏②，前在洋经与相识。余往见询以："抗战后对各工厂及矿产经营如何？"答："自上海南京汉口等处失陷，诸工厂可移者，移来重庆居多，但因途远费重，加以敌机沿途轰炸，阻碍及损失不少。计由本部资借各工厂迁移费二千余万元。有一家造纸厂，自上海移来损失最多，本部资助至四百万元。现计划在云南办一橡皮厂，专制造各种车胎，资本五百万元。至各种矿产进行颇顺利，如炭矿、铁矿，比抗战前增加数倍，足供政府及民众需用，大半由川省出产。若铜矿则多产云南，工厂亦设在该处。"余又告以慰劳团拟往参观，然

---

① 即张嘉璈（1889—1979），江苏宝山（今属上海）人，时任国民政府交通部部长。
② 翁文灏（1889—1971），浙江鄞县（今属宁波）人，中国著名地质学家，时任国民政府经济部部长。

须略迟因彼等尚未到。余不日先往参观，希将较重要之工厂，详列见示并派人导往，蒙应承明日列送。

一二三　白副总参谋〈长〉

副总参谋长白崇禧，自前日到陈政治部长处，会面时顺告彼此免麻烦，故未再往见，过后数天渠来电话约再会，余乃往见，设茶点颇丰。告余云，"此间有一要事，欲向君面述，即中央政府与共产党摩擦严重一事。抗战后约一年间颇相安无事，迨后意见日深。至去年（廿八年）夏间，渠思若不及早调和，决裂后对抗战甚形不利。余平素对共产党无恶感，彼所行为是者，多表同情，故拟作中间人调解，适长沙战事急立即离去。近日回来，彼此恶感更深，似有剑拔弩张之势。若照近日新闻，共产党颇有不是。兹思一调解办法，即划定界线，以彼此均属对外行动勿复相犯。拟将此事征求蒋委员长同意，是否能成事实尚未敢知，舍此无他办法"云云。余答："在洋略有风闻，窃料未必严重，或为汉奸造谣，及到此后始悉比前所闻更为危险，若不幸破裂发生内战，南洋华侨对抗战必甚形失望。盖全国协力一致对外，尚恐未易获胜，若能合作持久，抗战到底，庶有后望。兹如不幸分裂发生内战，则无异自杀，为敌人万分快意。海外华侨不但常月义捐减少，即私家汇款亦必失意缩减，关系政府外汇金钱非轻。余自到渝后闻此不如意事，心中无限忧虑。将军既有排解之策，深望极力斡旋，若得化险为夷，一致对外，实国家民族无穷之福也。"

一二四　赴孙立法院长宴

立法院长孙科，住宅距余寓所颇近，均在嘉陵新村区，设席邀余，却恐不恭，故即赴之。陪客十余人，席间孙院长言："客年海外华侨汇款来祖国至十一万万元之多，南洋华侨七万万余元，美洲及他处三万万余元。海外华侨以巨大金钱助祖国抗战，厥功甚伟。"余答："祖国遭此有史以来未曾有之危险，侨民应尽之天职尚愧未尽，应当增加方为合理。"筵中有航空协会要员陈君，告余云："我国因限于财力，致飞机不足，对抗战实为缺憾。按前线须有飞机三百架，后方补充亦须有三百架，计有六百架，乃能维护战线阵地。至前线三百架，每月约损失二成半即七十五架，必须逐月补充。该协会已议定计划，将派专员往南洋募款。"余答："南洋华侨募款有两种，即公债及义捐，公债第一次进行，已不能募足，无法可以再募。至义捐各处逐月热烈进行，未有间断，每月仅国币六七百万元，汇交行政院及贵阳中国红十字会吴主席，亦无法可以增捐。若贵协会再往劝募，虽任何有力者介绍，亦不过把彼注此，所谓一只羊不能剥两条皮。余主持南侨总会知之颇稔，故据实报告也。"然彼不见信，后竟派员前往，结果空手而回，唯菲律滨承认国币数百万元，该款系将常月义捐转购航空债券，遂致常月捐大减特减，至延迟数月未报所汇之数。南侨总会屡次函询，则覆[复]因购空债之故云。

一二五　赴朱部长宴

国民党机关称组织部，部长朱家骅①，负责招待余及慰劳团。朱君设筵招余，同席十余人，戴院长亦在座。筵间朱君招余入国民党，余尚未回答。戴君则云，凡人若热诚为国家社会服务，入党与不入党无殊。余答戴君所言实有至理，且华侨居留海外，政权属之他人，各政党皆不能自由活动，如欲开会须假借名义，否则，指为非法团体，干犯例禁。若负责人平素与国家政党无何关系，尚无妨，如或不然，凡所举动当地政府必格外注意反多生阻碍也。

一二六　访宋子文君

中国银行董事长宋子文，前在南京任财政部长，济南惨案发生后，余屡与

---

① 朱家骅（1893—1963），浙江湖州人，时任国民党中央组织部部长。

通消息，抗战后渠因主持救国公债，及代表财政部与南侨总会时常通讯，但未尝见面。此次渠适来重庆，余往访问数事：（一）自抗战迄今向外国借来现金若干？（二）救国公债成绩如何？（三）战事按何时可结束？渠答："抗战初，仅英国借我国五百万金镑，系维持纸币基金，其他绝未有再借一元现金。美国两次许借四千五百万元美金，系货物交换之存欠，若苏俄借我更巨，乃属军械而非现金。至救国公债政府经发出多次，只首次向国内各省及海外华侨招售约半数，其他概由国内银行负担。至于战事何时结束，须待欧洲战事了结后，英美以势力压迫日本，许时乃有结束希望。"余答："欧洲战事要了结，未免日子甚长。"宋君云："本年内德国必败，因其国内反对派甚有势力，故不能持久。"余辞出后，即告侯西反及李秘书云："德国虽有宏大势力之反对派，然国民咸能爱国，未对外开战之前，反对或诚有之，迨既开战之后，万无反战自杀之理，宋君此见，难免错误。虽然亦莫怪其有如斯见解。余将回国之前日，在新加坡往辞华民政务司佐顿君，适先有两位英军官在座，及彼等去后，佐顿君语余云，该两人甫自英京来，言欧战数月后可结束，因德国反对派势力宏大故也。又我国中央大学校长某君，在成都某大学演说，亦云德国不久必战败，因内部不和反对者多，然过后未及一月，而法国已惨败矣。"

一二七　中共党员来访

我国共产党员，叶剑英①、林祖涵②、董必武③三人访来，并送羊皮衣三件谓可御寒防雨，系陕北出产云。三人均为参政员，坐［座］谈数点钟，均系国共两党磨［摩］擦事。余询："前日白崇禧将军，曾言欲设法调解，彼此划定界

---

① 叶剑英（1897—1986），广东省梅县人，中华人民共和国十大元帅之一，时任八路军参谋长。
② 林伯渠（1886—1960），原名林祖涵，湖南安福（今临澧）人，中国共产党和中华人民共和国卓越领导人之一，时任八路军驻陕办事处党代表。
③ 董必武（1886—1975），湖北黄安（今红安）人，中国共产党创始人之一，时任中共中央南方局副书记、重庆工委书记。

线，免启争执，不知已告知贵党否？"叶君答："白君经有提出，我等万分赞成，第不知中央有无诚意，若我等绝对无问题，但求能一致对外，中央勿存消灭我等之意，白君能主持公道，则均可接受矣。"余告以："南洋华侨无党无派，自抗战后热烈一致，输财中央政府，并鼓励增寄家信，益加外汇，以佐战费，亦望国内和协对外，期获最后胜利。倘若不幸发生内战，华侨难免大失所望，对于家信及义捐，不但不能增加，尚恐悲观退步。余到此后始悉近来两党恶感严重，心中焦灼莫可言喻。今日闻诸君诚意，愿从白君调解，实我民族无穷之幸福，万祈互相迁就，以国家为前提。"叶君将辞别，约余再数天往中共办事处茶会，余应诺之。

一二八　访谢内政部长

内政部长谢君①（余忽忘其名），办公处不在重庆市，而在乡村，约距离十余里，系避空袭而疏散。余往访三事："一、抗战后各省民众生计比前如何？二、治安如何？三、民气如何？"渠答："民众生计，因物产价高，农民较形殷裕，唯非农民不免困难。至于治安较前良好不少，如汉中险地，盗贼占据许多年，亦已平靖，此盖半因抗战而改善。若论民气以前村民对抗战多不了解，现已明晓抗战之义，多能同仇敌忾。君如欲知详细，待我造一书面报告，不日送上。"余答甚感谢。后数天部长亲自送来。闻该部长为云南人，在云南龙主席②处任厅长，为龙君最亲信之人，故荐与中央委用。其出身为前清翰林，确有根底，观其人似属肯负责作［做］实事之流也。

---

① 应为周钟岳（1876—1955），云南剑川人，白族，时任国民政府内政部部长。
② 龙云（1884—1962），彝族，云南恩安（今昭通）人，时任云南省主席。

一二九　访救济会许会长

余初到重庆,中央救济会会长许世英①,亦来机场迎接。渠与屈映光同掌救济难民事。余往访,问抗战以来,对难民如何进行救济?渠报告甚多,余因日久多不能忆,只记大略而已。据言:"政府限定每年二千万元,施救经过战祸等处难民,然逐年常不敷数百万元。就所经验而已,受救济者多是受薪阶级,工界亦有之,若农民则甚寡,初时虽由沦陷区逃出,其后多已回乡,仍治旧业。"许君身材不高,前服官颇久,言在东三省虽严寒未尝戴帽,足见其身体健康。许君又在座中对王宠惠君言:"当前次欧洲大战,德国败后被《凡尔赛条约》束缚,我曾言以德国人之精神,决不久屈人下,再二十年必能恢复强盛,王君能记忆我当时之言否?"可见其有眼光矣。

一三〇　访邵力子君

邵君力子②,其时任何官职余已忘记,与余谈话甚长,多不能记忆,惟[唯]所言西安事变,及苏俄真诚助我,略记大概。渠言:"西安事变,实由张学良③急于报仇,乃与杨虎城④同谋,及与延安共产党计划,总是彼等存心,却非要陷害蒋委员长,第不过要挟条件冀达其目的。至苏俄借助我军火,源源不绝,虽有货物交换,然相差甚巨,但他亦半为自身计,除苏俄而外谁肯如此仗义乎。"

---

① 许世英(1873—1964),安徽至德(今东至)人,时任民国政府赈济委员会委员长。
② 邵力子(1882—1967),浙江会稽(今绍兴)人,时任社会部副部长。
③ 张学良(1901—2001),辽宁海城人,张作霖长子,著名爱国将领,时任西北"剿总"副总司令(代行总司令职权)。
④ 杨虎城(1893—1949),陕西蒲城人,著名爱国民主将领,与张学良联合发动"西安事变",促蒋抗战。

一三一　与《中央日报》王经理谈话

重庆《中央日报》经理王君来访，该报为国民党机关报。重庆各日报计有十一家，而《中央日报》最有权威，每日出版仅八开纸一张，较之新加坡每日四开纸六大张，仅十二分之一而已。各报咸都如是，首都之不重视报纸，可以想见。以重庆党政等机关之多（五六十处），事务繁冗，新闻消息较之新加坡，当加许多倍。虽营业广告较少，然以中外事务之多，各机关逐日至少有数处开会，定有新闻可采登。新加坡各报社会上略有关系之事常详加记载，重庆则不然，除各机关有时自行投稿外，所有开会议何事项，多不登载。本坡新闻如此放弃，莫怪南洋华侨虽有要闻，不但不肯转登，即有直接寄稿，亦置之度外。如南侨总会逐月各属会捐款，及汇款统计表，除寄交行政院外，曾另寄三份，一份与《中央日报》，两份与他报。迨余到渝，各该报记者来问在洋捐款事，余答："经逐月寄贵报一份何尚不知。"记者云："未尝登载故茫然。"余将上言告王经理，并言："首都党报为全国注意，应增加材料，俾中外民众明晓国事，现乃仅出一小张，除转载外国电报外，其他内外要闻咸多放弃，绝非首都第一大报所宜。"王君答为有两项原因，一经费问题，现虽每日出一张，逐月尚须亏蚀三千余元，若加张数必更多亏款，二为政府多守秘密，凡开会议案及其他有关系之事，多被禁止或被检查员删去。"余答："政府及党部事事多守秘密，不作坏事，何畏人知，至于限于经费更乏理由，党部每月开支人民血汗金钱以千万计，而乃反爱惜喉舌机关细微之费。且报馆若有精神办得好，则消［销］路广大，广告费定多收入，何至亏本乎。"

一三二　范长江君来访

重庆全国报界记者协会主席范君长江[①]来见，坐〔座〕谈后云：渠有事访问，按须两点钟方能完了，问余肯否接受，若可者明天当复来，余应诺之。越日范君提出各问题，多为南洋华侨之情况，如义捐、公债、商业、报界、教育、党派、待遇、爱国等，余逐一据实回答，约三点钟方毕。余并告以"首都十一家日报，每天各报仅出一小张，除政府分送中外电报外，甚少其他新闻，篇幅既小，大都雷同，有如一家而已，大出余意料之外，虽中央党报及政府机关报亦都如是，此何能模范各省，开化民众"。范君答："首都日报不能发展，多系政府钳制太严，善守秘密，复加检查员慎重奉行所致也。"

一三三　慰劳团迟到

余原按慰劳团四月初可到渝，而日日盼望乃迟至十四日始到。其迟到原因，为蒋才品翻车受伤，加延一两天，到昆明受各界热烈招待，每天约有两三次，应酬七八天，到贵阳应酬虽较寡，亦延三天，合计加延十余天。安南、香港、菲律滨等处代表，亦到昆明集合同来，其他有数人先到重庆，总计五十人。数日后吉隆、实吊远、香港等三人因事回洋，新加坡及森美兰两人，因病不能出发，除此五人外实额四十五人。至在昆明及贵阳多延日子，实出余意料之外，幸余到重庆主张，辞谢无谓应酬，否则各团到处，如在昆明之麻烦，日子必加延许多，而各处亦当多花招待费。不但无裨事实，恐反增加国内不良风气，对南洋侨胞亦不佳也。

---

① 范长江（1909—1970），四川内江人，中国著名新闻记者，时任中国青年新闻记者学会主席。

一三四　孔宴慰劳团

行政院长孔祥熙，设宴招待慰劳团，由庄西言君导往，余未参加，政界要人亦多陪席。筵间主客必有致词，为普通应酬俗例。散筵时全体经动身行数步，新加坡总领事高凌百，乃大声唤诸团员回来，发言云"尔等慰劳团员，我早识尔在南洋俱是任职受薪之人。此次加入慰劳团，幸来首都获受行政院长及诸贵官厚待，尔可想何能当得起？此后回南洋应当感激万分，极力报国，庶不负政府格外美意"云云。诸团员回寓后，余始闻知，乃责团长及团员无人驳斥，任彼夜郎狂吠。至高凌百自居为高贵官员，而不自揣彼有何根底资格，中文则有限，英文英语甚浅，约三四号位而已，既非如前清之翰林进士出身，亦非今时大学或专门学校毕业，又素未曾历过外交领事馆经验，一跃而任总领事，不外因私情及谄媚幸遇耳。民国以来诸官员资格大都有限，即有相当专门学历出身，亦须谦虚，共和国总统尚且自称为公仆，唯诸贪污腐败官僚，乃妄自夸大也。

一三五　各界欢迎会

重庆军政民众联合，假国泰戏院开欢迎会，主席警备司令刘峙[①]，余与慰劳团员均到，主席致词毕。余答词述此来任务，及南洋华侨人数（均详上文不赘），又报告南洋华侨自抗战以来逐月义捐之工作，及抵制敌货之剧烈。并言：南洋华侨除暹罗亲日，禁止华侨捐款外，其他英荷法美各殖民地，对华侨募捐宽严不一。最宽而可自由者，为美属菲律宾，然华侨无多，仅十余万人而已。次为英属马来亚、香港、缅甸、婆罗洲，若荷印及安南，则较严。计逐月义捐数目，约国币七百万元，概汇交中央政府财政部。华侨虽闽粤二省居多，然绝未有私汇交省政府者，盖表明一致拥护中央政府领导抗战也。至募款工作，各

[①] 刘峙（1892—1971），江西吉安人，时任重庆卫戍司令。

属各埠均有组织筹赈会，加入新加坡南侨总会者八十余所，由诸会再设分会千百所。逐日若干人担任义务，出发劝募，任劳任怨，多则千百元，少则数十元数元数角数占，不厌不倦，积少成多。至富侨捐出十万八万元，或数万元数千元者，只有初时认捐一次而已，再后常月认捐多已袖手，虽有因情面难却而续捐者，则极微末。有承认常月捐者，逐月无多。其他如游艺、演剧、球赛、种种特别捐，月月都有，每次动员百余人，分界或分途卖票。至于劳动界亦颇踊跃，虽辛苦所得之资，亦能按月捐出多少，故能集腋成裘。彼不知者必误会华侨逐月义捐，概为富侨及巨商乐输，征求容易，只须开一次会或发出劝募函，无须如何努力，便可鸠〔募〕集巨款，此与事实相差甚远。盖富侨虽多，所捐者亦属有限，彼等若肯捐出其财产百分之五，或百分之十，则逐月义捐，可以增加许多倍。至于侨生虽富，然未受我国文化，视国难为无关痛痒。总而言之，南洋华侨，自抗战以来月月义捐不断，有增无减，非完全倚靠资本家，实际上如上所言系由各处募捐会，日日动员数千百人，努力劝募而得。我国民众辛苦抗战，牺牲生命财产，而海外华侨安居乐业，略尽义务，何敢言劳，出钱出力实国民人人天职，在此救亡时代，中外同胞当然一体。所抱歉者华侨雄厚资本家，及中产诸商，不能热诚多捐，致逐月所汇无多，对国内同胞不住耳。南洋华侨对于抵制日货之剧烈，与前大不相同，以前每被人讥为五分钟热度，此次则自抗战迄今三年，再接再厉，绝未有放松一步。所差者华人居人篱下，政权属他人，当地政府自谓是中立国，不但不能同情我抵制，尚且科以干犯法律罪责。然华侨诸爱国份子，不顾身系缧绁甘受苦楚，竟能勇往严惩诸贪利汉奸败类。譬如查知某家与敌买卖，则先用匿名函警告。若不悛改，则用乌油或其他秽物，抹擦其招牌或门面，俾市人咸知某家是奸商，如仍冥顽不理，则于无人处用武力对待，或割其两耳，以惩诫示众。若执行者不幸被政府拘拿科罚，热心家则捐资维持其家费，此为对待华侨贪利奸商之行动。故凡有无耻之徒，虽尚贩售敌货，亦必暗藏橱内，不敢公开排列门市也。南洋各殖民地贩卖日用品之业虽多操华侨之手，而印度人或他色人，亦有贩售多少。外人经营敌货，我侨虽不便干涉，但对侨胞则禁止向该店买卖，如或贪其价廉入店购买，则待其出门时，爱国份子亦以乌油或秽物，抹擦其头面或衣服，俾市人咸知警诫。以上种种惩奸之事，凡有发生，各日报必详为记载，南洋各属地尤以新加坡最常发现，报纸亦最通行，故各处闻风互相感励。而各小埠政府管束比较宽松，故抵制更加严厉，敌货竟有绝迹者。最可自由行动者，当推菲律滨，不但抵制敌货可自由行动，对待鄙吝华侨及贪利奸商，亦可编成戏剧，在公众前表演，直指是某某如此。故自抗战以来，南侨总会核计各属会义捐，以人数比较，菲律滨成绩最佳，若英属及荷印，能如菲律滨之自由，则逐月义捐可增加不少也。余到首都尚见市肆中有排列敌货，民众仍公开买卖，深怪与南洋华侨不同。问诸友人云多是前存未售完之货底，余未敢信为事实，因其日子已久；即属货底，亦必有相当限制，不可使显露市上，阻碍同仇敌忾之观念也。

一三六　蒋公宴慰劳团

　　蒋委员长在嘉陵宾馆设筵宴慰劳团，亦即约定为慰团员进谒地点，余亦参加，政界要人及参政员等到者颇众，蒋夫人亦到。筵虽用西餐，然物系土产，四五样，加以面包，似颇简单，足以果腹有余。闻蒋委员长提倡节约，宴客多如是。席间蒋委员长致词后，余答词，除慰颂蒋公领导抗战拯救民族，及谦逊华侨输财不足外，并言："南洋各属华侨千万人，前辈先往者已在百余年之上，有传至数世未曾回国者，大约以闽侨居多，别称曰侨生。华侨在南洋殷富者，侨生最多，盖受先代遗业及久积而来，然多不受祖国文化，视祖国为无何关系，此次抗战募捐义款，彼等鲜能解囊者，致义捐逐月成绩有限，汇寄家费更不足言，因彼等忘祖已久也。华侨一万人中能成为资本家者不过一二人，艰辛劳苦勤俭粒积，自身既不能运资回国，身后全付其侨生儿子，对祖国则一切皆脱离关系。此条为国家一部份之损失，希望抗战胜利后，政府如何设法以挽救此弊。已往之事虽难挽回，后来应思有以补救，而塞此漏卮也。"

一三七　中央政府宴慰劳团

　　政府各机关公宴慰劳团员，余亦参加，主席于右任院长，筵终主席致词后，余答三项：（一）海外省之譬喻；（二）华侨受不平等待遇；（三）华侨缺乏团结之害。"第一项南洋各处地土肥美，雨水充足，物产丰富，油锡铁煤多有，而地广人稀，未开垦土地尚居大半，土人虽不少，然性质愚怠，志虑短浅，较我华族相差甚远，且与我国至近，或相毗连，关系国计民生至大。现全南洋已有华侨一千多万人，可比国内一省之众，故南洋可譬为海外之一省，希望政府注意为幸。其次，华侨受不平等苛待，非但不能与西洋人平等，即与土人比亦较被歧视，如土地所有权及农业，亦被禁止，其他可以想见，近年来又限制华人入口，仅许少数得入，如荷印暹罗且须缴入口重税。希望抗战胜利后，国内不平等条约取消，而海外华侨亦得同享此福也。其三，华侨在南洋各处商业，除西洋人占上盘把持欧美出入口外，若贩卖土产及日用品经营工业，如米厂等，大半操之华侨之手。唯性如散沙不能团结，各存意见，自相竞争，虽有商会公会亦等于无。余深思熟虑，无法挽回，唯望祖国能实行团结以作模范，则南洋华侨或能感悟耳。"

一三八　林主席公宴

国民政府主席林森，又名子超。闽人，与余久已相识，前日余曾往谒。慰劳团到后，渠设宴招待，余亦参加，筵中无演说，无可记载。

一三九　西南运输会

西南运输公司，主要办事处设在昆明，主任为龚学遂①君，重庆设运输站及办事处，均在对面嘉陵江边坡上，受昆明管辖，邀余及慰劳团往参观，并向诸机工演说。到者数百人，华侨机工约半数，吴铁城、高凌百均参加。主席站长致词后，余答词谓："我国积弱，海陆空军均落后，而尤以海军为甚，致沿海

---

① 龚学遂（1895—1968），江西金溪人，时任西南运输处副主任。

交通完全丧失，而国际公路可入口者，只有新疆、安南及缅甸而已。除安南铁路外，若以汽车运输，新疆一路因路太远所运无多，唯滇缅路最为重要。第因新路崎岖，司机非有经验者不可。国内乏此项机工，故宋子良君函电托南侨总会，代募驶车及修机工友，以应军运之需要。由是南侨总会登报征求，并函促各属会努力，鼓励诸爱国侨胞，富有经验者回国服务，计半年间招募三千二百余人，所有川资等费，由南侨总会负担。至于机工等待遇，照国币核算薪水，不及南洋半数，然因热诚回国，均甘愿牺牲，不但舍去优厚薪水，尚须离开家室，绝非游手失业不得已而来者。余为南侨总会主席，知之最稔，望国内同胞及诸同业工友，明白原谅。同为救国努力，应和衷共济，不可分别国内与华侨，互生意见，为敌欣快。（余有此言，为国内司机误会华侨司机失业而归）至华侨司机，既愿为爱国回来，务必克［恪］守初志，应当耐劳耐苦，以达到抗战胜利为目的，万万不可有始无终，半途放弃，不但无颜可对侨众，亦无颜可对家乡。若论工作及薪水，比较在战线同胞及兵士，何可以道里［理］计也。"余言毕，慰劳团团长潘君国渠①，发言除勉励司机外，则驳斥"有人妄借官气，侮辱慰劳团，夜郎自大，不知自己何资格出身，只有谄媚无耻耳"。（潘君所言系报复高凌百前日事）

一四〇　中共欢迎会

中国共产党叶剑英君等前日约余赴会，越后叶君及林祖涵并周恩来夫人，依期来导余过江往村舍中中共办事处茶会。到者百多人，秦邦宪②、叶挺③君亦在座。主席林祖涵致词毕，余答词三项：（一）南洋华侨总会之组织；（二）南洋华侨汇款与抗战；（三）当为人模范勿模范于人。"南洋英荷印美暹罗各属华侨，散居各地，距离遥远，素无系统，故无所谓领袖。迨"七七"事变后，各

---

① 即潘受（1911—1999），福建南安人，时任道南学校校长。
② 秦邦宪（1907—1946），江苏无锡人，中国共产党早期领导人，时任中共中央政治局常委。
③ 叶挺（1896—1946），广东归善（今惠阳）人，时任新四军军长。

处多自动组织筹赈会，捐资救济祖国，然因居人篱下，不能直言帮助战费，咸以救济伤兵难民之慈善事业为名，如英属多称曰筹赈会，荷印则曰慈善会是也。独暹罗政府严加干涉，不许华侨成立机关筹捐活动耳。抗战数月后，菲律滨侨领李清泉君、荷印侨领庄西言君，均寄余函，电嘱余在新加坡倡组南洋华侨总会，余辞不敢当。庄君则呈函中央蒋委员长，以南洋必须有总机关，领导筹赈，方有成绩。蒋委员长将函交行政院办理，孔院长乃一面令外交部，电达南洋各领馆，通知各侨领来新加坡开会，一面由新加坡总领馆，电转委余组织总机关。余于是不得不接受筹备一切，登报及致函订期民廿七年国庆日，请各属会派代表来新加坡开会。暹京华侨不能参加，而暹属他地则有举派，唯不便宣布。各属代表到者约二百人，举余为正主席，议决重要议案。各属承认常月捐义款国币七百余万元，须逐月汇交行政院，或政府指定之机关。其次则鼓励侨众私人，增寄家费以益外汇。盖战争最重要为人力与金钱，缺一不可，人力完全靠我国内民众，若金钱则多倚靠海外华侨。不但战时如此，就抗战前亦何独不然。远者可以免计，单就民国光复后近卅年，华侨逐年汇归祖国三四万万元，合计有一百万万元之多，于国计民生，补益不少。外人以货品，往外国换金钱，而我国则以人命往海外换金钱。缘十人外出能归家终老者，恐不及半数耳。自抗战以来，华侨汇款年年增加，如去年（廿八年）汇来至十一万万元，南洋华侨居三分之二，美洲等处三分之一。照世界银行公例，如有基金一元，发出纸币四元，即可称为基金充裕。客年华侨汇归之款，设我政府如提半数五万万五千万元，往外国采办军火原料，余半数五万万五千万元，汇存银行作纸币基金，则银行可发出国币二十二万万元纸币。除十万万元交还华侨家费（华侨义捐一万万元交政府），尚可余十二万万元。然交家费之十万万元，至少半数仍存寄银行来往也。据何部长报告，去年战费开出国币十八万万元，足见华侨汇款与祖国抗战有密切关系也。兹转论第三项。西人有格言，当为人模范，勿模范于人，百余年前欧洲法国，首倡共和政体，废专制帝王而公选总统，为后来多国之模范。民国光复孙总理既改革国体，而提倡三民主义，我国当局如能忠实奉行，将来亦决可为他国之模范。苏联列宁革命，提倡共产政体，已行之有效，亦确可为世界多国之模范。至三民主义与共产主义，虽略有不同，然均为废除独裁帝制、资本权利、奴隶阶级等流弊，而实行人民自由平等之幸福。在革命初成时间，立法行政各项，难免有多少不能适合民情，及经过相当经验，逐渐改善，兴利除弊，必能日臻完美，故我国既有三民主义好模范，国民应悉力奉行，无须求他人之模范也。南洋华侨千万人，处人篱下，无自主政权，无党无派，所有义捐一切汇交行政院，一致拥护中央政府抗战到底，历兹三年再接再厉。所以然者，亦深望国内能团结对外。以我民族之众，土地之广，华侨之资，加以国民爱国程度日高，确信敌人不能亡我，最后胜利已无问题。兹若不幸国共两派意见日深，发生内战，海外华侨定必痛心失望，对义捐及家汇，不但不能增加，势必反形降减。余久居海外，深知华侨情况，盖各属会之成立，热诚努力者，不过侨领少数人，负责提倡，任劳任怨，鼓励千百募捐员，利用国内好现象为宣传品。若不幸内战发生，侨领等与热心募捐员，势必垂头丧气，或者反谓为资助内战，不愿输财之人更有所借口。万望两党关系人，以救亡为前提，勿添油助火，国家幸甚，民族幸甚。"最后叶剑英君上台道谢，并云余所言彼等甚欢迎，盼望余在国民党处亦当如此表示云。开会毕在茶会中，余问如往延安访贵主席等，将从何处去？日程及交通如何？叶君答不难，如到西安可到七贤庄街十八集团军办事处，他就能设法车辆，两三天可达延安。越后数天毛泽东主席来电邀余往会。

一四一　参观工厂

重庆工厂，抗战前大约素未发达，唯有一家洋灰厂，闻日能出一千桶，品质颇佳，销路亦畅，此或自战前已成立矣。战后由上海汉口等处，移来及新创办者颇多。余将往参观之前，经济部列示一单，约百余厂，余择十余厂，由经济部派人导往。如化学制造厂，及上海移来之造纸厂，规模略有可观，然均设备未竣，尚未出品，据当事言，按加数月就可开工。其他数厂，均系普通工业，无何兴趣。余最注意在炼钢厂，及到则是日停工，然观厂内各机炉等，均系熔铁翻沙［砂］者，不知炼钢厂在何处。至于规模较大之纺织厂，一为郑州移来者，余均无往参观，因非余所注意者。工厂最多者为铁工厂，约数十所，又玻璃厂亦有多少。

一四二　参观军械厂

重庆军械厂，均系战后移来及新创办者，计有数十处，化整为零，设在丛林山边等，离城市稍远区域。余往参观一厂，其主任系前厦大教师，据云任厦大教师两年。午间在山庄设筵招待，并告余"前诸军械厂不分工，一厂之中兼造步枪、机关枪、手榴弹、炮弹等，现已分开，各厂专造一种械。余所管之厂工人三千余名，亦分开数处，以避敌机空炸"。并特在江边叠沙包，试演手榴弹备余等看。该弹分两种：一用不及尺长之木柄置弹于柄上，用手力抛去，极远不过五七十步。又一种用机械发出，远可达二百步，机械长短均可，短者尺余，人在战壕内免露头面，便可发出，较之用手抛掷，安危相差甚远。敌人概用机械，我国系用手掷，闻为此事吃亏甚大。至抛手榴弹之机械，该厂亦有制造，唯出品甚少，不若木柄手掷之容易造也。另有他厂经理，导往别处参观，专造手榴弹厂，工人数百名，除大小车床外，其他概用手工。若有母机全副，不但人工可减十分之九，而出品较能一律。然我国工业落后，政府前时对军械厂无相当设备，抗战后又不能急向外国采办，故只有如此也。

一四三　参观合作社

我国工业合作社，系美国人某君提倡兼主持，据言初时系向行政院孔君建议，支出国币五百万元作资本，后来陆续扩充，全国二千多处。在重庆设有多处工厂，散在乡村以避空炸，规模不大，每厂工人百余二百人。余参观一厂系织军毡者，用少数纱作经，多数羊毛作纬，机械用木造，为旧式手工改良，每日出品近百条，尚可再进步。又一纺织厂，其机械亦系旧式改善，铁少而木多，其他诸省之工业合作社，余未曾参观，因在他处日子甚短，且无人介绍。迨余回新加坡约半年余，该倡办人来见云，在西安一厂工人多至千余人，有国民党人向政府报告，厂内工人多有共产色彩，几于停闭，幸伊力往交涉，乃得仍旧工作。其他诸工厂，凡工人较多者，国党诸特务员，就以有共产嫌疑，屡生交涉，政府若不能公平宽大，恶待异党，轻信诸特务员，全国诸工业合作社工厂，实岌岌可危也。

一四四　慰〈劳〉团分三组

慰劳团在重庆，除回洋及患病五人外，余四十五人与政府商妥，分作三组，由三路出发。湖南、江西、浙江、福建、广东、广西六省为一路，云南、贵州前已经过免往。四川、陕西、河南、湖北、安徽五省为一路。甘肃、青海、绥远，及四川为一路。故分为三团，每团十五名，由各团员志愿参加，各团举团长、财政、书记、监察等职员。第一团团长潘国渠往四川等省。第二团团长陈忠赣①，往湖南等省。第三团团长陈肇基②，往甘肃等省。在重庆寓所复开会数次，因香港、菲律滨、安南、缅甸等代表，未经新加坡开会，故余不放心，必须再如在新加坡明告，要节约、谦逊、耐苦，并言投资祖国，开办实业，非我等之任务，并以在昆明无谓应酬为戒。务希辞谢应酬，应如在首都之起居简单，及膳宿费自理，不可多耗各处招待费。又制旗十余面，交各团带献各省军政领袖。未出发之前，全团参观政府较有关系机关及诸工厂，计在首都十余天，公共宴会三四次，私人亦少应酬，与登启事所言幸能相符也。

一四五　扩大炼药厂

上言政府要求诸药，在新加坡既不能出口，故拟将机器移渝制造。然自立门户恐事烦费重，亦且太迟，如有相当药厂与之联络或附设较为简便。故参观数家，结果与"中国提炼药厂股份公司"合作，该公司原定资本三十万元，系

---

① 即陈忠憨（生卒年不详），福建南安人，菲律宾侨领。
② 即陈国础（1899—1969），福建金门人，越南侨领。

著　述

中国交通川康等银行组织，以本国药材化制西药，而本国药材尤以四川甘陕等地出产为佳。余念此项事业，我国应积极推展，以挽回利权，救治疾病。故与该公司董事磋商，扩充资本国币一百万元，旧股东增本廿万元，共五十万元，南侨总会廿五万元（捐作残废伤兵基金，凡有入息，概作赈费），集美学校廿五万元（凡有入息作校费），至制药供军用事，订附设该药厂内，议定后余即电南洋汇国币五十万元，如数备交清楚矣。

一四六　诚恳之卢区长

距离重庆二百余公里，有某地方繁荣，风景佳妙，某大学亦移建在该处，乃命驾而往，暂寄迹市中某公所。该所办事人往告区长卢君，渠系广东黄埔军校毕业生，余素未相识，见面后招待甚诚挚。导往某山上参观温泉旅舍，其建筑颇好，游泳池可容百数十人，又有单人浴房十余〈间〉，汽车路不日可通。卢君导往山坡上游览，参观数处寺庙，往回三点多钟。雇来四轿为余等坐，而彼则穿草鞋步行，余心甚不安，西反兄屡欲让坐［座］，彼坚执不肯，云："逐日下乡村跑惯，绝未坐轿。"余在南洋曾闻好县官，穿草鞋下乡视察，今日方亲见之，颇生感慨，安得全国各县官人人如是，民众定可减少许多惨苦矣。晚间回公所，适遇旧相识陶行知①君，云伊到此多日。又见某大学新校舍相联矗立，为时间迫促，未曾入内，余回到重庆已近午夜。

一四七　华侨投资问题

四月廿八日"全国经济学社"年会，假重庆大学礼堂开会，邀余参加演讲，到者颇众，坐［座］位皆满，政界、银行界、实业界、教育界、要人多有参加，演说员亦有多人。主席马君寅初上台报告毕，演说员余列首位，余演题为"华

---

① 陶行知（1891—1946），安徽歙县人，人民教育家。

侨投资祖国问题",大略言:"南洋华侨一千多万人,资本家不少,财产富裕,颇有声誉,国内民众屡望彼等运资回国,开发实业,以益民生,而尤以闽粤及广西最为注意。华侨中亦有好夸诞之辈,答应筹措少者数百万,多者数千万元。远者勿论,就民国光复迄今近卅年,屡次有大规模投资祖国之宣传,其实都是空雷无雨,自欺欺人,使我国人失望。然至今中外同胞,尚多未能明白其缘故。以余个人见解,彼此均属错误。盖华侨资本家决不能投资祖国,其理由如下:余按可称为资本家者,其财产至少有新加坡币五六十万元以上,至数百万元或千万元。然当分为两种,一种为侨生,一种为本身自祖国来者,而侨生资本家居多数。彼等非能较善经营,第久承先人遗业,并因后来产业涨价,增加其殷富。然侨生多不受祖国文化,常被土人或欧人所同化,几不复知有祖国,如此次眼见祖国抗战救亡之严重,尚多袖手不肯解囊,此种资本家虽日进万钟,于我何加焉。如欲望其投资祖国,无异缘木求鱼也。其次身由祖国来者,其能成为资本家,必历过多年艰难辛苦,饱尝风尘滋味,年龄已高,毛发半白,在洋已久,眷属安定。所存亦非现金,如非不动产,亦必为货物账目等项。我民族性又富于进取,欲望无厌,有资本一百万元,便欲经营至百余万元,势必侵支银行,或将不动产抵押,此为通常之事。兹欲望其舍弃家眷,变卖产业,运资回国,再张旗鼓,复踏入辛苦路径,更尝昔日风味,虽其人有心祖国,岂肯如斯冒险变动乎?试问在座诸君,以己度人,可想见一斑矣。其他交通是否便利?环境能否相安?政府能否保护?尚属次要问题。若云将款信托人办理,谈何容易。余故云希望华侨个人资本家投资祖国,不能实现也。余上述华侨资本家不能投资祖国,未免使人悲观失望,若以余个人见解则不然。华侨确能投资祖国,但非资本家。余所谓非资本家之华侨,即是积资无多之人,如十万八万元、或仅数千元、或数百元、数十元等,华侨百人中彼等可占九十九人以上,若资本家则不及一人。此大多数非资本家之华侨,每人如投资国币二千元,按新加坡币仅三百元,华侨中有此三百元之资格者约略言之可数十万人。每人投资国币二千元,一万人可二千万元,十万人可二万万元。以世界银行公例,有基金一元,可发出纸币四元,华侨外汇现金,若有二万万元,国内政府银行可发出八万万元流通纸币。其有益祖国事业诚非浅鲜。至非资本家多数人之投资二万万元,比较少数人资本家投资二千万元,更觉容易。以前空雷无雨之错误,实由不得其人耳。至余所谓非资本家投资办法，系由国内政府或社会发起提倡，如铁路、矿产、电力、轮船或大工厂等，组织股份公司，托南洋各处商会或银行招股，每个公司资本可按募数千万元。然要达到此目的，必须国内政府信用甚孚，或社会组织健全可靠，能有可靠门径，复有获利希望，华侨在洋既略剩金钱，且动于爱国观念，定必争先恐后，加入投资，不患目的不达也。然自民国光复以来，约三十年，闽粤二省何尝不组织股份公司，往南洋招股，无如前经两次失败，华侨几如惊弓之鸟。清末时代约距光复数年前，福建将造一条铁路，首段由厦门至漳州百余里，预算二百万元。清政府派闽人陈阁学宝琛①，到新加坡招股二百万元。开办二三年营私舞弊，不及半途，款已用尽，完全失败矣。约在同时期清政府许美商承办粤汉铁路，粤人争回自办，预算资本四千万元，五年完竣通车，以粤人财力及热诚，数月间招股四千五百万元，多系华侨投资者。收股截止后，股份由五元升至六元，风传该铁路大可获利。安知董事中发生意见及舞弊营私，五年后款已开尽，而工程遂半途停顿，亦如闽路之归于失败。南洋华侨闽粤居多，甫投资于此两个股份公司，便如此失败。华侨不能运资回国，无非以此为前车之鉴耳。光复之后，军阀劣绅、土豪盗匪欺凌抢劫，甚于清朝，华侨几于视家乡为畏途，空身回省庐墓尚不自安，奚敢言及投资祖国哉。余居南洋久，明悉侨情，用敢将所知贡献贵学会及到会诸君。于抗战胜利后，希望政府社会注意改善，则华侨之热诚内向，投资祖国，确信必能实现，绝无疑义也。"余言毕下台，例应由第二演员上台发言，乃马主席立复上台，云："我适闻华侨领袖陈君所言，确信为至情至理，金石良言，投资必靠大众为有效，然须我国内政府社会公正无私，信用昭著，实切中时弊。现国家不幸遭强敌侵略，危险万状，而保管外汇之人，尚逃走外汇，不顾大局，贪利无厌，增加获利五七千万元，将留为子孙买棺材。"马君发言时，面色变动，几于声泪俱下，且重行复述，激烈痛骂，其忠勇豪爽，不怕权威，深为全座千百人敬仰。在余座右川康平民银行，周君季诲②告余云："此种言除马君外谁敢说出。"

---

① 陈宝琛（1848—1935），福州闽县（今属福州）人，晚清大臣。
② 即周季诲（生卒年不详），曾任刘湘秘书、川康平民商业银行协理等职，是抗战时期重庆著名的实业家。

一四八　难童寒衣捐

重庆难童保育会，及寒衣募捐会，主席为蒋夫人宋美龄女士。南侨总会规定，筹款概汇交行政院，故无论何机关要求，不宜另筹另汇，唯有请准行政院许可方有效。难童保育会及寒衣捐，委托南侨总会筹募，均有行政院来电许可，乃通函各属会，由该会另筹捐助。救济难童，虽各处有多少汇去，却未有规定若干数额。唯寒衣捐客年秋，接宋女士来电，拟募三十万套，每套国币十五元，背心三十万件，每件国币三元，合计五百四十万元，此额数按由国内及南洋募足。余接电后月余之间，由马来亚募二百万元，其他各属会募三百余万元，共五百余万元，均汇交行政院转交。该会邀余茶会，欲商本年再募寒衣事，及报告难童逐月增加，各物又贵，经费不足等项。是日宋女士因事未到，由某主任等招待，各项商妥后，决定对寒衣捐，须提早发电嘱新加坡南侨总会代理主席办理，并请行政院同意方符手续。

附录一四

南洋华侨筹赈祖国难民总会通告　第二四号

蒋夫人委募寒衣分配英荷菲越港泰各属共同募集应付事

为通告事，案准蒋委员长夫人宋美龄女士敬电（九月廿四日）内开，"南侨筹赈总会陈嘉庚主席勋鉴，请通告华侨团体暨侨胞，敝妇女慰劳会发起捐募冬季大衣三十万件，铺棉背心二十万件，分给前方将士，冬季大衣每件国币十五元，棉背心二元，全国妇女慰劳会人员，现在赶制衣服，恳请侨胞捐款购采材料等品，侨胞屡赐惠泽，将士莫不感奋，蒋宋美龄敬（廿四日）"等由，查前方将士，为国奋斗，天寒无衣，理宜援助，惟［唯］以格于行政院前令，凡国内有何捐募，须经院核准之规定，及南侨代表大会统筹统汇之决议案，未便遽行接办，当经据情电复，请由院核准电知，自可照办，并请示交款机关，去后旬日未复，嗣是各埠侨团发动寒衣劝募，报章已屡有传载，而本总会迄未将此事发表者，乃为上述缘故。迨至昨十月五日，始接获蒋夫人卅日复电，谓经院核准，盼即日进行，可将款汇交重庆妇女慰劳总会，等由，准此，本总会合为照办，惟再查原电，委募冬季大衣三十万件，棉背心二十万件，核诸海外一向捐募汇款情形，似不必细加分别，应以综合捐筹为便，故略按原拟价目，统行规定劝募大棉衣三十万件，每件估值叻币三元，英属以外各属虽币制各有不同，亦可依照叻币自行规定，将款直汇重庆妇女慰劳总会核收，所有各属应行劝募总额，兹经本总会统为分配如下：

英属马来亚十二万件。　　英属婆罗洲二万件。

英属缅甸一万件。　　　　荷属六万件。

菲律滨属四万件。　　　　安南一万件。

泰属（暹罗）二万件。　　香港二万件。

计三十万件

除英荷属各埠，更重为分配细目而外，其他各属辖内各埠，应由各属领导机关自行分配，以合于总额为度。值此严冬倏届，将士无衣，忍冻受寒，辛勤为国，实堪轸念。海外侨胞，应即仰体蒋夫人恻隐之心，而发为慷慨之助，且蒋夫人此次向海外侨胞劝募寒衣，实与救济难童有别，盖救济难童，时间无限，多多少少尽可随时陆续寄汇。至若寒衣劝募，诚为应时急需，霜雪降临，时刻难耐，挥戈浴血，寒冻奚堪；吾侨安居乐业，须不忘后方之任务，不论团体个人，男校女校，宜当更加努力。抗战两年有余，蒋夫人向我南侨呼吁劝募寒衣，仅此一次，其重要可知，切莫漫不经意，以致成绩微弱，使其失望。为此合行通告，冀我各属各埠筹赈团体，热心侨胞踊跃响应，实所厚望，此布。

中华民国廿八年十月六日

一四九　黄炎培君谈话

黄君炎培江苏人，相识已久，上文经有述过，此次自参政会相见后，各因有事未便再会，迨余将离渝之前数日，约期相会。渠前在申创办中华职业教育社，移到重庆仍旧续办，学生百余名。黄君除参政员外，兼任政府他务常往别处。是日所谈系国共磨［摩］擦事。因本届参政会开会，亦注意消除恶感，于是举出参政员十一人，负责调解。从中国民党二人，共产党二人，社会党青年党各一人，无党派者五人，共十一人，黄君为五人中之一，其调解条件，约如白崇禧将军之计划。现虽积极进行，能否达到目的尚未可知。余将前日听白将军所言，及共产党叶剑英君之意见告知黄君。并言："余对该事极为关怀。若不幸破裂内战，则华侨公私汇款必将冷淡。先生既参加调解，幸示我意见。"黄君答："调解条件为：（一）新四军尽移江北；（二）江北等处划定界线；（三）共产党发行三千万元纸币，中央负责以国币找换，此后不得再发；（四）逐月须增加若干军费及军械子弹等；（五）共产党不得复扩张军兵。计此五项经提出讨论，结果如何未敢逆料也。"

一五〇　慰劳团出发

五月一日华侨慰劳团分三团出发，第一团团长潘国渠为新加坡代表，第二团团长陈忠赣，为菲律滨代表，第三团团长陈肇基（为）安南代表。每团共十五人，政府派两人同行，共十七人，用客车一辆。第一第二两团，由重庆往成都，再由成都往广元，然后分途而行。第一团由广元往南郑、西安、河南、安徽、湖北（后因安徽路难通未往），回至成都，事毕回洋。第二团由重庆往湖南、江西、浙江、福建、广东、广西，事毕回洋。第三团由广元往天水、兰州、青海、宁夏、绥远后回到西安又至郑州，此团路程最长，故最迟回洋。第一团因未往郑州及安徽，故六月杪便到成都解散，十余人往峨眉山游历，然后回洋。第二团任务最早毕，到广西七月初便分散回洋。第三团最有勇气，迟至八月然后经西安回洋。各团幸均平安无故，唯各项手续因到安南，被政府没收，不许带回南洋造册报告，殊以为憾耳。

一五一　鹿钟麟君谈话

前中央政府委任河北省主席鹿钟麟①，自河北失意回来重庆，寄寓新都旅馆，托人约余谈话未果。适余所寓嘉陵新村组织部招待所，五月二日夜大雨，近处山石崩坏，似有危险，故即日移往市内新都旅馆，适与鹿君同寓，乃约定时间谈话甚长。所言系在河北受过共产党欺侮，不但无法行其职权，尚且不容他居住，种种恶意，如伊所派县长被其赶走，甚至禁阻民众不售伊等粮食，所述甚多，余都已忘记，但忆其大概而已。河北重镇县城，及交通路线，概被敌人占去，而大部份乡村，则仍由我政府管辖，民众心理亦颇同仇敌忾。县城虽失，县长办公处移于乡村，中央政权尚可设施，而共产党鼓励民众，不接受政府所委任县长，谓县长须由民众自选，故中央政府所委官吏不得不离去也。

一五二　重庆《华侨日报》

侯君西反到重庆之后，首都闽人华侨及非华侨，多向侯君建议，在渝倡办《华侨日报》，于是组织筹备员，分函南洋等处招股。余到渝后始闻其事，则对侯君表示反对，云："重庆日报已有十一家，每家逐日仅出一小张，虽政府及党部等机关报亦都如是，除固定转载政府印发外国电报外，地位无几。加以检查严厉，禁止自由言论，故各报大都雷同，而逐月多有亏蚀。今君乃欲办《华侨日报》，海外华侨既无须在此设机关报，而逐日出版当然亦一小张，月月必须亏损，虽能招到数万元，除开办费外，两三年后必至关闭。准此而言，既无益于国家，尚恐阻碍华侨之进行。何以言之，国内自来提倡事业，多不为华侨所满意，无论投资多少，都是落空居多。现为抗战时期，希望他日我国胜利后，不平等条约取销［消］，有志华侨自当投资祖国，俾［裨］益国计民生。然提倡者

---

①　鹿钟麟（1884—1966），直隶（今河北）保定人，中国西北军著名将领，时闲居重庆。

必须素蓄信用，以待机会，若心无主见，不计成败，将来为人覆车之鉴，可不戒哉。"然言者谆谆，听者终不以为意，大约招收两三万元，出版至多一两年，即不能活动矣。

一五三　福建建设协会

闽人住重庆较有名者，在官则林森主席，党部常委王泉笙，参政员则宋渊源①、秦望山，华侨侯西反及其他各界约百余人。无论官商民等，不但无宏大财产，亦无相当商业。乃有人向侯宋秦等提议，在首都创设一宏伟名义之机关，曰"福建建设协会"，举筹备员租办事处，挂起招牌，扬扬得意。余到渝后始闻其事，乃质问侯君："何与人作此自欺欺人之事，盖国内闽人虽要冒昧欺人，尚畏肺肝易见，被人讥刺，故利用华侨以作傀儡，有名利彼可以分收，若失败亦无关羞耻。不知此系首都重地，各省要人，外国官商亦多驻集，咸知福建成立此漂亮机关，在省内将有如何大规模之建设，而建设之公司，不但资本雄厚，且必有许多机关，故在此有'协会'之组织，否则如仅一家，安有此协会乎。兹乃丝毫莫有，你等少数人蒙耻之事小，全省人蒙耻之事大，务希切速收起招牌，取消前议为幸。"余忠告后，即不复过问，闻其后复开会一两次，迨余同侯君离渝往西北，秦望山则发出传单，召集开会选举首届主席及各职员，先联络多人，而在场宋君提议"本协会关系闽省建设，任务重大，主席人选非有相当资望，不可随便造次，暂缓选举无妨，如我与秦君二人，均不合格"云云。秦望山则大不满意，怒斥宋君侮辱，彼此在场几于用武，后经众人劝止，秦君主张今日必要选举，于是投票选秦望山为主席。闽人在首都竟如此空洞出丑，尤为他省所无者。

---

① 宋渊源（1882—1961），福建永春人，时任国民政府参政员。

一五四　严令禁应酬

余到重庆未及一月，蒋委员长下两次命令，第一次禁官民各界，勿作无谓宴饮等应酬，第二次则惩及茶店酒楼等主人。缘重庆虽在战时，而奢侈应酬颇热闹，每席有至百元者，禁令虽下究竟能否有效，余已离重庆，不知后来如何。至前应酬之风，余虽未详知，然于侯西反君验之，或可概其余者。侯君自元月间到渝，至三月末与余同寓为止，计六十余天，无日不被人招宴，常有一日两次者，若非与余同寓，不知再加若干日方休。侯君又言与他交换名片诸友朋，有一千零数十名之多云。

一五五　厦、集同学会

厦门大学、集美学校诸学友，在重庆各界服务者四五十人，然散居各处未有组织校友会。迨余到渝，两校诸学生来见，始有人提倡组同学会，并诚意欲联合设宴招待。余极力婉辞，幸原谅接受，唯约日齐集余寓，拍照留作纪念。余离乡十有九年，诸校友多青年，故无一人相识耳。

一五六　重庆嘉陵宾馆

重庆原称巴县，左右有两江，一为扬子江，一为嘉陵江。在嘉陵江岸上高坡处，路口建一大门，标名曰"嘉陵新村"，山坡上孙科院长建一间住宅，名曰"圆庐"，盖其山峰形略圆，所建之宅亦圆形也。其下公路畔建旅馆一座，名曰"嘉陵宾馆"，建筑新式颇堂皇。凡政府诸宴会，多在该处，如蒋委员长招待慰劳团及参政员，两次均在该馆设宴，政府各机关宴慰劳团，亦在该处，余均有参加。该旅馆为营业性质，其东主乃属孔祥熙院长，余初到重庆虽闻人言，然不信有是事。至不信理由有二：一服官人员安能作营业与民争利；一孔院长尊严高官，安肯经营旅馆事业。迨至后来孔院长因事到该旅馆，自言为渠开办不讳。余至此乃深讶我国政治，与外国相差甚远。英国政府公务员，不但不得私设营业，亦不得买卖公司股份，虽地皮业产，银行及政府债票亦然，防弊綦严，违者立即开革科罚。缘自昔经验而来，若不如是限禁，则彼可乘机操纵，以私害公。设要置一所住宅，亦须用其妻子名字，然清廉守法之官员，多洁身自爱，不肯假借妻子姓名，代其购置。我国法律官员可否兼作营业，余未详知，若可者，则自来立法错误，若不可者，则有法律而不行矣。

一五七　汽车用油多

余到渝时，组织部派一辆汽车来寓，指定专供余等之用，该车系普通大型式车，按在新加坡每加仑油可行卅公里，在重庆至少亦当行二十至廿五公里。余坐六七天，每天按行不上五六十公里，应需油三加仑左右，然每天支油五加仑，每加仑十四元，应七十元。即告招待员另换他车夫，或换别辆车，交涉数天无效，余即将该车辞去。数天后须复用车，告招待员另备一车，因该机关有多辆可替换，而驶来之车及车夫仍同前，每天如加行二三十公里，须支油至七八加仑。该车又无行程表可验，明知舞弊，无法改善，而逐日另给该车夫五元茶费。至用油虽多，乃政府之事，我何必干预。第花费无度，不忍坐视不言，不图屡言亦无效。如此足知重庆官员，费用公共物件，似无关痛痒，由下人自由出入耳。

一五八　无线电广播

余到重庆及离去计四十天，在重庆无线电台广播用闽南语，再由该电台广播员译国语，该员贺姓泉州人，集美学生。余前后广播三次，每次一点钟，首次报告，到渝经过情况。第二次报告，参观各工厂及与中国炼药公司合作，并与诸要人接洽事。第三次报告，国共磨擦虽严重，经白崇禧将军及参政员调解，不致决裂。慰劳团已于五月一日分三团出发，余亦将往西北，约二个余月方能回渝云。

一五九　庄先生回洋

南侨总会副主席庄君西言，同余在渝办理慰劳团出发事毕，本拟同往成都，适闻德国将破坏欧洲荷兰中立，故南洋荷印殖民地风云日迫，吧城商行代理人来电催返，不得已将急乘飞机往香港，转轮回洋，定五月六日起程，故不能同往成都。而余则同侯西反、李秘书三人，于五月五日乘飞机往成都，第一及第三慰劳团先到三天，均来机场迎接。重庆至成都百余公里，空航一点钟可到，在空中俯瞰川省山川秀美，农作物青翠茂盛，欣慰无似。

一六〇　丞相武侯祠

余至成都寓于旅舍，午饭后与侯君及秘书三人出游市街，将往观武侯祠。自少年看《三国志》印象难忘，每念何时将到成都观光，迄今五十年幸遂宿愿，故急欲往，然不知路径。告李秘书询人力车夫，李秘书告车夫以诸葛庙，车夫答知之。乃雇三辆人力车，出市外向乡村小路前进，行一点余钟，果到一小庙，门上标明"诸葛庙"，屋宇甚小，约阔二丈余，长三丈余，邻右有一民屋，地方似甚零落，既非小市镇，亦非小乡村，四围都是田园，庙内有土像一座，即诸葛武侯也。余等知非目的地，谓不应简单寂寞如是，乃再告诸车夫及居民，始悉距城市不远，有昭烈祠甚宽敞，武侯庙在其祠后。若言昭烈祠，则车夫无不知之。于是回车而返，至昭烈祠前下车。庙宇广大，门内庭中两边巨树森列，宏伟阴翳。昭烈帝像在中座，两廊塑文武将官数十像，均比人大，文之首位庞统，武之首位赵云，武侯祠在后殿，香火不绝。参谒之后，复历观周围各处，其气概壮伟，更令人敬仰无尽。昭烈帝墓在祠之右畔，只隔一墙，墓系土堆，高约二十尺，阔二三十尺，墓门关闭。清朝时某官员为之立石，刻昭烈皇帝陵墓，无其他石雕物为标记，盖甚简单也。

一六一　鱼目欲混珠

汉昭烈帝陵之右畔，现正大兴土木，规模颇广，余参观时工程方在建造，其四围基址，局面不小。闻系前军阀刘湘[①]之后人，为刘湘经营墓庙所建造。然刘湘死亡未久，其购地与预备计划必自刘湘未死前所设想。至辟地之广，费款之巨，或比较左畔昭烈帝庙武侯祠有过无不及。因工程未竣，刘湘坟墓如何构造，祠宇如何壮伟，未敢臆断。至刘湘如此计划，莫非要与昭烈武侯并肩媲美，流芳千古乎。我国历史自三代而后，爱民之诚，登极之正，与昭烈并称者不过数人而已，至为臣出处之正，谋国之忠，政治之美，韬略之优，则唯武侯一人而已。昭烈虽未一统，然遗爱在民，武侯则鞠躬尽瘁，军民感戴，故后人乃捐资建筑宏伟祠庙于墓侧，以作纪念，绝非昭烈武侯生前之遗意也。刘湘何人，乃敢在昭烈陵畔武侯祠旁，大兴工程，建造墓庙，欲与古代贤君良臣，流芳万世者相颉抗［颃］。试问刘湘后人款自何来，是否民脂民膏，其生前有无丝毫德泽及民。而全川同怨，尽人都知。余意国民政府，若政治有是非，或四川省政府与民众，亦有是非，则当加以纠正，不容泾渭合流，鱼目混珠。应令其坟墓迁移，以保全成都名胜，祠庙改作学校，化无益为有益。总而言之，无论刘湘坟墓祠庙如何壮丽，决不宜与昭烈帝武侯祠墓并肩而立也。

民廿三年四川报载艾迪博士在重庆会见刘督办时言"四川有四样事情应该留意：第一四川鸦片之多要算全国第一，第二四川的防区制度为害非浅，第三四川的政治糟糕已极，第四四川匪祸不堪言"。此语非外人谁敢说出。

又闻钱粮已征收至民国七十年云（预收四十余年）。

[①] 刘湘（1888—1938），四川成都人，民国时期四川军阀，抗日将领。

一六二　蒋公问何往

余在重庆初次会见蒋委员长，后其他数次或宴饮或开会，未尝私人会见谈话。因英国自欧战后，限制华侨汇款，屡屡缩减，条件亦愈密，义捐亦然，逐月减少外汇国币在千万元以上，故拟向蒋委员长报告应如何向英交涉，虽未必如愿放松，亦冀可免更加紧缩。乃访其副官何日可进谒，答已往成都。余到成都尚未托人访问，而蒋委员长时兼川主席，即来柬招宴，席设军校内，陪客百余人，多属军政界。筵终复约余明日午饭。越早复派人持柬来招。余依时前往，乘间告以在渝将进谒之事，详为报告毕，蒋公即命秘书陈君布雷①记载，着电达宋君子文，发电往英京中国大使向英交涉。言毕午饭，蒋夫人亦共席，食后余便告辞，蒋公留余谈话，问到成都后是否他往。余答兰州西安。复问尚有别处否，余已知其意，答延安如有车可通亦要往。蒋公于是大骂共产党，无民族思想，及种种口是心非，背义无信，但意气尚和平。又云周恩来不日可到，看此来有何结局。余答余以代表华侨职责，回国慰劳考察，凡交通无阻要区，不得不亲往以尽任务，俾回洋较有事实可报告。蒋公云要往可矣，但当勿受欺骗也。

一六三　四川省教育

四川教育厅长某君②，曾留学外国，其人颇诚恳。导余参观各大学，首至四川大学，校舍多新建，有未竣者，规模颇大。校长程君③甫到任未久，前系驻德公使，过新加坡时曾相会过。据云该大学分地设立，成都之外如峨眉山及某处设有专科。蚕丝一项经积极研究扩充，前每年出产仅五千担，本年按可一

---

① 陈布雷（1890—1948），浙江慈溪人，时任最高国防委员会副秘书长。
② 郭有守（1901—1977），四川资中人，时任四川省教育厅厅长。
③ 程天放（1899—1967），江西新建人，时任四川大学校长。

万余担，五年内能出至十万担。又拟往参观自南京移来各大学，如中央、金陵、东吴等，适因有他约时间已到，匆匆辞出。本拟后天再往，而越日诸校来函招宴，故婉辞之。余询教〈育〉厅长："中央规定五年普及教育，贵省能否办到？"渠答："无须五年，四年便可达到。"又询以："教师及经费能否充分？"答："经预备一切，川省教费前年五百万元，本年已定一千万元，明年按一千五百万元，此为最少数目，或者有加无减也。"

一六四　成都市景况

成都市外有一桥，名相如桥，其处即汉司马相如之故乡，或云卓文君曾在近处作酒肆。市内有大辕门，门边有两只石狮，门上横书四大字，曰"为国求贤"，其处盖系前清时贡院。蜀汉皇宫亦即在此处。辕门内巨屋数座，多系旧物，而空地颇广，闻将一切拆卸，重建新式楼屋，为省府各办公机关。市内街路狭者居多，汽车勉强可通行，两边店屋，概是板壁平屋，陈久者居多。另一部份为新改良市区，街路颇阔，店屋为砖筑层楼，颇有堂皇气象，此后或将逐渐改善，普及全市。以成都市区之广，将来必成一有名大都市。人力车现多至一万余辆。公园在市区内亦颇广大，每早千百壮丁在此操练，鸡鸣后列队训练跑步，喊声与步声相应，余闻见之下感慰莫名。

一六五　灌县观水利

青城山为川省名山，距离成都百余公里，山下有一县城名曰"灌县"，市区颇热闹。山下与县市间古昔为一片汪洋，水势颇大，溢流而归长江。闻秦时李冰太守来守是地，深感大水洋溢，泛滥川省，而田园多乏水源，乃计划改良此处水利，用竹篓装石块，筑造堤岸，使水归川。有一山冈高百多尺，广数百尺，横塞上流，则将该山开掘，阔百余尺，深比平地低若干尺，使山下一部份大水流下。水势激荡，急如奔马，由此再开浚若干大小川流，灌溉三十余县田园。

而山上所产杉木，成排利用此水源运到各县发售。李冰太守开办后，工程未竣谢世，其子二郎继成其功，后来川民感李君父子之功，在近处山坡间建两庙，奉祀李君父子。两庙距离二三里，俱宏壮美观，尤以二郎庙为最。每年一次川民来此集合致祭，甚为热闹。至岸边篓装石块颇长大，如竹篓日久烂坏，须补换新者，费由受益诸县负担。余按如在山峡激流处，利用以生水电力，其利于川中工农等业，更觉无穷。至竹篓装石为岸，虽属古昔良好之工程，现下既有洋灰发明，如设水电时应并改善，俾一劳而可永逸也。

一六六　磷火称神灯

四川省名山以峨眉、青城为最。峨眉山以佛寺著，青城山以风景名。慰劳团团长潘君曾阅某书详载川省青城山，景色秀美，古迹甚多，如吕洞宾、鬼谷子等仙洞，唐明皇、张献忠及其他等遗址亦多。于是慰劳团卅人定日齐往，由灌县长招待，并代雇肩舆上山。先参观水利，然后登山越宿而回。潘团长忽接蒋委员长招宴，未及上山游览即回，意甚懊丧。盖平素仰慕殷切，今日至山下便回，难免不舍于怀，越日独雇一汽车往游，竟日方回。余询风景古迹如何？是否满意。答半因时间迫促，颇多失望。再询其他团员，皆云无所见。迨慰劳团离成都后，余则同侯君及秘书往游，住宿青城山最高处"上清宫"两夜。日间雇轿往观古迹名胜，历过危险崎岖。结果见一小屋遗址，云是唐明皇曾驻宿处。又上一峻岭，往看一小石洞，门眉〔楣〕三大字曰"神仙洞"。又在半山间一石大十余方尺，上凿一四方孔约半尺大，云是张献忠之旗石。除此等无何意味之物外别无所见。有指某处为吕洞宾，又某处为鬼谷子所居处者，既无标志亦无奇景，凭口传说更无可信。在上清宫远见对面山下乡村，据道士言该乡名老人村，该村多有长寿者，未悉是否事实。夜间出寺外看"神灯"，在对面或左右山中，果有灯火不少，移走甚速，大小不一，该处均无住家，故自昔相传谓之神灯。自近世纪科学昌明，已知磷火系地下磷质所发。凡磷火有光无焰，余在青城及峨眉诸山上见过多次，所云神灯均有光无焰，与所见远处路灯，或乡村之灯光不同，可见此种神灯即是磷火也。

一六七　乘机到兰州

余五月十四日，自成都坐飞机往甘肃兰州，在重庆时前闽建厅长许显时[1]君来见，招［召］余往兰州一行，渠系在该处服官。后又有多人来电邀往，因厦大、集美两校学生多人，在兰州服务。省主席为朱绍良[2]，兼第八战区司令长官。朱君虽外省人，然在闽生长，出身亦以闽籍登录，故兰州闽人公私服务者二百余人，秘书长亦闽人。是日诸君及其他到机场迎接者不少。晚间朱君设宴招待，寓所假中国银行私宅。越日余往见朱主席，致慰劳外，询自抗战后，民气、鸦片、财政等事如何？朱君答："民气甚形进步，因宣传效力及壮丁回家报告，民众多能同仇敌忾，鸦片之种植已根绝有年，吸者现极少数，唯偷吸者不免尚有耳。至财政事前年全省税收七百余万元，鸦片税占五百万元，其他二百余万元，若去年收入至一千二百余万元，鸦片税早已取消无收分文。"余问鸦片税既取消，何能增收许多，究竟何物增税，抑别设捐抽？答："未有加税，唯前时应抽未抽者不少，及由改善积弊而来耳。"

一六八　西北运输难

我国抗战后，国际公路可入口者，除安南滇缅外，则有西北公路，由苏俄西伯利亚铁路转新疆经兰州，用汽车运来。余注意查察此路运输成绩，或须到新疆方能知详。迨到兰州探知管理该路机关设在兰州，办事处系某君主持，乃往询实在情况。据某君言路程三千多里，沙雾常发，汽车甚形不便，每月运来不上一千吨。又因路远添油亦困难。此条路要靠汽车增加军运，实乏成绩。除

---

[1]　许显时（1896—1986），福建闽清人，时任第八战区司令部高级参谋、经济作战处处长。

[2]　朱绍良（1891—1963），祖籍江苏武进，生于福州，时任甘肃省主席兼第八战区司令长官。

此而外，则用骆驼运输，现有数千头，每次来往须三数月，逐月所运不过数百吨。合计每月仅运一千零吨。而回去系运茶叶、羊毛、羊皮、药材等项。余既知西北路运输状况，故新疆之行遂止。

一六九　傅主席谈话

绥远主席傅作义[①]，兼第八战区副司令长官，因交通不便，余未决定前往慰劳。盖由兰州至宁夏，车路可通已无问题，而宁夏至绥远，车不通行须坐骆驼若干日。所闻如是尚在踌躇，适傅君来兰州，余即往访不遇，其办事处人云昨天甫到，本早已乘飞机往重庆矣。越天该办事处人来告，傅主席已回来，余即往见，据云昨日所乘机行不久，接无线电警告，有敌机在某处侦察，恐有危险故转回。余致慰劳后，并告所闻由宁夏至绥远，须坐若干日骆驼是否事实？傅君答"不错"，并云"先生及慰劳团多人，远自南洋联袂回来慰劳，增加我国抗战无限兴奋"。余谢不敢当。傅君复云："此是实话，渠屡对战士鼓励，华侨远居海外，不忘祖国，资助抗战，源源汇来，兹领袖复亲率慰劳团回国，我辈安可不更加努力。"余答："华侨亦国民一份子，深愧不能效力战场。"予又报告慰劳团回国之目的（详在渝机场对记者言），并询抗战已三年，敌人气象如何？傅君则出示指挥刀数柄，云"此为敌人上级军官所带，有价值之物，拟顺便呈送蒋委员长。至敌之士气大不如前，初期年余之间，敌兵在战场虽受伤不能走脱，亦不肯投降，不肯被掳，或自杀或抵抗至死。近年来则大转变，虽非受伤，如走不离亦长跪乞命，或在身上取出我宣传文字，表示同情。亦有学习我国语'饶命'一句者。至于战术亦差退，初战时敌指挥官，如下令开枪，则按照秩序瞄准目标，一响一响，相继而来，而我国士兵则不然，指挥官一下令，则争先恐后，齐行发出，不唯目标难准，且多费炮弹。若近年以来，敌我均与前相反，我之开枪较有秩序，敌人则否。其原因为敌补充士兵，远逊于前，敌已退化不少，最后胜利决可属我"云云。余闻之，心中无限喜慰，盖自回国以来，始闻

---

① 傅作义（1895—1974），山西临猗人，抗日名将，时任第八战区副司令长官。

在战场身经百战,有经验司令长官言,可以信慰无任也。越日傅君来寓辞行,云少间将复乘机往渝,余告以在此会面甚幸,慰劳团不久前往贵省,余不能往,祈代宣慰军民为荷。

一七〇　古世界英雄之遗骨

我国蒙古元朝始祖铁木真,即成吉思可汗,俗称成吉思汗,初为金朝蒙古长,后离金独立,日加强盛,曾带兵出征西域诸国,复遣将西侵欧洲大陆,纵横无敌,前后四年而回。至其孙忽必烈,灭金灭宋几统一东亚,自有史以来国土之大莫可与比。成吉思汗之遗骸在蒙古,我国抗战后,恐被敌人取去,故移到兰州名胜高山庙内,距兰州市数十里。该山之高由平地核算约数百尺。山上自昔建一寺庙,阔二十余尺,长四十余尺。成吉思汗夫妇骸骨,用两个铜箱贮藏,每个铜箱刻有花草,长三尺余,高二尺余,阔亦二尺余。箱甚陈旧似已久年,而非初备者。安置在庙内桌上,足见两遗骸在蒙古亦久置于屋内,非埋在地下者。庙前小屋有十多蒙古人守护,并遗存当时铁枪武器数事。又有印刷相片,形容雄伟,头发已白,诚有英雄气概。余往观时系阳历五月半间,满山白雪如棉,然不甚寒冷,大约六十度。路边十岁下儿童,破衣单薄,下体无裤,其贫穷实为可悯,寒季时必更多苦况也。

一七一　戴笠[①]之情报

余在兰州两次七八天,每早往市外散步,常遇见壮丁列队操练,概系青年,身体康强,面色红润,心中喜慰莫名。曾询征调壮丁主持人许君显时,渠系闽人即前福建建设厅长。据云初次召来训练两个月,期毕回家,待需用时再调来,复训练多少时间,或两个月派往战场服务云。中央特务主任戴笠,素闻为蒋委

---

① 戴笠(1897—1946),浙江江山人,时任军统局副局长。

员长最信任有才干之人，时住在兰州，诚意招宴，余辞谢之。一日来告湖北钟祥及宜昌等处大战，敌人大败死伤三四万人，敌自侵略以来，未有如此次之大败损失，汉口亦已动摇，料此后不敢复活动侵进。余闻此喜信欣慰无似，盖念抗战三年，仅台儿庄挫敌一次，今次如果属事实，岂不痛快。又念戴君负责特务，其消息必灵敏可靠，追后数天余到西安，所闻则大相径庭，宜昌早已失陷，敌寇甚形猖獗，余难免转喜为悲耳。

一七二　兰州旧街路

兰州为甘肃首府，且为我国中心区域，商业不甚发达，街面店屋多旧式平屋。最使人不满意者，即是市内各街路，既无铺石板，亦无普通石块，不过泥路而已。稍有阴雨则泞污难行。加以牛马骆驼及汽车往来，污泥厚满尺，汽车胎轮须加环缚铁链，乃可开行，否则驾驶多不如意，易发生危险。余初到时，窃疑兰州乏石，致各街路如此难堪，及往市外过黄河桥，则石块石子石蛋满山都有。回寓问公务员某君，何不改善路政，答"前因经济关系故未举行，现经决定预算五百万元，全市各路铺石，不日将兴工"。黄河桥系钢铁建造，颇固，长约四五百尺，距城市不远，市内及乡村常见有十岁左右女子缠足者，前日往四川灌县，沿途亦曾看见，乃知此风仍存，川甘二省政府尚未悬禁，或仍置之不闻不问也。自到兰州后数天，除朱主席宴会一次，余均婉辞，而各界联合欢迎会余则接受。但闻慰劳团已到天水，不日可到，故订约待彼等到来，合作一次开会以免重复麻烦。计须再迟数天，余则先往青海三四天便可回来。

一七三　石田种麦

兰州距离青海省西宁二百多公里，主席马步芳[①]在兰州设有办事处，其处

---

① 马步芳（1903—1975），回族，甘肃临夏人，时任青海省主席。

长承马主席命,邀余往晤。余原欲往慰劳,故觅一辆小型汽车,与侯君及秘书等,经黄河桥出兰州市西行。沿途所见多平生未见过者,如到处多有石田,系在平地无水处造田,田面铺以石蛋,形状不一,如溪中漂流石子,以小者为佳,大者三四寸,如再大五六寸则不合,多拾弃路边。全田概系种麦,闻须有此石子方有好收成,大约石子有两层,混以泥土,田面所见麦苗之外都是石子。又闻至迟十五年,须翻起一次,使其土石松浮,若较有资产之家,十年便翻石子一次,则收获可较丰。甘肃西北诸山,绝无树木青草,似死质无土性气,诚所谓不毛之地。山中含有多层石子,即如上所言石田上之石子,每层石子高可数尺,大约数万年前,系水流溪石所叠积,而沧海桑田,不知变迁若干次也。又沿路所见乡村住宅甚简陋,村民衣服破碎不堪入目。余不能形容其破烂,亦不能详言其坏状。古语云悬鹑百结,以余度之,无可结得下手处。男女孩童多露下体,贫苦之极,真令余心酸无已。

一七四　青海好精神

余行至青海界,所见比甘界较好,高山虽乏树木,然稍见青翠,村民衣服亦稍能蔽体。自兰州至青海,沿路面未有铺石子,且前系军人开办,不按科学方法,加以崎岖多山,车行极缓,未至半途车机损坏,勉强再进,在青界某区署过夜。越早再行,距西宁数十里某市镇,官民盛意欢迎,设备隆好。午宴后即起程,马主席等在郊外迎接,招待所设于府署内,两房一厅,布置极形华丽,床帐被褥地毡桌巾,均为余生平所未享过。(南洋资产阶级,住宅设备华美,余却未有)其相待优厚,令余永志难忘。晚间约定明早六点钟,开各界欢迎会。余窃思此次属寒地,许早何能集齐各界到会,但时间出之主人,余依时先五分钟前往。至则数千人整齐排列于露天操场中,均穿一色黑衣制服,戴凉草笠,余在台上约略计之可五千余人。自余到后,操场中无复有续到者,足见其平素训练有序,组织严密,且属各界社会民众,又无或先或后,届时而来之人,会未毕亦无一人离开者,既非军队,而有此军训之精神,实堪敬仰。马主席致词毕,余发言谢其诚意招待,并奖誉其全体整齐守信等良好精神,复报告余及慰

劳团回国，慰劳兼考察之目的，南洋华侨之人数，义捐之工作，抵制敌货之剧烈等事。（演词均详前）

一七五　马兵出抗战

余自入青海后，所见马匹颇多，知为军用者。到府署后诸官员多来会谈，余询以军马事，答抗战以来，经派出马兵二师，后方尚多训练，不久可续派遣。又问政治事，答青海辖下十七县，现汽车公路均可交通，电话亦然。唯地广人少，民非殷润，生活简单，政费极力节俭为全国冠，如厅长月薪仅三十八元，各处治安颇好，抗战后民众爱国心提高不少，多能同仇敌忾。余又闻人言，前主席马步麟①，科民赋税较少，然多顾自己，利益民众甚寡。现主席则不然，科民赋税较重，而利己甚少，多设施于有益民众事业。又问途中所见缠足女子，据言系甘肃界，若青海久已禁绝多年矣。该处畜羊甚多。三餐均以羊肉作饭，每只羊肉仅售一元。然羊皮羊毛亦有相当价值。至待余膳食，特设米饭、鸡蛋、羊肉及菜，城内市街虽非层楼巨屋，然颇整洁可观。

一七六　西宁佛寺和尚不清洁

距离西宁数十里，有某大佛寺，在西北素有名。招待人导往参观，适逢大热闹日子，闻每四阅月热闹一次。男女自各处来者万人，有蒙古人、西藏人、印度人、中国人，及其他等族人，衣服各殊，五花杂色。亦有种种游艺音乐，各尽所长，多在院外旷地表演。在山冈间悬挂大佛像一幅，系用白洋布绘成彩色，大约长四五丈，阔三丈余，颇有美术工夫。佛寺中座颇大兼有层楼，院内有戴季陶、宋子文题匾高悬。所烧灯烛，概以羊油作燃料，其腥膻气味极浓，余不能耐故不敢入。同行者则均前进。正寺之前后、左右或远或近，尚有许多

---

① 应为马麟（1874—1945），回族，甘肃兰州人，曾任青海省主席。

他寺及和尚住所，大小寺庙不下数十座。诸和尚均以黄布为衣，状甚污秽，似许久未有洗涤，气味实不可闻。若暹罗之和尚，亦以黄布为衣，然颇清洁。余游历半天始回寓，越早向马主席告辞回兰州。

一七七　兰州各界欢迎会

余回到兰州，第三慰劳团已由天水经华嘉岭来此。越日各界开欢迎会，到者数百人，坐［座］位皆满。开会时比所订加半点余钟，据云常例有延至一点多钟者。主席朱绍良致词毕，余答词谢其招待，及昨往青海，感其意外精神可敬佩，并报告余及慰劳团回国之目的，南洋各属华侨人数，常月义捐工作，抵制敌货剧烈等事，又述三项：（一）南洋华侨风化；（二）南洋鸦片流行；（三）南洋物产丰富。"第一项风化，南洋各属地，虽政权操诸外国人，然我国习俗多不干预，清时男蓄辫发，女则缠足，虽贻笑外人，然亦未受干涉，迨清倒后，民国光复乃自动将辫发一时尽割去。至于女子缠足之俗，不但女孩不再缠，即三十岁内缠足之妇女亦大都解放。现下南洋女华侨，四五十岁内无缠足之人，此种风俗系由华侨社会及报纸宣传发生效力，自动解除不良之陋习，非殖民地政府肯提醒干预。盖我国人可耻之事在外国人或且喜为可供玩弄者。余不图我祖国到处，尚见有十岁左右女童缠足，实出余意外。在南洋时默料我国社会开化较早，复有政府可严禁干涉，必更早除去此有害无益之陋习也。其次南洋鸦片流行之原因，数年前欧洲日内瓦国际联盟会，派对鸦片烟无利权之三国人为代表，来南洋调查鸦片何故尚由政府专卖供给事，为世界禁烟条约，应早已禁绝，南洋何故迄今尚存。结果英政府等推诿中国未实行禁绝，时常私运来售，故南洋各属政府不能依期禁止。如中国何日禁绝，南洋决不落后云云。南洋政府鸦片利权，每年可获六七千万元，若申现时国币汇水，可值四五万万元。华侨多系闽粤二省之人，以闽粤二省之田赋而言，每年我政府收税不及二千万元，而南洋华侨每年牺牲鸦片资，为外人取去，可当闽粤二省二十年之田赋而有余。华侨受此毒害，凄惨莫可言喻。希望我国政府早日根绝鸦片，则南洋政府无可借口，南洋千万华侨受惠不少，而对于祖国外汇之增益，更无待言矣。第三南洋物产丰富，地广人稀，其出产价值以出口比较，只树胶一物，便超过我国各种物产之出口额，他如米粮一项，安南暹罗缅甸每年剩余出口达五六百万吨，可供甘肃全省六七年之需，锡每年出产十余万吨，占全世界半数以上，其他如糖、汽油、椰油、鱼、盐，亦有名产品，尚有许多热带产物，为世界各国所无者。且雨水充足，年年如是，无旱蝗灾害，而大部份森林旷土，膏腴肥沃，尚未开垦，可增加容纳数万万人生活而有余。其他与我国相近，交通甚易，战争胜利后，不平等条约废除，我国人可自由前往。前者国内交通较不便利，故出国华侨多闽粤人，此后我国内外交通必有非常进步，全国各省均容易往来，故往南洋亦容易，希望国内同胞注意为幸。"

一七八　西安途中古战场

余在兰州闻第一慰劳团已到西安，恐政府或各界重叠开会欢迎，即电知余将起程前往。五月廿四日早，假秘书长汽车离兰州往华嘉岭，近晚至平凉，此处有路可通宁夏。自兰州至此，路面铺石子甫竣，车行稳而速。是晚某长招往，越早启行，上坡前进，行一点余钟至高原，远望平野无际，农园广大，竟不知在拔海[海拔]数千尺上行走。同行者言李华作《吊古战场文》即指此处。此段路边石子堆积，到处皆是，甫在铺路工作中，故车行迟缓。行点余钟，始过高原，路线逐渐降下，且多崎岖，尚幸系科学化工程，斜度顺序。至某处洞内有大佛，高三丈，参观后复行。约申时已望见远处林木茂盛，连续颇广。车夫云在前便是咸阳城，再去为西安。平生阅史，咸阳长安等印象甚深，兹幸到临，喜慰无似。到渭水过坝桥，即入咸阳城一游而出，城内已颓废萧条，不堪入目。近晚到西安，寓于西安招待所（即营业旅馆名，前西安事变，诸蒙难者多在此寓）。

一七九　慰劳团不自由

西安省政府派多人为招待员，已招待慰劳团等，领导人为寿科长①，是日同若干人往咸阳城外迎余，余因入城故相左。余到招待所后，团长潘君等来见，云原寄寓此旅馆，甚适合，而寿科长等强将行李移往现寓所，较不称意。彼等已到四天。第二天共产党朱德将军来见，请到其办事处午饭，业已接受将往，寿科长等闻知，借他故力阻其行，后又交来某某请柬，不得已乃向朱君辞谢，蒙朱君原谅改订下午三点。并云周君恩来亦候见，他复应承之，及到时寿科长等，乃将他所坐汽车驶往别处，延至近晚方回。朱君此次系由河北战区，经洛阳来西安将往延安，而周君则自延安来西安，将往重庆，为招待慰劳团，故在办事处等待一天。竟为省政府所阻，致屡约失信，对朱君等诚过不去。至强移慰劳团寓所，系杜绝与中共办事处来往。并派招待员时时随团员出入，虽个人出门亦受注意。

一八○　抗战与建国之喻

余到西安越日，接程潜②、蒋鼎文③、胡宗南④，三君联名来柬招宴，是日往访蒋主席、程副参谋总长不遇。胡将军闻在终南山军校，颇远未往。午后胡君来寓，相见谈论中，觉其刚直爽快，坦白活泼，敬佩无任。晚间余同慰劳团等赴宴，计设五席，大约多军政要人，与余同席为程、蒋、胡，及全国最高法院长焦易堂⑤君，另两人忘其姓名，又余及李秘书共八人。筵终程君致词毕，

---

① 寿家骏（生卒年不详），浙江嘉兴人，民国官员，少将。
② 程潜（1882—1968），湖南醴陵人，时任军事委员会副总参谋长。
③ 蒋鼎文（1895—1974），浙江诸暨人，时任陕西省政府主席。
④ 胡宗南（1896—1962），浙江镇海人，时任第34集团军总司令。
⑤ 焦易堂（1879—1950），陕西武功人，时任全国最高法院院长。

余答谢并报告余及慰劳团回国目的，及南洋受鸦片之害（均详前），并跳舞与树胶事（上文已述不赘）。予言："南洋英属马来亚华侨二百余万人，十余年来受一种新毒害，其为祸恐不减于鸦片，即是跳舞一项（亦详前）。外国人歧视华侨，不顾华侨如何损失，但知彼有利可图而已。至树胶为南洋特产，现英荷限制，每年仅出产一百万吨，现价值坡币八万万元，申我国币六十万万元，单此一物胜过抗战前，我全国物产出口数目，故南洋之富庶可想而知。树胶发达仅三四十年，而种植之法分两时期，第一时期将林木斩倒，约三四个月后放火焚烧，不尽者集成堆再烧一次。第二时期，则掘土壤将树胶苗栽种落地，以后须注意两件事，即除尽恶草及预防白蚁是也。盖树胶最忌怕恶草与白蚁，二者若不除绝，树胶不能成功。如能认真切实办理，七八年后即有相当优厚利益。我国现虽遭敌人侵略，然最后胜利必定属我，古语云，多难兴邦，是则抗战即可以建国。鄙意抗战与建国，亦当如种植树胶分作两时期，第一时期抗战胜利已无问题，第二时期为建国，必须消除土劣贪污，如树胶之防恶草白蚁，则建国决可成功。"余言毕，同席中某君极表同情，向余云："先生今晚说此几段话，胜过携来数千万元回国，希望到他处亦须如此宣传。"后余到重庆，宋君渊源告余云："程君两次对我言，陈先生在西安筵中演说，甚形中肯，渠极敬佩。"据此则同席中颇有多人表同情，而好善言。余闻西安政治不良，故借题发挥，然余所言确属事实也。

一八一　秦王府欢迎会

余自重庆登报实行后。已不多接受应酬及开会，对慰劳团等亦再三劝告：到处须抱定此宗旨，以各界联合会为简便。故西安欢迎会即系各界联合，到者万人以上，在秦王府前旷地开会，该王府为明朝朱洪武封其子秦王所建。蒋鼎文主席致词毕，余答词言余同慰劳团回国之目的，华侨在南洋人数，及义捐工作，抵制敌货等事（均详前），以鼓励民众同仇敌忾。团长潘国渠继言，希望和衷共济，团结一致对外，抗战到底以达到最后之胜利，并可取消不平等条约云云。

一八二　终南山阅操

西安第七军校学生二万余人，为全国最大军校，校长为胡宗南将军，将军名闻中外，余久仰慕，见面后又喜其性情爽快，更加慰佩。胡君复诚意邀余及慰劳团，参阅军校操演，订约上午六时阅操，八时开会。余等三点起程，天甫明则军乐队、大炮队、坦克车队、马兵队、机关枪队、手榴弹队、步兵队等，一万余人（尚有数千人因距离稍远未参加），排列整齐。胡君备马十余匹，为余及慰劳团等骑乘，彼及诸指挥官，亦乘马前导，参阅后发令环行，从司令台经过一周，然后集合在司令台前听演讲。胡君致词毕，余答谢，并报告南洋华侨事，如在秦王府所言，又言华侨司机及修机三千余人，放弃在洋优美职业，回国在滇缅及各路服务云云。侯西反君及潘团长，均有适宜演说。可惜慰劳团未有准备拍活动电影，若有之可在南洋表演，增加许多义捐收入也。

一八三　全国总城隍庙

我国不知从何代起，创设城隍神庙，各省诸城镇多有之。在西安城外数十里，距终南山不远，有一城隍庙，不甚高大，阔约四五丈，长七八丈。第七军校设办事处于庙内。余等阅操后，胡君在此招待午饭，到者百余人，多系教官。胡君云，此为全国总城隍庙，各处城隍庙俱统辖于此。余问是否最始创乎，胡君答未详，不过自昔相传如此耳。又问军校学生入学须何资格，又如何招收，几年毕业？答："最低须高小毕业，或有同等学力者，毕业期间规定两年。抗战以来急于需用，各程度较高学生，可早数月便派往战区服务。至招来之学生，自抗战后远近各处，自动而来者甚多，亦有初高中学生，自愿热诚救国，立志杀敌，实可钦佩。"余云："前日在重庆闻政治部长陈诚将军言，政治学校学生，自动来投者亦如此踊跃。我国有此民气，敌人欲亡我定必失败也。"席终胡强余发言勉励，余与潘团长及李秘书，均有短词劝勉，而诸教官亦多有答词，最后

著　述

团员李英唱歌助兴而散。

一八四　南山训练游击

　　余等在总城隍庙午饭后，胡君雇十余肩舆，并派人导游终南山，约行点余钟至山间。终南山即史所载"南山"，又云"寿比南山"及"倾［罄］南山之竹"，因料其产竹必多。沿途所见挑运竹帚者，相继不绝。山峰高者约千多尺，联［连］绵颇广。在半山有学校，专门训练游击队。参观后往游诸山洞，有一石洞幽深寒冷，洞内冰片满地，诸团员各手携多片而出。时为阳历五月末，洞外光景颇佳，山上岩石美妙，拍照即回。至中途暑气甚盛，约百零度。至西安在某军营处，胡君约在露天与士兵会食，系六人共一壶菜及汤，配以馒头，席地而食。此为余等素未服军役者之初次经验。晚间复演剧招待，演员概系士兵，平时训练有素，故艺术颇好。胡君又订约再加十余天，全校二万余人，将在旷野演习作战，较有可观。然余及慰劳团已将他往，未能接受，但深感胡君盛意耳。

一八五　周文汉武陵

　　西安咸阳等县，周秦汉唐设帝都于此，达千数百年，古迹甚多。慰劳团暇日已先往观一部份，唯诸帝陵则尚未往。故于任务完毕后，同余往观咸阳城外周文王陵。但见土堆如箱形，原无石碑石雕，迨清朝某官来守西安，始于各陵为立一碑，标明某某陵。文王陵长约三四百尺，阔二百余尺，高三四十尺，武王陵在后，康王陵在前，相距离各千余尺，均较小，迷信风水者谓之负子抱孙，然地皆平原，非有山坡起伏。周公墓在左畔，距离稍远。次往观汉武帝陵，形如文王陵，但较小些。民国光复后，政府规定凡来参谒文王陵武帝陵者，均须行礼三鞠躬，其他诸陵免。余陵大小不一，或高或低，均系土堆。复往观汉名将卫青、霍去病将军墓，型式则不同，形略圆颇高，面积约占十多亩。霍将军墓多石块，闻系仿彼在塞外建奇功之某处山形。墓边左右有两行平屋，各有四种石雕。余忆其一为马踏匈奴状，人马均比原形稍大，余不能记忆，此乃我国二千年前石刻之精妙美术也。越日往稍远之骊山下，看秦始皇陵。距骊山约五六里，地亦平原，陵墓较大，长约千尺，阔五六百尺，高四五十尺，史言当时工役三万人，如英布即称为骊山之徒。各陵均无树林，仅有细草而已。复往马嵬观唐杨贵妃墓，该墓在一庙内庭中，该庙不甚大，内庭约三四方丈，墓作龟形约一丈。当时安禄山乱后，明皇及杨贵妃并妃兄杨国忠及军士逃难至此，国忠被军士所杀，复要求明皇杀贵妃，时明皇同贵妃，住在庙内，不得已命左右绞死，葬此庭中。杨贵妃为明皇媳妇、寿王之妃，娶已十余年，明皇始爱而夺之，致天下大乱，逃往成都。昏愦淫乱，遗臭万年。庙前树立一碑，志杨妃死事。

一八六　起程往延安

西安街道颇阔，有五六十尺，两边兼有步行小路，人力车甚整洁，闻系因各车主竞争。有人言妓女甚多，全市妇女七万余人，不正业者至一万左右人，未悉是否事实。余往七贤庄，访第十八集团军办事处，询往延安汽车事。外处长蒋君言，他本拟来余寓告知，因鉴于前日往访慰劳团，致慰团被移寓所，恐再误故中止。余答无妨，我可自由打算，并托电告延安朱君，前日慰〈劳〉团失约，余甚抱歉对不住朱君盛意，系出于重庆派遣同来者作弊，与省主席等无干，希谅解为荷。盖余自闻该事发生，颇不安心，念慰劳团到祖国，未作何项实益，反增加两党恶感，故托蒋君代为辩白也。蒋君约定卅日早，备大小汽车各一辆，小车为余等坐，大车载护兵及汽油。是早临行时，寿科长坐一辆较新大汽车来，云主席派他用此车送余到延安。余乃辞蒋处长小汽车免往，而蒋君云他亦要加备一架车，路中较妥，故三辆车同行。午间到三原县，近郊有许多人在城外迎接，余甚不安，告寿科长切电止他县，勿复如此麻烦。寿君云此乃主席命令，渠无权阻止。在三原县午饭，设备颇丰，其壁上贴有印刷物多张，有一条云"禁用香烟请客"，余与县长甚表同情。回国两月行许多处，今日始见实行节约。此县为于院长故乡，文化颇发达，有中小校百余校。筵间有一位山西阎将军处长某君，余即问要往山西慰劳阎锡山①将军，能否达到。答车路通至宜川县，再陆行二天，如要往可预告备马轿来宜川相候。余言决往，希代转达。午饭后，立再西行，近晚到宜君县，在城外亦有许多人迎接，寓招待所。因蒋处长大小车未到，往城外散步，觉颇寒冷，与西安不同。蒋君等车至晚始到，余车行较快，相差几两小时。于是约他明早大小车先行，到洛川县午饭可也。

一八七　中部县祭黄陵

余自到西安后，拟到中部县谒祭黄陵，故托宜君县长电知中部县长，预备祭陵仪式，并雇照像馆拍影。五月卅一日早由宜君起程，上午八点钟到中部县界，远见山坡上树林茂盛，异于其他诸山。车夫云该处便是黄帝陵。县长等已在城外山下等候。由是绕坡上进，中间经过大祠堂前，再行两三里到黄陵。该陵原称桥陵，亦系土堆，略作圆形，面积不过二千方尺，高约二十尺，陵前建一亭约二丈方，高一丈余，标"轩辕桥陵"，无石刻物等项。县内学生及县长等百余人来参加。香案上排列果物数品，余焚香行最敬礼，拍照毕，余立亭阶演说，略云"代表南洋千万华侨，回国慰劳考察，鼓励抗战民气，收取国内军民社会好印象，回洋作宣传材料，冀得增加金钱外汇之助力"云云。中部县系光复后为黄陵而设，故县界颇小，城市亦寂寞。余辞谢学生等先回去，同县长往游陵之前后，审其山脉形势，称曰"桥陵"，实有原因。盖陵后有高山，山下有一道山脉隆起，广数百尺，长千多尺，两边地均低平，此山脉直透到陵后，再升超为山冈，高二三百尺，古树森列茂盛。据县长云，前经核计有六万一千余株（古树虽多，枯则补栽）。余按所谓桥陵者必为陵后高山与陵墓中间有一道山脉形如桥梁，故有此称也。由桥陵观之岂三代以上黄帝时代，便有笃信风水者，不然如桥陵后方有高山起伏形势之，其左右前面复有水流环抱，近代迷信风水

---

① 阎锡山（1883—1960），山西五台人，晋系军阀首领，时任第二战区司令长官。

者所言之吉地，诚无出其右也。距陵前数百公尺，稍右畔有一小山，面积约数亩，高数十尺，有阶可上，不知是人造或天成。相传汉武帝在此求神仙云。游毕下山至大祠堂前停车，该祠堂即黄帝祠，庭边有数株大树，有一树圆三十余尺，据云自远古时代迄今，又一树旁立一碑刻字云"汉武帝挂甲树"，传汉武帝征匈奴回曾卸甲于该树。祠内外尚多可记，惜余已忘之。又相传黄帝已仙去，所葬系衣冠，然史不详载，是否事实，无可考。至陵前小山，传系汉武帝求神仙所造或属事实，因汉武帝信任方士欲求作仙，数十年而不悟，确系事实也。

一八八　洛川民众投书

余离中部往洛川县，陕西省政府所辖陕北等县至此为止。未到之前远见城外民众颇多，及稍近则知为农民，盖多穿黑旧衣及赤足者。余心中尚未明白，迨已到方知为欢迎而来。农民数百人排列在前，公务员及各界在后，余心更觉不安。蒋处长大小车先到，即开午饭，俾晚间可达延安城。饭毕出门，大小车三辆均在门前，余仍与侯西反、李秘书①、寿科长共坐一车。甫登车而民众送来文书，侯李二君亦有收到，开行后蒋处长车亦随来。余车行快，不多时将出洛川界，余与侯李略阅诸文书五件，所言大同小异，概系诉骂共产党不法事。余已知其用意，盖出于一手之作为，令农民欢迎与投书，使余不直或怨恶共产党。不然，果有事实，向余诉说有何益耶。余将各文书交寿科长阅看，余则撕碎之投弃路边深处，盖不欲带过洛川界，致共产党知情。出洛川至鄜县界，便是共产党管辖，有军人在交界处站岗。过鄜县至甘泉县界，路边有一办公处招待饮茶，余问招待员至延安城须若干久。答两点半钟，时已四点矣，即赶起程。然沿途自西安至洛川，虽土路无铺石子，因久未降雨且非崎岖，车行尚平稳，所见山野亦颇青翠，及至鄜县以上，路多崎岖又乏修补，车不堪速驰，所见山野似不及前。余车逢稍平坦处仍快走，故五点半便到目的地。而欢迎者一部份方步行出门，渠等已接甘泉电亦按六点外方能到也。于是前列欢迎员请余暂候

---

①　即李铁民（1898—1956），福建永春人，时任南洋华侨筹赈祖国难民总会秘书。

一步，余下车与他等谈话，约一刻钟然后步行与诸人为礼。计到者千余人，后面复接踵而来，在延安城外招待所休息十分钟，请往临时欢迎会开会。盖近处原有一露天广场，可容数千人，并一讲台可坐十余人。时到者可三四千人，均席地而坐，前列数百人多能听闽南语者。

一八九　延安临时欢迎会

延安各欢迎者到齐后，均坐于露天地上，余等并寿科长四人及其主席等数人坐台上。主席高自立①系民政部长，致欢迎词并云"据甘泉办事处电话，余等四点余钟起程，按常时汽车须二点多钟乃能到，故通知欢迎人五点三刻齐集郊外，不图余车快速到，致有此迟误，对余等及欢迎员抱歉"云云。余答谢并报告余及慰劳团回国慰劳考察目的。慰劳团分三路出发，每团十五人，各有团长，余非团长，系南侨总会主席，代表南洋千万华侨回国慰劳考察云云（语与他处同，详前）。又言"第一组慰劳团至西安，乏车可来已他往，余幸有车，故能到此与诸位会谈。余等三人除沦陷区不能到外，若为车马或轿可到者当然前往，以尽代表职责"。又报告"南洋各属华侨，对抗战捐资回国，团结一致，及剧烈抵制敌货，虽被当地政府拘禁，亦再接再厉，历三年如一日"云云（详前）。余报告未终，在后方稍高处不知发生何项冲动，露天坐众大半惊起，亦有走者，约数分钟始恢复秩序。一南洋女学生告余"前次张继②等来在大会中，亦如此作风，系国民党间谍或特务员等，暗中捣乱，今日之事料必与前次同耳"。

---

① 高自立（1900—1950），江西萍乡人，时任陕甘宁边区政府副主席兼民政厅厅长。
② 张继（1882—1947），河北沧县人，时任国民党党史史料编纂委员会主任委员。

一九〇　欲巧乃反拙

越早蒋处长来见,云伊车至晚八点钟方到,并交来文书一件,余略阅则与洛川民众所投文书同样,然余经扯碎弃去,何复有此。乃询蒋君何处取来,答民众在洛川招待所门前,误投送伊车内,因该文书系送余,故代携来交。余乃告蒋君:"所收数件文书,知非善意,已就洛川界内毁弃,不欲贵党人知之,不图尚有多件误送君手。"蒋君云:"彼等不存善邻之意,往往借民众生事报告中央,致弄到今日恶感日剧,良由是也。"余按此种作风手段,非出于西安省主席命意,必出于洛川县长之主张。若出于省主席,他居重要地位,而令唆使民众行此离间计,则平时与共产党虽小事,安得不多端扩大,报告中央。如出于洛川县长,该县与共产党毗连,既不存友善和睦,则民事或他事交涉必多,既生交涉,必呈报省主席,不但可卸职责,或可借以邀功。如此事端小则报告省府,大则转呈中央,下层既多生事,上级必增加磨〔摩〕擦,安得不恶感日剧也。

一九一　秘书留医院

延安招待所在城外,主持人为民政长高自立君,约定明天(六月一日)上午参观女子大学。朱德将军要来校相会,下午四点到毛泽东主席处晚宴,余均接受。招待所在山下,距公路百余步,寓所在上坡数百步之山洞。余住一洞,侯李同住一洞,每洞长约三丈,阔一丈,高九尺,正面有门及窗,用白纸封贴。床椅简单,洞内比洞外稍冷,时气候约六十度左右。膳室设在招待所,余等出寓下坡早餐,即将往女子大学参观。李秘书帽在对派洞寓,急于往取,便行,同坐一辆小型汽车。该校距招待所约十里,在山洞中,每洞较阔大,可容一班学生卅余人。校长为陈绍禹夫人①，俄国留学生，诚挚招待。朱德将军亦到，同往洞内客厅坐［座］谈。余致慰劳后，并代慰劳团谢其前日在西安厚意，又解释误约之事"系出于中央同来招待员，而非省府，希勿误会，致增多意见"。朱君云伊早明白一切，完全是省府恶意阻挠，不许慰劳团赴宴，不然慰劳团经面许两次，欢喜愿往，万无失约之理。省府自来多端恶意往往如是，致两党意见日深。伊此回由河北回延安，途经洛阳西安，往访卫立煌②、胡宗南、蒋鼎文诸君。伊离开延安已两年余，意在联络情感，同仇敌忾，卫胡二君情意极好，伊甚感激，若蒋鼎文则殊异云云。时已近午辞回，仍坐小客车，余已上车，李秘书继起，头上碰触车门顶，血出不止。暂卧露天椅上，急请医生来止血，包妥后用小汽车运往医院留医。医院距离十余里，亦属山洞，其山较高，洞内大小约与余寓相同。李君独住一房，看护招待甚周到。

一九二　延安城形势

时虽六月初旬，延安中午尚寒冷，约六十度左右。午饭后与侯君步行入延安城，有公路一道从城中通过，为南北必经路线。城内街店住宅多已倒坏，绝无人居。自前年被敌机轰炸多次，仅存偏僻处小平屋多少，政府禁民众居住，恐敌机复来轰炸。闻抗战前商民二万余人，现概移往城外附近山洞矣。延安城三面环山，唯前面开豁，登城后高阜上观览，见其形势优美伟壮。他日全城市区商店住家重新改建，若依新加坡科学化建筑法，通盘计划，注意卫生，每间屋长至多一百尺，屋后不许相接（屋后如相接，必闭塞空气，关系卫生甚大），须留通路至少十尺。不但天然人工两俱美妙，而住民更可享健康长寿之无穷幸福。以陕北土地广大，将来南北交通便利，延安城在中心要区，他日可成为热闹都市，居民增至数十万人以上，实意中事，望当局注意为幸。余等复步行出城里余，至山下，一道市街，两边大小店屋百余间，均系商贩，有门市售日用

---

①　陈绍禹即王明（1904－1974），安徽金寨人，时任中共中央统战部部长。陈绍禹夫人，即孟庆树（1910－1983），安徽寿县人，时任中共中央统战工作委员会委员。
②　卫立煌（1897－1960），安徽合肥人，时任第一战区司令长官。

品者，有似商行者，然屋宇多简陋，货物排列颇少。余问同行招待员："货物何如此简单？"答："恐遭敌机轰炸，凡大宗货物积存山洞内，需要则往取。"又问："政府有无存货公卖乎？"答："未有，概属商民自行经营。"又问："大商店资本有若干？"答："闻有十万元至二三十万元者，多系收买土产，然只少数人耳。"余回寓后，又问南洋女学生："该商店是否政府经营？"答："不是，系商民之营业，与政府无干。"

一九三　平等无阶级

下午四点钟，余与侯君乘车赴毛主席之约，到时毛君已在门外迎接。其住居与办事所亦是山洞，大小与余寓略同。屋内十余只木椅，大小高下不一，写字木桌比学生桌较大，系旧式乡村民用家私，盖甚简单也。毛君形相容貌，与日报所载无殊，唯头发颇长，据言多病，已两月未剪去，或系住洞内寒冷所致。余言："何不另建住屋，敌机如来可进洞内。"答："亦有此打算。"又言他办公事多在夜时，鸡鸣后始睡，故日间须下午乃起床。余云："何不改日间工作，身体或可健康。"答："十多年如是，已成习惯。"余致慰劳毕。南洋女学生来，无敬礼便坐，并参加谈话，绝无拘束。又一男学生来亦然。少顷集美学生陈必达①来亦如是。余乃知平等无阶级制度。近晚朱德、陈绍禹夫妇亦到，诸人安然坐［座］谈，未有起立行礼等项。诸男女学生相辞回去，唯陈必达留作伴。筵仅一席设于门外露天，取一旧圆桌面置方桌上，已陈旧不光洁，乃用四张白纸遮盖以代桌巾，适风来被吹去即弃不用。同席十余人，毛夫人亦参加。

一九四　渝军入延界

六月二日，余电山西阎司令长官，告以秘书撞伤，迟三天方能起程。因前

---

① 即陈伯达（1904—1989），福建惠安人，林彪、江青反革命集团主犯之一，时任毛泽东政治秘书。

日在三原县与其处长约六月三日到宜川县，请派人导往，兹因秘书未能出院，故须较迟。是日闻高民长言，中央已派胡宗南带两师兵来占鄜县界，及驻宜川要区，军事已形严重云。余询："前昨临时会，场中发生何事。"答："两个反对党人暗藏在此，破坏开会秩序。"又问如何处置，答："尚拘禁。前张继等来亦有两人如此捣乱。"又问："张继是国民党，彼反亦行此何意。"答："彼辈但知扰乱而已，拘禁数日则逐去。"余请赦其罪逐去，答："当照办，我等决不似国民党之辣手。"余昨入延安界见多处标语，贴于路口壁上云："团结抗战"，"精神团结"，"人不犯我，我不犯人"。兹闻中央已派兵来，则白将军调解或无效，衷心无限忧闷。少顷朱君来，余询以"是否事实"，答："兵来是实，系师长带来非胡君，然其恶意可知，我暂静观一步，看彼如何举动，再作打算。"又问："白将军及参政员尚在调解否？"答："尚在进行。"余云："何不电知白将军？"答："昨天已电告矣。"

一九五　一生洗三次

延安女子大学，内有南洋华侨女学生多人，暹罗、马来亚、荷印都有。余询校中各情，据答学膳宿等费均免，每月复给一元作零用，衣服一年寒暑各给两套，均由政府供给。菜资每生每日六占〔分〕，如伙夫善办理者，每星期有猪肉一次可食，否则无之。早餐食粥，午晚餐食小米饭（系黍而非米），菜并汤合煮一大碗，六人共一席。伊等兼养猪及开垦荒地种植物，所卖钱概归学校，此为学校私有，与政府无干，学校则将卖得之钱添买猪肉，每星期可加食肉一二次。又询彼等在校内除上言及读书外，有何其他工作。答大日子及星期日，须分队到各乡村演说，劝告农民等爱国，同仇敌忾及卫生清洁，和睦亲善等事。又问效果如何，答甚见功效。前外间讥刺陕北人，一生洗三次，生时一次，结婚一次，死一次，今者大不相同，虽衣服亦常洗，可于行路之人及农民验之便知。又问农民比前生活如何，答较伊等更好，因物价增高又加垦荒增收不少，现衣食均佳。二年前伊等初来时到处多见穿破衣者，十左右岁女童无裤可穿者颇多。近来穿破衣者极少，女童虽数岁者亦有裤穿。又问垦荒地是私人的，抑归政府。答概属私人。政府首年无税，第二年起照例依收成若干征抽之。又问如何征抽法，答每农民每季如收成四百斤以内无抽，四百斤起每百斤抽一斤，再加一百斤加抽一斤半，至多抽至七斤半为止。

一九六　西安事变条约

六月四日，延安第四军校行毕业式，并开游艺会，来柬邀余参观及晚宴。朱将军来招待所午饭，约下午导往。余询中央军来鄜界事，答："无何变动。昨白崇禧将军覆〔复〕电，经向何部长查询，云系驻防无他故，可免介怀。"余闻下心中甚慰，乃与朱君谈两党磨〔摩〕擦事。朱君言："系下级军政人员及不良份子寻事生端所致。故中央对我歧视日深，阻挠特甚。如步枪之子弹，原订每月供八百万粒，如约交付者只有一年，过后屡催不交，或交少数。虽向蒋委员长交涉，经下手令嘱交，亦领不足，迄今已八个月无交一粒。又自抗战以来，未有交我一支步枪，一粒大炮子弹，其他可以想见。如君不信，见蒋委员长可问是否事实。前年敌军入山西猛进猖獗，阎将军军队被迫不堪，曾电重庆军委会，拟保主力全军渡黄河守陕界。何部长将赞成，白副总参谋长则反对，云共产军三万兵，在山西更前线，尚能死守不退，山西军十余万反须撤退，理由何在。于是共商于蒋委员长，赞成白君主张，即电阎将军死守，或化整为零。可见若无我等军队勇战死守，敌人不但占全山西，就是甘陕川均受威胁。又抗战以来中央军官屡屡升级，无师不有，而我军牺牲苦战，未有升一人，其待遇不公如此。又前年西安事变，当时订约划出陕北十八县，宁夏三县，共廿一县为边区自治政府，由共产党主持，归中央政府直辖，与陕西省府无关。并承认军队三万人，月助军政费六十八万元，共产党则实行三民主义。所订各条件，须经行政院通过，宣布全国各省县咸知。自订约之后，我已实行三民主义，中央行政院亦通过各条件，然不肯发表，告知各省县。我所言句句是实，先生如不信，可问中央行政院要人便知。"

一九七　积极扩军校

　　午后余与侯君同朱君乘车到第四军校，适学生在校前赛篮球，学生及观众均无行礼。有一学生向朱君大声呼曰，总司令来比赛一场，朱君即脱去外衣，与诸生共赛两场，其无阶级复如是。该校学生五百名，毕业生约百名。少顷校长登台演说，言我等须积极进行，时机切勿失。第五军校、第六军校已次第成立，第七军校、第八军校须从速开办，再后当复扩充至第九第十等云云。会毕，导往参观，课室概在山洞，高低相距数百尺。近晚入席先出四盘菜及他物，俱冻冷，余原不敢食，不得已略食少许。侯君颇多食，余心中怪之，是夜侯君果腹痛，痢疾甚剧。越日余思李秘书未出院，侯君又染病，昨电阎将军之日子已到不能起程。乃复电云："秘书未出医院，日子须展限。"盖不知将加延几多天耳。

一九八　无苛捐什税

　　六月五日，财政长①、公安局长等数人来坐［座］谈，财长为龙岩人，可直接谈话。余问："街中商店是否政府经营？"答："商民私人营业，与政府无关。"又问："资本多少政府有抽营业税否？"答："资本多者十余廿万元，少者不等，亦有百数十元者，政府均无抽税。"又问："民众田园政府有无没收？"答："人民自己管业，政府无干涉，就是新垦荒地亦然。"余问："垦荒有多少？"答："民廿七年八十余万亩，廿八年一百廿余万亩，本年已垦一百六十余万亩，共三百余万亩。"又问："下半年可再垦若干？"答："无再垦，当俟来年。"又问："农业既属农人私有，政府如何抽税？"答："农民收成产物，每季如不上四百斤者无抽，如上四百斤者每百斤抽一斤，如加收一百斤，加抽一斤半，至多

---

① 即曹菊如（1901—1981），福建龙岩人，银行家，时任边区财政厅厅长。

抽至七斤半为止。"问："除此而外,有无其他捐税如房租地租保甲糖盐布帛等税?"答："完全无有。"又问："果如此共产政治何在?"答："已实行三民主义有年矣。"

一九九　兼用旧武器

公安局长陈君,与余谈中央派兵来郴界及磨〔摩〕擦事,余告以"昨听第四军校校长演说,贵党对军备如许扩大,磨擦安得不愈烈"。答："本党不如此,则无以自卫,恐被国民党消灭,且各沦陷区广阔,非如此亦不能抵抗敌人侵入,而非完全对内也。"又问："贵党现扩充若干师兵?"答："二十三师。"余云："昨天朱君告余,中央政府自抗战迄今,未曾给一支步枪,一粒大炮子弹,已八个月无交一粒。兹扩至许多师,军械从何来?"答："一部份抢之敌人,一部份买诸民众。"问："民众安有许多军械可卖?"答："敌我战争胜负之间,遗弃军械势所必有,拾得者两方均有私售于民众,由民众转售而来。本党多组游击队,兼用旧式武器,如大刀阔斧、长枪短剑及手榴弹,夜时杀敌颇称利便。且联络乡村人民间谍,报告敌人在某处,人数若干,我则加多人数暮夜劫杀,多占胜利抢夺其军火什物。至所组织诸游击队,多在沦陷区域乡村及偏僻等处,出没无所定,与民众合作,感情甚好,故能多破坏其交通运输而夺取之也。"

二〇〇　县长民选

延安司法院长某君[①],为厦门大学生,来访,南洋男女学生多人亦在座。闲谈间余问政治事项。某生答："治安良好,无失业游民,无盗贼乞丐。"又问："用何政治得此成绩?"答："凡有失业及赋闲之人,保甲必报告政府,委以职务工作,否则当往垦荒,因荒地广大,可以尽量消纳,故无游民盗贼之害。"又

---

① 即雷经天(1904—1959),广西南宁人,时任陕甘宁边区高等法院院长。

问:"官吏如何?"答:"县长概是民选,正式集大多数民众公举,非同有名乏实私弊。至各官吏如贪污五十元者革职,五百元者枪毙,余者定罪科罚,严令实行,犯者无情面可袒护优容。公务员每日工作七点钟,并读两点钟党义,共九点钟。星期日或夜间当上一大课,人数不等,民众可以参加,多坐在露天常至数千人,听名人演讲。公务员薪水每月五元,虽毛主席夫人、朱总司令夫人,亦须有职务工作,方可领五元零用,至膳宿衣服疾病儿童教养应酬等,概由政府供给也。"

二〇一　毛主席与寿科长

毛泽东主席来余寓所数次,或同午饭,或同晚餐。陕北多山地水田甚少,故罕有食米,然待余等三餐均米饭及鸡蛋诸物。毛主席与余谈论两党磨［摩］擦事。余乘间告以"南洋华侨负抗战金钱责任,义捐不过十分之一,汇寄家用占十分之九,然均属政府所得外汇,概系兑现白银,如旧年(民廿八年)连美洲等处共汇来十一万万元。设政府以半数往外国采办军火,留半数汇来祖国作纸币基金,便可发出加四倍纸币,以作抗战军费,无须责成各省民众受公债困苦。自抗战以来,海外华侨提高爱国,并欣幸全国一致团结对外,可望获最后之胜利。兹若不幸两党恶感日剧,破裂内战,海外华侨必悲观失望,公私外汇定必降减,抗战经济或须发生问题。因自抗战以来外国未有借我现金,政府所倚赖全属华侨外汇。万望贵主席以民族国家为前提,降心迁就,凡有政治上不快事项,待抗战胜利后解决,此乃内部兄弟自生意见,稍迟无妨"。毛主席满口应承,言伊等绝无恶意,所有磨擦生端,皆由下级人造作,而中央多误信,嘱余谒见蒋委员长时,代为表白伊完全无恶意。又云:"君到此多日,所有见过此间情形,如回到南洋请代向侨胞报告。"毛主席所托两事,余均应承。然余心中已自揣度,凭余人格与良心,决不指鹿为马,不待到南洋,就是出延安界,如有关系人问余所见闻者,余定据实报告耳。余寓洞房前有一座小平屋,隔作两间房，茅盾①先生及寿科长各住一间。晚餐后毛主席问余，寿科长住何处，余指其住所，毛主席即入其屋谈话，役人立门外等候。余在洞房前待与毛君相辞，乃久不出。余回洞内半点钟复出，视毛君尚未出来，时近十点钟，洞外晚风寒冷，余乃入洞安眠，不知毛君谈至何时回去。以一省府之科长，毛主席竟与长谈若是，足见其虚怀若谷也。

二○二　工业尚幼稚

六日朱君夫妇及其他十左右人，召余坐小客车，往西塞县参观铁工厂及印刷厂，规模均小。余问朱君他处有铁工厂乎，答未有。盖陕北概是农民，无所谓工业，迨共产党军队到始有创设工厂，及改良水利，闻有两处，已改妥，甚益农业。沿途所见民众男女衣服均好。据同行者言："共产党军队未到前，鸡蛋为五十粒售一元，鸡一只值一角，农产物均甚廉，故乏资买衣服，破坏不堪入目。及共产党军队到后，交通整顿，物产升价，现下鸡蛋一元仅买卅粒，鸡一只值四角半。"余问："教育如何？"答："全县原只有数间小学，现所辖各县到处多有，言普及则尚早，若比数年前则十增八九。"又问："尚有妇女缠足否？"答："以前此风未除，及共产党军队到后，缠足与鸦片均严厉禁绝，不但童女禁止，就是四五十岁内缠足妇女概须解放，违者科罚。"余到七八天绝不见有缠足者。

二○三　黄尘常飞扬

侯君病两三天，医院长②亲来诊视数次，均义务免费。医院长为龙岩教会

---

① 茅盾（1896—1981），浙江桐乡人，中国现代著名作家，时任国民政府军委会政治部文工会常委。

② 即傅连暲（1894—1968），原名傅日新，福建长汀人，医学家，时任中央总卫生处处长兼陕宁甘边区医院院长。

人，自十年前共产党军队在龙岩时，渠便担任西医，但非限于共产党军队而已，迨共产党军队退出，渠念共产党军队中无医师，故不忍相舍，愿随行服务迄至于今，现主持该医院，月薪卅二元，为各界最高待遇。出门诊症以马代步，不取分文钱，闻设有一间制药厂，能制多种西药及中药，余未曾参观。送来数种常药，系该厂出品者。西北男大学，余亦未往参观，闻距离稍远，其待遇与女大学同。延安风多雨少，泥粉时常飞扬蔽空。有一日狂风作时，满空如充满黄雾，数十步外不能见人，屋内黄尘布席，每人日从鼻孔吸入不知多少。余询诸南人及南洋学生："能耐此苦否？"咸云："初来多不堪，迨后习惯已成自然，无何关系，亦有少数人志愿不坚而他走，至于身体健康则均好，甚少疾病，如肺痨症此间更罕有也。"

二〇四　不团结罪责

六月七日李秘书已出医院，侯君疾亦愈，余复电阎将军准明天起程。是日军政界及男女学生多来坐［座］谈，并请晚间到某戏院开欢送会。中间与军界谈及两党磨擦事，余劝勿积极扩充军队，中央自不发生恶意。他等答："本党扩充军队多在沦陷区，中央办不到之处，且属抗敌非专对内。自抗战之来，中央军扩大二三百万兵，就阎司令长官，中央仅承认十八万兵，现他已扩充廿余万之众。盖不如是不足以抗敌。中央对本党常视同眼中钉，欲加之罪，何患无辞。本党之扩充，实一意对敌，若中央仍存歧视不能原谅，本党当然不能坐以待毙也。"是晚往某戏院开会。该院建筑简单，前天已在此院演剧及开演讲会，主席为朱德将军，致词毕，余上台演说"南侨总会之组织，及当为人模范，勿模范于人"。（均详前）本晚欢送会到者千人，全院皆满，朱君亦到，主席陈绍禹（别号王明）致词后，并言"本党自来抱团结爱国宗旨，原为对假爱国军阀及贪污官吏，冀可挽回纠正，促其悔悟，俾政治得就轨道。自抗战后，即立意以救亡为先务，积极对付敌人之侵略，于中央军队则取联络友爱，共同一致对外，诚可以对天日而无愧。而中央年余以来，屡听细人之言，不察事实，故多生恶感。然本党原抱定主张，极力忍耐，避免发生危险，决不愿至于破裂，致抗战更加困难"云云。余答谢后,言:"顷闻陈主席伟论,余万分喜慰,极表赞同,能如蔺相如之推让,一致对外,乃国民全体之愿望。至于团结两字,甚为重要,自抗战以来,海外华侨闻国内已能团结对外,欣幸莫可形容。此回归国经过各要区,多贴标语,非'团结一致'则'团结对外',而贵处标语亦然。今晚复闻贵主席亲言,可见全国除少数如汪贼外,大都喜欢团结,是即四万万五千万人皆欲团结,知非团结不足以救国。此后如万一不幸破裂,则不团结之罪,两党二三位领袖当负全责,而非我等民众不能团结也。"

二〇五　重庆与延安

余到重庆所见,则男长衣马褂,清代服制仍存,女则唇红口丹,旗袍高跟染红指甲,提倡新生活者尚如是。行政官可私设营业,监察院不负责任。政府办事机关,除独立五院及行政院所辖各部外,尚有组织部、海外部、侨务会及其他许多机关。各处办事员多者百余人,少者数十人,月费各以万计,不知所干何事。酒楼菜馆林立,一席百余元,交际应酬互相征逐,汽车如流水,需油免计核,路灯日不禁止,管理乏精神。公共汽客车人力车污秽不堪入目,影响民众卫生。报纸为舆论喉舌,责在开化民智,则钳制严密,致每日仅出一小张,何能模范各省。其他政治内容非余所知。第就外表数事,认为虚浮乏实,绝无一项稍感满意,与抗战艰难时际不甚适合耳。迨至延安则长衣马褂,唇红旗袍,官吏营业,滥设机关,及酒楼应酬,诸有损无益各项,都绝迹不见。如云陕北地瘠民贫,政府局部甚小,故不宜如首都,应有尽有者,亦属有理。然余所不解者,重庆诸人之奢费,金钱从何而来?是否民脂民膏?余以不官不党居第三者地位,故不能已于言耳。

二〇六　所闻与所见

余在重庆时,常闻陕北延安等处,人民如何苦惨,生活如何穷困,稍有资产者则剥榨净尽，活埋生命极无人道，男女混杂人伦不讲，种种不堪入耳之言，似非为宣传而来，又是略可靠之人告余者。然彼或闻诸他人，或阅印刷册，信以为真亦莫怪其然。凡未到延安区之人，谁能辨其真伪，余亦是疑信兼半，所以必要亲往。亦有劝止者谓往恐不利，余则置之度外。及到延安界特注意前所闻数事。如民众生活惨苦，则所见所闻都未有。资产剥夺，则田园民有，商店自由营业。至于男女不伦，如行路来往，坐谈起居，咸有自然秩序。常有一二南洋女生，在招待所留晚餐后，将回校须十左右里，余问夜时有无关碍，答绝对无关碍，此处风俗甚好，一人原常夜行，此为余所见者。至于所闻，虽男女同坐，无人敢戏言妄语，非法举动，都能守分。如有互相恋爱，可自由结婚，只向政府处，签押注册，简便了事。盖无论男女，谁敢行动非为，即免惩戒，亦受大众鄙视。男女衣服均极朴素，一律无甚分别，女衣较长些，人人如是，设有一两人粉装华丽，锦衣特色，不但被人视同怪物，自己亦羞愧不能自然。又如无谓应酬，浪费交际，亦无从开消［销］，虽有资财竟同无用耳。然陕北地贫，交通不便，商业不盛，地方非广，故治理较易，风化诚朴。设共产党若握着东南富庶市场，区域广大，不知能如此廉洁，兴利除弊，为人民造福如延安之精神乎？

二〇七　宜川途中千山万岭

六月八日早，余仍乘省府汽车，与侯、李及寿科长离延安城。临行时捐三千元助医院费，念侯、李等受医院优待，未花一文钱，又备百多元送寓所役夫，均坚辞不受。各界及学生多来送别，仍经甘泉县至鄜界午饭，转东行向宜川进发。沿路见有驻军，即是胡宗南将军派来者，经过许多峻岭及高山，路面略有铺石颇阔，因久无雨尚易行。转过一山峰，窃念无复更高者，不料一峰又一峰，已高复再高，远望四方都是山峰，所谓千山万岭始于此见之。虽在高山环走，而空气顿减，渐变热暑与延安不同。近晚到宜川城，阎将军所派招待员某君，带领七十余人，计轿四架，马十左右匹，轿系临时用椅改作，轿夫亦系临时令军人充当，每轿备十余人作两三班轮流。全队已自数日前来到，是晚县长设宴招待。同席有胡将军委派师长某君。余问派几师来此，答一师而已。该师长云曾住过闽省多处。未食之前往市街散步，见有十左右岁女童缠足，宜川县系属省府所辖者。

二〇八　闽人任总司令

九日早全队起程，汽车路仅通至宜川县再进不远，故将汽车停在县署，余等坐轿而行。沿途多崎岖，然光景颇好，素未见过，自庆眼福不少，惜多忘记不能写出一二。午间到甘草界，午膳毕即行。近晚到桑柏寓所，系山洞，每间洞房比延安大些。该处山洞自低洞至最高洞，计有十三层洞，余等住在第八层洞，每层上下相距廿尺左右，洞前有路可相通。晚餐设备甚丰，如海参、江瑶珠、虾米等海物，南洋视作常品，北省则认为珍味，亦遣专人买来，午膳亦好。余屡向该员辞谢缩减，他云承阎将军命早已采备，不便裁少。越早再行，路更崎岖，多属山岭，屡次下轿步行，李、寿二君常舍轿乘马，然遇崎岖处亦须下马步行。近午到"兴集"午膳，前为阎将军训练士兵之处，山洞甚多，可容数万人。本年前始移过黄河，系新开创之地方，然尚不寂寞。有日报一家，到此始闻山西前线总司令闽人陈长捷①，为阎将军最得力良将云。

二〇九　大禹初治水处

余等在兴集午饭后，即起程，仍是崎岖居多，至黄河边过河便是山西省界。在未渡河时，上山观览，见上流河中发出白烟一道，甚浓，广约百尺，高可数十尺，由水面继续上升不辍。招待员云此处名"虎河口"，昔大禹治水由此处起手。下山循河边而行，渡桥过河，桥系草创，甚简陋，似抗战后临时设者。自兴集起沿途多筑炮垒，此处黄河比兰州较狭，阔约二百尺，唯河流甚激荡，似

---

① 陈长捷（1892—1968），福建闽侯人，时任第 6 集团军总司令。

著　述

沸汤一样。复沿河边北进，近浓烟处乃系高处水流冲下，闻冲处甚深，故水花激升，而非烟雾也。余等复沿河边向上流而行，一点余钟，乃离河边转上山坡，约经一点钟，日将沉西，到目的地。见高处有多人，余即下轿步行，阎将军及赵主席戴文①均在等候，导往招待所。赵主席年纪七十四岁尚健康，唯病脚，不良于行，甚盛意，令人扶助来郊外欢迎，余铭感不忘。阎将军年五十七，身材不高，须发多白，然精神气色甚好，其健康可知。

二一〇　阎将军名言

招待所系新建平屋数间，其他概系山洞。此处名"克难坡"，去年始来开设大本营及练兵，甫移来数月。阎将军为第一战区司令长官，副长官卫立煌（兼第二战区司令长官）。此战区有三位总司令，则朱德、陈长捷，又一叶君②（余忘其名）。阎将军云，陈总司令系闽人，本拟来会，因前线重要故中止。余问往见他路程如何。答须两天，路程甚崎岖，余亦中止。是晚阎将军设宴招待，余致慰劳毕。阎将军谈陈总司令，负责前线，甚有功绩。余问："贵军与共产党军队能否发生磨〔摩〕擦？"答："不致，均系效力抗敌耳。"余又言："两党恶感日剧，白将军及参政员将划界调解，冀可消化磨擦。"阎将军云："此非根本办法，如要根本解决，国民党政治须实行改善，则共产党自无效用，否则虽无共产党反对，他党亦能起而反对。"阎将军此言出余意料之外，然余认为至情至理，金石良言，敬佩莫名。阎将军又言："此处现恐有极危险之事，再五天如不降雨，则山西、河南、陕西三省交界之处，须有三千万人无饭可吃。"余急问："五天如是短促，何至如是惨重。"答："因时节已过，五谷不能下种。"宴毕余回寓后，终夜不能成寐忧怀莫可言喻。一思抗战严重区域，奚堪加以旱灾，又思余虽来慰劳，因在延安多延日子，致全队久候多天，又加以膳食优厚等巨费，如不幸复遭旱灾，安得不为担忧耶。

---

① 赵戴文（1866—1943），山西五台人，山西辛亥起义主要领导人之一，时任陕西省主席。
② 即叶启杰（1895—1978），福建建瓯人，时任第八战区副司令长官部中将高级参谋。

二一一　敌军不及前

六月十一日，余在克难坡寓所，赵主席复来坐［座］谈，余欲往拜谒，他极意告免，其诚恳客气更觉可感。余询以民生、治安、民气及缠足等事。答："山西县城及交通便利之区，大半久经沦陷，唯乡村仍多属我管辖。民众生活颇好，民气亦大有进步，治安亦佳。总言之自抗战后，人民虽遭敌人蹂躏惨苦，然都能同仇敌忾，莫肯与之合作，至为可慰。缠足陋习，自民国七年已励行禁绝，鸦片之种吸亦然。"余告以"所以问及者，因四川、甘肃、陕西，尚见有此陋习，实出海外华侨意料之外"。叶总司令及其他多人亦来坐谈。余询前线战事如何？答："我军在各处防备甚巩固，敌人无法再进，营房概在山洞内，亦不怕其轰炸。"又问此战区有若干军队？答："除共产党军队外有二十余万，中央原许十八师，然不足应付故加扩充成十师，增发省币二千多万元，以维持军费。"阎将军亦来谈话。余问："敌人士气如何？"答"初开战年余间，敌军队全师概属日本人，均青年齐整，谓之皇军，英气勃勃。及近年来则大异，凡死伤补充者多复杂，一师之中有老弱者，有参以台湾人、高丽人者，其退化可以想见"云云。克难坡地方去年始来开辟，专为战时大本营之需，未有热闹街市，及聚居乡村与风景名胜可游览，且属高山崎岖险峻，故亦少出门散步耳。

二一二　山西克难坡欢迎会

晚间开欢迎会，并演剧助兴。会场在露天，到者千百人，多立听。演讲员在剧台上及余等十左右人，设有坐［座］位。主席阎将军致词毕，余答谢，并报告回国慰劳考察之目的（详前），并言："慰劳团分三团，每团由中央政府备客车一辆运送，贵处因车路不通，故至西安便止，希原谅。"又报告南侨总会之成立、义捐之努力、抵制敌货之剧烈及外汇数目，与抗战密切关系（详前）。又言"民国光复后，贵省阎将军首倡改良政治，为全国各省模范，南洋华侨仰慕殷切。而此次抗战地位居最前线要区，维护陕、甘、川等省安全，劳苦功高，华侨更加感佩。余以南侨总会主席资格，代表千万华侨，向贵主席及军政民众慰劳致敬"云云。会毕演剧助兴，以表欢迎，剧员系军政界人于技艺素有训练者，衣服亦多新式，故甚有趣。剧终回寓已在午夜，未睡时忽闻狂风骤起，似将降雨气象，中心希望甚殷，迨至天明不闻雨声，出门勘视地面微湿而已。知夜间细雨甚微，早已停止，但天气不清，阴云四布耳。

二一三　三省庆甘霖

十二日早辞行，阎、赵二君及诸人多来送别，仍整队照原路启行，复在兴集午膳。天气虽阴，沿途未见下雨。午饭后复行，近晚至桑柏，仍寓该洞房。筵席仍丰美，屡辞不获。晚间微雨，终夜雨声，但不甚大，余心中甚喜慰，冀免旱灾惨况，天明时雨便止。余询招待员，昨夜雨虽叠降究竟不大，若不再多降可否下种？渠答可以下种，然土未湿透，希望尚寡。早膳后即行，仍到甘草招待处午饭。沿路无复降雨，余心中挂虑不释。近晚到宜川县。入晚大雨淋漓，终夜不息，余欣快自不待言。天明时问县长及招待员："山西方面降雨如何，未卜能如此处充分否，希以电话查询为荷"。少顷县长回报："山西等处已自昨天大雨滂沱，旱灾之患已无问题矣。"

二一四　金锁关多匪

十四日早余与招待员及全队辞别，乃坐汽车启行，沿途降雨，致山土崩塞路中，有几处须下车步行，到洛川县午膳。县长等言："前昨宜君界，发生共产党暴动，劫杀许多人。现宜君戒严，城市紧闭，事甚严重，不可前往。"余答："果有事实，亦系彼等冲突，与我华侨何干？"余决意起行，他等复善言婉劝。余云行至中部县探听如何再作进止，乃即启行。及到中部县取所拍像片后，查绝无事故，立即就道。近晚到宜君县，仍寓前日招待所。少顷县长及数人来云：

"某日在某处被共产党杀死一人,抢去脚踏车一架,枪一枝[支],纸币六百元。共产党原探知省府派人运军械数十件,故纠合百余人来抢劫,然运械者在后未到,只前行者被祸,经呈报省主席。"又指一同来之人是死者兄弟。余问:"被劫杀之处距此若干远?"答:"二十余里。"余云:"共产党住界在鄜县,须经过洛川、中部两县远途,越界来抢劫是否可能?"答:"他等从某县化装而来,往往如是,此一个月内已发生三次。"余请列一单交下,及明早交来之单,则此次所言被抢脚踏车,及纸币六百元无记载。余早膳后即行,在车上告同车等云:"县长负地方治安职责,凡抢劫小事,推委[诿]共产党,县长可卸责任。上级官吏如偏信之,安得不增加两党恶感。"中午至三原县,仍在县署午饭,近晚到西安,寓西安招待所。少顷蒋鼎文主席,同教育部长陈立夫来见。坐定后不问往延安观感如何,而陈君便力言往昔共产党经过罪恶。蒋君插言无多,均是证实共产党残忍凶暴。半点余钟然后辞去。晚餐后余往七贤庄共产党办事处,晤蒋处长,询宜君县前日发生劫杀事如何?答:"被抢劫之区。近金锁关,该地方自来盗匪厉害,为陕西有名匪患。本处如有运载银物,须派兵保护方敢经过。彼等不自慎重,遇事妄指敝党作盗匪,逐次如是。况宜君县界距敝辖,须经过两县远途,以少数人货物被抢,不自严究,维持治安,而欲嫁罪他人,稍有常识者决能明白耳。"

二一五　蒋公蒙难处

十五日余等往游骊山华清宫,据史所载唐明皇与杨贵妃沐浴于此处之华清池,由西安经咸阳前阿房宫址而进,汽车行两点钟便到。在骊山之下入口处,平常无何整顿,亦非宏伟壮观。上坡有平屋数座,有温泉流出不息,每日可一万余加仑,有多间普通浴房,一般人可洗澡。另一间稍大浴室,水池概铺洋白瓷砖,颇整顿清洁,须上等阶级人方许入洗。再上进百余步,便是华清宫,平屋五六间,每间阔约丈七八,长四五丈,门前一走廊七八尺及一庭,前蒋委员长蒙难时,即寓此处。走廊等木柱多有子弹迹,沿走廊向右进转行屋后,有围墙长数丈,高八九尺,偏处有一墙门。蒋公闻枪声急出时,天初明墙门未开,故越围墙而出，墙外是山，步步登高，约行四五百步，山腰间有一浅洞七八尺，长亦如之，有石块可坐两三人，后面及左右系石壁高十余尺，蒋公出墙后，坐在此洞石。现石壁上有多位官吏刻字。余等游后回寓，始托县长代雇拍照馆，是夜宿于华清宫，越日再上山拍影方回寓。

二一六　醉翁之意不在酒

十六日由华清宫回到西安，接一不相识何某来柬邀晚宴，余拟辞谢不往，复托人来告渠系铁路局主任，因蒋主席通知留车位，午夜余将搭该车往华阴，故备筵送行。余不得已乃赴宴，席为一圆桌，主席何君，陪者六人，共十一人，陪者亦无一人相识。何君言前日程潜先生设宴，他有参加第不同席，又某夜余避空炸，系往其住宅，故今晚设席送别。又云伊前在某处主持铁路局，共产党交通敌人，多购敌货强火车运输，伊屡阻无效，利用其匪徒交涉及种种贪污等云云。余闻后尚未明白其所言之用意。何君言毕，陪者一人续言共产党诸罪恶，一段复一段。此人言毕，复一人大骂共产党不爱国等。余至此已知今晚设此筵席，莫非醉翁之意不在酒，只有静听绝不答他一语。余三人则互相言三语四，都是一种口气。诸人言终席亦将散。余则总答云："国内党人在抗战危险时际，尚不觉悟，深失海外华侨指望。余个人未参加何党，此次代表华侨回国慰劳考察，当然备有耳与目，决不致为一部份人所蒙蔽，负华侨之委托也。"按余自到西安往陕北回来，计廿天亲见两党不洽者五次，皆由国民党有意构造，如阻止慰劳团赴朱德之宴，洛川唆民众投书，宜君报告劫杀，陈立夫、蒋鼎文来寓宣传，何主任设宴是也。凡人负有社会任务或政治军事职责，若立心抱定忠信公正，不昧良偏私，自欺欺人，何用作此鬼蜮手段，而为识者鄙薄，有何裨益，岂非弄巧反拙耶。是夜午间余等同卫司令长官，驻西安办事处某君坐火车起程，蒋主席亲来送行，且命火车迟行一刻相候，余私心甚感谢蒋君厚意。

二一七　卫、朱尚好感

　　河南第二战区司令长官兼省主席卫君立煌在西安设有办事处，处长某君闽兴化人，奉主席命与余同行。十八早至华阴停车止行，常日原可通至洛阳，是日因潼关炮战，恐有危险故停止，而国内最有名华山即在目前。慰劳团前日曾上山游玩，山多石，甚险峻，余无意往游。适潼关一辆军用汽车来此，因借乘至阌门镇，沿途经函谷关，路颇崎岖，到镇时甫中午，火车须至下午三点半开行。时正盛暑，车内百零四度。诸搭客自一点钟便上车坐待，否则乏位可容。余认此法甚不对，应规定车将开时搭客方上车，免致在车内受酷暑之苦，或将因暑而生病，盖火车系停在露天处也。我国公务员每不能代民众设想有如此者。开行时见有多人坐在客车顶上，难免有危险，闻非搭客，乃系穷人，真奇怪之事。越早七点到洛阳，蒙参谋长及各界在车站迎接，导往招待所。上午拟往谒卫主席，招待员云，主席昨夜因事未睡，此时未起。近午卫主席来见，其容貌比报载尤佳，精神甚好，诚挚爽快，不减胡宗南将军至为可敬。余致慰劳外并询："所辖战区与共产军接近，数月来两党磨［摩］擦日剧，能否发生冲突？"答："彼此自来未有意见，同为抗敌努力，军队亦甚相安，决不致发生互相贼害以加深外侮。"余答："能如是实国家之幸福。阎将军所言与将军同意。海外华侨必更加欣慰。"卫君又言渠住闽甚久，历经五十七县，比较闽人行踪更遍。余又云："曾到延安闻朱将军言，前日经此处及西安，将军待彼甚善，胡将军亦然，渠甚感激。余自到重庆，闻两党恶感剧烈，心中无限忧闷。迨至陕北及山西，闻朱阎二将军言，忧闷已稍宽，今日又得将军赐教，更觉欣幸无似。将军与朱阎胡数位将军，主持华北全局战区，能和衷共济一致对外，则两党不因他处之磨擦，而至扩大以贻误大局，实抗战前途无穷之幸福也。"

二一八　河南是故乡

是晚卫主席设宴招待,到者百余人,各界均参加,并演剧助兴。筵间卫主席致词,因其住闽久,对余办学事奖誉颇详。词毕余答谢并言:"余先祖原属河南光州因[固]始县人,数百年前迁移福建,算来是同乡,可免客气。在延安多延日子并往山西,致不能同慰劳团齐来,重劳主席及各界招待,无任感激。顷主席所奖办学事,乃国民一份子天职,自愧力微不能尽责,甚形愧歉。"并报告南侨总会之组织,回国慰劳考察之目的,义捐工作,抵制仇货等。因十点钟将往观剧,余故节略言之,不便延过所订时间。剧场设于露天,剧台或为临时所建,观者甚众。剧员多义务者,素有练习,唯一女名脚[角],原为北平名伶,久罢此业,本晚因主席情面及因欢迎华侨之故,故乃出台。其艺术及装束均佳,大为观众鼓掌,表演至午夜始散。

二一九　南洋为我国将来生命线

越天上午洛阳各界复约余茶会,因昨晚为观剧,不能详闻南洋华侨情况,欲余以充分时间,详为报告。余乃补充昨晚未尽者,如抗战以来增加外汇数目,及与抗战之关系,并希望国内能团结一致对外,方能获最后胜利,取消不平等条约,海外华侨地位亦可提高,免受外国人歧视苛待,与及禁绝鸦片,限制跳舞,均与华侨极有重要关系。又言:"南洋出产丰富,土地肥沃,雨水充足,森林茂盛,而地广人稀,土人愚惫,将来入口自由,交通便利(均详前),无论何省人均可前往。我国人口现有四万万五千万人,将来可以移住之地,则有东三省、蒙古、新疆、南洋等处。若华北人必多移东三省、蒙古,华西则当移往新疆、康藏,华南当移往南洋,华中则各处均可往,盖南洋尚可加容数万万人生活,堪称我国人将来之生命线,因其地土肥沃,雨水充足,产物丰富,远胜东北西方等边境也。"

二二○　卫立煌君之将略

卫主席来招待所多次，谈论甚多，余多忘记，唯略忆大概。余奖其善守中条山之功，力阻敌寇渡河，保全华中领土，关系至大。卫君答有人称渠是福将，抗敌屡立功绩，其实不尽然，渠素抱谨慎，常亲出马履勘战地，凡有一石一水，必注意如何设备预防。当敌军猖獗之时，渠只留一只船于黄河中以通消息，余船悉令他去，表示死守河北，无再退决心。而敌人亦侦知我决守计划，不敢冒大牺牲来攻耳。余问："河南产棉素多，现如何？"答："早已限制出产，按足自用，不使资敌。本处已发明一种纺纱机，一人工作可当旧式卅人。该种机政府已造九百余架，分给许多县，每架千多元，工人须来学习一个余月方晓工作。"又问："该机用何物制造，已传示他省否？"答："原料木多铁少，未曾传至他省。"余请其早传他省，卫君应诺，并询余："曾闻知此处有何弊政误民乎？祈勿客气告知，俾好改革。"余答："在他省时未闻，到此时间甚短，更未有闻。"卫君云："先生如不告，我无从改革，未免失望。"卫君虚怀如此，余甚感佩，深愧在河南省日子甚短，无何见闻可以贡献为憾耳。

二二一　洛阳石佛多无头

洛阳自东周设都，后经东汉及北朝，为帝都者近千年，古迹甚多。余因时间迫促，多未往观。只见现在市区不大，街路狭小，远不及西安，唯市外公路不少，树木繁茂整列森立，为各省冠。闻吴佩孚[①]将军镇守洛阳时，栽四万万株，不知是否实数。又往观关帝庙，范围颇广，建筑不甚坚固。关公坟墓在庙后，乃当时曹操以关公首领，用香木配制为身埋葬在此。又往观某处石佛极多，在数千个以上或至数万个。系在数里长之石壁上高二三丈处，雕凿佛像，其中

---

① 吴佩孚（1874—1939），山东蓬莱人，民国时期直系军阀首领。

上下多层,大者高如人,中者三四尺,小者不一,普通最多者为三尺左右坐像,大都已无头。闻原系北魏时代,某后信佛所作。至佛头失去,为近数十年来外国人好奇用资购买,每个有售至百数十元者,故贪财之人盗取往卖也。

二二二　河南农夫勤劳

六月廿一早,余离洛阳,卫主席及各界多人来郊外送别。因无小汽车,只用运货车一辆,兼运汽油招待员护兵,侯、李同坐车内,余同司机坐车前。昨天主持招待员,以电话与老河口李宗仁将军办事人商酌,告余将往慰劳,然后由老河口坐汽车往汉中。该办事员覆[复]:"路程遥远,无小汽车可用,若用运货车不但辛苦,且行迟,须五六天,因该路甚崎岖,恐过劳跋涉,勿往较好。"洛阳招待人亦劝勿往,余坚执不可,原拟欲往郑州及安徽,今因两处交通不便,故不往,自念已负南侨代表职责,若可往之处,跋涉何妨。主持人转商卫君,卫君对余极表同情,面告余必往为宜,不往则目的不达,凡人作事应当有勇气,即嘱招待人准备一切,并用电话通知老河口,足见卫君才勇果断,可佩可敬。沿路见壮丁千百成群,似初由乡间召集而来,身体都康健,气色甚好。车行十余里,路旁便有小贩卖食物。自青海至兰州及陕西、陕北,路程虽遥,绝未见有路旁之小贩,可知河南人民生活或较好些。至在阌门镇坐火车入洛阳,及由洛阳起程,均于晨间,日尚未出,便见农夫已在田园工作,衣服均好,其勤劳精神,生活安定更可想见。闻陕西农夫由河南往者不少,在地人多吸鸦片怠惰。是夜宿于叶县,市街颇繁盛,信宿复行。近日来大雨淋漓,此段汽车路为战事久已破坏,由偏路而行,加以大雨竟不能复进,勉强至方城界。县长等在郊外迎接,劝暂止宿,待明天如晴再行。于是入城午饭,并寓县署内。县长籍隶山东,年五十左右岁,谈论颇久,所言均属正义,似有人格难得之人。余感其诚恳无以为谢,则取小照赠作纪念,此为余一路首次自动赠像者。方城为春秋楚国前线要区,余到时桃正盛出,侯君采买多个,远胜他处出产者。

二二三　卧龙岗午饭

廿三日早天晴起程，少顷到博望坡，即诸葛武侯初出茅庐建第一功之处。近午到南阳，经市中行，街路狭小，汽货车颇难转弯。午间至卧龙岗，招待者备极厚意，在岗内设宴招待，并导观庭中石桌椅，云是武侯在家时围棋于此。岗寺颇庄严，似新修理未久。左畔一平屋门眉［楣］一匾，白版黑字，长五六尺，高约二尺，书三字"三顾堂"。该屋朴素无华，游后拍照多次，拍照费承其好意不收。余即起程近晚到老河口，欢迎者在市外等候，导往招待所。该处为汉萧相国封邑，闻有古迹数处，余未往观。老河口居汉水上流入口要区，抗战前凡汉水来往货物必经此地，故颇热闹。抗战后汉口失守，货物来往大减，故市面萧条。李司令长官大本营设在过河某处，近因战事紧张，多日未曾回来。余约招待员明天导往拜谒。是晚军界多人来谈话，有一位厦大学生亦来报告各情，余忘其所任职务。

二二四　难童为敌有

越早招待员来告，李司令长官〈已〉经回来，在其住所，即将来此，余闻后告招待员导往会见。李夫人①亦来会，年三十余朴素无华。余致慰劳后，并言闻战事紧张，将军留营指挥，余应当前往拜谒，李君答战事无何紧要，所有关系经交托妥善，故拟回来数天。李夫人言渠主持此间难童六七百名，经费由重庆拨来，尚患不足。前日宜昌失守，难童二千余名，曾电询重庆可否收容，覆［复］电乏经费勿收，该童遂概被敌拿去。余闻之不免心酸，坐［座］谈约一小时辞退。近午李君来见，约余今晚赴宴并赴各界欢迎会及观剧，余依时赴约，宴毕往会场。系在露天，到者数千人。开会时李君主席致词毕，余答谢，

---

①　即郭德洁（1906—1966），广西桂平人，李宗仁夫人。

并报告慰劳团回国慰劳考察之目的，及华侨与祖国经济外汇关系，义捐之努力，抵制敌货之剧烈等语（均详前）。会毕，演电影戏剧，至午夜始散。李君又订明天上午九点钟往谈话。

二二五　领袖作［做］事偏

廿五日上午九点钟，余到李君住宅，李夫人亦在座，先谈抗战事，李君云多位将官，中央或他处认为不甚忠勇，故不重用，及至在伊部下多能努力尽职，如张自忠①之战死，及某某等之奋斗甚可敬佩。又云："近滇缅路某处机房爆发［炸］，军火损失甚多，管理者及工人死数十人，宋子良已被蒋委员长扣留在重庆，现方派员调查爆炸原因。宋子良前时每有错误，被蒋委员长责骂，则涕泣了事，此次或因事大，故涕泣无效乎。然蒋委员长素来作事甚偏。"又云："昨白崇禧将军来电话，某君甫自欧洲回来，言在某处火车中，有某国名人向伊言，贵中国素称最弱之下等国，尚能与日本强敌抵抗至今三年，法国素称一等强国，乃不数月一败涂地。"余问白将军曾报告调解两党磨［摩］擦进行如何否？李君答未有，即大骂特骂共产党无民族思想，无信无义，喋喋不休，其痛恨不满口气，不减蒋委员长，余默默静听而已。言终又云我说此段话，陈先生谅不愿闻之。余答："此乃国内党派恶感之事，余未加入何党，居第三者地位。海外华侨盼望国内各党，在此危险之秋能团结对外，庶免亡国惨祸而已。"午饭后余即辞退。余在重庆闻白将军言，渠平时与共产党无恶感，凡共产党作事如对，渠亦表同情。故料李君必与白君同样，不图相异如此，出予意料之外也。

二二六　汉中亦喜雨

余到老河口首尾已三天，由洛阳坐来货车未敢令返，恐此间乏车可往汉中，

---

① 张自忠（1891—1940），山东临清人，抗日名将、民族英雄，曾任第33集团军总司令。

拟明天用此车前往。然自李君处午饭回寓，招待员来告，闻汉中将有军用机来此，或者明早可以坐往。再后李君及夫人来告，该军用机系自成都运来饷币，现将回去，按今晚可到汉中，但仅容三人，行李恐不能载，明日便可到成都，此真好机会，因许多月未有飞机来此。余等三人并行李即时上车，同李君夫妇来机场，连行李勉强上机，立即起飞，匆匆与李君夫妇握别。近晚到汉中南郑，招待员导往寓所，甫入门则大雨倾盆，继以狂风约点余钟。寓内餐桌屡移，因屋漏水滴，门前树木，遭风雨吹倒两株。汉中守将某君，甫自他处归来，至半途遇雨，入门告余云，此雨为君带来者，盖汉中苦旱望雨甚殷故也。

二二七　空军人财两乏

六月廿六日早，步行南郑市，游观数街，店门多未开。恐飞机将行，不便多游，即来机场，飞机师亦到，乃与诸君握别，上机启行。自老河口至汉中，复自汉中至成都，沿途由上瞰下，高山深谷，平野川泽，树木苍翠，田园如织，五花十色，殊风奇景，饱享眼福，复慰素怀。近午已到成都，由空军机关派招待员导往旅舍。少顷空军主持人周至柔①君来见，周君前在南京主持购机寿蒋会，余屡与通讯，然未尝会面。今日始相见，谢其供机便利，免坐货车跋涉，及劳动招待。渠亦诚挚谦逊。于是谈论抗战各情，余问空军不足事。答："如求稍足抵抗。前线须有三百架，后方补给亦须三百架。每月约损失廿五巴仙②。现我所有不及半数，故不能抵抗。"又问："我之机少，是因乏钱可购，抑乏人才可驾？"答："两俱缺乏，不仅一项。"又问："陆军机械化部队，现下有无训练若干？"答："我国乏此机械，设有者亦乏人才可驶用。"周君颇诚恳，所言亦属事实也。

---

① 周至柔（1899—1986），浙江临海人，时任航空委员会主任。
② 东南亚一带的华人用语，即百分比，由英文"percent"音译而来。

二二八　第一慰〈劳〉团结束

余至老河口，知第一组慰劳团十天前坐汽货车赴汉中，由汉中雇客车赴成都，料已经来到。乃托招待员查询，回报自昨日已到，寓某旅馆，即以电话告知。相别月余再会欣慰无似。该团路程原定由洛阳至郑州，经安徽然后到老河口。迨至洛阳时火车不能通行，安徽之路亦难通，故直往老河口，而慰劳任务已毕。余告该团余将往峨眉山避暑一个月，然后往重庆转西南各省，彼等是否从游峨眉山。其中三人急欲回洋，余十二人愿同行。于是全团核算开支各费数目，及回洋应需川资，每人找支若干，至此截止。此团已作一段落，再后开消［销］系各人自理耳。

二二九　四川更喜雨

成都暑气颇盛，午夜热尚未退，约九十余度，余几不成寐，廿八日上午雇一辆燃炭客车，订至峨山［眉］县，租银五百元，此款由成都政府招待。延至巳刻始行，计坐十余人并行李，而燃炭汽力不及油力强，行驶稍迟，上坡时诸人须下车方能前进。路中逢数辆客车，均系燃炭者将往成都。沿途所见农田山园，多枯焦乏青苍之色。侯君言为无雨所致。侯君少业农，谓此地必久未降雨。午后经过峨山县，市街颇长且热闹，闻三苏名人故乡距此不远，因乏时间不便下车往游。行至峨眉县界日已西沉，入城已晚，由县长导往市外旅馆。该旅馆为县绅魏君所办，名曰"峨山招待所"，甫建未久，在峨眉山下大路边。两旁各建平屋一座，每座数房可容廿人左右，宿位均满。余寓一房乃造路工程师闽人见让。其他团员等自带有布床，假走廊为寄宿。午夜后大雨如注，终夜淋漓不息。查川省亦缺雨，川南望雨尤切。按本月来自中旬初降雨，由山西、陕西、甘肃、河南、湖北，至下旬末而到四川。全国庆幸，抗战前程实利赖之。

二三〇　名闻中外之峨眉山

峨山招待所魏君，曾居外省多处，对国家社会事亦颇注意，待余等甚诚恳。余托代雇十余轿往峨眉山，即日未便，须待往乡村雇来，故卅日尚留在旅馆。是日天气甚热，午后虽在大树下亦觉不耐。据造路工程师回来云，本天百零四度。余注意游峨眉山者，在南洋常闻峨眉风景甚佳，故久仰慕。到重庆亦闻往游者言，均称赞不已。又因重庆及西南各省正在盛暑之秋，故拟避居峨眉山上。据魏君言，如要往最高处，名万佛顶，行速者在山中宿两夜，迟者多一夜。余拟缓行不急，故与轿夫订三天至最高处，逐日有充分时间可游玩亦佳。七月一日上午起程，宿于山中旅舍，计行程约四点钟。经过各佛寺均停歇参观，诸寺规模虽非狭小，然不足以言美观壮丽。沿路只有山间树木，亦无奇异风景可赏，此为首日上山所遇之状况。诸团员在旅舍会议，本晚开游艺会助兴，盖团员中多娴技术者，如新歌、旧曲、拳术、演剧等皆能之。旅舍边有小川涧阔约十多尺，水流颇急，涧中有一大石名"牛心石"，大十左右尺，状如牛心。团员李尚国散步时，跳上该石失慎落川，被水流去数十步，及救出则左臂脱节。于是兴趣全消，游艺会作罢。急往十里远处聘医师来治，越早无甚见效，即仍回峨山招待所，两团员随之回去。闻过两天后经治愈矣。

二三一　僧寺作旅舍

二日早餐后复行。每见佛寺轿夫便停止，休息，余等则入寺参观。午后上某寺留宿。本天所行路程，亦不过四点钟。此佛寺右畔有一座新修整之平屋，油漆尚新，一所三房，外边一走廊，门前一小花园，似颇清爽。据寺僧言"系林森主席捐五千元所建，贵客要住宿无妨，若要久住须待向林主席请准方可"。余思此地在半山中，不寒不暑，约华氏表七十一度至八十度之间，夜时稍冷，适合住久。不意少顷由左廊间微风吹来，臭味颇浓，余则沿走廊行向后方探视，盖距离不百步一巨大厕池在焉，于是久住之念都消。昨天旅舍前相距数十步，亦有一厕所常闻臭味。不图寺院中林主席特建别墅亦复如是。越早复行，逢有佛寺便止。午后至千佛顶，宿于旅舍，计所行亦不出四点钟。该旅舍厕所与卧房更近，距离不过廿步。余之房位虽属外房，然时常闻臭味，两团员在内房，不能耐移出他处。天明后复行，亦逢佛寺便止。午后至金佛顶，与万佛顶接近，行程亦不到四点钟。计沿途合算实行约十四五点钟，参观三四十佛寺。各佛院俱兼营旅馆，都不清洁，如都市中三等客寓一样。所难堪者寺内皆有大厕池，蓄粪以作肥料，培养该院所经营农作物。途中两处旅馆，其不洁既如上述，而诸寺院之客舍，亦不过五十步与百步耳。

二三二　百闻不如一见

峨眉山最高处为万佛顶，与金佛顶相距不远，高下相差不过百数十尺。金佛顶寺院后方，别建一座平屋在石壁上，该石壁悬立高峭，约千尺以外，奇特峻险，俯瞰可怖，然远视山水平野，田园景物，五光十色，美不胜收。凡人未曾登高瞰下，及未曾坐过飞机者，当然叹为奇观。西向远望雪山如白云一片，或言是西藏之高山。据地理志载，峨眉山高达一万二千尺。游峨眉山之光景，只在金佛顶所见为观止耳。至沿路各寺院都是木板屋咸已陈旧，大同小异，无一宏伟壮丽者，看过两三佛寺已厌其余，比较云南昆明，西山某佛寺及厦门南普陀寺，则不可以同日而语矣。以上所言系沿路上所见者，迨至下山回归，转行别路，所过各寺院亦止步入观，比来路约减半数，优劣与前无何殊别，大都无一悦目可言。闻全山有七十左右所佛寺，有少部份未曾参观。据轿夫报告，则更无足观。除诸佛寺外，沿途如入森林，无游目骋怀之风景，来往各道路均欠修整，石阶有连续数百级者，既崎且狭，阔约三几尺，屡次须下轿步行。亦有数段稍险，谅系自昔建寺时开造，后来未有修造改良。佛寺卫生风景路政既如上述，而中外告余之人，咸称佳妙，不知所指何项？余甚不解。古语云，百闻不如一见，诚哉斯言也。

二三三　其愚不可及之进香者

峨眉山各佛寺进香者常例，每年一次，以阴历六月为盛，余适逢其时。男女成群，有数十人至百人，少者亦有十数人，大约都系四川人，妇女青年颇少，多属中老年，缠足者缓坐而上，有自山下行约十日至金佛顶者，有雇男子背负者，其背负之法，系用椅交于两肩上而负之，女人则在椅上。有从远处来者，往返须两三个月之久。沿途到寺必焚香参拜，若素所愿到之目的寺，则纳资于和尚，名曰添油香，多少不等，视家资有无，多者三二十元，少者数元。即非最敬信之寺院，经过其门，亦当入寺焚香参拜，每寺如费二三角，来往数十处，须费十余元。两三目的寺，每寺添油香数元，亦十余元。食宿每天五六角，按二三十天须十余元，合计三十余元。此按普通人家言，若殷裕之家，则不止此数。未抗战前，每日多至三四千人，抗战后逐年减少，现每日尚有千余人。佛教如何良善，彼辈安知其一二，其迷信深笃，盖完全为利己求福而来。最可怪者，有多处佛像身及头面已破坏，彩色衣服一部褪损，内部之草木泥土已经露现。此种诸佛菩萨自身已不能保，尚向之虔诚跪拜，真其愚不可及也。

二三四　和尚之居心

峨眉山佛寺之多，乃由和尚经营，互相竞争，因而增设。初时建设在山下，次则上山坡数里复创一寺，由是相继而至极巅，逐段道路由各寺开辟设造。凡寺址占地利及主持人善于招待，则香客互相传扬定可热闹，每年添油金可收至万余至二万多元。和尚可置家眷，在寺中称素食，香客及游客供膳，概以素食供给。欲求荤味，谢绝无有，此为彼等惯例。闻如无香客在寺及回家，则何物都食。余所寓金佛顶，为峨眉山有名佛寺，大厕所亦在寺内，距宿舍远些，不闻臭气，如出恭则臭味甚浓，顷刻难堪，乃向和尚借一桶，另置一房。计寄寓四天，送费一百元，四个童役各送五元。其中一个是住持和尚之侄儿，告知住持立将各童役五元没收。余闻知询童役年岁几多，答十三岁，逐月薪水若干，言家贫度食而已，绝无一文薪水，乃复给之。以有名佛寺殷裕和尚，且如此剥夺童役，其居心可知。峨眉山有数十佛寺，和尚近千人，年花民间无益迷信费百万元，国家社会损失不少。若有良好官吏，应当设法改革取缔，庶不失职。如云信教自由不便干涉，则大错误。盖实无一寺立心奉佛传教，而赴寺之众亦绝非为信教而往，完全乃和尚设局欺迷人民耳。

二三五　峨眉山上寒

据《地理志》载，峨眉山高一万二千尺，余寓金佛顶系最高处，虽盛夏亦甚寒冷，约四十余度。寺内用煮饭大鼎作火炉，时时烧炭为诸香客烘煦。寺内外既寒冷，欲出游亦无光景可赏，且山路崎岖，散步更乏兴趣。不但金佛顶前后左右如是，他处佛寺亦大都如是。慰劳团等信宿便回，余留居至第三天亦不能再住，因终日闷坐寓房与火炉为友，殊属无味。乃嘱雇轿夫准备明日下山。一日便可到峨眉县招待所，又怕盛暑不便久住，故复寓于来时牛心石旅馆。虽气候温和，无如有上言种种不适，一宿即行回至峨山招待所。尚幸不至甚热，约九十余度。前想在峨眉山避暑一个月，兹当作罢。又恐西南盛暑，乃电询昆明七月尾八月间，华氏寒暑表几度？

二三六　乐西新公路

峨山招待所近处，新开一道汽车路，系自嘉定起点，经峨眉山下及西康边界，达云南大理祥云县，通至滇缅路。据工程师言，蒋委员长下令准新年六月要通车，故四川开路诸石工，多移来此路工作，现仅开四分之一。此段名曰"乐西公路"，此路如通，由仰光入口军火及他物运川，可免经过昆明，减缩数百公里路程。余以此路既属重要，工程虽未及半亦可乘此机会，沿路参观已开路政。乃雇四轿起程，经峨山下循新路前进。从山下行两点余钟，常见峨眉山风景如画，山中俨如花园，美不胜收，此为天然妙景，而非人力所作。前昨系上山近视故无所见，今日从山下远视则大不同，或系该山正面光景，可远观而不可近玩也。峨眉山过后，近晚到一市镇名龙池，宿于旅舍。该市镇颇热闹，而信宿便回。因再进无处寄宿。新开之路亦不远，沿路多石块，石工虽众成绩稍迟，路面阔为九公尺，斜坡弯曲依工程师计划，开造与南洋诸路按照科学方法相同。在某处路边有石壁一段，高一二十尺竟有好事及迷信之人作俑，凿一石佛于壁中，距地约十余尺，佛像高二尺余，颇有美术价值。

二三七　武汉学生被拘

余寓峨山招待所多日，至十四日昆覆［复］电云气候七十五度，始知昆明无溽暑。十五日早雇轿赴嘉定，午后到县城宿于旅舍。入市街散步，见横直大街十多条，商店数百间，概为敌机炸成平地，所存仅坏墙破壁多少。街中有临时搭建简陋小店，贩卖什物，未有正式建造。该区为嘉定最繁华市场，尚余次等平屋住宅，及较偏僻小屋不少。川省嘉定亦属有名城市，四方汇集贸易之区。有河颇阔，约六七百尺。水为黄流，有水上机在焉。余乃雇一船游一点多钟回寓。为欲乘机往重庆及发电事，往见县长，蒙诚意招待云，飞机须后天启行，明天无事招往龙陵参观盐井，晚间赴各界欢迎会，余均接受。并询武汉大学移来此处情况，答近月间为共产党派人来各处煽动颇厉害，前日在大学内拘学生廿七人，依中央严例应当取［处］决，然尚踌躇未即举行。余云青年学生血气未定，易被人煽诱，若拘禁已足警诫，奚堪草菅人命，不知后来如何解决耳。

二三八　参观产盐井

十六日上午同嘉定县长渡河，坐人力车往龙陵，约行两点余钟始到。参观数家盐井。闻共有百余家，年产盐二百余万担，比较自流井出产可三分之一。每家盐井两口，用牛两头在中间环行拖绳起落。每口井距离百余尺，井口圆形仅约十寸大，深不等，约千余尺至二千余尺。用竹皮合结成索，长度依井深浅，最末端用大竹数节以取盐水。所奇者既非科学机械，而能凿如许小穴至二千余尺深，又竹皮索如打断在井中亦能取起，可见技术甚精。盐水取出后，用大鼎熬煮成盐，每百斤可煮一二十斤白盐。燃料用煤炭，成本中燃料占大部份。有一家利用烈日晒盐，系建一座屋，屋顶盖以棕叶，将盐水吊起撒下如降雨状，受炎日晒曝，流下再吊起，如此轮流至于成盐，雨天则停止。据云试办未久，成绩比较燃炭如何尚未确知。

二三九　战后住屋之改良

　　晚间赴各界欢迎会，主席县长致词毕，余答谢略述南洋华侨对抗战输财努力状况，及西北战区司令长官报告，敌势衰退，最后胜利必属于我等语，并言新加坡卫生经验事，余非医士而言卫生，未免为识者笑，然余所言系一般民众之经验，确有根据者。南洋新加坡二十年前，市民约五十万人，死亡人数，逐月一千余人，全年一万二千人，平均每一千人中死亡廿三四人。迨至近两三年，市民增至七十五万人，死者每月约九百余人，全年死亡约一万一千余人，平均每千人中死亡仅十五人。比较廿年前减死之数，将近四成之额，相差甚多，此为政府确实登记所发表，为合埠大众所知者。其原因完全出于卫生改良之效果，绝非由于命运与鬼神所庇护。至改良之事最重要者为住屋。凡新建屋宅不许过长，至多不上百尺，普通七八十尺，须留相当天井及空地，屋后不许相连接，必留后路最狭约十尺，俾空气流通，日光照临。此为廿年来规定新建店屋或住宅严例。至于廿年前所建旧式店屋，有长至百余二百尺者，屋后相接不但无后路或通巷，甚至后门后窗均无，致空气日光闭塞不入，市政局则逐暂［逐渐］拆卸，或令业主自拆，必须依新例留有后路，若屋后空地广大，则留作草地，或作花园供公众游息。余观贵县重要市区，已被敌机轰炸变作平地，尚存之旧屋亦多不卫生，此后政府应负责通盘总计划，仿新加坡之办法，规定街路广狭，建筑家屋条件，则嘉定民众，岂不因祸而反得福。政府万万不可如前全无干预，任业主自由建筑。因少数人之贪利，致误大众生命。此不但政府当负职责，而社会各界亦当注意共同监督。余所言新加坡廿年来经验乃目所见，至若所闻如美国卫生家之比较，纽奥伦每年每千人中死廿一人，纽约埠死十六人，芝加哥死十五人，西雅图仅死九人，余不及十人。贵处如能改革，不但市民可享长寿，而疾病医药无形中可省大半，则嘉定市将来之发达，可增加十倍或数十倍，市内外各地均可变作黄金之价值矣。

二四〇　由嘉飞重庆

十七日上午自嘉定乘水上机起行，至泸州停于河中添油后续行。在机上见泸州市区，被敌机轰炸亦如嘉定惨状，但见坏墙破壁而已。下午到重庆嘉陵江停止，沿途飞行所见无甚高山峻岭，而田园苍翠，江河如织，古称沃野千里，天府之土，川省之殷润实远胜于西北等省。上岸后到嘉陵宾馆，未有空房，乃往寓城内新都旅社。该社有楼屋四层，系砖墙建筑似颇坚固，亦有新式房间，配有洗澡小房，余入小房关门洗澡毕，房门不能开，高叫亦无应者，约一刻钟后始有人从房外助开。盖两天前敌机轰炸近邻，门窗被震动，社主不知修妥也。越日移往嘉陵宾馆，因该馆有防空洞，避炸较便利耳。

二四一　滇缅路之封禁

余由嘉定来渝之越日，为七月十八日，适英政府应允敌人要求，禁止缅甸通云南运输三个月。余闻知无限焦灼，往询外交部长王君，是否事实及抗战所需原料、军械如何？据答敌人向英京交涉，禁止缅甸出口已有月余。自法国失败后敌人侵入安南，便向英计较。英政府至本月十二日始正式承认要求，并通知我国。我国自前闻此消息亦极力向英反对无效，至军火及原料可供两年之需，滇缅路虽被禁，对我国抗战无重大关系。余闻后心虽稍宽，然终恐军需品未必能支持许久。拟往问何部长、白副总参谋长，或较切实可靠，然均不遇。复往冯副委员长处亦不遇而返。则托人往问蒋委员长，告余游西北回来，拟往西南诸省，是否要相见，如要者请示日子，否则余不日便要起程。余意如可见蒋公，军械事问他必较有确实消息也。

二四二　愚拙的对英提案

余畏怕盛暑，恐在渝多延日子，闻王君泉笙住寓某山庄，距离重庆数十公里较为清凉，故往问他尚有寓所否，见面后对寓所事无何把握作罢，而对南侨总会及慰劳团始终，并余往西北各省事，绝无问及一句，但言英政府此次从日本要求，待我国大不公道，中央党部前日开会，伊等提出一件议案："拟将我国驻英大使郭泰祺①召回，不告知英政府理由，第表示其待我不公，俾他能自悔悟。"此提案待本星期开会解决，而本期开会轮伊做主席云云。余辞出后在车上告侯、李二君，王君为南侨总会常委，自组织迄今两年，与余未复相见面，又有慰劳团回国等事，今日相见绝无一句相问，足见其虚名代表菲岛华侨，而实绝无注意。现即使设有寓所亦不应与同寓。至言伊等在中央党部提案，召回郭大使事，乃一极谬妄笨拙，可鄙可笑之举动，盖我国能维持抗战地位，有赖英国帮助，不特运输军火而已，南洋华侨外汇金钱，英属占大部份。果与英国发生恶感，阻碍抗战经济奚堪设想，此正为敌人所欣快。我国抗战须倚靠英国帮助，而英虽与德开战，则无须倚靠我国，稍有常识者类能知之，安能自绝可靠良友。若云系用哄吓政策，令英开放滇缅路，更觉愚妄。不度我无丝毫实力，完全求助于人，乃欲行欺人威吓之策，岂非笨拙之极。况禁期只限三个月，在雨季中运输无多。英国此回必出于不得已权宜敷衍，决非恶意待我。中央党部提案人（常委共十八人）智识如此浅短可胜叹哉。余意蒋委员长必不赞成此提案，若此案果能通过，则不成为蒋委员长矣。后闻该提案果被打消。

---

① 郭泰祺（1889—1952），湖北广济（今武穴）人，民国时期外交家，时任驻英大使。

二四三　为封禁滇缅路对华侨广播

余自西北回渝，本拟在电台广播所闻见要事，加以英禁滇缅路事，恐爱国青年在洋发生无谓冲突，亦须急于劝告，即约电台先日预告，余则准时前往。先播闽南语一点钟，再译以国语。首言"往西北访见各战区司令长官，参谋长总司令，咸言敌气衰退，我军日强，最后胜利决可属我"。次言"壮丁到处多在训练，身体精神俱好，民风亦极进步，多能同仇敌忾"。又次言"西北司令长官，与共产党领袖感情尚好，一致对外无发生冲突之患"。最后言"滇缅路虽封禁，然据军事关系人言，我国原料及军械可支持两年，故无关大局，海外华侨可免介怀。禁运只限三个月，且在雨季，减运无多。英国亦出于暂时不得已苦衷，我侨胞切须谅解，并要明白我国抗战运入军火及外汇金钱，须倚靠英国，各殖民地万万不可轻举妄动致生事端，方是真心爱国"云云。

二四四　国共幸妥协

七月廿一日，周恩来君来寓会见，此为初次相识，余询前日白将军及参政员诸君调解两党磨〔摩〕擦事，迄兹三月进行如何。周君言渠自延安来此一个余月，甚注意调解事，无如离题尚远故屡停止。迨至近日间为英将许日要求，封禁滇缅路，中央乃多迁就。现大纲已议妥，所差仅小事，料可完满结束。但渠须往延安，与毛、朱二君面商方能决定，大约可成事实。又问何日将往，坐车或飞机？答蒋委员长许近日派机载往。又问所议条件，延安能否接受？答料能接受，其重要者前日经由无线电商妥。廿四日叶剑英君来见，余告以前日周君言，不日将乘飞机往延安。叶君答周君已于本早乘机起程矣。余问调解之条件如何，答不日我备一份送来。越日叶君送来印刷各条件一份。并云前月安南海防被敌占领，闻我国军用品及汽油各物损失七万吨之多，渠已派人调查事实。良由当局办理不善，将私货先运，致政府军需各物存积如山，诚可痛心云云。

二四五　苏记者来访

范长江君来见，言有苏联名报，驻渝访员某君要来见，托伊先容，余接受之。越日范君同一青年华女偕苏记者来访。该女子作翻译员，由国语译俄语，国语颇好，翻译亦好口才。苏记者言："国共两党恶感日深，毋庸讳言，伊驻渝所访闻恐多宣传未实之事，而身未到陕北，亦未悉其究竟，深以为憾。闻君无党派，且为海外华侨，居第三者地位，必能将所见所闻据实惠示。"余答余不但居第三者无党派之地位，尤当克[恪]守人格，信实为主，在国内如是，往南洋亦决如是。君要访何事，余当据闻见所知答之。如不知者不能妄答，希原谅。于是从西安起至延安及回来，凡所问各项，余知者均答，并告以磨[摩]擦事多由下级者积蓄而来，上级误信则恶感日深。幸两党在战区近界，如阎锡山、卫立煌、胡宗南、傅作义诸将军，与朱德将军等感情均好，同仇敌忾，料不致发生不幸事也。

二四六　西北之观感

重庆有一机关，名曰"国民外交协会"①，主席陈铭枢②，与余在洋原有相识，侯西反君为该会常务，告余该协会托伊来问，欲请余往演讲，可否应承。余念此回复到渝，未有与社团应酬，故许之。越日送来一束，订七月廿五日晚，讲题《西北之观感》。是晚陈君无到，由秘书代理主席，到者数百人，坐[座]位均满，报馆记者亦多到。余先言到兰州、西宁、西安等从略不赘。次及延安，为演讲此段话，引起国民党人大不满，后来生出许多事端，或云"对中共亦有

---

① 1919年2月16日在北京成立，由北京各界各团体联合组成，是中国近代第一个全国性的国民外交团体。
② 陈铭枢（1889—1965），广东合浦（今属广西）人，抗日名将，时任国民外交协会主席。

相当关系",兹故详列于后。余言:"余到延安,原按三天就回,衣服未有多带,甫到隔日参观女子大学,将回时李秘书上车受伤,入医院七天,故留延安至八九天之久,由是并往他处故多见闻,然余注意在查其是否实行共产政治。前所闻人民田宅、产业、钱财、商店,均被政府没收,私人无产业,男女甚混杂,妇女为公妻等事。及到两三天,已明白传闻均失实。田园、屋宅、财产,仍民众私业,未有变更。商贩店行,亦民众自由经营,一条街道百多家,大小资本概属私人所有,政府绝无干预。余问共产政治何在?答自前年西安事变,已实行三民主义,未有行共产者。至于公妻灭人伦,则绝无其事。若男女混杂,以余所见所闻,凡男女往来起居,甚有秩序,虽多人同坐,未闻有不正当戏言,唯恋爱自由,结婚礼节极简单,只向政府登记便完。延安能通闽南语言者颇多,有南洋各属男女学生不少,闽南人及厦大、集美学生亦多有,如司法院长为厦大学生龙岩人,文人陈必达为集美学生,财政厅长亦龙岩人,均能通闽南语。余问产业既仍民有,赋税及垦荒如何抽法?答新垦荒者首年无抽,由第二年起抽,与旧产业同。每年每季如收获植物,四百斤内无抽,上四百斤者每百斤抽一斤,加收一百斤者加抽一斤半,至七斤半为止。垦荒民廿七年八十余万亩,廿八年一百廿余万亩,本年一百六十余万亩。无其他苛捐什税。男女学生均免学费,膳宿、衣服、医药亦均免,概由政府负责,每月又给一元零用。菜资每生每日六占[分],如伙夫善办者每星期有一次猪肉可食。他等兼有饲猪垦荒,利益概归学校,将款添买猪肉。学生等每星期日或大日子,须下乡村演说,劝告民众清洁卫生,并爱国,甚有效果。前有俗语云一生洗三次,生时一次,结婚时一次,死时一次,现虽衣服亦常洗。余又问农民等生活如何,答比较学生等尤好。两年前到处见穿破衣者近来甚少见。前物产廉宜,鸡蛋每粒不上一分,鸡每只一角左右,故乏资可买衣服。现鸡蛋每粒三分,鸡每只四角余,生活比前较好。至公务员如贪污五十元者革职,五百元者枪毙。县长则为民选,公务员等每日工作七小时,加二小时学党义,每星期上大课一次,如人多则在露天,席地坐者千人或数千人,听名人演讲。至于长衣马褂、旗袍高跟鞋,及唇红口丹、茶楼酒馆、女子缠足,绝迹不见。又据言无失业、无盗贼、无乞丐。余查询究竟是否事实?彼等言其原因为凡有此等人,概迫往垦荒,虽多均可消纳云云。余以上所言,系所闻与所见,据实而言。现下为抗战救亡危险时际,希望全国民族一致对外。余到西北，亲见阎锡山、卫立煌诸战区司令长官，问他等与共产党军队最接近区域，能否发生冲突不幸事。据阎、卫二位将军言绝对不致。余未到西北之前，心中无限忧虑，及到延安闻朱德、胡宗南及阎、卫诸将军言，已宽慰开怀多多矣。"

二四七　党人大不满

昨晚余在国民外交协会演说，越早重庆十一家报馆，有五家登大略而已。另五家绝不登载，有《新华日报》一家，则留大位空白云：陈君昨晚在国民外交协会演词，待整理后，全篇明天发表，越日则将余所言完全登出，有意同而文字更深刻者。该报未发表之日重庆党人已形不满。侯西反君向余报告，其大要谓余住延安七八天之短期，何能知如许详细。以华侨领袖地位，未免为共产党火上添油云云。余告侯君尔可回覆〔复〕他等，演讲及标题均出贵协会，而非余自动讨好。君与余同行自知是否事实，何用多费唇舌。余所讲两种系所闻与所见。从中何句失实？君乃党员之一可以证明。若云有助于共产党者，则余所言诸项，贵党必认为良善政治，故云有益共产党势力。然事实胜于雄辩，共产党果有良好政治，自能树进势力，外间毁誉何关大局。贵党亦行良好政治与之竞争，勿令彼独占，则不特抗战必胜，而建国亦决必成。阎将军在筵间言："国民党政治如行得好，共产党自然无用，否则虽无共产党，亦有别党可起反对。"此语君与余共闻之。国民外交协会乃贵党组织机关，要余往讲《西北观感》，余以为诚意欲知西北事实，而非要余造作宣传共产党罪恶，故接受之，若先有声明是项，则余必不往。余乃凭良心与人格，将所闻见发表，谓彼放弃共产政治，实行三民主义，乃贵党不欲闻。总而言之，无论在何处，如有要余演讲回国所闻见。余决不能昧良〈心〉指鹿为马。余在延安大小会四五次，未有一句话奖誉他等，虽衷心表同情多项，然绝未轻说出口。所有发言，无非劝诫其忍耐退让，以国家为前提，团结抗战为天职，此为君所知者。尚有西安省府所派寿科长亦可作证。希将上言转达诸不满者。

二四八　必先灭共产党

余前日托人问蒋委员长要见余否，回答订廿八日。然余在国民外交协会演说，定早有人告知，或取《新华日报》与阅。及余往见侯、李均留在别客厅，召王泉笙翻译。首问往山西有会见阎将军否？余答有。问阎将军有向汝讲何话？答初到之晚在筵中言，此间有一件最严重事，再五天如不降雨，则山西、河南、陕西三省交界区域，三千万人无粮可食。然再过两天便降雨，沿途日日多雨，旱灾幸已免。又问阎将军再言别事否？答余言两党磨〔摩〕擦事，经白将军要请准蒋委员长及参政员调解，冀可消除。阎将军言："此非根本办法，如要根本办法，国民党政治须行得好，共产党自消失无能，否则虽无共产党反对，亦有别党可起反对。"言至此稍停顿。蒋委员长则大骂共产党，比较在成都所骂更形激烈，甚至面红气盛，声色俱厉，愤怒云："抗战要望胜利，必须先消灭共产党，若不先消灭共产党，抗战决难胜利，此种事外国已多经验，凡国内反对党必先消除，对外乃能胜利。此项话我未尝向人说出，今日对你方始说出，确实是如此。"至所骂共产党更重要三项，无民族思想，无信无义，欲抗战失败。余见其如许生气，故不欲多言，但云华侨心理，甚盼望祖国团结一致对外，若内部事待胜利后解决。况共产党无军械厂，实力单薄。蒋委员长则转笑容，余即兴辞与之握别，乃云你往西南诸省，有事可函告我，余答致谢。

二四九　蒋委员长三问

廿九日为星期日，上午朱君家骅来告，蒋委员长要请往黄山午饭，少顷我来导往。黄山在重庆对面山，须渡过嘉陵江，再行二十余里，乃至蒋公别墅。天气较冷，夜时及星期日常住该处。是日陪客有何应钦、白崇禧、卫立煌、朱家骅、张治中①、陈布雷、吴铁城、王泉笙、侯西反、蒋夫人，共十二人。午饭毕适初次警报，不便辞回，均在客室闲谈中外事。蒋委员长忽问余，到国内对国民党观感如何？余答党务素门外汉，亦无注意，故不能答。少顷复问对国民党有何感想？余又答，绝无注意此项事，实不能答，甚对不住。有顷复问如前，计已三问矣。余不得已乃答云："国内国民党事，实不能答，若南洋余却知大概，请贡献数事。然南洋政权属他人，或者党人较可随便举动，故多为人不满。客年拟开国民大会，马来亚应举四个代表，中选四人，运动费开坡币一十万元，均为国民党人占有。就新加坡一埠而言，余所知有三四人最合格，名誉、财产均有，并通晓国语，然皆弗克上选。其次外国人害我国最惨者，前为鸦片烟，近年复添一种新祸，就是跳舞营业。英政府不但不限制，且抱放任主义。现新加坡大小舞厅百余所，全马来亚如雨后春笋，到处多有，贻害青年极形惨重，又失国体。前英国人要交结一华女，亦非容易，现虽印度人，要寻一青年华女亦易如反掌。其致此之由，系新加坡三大跳舞厅，有一间用华女作俑，故互相效尤，至作俑之人，就是国民党闻人。再次"七七"事变后约两三个月，南洋华侨抵制敌货剧烈。新加坡敌人自古巴运到羔丕六千包，重一万余担，无人肯买，乃暗贿总商会会长，每担三元，于是总商会提出议案，要代保证非敌货。第一次开会未解决，再召开第二次，为此人（侯君）极力反对不能通过，现总商会有案可稽，此亦党员者。其他可以免言。"白君崇禧即云："此后逐年可派专员往视察。"余答："专员虽去奚益，凡稍有声势官员到南洋，华侨谄媚奉迎，汽车许多等候，应酬尚不暇，非舞厅则游艺场，若教育机关未一步行到，何能视察实情，侦查弊端。政府若果能派正人负责，必先调查该埠谁是公直，向其探听或有效力，然公直之人多不能奉迎应酬耳。"蒋委员长即呼吴铁城之名曰："此后派人往南洋视察，须禁止应酬。"俄第二次警报复发，咸出门避往防空洞，余未执手杖便行。下坡数百步入洞内约一点钟，警报解除复上坡行。蒋委员长见余无手杖，将其手杖送余，余力辞不获，蒋公空手与蒋夫人握手同行。其待余厚意如此，私情之感，终身不忘。蒋夫人再三致意，望华侨多捐助难童

---

① 张治中（1890—1969），安徽巢县（今巢湖）人，政治家、爱国人士，时任国民政府军事委员会政治部部长。

费，遂相辞而别。

二五〇　苏借我巨款

是日近晚，孔院长亲带多包名茶送别。少顷何应钦部长、白崇禧将军均来送行。余以滇缅路禁运事，要问蒋公不果，乃问何部长。据云："原料及军械可供二年，国内各铁工厂，均能自行制造枪枝[支]子弹，免靠外国运来。唯汽油不足，只可供六个月而已。前每月需一百万加仑，兹按用各种办法减缩，人坐汽车缩减半数，玉门关出产按加一成，炭车按加二成，酒精按加一成半，菜油化制加二成半，尚欠多少可向沦陷区私运采买。"又问西北通苏联路线可否加运？答："希望甚微。现计划新路，从蒙古通新疆，可较近六七百公里。"又问苏联帮助事。答："近日再签借巨款，一万万五千万美金军火。从中飞机一千架，按一年半交完，每月若干架未有规定。轰炸机每架美金廿五万元，比较向美国采买加三万元，因苏俄有多件须由美国办来故较贵。此一千架值美金九千万元，余六千万元系别种军火云。"余问白将军调解两党有无成效？答重要各事经议妥，待周恩来往延安面商，方能决定。又问周君回来未？答尚未，然已往数日，料近日定可回来也。

二五一　登报声明结束慰劳团

余将离重庆往西南等省本无须登报辞行。因阅报载前慰劳团某组团长，任务完毕解散后，因私事复来渝，对某报记者发表"在香港与某某等组织实业股份公司，资本国币五千万元，要来祖国兴办事业等"云云。至香港某君等倡筹五千万元公司事，前日各报多有登载。余知华侨空雷无雨之举，已司空见惯不足重视。若昨在渝对记者发言之人乃系前慰劳团某团长，虽已卸任原属私人之事，第恐外间尚未明白，或误会与南洋华侨慰劳团有关。故余不得不借辞行登报，声明"南洋慰劳团任务已毕，自前月起第一团第二团均解散。如有以前团员与人作何业务，乃属私人之事，与前华侨慰劳团无关。唯第三团尚在西北未归，然事务亦已毕，余不日离渝，将往西南各省，特此辞行云"。

二五二　函答蒋公三事

民廿九年七月卅日早，余由重庆乘机来昆明，将起程时朱君家骅来送行，并告蒋委员长将派王泉笙同余往西南各省，今日匆促不及，明后天便乘机来昆明，言毕即握别。朱君之言余已明白。必诸党人恐余到西南各省，说共产党好话，故往商蒋公派王泉笙来随行监督。午间到昆明寓于旅舍。西南运输主任龚学遂来见，余问寄渝空邮何时有？答每天早晨都有。余即亲笔作一函寄呈蒋委员长，首段言共产党，次答国民党感想，三奖勉蒋公。大略如下："早间朱君告钧座拟派王泉笙同余来西南，谅必有人对钧座献言，恐余到西南宣传共产党好话，故派王君来监督。又钧座对余盛气痛骂共产党事，亦必有人报告余在国民外交协会演说各情。余所言乃据所闻所见事实，他等已改行三民主义，凭余良心与人格，决不能指鹿为马也。至若欲消灭共产党，此系两党破裂内战，南洋千万华侨必不同情。盖自抗战以来，欣庆一致团结枪口对外。若不幸内战发生，华侨必大失望，爱国热情必大降减，外汇金钱亦必减缩。鄙意在此国家艰危之秋，应东和孙权，北拒曹兵，待抗战胜利后，共产党如有违命，然后解决未晚。余所要求者完全为国家民族计，与共产党毫无关系。自抗战以来，余绝未与共产党交通一字，亦绝未供给一文钱，此可以对天日而无愧者矣。昨日钧座在黄山推诚下问对国民党感想一事，至再至三。虚怀诚恳，余无任感激，但在场人多不便贡献，兹敬将所知奉闻以报盛意。

"（一）西南运输办理不善，尽人都知，事关抗战军运重事，毋庸多赘，在新加坡曾多次函电军委会。未悉可达钧座否。

"（二）本年四月廿八日，全国经济学社年会，假重庆大学礼堂开会，马寅初主席，言现时国家如此严重危险，而保管外汇之人，尚且时常逃走外汇，虽加获五七千万元，将留为子孙作棺材本，几于声泪俱下。

"（三）西安污吏尽人都知，该市与共产党接界，未免使彼等有所借口。

"以上三害希设法改善，勿使抗战与政治有不良阻碍，贻累钧座进行。他日抗战胜利后，建国亦可成功，钧座名誉为全世界有史以来所未有，虽美国华盛顿亦不能企及，万乞注意勿为人所误，至荷至幸。"

余此函寄交黄山住址，大约越日便已接到，故不见王泉笙来昆明。再后十左右天余至贵阳，有前慰劳团员庄君明理①，系槟城华侨原籍泉州，自重庆来会，言前日中央派王泉笙、郑善政②两人，要来昆明与余同行，飞机票已购定，蒋委员长在纪念周时，通知两人免往，谓经接余函故也。

二五三　军火货车损失数

七月卅一日，余往西南运输办事处，见主任龚学遂，请备一辆汽车，后天早为余坐往下关医院，看前慰劳团员蒋才品翻车受伤事，蒙应承准备。余问："敌侵安南海防，闻我国损失军火原料七万左右吨，是否事实？"答："实情，但有一部份赶运往新加坡约一万吨，又一部份在机房，请美商挂牌作其货物，如能保全亦有一万余吨。"又问："前日在滇缅路某站栈房爆炸，损失军火甚多，并死数十人有是事否？"答："亦事实。损失价值约香港币三百余万元。死伤五十余人。"又问："为何因炸发？"答："中央已派专员查勘，结果认为自行爆炸，非被人有意来炸者。"又问："滇缅路我国界内等站，计积存有若干军火原料未曾运往内地？"答："连昆明合算有五六万吨。"又问："自英禁止后，有无再从缅甸运出乎？"答："未有。然自前月未禁时，日夜极力运出缅界有两万多吨。"又问："未禁以前逐月可运若干吨？"答："四千左右吨。"又问："汽货车现存可用者若干辆？"答："原置三千辆，现可用者约一千辆，两三百辆在修理，余者概已损坏矣。"

---

① 庄明理（1909—1991），福建泉州人，时任旅渝华侨青年联合会主任委员。
② 郑善政（生卒年不详），福建漳州人。1940年6月在陈嘉庚将前往云、贵、湘、闽等省视察时，任职于国民党中央海外部"陪伴"陈嘉庚视察。

二五四　滇缅路捐资亦无效

八月一日，为昨天龚主任约往参观运输车栈，余复到其办事处问："前敝代表曾提议滇缅路各站，应添建货车停宿栈，又司机工人宿舍、膳所等，如政府欲节省此费，南侨总会可以负责，后来如何解决？"答："当时计划预算须三百多万元。财政部不准，故尚搁置。"又问："余当时预算六七站，至多不上一百万元，何须加许多倍？"答："报告财政部时，系连贵阳桂林各站合算故须许多。"余云："如此误事，实出我意料之外。"又问："华侨司机数月来服务工作如何，疾病减少否？"答："工作较前顺利，且在此设有华侨司机互助社，俾可联络感情，遇事容易通融，拟待日后复设分社于各站。至疾病事比前减去不少，各站均设有医院，如较重者则移往下关总院，因设备较为完全。"余云："互助社如有精神办得好，医院能多设，则运输受益不少也。"

二五五　司机多礼节

龚君导余参观车栈，在该栈办事处楼上坐[座]谈。一华侨司机前在新加坡任某医生司机者，入门见余等即举手立正行礼，又向龚君亦然。辞出后，少顷因事复来，见坐[座]中有续来某君，复向他举手立正行礼。此种礼节之繁，为在洋及回国后未曾见。延安无阶级固勿论，便是重庆及各省县亦未见过。岂西南运输处在昆明所特有者乎？又一华侨司机告余，伊是新加坡李某（与余久相识）之孙："为爱国服务而来，在此再受训练数月，毕业后已经半年，终日赋闲无工作，虽政府供膳宿及半薪，然非我志愿。"托余向龚主任疏通，早给伊工作。余问毕业无工作者若干人？答百五十余人。余转询龚君，答"三四个月未有工作可给，又逢滇缅路封禁，现正查询别条路有无需要，料不久便有缺可工作也"。

二五六　西南运输费

余问龚主任："华侨回国诸司机，多系久有经验，来此须再训练何项？"答："军人化管理法及其他等。"又问："若久卒业？"答："两三个月。"问："全校学生几多？取何程度？"答："二千左右人。除华侨外，国内多系小学毕业，初高中生亦有。"问："教职员及经费若干？"答："教职员及工役五六百名，经常费每月廿二万余元。学生现分两校，一校一千二百左右人，又一校八百左右人。"又问："贵机关及分处，逐月经费若干？"答："二百余万，多从香港汇来。前日因国内汇出不便，某处又汇来不及，由宋子良君私人向香港汇丰银行担保，借七百万元来接济。"又问："宋君现在何处？有来此否？"答："现在香港。前月为调查爆炸及英国封禁事，曾来监督赶运十数天，已回去香港矣。"（前日李宗仁君在老河口云，宋子良被蒋委员长扣留不确。）

二五七　云南新盐厂

八月二日早，余等起程将赴下关，有一位医生尚青年（上海某医校卒业，原任下关医院医士）及一华侨司机职员杨君同行。余中途参观一间制盐厂，其盐井系在坡上，距离数里远，筑一道水沟，俾盐水自上流下。究竟盐井若干深，用何法采取，则未往见。该厂煮盐虽亦燃煤炭，然系用新法。炭灶用砖建造，长约四丈，阔一丈左右，有烟囱高六七丈。用大铜锅熬煮成盐。计有数座长灶，每座各配有烟囱，每日能出盐数百担。煤炭由近处开采，每担盐水可熬成白盐廿斤。为有种种便利，成本比嘉定便宜不少。此盐厂系省府创办，颇有成效，方在进步时期。据厂中人言，不久可增至每日出产一千担以上。近晚到楚雄，寓于中国旅行社，汽车则驶往西南运输车栈寄停。余等步行往市内，并参观车栈，仍是狭隘简陋，地面无铺石子，甚不整齐，司机亦乏寄宿舍，膳房更无论矣。

二五八　探视蒋才品

三日早起程，由楚雄往下关，晡时方到，该站西南运输主任李某及华侨司机数十人，来郊外迎接。到下关亦寓中国旅行社，即雇轿往十里外山中，西南运输医院，视蒋才品君伤况如何。该院址系前下关富人别墅，附有一间六角小楼，面积约一方丈，蒋君独居楼上，颇清爽。然受伤已六个月，医生已穷于术，犹不能愈。因翻车时背一照相机，靠腰脊骨，致骨节折断。据蒋君言伊似乎有定数，自未翻车两三里前，已失去知觉，及翻车受伤，拯救并在途中六七点钟久，亦茫然不知，身在医院方始觉悟。又据车夫言，伊与蒋君在洋邻居相识，故请坐其车。遇险时伊神志甚清，跳出车外，见蒋君安坐不起，复上车拖唤无效，思复跳出，又不愿友死我生，故同翻受伤，一目脱出到医院时将目复纳入，现可视七八成。该车夫颇有情义，每次到下关便买一只鸡，炖毕亲送供食。余见蒋君精神虽好，然不能起坐，且消瘦，大小便须人扶助，医院无术，乃与商酌赴仰光就医，均同意。即交蒋君五百元为零费。握别后即往视院内华侨司机留医者廿余人，每人给他廿元零用，并托院长代蒋君设法往仰光就医，蒙应承相机办理。当三月六日，慰劳团在新加坡下船时，诸家属及社会朋友送行者颇众，咸都热烈兴奋，欢祝鼓励诸代表，荣誉成功，喜气洋溢，独蒋君母妻涕泣悲送，甚至船已启行，送者回途，涕泣尚未停止。有人告余云："慰团回国仅三月短期。况为代表甚荣幸，其母旧式无学尚有可原，其妻虽结婚未久，乃曾受教育身任教员，亦如此无谓多情。"迨兹观之，岂真所谓吉凶未来先有兆乎。

二五九　大理观石厂

是晚下关李主任设筵三席，物味丰盛，食至一点余钟，余甚不耐，亦不满其丰而多筵。筵终医院长及同车医士云，明晚伊等要设筵相待，余极力辞却。又交通部机关办事人系厦大学生，订明天往参观工厂及车机，亦云要设筵，余亦辞之。而医院长及医士极盛意不许余辞，余乃不客气直陈衷曲，言："余此次代表南侨回国，系有工作职责，在抗战困难时际，凡可节省一分便当节省，勿作不必要应酬，致或有不便。如本晚筵间之长，余甚不耐，盖终日未有休息。虽诚意要设宴招待，然反使余不便，徒花许多费奚益。"医士等又云，筵经定办不可退回。余云既不从余要求，明天就要走。医士等乃接受作罢，此事李主任亦知之。订明早将往大理，余预嘱在大理简单午饭，切勿多费菜资。越早往大理而同行至八人。余目的为参观大理石出产及工作，然出产在山上无时间可往。唯到各工厂参观，概系手工，规模均小，制成每件成品，须损失数倍原料，譬如一个石桌面，厚仅二寸，须用石坯厚七八寸者开琢之。不但原料损失，工资亦多。若用机器锯开，则相差甚远。时已中午，导往市内党部机关午饭，诸石商有联合成一团体。余问该团体主席，贵处有设机器厂琢造否？答未有。问设有人投资设机厂，可容纳而不反对乎？答甚欢迎，决无反对，能用机器制造，则成本廉消〔销〕路远，地方多人受惠。余答君能明白此理，实地方之福。盖工业能发达，利益先由地方工人及商贩占去也。言时已一点钟，方入席午饭，仍设三席酒宴。知余不愿久筵，则另备米粥供余。食罢，转身来隔房坐待。未入席前李主任告余，本午酒席系大理绅商招待，及入席则主人仍是李主任，绅商均居客位，余坐待将近午后三点钟，彼等仍呼酒令未休，又见役人再从外间购来两瓶酒。余即往门前叫侯西反君离席，李秘书及杨君亦同起，余告他等时已三点，到下关近晚，安有时间工作乎？

二六○　下关腐败主任

余不向筵中诸人辞别，即戴帽执手杖先行，侯、李、杨随后亦来。出门再行半里许，方到停车处，登车即行。余告杨君云："运输安能有成绩？以下关站之重要，而委此腐败主任。昨晚余辞医士设宴，彼已闻知，早间又吩咐简便午饭，彼乃复设三酒席，骗余为大理绅商所备。已食两点钟久，尚再购来两瓶酒，再迟一点钟或未毕席。余原按午饭后，往市店参观各贩卖店之石器，兹为赴筵所误竟不得往观。昨晚与交通部站长订约午后参观其工厂，西南运输工厂亦须往观，现虽赶往，恐到时多已停工，晚后各机工又将开会，岂不迫促乎。西南运输委此腐败之人，有意如此开消［销］。彼必呈报昆明机关，欢迎某某费去至少千元。其实为他舞弊，且误余工作。回到昆明可向龚君言之。"杨君云："均是一丘之貉，如昆明机工互助社①，专为华侨而设，理应任华侨司机妥人为主任，他则不然，委用其私人，月薪至三百余元，社内职员卅余人，每月费款八千余元，无裨华侨司机实益，其腐败如是，所云欲继设分社，不外增委私人已耳。"

二六一　运输不统一之错误

近晚到下关，参观交通部及西南运输等停车场及修机厂，尚有其他如中国红十字会、经济部、银行及别机关，统计汽货车、客车等，有六七部份，各自立门户，如添油站、办事所、停车场、修机厂，各独立创设，若货车少者，则未有修机厂。均为政府公用车辆，而机关林立，不特多占地方，多用许多人员，多加费用，且各部份人员互生意见，如某部份缺何物品或汽油，别厂虽存许多，亦不肯借用。甚至医院亦如是，除西南运输处车多人众设有医院，其他均未有。西南运输处货车有一千余辆，交通部货客车数百辆，其他百余辆或数十辆。机关愈多，设备愈简，损坏及停修者亦愈多。运输成绩当然减少。此概为不统一所误，若能统一主持机关，不但逐月可减许多用费，设备亦可完善，损失定可减少，运输必较有成绩也。

二六二　前赠机工物领不足额

晚餐后，赴华侨司机及修机等人之会，到者百余人。多有问客年南侨总会

---

① 华侨机工互助社原附设于西南运输处运输人员训练所，1940年2月1日正式归属运输处开始办公，西南运输处处长宋子良亲任互助社理事长。

惠送机工等衣被鞋每人若干件？余答由仰光入口者洋毡被一千八百件、蚊帐二千件、棉背心二千件、卫生衣二千件。由香港寄安南转昆明者有卫生衣一千二百件、纱内衣三千二百件、胶鞋三千五百件、袜七千双、二南衣裤三千二百套。洋毡被按分送第一批至第四批为止，若第五批起自新加坡已有购送。蚊帐与背心，系分送在滇缅路服务者。计每人多者九件，少者六件，即减蚊帐、背心、毡被三件而已。诸司机云："伊等亦略知应得数额，然多领不足，领得九件者只有极少数人，如重要之洋毡被，甚多人领不到，蚊帐亦然，其他亦多领不足。"余在洋时曾闻被公务员取去不少，今日闻诸人言始信之。有人问缅甸经禁出口，现虽有我国界内可转运工作，若运完将如何？余答封禁只限三个月，到限英国定必开放，可免介怀。并勉励努力服务，敌人气力已衰退，抗战最后胜利必属我也。

二六三　擒孟获古迹

大理为云南有名城镇，本拟遍游全市，不意为筵间阻碍，致匆促便回。只经过数街，见其商店市衢颇为齐整，行路及店员衣服均好，大约该地方民生必殷润可知。近处有一大湖，远望一片汪洋，名曰"洱海"，四面多山，唯少见船舶，谅无何出产。下关为滇缅路中区，将来定可发展，现有市街数道，甚不整顿，商店亦与同化，市民亦多褴褛，若政府稍注意改善，决不致如此简陋。距下关市三数里远，有一古迹，汽车路经一小坡，坡下有石坑，坑底有大水沟，川流不息，相传三国时魏延擒孟获，即伏在此沟底。余到下关两次，为初秋及初冬，闻冬末春初，常有狂风甚烈，为他处所未有。楚雄亦云南有名城市，为滇缅路必经之地，惜未有改善，故市街商店虽比下关较好，然远逊大理也。

二六四　滇缅路最高处

昆明至下关四百余公里，此段路线未抗战前已开辟，但稍狭，未铺石子。

按世界路政阔度分三等，即七公尺、九公尺、十二公尺。滇缅路为九公尺，抗战后开足尺数，路面加铺石子。沿路多高山。今日行时，见中间路边树立一碑名"天子庙坡"，高由海拔算起，八千二百余尺，为全滇缅路最高之处。时虽初秋，见不远之高山上白雪如云，满罩半山之上。沿路石山虽不少，然能生产之土山亦甚多，水田、农园到处多有，远胜西北及贵州诸省。若日后政府能改良农业及水利，则云南此一部份之生产，定可增加数倍。如由滇缅路再开无数支路，则由可生产之山地及矿物，更可获无穷利益。且气候温和，不甚寒亦不甚暑，雨水颇足，在西南诸省中，实不多得之乐土也。

二六五　云南多肿颈病

昆明至下关沿路及市镇，见男女民众气色不佳者颇多，而尤以作[做]工之人为甚。且多有肿颈之病，女人尤多于男子，犯此症者其形容更无血气，青年人较少，卅余岁以上犯者较多。大约为积渐而来。此种病余行十余省，西北未见一人，西南如贵州、广西虽有，然极少数，独云南甚众多。余问同行医士何为而致，答食物养料不足。云南半属热带，故较多疾病，与西北寒地不同。除有名城市外，医药全无，任其自生自灭。且此地前为鸦片出产区域，染者极众，近年虽禁绝栽种，而遗毒未清。希望抗战胜利后，慈善家或政府，注意此方之卫生，供给医药，扑灭鸦片也。

二六六　车路管理仍腐败

八月三日，余等四人离下关，乘汽车回至楚雄，约下午四点钟，仍寄宿中国旅行社，嘱车夫明早六点起程。车仍驶到西南运输站寄停，时货车尚未来。越早余待至六点半，车夫尚未到。侯君亲往探视，回报被后到各货车数十架阻塞不得出，而最后到之货车夫，不知寄宿何处，车之钥匙被带去，现方派人寻觅。待至八点余钟，各车夫来始将货车驶出，乃得起行。车站陋习如此，西南运输安有成绩可言。如非余急需汽车，则数十辆货车，俱须待最后到车夫来开车，方得驶出，一日之中已空费两三小时矣。自去年派刘代表①来视察，便知货车停栈无秩序，不但阻碍运输，连修理及清洁咸都不便。车夫无宿所，任其散处外间，难免嫖赌怠工等弊。精神既差，危险易生，此为必然之势。当此军运紧张，而当局冥顽无知如此，可胜叹哉。

二六七　一月内改善三事

　　余等由楚雄回昆明，日尚未晚，顺途先往某温泉浴室沐浴，及到，见其设备甚简陋，且秽杂不洁，大失所望，即回旅行社。越日往见龚主任，告以沿途各站所见以及楚雄汽车遇阻事情。自前年刘代表报告，迄今经年绝无改善，汽货车安得不多坏，运输安得不寡少。龚君答伊虽负责主持，然重要机关人员，多是宋子良君委派，逢有不法当革辞者，虽屡告亦无效。余见龚君是诚实人，非狡诈圆滑之流，所言可信为事实。然余不得不再进忠告，冀可挽救多少。"（一）货车到站栈，须排列有秩序，留空路使各车可自由出入。（二）货车到站栈排列后，须雇定工人洗净泥污。余曾见放在车身底下之副车胎，染泥土如燕巢，足知许久或始终未洗除。若南洋司机之管理法，日日必要洗净。（三）货车到站后，若机器稍有不顺，司机人应即报告修机司，立即修妥，明早方可出发，如此可免途中停顿损失。以上简单三件事，普通管理人都晓得，只在当局命令监督实行而已。非挟泰山超北海做不到之大事。"余又言："余到渝无多天，蒋委员长问到此观感如何，余答政治原不晓，工厂尚未往参观，唯见市中人力车、汽车甚不洁，满涂秽泥，令人憎厌，不但其车易坏，而观瞻上亦不好，影响所及，即有不卫生之弊。若南洋市政管理甚严，各车日日须要洗净，否则科罚。蒋君立登记随身手折，后十多天便见人力车大异前日，多已洗刷清洁。"龚君云："决接受君所言三事，一个月决实行改善各处车站。"又约余明天赴西南运输训练校，及司机等联合欢迎会，余应承之。

---

① 即刘牡丹（1902—1983），福建南安人，时任南侨总会总务主任。

二六八　安危及薪俸之比较

八月八日，西南运输训练校及司机等，开欢迎会，主席龚学遂致词毕，余答谢，并言"我国为世界最落后及最贫穷之国家，故敌准备侵略之初，仅按数月便可吞灭我全国。然抗战于今三年余，敌人不但计划失败，而最后胜利且当属我。余此次往首都，及西北、河南、湖北各省，亲闻各战区司令长官、参谋长、总司令等报告，我国民气日旺，军力日强，而敌则气力均退降，故咸都抱乐观景象。虽然如此，仍要靠万众一心，耐劳耐苦。如在前线与敌人赌生死之军兵，每人每月薪金伙食合计只十一元半，排长仅卅二元，上将原定八百元，现仅领三成二百四十元，中将原六百元，现领二百元，少将原四百元，现领一百五十元。又如军事政治学校，学生多系中学毕业，或修业者，大学生亦有，多自动参加，有步行两三月而来者。训练期间不定，二个月至四个月，便往战区服务，向军民宣传联络感情，鼓励合作团结，并教士兵识字，或代写家信。每月薪金伙食仅一十五元，近因米贵津贴多少米价而已。自抗战迄今，毕业往战区服务者已有四万余人，成绩堪称满意。以上系白副总参谋长及陈政治部长同时告余者。又余至青海省，该处厅长薪俸每月仅三十八元，闻贵校人员及司机等，薪水百元以上至二百三百元者不少。比较上言诸人工作，安危及劳苦相差甚远，而薪俸则更优。应当如何努力，和衷共济"云云。其勉励与褒奖各项，与在重庆西南运输会所言略同。

二六九　象鼻：龙主席之宴

余自下关回来，往见云南主席龙云，辞出时与驻昆明管理盐政张君绣文①相遇，谈话时始相识。他前任自流井处亦管理盐政，中央移他来此已数月。何

---

① 张绣文（生卒年不详），河北盐山人，时任财政部盐务总局专门委员兼总务处处长。

部长应钦及随员七八人，亦乘机来昆明，盖为布防与安南交界之边境而来。越日龙主席招宴，何张二君均到，同席百余人，龙主席左右为余及何部长。坐余近处有一位青年人，料不及卅岁，鸦片烟容甚重，昨日通名片之门役，亦均带烟容。龙主席亦有人言，余不敢断其有无，其眼略圆，白珠多红根。是宴酒菜均特殊，菜中有象鼻一味，为生平未尝食。筵终坐［座］谈，余问何部长，周恩来君往延安回未？答闻昨天始回。张绣文君谈自流井产盐，前每年五百万担，现增至七百万担，再后可增至一千万担。又言"前曾往某国做过领事官，后又在南京作官，两三年后即辞职不作，盖凭良心做好官甚困难，如同流敷衍，因循诡附，实作［做］不到，故多年不入政界。抗战后始来川任盐务"云。余见其颇诚恳，所言认为可信，与普通公务员不同也。

二七〇　昆明之见闻

昆明有福建会馆，屡招余赴会，余力辞，恐如前慰劳团之麻烦。又有联大学校，为北平各大学，即北京、清华、燕京、南开等移来合办，举代表诚意要余往讲南洋华侨协助抗战情况。余念四大学生自沦陷区远地来此，不忍过却，故接受而往。开会时报告南洋华侨人数、义捐、抵制诸项努力，及教育、经济情形，并略述抗战之乐观，勉励青年勤学节约等事。南洋多处学生将往重庆求学，亦有来昆明而欲转往者，计百多人，坐待至二个余月，无车位可往，盖车位须先一个月前预定，到时又被取消，因有权势之人占去。知余到此多来恳求。侯西反君乃向龚主任商酌，坐西南运输往渝货车，司机坐［座］位之旁每车一人或二人，约十余天可以齐去矣。余往参观西南运输修机铁工厂，见新造木炭炉，系代汽油机之需，据云要赶造四百个，订三个月完竣。昆明市区颇广，街路虽不及西安之阔，然亦不狭，汽车可以通行。有多处茂树成行，亦颇雅观。虽屡被敌机轰炸，然店屋尚多整齐，损失亦不甚大。唯敌货排列不少，大约为前自香港、安南运来者。至吸鸦片之人，或不甚严禁，偏僻市巷尚有贩售开灯。云南前为我国鸦片出产最盛省区，故吸者众多。虽禁种有年，而积存或不少，私售私吸为各省冠，然出产既绝，年年消耗，不久当归绝迹矣。闻以前每年鸦片税可收三千万元，禁种后税款无着，军政费不敷甚巨，中央政府逐年补助至一千五百万元。市外乡间常见有十左右岁女童缠足者不少，以龙主席权威，如肯发一禁令，无难立可收效矣。余出昆明后，曾致一函与民政厅长，请其禁止缠足。

二七一　昆明各界联合欢迎会

八月十二日，昆明各界开欢迎会，主席为建设厅长张君①，他前常往南洋，年五十余岁，自青年时已参加革命，加入同盟会，颇诚恳，似有叹息直道难行之概，与平常官员不同。是日到者千人，坐［座］位皆满。主席致词毕，余答谢并报告海外华侨，对祖国之外汇金钱，与抗战有密切关系，故组织南侨总会，以资联络领导，如常月捐之努力，抵制敌货之剧烈，及鼓励侨众多寄家信等工作（均详前）。"至抵制敌货，虽犯居留地中立国法律，亦多踊跃办理，对待奸商虽遭捕禁治罪，亦前仆后继进行。不似国内市肆中，多有排列仇货者。南洋鸦片流毒，华侨损失惨重，迄今尚烈。前年虽欧洲国际联盟会派员来南洋考察，向当地英荷政府交涉，然彼借口中国尚未禁绝，若中国能实行禁绝，则南洋各属地亦决禁绝。兹希望我国内凡有售吸者，切实严禁，以至根绝，则华侨受惠者无限。"约两点余钟始散会。

二七二　答昆明记者问

昆明各界开会后，主席导往客厅茶会。在座数十人，有在地记者，及他处驻昆明访员十余人，举两代表向余言："我等有数项问题，原欲听先生表示，意者或可于今日开会演说时闻之，故未便先言，然顷在台上所言，与我等欲知者不同。兹有数事，敢祈勿辞劳烦惠示云。"余问："贵记者，是要私人知之，抑

---

①　张邦翰（1885—1958），云南镇雄人，时任云南省建设厅厅长。

欲发表于日报，公于大众者？"答"当然要在各处日报登载。"余云："在重庆亦曾经许多记者下问，及见其报载十无二三，后屡次复来，余以上言辞之，彼云多被检查员裁去，若然则多言奚益。"记者代表言："决与重庆不同，希不吝指教。"余问要知何项，记者写五问题：（一）南洋华侨报界如何？（二）南洋华侨教育状况如何？（三）国内国共两党磨［摩］擦，能否严重？（四）回国观感如何？（五）对国民党有何意见？余答云："五问题中，一二三均可接受，第四项亦可将闻见简单报告，唯第五项不能回答，希原谅。昨余阅此间某报登载范君长江短评云'自抗战以来三年余，第一大胆敢说公道话者，就是陈某一人而已'。若以重庆《新华日报》，登余上月在首都国民外交协会，所演说《西北之观感》一事，以余度之无所谓大胆。该协会为政府承认之机关，标题系该会所命，余当然依题据实而言：彼已实行三民主义。古圣云，言忠信，虽蛮貊之邦可行，况我礼义之祖国乎。凭余亲闻亲见，据实而言，乃余之天职。今日承贵记者诚意辱问，余仍以所闻见忠信相告。"所述另记如下。

二七三　南洋新闻界

"南洋华侨日报，以新加坡最为发展，其他各属报馆虽多，总不及新加坡纸张及销数之多。每报日出早报对开纸六大张，晚报两大张。国内首都重庆虽《中央日报》，每日亦仅出版一小张，只有新加坡十余分之一。但新嘉坡早报六大张之中，广告版约四分之一，剪中外文稿亦四分之一，余二大张则为专电、论说，及马来亚新闻，尤以各法堂案件为最。消［销］数多者二万余份，少者不等。至于开通文化，改良社会，评论政治等，原为报界职责，则多未能办到，往往发生意见，互相笔战，以及借办报权威利己损人，亦所难免。唯社会新闻，则登载颇详，凡有开会，记者必到，似为竞争而来。如重庆政府社会机关之多，逐天必有数处开会，如在新加坡不知要增加许多新闻，而重庆则寂寞无闻。如数月前'全国经济学社'年会，要人到会者不少，名人多位演说，若新加坡报纸一大张专载，尚恐不尽，而重庆各报，仅登数行，精神内容绝无可取。以首都日报，应为各省及南洋模范，乃如此简单，实为海外华侨所失望。据诸记者言政府统制严厉所致，果尔则又与新加坡大异。新加坡西报，不但社会事自由论载，便是政府政治事项，或公务员市政局，稍有差误，立可批评，甚至攻击无遗。设有被诬失实，可以法律控告，不能任意检查干涉。若华字报，则转译西报而登载。抗战后如香港《华文报》，闻有二三十字不许对敌方使用，如'寇'字、'贼'字等，盖为敌领事官，向港政府交涉，故禁用。若新加坡虽敌领如何交涉亦无效，良由检报员孙君之力，故荷印华侨报亦如英属一样也。"

二七四　南洋华侨教育

"民国未光复以前，南洋华侨无所谓教育，其时学校甚少，虽有私塾亦极有限。若英属虽设有英文校，所读所教只能备英人使役而已，不但无专门或大学，便是相当中等学校亦难得。若荷印荷文学校，则不许从祖国来之华侨子弟入学。暹罗则须读简单暹文。由是各处华侨子弟，既乏中国文化，致多被外国及土人所化矣。迨光复后，各属华侨热诚内向，有送子弟回国求学者，然为数无多。唯在洋则积极创设学校，十余年如雨后春笋，到处多有，及至近年则更形林立。全南洋华侨有三千余校。学生四十余万人，马来亚约占半数。概用国语教授，故南洋国语可以通行。荷印政府由是取消禁令，兼收华侨子弟，英校对教科书亦改善不少，且有添入中文科者。然华校虽多，泛散无统，我政府尤鞭长莫及。至各校经费概向侨商捐筹。学生每人月缴一两元，小学多男女同学，市区较大者多专设女小校。中等学校各处多有创设。自抗战后学生难于回国，故各校都至满额，而向隅者不少。然未有专门学校及大学师范。暹罗自亲日派执政以来，苛待华侨无所不至，对教育方面手段更辣，初则须用识暹文者为校长，后则尽行封禁。此事须待抗战胜利后，方可与之计较耳。"

二七五　国共可免破裂

"国共两党磨［摩］擦事，余在洋略有闻知，然未悉其真否。故将回国之时，便有意亲到延安探访，方明原委。及到重庆始知恶感严重，甚形危险。数月前经白崇禧将军，及参政会出为调解，虽未了结，已较宽松多多。余未至延安之前，传闻共产党甚恶，如无民族思想、无信无义、叛国贪财、奸淫妄杀、抢劫欺诈、绝灭人道、甚于贪狼野兽，非先扑灭不可。及至往西北各处回来，已明大概，诚百闻不如一见。其最大原因，为共产党在诸沦陷区乡村积极扩充军队，印发纸币，县长由民众自选，逐去中央前县长。西安事变时，许他军队限定三师团，现已增加十倍，据言不如此不足以抗敌，亦不足以自卫，且多在沦陷区组游击队，为中央不能办到者。其军队所住区域，与中央军接近，当以阎锡山、卫立煌、胡宗南诸将军为最，而三将军均与朱德将军感情良好，绝无意见冲突，皆系同仇敌忾。此为余亲闻于诸将军者。在战区既如上述，唯中央有一部份拟攻击共产党军队者。余料现下将官多明大义，甘愿死敌，决不愿自相杀戮。内战危险，料必不致。况调解已有条绪，蒋委员长前日特备飞机，为周恩来君乘往延安，闻已回来。以此言之，国共虽有磨擦，可免危险破裂也。"

二七六　回国之观感

"回国观感事，余虽住重庆，一个余月，素来对政治为门外汉，不能言，亦不欲言。惟〔唯〕已往四川、甘肃、青海、陕西、陕北、山西、河南、湖北等省，与司令正副长官、参谋长、总司令及陕西胡宗南将军、绥远主席傅将军等接触，俱皆热诚忠勇，团结对外，以国家为前提。至于民众进步甚速，多能同仇敌忾，信用中央纸币，各处治安良好，盗贼减少，生活安定，壮丁服从征调，学生远行来投军校，教育及手工业，与及交通各有进步，鸦片除种，农民勤劳，加以雨水调顺，物产虽贵，钱不外溢，抗战多年，人民生活不致困难，此为余最欢喜满意者。唯清代服制之长衣马褂，尚仍保留，失革命维新精神，涂唇染指，忘新生活条件，与及十左右岁女童，犹守缠足陋习，无兴利除弊决心，此为海外华侨认为奇特，而想不到也。"余站立演说，约两点钟方毕。执笔而记者五六人，逢有未详处停笔而问，余均复述之，谅其记载无遗漏。当地日报及外埠通讯员，是否照登，余不得知，因越早已起程往贵阳矣。

二七七　贵阳途中之二十四崎山

八月十三日早，余仍假西南运输汽车起程，向贵阳前进。侯君云，闻人言途中须过廿四崎山，甚高峻危险，当注意。余在新加坡亦曾闻来渝受训某党员言颇危险，于是通知车夫须预告。车行出云南界入贵州省，到廿四崎山下，系一带高山，中有山腰较低，须跨过此山腰，故开作弯曲廿四次之车路，每曲为一层，每层最高卅余尺，合计此山腰高约七百余尺。至所闻崎岖危险，完全谬说，绝非事实。盖每弯曲一层路，长约五六百尺，以高卅尺而斜势配许多长，计斜度不及十分之一，且阔量充足，为极平稳上山车路，而言危险，非愚则妄。我国人常欲以无稽欺人，意者非炫其经历，则平素好荒谬，而不顾人格也。

二七八　"八一三"过盘县

近晚到盘县，寓于旅舍，该旅舍甚不便，欲别觅则无有。遂往市街散步，见各街并商店如下关状况，绝无整理，任其糟秽。不但街店如是，店员市民亦如是，有秽陋不能形容者。加以乞丐更不堪入目，谨避三舍为快。我国城市常有此等状之乞丐，若外国人见之，必讥为非人类区域。按城市如有此等人，多者十多人，少者三数人，当局若能知耻注意，每县至多设一收容所，鸠集一处，不外百数十人，病者医治，怠惰教以工业，所费无多，容易化为良民，免作不卫生标本。近市有某社团，知余等到，邀请于是晚演讲，余力辞之后，始忆本日为"八一三"，乃许之。到者百余人，多系青年辈。余略为报告南洋及西北大概。有一少年人料系该团书记，知余寓所不便，愿将卧房见让，极其诚恳，并代假邻舍为侯李二君寄宿，乃将行李移来。余感其诚，越早取一相片赠之，此为余沿途第二次赠相片。盘县市四方多山，炭矿近焉，燃料概用炭，价值只还挑取之工资而已。

二七九　贵阳地乏三里平

越日起程近晚到贵阳，寓中国旅行社。路中见一处瀑布，阔约百余尺，大水由高泻下，若加人工改造，水源或为较强，可成规模不小之水电力。沿途经过所见多是石山，其之多石或为全国各省冠。余意科学万能，将来若能将石块化为有价值之物，则贵州省之富真无限量。石山既多，田园减少，虽有亦极狭窄，未见有大段平阳田园，或原野可耕之地。闻俗语有言，"天无三日晴，地无三里平"，雨水果满足，物产应丰富，何致素称贫省，此莫非石山多田园少耳。又沿路所见苗族人不少，其衣服与汉人不同。贵阳市区亦颇齐整，街路亦不狭，虽屡被敌机轰炸，然损失不大，故尚繁荣可观。闻资本较多之商店，都系来自他省。前鸦片出产亦多，每季税收千余万元，现已禁种多年矣。

二八〇　吴主席费少希望大之妙喻

余至贵阳之越日，往见主席吴鼎昌[①]，然素未相识，唯荷印义捐系指交中国红十字会吴主席，故信息常往来。吴君相貌丰伟，与诸官员殊。订下午茶会，因贵阳实行节约，久禁宴饮，余经许多处，在陕西三原县禁用香烟请客，兹到贵阳，则禁宴饮，均甚敬佩。茶会时到者数十人，主席吴君致欢迎词后，并述一故事，谓"华北某处乡村，有一妇人备酒菜少许，焚香向土地神祈求，庇佑儿子商业获大利。今日设此茶会，所费几何，亦希望南洋华侨，投资贵州省开发实业，因贵省素贫，为全国冠，然矿产颇多，非华侨投资难期发展"。余答词，奖其"禁宴饮与三原县媲美，深表同情敬佩。至云费少望大，然该村妇为私，吴主席则为公，但均乏灵效，归于泡影则同。余此次代表南洋华侨，回国

---

① 吴鼎昌（1884—1950），原籍浙江吴兴（今湖州），生于四川华阳，著名实业家，时任贵州省主席。

慰劳考察，完全为抗战任务而来，对于所谓投资开发实业，绝对无关。过去华侨亦有发表个人要投资千数百万元，结果空雷无雨，贻华侨羞。以余见解，华侨果能投资祖国，必靠大众方有成效，若靠少数人资本家，决不能办到。此事要解释颇长，恐乏时间不便。总言之，若国内政治办好，社会亦健全有信用，组织股份公司，无论铁路、轮船、矿产、水电，抑任何其他事业，要向南洋华侨招股，数百万元或数千万元，确无难事。否则谁敢投资于此不良政治区域乎。至余回国任务，除慰劳外便是采取国内抗战以来，军事、政治、民众有何进展等材料，携到南洋向侨众宣传，俾提高爱国。增加常月捐、义捐及多寄家费，以助抗战之需要。无论政府往外国采办原料军火，抑在国内作基金，增发纸币助军需，均可利用此外汇，此为余之任务也"。

二八一　滇缅路开放

欧君元怀[①]前任厦大教师，后往上海创办大夏大学，曾往新加坡故相识，他原籍兴化，现任贵省教育厅长，诚意邀余往开会，余不得已［已］接受之。又厦大学生多人招余赴宴，余力辞，以他处均辞谢，况此地政府有禁令，更觉不可，复欲将筵移来寓所，余坚辞乃罢。前慰劳团员庄君明理，原籍泉州，在渝约来贵阳同行回梓，昨天已到。报告"蒋委员长某日在纪念周，告王泉笙、郑善政取消飞机票，免来西南等省，因为已接余函札耳"。又贵阳西南运输办事处来告，"接昆明电云，滇缅路运输英已开放，但日间不可运，夜间任我自由运输"。又告"训练毕业诸司机，及住站等人已派往任职矣"。何应钦在渝送别时，曾告以菜油化制汽油，以贵阳厂为最，因出产菜多。余到贵阳注意参观该厂成绩，及至乃一极小局之工厂，虽新备两个铁炉，安置甫竣，其计划亦甚形狭小，绝非大规模出产。至化作汽油方在试验，用一副机器亦极简单，未有成绩。余料该厂要达到何部长所期望，实有霄壤之别矣。

---

① 欧元怀（1893—1978），福建莆田人，时任贵州省教育厅厅长。

二八二　贵阳中国红十字会

贵阳中国红十字会，主持人为华侨林君可胜①，乃林文庆先生长子。自幼年送往英京留学，专习医科。将毕业时，适初次欧洲大战，即往战区服务。至战事告终，在英京医学校任教师多年。北平协和大学兼医院，聘他任教师十余年，"七七"事变逃回新加坡，月余复回国。在汉口为政府服务救伤等项，后来在贵阳图云关创设红十字救伤总站。余到贵阳时，林君及周君②来见，周君厦门人，在协和医大毕业，任总站要职，邀余往参观。该站系民廿七年，林君向蒋夫人处，商支国币八万元，始来建设。后由香港中国红十字会机关，逐月增加经费，故有此规模。现每月经费廿三万元，医校费二万九千元。已受训毕业，往战区医院服务者五千余人，在校者六百余人。修业期间不定，约二个月至四个月。所教分甲乙丙丁四种，甲种系各战区医院旧医生，对医术无须再教，所教者系各国药品，譬如德国留学医生，只晓德文药名，他国文药名则不晓，英国留学医生，则仅晓英国药名，别国文药名亦不晓。未开战前各国药材利便，现下则不同，且有新中药以替代缺乏者，故须召集诸旧医生，教以各国药名及新中药，俾各国之药均能应用。又种种医具，现不但无德意日等敌制之器，虽英美制者亦难办到。故所缺者，系用我国新发明器具替代，虽不及外物之佳，亦胜于无，此亦不得不教之。其他类是者尚有多项。丁种则为看护及包扎等工作，余者甚多已忘记。该站附设留医病房多间，可容百多人，系作实验研究所，而非正式病院也。

---

① 林可胜（1897—1969），祖籍福建海澄（今海沧），新加坡出生，林文庆之子，中国现代生理学主要奠基人。
② 即周寿恺（1906—1970），福建厦门人，时任救伤总站内科指导员。

二八三　努力之精神

　　林君创办之处医校及病房而外,尚有制造各药、医疗器具、绷带等。原料由他处买来,绷带系买成匹布来消毒过然后裁剪。又显微镜有外国来者,有国内自制者。各件医生用具,贮装一小箱,栈房常积百余箱,以待战区医院需要。有汽货车百余辆,为出入运输之用。设修机厂一所,利用一架已坏汽车机,全部油漆如新,各件标名中西文字,以作标本,令人见之容易了解,于此足见林君办事之精神。若西南运输汽货车数千辆,修机厂十左右处,绝未见过。图云关在贵阳市外,前系山野之地,无利可收,亦无民居,现全部厂栈数十座,均独立不相连,以避轰炸。无人道之敌寇来炸数次,损失极少。为防炸及节省经济,故建筑甚简,多系茅瓦板壁。规模虽广,花费无多。地势崎岖,建筑分列左右,公路从中间经过。又建一会所可容六七百人。参观毕请予演讲,余报告南洋华侨对抗战努力工作种种,及往西北诸省,与战区司令长官谈话及观察社会、民气,均可抱乐观态度以勉励之。

二八四　救伤远胜前

　　开会毕,留余午饭,同筵中有一位女医士,为香港何爵士[①]女公子,年约卅左右岁,曾留欧习医学毕业,自动来此服务。余问林君以经费事,答:"医校一部份,每月二万九千元不足用,政府规定医生薪俸,每月最高四百元,现下较有名医士,非五百元难聘,其他什用亦不敷,按每月须加一万多元,办理方能妥善。屡函香港总机关,不蒙接受。又药资亦不足,凡零星需要药品,总机关亦不注意,须向美国采办。每年如加香港币七万五千元,则各药品较可免

---

　　① 何爵士即何东(1862—1956),英文名 Robert,父为荷兰裔犹太人,母亲祖籍广东宝安,著名企业家。

缺。"又问："现战区医院计若干处?"答："最前线临时医院六百余所,后方医院二百余所。前经商定香港总机关,如此地之办法,按规模较小者,当再分设两处较为便利,一在江西,一在汉中,现江西已进行矣,汉中不日亦可筹办。"又问："现前线救济伤兵,比前成绩如何?"答："前时完全无组织,伤兵有数日尚乏医生可救,或乏药可治者。自去年来则大不同,前线设有临时医院,伤兵运到立即施治,轻者医至全〔痊〕愈,可再往战阵,重者按非数日可愈,则移往后方医院。如度须久治或残废者,则复移至内地医院。"余闻后甚为喜慰,告林周诸君云："自抗战后常闻伤兵乏医药,轻伤致重,重伤致死,惨不忍闻。在洋侨众绝未闻先生等建此宏伟之救济工作,功德确实无量。希望抗战胜利后,请回到闽省改革卫生,多设医院以救民众,南洋闽侨必能帮筹经济而玉成之。"

二八五　勇为与畏缩

林可胜君住新加坡时,常与余来往。伍君连德①亦由上海南来,告余伊在上海建一住宅,及家私十四万余元,尽被烧毁。伍君与林文庆君为襟兄弟,系槟城侨生,留学英京医科,回国在政府处任职二三十年,国人多知其名,后在上海任检验入口卫生职务,或云已富有资产。抗战后回洋,与林可胜君约在香港同往上海服务救伤。林君到香港时,上海已失陷,觅伍君不得,盖伍君复私回洋,后在怡保设药房行医谋利,而林君则由粤汉路往汉口。林、伍二君俱为侨生医士,一则仅在北平协和大学任教师,一则在中国政府任职多年。迨至国家有事,彼应担任后方救伤职责,亦属医生义务且无性命危险,而乃一则见义勇为,一则临难逃避,尚有面目与侨众相见。午饭后周君导往距贵阳数十里,风景区游历,近晚回寓。

---

① 伍连德（1879—1960）,祖籍广东新宁,中国公共卫生学家。

二八六　南侨补助救伤总站

　　余回寓后，追思林君努力可敬，且负重要责任，盖此项职责，非有经验之西医不能办，而经验西医，亦当有忠诚义勇及才干，乃能收效。以我国人才缺乏，道义不讲，求如林君者实非容易。渠所穿衣服，虽属西装，然系本国布及本国式鞋，终日勤劳工作，极少应酬。余将往风景区与握别，告余云有事不能倍［陪］往，尤可见其专心任职，令人更加钦佩。抗战中华侨有好人任此要职，且为慈善救济义举，海外侨胞绝未闻知，未有资助，更非得宜。越日早膳后，余复令驾而往，再详问林君以经费事，知医校逐月尚需加一万多元，则应承逐月由南侨总会捐助一万元。自本年九月起，至十二月止，计四个月。现交国币一万五千元，又中国银行存票二万五千元。新年元月起助费，待余回洋筹寄。至买药逐年香港币七万五千元，此条未便应承，因英政府自欧战后，禁止新加坡汇款往香港，待到洋后相机设法。及余到新加坡，即汇国币二十一万元，交林君为补助医校之资。唯香港办药之款，无法汇去。数月后闻有党人向重庆报告，林君有共产色彩，致林君亲往重庆向政府辞职，幸被挽留仍回服务。然重庆中央卫生主任某君，系北平协和大学出身，为林君学生，或者有势力代其保证乎。

二八七　离贵赴柳州

　　八月十七日早，离贵阳来广西，午后至某处，因汽车油箱撞坏，油尽漏出，车不能行，在某车厂修理两点钟方毕，并向华侨司机汽货车取油，送款与修机及司机均不受。为迟延时间，到河池县已入晚，旅舍均满。为是日有军队经过，即往县署与县长商宿所无效，乃往市外西南运输站觅宿。余与侯君假职员卧床，李、庄两人宿于车内，越早便行。午后至柳州，寓于旅舍。第四战区参谋长吴君①来见，系闽人，云张司令长官②往桂林。余拟待到桂林往见，定越晚搭火车前往。越日吴君来告，张将军来电本晚坐火车回柳，嘱余留待，并告此间同乡多人，官商均有，约来此会见，并报告闽省苦况，余应承之。吴君设一茶会，到者二十余人，言未终而警报至，遂散会。柳州与沦陷区接近，警报日常两三次。诸同乡报告民众困苦事，所言泛泛，未有指明何害，唯较激烈者有国未亡而省先亡之痛语。柳州市镇分两区，汽车路所通之站，虽有数条街，多系栈房，商店甚少，而市区则在过江岸上区域，火车站亦在该处。江阔约数百尺，他日若造桥则交通便利矣。余是日无事，见一条汽车路，问车夫可通若干远，答数十里而已。再进站路均无城市，及至终点系石龙镇，有市街一条，无整理。适值警报，店户均闭。近处有一花园，并一小楼，无人居住，余等在楼上少休息，午膳后即返。雇一小舟游江一点余钟回寓。适邹鲁夫人③亦来寄寓，问在南洋捐款若干，答五十万左右元。余未离新加坡时，彼仅捐二十余万元，盖彼为办儿童教育来洋劝募也。

二八八　离柳来桂林

二十日上午，张发奎将军均往一天然防空洞相会，该洞为石洞，可容数百人。张将军前年游欧，过新加坡与余相识，相见甚欢。余致慰劳后，问敌人战气如何？答："退步不少，前未有投降者，近数月来往往三五成群自动来降，其厌战可知。"张君并称吴参谋长才干。又言共产党遇过苦景，他曾遇比共产党尤苦者。前在汉口来广州时，在路中全军经七天无盐可吃云。是晚设宴招待，到者数十人。筵终张君请余报告南洋华侨对抗战状况。余则将各属情形，及义捐、抵制、外汇，并组慰劳团回国意义，详陈一切。言终即过江来火车站，张君等多位来送行。余是晚离柳州赴桂林。

---

① 吴石（1894—1950），福州人，革命烈士，时任第四战区副参谋长。
② 张发奎（1896—1980），广东始兴县人，时任第四战区司令长官。
③ 即赵淑嘉（1898—1984），祖籍广东大埔，出生于江苏，邹鲁之妻，艺术家。

二八九　桂林问答

八月廿一日早，余乘火车至桂林，省主席黄旭初及前集美校董叶渊等多人来车站迎接，寓于旅舍。该旅舍或为政府设备者。是日叶君导余往政府办公处，相会黄主席。未行前告余云，此间官员对国民党印象甚深，凡不利国民党者，切注意勿言。余答他若不问，我定不言，若有问决不能指鹿为马也。少顷会见时，黄主席并请各厅长齐到谈话，余谢其到车站迎接，并代表南侨慰劳毕。主席问往西北几处？答："由成都而兰州、青海、西安、延安、山西、河南、老河口等。"又问观感如何？答："除代表慰劳外，政治原门外汉，且走马看花，日子无多，唯有探听较佳消息，并求战区司令长官、省主席或总司令，表示抗战经过大概，俾回南洋报告华侨，冀可增多外汇金钱，以助战费。据所闻见，各处民众多能同仇敌忾，兴奋爱国，余甚满意。"又问到延安若久，观察如何？答："八九日，所闻见与在他处传闻多不同，如共产政治，没收民众财产，与及男女不伦，生活惨苦，均非事实。自西安事变后，已实行三民主义，故人民财产仍旧自由，男女均有秩序，生活亦安定。"又问见蒋委员长几次？答："私会及约午饭四五次。"问有何重要言论？答初言若无雨恐民乏粮事，及再问余则实告："阎锡山将军谓国民党政治如好，共产党自消失，否则虽无共产党作梗，亦有别党反对。及蒋委员长不满共产党言词，并三问对国民党如何感想，最后不得已告以南洋所知三事，如贿赂选举代表，倡办跳舞厅，欲饱私囊，认仇货，均为党员为之。"至此停止，叶君闻余所言，多对国民党不利，心中自然不快，则告余辞退，盖恐黄主席或再问，又答以不利党人语也。

二九〇　刚直与谄懦

到桂林之越日，黄主席约余赴各界欢迎会。未往时叶君告余，此间凡开会与纪念周，均无设坐［座］位，概是立听，故至多一点钟，切切不可延长。然余对各界大会所言，不外报告南洋华侨对抗战义捐努力工作，抵制仇货剧烈，及外汇金钱与抗战有重要关系，多属国内民众不知之事，希望鼓励民气，庶不负代表职责。虽简单言之，连翻译最少亦须一点半钟，兹乃如此减缩，无乃有负此盛会。然不得已［已］接受叶君之言，简单报告。是晚黄主席请赴宴，陪客六七十人，筵终黄主席致词，余不得不答，并说起华侨投资，非靠少数资本家，及种树胶两时期，以喻抗战与建国。（两事均详前）广西政府前极有意招华侨资本家投资无效，为未明根本原因之误。至劣官吏虽非广西，然中央党员坏蛋，黄主席等已稔，余故引此两段而言。余个人为办学及攻击汪精卫，并为南侨总会主席，现获有些虚名，国内要人多知，余此次回国代表南侨因公而来，若畏首畏尾，谄谀敷衍，应酬了事，无丝毫表示黑白，未免空负此行，对公对私贻误不少。虽明知杯水车薪，无裨事实，然天职所在，亦当尽人事而已。况腐坏之流，正言无益，而好官直道之人，又须防党派缄默勿言，是则除作哑口代表外，只有懦谄柔巽已耳。以余见解若正直党员，必以是非为好恶，而不以刚柔为爱憎，如冯玉祥、白崇禧、阎锡山、程潜、马寅初、张发奎、卫立煌、胡宗南、傅作义、李汉魂①、黄绍雄［竑］、薛岳②、熊式辉③诸君，俱是党员，不以余言为非，况黄主席忠诚廉洁，是非明决者乎。

二九一　优缺不愿居

叶渊先生自离集美学校后，往广西任省政府秘书有年。民廿八年杨绰庵④任江西建设厅长，拟办江西省银行，聘叶君任经理，故叶君将辞秘书职务。黄主席极力挽留，即超升为税关局长，薪俸冠省内各官。余到时莅任一个多月，闻兴利除弊，增收至数万元。叶君屡告余该局优职，应归本省人任之，渠不合居此职，拟辞卸，第不便过拂黄主席厚意，待加三几月决辞之。至叮嘱余注意

---

① 李汉魂（1894—1987），广东吴川人，时任广东省主席。
② 薛岳（1896—1998），广东韶关乐昌人，时任第九战区司令长官。
③ 熊式辉（1893—1974），江西安义人，时任江西省主席。
④ 杨绰庵（1895—1955），祖籍河南，生于福建，时任江西省建设厅厅长。

党派，勿言对党不利事。彼不知者或误会叶君为自身地位计，故如此小心，其实不然。余按此不出两事：一、叶君虽任集美学校十余年，与余交接已久，尚未深知余天性好直言不欺隐，勇于负责，不怕威胁。二、因公回国，非私人游历，为爱国热诚，嫉恶好善，不能附和潮流。叶君若能知此，或免如是虚怀也。

二九二　桂省征调壮丁数目

桂林省政府，为抗战时际，节约无谓开消[销]，规定宴客每席至多十五元，并禁用酒，可与贵阳三原媲美。黄主席衣服极朴素，不知者几误为工匠之流。闻其夫人每早亲到菜市买菜，迄今已十余年，绝无丝毫官气，其平等化之精神，余实铭刻钦佩。参谋张君邀余往宴，余辞谢。彼云前接白将军来函，告余如到桂林，可代他设席招待，余不得已而往。问张君："贵省自抗战迄今，征调壮丁若干名？"答："五十三万余人。"又问："死伤及逃走若干？"答："死伤十七万余，逃者十五万。"又问："逃往何处？"答："调往本省地区者，逃走最多，大约回家或避匿亲朋等处，若调到外省，则人地均疏，逃走者少。"李宗仁将军夫人，自老河口归来云，桂林难童收养所经费困乏，请南侨补助。余应承每月国币五千元。回洋后即汇一年之额六万元，经接其回覆[复]矣。距桂林数十里建新工厂多座，规模颇广，多制造电气等物，如百马力内小"摩托"，无线电机及玻璃器等。厂屋分数行不相连[联]络，以防空炸，多系茅屋。办理亦有秩序，令参观者满意。

二九三　模范小学校

自叶君往桂林任职后，集美校友往者不少，省府备资托诸校友，办一间中山小学校，校舍新建，设备颇周，学生六百名，多是官员及富人子弟，故有人称为贵族学校，经费充足，校长教员系集美经验出身，且认真服务，校誉颇隆，有模范小学校之称。广西省前注意普及教育，计量不计质，资费极廉，校长多由县区长兼任，成绩甚有限，有财者及官长子弟，多送往他省留学。迨此校开办后，则不复他往。诸校友邀余晚膳毕，在操场环坐者数十人，请余报告南侨对抗战状况，及往西北观感，余酌量言之未半，而警报忽响，故草率结束。在桂林警报每日两三次，多避往独秀峰，因距市颇近。该峰为桂林名胜之一，属天然防空洞，可容一千余人，洞内设备坐椅空气适宜。

二九四　风景名不虚

桂林市街颇阔，路政亦颇好，虽屡被轰炸，然无碍于繁盛，因物产丰盛，价值廉宜，人民生活安定。平素耳闻及阅书报云，桂林风景甲天下，然未到其地之前，窃拟或有几处好风景故出名。及沿途将到桂林时，则见远近诸山，孤峭独立，既非甚高，亦非广大，而生成各异，如人面不相同，有似禽如兽者，有似玩具物品者，奇妙美观，难以形容。余走过十余省，绝未见有此种石山景致，如是秀美，真名不虚传。叶君言尚有阳朔比桂林尤佳，常言阳朔风景甲桂林，然要往须雇船沿江而上，在船中夜宿，越日从陆面回。于是嘱汽车夫，明天驶往阳朔县城等候。是早甫将下船，而警报传来，乃避往七星岩，该岩广大，有出入口，内中约两三里长，可容二三万人，为天然大防空洞。从桂林市来此洞，须经过一长桥，民众如蚁拥挤而来。警报解除后，即下船前进，虽行竟日却未见有何奇异风景。及至越日早膳后则沿江到处，多奇特石山景状，每到转弯，则别呈一样妙景，加以水清如镜，两边之山均不甚高，至高约数百尺而已，多有层石相叠如折纸布者，每折层石，厚可一尺，亦有像某物形者，其景状与桂林孤峭石山又是不同。沿江经许多弯曲，顺流而下，约行四五点钟，此种奇异光景方完，可惜树木甚少，又无人居屋舍，未免美中不足，盖完全为天然石山而已。若加有人工布置栽种花树，建筑楼屋，则阳朔美景或可称为东亚第一。如抗战胜利后，建国成功，交通便利，可与欧洲瑞士媲美也。

二九五　衡阳之将来

八月廿七日晚，坐火车来衡阳，黄主席李夫人等均到站送行。火车坐〔座〕位系专备，并派招待员同行，自柳州来亦如是，故在车内甚安适。越早到衡阳，来站欢迎者不少。入市后告汽车夫先游览全市，而尤以被烧诸街为注意，因前日在桂林已闻被炸甚烈，损失巨大，故略观大概，然后到招待所。定晚间往长沙，报界记者多人来访。午间在招待所设宴多席，余即告知晚膳从简。筵终开会，除简略报告南侨对抗战状况外，并言："衡阳为西南要区，东西南北火车汽车之交通中心。抗战胜利后，我国必大发展，而衡阳之繁荣，日后可与世界有名大市区，住居数百万人者比美，此系确可达到之事，不过时间问题而已。希诸君放大眼光为久远之计，对卫生方面极力注意为要。其最要者当如南洋新嘉坡，廿年来市政改良之计划，如建筑店屋必留后路，不许前后屋相连接等事。"（详情如在嘉定所言）衡阳市区比嘉定大数倍，有一部份商店，在繁盛市街被炸为平地，其他大部份虽尚安全，然战事未终，以衡阳要区，难免再受炸若干次。会毕，闻近间被炸诸难民，无家可归者千人，长沙市捐出八千元送来救济，余亦解囊捐助二千元。脯〔晡〕后步游市区，有一处其地比市面高百多尺，建有佛寺一座，可容数百人。市民以敌机不炸佛寺，故屡次警报多避此寺内，近日来炸则竟波及，死伤数十人。后殿一座佛像，高可二丈左右，身面血迹淋漓，其寺倒塌一半。立此寺前可瞰衡阳全市。

二九六　湘水胜闽江

衡阳火车原可通达长沙，抗战后自湘水至长沙早已拆卸，故火车只达到湘江硃口。晚后由衡阳坐火车，鸡鸣时已到硃口，即下小火船由湘江顺流而下。该船为长沙特别派来者。晨间在江上行船，秋初天气温和约七十度，江风微吹，水波不兴。余坐于船首，见下流帆叶如林，乘风势而上，胜景爽心不可言喻。

两边岸上比人为高，但工厂乡村市镇往往见之。江颇阔，多在千尺以上，在船上难见岸上平地。既非高山定可耕种，然沿江经过，未见江边有灌田水车。树木亦极少，未免缺点。至湘潭镇适有警报，故上岸一游，市街尚系旧式，未有改善，颇形热闹。闻沿江街市长十左右里，可见商场广大。停泊一点多钟再行，有顷，见右岸上烟通数座，闻为新建盐厂。观沿江景况，足知湖南有此湘水，胜过福建闽江不少。闽江两边多高山，江底多石块，不但无湘江之阔，亦无湘江之深长。闻沿江尚有许多矿产未曾开采。近晚到长沙，欢迎者由江边导往市内招待所。

二九七　荣誉伤兵五万余人

八月廿九晚余抵长沙，寓招待所，少顷，薛岳司令长官来见，余致慰劳后，并奖其善守长沙之功。渠言："敌人心尚未死，恐秋间江水涨复来，经准备三十万兵以待。"并订明早各界开欢迎会，会场在寓所对面巨室内。报界记者亦有数人来访。越早开会到者六七百人，座位皆满。薛主席致词后，余答谢，并报告代表南洋华侨回国慰劳考察之意，及南侨义捐、抵制、外汇等事，最后言长沙烧毁之处甚大，此后重建宜注意卫生。（详前）散会后往薛主席办事处回拜。薛君言："抗战以来，伤兵残废者称荣誉伤兵，全国计五万余人，在湖南有三万余人，数月前经觅定广西相当旷地安置，并可垦殖生产。然须经费二百万元。曾请准中央补助，迄今多月尚未接到，拟请南侨捐助一百万元，就有办法。"余应承之，但须由薛君向行政院请准，方合南侨总会手续。薛君云此易办到，并订晚间赴宴及观剧。

二九八　长沙成焦土

湘江下游至长沙近处，在江中有一浮屿曰"舟山"，阔约三百余步，长三数里。上屿游览无何风景可言。舟山右畔为长沙市区，左畔有山冈颇大，称为胜景。登至半山,长沙全市皆在目前。由是乃知前年焦土之剧烈,诚出余意料之外。盖当时报载全市自行放火烧去九成,余意或张大其词,安有自焚如此惨重。迨兹观察似乎有过〈之〉无不及,全市几无屋瓦,只见墙壁而已。山中有名人先烈坟墓,如黄兴①、蔡松波②、谭延闿③等在焉。山下有数座厦屋,为有名书院,湖南先时名儒多由该院出身。至长沙命名,系该处产一种沙,长如米粒,故称之。市内现颇繁荣,商店多系砖墙层楼,自烧后未有正式新建,恐敌机来炸,各商店多从半墙壁上盖瓦,可御雨而已。人力车颇多,汽车仅有军用者两辆。湖南地土肥沃,出产及矿物颇多,水陆交通称便,虽在抗战要区,而民众生活安定,免受困乏之患。

二九九　渝党人通电

九月一日晚,余往薛司令长官处辞行,薛君始出一纸电文,约百余字,系重庆何应钦部长发来,专言共产党罪恶,其大意与蒋委员长及李君宗仁所骂无异,唯电末言转达余知。薛君又言,渠度此样电文,非仅此处而已,他省亦必有之。然余揣度薛君口气,必尚有他句电文,言余受共产党包围,或与共产党他项关系,未便并抄余看。余按重庆党人或再生枝节,故托何君发电,余皆置之度外,该电文亦不肯取带。回寓准备行李。某社团送来四幅名绣为岳武穆书武侯《前出师表》,并绣余名,闻湖南绣工冠全国,敬当接受。是夜仍坐小火船启行,越日上午到碌口,上岸转坐火车将来韶关,复经衡阳停半点多钟再行。该处站长邱君,为新加坡侨生,其父兄与余久相识,余来回过此,邱君均诚恳周旋送别。

---

① 黄兴(1874—1916),湖南长沙人,近代民主革命家,中华民国的创建者之一。
② 即蔡锷(1882—1916),湖南邵阳人,军事家,讨袁护国运动的发起者之一。
③ 谭延闿(1880—1930),祖籍湖南茶陵,生于浙江杭州,民国时期著名政治家,时任南京国民政府主席。

三〇〇　行抵韶关

九月二日晡后火车到曲江即韶关。欢迎者导往招待所，李主席汉魂亦到。是晚设宴五六席。筵终李主席致词毕，余答谢，并致慰劳及报告南洋华侨，虽散处各属地，对此次抗战均不分省界，合作义捐，统筹统汇，概交行政院，不私汇其本省，一致团结，拥护中央。（余之言此，系因南侨总会正、副主席三人皆闽侨，慰劳团四十五人，粤侨仅十余人。）又报告余与慰劳团回国之意义，并义捐、抵制等努力工作。越日第七战区司令长官余汉谋[①]设宴招待，该处距战线不远，又因交通关系，故未远出参观何项，只有在市区内及郊外略游而已。市面颇不小，街路虽非阔，汽车可以通行，商店多有层楼，被炸虽多，无甚影响，故尚繁盛，唯每日常有警报耳。

三〇一　罢官作工业之名言

李主席及夫人，招余往参观其夫人管理之工厂，距市区约数里远，属山村地方，厂屋系新建，以纺织为大部份，亦有多项手工业，规模虽不大，然初创未久，办理亦有精神。留余午饭，李主席衣服质朴如黄主席，其夫人衣服亦然，均如工匠，绝无官僚气习。余见工厂状况，问李主席："办此种工厂，是否有人拟似共产化？"答："诚如君言，前者外间多有评议，我置不管，岂国民党人免事工作乎。我自己早有主张，一旦罢官就是服务工业，决不留恋省主席地位。"李夫人又招往参观难童保育会，云难童一万左右人，经费常不敷，请南侨捐助，余应承每月国币一万元，如要加多可请行政院批准，及余到新加坡后即汇去八九万元。

[①] 余汉谋（1896—1981），广东高要（今肇庆）人，时任第七战区司令长官。

三〇二　粤省食粮足

余往建设厅办事处见黄厅长①，昨晚宴会时经同席，黄君衣服亦朴素，如工界人，余问："广东前时米粮，一大部份靠安南、暹罗运来。现下外米不到食粮问题如何?"答："抗战后极力设法，现每年尚欠二个月，经设法积极垦荒，自本月一日起实行，凡各公务员须以身作则，每人须亲自垦一亩，以资提倡，俾大多数民众乐于效力。余因工作，手中生泡数点。再加半年粮食足可自给。"又问："纱布如何?"答："亦不足。有纺织机厂自他处移入内地，不日可竣工，其他手工业亦多有振作，希望数月至一年中间，需用品可以足用。现下各公务人员，唯有极力勤俭以领导民众。"且脱鞋举足示余，所穿纱袜底破烂略尽。余告以"君及主席等如此忠诚努力，且平民化无官气，抗战前途大可乐观。实国家无穷之幸福"。又告以"余自柳州来桂林，各处火车站见积存火车头不少，都从沦陷区移来，现铁路局多不用，若工厂缺发动机可以代用，设须改作，工料亦无多"。黄君向余道谢言待查有用处，与交通部斟酌也。

三〇三　离粤至赣州

九月六日早余坐汽车离韶关将来江西之赣州，李主席等来送别，途经始兴县停片刻，入站内吃茶复行。中午至南雄，公路由市街经过，该街颇长，商店亦整齐，诸同乡设宴招待，到者五六十人，多系经营烟叶商，采往闽西等处制条丝烟配香港，及其他商业。南雄地土色如淡朱，出产烟叶有名，佳者每担价百余元，次者百左右元，下者不等。余在柳州闻张将军言，南雄将开飞机场，与香港民用机交通。其后余到南洋时已通航矣。午膳后即行，经大庾岭至赣州，

---

① 黄元彬（1892—?），广东台山人，时任广东省建设厅厅长。

蒋专员经国①，与各界数百人在郊外欢迎，导往市内招待所。集美校友多人亦参加，有住此者，有从泰和来者。赣州市区颇大，街路颇阔，商店多新式，路政亦颇好。

三〇四　汪精卫跪像

蒋君经国，为蒋委员长公子，驻赣州任专员职务，辖下约十县。年三十左右岁，身体壮健，前留学苏俄多年。亦平民化，衣服简朴，且甚客气。余屡欲往其办公处回拜，而坚辞不告其所在，每日来寓数次，并设宴招待。闻屡屡步行下乡，所辖区内治安良好。余拟信宿即往泰和，蒋君留多住一天，参加某纪念日会。越日集各界开欢迎会，蒋君主席口才颇好，言词亦长。余答谢，并报告南侨各情况。散会后往罐头厂午膳，该厂为省府建设厅创办，经理人为集美水产毕业生，黄文丰君。回寓后往近处公园散步，见纪念碑前有两木雕跪像，大小约与人等，书汪精卫夫妇姓名。提倡造汪贼夫妇跪像事，乃本年四月间，重庆各界开会通过，庄西言君曾代表南侨参加。余行过十余省，却未见有实行者，至此始见之，然所雕形容则大不相似，非写明不知为汪贼也。

三〇五　省政界疑惑

八日上午纪念会，蒋专员主席演说一点余钟，复请余上台报告，余继续言南侨各情况毕，辞别启行。黄文丰君亦随行，与余同车，叶君等另坐一车。黄君在车中告余："省主席熊君曾接中央来电，言校主受共产党包围，多说共产党好话，嘱熊主席注意，故此间政界对校主之来，多有疑惑。"余答在长沙已闻薛主席言，何部长致电多省，余料广东省府亦曾有接到，但李主席绝无提起，故参观其工厂时，余以言挑之，李主席对共产党不但无恶意，且同情其工作也。

---

① 蒋经国（1910—1988），浙江奉化人，蒋介石长子，时任赣州专员公署专员。

途中参观天蚕丝厂，该丝系作钓鱼线之用，自抗战后销路短少，前大半消［销］往日本。午间在中途餐馆停车，待叶君等迟一点多钟方到。饭毕起程，晡后到泰和。建设厅长杨君①，导往招待所，该所在江边颇清爽。

三〇六　熊君说共产

余到泰和寓招待所，系政府所设，即接熊式辉主席请晚宴，并嘱黄君任翻译。到者三四十人，谅均系政界。席为一长桌，筵终熊君起立致词，先说多少客气话，然后言"江西自近十年，遭遇凄惨，冠全国各省，其原因为共产党占据五六年，人民壮者服军役，损失无数，财物迫充战费，括夺净尽，人民苦惨难以形容，皆为共产党扰乱所致云云"。余认熊主席所言，大都事实，盖共产党占领江西二三十县，作战场五六年，人民及财物损失，势所必有。至如蒋李二公所骂无民族思想，好亡国居心，及无人道无信义，同于盗匪等言词，熊君则绝无说出，余心中已明白熊君之人格矣。熊君言毕，少顷余即起言，先致慰劳外，则云"熊主席所言江西民众，遭共产党惨况，余信为事实，彼此在此区域作战场五六年，损失重大，势所必然。南洋新加坡报纸日出六大张，不似重庆首都日只出一小张，故国内消息，在洋多有转载，共产党扰乱事情知之已久，毋须待到国内方始闻知。然此系前时国内政争，及军阀割据地盘之事，海外华侨绝不干预。迨'七七'事变，敌人侵入将吞灭我国，国家危险尽人都知。南洋千余万华侨，无党无派，一心一德，拥护中央政府。希望国内团结一致，枪口对外，俾可转危为安，故尽棉［绵］力贡献义捐，逐月六七百万元，汇交行政院，三年如一日。其他家信、外汇，亦增加不少。盖战争须靠人力金钱，而金钱方面，海外华侨当负大部份责任。组织慰劳团回国，无非欲中外联络，鼓励民气，提高爱国，俾回洋宣布，增多外汇，以助战费，绝非游历骋怀与及为一党关系而来。况余居第三者地位，不能凭一派人所言，及宣传品记载，便可回报华侨，故必身履其地，将所见所闻，凭良心与人格，回洋据实报告。虽在

---

①　即杨绰庵。

国内有人问及，亦必如是，决不能指鹿为马。而重庆乃有一部份人不满，向蒋委员长唆弄，以余受共产党包围，且发电西南等省对余注意。此事余在长沙，薛主席已经电示。然余素与共产党，绝未有一字往来，亦未曾供给一文钱，此次代表南侨回国，只身行十多省，绝无丝毫权力，与作客无殊，乃有畏余若蛇蝎者。余所希望国内须能一致，枪口对外，华侨外汇金钱方能增加，若不幸破裂，华侨必大失望，阻碍外汇决非少可。阎锡山将军告余云，国民党政治如行得好，共产党自然消失，否则虽无共产党反对，亦必有别党可起而反对，余认为金石良言，真诚爱国，钦佩无任"云云。

三〇七　代电中央解释

越日余便准备起程，托叶君告杨厅长借车，在寓候至近午杨君始来，挽留再住多日。余告以"贵处既有嫌疑，余不便再留"。杨君云："顷问〔间〕熊君主席召集各厅长会议，对昨晚先生所演说等话，认为真诚正道咸都满意，已发电往中央解释，并托我挽留多天，俾此间可尽地主之义，参观各处事业等项。"余于是取消即行。至与中央来往电，杨厅长不言详细余亦不便详问，可见薛主席相示电文，尚有一部份守秘密也。然余内省不疚，虽尚须再往多省，均置之度外。午后叶君等导往参观博物院，赣省所出矿物，各种标本陈列甚多，整齐可观。又往观训练警犬场所。并往十数里外参观江西大学，闻系蒋委员长捐二百万元为基金，本年开始筹备冬季将开课。礼堂、课室七八座，建筑将完竣，半砖半木，工料颇简。该处地方广大，原属旷地，无民居混杂，旷地后方有多座山岗相连，状如半月形，高不二三百尺，山下旷地平坦广大。有此美锦而剪制失宜，实属可惜。盖所建七八座校舍，俱建在距山半里远之平坦区域，岂不可惜。以余观之应建在近山，比平坦地略高之处，就山下可建十余座，他日扩充，可建在校舍后更高之处，况群山属半月形，山下旷地可辟为大操场，及各种运动场、花园、车路等。如此各校舍居高临下，无论正面旁面，其宏伟美观，毋须多赘。余不客气略示意当局等，彼等答因初创就简，故取利便，然此乃勉强解释耳。

三〇八　熊主席之人格

熊主席来见，所言甚客气，问余有无闻见江西不良政治？抑民众有何疾苦？语云旁观者清，请余通知俾好改革。余谢不敢当，无可贡献。熊君言，江西人口前在最盛时达二千六百余万人，自太平天国乱后，加以数十年来疫症流行，损失更大。民国以来地方多故，有减无增，现下实数不上一千六百万人，而患疟疾者甚多。以人类论真不堪言状，盖对卫生上全无可讲。熊君所言甚长，其关心民瘼，爱护民生，概可想见，且所言亦甚文雅，不减文士风采，不知者安识为武人出身乎。余又闻人言，熊君曾接上官来电，凡查有共产党色彩嫌疑之人，可免宣布罪状，立行枪毙。而熊君以如此严厉，未免草菅人命，不忍举行，果尔则熊君之人格甚可敬，余实永志不忘。民国光复以来，政治纠纷，青年人血气未定，容易被诱参加党派，亦有爱国激烈，不满贪污官吏误国，而自动加入反对党者，亦不少也。

三〇九　麻袋试制成功

吉安为江西名城，距泰和几十公里，杨厅长招余同往，王造时[①]君亦来电相邀。余乃同杨君等七八人，坐两汽车前往。杨君到处事忙，招待人导往多处参观，及王君等晤谈，多已忘记。略忆市区颇大，街店亦好，因距沦陷区不远，战事影响，商业萧条。省府设有旅行社。午膳后在某处开各界欢迎会，晡后始起程，到寓已入夜矣。越日参观养鱼池，系新创，甫经年，鱼苗原属江西出产，自抗战后产区已沦陷，各处鱼塘多乏鱼苗，故建厅设养鱼池以补救。经理人为集美水产学校毕业生，闻成绩颇好。杨君又示余以麻袋数件，云厂设在赣州，

[①] 王造时（1902—1971），江西安福人，中国近代民主运动的先驱之一，著名"七君子"之一，时任《前方日报》社长。

初试成功，筹备编造，其质料与印度出产米袋无殊。该物如果经验成功，将来销路极大，种麻采制，数月便可收获。南洋华侨名此为牛乳袋，凡米、糖及他物多用此包装，概从印度运来。

三一〇　参政员王君之言

十四日早离泰和赴宁都，杨厅长及王君同行，并有男女友数人欲返其家乡。女为泉州人。王为兴国人，与余同坐小汽车，而杨君及随员护兵及他客坐大货车。侯西反、庄明理二君，屡次让小车位与杨君，彼坚持不肯。据车夫言，杨君自来如是，若有友人同行，乏位时每将小车位让友，虽长途多日，亦能耐苦也。王君亦为参政员。余因谈起马寅初君，在经济学社年会演说事。王君云，当参政会第三次开会时，主席汪精卫，参政员五十三人，联名控孔祥熙舞弊巨款，逐条列明指证，呈文托汪精卫，转送蒋委员长，而汪不接受。后此五十三人，乃举四人为代表，伊亦一名在内，送呈蒋委员长。过后行政院长蒋公自兼，任孔为副院长，财政部长如故。而蒋公事忙，安能兼顾行政院。俗语所谓换汤不换药是也。余问共产党前在贵兴国县行政如何？答共产党将败走之前，他与政界人，在南昌费许多时间，议立两条法规，一为田园界址均废，克复后如何归还原主？一为公妻，妻既被公有，如夫妇诉讼，将如何裁判。及共产党走去，中央军入境，则田园界址仍存，未有变动，仍归原主掌管。至公妻事则无有，唯婚姻自由已耳。又问共产党占贵处数年，利害究如何？答言害则人财损失，要区多作战场，言利则除净鸦片，并加设许多小学校云云。近晚至宁都市口下车，步行市街半里余至招待所，沿街爆竹震耳。余即告杨君，抗战苦痛时间，不宜花此无谓费用，请电知后到各处勿复如是。蒙杨君接受。是夜在寓所内，有一青年人，送余多张影片，每片面积约十余方寸，余意为风景片，及明早视之，则为死人头骨相叠之摄影，并注共产党残忍诸文字，知为宣传品毁而弃之。

三一一　赣省三业有大希望

越早自宁都起行，午后至光泽县，该县前属闽辖，共产党退后，划归江西省界。出产以米粮居多，素将剩余供给闽省。自杨厅长任职以来，设有旅行社以便行人，如由闽往重庆，必经此地。有大汽车包租，每次二十余人，每人车费五百元。越日参观火柴厂，用机器制造，柴料用松木，出品专供赣省之需。又参观卷烟厂、染色厂、纺纱厂、草品厂，及试验蓖麻农场。染色厂系取省产蓝青膏，化制颜料，作染布需用，但只能染蓝、黑、青等色而已，每天可出品二百斤，每斤售价四元，比洋色料便宜大半。据言化制成功多月，此后将积极扩充。化学师闽人，为留欧毕业生。草品厂原料系水草，产于水中，种由台湾取来，现光泽水塘边生产茂盛，并向台湾聘来漳泉人男女十余人任教导。制造草席、草帽、草囊等，细嫩柔软，美丽雅观。余购一席，价七十五元。蓖麻试验农场数十亩，种类有四十余种，最佳者两三种，结实多且大，将以此等种为根本，主持人为集美农林校学生。杨君云，已在县内筹备二万亩栽种，并预备机厂以榨油，蓖麻油即滑机油，素自外国输入。杨君言渠任建设厅长，仅一年余，创办各种工厂、农场、养鱼池等三十余处，大都已有成绩可观。以余所闻见十数类，当以麻袋、颜料、蓖麻油三项最有关系。以赣省地土广大，山少田园多，肥沃适宜，若无其他阻挠，积极扩大，利益不可限量。至其他诸工业，余都未亲见，大约以杨君才勇毅力，收获自可免问。唯罐头厂多制肉类，而生果则未有，消［销］售只在内地，而需用原料最大宗为白铁片，必向外国采办，难免利权损失，此厂余认为无益。然抗战中外国白铁片难办，不久或须停顿矣。

三一二　不居尊处优

杨君对于建设事业，既如上述。在泰和办事处职员百余人，甫入门桌位就是渠居首，其他均排列在后，凡各职员及外人出入，概须从渠面前经过，此尤为特殊者。普通商业行店及政界官吏,主持人莫不居尊处优深居后方,或在房围内安静之处,而杨君则反是,以为非如此不能知各职员出入,与其工作及私交繁简,其不怕麻烦有如是者。然杨君如此努力,闻本地人亦有嫉忌不满者,谓其多委用闽人云云。杨君常叹,我在此虽如何尽职,赣省人视我有如商店受薪伙伴,若使在本省决不致如此歧视。未悉是否事实,余不过传闻耳。吾闽不幸自民国光复,至陈仪时代操权之省长前后十左右人,本省及外省各半,无一善类,非奸则贪,非愚则妄,至陈仪为尤甚,善良有才干之闽人,多摒弃不用,且反鄙视闽人无才能,可胜痛哉。杨君年未五十,前程尚远,余希望他日能造福吾闽,庶免有楚材晋用之叹也。

三一三　上饶欢迎同情节约

十七日由光泽起程,是晚复宿宁都招待所,越早起行,晚间到鹰潭。拟坐火车往上饶,适昨天被炸停行,故乘夜仍坐汽车前往。即与杨厅长握别。午夜后至上饶郊外,迎接者数十人,导往乡村招待所。上午往见第三战区司令长官顾祝同①,致慰劳后辞回。少顷顾君来寓,请晚间赴宴。是晚筵设市外天然防空洞中,到者百余人。顾君云:"此间为节约规定,宴客每席饭菜六元,故物品甚薄。"余答:"深表同情,战时应感念兵士之辛苦,后方不宜多花费。"筵终移来右洞开会,尚有左洞,计三洞,相连颇大,深不知若干,因夜时见不清楚。顾君起言,奖誉华侨及抗战经过大概。余答词除谦逊外,并报告回国目的,及南侨对抗战种种工作等项。会毕有数位记者告余云:"今晚顾君及先生所言,均为前所未闻。我等初未注意记录,及至中间又恐不全,敢祈先生明日拨时间复述一切。"余答:"明天尚有玉山一会,余可复述今晚所言也。"

---

① 顾祝同(1893—1987),江苏涟水人,时任第三战区司令长官。

三一四　离赣来浙江

余到鹰潭时，接玉山①社团来电欢迎，迨至上饶，玉山代表来邀往，谓该处火车工友数百人，及诸社团诚意欢迎，并欲知南洋华侨对抗战状况，余不得已接受。路程数十里，诸记者亦备车同往。到会人数颇众，大都工界居多，并留晚膳，回寓时已入夜矣。越早警报传来，则往别处乡村树林下暂避。解除后往上饶市内游历，市区非大，街路商店不甚整顿。回寓半路中有乡村式小市，入一茶店，其女十余岁，能说闽南语，云同父亲住漳州市营业两年。回寓后往顾君处辞行。是晚坐火车来浙江金华。自鹰潭到上饶、金华，两段路程均夜行，对于沿途乡村田园山水均看不见，未免可惜。大约概属平地可以耕种，而非崎岖高山不毛者。九月廿一日早火车到金华，欢迎者导往市外招待所。

三一五　敌军受贿争权

余到金华寓所休息后，上午往市外数十里，见总司令刘建绪②将军。致慰劳后，问："近月来敌人严厉禁止交通货物，若由上海运来需用品，究竟如何？"刘君云："敌人如有钱可得，我要何物彼可包运入口。敌海陆军人且互相竞争此种权利，有至冲突者。"又问："敌士气如何？"答："退步。如上言争夺权利事项，初战时却未有，近来日甚一日。在战区士兵气象，亦不及前之勇烈也。"余见其客厅壁上贴有标语"禁止香烟请客"，系笔写，非如三原县印刷者。余钦其节约美德，并告以回国半年余，经百多处，遇节约此项者，三原县及此而已。午膳后辞行，刘君要送至金华寓所，余力谢而止。来回两次，均备军乐队，及诸公务员在门外排队迎送，甚愧不敢当也。

---

① 即江西省上饶市玉山县。
② 刘建绪（1890—1978），湖南醴陵人，时任第三战区副司令长官。

三一六　顾前不顾后之金华街路

是午往参观农校，见有雌雄白毛猪两头，每头长可五尺余，高三余尺，重四百余斤，系购自欧洲，若此两头生子，长大可以相等，若混合种，则子及孙逐代渐小云。在路中遇见丧家出葬，柩后随一乘红布轿，置神主牌其中，用四人扛而随之。我国俗例丧事系用黑白，若红者为喜事，岂浙江丧仪不同乎。下午往游金华市，前被敌机轰炸，倒塌店屋不少，现正大事改建，街路比前倍加广阔，商店门面极形铺张，至于屋后无论如何深长，业主仍尽地起盖，前后屋仍旧互相连接，绝不留后路。晚间赴各界欢迎会，除简略报告南洋华侨概况外，则告以新加坡二十年来，市区卫生之经验（已详前），并云战事未终，暂时如长沙草率搭盖，能御风雨，维持营业便可，待战争胜利后，全市另作有计划之重建，既免受敌人重炸危险，亦可为将来市区之大进展计也。

三一七　人力车运货代汽车

九月廿二日，上午往某处见省主席黄绍雄，其地距金华市数十里，为名胜风景之区，山冈颇峻，省政府办事处移在该处。余致慰劳外，问抗战后经济比前如何？答："前每年税收二千余万元，财政常困乏，有一次财厅存款仅十六元。抗战后税收渐加，如客岁增至五千万元，财厅时常存款四百余万元。"又问沦陷计若干县？答："九县，从中三县县长仍是我委任。其他六县虽不能委派县长，而诸乡村尚有向我纳税者。"余见沿途人力车运货颇多，问该车为公办或私人者？答："公私均有，统计七千余辆，有一部〈分〉系政府创办，其他多私家自备，或代人雇运，亦有车夫自置者。每辆载重四百斤，每若干远政府建筑一停车所，以便利车夫食宿。有此人力车搬运，可免靠用油艰难之汽货车，并可维持工人失业。"余答："甚佩良法。"

三一八　离浙将入闽

余在黄主席处午宴后，即起程赴丽水。自入浙界沿途见男女耕耘田园，合力工作，绝未见有缠足者。近晚到丽水，厦大学生多人来见，系在此服务者。然终日应酬及坐车，晚间拟早休息，而各界乘夜邀余赴会，屡辞不获。往一所会堂颇广，人众千余，既欲见面，又欲知华侨对抗战情况，故不得不多延时间，报告南侨各事项，近夜半始散会。越早起程，沿途参观多处工厂，而尤以铁工军械厂为注意。有一厂专造轻机关枪，规模不小，每日可出品十余枝［支］，并在厂后山上设一目标试验。午间至龙泉县，此为浙省与闽省接界区域，郊外欢迎者颇众，闽省所委招待员等亦来参加，在龙泉午宴后，复往参观两处工厂，然后辞别起程。

三一九　党人三计策

余在金华时，接重庆可靠知友来函，言自余离渝后，中央党人对余甚注意，议决作三项进行。（一）告何部长电知西南等省，注意余行动。（二）发电往新加坡总领事馆，嘱设法向英政府运动，禁止余入口，谓余与共产党亲善，有共产色彩，闻已接总领事覆［复］电，言该事已有把握矣。（三）派吴铁城往南洋，运动华侨不利于余等事项云云。余接函后，深信友人所言是实。但对于第一项已经历过，第二项英政府素知余为正人，虽明知余爱国心浓厚，然对英政府甚守规律，于地方上有益无损，决不致盲从。第三项果其政策能收效，南侨总会主席别举他人，与余私人何损，所损者义捐外汇耳。然华侨知余者众多，亦非此等官僚可能放毒。故三计策皆失败也。

三二〇　欢喜到闽境

闽省主席陈仪派招待员来龙泉迎接，招待员为省参议兼集美校董陈村牧①、科长陈延进②、师长李良荣③及黄参谋，率宪兵等十余人，大小车各一辆。九月廿三日午后，由龙泉起程，近晚至浦城，寓省银行办事处。各界在城外迎候者数百人。陈代表等言，陈省主席前昨自永安来南平，请明天到南平相见，后天他就要回永安去。越早余等即起程，午间至建阳，郊迎者亦众，入市后爆竹震耳。余即告代表电知南平，切取消如此无谓之欢迎，在他省尚不愿，况本省乎。代表立即将余诚意电知，午饭后即起行，预告建阳县长，勿电知南平余起程时间。行至建瓯城外，黄团长漳州人，同数十人迎候，请入城休息。余下车辞谢，言待后日来再会。晡后到南平，寓旅运社，该社为省府创办，颇整洁，役人穿制服亦活泼。厦大、集美校友及闽南人在此颇多，至于郊外迎候，及燃爆竹事，均接受余意概免。

三二一　壮丁死逃无数目

余到寓后，往见陈仪主席，相问讯后即辞回，少顷陈主席来寓，请晚间赴宴。是晚设宴一席。余问陈主席："自抗战迄今，闽省壮丁征调若干人？"答："二十五万余人。"又问："死亡及逃走者若干人？"答："无登记，故不知额数多少。"余甚讶之。又问："全省税收及支出若干？"答："前每年收入一千多万元，每不敷支出，去年收入增至二千八百余万元，而支出亦略相当。"筵终辞回。越日各界开欢迎会，余略报告南洋对抗战工作状况。福州南郡会馆及各界派两位代表来迎往。余告以将先往闽北，待加十余天当往会。越日厦大、集美两校师

---

① 陈村牧（1907—1996），福建金门人，时任集美学校校董。
② 陈延进（1904—2001），福建同安人，时任福建省政府科长。
③ 李良荣（1908—1967），福建同安（今集美）人，时任第八十师师长兼福州警备司令。

生数十人要设宴招待，余力辞之，后改茶会。侯西反君系省参议员，适在开会期间，故同陈村牧君往永安赴会。余留待侯君回来，然后同往他处。省委徐君学禹[①]来见，他在闽一身兼领十二职，称太上主席，彼时余尚未知其祸闽之事也。

三二二　代表来报闽省惨况

余在南平，则有漳州两代表来迎，又有永春某君等，具报闽南民众，受苛政惨苦，有不聊生之概。余闻后以闽南既如此凄惨，闽北不知如何。询福州两代表亦略相同。乃思必须亲往视察，方不致误。决定先往闽北，然后经闽中、闽南、闽西等处，虽未能普及全闽各县，亦可行近半数并及诸重要市镇，是否事实便可知详。即告各处代表先回，余迟多少日子就来相见。诸招待员导往城外，参观数处铁工厂，及其他工厂，或设备未妥，或甫将出品，似无何成绩可言。唯市内一火柴厂，原为商家创办，现归省府统制，所有出品由省府专售。闻每一小匣省府还价二占[分]，而兑出定八占，零售一角，省府逐月可入息三四十万元，盖消[销]售遍全省，他家不能仿制。柴料系用松木居多。

三二三　如是模范村

招待员又招往某处参观模范村，并游览闽江上游，坐省府电船前往，并备船中午饭。船行半点多钟，便到该村江岸码头。步行半里余入村，经过道路草率而已，至村内未见有何改善整顿，如村中重要水沟，尚未造妥，使水归流；屋宅仍旧不开窗牖；水井多口均无围墙，不但污水流入，且亦危险；所造一公共厕所，无遮蔽，且承[盛]粪用大缸，久积臭秽。以上简单四项，对卫生上完全不讲，其他可以想见。所有者仅几条粗造小道路，及一间公会所。此乃称

---

① 徐学禹（1903—1984），浙江绍兴人，时任福建省建设厅厅长。

模范村，甚堪慨叹。余不客气告诸导往等人，讥斥数事。他等答甫办五六个月，故多未实行。余云以此数百家小村，若有精神办理，三四个月便有可观。若如此有名乏实腐化情形，只瞒骗政府费多少金钱，糊涂了事。政治稍有是非，此种负责人应当科以重罪，否则闽省前途奚堪设想。游至半江即返，以其无何相当事业可欣赏耳。

三二四　生男贺杉苗

闽江两边多山，杉树到处多有，既系私家物业，非有合资组织公司经营者。至私家栽种之多，闻俗例如生男儿，戚友贺仪概用杉苗为礼，生儿之家将此杉苗栽种，十年后该杉收利为培养此儿读书娶室等费。故杉树有如此之多。闽南北生产香菰〔菇〕，系从杉木加工生产，其法将杉木倒后，用斧砍刻如法，架叠若干久，便能产菰。此种技术专限于浙人，若闽人则不晓，设有之，成绩亦不及，故多雇浙江人。福州代表告余，该处预备五万元作欢迎费，余恐各处相效绝非所愿，况闻多位代表来告人民苦况，更觉不宜。乃托陈主席通告余经过城市，切勿花费无谓欢迎之金钱，因在抗战艰难时代，当以节约为最要。并拟稿寄南平、永安、福州、泉州、漳州五处登报，约言如下："余此次代表南洋华侨回国，慰劳兼视察，希望采取抗战后，国内民众同仇敌忾，及其他诸进步事项，以便回南洋向侨胞宣传，俾可增加义捐及私人家费，利用外汇金钱，以助战费，此乃国民应尽天职。在此抗战艰难时间，尤当实行节约。自回国以来历十余省，对欢迎及宴饮无谓应酬，概行辞谢。并托陈主席通告，余经过地方切实遵行，况吾闽米珠薪桂，尤所关怀，故复登报表明真诚，乞希原谅。"

三二五　裸体壮丁尸

九月廿七日，上午离南平，将往崇安县。甫行不远，见路旁有两〈具〉死尸，其一全身无衣服。据同行宪兵言："该尸系壮丁病死，衣服被押官取去，在途中逢相当平民，就被拿去抵额，将衣服与穿，故民众多有中年人失踪者。"中午至建阳，饭后续行。晡时未到崇安城，已先见武夷山诸峰，形如蛙蹲伏状，前后七八个，每山相距约一里多少，此为武夷山远观之形势。行至江边，即九曲江之下游，阔百余尺，颇深。渡江后见平坡园地，种茶树不少，园边多立木碑，写"示范茶厂"。再进至某乡村，如一小市区，诸茶商及厂，咸设于此处。复行数里，已到崇安城，寓于招待所。县长刘超然[①]，泉州人，任职已两年余，努力负责，廉正有为，该处父老多称誉之。

三二六　廉米运福州

越早崇安各界开欢迎会，散会步行游览，市街未有改善，最长而繁荣之街，其店屋直抵江边，岸上无路可通。以后若市区改善，江边应留一条路。据刘县长言，屡思改造城市，而绌于经济，故未实行。市外两个柴桥，每个长约二三百尺，阔廿余尺，建筑颇伟观，闻昔某富人捐建。桥中置一柩尚新，刘君云："死者名陈才，数月前在车内被四人杀死，系由政治事非抢劫财物，因行李只取去公文纪[记]录等，其他财物均不取。案尚未结，故停柩在此耳。"余问刘君出产以何物为多，答："米及茶为最，其他尚有多项。抗战以来，茶价日降，业此者无利且亏本，茶园多荒芜。"余问："既如此，何乃示范茶厂，将可耕种粮食改而种茶？"答："我亦不明白政府如何计划。"又问："所产米运出何地，米价如何？"答："前每担十六元，近顷升一元，即十七元，运出以福州为多，政府规定每日运交三百担。此间农民除茶外，其他物产市价均好，咸都殷裕。前日为慈善事演剧筹款，一等位定价三元，多被农民买去，他界反不及也。"又问："闻不久以前，白崇禧、顾祝同两将军来此，何干？"答："视察军务。白将军只带护兵四人而已，顾将军同行九十余人，大汽车若干辆，伙夫器物运带不少。两人丰俭相差甚远。"又言："闽南壮丁调往浙江，常有致病流亡到此者，每见其病状凄惨，不得不勉为留医或资助之。"

---

① 刘超然（生卒年不详），福建泉州人，曾编纂《崇安县新志》。

三二七　武夷山茶业之利

廿九日刘县长导游武夷山，余等五人均坐轿，县长则步行，余甚不安，请加备一乘轿，渠坚持不可，云时常步行下乡已惯，未尝坐轿。由崇安城至武夷山下，约十余里，逐步上坡。沿途经过山坡之间，都是茶圃，可惜园中杂草丛生，亦有与茶树并茂者。缺乏耕耘原因，盖为茶价太贱，农夫乏资不得不别谋生计。摘茶收成之时，以春季最多，每季由浙江来之女工，常至五六千人，每日每人工资，四角至六七角不等。各山园种茶虽多，而荒地尚有不少。以武夷茶质之佳，若能以科学化培养，及采新法制造，则此业之利未可限量。武夷山自出产名茶以来，已数百年以上，历代政府只知抽税权利，对研究培养与制造完全置之不闻不问，任由农夫及商家沿用旧法，不再进步。光复后虽有人提议改善，然在污劣官吏统治之下，亦仅托空言耳。

三二八　大红泡[袍]名茶

闽省武夷山产茶之佳，名闻中外，有最良者称曰"大红泡"，假冒其名者虽多，究实正大红泡茶则极少。在山坡路中半山之间，距离路面约十余尺高，有此种茶树多株，丛生团聚，面积高七八尺，广十余尺，每年产茶仅数斤而已，政府建一小屋于近处，春季派人保管，摘完便去，唯茶树四方无围篱，但知其物可贵，然尚未尽其保护之道。闻每年采取之茶，除省主席留用外，余则贡献中央政府诸要人。山中寺院不多，数处而已。干路支路均劣，干路虽有多段铺以石阶，然仅三几尺阔，甚不整齐，较之古山石路相差甚远。且春季采茶，工人众多，往返行程，当然不便，此对于劳动界而言，至于游人士女，慕风景而欲游目骋怀者则更见阻不少也。

三二九　武夷风景颉颃广西

　　俗称桂林风景甲天下，余已常闻之，至阳朔风景甲桂林，系至桂林始闻之。然所谓甲天下者，余意昔时系指中国而言，非指全世界也。余又疑其言或过于夸张，盖必自身游过全国各省风景区者，方能由比较而知之，否则未免过于武断。余此次经历十五省，虽未注意游览风景，然到处必有所闻及所见，亦认桂林为特殊，及至阳朔，见其风景又与桂林完全不同。盖桂林之胜在乎无数孤峭石山每个形体各异。阳朔之美则在沿江山水，每到一弯曲则别有一样光景，奇妙幽雅，不能形容。若四川青城、峨眉诸名山，不足望其肩背。迨最近到武夷山，见山景树木之秀美，虽与桂林孤峭石山形式不同，其雅妙可无逊色，及至下山坐船游九曲江，每曲之景，美丽奇特，更为殊异，青山绿水，互相辉映，比较阳朔有过〈之〉无不及。若合桂林、阳朔二景，与武夷山水比较，可以称为难兄难弟。武夷无孤峭之石山，而阳桂则乏青葱树木，互有短长，而不相轩轾也。然桂林、阳朔相距离数十里远，而武夷九曲江则一气联络，此又是不同之点。至于出自天成未经人工造作点缀，则一而已。总而言之，三处之风景，各有特殊，完全不同，非只经一处便可叹观止，必均经游览，乃能知其各有奥妙之处也。武夷山距离厦门不远，若路政修造妥善，汽车半天可达。香港、广东、江西、浙江等处，来此亦非遥，一日或半日均可到。若航空则仅瞬息耳。闽省有此特殊之天然美丽风景，不亚于所谓甲天下之桂林，不过乏人宣传，且非繁盛市镇，到者极寡，故致寂寂无闻。日后若建有别墅楼屋，住宅旅舍，并加人力点缀，则武夷山之风景必名播中外，而南洋华侨，休养及游玩于是地者必接踵而至。至于外国人好奇，如到此一游，必誉为东方之瑞士，其源源而来更无论矣。

三三〇　观止九曲江

余游武夷山，自山下上坡行若干远，尚未见有何奇异光景，虽经一两座寺院，亦非壮丽可观。乃将近九曲江之前，则山岩美丽，林树苍翠，风景之妙，美不胜收。在山中外向最佳之处，以前有一寺，闻为朱文公修养教学之处，抗战以前经改为中山堂，阔约五丈，长约四丈，瓦屋砖壁，简单而已。距离数百步稍高处，左畔建一座平屋旅舍，可容一二十人，余寓此信宿下山。刘县长预雇有盖小船一只，露天竹排船一只，任余等选择。余因欲见四面风景乃坐竹排船顺流而下。经九曲江，每到一曲，别有不同美景，较之阳朔有过〈之〉无不及。沿江行两点余钟始完。若逆流而上，须四点钟方能毕游。余念武夷山，风景如此佳妙，茶利如此优厚，而沿途几于鸟道难通，何能吸引游客。即告刘县长，愿捐一万元修改此路。按用五尺长石版［板］作阶级，石系山中所产，只费工资而已。嘱刘县长召匠估值，是否足数，希为函知，并先交一千元作筹备费。然后来余攻击省主席陈仪，影响所及，与刘县长不知有无关系。因回至新加坡后，接刘君来函告渠已卸县长职务，暂寓崇安某处，所收一千元寄存某机关。再后无复消息。然余铭记难忘，抗战胜利后，如无政治阻挠，希能达到此目的也。

三三一　作走狗防我

卅日晚，由武夷九曲江回至建阳寓所，越早余阅南平日报，见余所登启事，减去"吾闽美［米］珠薪桂，良[①]所关怀"两句。余则质问李秘书。据云某夜间，省招待员陈延进、李良荣，接陈主席电告删去之。时因余已就寝故彼等未有告知。然该启事中，余最用意者在此两句。盖既闻诸代表来告闽民凄惨之状，

[①]　前文为"尤"。

故借节约启事，含意征求各处报告情况，以广收事实证据。兹乃擅自删去，且用长途电话将余拟登报事预告陈仪，名为招待，实乃防余，甘作陈仪走狗。均属闽南人，乃置闽民受苛政苦惨于度外，利令智昏，献媚奸吏。余料此事必为陈延进所作，故声色俱厉，骂陈延进等丧心昧良，谄媚走狗，时在早膳，彼等围圆桌上用餐，余因痛憾蟊贼奸恶，何能下咽，立待他等食毕，则戴帽执手杖出门，上车将往邵武矣。

三三二　不快往邵武

邵武为闽北名城，原欲往游，加以李良荣师长，集闽南壮丁二千余人，在该处训练，亦欲参观。然为上事失意，心中甚是不快，一路对他等不交一言。行至半途，有学生数百人排列等候，校长及教职员邀往校内休息，始知为师范学校。校长曾在集美任教师多年。余因心意不快，无与多言即辞行。午间至邵武，寓于协和大学校长住宅，该校开会，及闽南训练军官等，屡来邀往开会，余均辞谢不往。因心中不快，未能消除，只各界欢迎会，不得不勉强应酬。县长永春人。对于该县状况，亦无意采访，信宿辞别。李良荣留此不复同行。查李良荣初不知陈延进奸情，系接陈仪电话，托其向余商删两句。至拟登启事交稿，李秘书付托陈延进，送南平，及寄漳、泉、永安、福州等报馆。通知陈仪者为陈延进。然陈延进言，是旅运社经理所为，足见旅行社为官吏间谍机关，与陈延进合作无疑。否则《启事》文稿，旅运社经理何由得知，陈仪何不托陈延进，而托李良荣，审此更可明白。至李君受托之后，与秘书、延进商酌原欲告余，适已夜深余就睡，亦属事实。虽然越早何不告我，再后数日亦无告知擅删之事。李秘书亦糊涂，他为永春人，陈延进、李良荣均同安人。陈延进为集美中大学生，后留学法国，前年闽财长南来募省债，与之同来，人格如斯，不免增余之遗憾也。

三三三　订期视察滇缅路

十月二日，余由邵武起程，下午至建阳，仍寓旅舍。自入闽境经浦城来建阳，计来往四次。闽北除南平外，未有报馆，故乏记者来访。此等处多系产米区域，米价廉宜，故民生免受如何困苦。是晚各界设筵招待，越日往建瓯。闻滇缅路前禁运，限期至本月十八日已届，决复开放。余即亲笔写函呈蒋委员长，言：滇缅路闻将开禁，该路管理甚形不妥，阻碍军运成绩不少。虽前屡函电军委会，迄未改善。兹若认为必须更改者，请派工程师及运输员三两人准十一月终在昆明相待，余当依期到昆，同他等沿途视察。否则余将由香港出洋，如何电示。余来月半内尚在闽也。建瓯市区颇广，街路亦宽，新式改善则尚未有。诸大桥多已破坏。余在建瓯查访各事，均已忘记。主持人黄团长漳州人，诚恳招待。问以征调壮丁待遇事，答前者待遇甚失妥，一经迫征，惨如入狱，甚为恐怖。自渠来此已半年，负责改善。现数县之内，征调壮丁不似以前困难云云。余寓所忆为教会校舍。越早各界开欢迎会，到者颇众，主席黄团长。会毕余即辞别来古田县矣。

三三四　古田贤县长

四日余由建瓯起程，将来古田县，沿途经过崎岖高山，然无碑志，不知高若干尺，比较宜川则尚低不少。闽省诸山虽多，大都能生产，如竹亦多有，故到处青苍畅茂。乡村住宅多系土屋，既不广大，又乏窗户，屋内闭塞黑暗，空气缺乏，与西北无殊。下午至古田县，寓县署内。县长黄澄渊[①]君，余未相识，其夫人童稚时，住在厦大近处，余建厦大校舍常见之，招待甚殷。该县署一部份甫建竣，颇雅洁。黄县长原籍漳州石码，任职两年余。据云渠初到任下乡视

---

① 黄澄渊（？—1967），福建漳州人，时任古田县县长。

察，至某村见地保向民间迫收保甲费，该户言前次经交若干，兹何得复索许多。地保似不理论，迫索强横。渠详询数目，地保不知渠为县长，反怒其局外干涉。渠告以我是新任县长，尔必以事实告我。结果知地保加索良民是实，查之别处亦多如是，渠乃将县内各地保所应收数目，概由县署派人直接向民间收取，而保甲逐月应支各费，由县署发给。由是此事不复扰民，而逐月收入支出，尚可长千余元，计二年余长三万余元，故将该款改建县署。黄君又言，渠时常步行下乡，若早出晚归，只单身而已，若须隔夜，则多一役夫挑被席同行。故民间苦乐情形，颇能周知。凡生利除弊诸事易于收效。余问教育事，答教师甚缺乏，全县须有三百多名方敷分配，现仅有二百左右，而半数系勉强权用者。同寓县署内，有一人为省府派来，筹备公沽局事。余不知公沽局是何项机关，因行过十余省，耳未曾闻。据言系统制米谷，定价由该局专司买卖，凡该区所有农民米谷，概须由该局主持，借言欲平均米价。该人为集美学生，余忘其姓名矣。

三三五　告侯君发言须慎重

余至古田县之越日，黄县长及各界在县署内开欢迎会。县长主席致词毕，余答谢，并报告代表南侨回国意义，及抗战以来华侨之工作。余言毕，县长请侯西反君上台演说，侯君说起闽省米贵，人民惨苦，我等将告陈主席改善补救云云。侯君下台散会后，余则于无人处向侯君云："我等虽闻诸代表告诉民生惨况，然未曾亲历其境，事实如何尚未真知，故先游闽北。然经过各县多是产米区域，运往闽中等处，政府还价每担仅十七元可算廉宜，如此则闽北米价非贵，民众当然免遭苦景。若闽中闽南之米珠薪桂，我等未曾行到，安可在公众会场演说，此话余已屡向你等言之。待到闽南沿途视察诸苦况如属事实，那时方可用函电向陈仪要求。更不宜在公开场所预先发表，使陈仪闻之，反羞成怒，则无益反损。况陈仪所派招待人陈延进，系其走狗，前日已明白显露，你今日台上之言，难保他不即报知陈仪。且米贵事大，安知陈仪肯否改善，我等何能预向民众负此重责。若无效果，则华侨又增一空雷无雨，大言不惭之耻。以后务希慎重，对我等欲查察各事，切须秘密，万万不可在演讲台上发表，至切勿误。"

三三六　入晚到福州

十月六日，余离古田县，由闽江坐电船来福州。然在建瓯时，余已致函陈仪云，"余不日至古田，拟改乘船来福州，及坐轿往闽南。汽车路至古田止，其他已不通，前蒙派大小汽车各一辆，及招待员宪兵等，一切请随汽车回去，免复同行"云云。及至余将下船，陈延进并宪兵五人复同来，其他均回去。余既鄙陈延进人格，及不满其防余，自登报之事发觉后，绝不与他言谈。虽他屡屡向余报告事项，余皆以冷静处之。晚后船抵福州，沿江所见多是高山，平坡田园比山为少，幸系土山均能生产，林木茂盛，虽非可耕种，然亦非不毛之地也。福州码头欢迎者甚众，导往仓前山旅运社，系洋楼，前属美丰银行之屋，设备颇雅洁，社后有小岗及旷地，可以散步俯瞰全市大半，及闽江出口处。

三三七　闽政府制售账簿

越日福州军政商报各界及厦大、集美师生，并闽南同乡等，来往应酬颇繁。有一位政府所办贸易公司福州办事人，年卅余岁，云渠系禾山县名绅陈君之子，且为集美学生，告余："该公司有制造旧式账簿廿五万本，体式仿通美一样，其好处有过〈之〉无不及，专消[销]南洋方面，按尽此年底配到新加坡发售，请示新加坡应付托谁家代售方为妥善。"余问："该账簿是否装妥？"答："概已印装完备，拟待寄香港转运。"余云："以余所知，厦门虽沦陷，而通美及他家所制账簿，尚源源运洋竞消。通美系托某君代售，尚存许多在栈。商家既能仍在闽省制造，运销南洋，利权免失，省政府应当格外保护为宜，兹乃反制作同样与之竞争，不但不能保护，尚且摧残人民商业，理由何在？"其人不答而退，此为余入闽以来，始知政府所办贸易公司，系与民争利之事实也。

三三八　福州各界欢迎会

余至福州，思在建瓯呈函蒋委员长，视察滇缅路事，恐该函迟到或失接，故拟发一电文，其用意与前函同。福州各界议费五万元，为欢迎余之费用，甫在进行，因接陈主席函示，及余发启事辞谢，由是停止布置。在市桥头起处已作三个欢迎亭，否则，闻将续建至市外接官亭为止，幸早通知免多花无谓之资。至于开会及设宴，如南郡会馆①，厦大、集美师生，及各界并陈祺［琪］② 军长召集数千军队行阅兵式等，均有演说报告南侨各情，及回国目的。余在福州尚未决向何方面进行，适福清商会及回国侨胞，举数人来邀往，商会长亦同来，余乃接受之，言请先归余当自往。至于城市私人应酬，余均谢绝，唯侯西反、庄明理二君及秘书有赴数处耳。

三三九　马尾及鼓山

福州商会长王君，亦各界招待员之一，导往古［鼓］山，由海军备电船一艘，先往马尾海军司令部处参观。李司令召集海军等数百人，开欢迎会，事毕回头上船来鼓山，后改坐轿上坡。轿夫亦有属妇女者。行一点余钟至山上，和尚百多人排列在寺外迎接，并招待午膳。游览各寺院及风景，无何兴趣。有一方丈汲山水来，谓该水有殊异，可增高碗面上一分之额，不致满溢云。辞回时送和尚二百元，来往轿资等费，由王君支理。沿江所见岸上木材积聚如山，协和校舍门已关闭，久已移往邵武矣。王商会长有一日曾宴侯君等，彼知余不赴私宴，故不邀余。王君之住宅及商店在中洲距离余寓不远，其规模颇大。及侯君回寓，余问王会长有向尔谈起此间苛政，及市民惨况否？答未有。又问尔有

---

① 南郡会馆，位于下杭路92号，清末由闽南籍商帮集资建造。
② 陈琪（1897—1971），浙江诸暨人，时任国民党军第100军军长。

查问王君否？答未有。彼此所言都属无关系事。

三四〇　义勇的记者

余自到福州后，报界记者及此间访员，男女十余人，纷纷来言，此间民众苦景，而尤以贫民为惨，都由贪官污吏，种种苛政，对报馆则取极严酷检制，不但禁止言论，虽市内公事新闻，稍为登载，检查员以为扰乱治安，概行删去。诸记者或单独来访，或两三人同来，所言大都同样。厦大学生，集美教师，亦有言者，莫非告诉贪污苛刻，民不聊生等事。余答君等所言颇多，余不能详细记忆，可用书面写一报告较妥。集美教师不敢负责而退。至于商界及素略相识者，多不敢言，若有问则须于无人处方敢开口。迨至最后余将离开福州之前夕，男女记者十余人同来见余云，彼等"今日为良心所驱使，故联袂来见。自数月前咸希望先生到此，报告惨况，挽救民众倒悬痛苦，盖舍先生外，无其他可挽救"云云。余答："君等所言，余多不能记忆，最好用书面写一折为妥。"诸记者面面相顾，莫敢应承。后一人云："我可负责写来，如受酷祸，为民众死亦甘心。"余告诸记者切共守秘密，并告负责记者，极迟明早六点送来。至中夜便已送来矣。

三四一　统运之贻害

闽北运输船，原有四千余只，自统制运输机关成立后迄现下未及一年，已减去近半，仅存二千余只。船东与船夫多系独立营生，譬如某只船包运全载货物，载费一百元，船东得卅元，船夫等工资七十元，货装配后船夫要支款三四十元，余待货运到找清，此乃常例。缘船夫多系贫苦工人，既要备多少伙食，又要安家费用。及至政府统制运输，不许船夫借款，须待货物运到，起卸后无差错，方肯交还，亦有借故克扣，且沿途须经多次停验，日子比前更迟。各机关管理人员，多用浙人，言语不相通。由是船夫工人因种种不便，改图他业，甚至有将原船放弃，空身回去。致运输之船日少，各物腾贵，而尤以米为大宗。陆上如福州城外，设十二处检查所，凡携带一二十斤之米入城，即犯禁令将米充公，并科以罪责，其严厉可以想见矣。

三四二　苛政猛于虎

福州市有闽江，由市通苍前山，有一大桥名万寿桥，江水颇激，市民贫困者，因米价高昂不能生活投江死者，日有所闻。自统制运输后未及一年，由桥上投江自尽者，据警察捞出死尸，约九百人，至于尸被水流去者，不知多少。有一家大小五人，同由桥上跳江而死，又有一家男女老幼七人，倾其财款买面线作晚餐，食后同到大桥投江自尽，此均邻居所知者言之。据诸记者言，警察所捞起死尸，不许报纸登载，如违者科以扰乱治安之罪，且检查甚严，亦无法可以登载，所以外间多不知情。市内贫民虽如此悲惨，而茶店酒楼，日夜仍热闹不休，多系军政界公务人员之花天酒地也。以崇安等处米价廉宜，每担仅十七元，运至福州至多加四五元，合算不过廿一二元，而福州每担卖七八十元。居奇厚利，害民之惨岂不甚于猛虎也。

三四三　政治变营业

徐学禹倡办福建贸易公司，在福州曾运出百万条杉木。或言系售于敌人，否则以如许笨重大宗杉木，在海面何能通行，且我国各海口何能平安运入，故闽垣人咸谓售于敌人无疑。该贸易公司在上海、香港开设和济商行，专营闽省出入口货物，虽香菇、泽泻少许产品，亦兼收采与商民争利。又恐未能统揽一切，故创设运输统制局，以阻商民之营业。总而言之，无异将闽省政治，变作营业性质。凡诸上级权位，皆以浙江人任之，中下级人员则利用本省人。然平素对商业多乏经验，管理保护更〈是〉门外汉，致有拥挤山积及腐坏等弊。据知者言，积存货物千余万元。余敢信为事实，因余所知如账簿一条，已积存数十万元。又闻前曾租外国火船一只，满载货物将运往上海，在海面被敌人掳去，损失之巨不言便喻也。

三四四　福清多新屋

十月十一日早，余离福州坐小汽船，来长乐县界上陆，将来福清。商会长等经雇定数轿，在旅舍前等候。余等在旅馆楼上早膳毕，侯西反君先下楼，见余轿内无铺毡被，则将伊轿内毡被移置余轿内坐［座］位。余在楼上见侯君如此美意，终身铭刻不忘。起程后过长乐界入福清区，行一小时许，则见乡村华屋不少，为回国以来历十余省未曾见。屋瓦尚新，正面上段概镶红砖，下段则白石，逐座住宅多上红下白，雅观悦目。然多非大座巨室，大约每座一厅三四房，住一两家。闻建筑费数千元，因工料廉宜，沿途经过数点钟路程，而此美观住屋，常多见之。闻概系南洋侨界所建，而尤以荷印侨胞居多。有人言外观虽如此美丽，而内容甚不洁，余虽未曾见过，然信或者难免。我国人卫生不讲，政府绝无负责指导提倡，不但福清如是，各省各县何处不如是也。

三四五　华侨喜回家

午后至福清县，各界郊迎者颇众。是夜寓商会长所备招待所，越早散步市外，见一石塔高八九层，登其最高处，全城可尽览。回时赴各界欢迎会，会毕有数人来告，昨自上海开到轮船一只，载有回国华侨三百余人，政府阻止不许登岸，当驶回上海。船东可免损失，因与搭客有预约，如不得登岸驶回上海，搭客不能讨回船费。请余向某团长求情，准其登岸，否则不但使热诚回国之侨胞失望，尚恐有海面遇敌之危险，数百侨胞有性命关系。余乃问该团长，据言系福州军长命令，他无权许其登岸。盖军长自前规定，福清港口不许轮船倚泊，起客卸货，恐敌人来此攻击。自数月前已通知各船局，兹上海某外国船局，贪利不负责，明知而故犯云云。余乃托其电请福州陈军长，此次格外作情，特许登陆。午后接电许可，于是全船三百余名咸即上岸，各回家乡去矣。

三四六　外省籍驻防军队

　　福清商会长及其他报告，该处驻防军扰民甚苦，凡民家住宅，任意占据，家私什物随便夺取，彼若长驻此间，则受亏一次无妨，然或数月换防，去者各物尽行带取，而新来军队复择肥而噬。余问来此军队，是本省人抑外省人，答均系他省人。又报告现任县长亦甚坏蛋，善政无一可言，而害民苛政，层出不穷。余见该县长似一极粗笨之外省人，不知何项出身，决［绝］非文士之流。余于沿途见运输工人，车运颇少，且该车又不若浙江之便利。余问诸运夫，概系政府统制运输机关所雇者。

三四七　莆田文化称发达

　　十月十三〈日〉早，余离福清来涵江，至晚后始到，欢迎者沿街灯火，颇形拥挤。是夜寓于旅舍，越早莆田县长，以电船导往莆田县。电船沿江河行驶，两边岸上概为良田，闻昔系海潮侵入之地，乃从江口筑堤岸，阻止潮水。岸内江河九十余条，良田数万亩。有人言现下堤岸之外，海滩已成，按费若干万元，再筑外堤，亦可增得许多良田与江河，而江河中亦有鱼虾水产利益可收。到莆田县即赴各界欢迎会，是夜寓林君别墅。莆田文化较早发达，为闽南冠，集美师生不少。该处妇女服装，除寡妇外，若有夫之妇，虽老人亦服红色，若衣裤非红色，而工作时短围裙，亦须用红布为之。想我国各处罕有同例。县长言文化发达区域，举动应较能团结和洽，若莆田则不然。如商会长每届选举，则明争暗斗，甚形剧烈，盖有利权可以营私舞弊。而社会绅士亦意见甚深。不久之前发生两件奇事，一为某先生将与某女士，订［定］某月某日，在某处行结婚礼，发出许多请帖，究其实某女士，乃某先生之亲生女耳。一为在公冢区，众人经过路边之处，造一个新墓，并树立石碑，书某某之墓，上并插挂新死诸俗物，究实其人尚健在也。由以上两事观之，可见社会恶俗，竟有如此之甚者。

三四八　绳缚壮丁队

十五日早，余离莆田来仙游枫亭，寓于旅舍，仙游县长因病不能来见，余亦节省时间，不往县城，止于枫亭。到寓少顷，便见有军人押百余名壮丁，由旅馆前行过。该壮丁分数队，有七八人为一队，有十余人为一队，俱用麻绳缚于上臂，牵连成队，使不能个人逃走。若一人要大小便，则全队须停行。壮丁用绳索缚联[连]，此为余亲见之。至于其他多样，如用铅线环于颈项，然后用绳穿在铅线，相联成队，与及铅线环于手臂，再用绳牵缚之，此系余入省之前所闻者，余未敢信为事实，迨今亲见用绳缚之事，乃信前闻不谬也。

三四九　借口拘挑夫

十六日早，余离枫亭将赴惠安县城，然昨晚有一位某君，系惠安某区长，与仙界毗连，距枫亭三十余里，他为集美学生，来迎余往其区署早膳。余起程较早，故先到区署。甫入门见左畔房屋，窗户树立铁枝，门扇则锁闭，知为禁房。余行近窗前，见房内约十余人，有十三四岁童子者。余问尔等是壮丁否？一人答是，又一人及童子答不是。又问不是壮丁，何罪被拘禁。答拿挑夫。又问拿来几天？答三天。又问每天给尔食几次？答无有，须自家供给。余进至招待处，男女十余人，多为集美同学。少顷区长亦到，余问拘禁诸人何故？仓皇答"此处外来各军队甚横恶，绝不讲理，征召挑夫刻不容缓，如要二三百人，立即备付，否则用武，脚手并施，我被辱多次，故须预备"云云。余言："将离福州时，军师长均有言，沿途经过，如有闻军队不法事情，可报他知，汝可将详细各情，写给余转达。"该区长又云，上级军官尚好，恶者皆下级军人。余早膳后即起程。有顷，随来宪兵队长告余，自君起程后，禁房诸人概已放归矣。地方文武官吏，系为治安保民而设，兹乃反为害民之贼，任意拘禁，待有钱入

著　述

手而后放去。以区长之微,敢如此苛虐,莫非上级官吏,有以启之,所谓上下交争利者是也。下午至惠安县城,寓于招待所,休息后赴各界欢迎会。

三五〇　泉城米亦贵

十七日早,离惠安县城来泉州,沿路见惠安诸山,多是不毛之地,虽非如甘肃之无生气土山,然除石山外,土山亦乏树木可见。惠安土地固不佳,若政府能保护山林,加以科学改善,当然不致如现下之不毛也。午后经洛阳桥,至泉州城,欢迎者导往招待所。记者多人来访,咸以各种苛政害民凄惨,及贪污官吏火上添油为言。余答以"自福州起,沿途闻见莫不痛哭流泪,贵记者请如他处用书面作备忘录"。蒙允许送来。南安县长派绅商四人,来迎往溪尾县城。李光前乡里国专学校①,亦有代表来请往参观。泉州米每市斤十三两兑价一元。而数天前,当局拍卖两次臭米数百担,日报均有登载。又自两三月前,由县长等介绍,许兑诸商家白米千百担,每担卅余元,先支去若干定款。越后米价升至六十余元,县长便来取消前约,云前采定之米不能运来,作为罢论,而先收之定银,延至今不肯交还。诸商家不得已,登日报质问。以上两事,均系贪污官吏害民,报纸登载事实可据,非仅传闻而已。盖县长与奸商营私舞弊,而县长靠后方有权势,故敢如此。据记者言,全省各报纸,只有泉州某报,最有势力可登载耳。

附录一五
伸出迫切期待的双手

先生此次归国,不避跋涉,不辞劳瘁,所为何事?先生不言,故乡民众已知之甚且深矣。先生此次入闽,拟留较长之时间,周览故乡情况,所为何事?

---

①　即福建省南安市国专中心小学,又称国专一校。1938年由新加坡侨领李光前独资创办,是其在祖家南安芙蓉乡创办的第一所学校。学校取其父之名"国专"命名为"南安县私立国专小学",后续共建有四校。

微先生言，桑梓民众，又已知之甚且深矣；先生之重望，先生之人格，先生之热情，先生之严正，再毋庸舆论之士，赘多余之词，而闽南民众，圆颅方趾，亦已无一人不加敬仰，无一人不致钦佩；正惟［唯］闽南民众，知先生甚，敬先生甚，所以欣逢先生之来也，为情之切，为望之奢，有如旱涸之欲沐甘霖，有如枯草之欲沾雨露；吾人虽无术可以掬集闽南民众之瓣瓣心香，展献于先生之前，而使先生检点其成分，但相信灵犀点点，早已通于先生，血泪斑斑，亦早已达于先生！质言之，先生此次来临，正值闽南民众颠连憔悴之秋，正值桑梓同胞饮恨吞声之日，此闽南民众之所大幸，亦先生所抱使命之所大欲也。

闽南民众喁喁望治久矣！其所为抗战建国而付出之热衷与义务，纵然不及海外华侨之丰之富，但其所为抗战建国而担受之痛苦与磨折，当远非海外华侨所能想像［象］。此情此景，正惟先生之前来考察也，可以亲身体会，目击心维，而纤厘不漏，毕露穷形。吾人深深相信，先生周览也，决不表面；先生之考察也，决不寻常；先生之足迹，必能深入民间；先生之眼光，必能透视民瘼。盖先生视察之对象在民，先生视察之目的为国，先生之家既可为教育而毁，先生之身亦当不惜为民众而瘁。再有何名誉可以超越先生已有之重望，再有何代价可以超越先生已有之地位？因此吾人毅然决然的相信，先生此次之来临考察也，实闽南民众荣枯之所击，亦闽南民众出水火，登衽席之挺机，其关系之重大，夫岂言辞笔墨所能形容。

时在今日，举桑梓同胞，父老弟兄，诸姑姊妹，莫不伸出其迫切期待之双手，而引领企踵，以望先生之援救。先生此次来临，设不亶热情，奋心血，手障万流，一举挽回劫运，给予闽南民众解悬之兑现，则先生去国之日，必万众心碎之时，先生其忍令其失望失意，如离开慈母怀抱之孤儿乎？（节录）（转载《福建新闻》民国廿九年十月廿八日欢迎陈嘉庚特刊）

三五一　统运造成悲惨

自省府统制运输之后，致转运迟缓，如平时商家自行雇运，三四天可到者，统制机关代运六十天尚未交到。至货物损失腐烂，莫肯负责，更属难免。运费比前加多尚未计及。至臭米，系自漳州运来，两个余月始到。加以门外汉不知保护故致腐臭。又如涵江出产虾米，每担卖价一百五十余元，运费至多十余元，合计成本一百七十元，而泉州每担价至四百元，尚且乏货。商家以厚利多往采办，然运输公司迟至两月始运到，该虾米多已臭烂矣。涵江至泉州仅二百余里，两三天路程可达，而运输公司加延二十倍之久。百物安得不昂贵，民生安得不悲惨。庄明理君同两友人，往菜店炒米粉三盘，食毕交银十元，拟找回若干，而店主要再索两元，谓每盘须四元。物价如此昂贵贫民安得生存。又如商家由上海、香港办来货物，堆积泉州海口百余万元，运输久延不能交，被敌人侦知上岸抢劫，又以飞机轰炸净尽。为米物昂贵，县长利用奸商合作，交结运输机关，垄断营业，由是贵上加贵，而公务人员与奸商，则大发财利，多者百余万，少者数十万元。

三五二　省内不应言

十九日泉州各界开欢迎会，坐［座］位皆满。主席致词毕，余答词仍报告代表华侨回国意义，及南侨对抗战努力工作，并国内经过诸省，民气进步，军民团结，最后胜利，决属我国等语。既毕，主席又请侯君登台演说，侯君则言政府不仁，统制运输，致百物昂贵云云。下台散会后，余于无人处复责侯君失言云："余在古田县时经已劝告，不可在公众会场言省府苛政，何以今日复言，不但无益吾国民众，而我等自身亦有危险。无论如何，必待向陈仪要求不遂后，待出本省界，方可宣布，千万牢记，至切至要。"是晚陈仪所派随行招待员，陈延进来告辞，谓接陈主席召回明早就要起程去。余自发觉其任走狗防余后，未尝再与言谈。

三五三　函电求陈仪

十月廿日，余到泉州已四天，与记者访员及各界，并厦大、集美师生接谈已毕。计自南平北上，及南下至此约廿左右县，调查所及，或闻或见，大都同样事实，决无错误。于是乃拟电函两稿，交秘书修正，发交永安陈仪主席。电文从简，而函则较详，然均只单独提起统制运输，惨害民生一事，其他如军米、田赋贸易公沽局，及其他舞弊、苛杂、盐政概无言起。盖以统制运输一项，于各苛政中，政府最无关紧要，撤消〔销〕最容易，而害民则最惨酷。如此项要求不准，其他更无希望，若此项许可，然后再请求他项。其电文大意如下："陈主席惠鉴，余自到延平，多处代表来告，自统制运输后，转运比前甚迟，如前三天可到，现须六十余天，致各物昂贵，且多有臭烂损失及舞弊。商人缩手观望，而尤以米粮为甚。饿死自杀饥病难以数计。劳苦挑贩，虽百十斤亦不自由，似此与断绝交通无异。余历十余省，虽近战区，亦未闻见有此政令，万祈火急撤消，以解百数十万贫民倒悬凄惨。以上事实经余考察确实，希接纳至幸。"又再致一函除如电文所言外，再加列惨况事实八条付快邮交陈仪。

（一）自统制运输后，闽北运船减去近半，前四千余只，现仅有二千余只。

（二）崇安县逐天决定运米三百担，交福州政府，每担价十七元，他县亦运到不少，而福州兑价每担七八十元。政府有此奇利，贫民何能生活？

（三）福州城外，设十二处检查入口米，虽十余斤亦拘捕办罪。

（四）福州市内，自统制运输米贵后，贫民自大桥上投江而死，尸由警察捞起者八百余人，至沉入水底及被水流去者不知若干。

（五）涵江虾米，每百斤售价一百五十元，而泉州因久运不到，每百斤售价至四百余元。涵江至泉州仅二百余里，常时挑运至迟三天可到，而运输公司延至六十天始到，致商家所托运虾米多已臭烂矣。

（六）泉州米价，每市斤一斤，实重十三两，兑价一元。贫民惨苦免赘，而数日前竟拍卖两次臭米，每次数百担，均系运输公司延迟所误。

（七）两三个月前，县长等代商家办米千百担，每担定价卅余元。后来米价升至五六十元，县长便告商家取消前定之米，云为运输不来。而初办时收去数千元定银，迄今任讨不还。诸商家不得已登报质问，现有报纸可作证。

（八）泉州诸商家，自上海、香港办到各货百余万元，久积于泉州港口，而运输公司迁延未能运交，致被敌人上岸抢劫及飞机轰炸焚烧净尽。以上八条概属事实，完全为统制运输之害。敬恳急速撤消，仍由商民自运，救闽民于水深火热之惨。否则贫困民众，饿毙日多，残病日众，难可形容。万乞大施恩泽，不特闽民之幸，亦抗战前途之大幸。余不日离泉至安溪，如蒙覆［复］示，可交安溪集美学校转为荷。

三五四　华侨反误乡亲

廿日早，余离泉州来南安溪尾县城，是晚各界开欢迎会，主席县长致词，及余演说毕，众多散去。有青年数十人，要求余报告延安事。余于是复登台将所闻所见据实报告，约一点多钟完毕，散会就寝。越日往浮墙乡，寓于国专学校，该校舍系新建在一山岗之上，校址及山水环境颇佳。是日下午往李家大词［祠］堂开会，乡人来者颇众。余演说教育之重要言："如贵乡光前君，若非受过相当教育，安能于十余年间，发数百万巨资。且居今时世，非但男儿当受教育，女子亦当受教育，在浅识之人，多云女子受教育，乃为他姓造福，而不知未嫁之前，能教其弟侄，既嫁之后更能顾爱父母家以及造成女子自身之幸福也。"又云："华侨寄资回家，千万不可在其乡村买置田地。有钱人争买田地，则是陷害族亲使之衰散，乃家族乡里之祸，而非乡里之福，盖乡族田地有限，族人贪利或典押或卖尽，日后财产均空，生活无着，势不得不离去家乡，十人中乏一人可复归来。如此华侨发财回里，不但无益乡亲，反生弊害，凡有存钱应寄存中国银行，或中央银行，两行均为政府负责创办，其利息比买田地尤好不少也。"

三五五　劣政勿告余知

廿一日早，余离浮墙，将来侯君乡村之刘林乡，约行数里至某村陈某绅家早膳。该绅系省参议员，前昨县长派四位绅商到泉迎余，他亦参加。未用膳之前，余请该绅等数人往私室，问贵县有无苛政，民生苦乐如何，渠则问陈延进何无同来，余答他作陈仪走狗防余，自南平发觉后，余致函陈仪请召回，毋须招待，故昨日已回去矣。该绅等云："苛政害民极惨，我等未向君言者，因陈延进到泉州，立打电通知县长，嘱告戒[诫]将来欢迎四代表。所有地方劣政，切不可告君知。"近午经过码头区，再行十余里在某乡村午膳。晡后到刘林乡，寓侯君族亲住宅。即往该乡宗祠开会，余演说约如浮墙所言。数日后侯君来同安相会，言码头区区长，向华侨某家妇饬捐二百元，谓为招待余等费用，大约必多向他人同样捐取。然余过码头时，区长坚留午饭，余辞以预约某乡村招待，虽过其门未入其室，闻有办筵数席或竟借此为发财之机会耳。

三五六　刚毅敢言之国民党书记长

廿三日早，余离刘林〈乡〉将来永春，近午至诗山，厦、集校友招待午膳，后往游凤山寺，仍回诗山即起程。近晚至永春城，欢迎者在城外等候，余下轿道谢后，复上轿经过永春城市数里，至某镇寓招待所。越日赴各界开会，到者数千人，主席某君前任厦大建设办事员，现任国民党书记长。致词云："本省民众受苛政剥夺，凄惨无告，已在生死关头，痛苦甚于倒悬。国内绝无解救之人，历兹多月，盼望陈先生来临，拯救于水深火热之中，盖舍陈先生外，别无他人可能救援。万望陈先生哀怜同乡千万民众，遭此厄祸负责解救，勿使闽民失望，千幸万幸。"余上台答言："余此次回国，历十余省，所见所闻，未有如本省诸新政者，而到处开会，多有党部书记长主席，亦未见对闽民惨苦，敢在公众会场坦白发表，如今日贵主席者，其爱乡爱民，英勇敢言，余极钦佩。至责余负责解救一事，余亦闽人一份子，安敢自外，第恐势孤力微，言轻责重，无稗[裨]事实，有负贵主席及诸君子愿望。"又报告此次代表南侨回国及其他。

三五七　再上书陈仪

余自泉州经南安至永春，对民众受苛政之惨苦，复得所闻见之事实，故再致书于陈仪主席，除查询前日在泉州发去函电外复列各事七条。

著　述

（一）贵科长陈延进，在泉州用电话告南安县长，吩咐四位欢迎代表，勿向余报告本地方上有何不良政治。

（二）余自长乐至此，沿途闻轿夫言，虽他处米价较廉，要买十余斤带回家，亦恐犯法不敢采买，足见规例之严辣。

（三）统制运输机关，如设在甲区，乙区及丙区均无设机关，而各区距离作十里远计，挑贩将挑乙区之物产，往丙区售卖，路程仅十里，而兹须先往甲区，向运输机关缴纳例费，手续清楚后，再挑到丙区。不但加行廿里远路程，且迁延时间及加费，故物价不得不高贵。

（四）挑贩有因加远路程，不愿奉行而直接往卖者，若被探员侦知，将物充公，复科罚罪案。故挑贩非比前有数倍厚利，不肯冒险。

（五）运输机关代商家转运货物，既迟延日久，商人有恐货物臭坏，或急于用款者，盼望货物早到，俾能流转，不得已恳求运输公务人员，贿赂金钱以达目的。一商能如是，他商家亦能如是，由是造成公务人员之欲壑。

（六）前商家自雇工人，运输日子既速，如有损坏，运方须负责赔偿，故能注意保护所运物品。今运输机关则不然，坏烂损失均不理，而运夫更放心失顾，夜宿时尤不关照，且堆积日久，安能免其损坏。

（七）商家既病于运输之阻挠，乃缩少营业或停止经营，而有势力之公务人员，则与相熟商人合作，垄断居奇，舞弊营私，不言便喻也。

以上七条确系调查所得之事实，至余所调查方面，如报界记者，社会领袖，商界名人，沿途役夫，及厦大、集美师生等。余在洋见过上次欧洲大战，及此次欧战，英法诸殖民地，虽有统制，只防奸商以货物资敌，及金融漏出为限，绝未有干涉运输，致阻塞交通，更未有对自家民众施行统制，兹乃美其名曰战时统制。呜呼，全国何省有如是乎！万乞贵主席大恩大德，迅速下令撤消［销］，免贫苦人民数十百万人，饥饿疾病死亡之惨，至荷至幸。

三五八　在安溪之集美学校

廿五日早，余离永春来安溪，中午复经诗山，厦、集校友仍招待午膳，并拍照毕即行。至溪口日将沉西，蒙备晚餐，用后即行，至安溪城已入晚矣。寓集美学校办事处。集校自厦门失守后，即移来安溪城内，假孔庙为课室，及租近处住宅多座，仅容中学寄宿生八百余名。余自民国十一年春，离开集美乡南来，迄今首尾十九年，始复与集美师生相见，越日开欢迎会，余仍报告回国目的，及南洋华侨对抗战各情，并言经历国内十余省，确信最后胜利，必能属我，又言及久滞海外，不能回梓，思乡蒙念，无日能忘，第为俗务纠缠所限耳。会毕参观全校，虽非正式校舍，而战时假寓亦颇过得去，校内及寄宿等处亦整洁。学生精神亦好，余甚喜慰。前校董叶采真令堂别世，尚未归土，其乡村距校十余里，余即往吊唁。越日又赴各界欢迎会。

三五九　陈仪拒哀求

廿七日，接陈仪覆［复］来电文一道，不下数百字，所言多不切事实，似有问牛答马之概，其中只有三几句，为对参议员常语："公务员谁人舞弊，可取有实证来交，我决严办，绝不宽宥，否则不能随便。"余认陈仪骄愎，无意接受余恳求。便拟不往永安，由长汀回洋。即电南平旅运社，将留存行李，寄交长汀厦大收转。集美校董陈村牧君报告，校舍无法扩充，而每学期考取合格，要入本校初中及高中生不下六七百人，仅能收纳三分之一而已，大半不免向隅。若他处有相当校舍，可将高中生移往，既可加招学生，而现校则专收初中生，亦可增收二百余名。余应承之。嘱其采探筹备，该学期学费并大田各职业校，每月须填出经常费二万余元。

三六〇　劣绅钻营

廿八日上午，离安溪集校，将来同安城，下午至龙门，在车站开各界欢迎会，是夜寓华侨某君住宅。闻安溪至同安，来往挑运尚未统制。同安某绅，曾向县长商设运输机关。该县长以利少而扰民大，上峰之令未到不许。故沿路运夫虽众，尚幸自由。足见苛政之作俑者，虽初意未必普设，而各处土豪劣绅亦能闻风钻营，助桀［纣］为虐也。前安溪欠用货物，概由同安转运，自厦门失陷后，同安需用货物，反从安溪运来，而安溪系由泉州等处运来。

三六一　拟设同安初中校

十月廿九日早，余离龙门来同安城，在途中见天马山，无限喜慰。下午到城郊，欢迎者颇众，入城后寓于旅舍。县长设晚宴招待，坐谈间，余云："闻贵县长不从某绅要求，创设安溪同安运输机关，为其利少害多。此乃两县数十万民众之幸。务希坚持到底，至荷至幸。"宴罢，即往各界欢迎会，会场设于露天，到者数千人，县长主席致词毕，余上台报告各情，及代表南侨回国，与华侨对抗战努力等工作，并外汇金钱作战费，及经过十余省，对抗战乐观等，均两点多钟然后散会。余到安溪集美学校，始闻同安、海澄两县均未有初中，因政府禁设。前许多校概移往内地，为此缘故致失学者不少。余至同安便思创办一初中校。据县长言，政府前收没埔尾乡叶定胜住宅，现关闭无用，如合作中校舍可以供给。越日余即同县长，及集校教师陈延庭①君往视察。距同城廿余里，认为略经修改便可开课。即交代陈君负责筹备，赶应新春招生，并备文教育厅请求许可，如不许可，余回洋再与交涉，务期达到目的，盖政府之禁设学校绝无理由也。

三六二　县长发大财

卅日晚，余在同安城，厦、集校友设宴招待。越日余往集美乡，县长及护兵数人同行，余曾力辞，而彼诚意要送尽县界，至集美越宿，复同至灌口方面。计余在同安城两天，旅馆费自理，县长所开招待费，仅晚宴数席，至多三几百

---

① 陈延庭（1888—1983），福建同安（今翔安）人，时任厦门大学总务主任。

元，同余至灌口回去三天，每天费作二百元，计六百元，合共至多一千元。其后闻就同安城内，派捐商民招待余用费三千元，又向各区派捐万元，统计派捐二万余元。余回洋时该县长已解职。彼系外省人，据政界人报告彼任同安县长二年余，获利二百余万元，多系征派军米，及统制运输之后，与奸商合作，大半取米货奇利，故能发如许大财。查先后用别名由省银行汇去八十余万元，由中国银行汇去一百零万元，其他零星尚有不少。至上言不从某绅要求，设运输机关，原非爱民好意，若非私人无多利可入，故拒绝不设，则系获利已多，将欲卸职回去，二者必有其一。以同安县长如此吸人民脂膏而言，则陈仪祸闽更可想见矣。

三六三　集美农林地非佳

十月卅一日早，余离同安城至美人山下集美农林学校早膳。沿途所见同美车路破坏后，两边树木概被地方村民斩去，至为可惜，否则不但路景美观，而暑天行人受荫不少。农林校舍，虽被敌寇驶战舰来海面炮击多次，而损失有限，盖未有倒塌，仅破损而已。美人山下农校所栽树木，颇茂盛可观，唯山上松柏则稚小不长大，虽近十余年之久，看似三数年之短小。语云，十年种树地成金，集美农林校种树数十万株，可惜地土欠佳，否则以地方燃料之贵，虽作火柴亦可值价不少也。

三六四　十九年后回故乡

余到农林时，集美乡长数人来迎。在农林点余钟再起程。途中见集美校舍，欣喜莫可言喻，几似梦中遇见。盖离别近二十年未能回梓，梦寐思乡难以言尽，兹达素愿，喜慰无限。上午十一点到集美校舍，即视察全校及庐墓，到处树木阴翳，高出楼屋。在宗祠中告知多位乡亲，请传知合乡人众，下午三点钟到祠堂相见，余明早就要别往。视察至下午二点钟毕，往校舍午膳。集美全乡原有二千余人，厦门失后合乡星散。敌人虽占据厦岛，未有到此登陆，然距集美仅一衣带水，炮火时常波及，数月之间乡里为墟。迨至本年来乡人稍稍回来，约可半数。到祠堂者数百人，余报告各事，并告不能多留几天，系因欲视察滇缅路订约十一月尾在昆明会集，现日子已迫故也。乡人渔船前原有九十余只，每只渔夫三人，现仅存十只，余均漂失无踪。有多人来告渔网尚保存，但乏资购船复业，每只一百二十元。余即交代集校管财人，如有乡长证明者，每只船价可以照给，大约至多可恢复卅余只而已。乡人又告现有儿童男女百余名，请开一小学校，余应承之。嘱陈君延庭准备新年开课。

三六五　海陆空炸击集美

余前在集美所建之住宅，费款八千余元。战事发生后敌人自厦门用飞机来投燃烧弹，烧至净尽方回去，现仅存墙壁而已。其他乡村诸住宅，虽有数家中弹，损失无多。至各校舍被空袭外，中炮弹者二百余次，幸建筑坚固，除弹孔外，其他无震裂之虞。破坏最重者为小学校舍，其次为礼堂，再次为图书馆、幼稚园及寄宿舍等。余约略计之，损失占全校二成之额。然已年余未有空炸及炮击。闻余离集美后不久复用飞机来炸毁鱼池内一座校舍，该座当时建筑费四万余元。余在南洋自抗战后领导华侨募捐，故时常发表敌人野心罪恶，前后何只〔止〕数十次。新加坡前为中立地，敌人侨居不少，知之最稔。故对余故乡虽无设防之住宅，及教育机关亦以其凶恶之海陆空强烈炮火加以破坏。我国为军备落后之国，民众受此蛮野兽性，灭天理绝人道之祸害难以数计，虽未能向其报复，而现下时势，料不久必定有代我到其国土，如法泡〔炮〕制者，其苦惨或加我数倍亦意中事，可拭目以俟之。

三六六　亲查运输工人

十一月一日早，余往视察龙王宫码头及中学校舍等处，回校早膳即起程，将来灌口区，经孙厝社下轿，往探表亲等家。复起程至英棣头街口下轿，步行将入街，见海边泊有运米船五只，米包均高出舱上。余近前查询该米从何处运来？其舵工为集美人，名番薯，答自鼎美乡运来。又问来几天？答九天矣。又问何不起卸？答无栈房可容。因栈内米积满仓。问何不运出？答因乏挑夫。为运输公司着挑夫须招十人为一队，互相连保，如减一人即不可。且因时间关系，每天八点半开门，须经各手续，下午四点半便停止办公。工人因时间短，手续烦，且有克扣减还，及须连保，故多改他业。前有男女三千余人，日夜挑运，现仅存一千余人。至前商家自由雇运，不拘早晚均可出入，工资较好，故雇工容易，男女多来工作，不似现下寡少。又问须加几天乃能起卸？答六七天。又问鼎美运来若久可到？答一天便到。前三四天可来回一次，一月可运七八次。自归运输机关办理，一月运不到两次，我等亦以利不及费，虽有增还实报不足。现未有他项可运，故暂维持，否则早已他往矣。

三六七　登高看故乡

余与舵工等辞别，入市一游，遇多位乡亲，在市内营小贩。出市后复起程，至仑上社集美小学校休息片时（此校系战后移来）。中午到灌口市，由某团长招待午膳。侯西反、李秘书均自故乡来会。膳毕再行十数里，至某山坡下，轿夫休息吃点心。余招侯君登山岭，可望见集美乡苍茂树林及校舍屋顶红瓦。余告侯君云："余今登此望见集美校舍，是否此生之最后一次乎。"侯君答何如此悲观。余云："陈仪祸闽如不改善，或不去职，余当然攻击到底。既与他恶感余安能归梓。设陈仪能革去，战争胜利后，国民党握政权苛政虐民，上下争利，余亦不能缄口坐视，势必极力反对，如此党人亦不能容，而视为眼中钉，余何能回梓。唯有恶官倒台，余方有回梓希望也。"近晚至角尾市，寓于招待所。角尾又名角美，该区界在三县之间，即同安、龙溪、海澄是也。角尾至同安城，原有一道汽车路，名曰同平灌路，厦门失后即行破坏，现仅存十分之一二，如前阔廿余尺，目下仅留两三尺步行狭道而已。余到时复见工人许多，再事破坏，至步行亦不可。其破坏之工人，概征近处村民义务工作。如该地方换一官来，又随意征民工作，闻前后破坏已卅多次，厦门失陷已三年，敌人决无从此登陆之理，愚妄之官吏，真是无奇不有。余到本省五十余天，历廿余县，绝未闻见一善政，而祸害人民之事项，则指不胜屈。

三六八　续办角尾学校

角尾市区为三县交通之中心，故市街颇广，且繁盛。由漳属运来泉属诸米货，多经此转运至鼎尾乡下船。运输公司机关设栈房在此。余行至栈房边，招待员告余云，栈内有臭米二三千包。余问是久积所致乎，答不甚久，为米身尚湿，管理人不晓保护，致有此弊。角尾与鼓浪屿尚有船只往来，故少数华侨出入，多从此经过。市内人民数千及周围乡民万数，尚无一间小学校。前集美曾倡办一间小学校，数年后交其董事办理。数年前因意见停止，再后为三县各相推诿莫肯负责，致停课多年。余乃与该团长议妥，由新年开课，并捐开办费五百元，该团长亦负责募开办费五百元。所有筹备一切，由团长与陈延庭设法，新春开课。至于经常费，除收学生多少，及市内募捐外，所有不敷，则由集美学校垫补。

三六九　蒋公电同意视察滇缅路

十一月六日早，余离角尾市坐电船来漳州，午后登岸，各界人众在岸上迎接，导往招待所。该所原系中华中学校舍，为厦大学生林文彬君往南洋募建，颇宏伟可观。自抗战后全校内移，林君为招待余故特来筹备。漳城厦集校友不少多来相见。接蒋委员长回电云："同意视察滇缅路。"又重庆运输统制局亦来电云："经派定视察员，准本月终在昆明同行。"余接此两电文，则决意由长汀往昆明，乃电泉州告庄君明理，来长汀同往视察。因自前日与之约定，待接蒋公许可电通知。又接永安陈仪来电："函均收，先生建议事，可来省从长计议。"又接永安物产展览会电云："本月十二日开幕，请惠临参加。"陈仪知余不往永安,故来电招余往省。既有转圜余地,余当然乐就。即覆[复]电云:"来电悉,不日往省。"又覆展览会:"如有到省,当往观光。"

三七〇　柴米生命线

余到漳之后,闻自统制运输机关成立,柴料升价三倍,前每元买一百左右斤,现仅买卅余斤。漳州等属系产柴米区域,而城市食米亦被牵制,增价数倍。柴米为人民生命线,贫民因缺柴米饥饿疾病死亡难以数计。龙溪县长亦来坐[座]谈,据云伊甫从运输局处来,闻该经理云,前日闻省运输统制主任胡时渊①将来闽南各处视察,按本月首可到漳州。兹已取消不来,其原因为接余函电反对,拟重新改组。又言漳局十月份,获净利十五万元。余乃复发电陈仪云:"运输统制后,漳州柴价升三倍,前每元买一百斤,现仅买卅左右斤,米价亦加多倍,漳为柴米出产地,他处更可想见。"越日又发出一电云:"漳运输局,十月份明获净利十五万元,费及暗利或加倍数,利权虽好,而贫民为此,饥饿疾病死亡,亦增多不少。"余到漳两天,计发交陈仪三电矣。

三七一　到处有耳目

三日晚间漳各界,假某戏院开欢迎会,到者千人坐[座]位皆满。主席致词毕,余答谢后,仍报告代表南侨回国意义,及华侨对抗战诸努力工作,并言经历国内十余省,甚觉乐观各情。下台后主席请侯君演讲,侯君复不检轻言,且声色俱厉云:"凡贪官污吏,害民惨苦者,立当驱逐出去。"并举手助势而听众亦热烈鼓掌。散会后,余立告侯君云:"此为何地,陈仪到处多有耳目,何乃复在公众会场,发此有损无益之言。"越日黄式锐君来告余云,昨夜会场之事,此间电话局经理福州人,立用电话告知省府某要人云,"今晚开会人数甚多,陈

---

① 胡时渊(1904—1994),江苏无锡人,时任福建省运输公司常务董事兼总经理。

某演说尚和平，而侯某则激烈鼓动，对地方上甚是不利，加以厦大、集美校友满布各处，更形可虑"云云。时侯君亦在座，余告侯君云，早知有此，今果何如。黄式锐君为厦大学生，现任中央闽南特务职。驻漳访员及记者屡来坐谈，向余要求亲书，前电重庆国民参政会提案攻汪精卫原文。余即书云："敌人未退出我国土以前，公务员言和平，便是汉奸国贼。"

三七二　复电陈仪再请撤销统运

　　四日上午，由漳州坐帆船来镇内，换电船来海澄县城。十九年前余归梓，建集美、厦大校舍，时常往漳州，电船可以泊岸。兹乃河床日浅，虽潮涨时电船亦不能泊岸。以后若无负责政府举行浚河工作则河床日浅，水线日高，沿河良田，必多变成沧海，至堪惋惜。近午至海澄城，午膳后赴各界欢迎会。海澄为产米区域，前运往厦门年数十万担，兹已禁绝，剩米更多。亦为运输统制阻碍，出产诸乡村堆积无数，而非出产之乡，则昂贵非常。会毕仍坐电船来石码，欢迎者岸上如林，爆竹震耳，入市后沿街亦然。自到福清迄石码，十余处大都如是。虽系闽南惯例，而人民辛苦之际，费此无谓资财，大非余之意愿。前经登报辞谢，究竟效力无多。到石码休息后，复致电文与陈仪，缘彼既来电嘱余到省从长计议，又运输主任胡时渊不南来，将重新改组，故不得不将亲目所见，续行报告。电文云："余自同安至漳州而海澄，经过英棣头、角尾，眼见米积满栈，闻臭坏不少。运船多只满载泊岸，久待不能起卸。其他产区堆积亦多。原因自统运后人工大减，英棣头前男女运夫三千人，现存一千余人，运航前三四天一回，现半月余方运一回。公务员与奸商乘机舞弊，多由统制运输之害，贫民凄惨难以形容。若非急切撤消［销］，实无拯救办法。以上为余亲查事实，乞尊裁。"是夜寓招待所，越早赴各界在露天开欢迎会，到者颇众。会毕下电船回漳州城。

三七三　柴料何故昂贵

五日上午离石码，下午至漳州城，预备明早将往南靖，转往龙岩。有人来告："龙岩不可往，共产党人凶恶横行常夜时自窗外开枪杀人，晚后无人敢出门。"余答："凶恶杀人，亦须有故，必不无因逢人便杀。延安亦有人言不可往，余经往住许多日，绝无丝毫危险，况龙岩乎。"越早离漳州往山城，中午到南靖。午饭后，散步到近处一小学校，校长为集美学生，据云："此间征调壮丁，既入禁押所，伙食尚当自备，须待若干日，正式交管理员方免。前昨被征一人，无钱可买食，将随身一支洋墨水笔，售钱供伙食费。"余辞出复起程，近晚到山城，现南靖县长移住此处。余问县长等："闻柴料由此出产，何故近来价升数倍？"答："前者自由转运，每百斤运资二角五占〔分〕。自设运输机关后禁止私运，概归该机关统运，每百斤运资，须一元零五占。且运转迟滞，堆积如山，不能运出。致漳州柴价高昂。"晚宴后赴各界欢迎会，会场设于露天，到者颇众。

三七四　龙岩车路多弯曲

七日早离山城，将来龙岩，终日降雨，冒雨而行。计近晚可到水口，然水口乏相当旅舍。近处有一小学校，校长为集美学生，其董事谢君亦校友，特来山城迎接，是夜寓该小学。住宿来水口，而省政府汽车已在此等候。盖汽车路自漳城至水口，均已破坏，水口以上各车路尚完好。龙岩县长张灿[①]君亦来等候。张君惠安人，曾任集美教师八年之久。在车中余问龙岩共产党凶恶事。答渠到任约五十天，迄今未有发生事端。前时公务员晚夜不敢出门，恐被暗杀，自渠接任以来，夜间公务员随意出入，无何事故。当渠到任之初，则邀诸领袖

---

① 张灿（？—1941），福建惠安人，时任龙岩县县长。

来县署，商议官民治安事，并劝善守法律，不可扰乱秩序。他等答官吏若无扰害民众，我等决不干预。午间至龙岩，沿途车路甚多弯曲，盖一弯甫行过，复遇一弯，计不下百多弯曲，余行十余省，未曾遇此状况也。

三七五　利令智昏

八日近午至龙岩，欢迎者甚众，排列市外如林。盖龙岩教育颇发达，而厦大、集美校友众多，故更倾诚招待。入市后寓于旅舍。少顷余请张县长入房内，告以："自入闽以来，各处受统制运输之害，致各物昂贵，民众凄惨无告，诚出余意外，经函电向陈主席要求撤消［销］，未蒙许可，贵处有无设运输机关，及苛政病民事项，希示予知，以便交涉。"张君答："我想此事无须交涉，且交涉亦必无效，不如勿干预作罢更妥。"余闻后大失所望，心甚不满，即起身出房外与他人谈话。盖余以张君为泉属人，且任集美教师多年，身任地方县长，知苛政害民凄惨，必能见告，岂料不但不告，反劝余无须交涉，不顾民众饥饿、疾病、死亡、悲惨，天良何在。又同县人李良荣师长，尚奖说陈仪好话，使余失望，犹可云武人不关民事。若陈延进亦同县人，且为集美中大学生，并留学外国，竟甘作陈仪走狗。兹张县长任中等学校教师十余年，其受相当教育及社会经验，毋庸多赘，亦复如是。无他一言以蔽之，利令智昏，夫复何言。下午赴各界欢迎会，会场虽在露天，然讲台前系斜坡，前低后高，造成无数阶级，如戏台之坐［座］位，大约可容数千人，各人头面均看得见，不致遮掩诚一甚佳之露天会场也。

三七六　与陈仪三代表论统运之害

九日上午离龙岩来长汀，下午即到，寓厦大所备之招待所。陈仪已派代表三人，即陈培焜前任厦门道，久相识，次统运主任胡时渊，及省银行经理，仰光侨生，集美校友丘汉平[①]。与余相见，云陈主席派他等来欢迎余到永安，"如不往者，则磋商对统制运输事如何改善"。余答："在漳州时，接陈主席相召，故决意前往，经覆［复］电告知矣。"胡君又言："运输事何项不便，请余修妥均可迁就。"余答："余非政治家，对政治实门外汉，安能提出修改。第入省经各处，见运输阻滞几于断绝交通，致米柴及各物昂贵，民生受害非常凄惨。故认为无益有损，请求撤消［销］。"胡君言："战时必须统制，不能完全取消，只可修改耳。"余云："战时须统制，无非防备奸商运物资敌，而非阻止自家良民之生活交通。政府借此以取财利，而美其名曰战时统制。然政府要苟取民利，亦须略有方法，安可设阻害交通之机关，将三天路程，延迟至六十天左右方能运到，将良好食物，置之臭坏，致令食粮昂贵，而令贫民饥饿、疾病、死亡、惨痛，无异帮助战时敌人之残杀。余在洋经过两次世界大战，绝未闻当地政府，施此误民自杀之政策。又回国以来历十余省，虽山西、河南、湖北、湖南、广东、江西、浙江等战区，亦未见施行此策，独闽省有此。且闽省非战区，而曰战时必行，将谁欺？"胡君等无言可答，但云当回禀陈主席，并请余往省，余答再两天就到。

三七七　厦大有进步

厦门大学自"七七"启衅后，已知厦门危险，准备他移，及"八一三"上海开战后，即将重要图书仪器及理化各物装妥箱内，移存鼓浪屿。及全校移往长汀，则陆续运往，尚有一部份未运去。比之他省诸大学迁移，书物有丧失殆尽者则为幸多矣。虽各器物未能完备，且战后艰于添置，然比其他诸大学可无逊色。校舍系将旧有寺庙，草率添建权用，尚幸略可维持。近处空地颇广，拟再扩充学生，及增办他科。其时学生六百余名，来学期拟添办电工科。至各科毕业生，多有出路，未毕业之前，多省已来聘定。余到长汀计开会两次，一为

[①] 丘汉平（1903—1990），祖籍福建海澄（今海沧），生于缅甸，时任福建省政府委员兼省银行总经理。

各界欢迎会，一为厦大师生欢迎会。厦大新聘一教师，甫来自北平者。余问北平敌势如何，答敌人出城外如要上十里，须有相当军队保护，否则多被游击队攻杀。足见沦陷区敌人势力，不外城市及交通线而已。

三七八　陈仪无悔心

十日午饭后，余离长汀来连城。该处国民党省党部主任为陈肇英。陈君廿年前，在漳州陈炯明时代，曾相会一次。彼来相邀，余因将往永安，故顺途往访，入城已近晚。蒙陈君等在城郊迎候，晚间设宴招待，主客各有演说，是夜寓招待所。越早辞行来永安，午后始到，欢迎者导往旅运社。庄君明理，接余自漳电告将来长汀同往观察滇缅路，故自泉州来永安相待。有人报知陈仪，庄君前日自贵阳与余同行，故陈仪立请庄君谈话。所言都系查问自闽北至泉州，各处对统制运输利害等事。庄君将各处民众惨苦，多由统制运输后，转运迟滞等贻误，详细报告，问答近两点钟之久。陈仪虽经庄君证明事实，其心仍无悔祸表示。越日在纪念周，尚演说运输统制事，谓"战争时代运输必须政府统制，此乃各国通例，唯不识政治之人，故有反对，然政府必行其任务，以顾全大局，决不轻举放弃等"云云。又越日（即十日）政府某机关日报，复详细全篇登载，并附以陈仪投稿名字。余到旅运社时，庄明理君及他人将日报送交余看，并言在纪念周演说各情。余阅报后，已明白陈仪无悔祸之心矣。少顷往会，彼此只有普通应酬话而已，对前日等函电，改革运输事，均完全不提，立即辞出也。

三七九　华侨外汇与抗战之关系

十一月十二日早，赴各界大会，是日有三个会联合为一，则孙总理生辰及物产展览会开幕，并欢迎余者，故各界人士到者甚众，均立在露天，而讲台上仅陈主席及余等十余人。主席致词毕，请余演说，余言要讲三项题目：（一）报告代表南侨回国，慰劳考察及南侨对抗战之工作；（二）海外华侨外汇金钱，与抗战之密切关系；（三）南洋资本家回国投资问题。以上三项，其第一第三均详前，兹免复述，唯第二项比前较详，故记之于下。"世界无论何国，战争最需要二件事，即人力与金钱，二者缺一不能战争。至所需巨量金钱，大都由政府出公债票，向国民征借为第一紧要。其次如有友邦可借则更好。我国自抗战以来三年余，苏俄借我美金二万万元，系军火；美国借我四千五百万美元，系货物；英国借我五百万金镑，系维持币制基金。若论现金，则未尝向任何友邦借来一文钱。非我国免需用不求借，第无处可借耳。自'七七'抗战后，政府发公债票向国民征借，第一次发救国公债券五万万元，分派本省须认购八百万元，然本省经过多月，出九牛二虎之力，甚至捕人封屋，结果成绩仅有四百万元。中央政府自抗战第二年，迄今再发公债券五六次，每次五万万元，计已三十多万万元，未尝再派本省若干债券。设或再派第二次第三次，本省民众能否应付？此毋庸赘述。然本省如是，他省亦都如是，皆无财力可购公债券。若然则三年来，政府所发出三十余万万元之债券借款，究向何处取借？盖无非向政府所办之银行，如中国中央交通等支借。然诸银行安有此巨款可借政府？则系海外华侨汇来之现金，如去年（民廿八年）一年间，南洋华侨寄家信及义捐，汇来七万万余元，美洲等华侨三万万余元，合计国币达十一万万元。其中一万万元义捐。按世界银行公例，如有基本金一元，便可发出纸币四元，如此便算稳健。华侨外汇概是现金，政府银行将此十一万万元现金，作为纸币基金，即可发出四十四万万元纸币。除十万万元为华侨寄家费之款，尚余三十四万万元纸币，故银行每年可借政府，买债券数十万万元。据何部长言，去年战费支出国币一十八万万元，尚有十余万万元可作政费。以此而言，我国抗战所需金钱，实与海外华侨有密切关系，岂虚语哉。"

三八〇　闽省捕禁省参议

是晚陈仪设宴，各界到者百余人，他起言后，余亦致答词，但敷衍了事。

越日余赴参议会副议长林学渊①午膳。闻参议员福州商会长王君及邵武丁超五②君令弟，两人均于近间被陈仪捕禁不许保出。余问两参议犯何重罪？林君答王君为其行栈中存有生油七百担，然已许售三百担未领。余问政府限制可存若干担，答油类未闻有限制。又问丁君犯何罪？答："为邵武公沽局与民众闹事，丁君等代民众排解，故被县长拘拿十余人，料系受陈主席命令，现丁君已被禁多日。"余云："省参议系中央委任，乃为此小事便如此贱待，设有相当罪过，亦当交法院办理，省主席何得如此藐视法律与参议员乎？"林君云，彼视参议员如伊之下属，故敢如此举动。余回后告侯君："福州王商会长被陈仪捕禁，料必为我等所累。前日王君招待我等往海军处及鼓山，陈延进亦同行，尚有其他陈仪诸耳目亦必能报告。君曾私赴王君之宴，而陈仪疑余函电要求中，有云福州大桥投江死尸等语为王君所报告，故借口存生油入其罪。否则据林君言油类未有限制，何罪可言乎？"

三八一　谋没收厦门大学

十三日晚赴厦大、集美等学生欢宴会，会所假省银行办事处，距永安市数里远，地方为新开辟，建有平屋多座及客厅、运动场、花园等。省银行总经理丘汉平，为仰光侨生，回国留学，曾在上海任律师。与徐学禹有交情，故委任要职，亦以他为闽南人，兼为南洋侨生，利用他可多吸收华侨并闽南存款。前与某派人谋没收厦门大学，改为福建大学，筹备处主任便是此人。是日未开会前，导余参观省行诸建设。余问省行已发出纸币若干，答五角以下二千三百万元，一元者一千二百万余元，共三千五百余万元。又问商民等存款若干？答三千余万元。合计七千余万元。少顷入席，到者百余人，均厦、集二校校友。筵终主席丘汉平致词毕，余答词报告："廿年前，创办集美、厦大两校。集美设在故乡，以村里为名，原不望他人捐助，按自己量力负责。至厦大则不然，自倡

---

① 林学渊（1894—1982），福建诏安人，时任福建省参议会副议长。
② 丁超五（1884—1967），福建邵武人，曾奉命考察南洋侨务。

办时在厦门开会，首先认捐四百万元，待两三年后，略有规模，则向南洋富侨募捐巨款，扩大厦大校务。不意理想失败，虽屡向富侨劝募，卒无效果。创办十余年间，承认四百万元经费交完后，因遭世界商业不景气惨况，余之营业亦不能维持。不得已放弃厦大，求中央政府无条件接收。每痛不能尽国民职责，为义不终，抱歉无似。余前日到重庆，陈立夫及孔院长告余，厦大拟改为福建大学事。其后国民参政会开欢迎会，要余报告南侨概况，余最后因并述对于厦大改为福建大学事，有三项怀疑（已详前）。两日后陈立夫亲来余寓所，告余前议作罢，此后决不再提云。"

三八二　在大田之集美农林、水产、商业三校

十四日上午，余与集美学校董事长陈村牧，坐汽车往大田县城。陈君在安溪迟数天来漳州，拟同余到广西，故自漳一路同行。集美农林、水产、商业三校均移大田。学生四百余名，校舍系假诸祠堂，约一里内有祠堂七八座，然均不大，复租民宅多座，共十余座为课室并宿舍。距县两三里，虽不远，而通学生仅二十余人。水产校移此内地虽不合，然沿海既不能设亦聊胜于无。是夜寓校舍颇寒冷。越早开会后将拍照，师生全体均排立，正中备一坐〔座〕椅，强余独坐，余力辞不肯，彼等盛意劝坐，余告以无须有此阶级，余历许多处咸以平等为快，绝非客气也。

三八三　田赋加十倍

十五日早膳后，往大田城内各界欢迎会。大田县原属贫区，前各物甚廉，产笋颇佳，市内设施简陋教育不振。自集美诸校移来后，略有进步。开会后因县长他往，乃与秘书谈论增加田赋事。据言，全县男女十一万人，未抗战时，每年缴纳田赋四万九千余元。抗战发生加增各税，每年须纳十二万元，即每人一元余。若按近顷新定田赋核算，每年须六十余万元，按收八成可五十万元左

右，业由十月份起，实行征收矣。大田商会长永春人某君亦在座。余问以此间运输事，答："甚有害，前三天可运到者，现则五十天不一定到。就现下如私人雇挑夫，由大田运至永春。每担工资十五元，三天便到，而交运输机关代运，每担须二十一元八角，虽加六元八角尚属无妨，而自十月一日交运货物，迄今日已四十五天尚未运到。小资本商家，须停业不能经营，大资本虽可耐，亦恐货物损失臭烂。由是各物腾贵，民众凄惨难言，而尤以贫民为尤甚，且复欲加以十倍赋税，实无异火上添油也。"

三八四　应采出而反贡入

是日午膳后，离大田回永安，应其晚各界公宴，到者百余人，政界除陈仪不到外，各厅长省委及徐学禹并其他多参加。主席为副参议长林学渊（正参议长病）。未就席之前，林君曾问南洋树胶事，余未暇答。筵终主席起致欢迎词毕。余起答谢，并言："余自民国十一年出洋，至今回国，历十九年之久，无日不思乡，不幸为营业牵累，有怀莫达。迨至近年可以脱离，则又因祖国抗战，负责南侨总会任务，迟至此次组织华侨慰劳团，幸得同他等回国。至本省虽有五十余天，而回集美桑梓仅有一日。因本月终须到昆明，与渝运输统制委员及工程师共同视察滇缅路。今晚与诸君辞别，明后天将复离开本省。惟［唯］心中无限忧愁不快，谨为最后之忠告。余以南侨总会主席名义，代表全侨回国，其责任系希望回洋时，增加外汇金钱，裨益祖国抗战。至抗战需要巨数金钱，与海外华侨有密切关系，前昨大会余已明白报告，今晚无须重言。弟所忧愁不了者，此次回国，原拟向国内采取良好事物携出南洋，不图在本省内反须由外贡入。何以言之？南洋华侨以闽粤二省人占最多数，今日要采取本省好材料，携往宣传则无有，而历经本省数十县，见人民被统制运输陷害，至饥饿、疾病、自杀、死亡者不可胜计。乃将余亲闻亲见，悲惨实据，函电恳求，此就是反转贡献入来者。至所以忧愁原因则以不日回到南洋，对众闽侨将如何报告？若指鹿为马，良心上实做不到，为保守人格，据实而言，恐未免阻挠闽侨义捐，及波及外汇，则此行代表回国无益而反损。为此缘故，所以函电再三哀求，撤消

［销］运输统制，绝非无病而好作呻吟也。"

三八五　闽侨应多捐

余又言："南洋各属华侨，对抗战筹款概能合作，故成立南侨总会。或有误会谓如有合作，南侨总会正主席及两位副主席何以均属闽人？又回国慰劳团四十五人中闽侨占三十余人。余告以粤侨分广州、潮州、琼州、客属，而闽侨则一而已。而各处筹款侨领，闽侨实居多数，且较为努力故也。自抗战以来，余鼓励闽侨义捐及寄家信，较有相当成效可言。凡诸募捐员及出资者，如有推诿或对余道及某帮某侨少捐资，以及闽侨每逢开会时，余均告以闽侨应比他侨多出钱为宜。其理由为人民对抗战之义务在出力与出钱，祖国出力省份，如广西已出军兵四五十师团，人数四五十万人，广东虽沦陷许多县，亦出军兵二三十师，人数三十余万人，而本省虽闻有征调壮丁，然未有闽军一师一旅往前线抗敌。他日胜利后历史纪［记］载未免相形见绌，愧赧难免。南洋闽侨若能努力多输义捐，亦可将金钱补救多少。"最后余又言："顷间贵主席问余南洋树胶事，未暇答覆［复］，兹略述产量及经营状况。"（已详前在西安所言）余因明后天将离闽境，故本晚发言较有刺激性，以种树胶忌恶草与白蚁喻建国须防贪官污吏，亦不客气之语也。

三八六　树胶之历史

十六日早，余离永安来长汀，临行时陈仪亦来送别。近晚到长汀，厦大师生复设晚宴，又强余演说。余辞谢乃要求讲南洋特产树胶事。余不便过却，乃起言："南洋数十年来，最发达之树胶名'吧勝胶'，为廿世纪中负盛名，震动世界之物。此物在百年前原产于中美洲，原为野生，继则以人力栽种。然该处知此物可宝贵，严禁胶子出口。距今约六十余年，英国用人偷买胶子三百粒，以一百粒种于印度之锡兰岛，一百粒种于马来亚怡保，又一百粒种于新加坡。

然种后十余年，竟置之不闻不问，因政府未有领导提倡，南洋诸华侨及各色人等，亦未知其利益。迨至我国光复前十余年，英国一农业专门家游历东亚，经新加坡，晤前本校长林文庆先生，言吧朥树胶，十余年前经在此热带地方试种，成绩甚佳，现在胶树茂盛，利益甚大，然要经营须大规模栽种，千余英亩至数千英亩，方能合英人股份公司承买。林君自己无许多财力，乃招马六甲侨生，友人陈齐贤①君出资合作，向政府领地五千英亩栽种大茨及树胶。五六年间树胶共栽二千英亩。除大茨收成垫去资本廿余万元，而售于英人之公司得实价二百万元。其时二百万元价值，不减于眼前二千万元之巨。由是南洋各处闻风欹动，而尤以马来亚更为争先恐后，竞事栽种。多者千亩以上，少者数十百亩。英京亦多组公司，派人来马来亚开辟。继而荷印政府，竟硬迫土人，每家须栽种若干亩。加以汽车发展迅速，故树胶销路日广，至称廿世纪为树胶世界。以此言之，林文庆先生有功于树胶不少。"余并提及栽种树胶分两时期，如抗战与建国之譬喻，如在西安所言，在他省亦曾言之，盖以讽刺诸官僚也。

三八七　决意攻陈仪

十七日早，余离长汀将来江西，同行者侯西反、李秘书、庄明理及厦大校长萨本栋、集美学校董事长陈村牧。他二人将往重庆。近午出闽界入江西之瑞金，余心甚不快，不但恋恋不舍，并思念何日可能再回闽境。盖非积极攻陈仪，无可挽救闽民于水火之悲惨。若单向蒋委员长告诉，则恐难收效果，如扩大其事，联合中外围攻，则蒋公定不满，且须与党人为难，余此后何能回梓，为此缘故所以忧郁不快也。至陈仪祸闽恶心，非但行苛政任私人而已，其野心存意系鄙视闽人无才，拟占作彼殖民地，加以忮愎残忍，视闽人如草芥。然古语云，人必自侮而后人侮之，吾闽自光复后，权操外省人，及李厚基倒后，提倡闽人治闽，政权由本省掌握，省当局如林森、萨镇冰、方声涛②、杨树庄③主持十余

---

① 陈齐贤（1870—1916），祖籍福建海澄（今龙海），生于马六甲，植物学家。
② 方声涛（1885—1934），福建侯官县（今属福州市）人，曾任福建省代省长。
③ 杨树庄（1882—1934），福建闽侯人，国民党海军上将，曾任福建省主席。

年，无一善状可言，至武人之凶暴横行，闽北则有卢兴邦①兄弟，闽南又有张贞②、陈国辉③及其他半土匪式之流，指不胜屈。不但对闽政无丝毫裨益，而祸害愈烈，纠纷愈甚。致复启权归外省人之局，而陈仪之野心凶恶，尤为历来所未有。余在本省五十余日，经二十余县及诸市区，视察颇详，现将出闽界，对陈仪祸闽事除上言外，再录十六条罪恶，附列于后，此俱确实有据，而手握事权之领袖，竟不闻问，反从而袒护之，余安能缄口任小民供其鱼肉耶。

三八八　太上主席

徐学禹浙江人，前在上海交通部电局任职，私创一营业公司，凡该局所需各物，概由该公司承办，每年获净利十余万元，后被政府查出，判停职二年，不得复作公务员。数月后陈仪便召到闽省，任建设厅长。不久被人控告罪案罚期未满何得复任要职，陈仪不得已罢之。乃仍留闽为省委，且更委以诸重要任务，如省银行、财政厅、建设厅、经理厅长等职概由他一手委用，现一身兼十二职，权胜主席，故闽人称徐学禹为太上主席。凡贸易公司，统制运输，及其他苛政，多出其手。他在上海时，其妻虐死一婢，律当严办，乃托青红帮领袖胡时渊，为之斡旋无事。及上海失陷，青红帮失势，徐学禹则招胡来闽，任统制运输总经理，前青红帮等人，多来服务。当十五日晚在各界公宴时闻余演说后，知闽事不得了，越早立往香港，将乘飞机至重庆运动，以防余之攻击，闻其靠山为朱家骅君，或尚有其他。

三八九　运输专利

吾闽自抗战后，沿海失守，不但通商口岸，即各小港口，亦常恐敌用小艇

---

① 卢兴邦（1880－1945），福建尤溪人，福建地方军阀。
② 张贞（1884－1963），福建诏安人，时任第四十九师师长。
③ 陈国辉（1898－1932），福建南安人，福建地方军阀。

及飞机来轰炸,故海运到处缩短,而增加陆运,或用车或肩挑。于是诸商家为自运,及代他家搬运计,多置驴马汽车及挑夫等,由是互相竞争,竟成立运输营业一途。徐学禹见此则创办省府贸易公司,亦如他商备置驴马汽车等项运输货物,由是垄断利权,实施统制运输条例,运输概归政府一手办理,创设多处分局,凡各区域所有运输,概归由该局搬运,甚至肩挑苦力及小贩,数十斤亦不得自由,须到该局纳完手续费,否则货物充公并罚罪。亦有贪利豪绅,向总局请设机关,以助桀[纣]为虐者。而短促时间内要委用许多公务人员,不但缺乏有经验之人,凡愚妄无行之流,亦不免滥竽,狡猾者则乘机舞弊,或与奸商合作,有意缓运商家货物,以便居奇贸利,造成百物高贵之凄惨状况。

三九〇　省府设贸易公司

抗战后闽省与上海、香港交通,既多不便,出入货物当然困难。徐学禹借口政府应帮助商民,凡不能运出物产,及不能运入货物,当由政府代为设法。故创办闽省贸易公司,并在上海、香港开办和济商行,凡可经营出口之物产,及入口可消[销]之货品,莫不极力包揽,且设法阻挠商民出入,名曰帮助,实乃摧残竞争,侵夺商民之财利。以省政府威力,当然压倒商民,如包租全载轮船,不计损失危险,将大宗杉木公然运出资敌,此尤为商民所办不到者。彼则以闽省政治变作营业,复蹈在上海交通电局故智,营私舞弊,侵逃外汇,上海、香港商行,何异徐家之业,彼但知一己一系之私利,而不计闽人千百万贫民之生活惨苦矣。

三九一　摧残实业

闽省建设厅长,系徐学禹委任之人,当然仰其鼻息。自抗战后,所产茶叶,消[销]路既短,价值廉贱,虽中央统制局在香港设富华公司,以利运消,然声誉亦劣,收效甚少,故闽茶市价日降。余回国之前年,闻安溪茶每百斤,摘茶工资及制造成本须五十余元，其他园主耕耘等费尚未加入，而中央统制局仅还价五十元。园主既无丝毫利益可长，尚且亏去摘制工资不少。且以粮食等物日贵，于是茶园主多有不得不割爱，将栽培多年之成长茶树掘毁，改种食物。若武夷茶园，虽未如安溪掘毁，然多生草失耘，几于荒芜。闽省产茶区域，以武夷安溪为最。兹两地既如此荒废，而建设厅不但不能设法维持补救，尚更在武夷山下，辟可种粮食之园地许多亩种茶，名曰"示范茶厂"。设办事处于近地，公务员卅余人，规模之大可以想见。此种举动真莫名其妙。农民辛苦栽培之茶园，成本廉宜，尚不能保存，而省府乃特设机关，耗巨费新垦栽种，其存意莫非预料不久农民茶园荒芜消灭，政府新园可以取利乎？若然，何不将此巨款，向农民收买旧茶园，岂不两俱有益。盖彼等非有利民之心，凡所举动只见害民而已。且不但对茶园如是，其他如收没某某等蔗糖厂，云政府要自经营，究实徒托空言，竟搁置停废，质实言之，摧残实业而已耳。

三九二　省银行之出入数目

福建省银行，前李厚基主闽政时，亦曾创办规模较小，发出纸币五百余万元，及李倒台，该行停闭，纸币概作废纸，吃亏者系我闽人。兹陈仪、徐学禹创办省银行，其计划与前不同，不但州县多设分行，吸收民众存款，且发行加六七倍纸币，在香港设办事处亦将设分行，又派人往菲律滨开办分行，新加坡亦在筹备分设，拟吸收南洋闽侨每年数万万元巨款之外汇，其野心可以想见。又闽省发出纸币，与他省发出纸币不同，如云南、四川、陕西等处，虽各有通用省币，然每元只值中央币五角，即仅半价而已，若闽币则与中央币同价值，现发出三千余万元，可值他省七千万元。闽省银行既发出许多纸币，加以人民存款之巨，而建设厅所办事业，除贸易公司外，在闽北有几间铁工厂，均尚幼稚，无成绩可言，按其资本至多十余廿万元。又合作社据该主任言，垫款七八百万元，能否稳健尚未可知。至若放债商民则非其宗旨。贸易公司积存千余万元货物，或属事实。若就现下清算，恐亏空数目，非三数百万元而已也。

三九三　军米之补贴

闽主席陈仪，兼绥靖主任，军权亦在其手，计驻防军三师，据云三万人。抗战后米价日高，三师军队食米，系就闽中定价派购。余回国之时，省府定价以每担十七元收买军米，按三万人核算，每人月食米卅斤，即九千担，每半年分派一次，须五万四千担。将此数目分派各县负责，省政府有无增派，不得而知。然省府如指定某县，须负责若干担，该县长则分派各区若干担，各区长又分派各乡镇长，各镇长又分派各保长，保长则向民家派买，每担还价十七元，如无米之家，须补贴米价。譬如该处市价五十元，须贴卅三元。然县长、区长、乡长、镇长以及保长等多乘机发财。如省府派县长二千担，县长则加二百担或三百担，以分派各区长。而各区长复增加若干担，分派于各乡镇长。乡镇长亦增派各保长，保长分派各民家亦如是。每担贴价至少二三十元。若该县政府指派二千担，经过县区乡保四级，或加至千担左右。民众除正式损失外，又加吃亏数万元。下级官吏之发巨财，莫非上级多设苛政有以启之也。

三九四　设立公沽局致米腾贵

官吏既多发财，则食髓知味，如水银泻地，无孔不入。除上言军米外，凡闽省各产米区域，亦拟竭泽而渔，统归政府专利买卖，商贩不能染指，故创设"公沽局"。由闽北先行分设，某县计分几区，有产米者，便设立一公沽局于区内，该区所产米谷，概归该局收买，然后由该局逐月按额分配出售〈其〉他地方。在未进行之前，先调查该区农户或商贩，存米谷若干担。譬如该区总存五万担，按至新米登场，须五个月，则公沽局逐月，只准售出一万担为止。其实该区民间所存米谷，实不止五万担，乃为设局以后风声传布，咸知政府估价甚廉，存户大都减报，如保甲知情，则贿赂了事，故全区减报之数不下二三成，实额存米谷有七八万担之多。如自由买卖之时，逢市价较好，一月间可售出至二三万担，则米价不致高昂。兹公沽局只限定售一万担，需米区域，知来米大减，后方无增加可能，势必争价收买，或多积居奇，虽政府有限定售价，而公沽局及商贩，忠诚者少，明价虽廉，乏米可买，故黑市增价数倍。设局目的名曰平均米价，究实乃欲贱买贵卖，从中取利，风声所播米价大起，又加以公务员与商贩因而舞弊。是乃苛政一举，而数害俱至，民生悲惨莫可言喻，此所谓庸人自扰也。

三九五　擅加田赋

我国各省田赋，自昔原为中央政府规定，分甲乙丙诸等征税，至于亩数若干，按年收入若干，该省逐年造报。抗战后物价日升，浙江省府因向中央建议，田赋亦宜升加，照农产物之升价征税。然因交通不便，各省物价相差甚远，中央政府虽有意接纳建议，尚在咨询各省意见，然后分别解决，至速须待新年方能颁示，如何增加及由何月实行。此事不但各省绝未进行，就是倡议之浙江，亦绝未举行也。而陈仪一接中央之咨询，立即规定闽省田赋，依植物征收，最减加三倍，最多至十八倍，平均须加八倍，由本年十月一日实行，全年田赋原收六百三十余万元，现增至五千余万元。闽省经设有参议会，理应先由参议会解决，而陈仪不顾。及九月间参议会开会，极力反对，谓须待中央命令，举行未晚，亦归无效，其藐视参议员，与残忍骄傲毋庸多赘。

三九六　虐待壮丁零星分散

我国抗战后，各省征调壮丁，吾闽亦不能例外，依照中央规律征调，然闽南壮丁多往南洋，减去不少，故闽省比较他省，就人口核算，当然较少。余到南平县，初会见陈仪时，问自抗战迄今（廿九年九月），本省计征壮丁若干人？答二十五万余人。又问逃走及死伤若干人？答未有登记，不知多少人。余甚讶之，然不便再问。盖余在他省所问，均能详答，而本省当局则全不知。既不知所征之壮丁生死逃走，至在战场及后方训练等成绩，优劣如何，必更不知，事关人命及抗战之重要，以省主席兼绥靖主任要职，竟如此糊涂。其多年主持闽政，良否更可想见。对壮丁既不关心如是，至虐待壮丁，惨酷与囚犯无异，而闽省抗战出力之名誉，当然远逊他省。缘所征壮丁，任由下级人虐待，既征到则闭禁囚房，伙食令其自理，须待至正式点交营官，方免自膳。而训练军官，多他省人，言语不通，或鞭挞酷虐，凡不堪苦楚者，便思逃匿，由是管理人愈加严格，所以绳缚成队，防禁益密，至于疾病医药等项，更不堪言。此为恶待壮丁之实在情形。征调人数之众，逐月将近万人，五六个月训练期满，以我国军制，每师至多平均一万人，则闽省壮丁每月可成一师，虽任其逃走死亡，一个余月亦可编成一师。然抗战已三年，征去壮丁二十余万人，绝未有成立闽军一师者，甚至一旅亦未有。其原因系所有训练诸壮丁，不自成团、成旅、成师而专备邻省之补给，每次千人或数百人，零零星星以应付，亦有训练未满期，逢有需要便即遣发。故虽征出许多壮丁，而战区无闽军之名称，良由陈仪存破坏心所致。古语云，乘舟者欲舟走，陈仪任闽主席，而居心则相反，视闽人如奴隶，不欲造就闽人，恐日后伤其权威。由是不顾壮丁之虐待，不计壮丁之存亡。按闽省壮丁如能成师旅，各级军官与士兵，久已相识，感情联络，言语相通，如逢出战，同生共死，若以少数零星分给他省，兵官同伍既不相识，语言又不通达，或加歧视亦势所难免，吾闽壮丁遂致苦上加苦矣。

三九七　摧残教育

闽省教育，比较邻省浙江、广东逊色甚多。虽光复后政府规定全省教育费，每年一百多万元，而省垣占去半数，以六十余县均分，每县不过一万左右元，若闽南尚有少数私立学校，由海外华侨捐资倡办，教会亦有开办者，至于闽北则更寡少。民国七年，余创办集美师范及中等男女诸校，继以厦门大学，造就师资以供给省内及南洋等处需要。由是十余年来，受集美、厦大影响，全省教育进步略有可观。自陈仪入主闽政，不久便命令闽南诸私立男女师范学校，概行停办，只留集美一校而已，其借口为此等学校程度欠佳，师范校省府要统制自办，俾能一律完善。其所言理由，未尝不充分，然省府必先有相当准备，且各区均予创设，庶不致有偏枯之弊，然后方可禁止诸私立者，否则，只有破坏而已耳。乃其后全无增设一校，仍旧只有省垣普通师范一校，学生数百名，又不久复下令禁止集美男女师范校，并幼稚师范亦禁之。余函电要求无效，按集美学校更有关于南洋之师资，非但本省内而已。此次余回闽，始悉省府对普通师范学校，仅办一校，学生八百余名，校长为集美师校出身者。每年毕业仅百余人，欲分配省内各中心小学师资，无异杯水车薪。按照中央教部发表规定，由民国廿九年起，五年要普及教育，闽省中心小学，教师至少须有八千人，方足分配。兹每年仅有百余名，不足补死亡与改业者，其摧残教育之野心，了然可见。又省立高中学校，全省只设四校，学生一千余名，不及邻省数县之额，其存心莫非减少中心小学之师资，且不愿多造高中之人材［才］，其处心积虑，蕴蓄已久，所谓司马昭之心路人皆见也。

三九八　贱待参议员

我国宪政虽未实行，而中央政府既欲笼络人心，故必稍存形式，如各省成立之参议会，参议员虽由主席指派，然须经中央批准委任，与省主席之属下官吏大不相同。闽省参议员三十余人，乃千余万闽民之代表。若平均言之，则每一参议员，为四十万人之代表，其荣誉及尊重为何如。而陈仪则藐视如下属，参议员开会时，如陈仪出席，不啻上课时教师与学生，其骄傲气象，则尤甚焉。参议员福州商会长王君，及邵武县绅丁君，二人俱因小故，非犯何罪过而被捕禁，不许担保。此不但藐视闽人，而亦目无中央矣。参议员果犯有罪过，应交司法院办理，省主席何得任意捕禁，亦何得久禁囹圄不许担保，似此何贵乎有参议员耶。陈仪自入主闽政后，便以闽省金钱笼络收买各县豪绅，以塞其口，并作爪牙，美其名曰"省参议"，或曰"顾问"，月薪自百元至二百元，不下百余人，诸豪绅不但年有千元以上之报酬，更有荣誉头衔，或其他势利，故虽眼见苛政害民，及贪官舞弊，民生凄惨，彼等亦缄口结舌，置若罔闻也。

三九九　县区苛政

闽省六十余县，县长多委外省人，非陈仪、徐学禹等私人，便是他等友人介绍者，若本省人仅数人而已。前白崇禧将军来闽，曾告陈仪以县长不宜多用外省人，否则更加排斥矣。至外省人诸县长，腐化贪污者居多，如事至败露，难以遮掩，不得已时则互相对调，如闽南调换闽北，故更无所忌惮，肆行苛捐什税，中饱取利。如抗战后米价日贵，公务员均不加薪，而补贴米价，名曰米津，由各县向民众捐筹，县长等任意捐派，如何舞弊，省府绝不过问，其他亦多如是。余沿路问诸轿夫，多云一家男女老幼合算，每人每月须缴纳保甲房捐、米津，及其他捐项，须一元三角半，此系指苦力等而言。若殷裕之家，则缴纳更多。此乃县内自动科派什捐之费。至于陈仪祸闽各条。则系出自省府特别命令，不在此内也。

四○○　官设旅运社

闽省交通繁盛之市区城镇，前时所有旅馆，概系商民营业，多乏整洁。近年来闽建设厅在各交通要区创设旅运社，多系洋楼巨屋，新式布置，优美清洁，役夫身穿制服，且受过相当训练者。经理系省府委任，兼作政府间谍，旅客委员稍有身份者多欲寄寓此优美旅舍，凡有动作，省府多能知之。至于招待奉迎，宣传等当然灵敏，如一年来中央政府，曾两次派蒋戴二君来闽视察，一为外省人，一为华侨闽南人，均在旅运社被其迷蒙，回去报告，并代为宣扬闽省政治，为全国第一良好。至所褒奖，亦据有些理由，如新县制之改革，县长更动只限一人而已，科长科员秘书均仍旧，不与同去。此法诚佳，盖以前各公务员多县长带来，故县长如去必同去也。然科长既不对县长负责，凡为主席及诸有权势所介绍者，虽贪污妄作，县长亦无权干涉，势亦不得不与之同流合污。彼中央委员之视察，如报界访员记者，既非相识，安敢向其报告，又不向社会或人民调查，只凭旅运社及应酬者之传述，安得不误耶？

四〇一　食盐统制

人类生活三要品，米柴盐缺一不可。米柴既如上述受统制运输之弊，致贫民无限凄惨。若盐者则为闽省沿海区域出产，自来不但足供全省自给，尚出售于外省。乃中央财政部近来亦行统制，由政府分区域给盐店专卖。盐店者，乃有势力及与官吏有交情之人，由当局给予售券，准其在某地方专卖若干，准设盐店一所。人民每人每月准买盐十二两，须执有证据方可，若距离稍远之地，不但往返费去许多时间，常有等候多时，甚或空手而回买盐不得者。盐子店狡猾贪利者，明卖多推诿减少，然却居奇暗卖，其价至加倍以上，名曰黑市。劳动界及贫民，因逐月每人须缴纳捐税一元余，凡与保长有交情或受贿者，一家减报一两人，兹则乏盐可食矣。又农民每逢菜季收成时，腌咸菜、豆酱、菜头等味，需盐更多，则缺乏更甚。夫以产盐之省，而行统制，亦美其名曰战时必须统制。试问战时统制理由，若恐资敌，则诸出产区已概归政府收管，谁能运出资敌乎。若政府为取利起见，则其权原在政府之手，每担可加抽若干售于商民，自由买卖，何必限制使落在盐子店之手而病民。余查全国只有闽省及某省，两省之盐受此统制而已。政虽出自中央财政部，而地方官长陈仪，实难辞其罪。盖身任全省政权，中央或不知如此病民，或被奸人误设，抑或明知而故设者，省主席应力向中央交涉，或谏止改善，而中央亦不失盐利，乃坐视不救，置若罔闻，此皆由平素绝无爱民之心，凡所设施多是病民苛政，故致如此也。

四〇二　党政军要人

闽省党政军三要人，皆浙江人，省主席兼绥靖主任陈仪，军长陈祺，党部主任陈肇英。军长陈祺，余到福州时，闻人言彼现有妻妾七八人，若然其品格可以想见。及余离闽后数月，敌人侵入福州，彼则不战而逃，以此种人任军长，安得不弃甲曳兵耶？党主任陈肇英，驻闽甚久，不但无一善状可言，凡要到之处最喜大众热闹欢迎，视爆竹声多寡为喜愠，每于未到之前，派人先事鼓励，故声名狼藉，才品如何更可概见。至陈仪存心祸闽，比较其他贪官污吏，则更加数等，如重用罪人徐学禹，统制运输，变政治作贸易，摧残实业，科派军米，增加田赋，箝〔钳〕制教育，虐待壮丁，捕禁省参议，对调劣县长，利诱豪绅，虐待壮丁，设旅社作间谍，创省银行，统制食盐，设公沽局，此十余事，莫不残酷害民，甚于洪水猛兽，政绩如此实他省所未见。

四〇三　无意改善

陈仪野心祸闽，余视察既确实，虽函电请求解放亦只限于运输一项而已，且据实报告人民悲惨，陈情哀恳，绝未有讥刺激烈之语。及其来电嘱上省从长计议，余亦喜其有悔祸之望，即覆〔复〕电不日便到。岂期护〔怙〕恶不悛，口是心非，毫无诚意。知余将到之前两日，在纪念周演说，讥驳拒绝，又投稿报纸发表，坚持不变之论调。夫既不采纳余言，何必来电召往，及派代表相邀，知余将到，乃更发表讥刺拒绝之语，无非有意藐视侮辱耳。其秘书长亦浙人，特邀侯西反君往谈话，云前闽侨多不满陈主席，往台湾恭贺日本领台四十周年纪念，而不知该事非出陈主席之意，乃奉上峰蒋公命令，派往应酬故也，然解释前事，与余所要求实风马牛不相及。彼既无诚意接纳，余自有主张，待离开闽界后，积极行之，决不忍坐视闽民之惨状也。

四〇四　作恶心自虚

十一月十七日，在瑞金午饭后再行，过江至江西赣州界。见工人淘金，由小岗上用人力挑土，来低处水边淘洗，每日每人约可得工资两三元，或三四元，若有轻便铁路可运土，料可减半数以上工人，则利益或加倍，惜无人提倡，或战时此物难办乎。近晚至赣州市，寓于旅舍，少顷蒋经国君来见。余念闽民受种种苛政凄惨，皆由陈仪及徐学禹不良行为，拟托蒋君函其令尊，冀可助力多少。乃向蒋君述闽省统制运输，致阻碍交通，百物昂贵，民不聊生，此段话尚未终，则见其神志似形冷淡，不甚注意余言，余暂停顿止言。蒋君便云，统制运输事，中央顷已新颁命令，仅限有关军事转运耳，即辞退。蒋君去后，黄文丰君告余云，前次校主来此，离去后陈仪就来电话，问蒋君余有无言起闽省政治事，蒋君答以未有，然蒋君与陈仪感情甚好。余答莫怪其然，余言尚未及半，已见机停止，而蒋君则以中央新命令解释。俗语说，官官相护，况属同乡，情谊更较密切，至陈仪电询蒋君，正所谓作恶心虚耳。

四〇五　赣州同乡会

是晚余即托黄君，往请此间同乡会领袖三两人来谈话，少顷有几人来，余告以陈仪、徐学禹祸闽惨状，请明日召集诸乡亲开会，余当报告一切，并筹挽救进行等办法。越日下午在同乡会开会，到者百余人，余起言："前次余过此，贵会拟开欢迎会，余辞谢不敢当，今日余回乡复过此，乃自请诸乡亲开会，非为欢送，乃为救乡而召集者。"余即列举陈仪、徐学禹等野心祸闽，及贫民凄惨状况备述一切。然闽赣虽近，乡侨俱不知情，尤可见其防阻之周密。余又言："救援办法，不出三项：（一）余即电重庆林主席并蒋委员长，然林主席无权，蒋委员长恐不鉴纳，难有效果。（二）余为滇缅路事将往昆明，然后回洋，而经过泰和、吉安、衡阳、桂林、柳州、贵阳、昆明各处，凡有同乡会者，当如此处开救乡会议，报告一切及进行办法，互相团结联络，向重庆要求，并向各省主席或要人宣传，俾咸知闽民受苛政之惨酷。至陈仪祸闽各条，待余至泰和或桂林，并致重庆林蒋二公等电，印刷传单寄交各同乡会，以供进行之用。（三）余如出洋，由缅甸仰光至马来亚，沿途经过各埠，多有福建会馆，当如国内一样，到处开会宣布，然后在新加坡召开，南洋英、荷、法、美、暹罗各属闽侨大会，或成立一南洋闽侨总会机关，函电重庆及各省长官，或并战区各司令长官及各处报馆。余按若中外闽侨，能如此合力要求，陈仪、徐学禹虽靠山稳固，不至倒台，亦当敛迹多少，否则愈来愈凶，就使完全无效，亦当尽人事以听天。

前者既不知情，实无可言，兹既确知惨状，万万不可坐视不救，袖手旁观。我国古圣所谓见义勇为，美国汽车大王有言，正当之失败，无可羞耻，畏惧失败，转可羞耻。祈诸同乡千万注意为荷。"

四〇六　电蒋公请弛田赋

是日余在赣州，致电文重庆蒋委员长云："闽省田赋，由十月一日起实行，征收植物价，比前加三倍至十八倍，平均须加八倍，全省每年原六百卅万元，现须五千万元左右，闻他省未有如此多加，闽民安得独担重负，况百物昂贵，民生惨苦，万祈电止陈主席进行，待中央规定公例，各省加收实行时，然后进行，闽民幸甚，余三日内在泰和。"余因鉴参政员五十三人，签名控告孔祥熙舞弊，各有证据尚无效力，今余个人欲控告陈仪，安能有效果，故祸闽苛政虽多，只择最简单，及权属中央，非省主席所可任意增加者，先行电请，其他待数天看回电如何再打算。该电文托黄君亲携往电局拍发，并问电局何时可以发出。据回报凡致蒋委员长之电文，即刻就发，不似他人有依序排列者。余按蒋委员长如不偏助陈仪，要知是否事实，来电查问，一二天内就可明白覆［复］示，如多日不回余电，便是搁置不睬也。

四〇七　泰和开会

十八日余离赣州来泰和，仍寓于江边招待所，熊主席染寒热疾，往某处调养，来电托程时奎厅长设宴招待。余询各厅长以此间田赋已否增加，答未有。余即托叶怡哲君通知各同乡，准廿日在招待所开会。并请吉安同乡会诸君来泰和联席，因余乏时间可在吉安迟延耳。是日赴江西大学欢迎会，该大学前次余来参观时，尚未开幕，现已开课，学生二百余名。校长致词毕，余答谢，略言回国意义，及将视察滇缅路，再过此之由，并报告陈仪祸闽惨况。廿日泰和吉安两处同乡多到，余则如在赣州同乡会报告一切，商议救乡进行诸办法，并约此后各省同乡会，对救乡工作，以泰和同乡会为总机关，派人刺探闽省苛政害民增减如何，报告中外，及联络各处同乡会，运动宣传。泰和同乡会负担此工作。逐月所有应开各费，由余负责，即先交叶君五百元。

四〇八　再上蒋公电

十一月廿日晚，余定明天早离泰和，将来湖南衡阳，而在赣州发呈蒋委员长电文，已经四天不见回覆［复］，料必搁置不省，否则决不如是。虽然余为救闽故，决意积极进行。乃复拟电文备明天拍发，云："十七日在赣呈进电文，言闽省多加田赋事，想早进览，未蒙示覆，兹再详陈仪、徐学禹祸闽数事。统制运输，虽百数十斤，苦力工亦不自由挑运，公务员管理失妥，前三天可达，现须二个月之久，几同断绝交通，致百物昂贵，尤以米价为甚。福州大桥自统运以来，贫民投江自杀，捞尸可证八百余人，其他不知若干。又创贸易公司与商民争利，政治变作营业，又借军米为名，贱买贵卖，公务员各饱私囊。省参议员有罪，应归法院办理，乃因小故捕禁王丁二人。徐学禹一身兼十二职助桀［纣］为虐，他在上海罪案未满，便即委用，闻所靠友为朱君家骅。闽民遭此等苛政，苦惨甚于倒悬，万乞钧座仁慈，迅速解救，余廿四日在桂林。"又呈林主席一电文，所言大同小异，并加入田赋事。余自闽坐来汽车一架为徐学禹之车。其车夫言，徐某自前昨经往香港，将转重庆，陈延进至泰和随该车回闽。

四〇九　汽车大王名言

廿一日早余离泰和，越日午后至衡阳，查该处无同乡会。廿三早至桂林，省府要人及叶采真君，均来车站迎接，仍寓前次招待所。余问叶君："桂省田赋，有无增加？"答："未有。前参议会决议，待新年增加，未决升若干，运输亦无统制。"余托叶君代印刷所列陈仪、徐学禹祸闽各条，及与陈仪来往函电，并呈重庆林蒋二公电文。又托其通知桂林同乡会开会。叶君不赞成余之举动，云："召集同乡开会奚益？此事仅有电求蒋委员长便了。"余答："闽人遭此重大惨祸，余决不忍坐视，且度蒋委员长袒护陈仪，决不从余要求，必须中外并行，极力宣传交涉，冀有多少效力，舍此而外别无良策。况各处同乡，多未详知陈仪、徐学禹野心，祸闽惨重，若不集会，报告逐件苛政事实，或且误会余为私憾，故向中央诬告，彼时不但救济无效，忠反见罪。兹乘经过各省及南洋各埠之便约会同乡。决须如是进行，成败置之度外。盖举事自问天良无愧便可，如美国汽车大王所言，正当之失败，无可羞耻，畏惧失败，转可羞耻，希明白此义。蒋委员长若肯接受余之哀求，余何必多此麻烦，而鼓励中外诸同乡努力。"叶君乃无言而受余所托。

四一〇　记者甚不平

余到桂林后，记者男女十余人来寓所相见，特问闽省政治事。余答："所问何益？陈仪、徐学禹祸闽极惨，甚于洪水猛兽，在闽省内诸新闻记者，一字不得登载，痛苦莫白，咸来向余告诉。迨余在闽五十余天，历查近卅县，苛酷事实十多项，害民惨重。于是函电哀求陈仪，只先请取消一项，被拒绝无效。及出闽省外，到赣州、泰和、吉安等处，诸访员记者多人来访，余俱详告，又送去稿件手续，新闻材料不少，然均一字不敢登载。他省非陈仪所辖，尚如此缄口，已失报界之义务，夫复何言。今日贵记者虽如此联合来问，余鉴于上事，故以为言之奚益耳。"于是诸记者乃云"我等为接到泰和、吉安等处记者来电，告有极重要闽省新闻，被中央检查员禁载，甚为愤恨，嘱我等来访，设法从他处发表，我等经有把握，由别方面发表，希不吝详示"云云。余乃逐一报告之。

四一一　军政视察团

余至桂林时，南宁甫恢复，黄主席往南宁，由张参谋长设筵招待，而重庆战时军政视察团,副团长李济琛①(正蒋公),行营移来桂林。余因在闽闻新四军在江南,与中央军发生冲突,然不知结局如何,甚为挂怀。念李君甫自渝来,必能确知消息,乃往见李君。据言已妥洽清楚,待中央发饷后即移往江北。又问新四军在江南兵士多少?答三四万人。余并告以陈仪祸闽惨重,及请求无效。李君云:"陈仪有大座靠山,骄纵任意,渠所派闽人陈才,往闽北视察,行至崇安界,被陈仪用人暗杀,无可如何,陈才之妻现尚寄寓此处,以待昭雪。"余答:"在崇安桥上,见一新柩未葬,然不知为先生所委派者。"李君又言:"陈才被杀,完全为政治起因,其皮夹内所有入闽视察手续,尽被取去,财物则留存不取,足见非谋财害命。然虽明知是陈仪主使,报告上峰亦无效力。先生幸早离闽,否则难免危险也。"

四一二　复上林、蒋电

廿四日在桂林开同乡会,余仍报告陈仪、徐学禹祸闽各事,及进行办法,请与泰和同乡会联络,并其他同乡会相通合作,余决定今晚搭火车往柳州。迄今已八天,蒋委员长绝无回电,岂如余所料,偏袒陈仪搁置此事乎,然彼虽忍心偏护一人,视闽人如犬马草芥,但余亦不厌复发一电,并报告行踪。电文云:"在赣州泰和计呈两急电,报告闽民被苛政,致饥饿、疾病、自杀、死亡诸惨状,乞求援救,想均收到。余复经数省详细查询,田赋均未增加分文,运输亦无统制,贸易归商民经营,省府绝无兼办,军米亦无分派,邻省如此,而闽民独遭不聊生之酷政。余在闽五十余天,历卅县,耳闻目睹确有实据,出于万不得已为闽民请命,绝非无病呻吟,万祈大仁大义,格外鉴纳,无任盼祷。余廿七日在贵阳,卅日在昆明。"又电林主席,电文略与上同。近晚赴集美校友会之宴,是夜离桂林坐火车来柳州。叶采真先生伴送至柳州,越宿而归。

---

① 李济深(1885—1959),广西梧州人,时任广东省政府主席。

四一三　情理势三事

廿五日早到柳州，仍寓于旅馆约同乡会召集晚间开会。在桂林托叶君所印刷诸手续，尚未齐备，即续印及加印多少，俾好带往他省，余者由叶君带回桂林，以寄广东、湖南、江西、浙江等同乡会。晚间赴张司令长官筵宴。张君言南宁未失陷时，城内人民九万余人，及至近间克复，仅存天主街老幼三百余人，余概逃散，南宁城外二三十里，田园多乏耕耘，生产甚少。敌人初来时军队三万人，凡一切所需，均自海岸运来，军兵少则被我军消灭，故须大队保护。自占安南海防之后，兵队抽去大半，所以不能守而去，遗失军用品不少。宴毕赴同乡会开会，主席为某团长。余仍如前报告毕，主席并全体百余人均起立，要余亲到重庆请求蒋委员长方能有效，余再三解释徒劳无益，所以不得不出此计划，中外联络，宣传较为上策。而全体均仍立不坐，余不得已乃更切实言，前到重庆，会见蒋公五六次，接触数次已明白其性，不便将经过实情，在此公众会场发表。总言之余虽亲往十次，亦绝对无效，如度有效余已直往，毋须鼓动中外。盖要实望救乡有效，不出"情、理、势"三事。往重庆求情，与讲理，余知决无效果，故不作此不智行为。兹所希望补救者，在用势而已。何谓势？国内各省同乡会，及南洋各属闽侨，作大规模运动，将陈仪祸闽凄惨无人道实据，函电宣传攻击不止，报纸如不肯登载，则用印刷广播，以我理直气壮，上峰虽欲袒护，然为中外舆论大势所迫，或有相当补救云云。是晚翻译员为集美学校董事长陈君村牧，余嘱记者勿登载谁人翻译，陈君即云无妨，足见其勇气，且曾告余陈仪必须打倒，闽人方有生理，又见其主持有断。厦门难童廿余人，组演唱队，前往安南后回广西柳州，靠政府维持生活，来见余求逐月补助费一千多元，余许以待回洋筹寄，数月后曾汇国币一万二千元，交叶采真君按月供给之。

四一四　吴主席优容参议员

廿六日早,离柳州来贵阳,越晚至贵阳城,仍寓中国旅行社。越早往图云关中国红十字会,见林可胜及周君,问此处有无福建同乡会,答未有。余告陈仪祸闽事,并交印刷品请与欧元怀君组同乡会,与泰和同乡会联络,共策进行。余又往寻欧元怀君不遇,因别往不在贵阳。又吴主席往重庆,由财政厅长招待。余问贵省田赋已否增加,答前日吴主席曾提案,交省参议会开会,议决由新年起(民卅年),加征一倍,前每年二百余万元,新年起须五百余万元。又问吴主席接受否,答吴主席甚敬重参议员,前日参议会讨论一案,有某激烈参议员,声色俱厉,甚至拍案,吴主席亦不生气而优容之。又某参议员言,某处县长贪污,某处科长弄权等,要求准参议员组委员会十人,分途调查,吴主席亦接受。余问调查结果如何?答已经出发,但未回来。余思吴主席尊重民权,可佩可敬。同行厦大校长萨君,与陈村牧君将往重庆,乃从此分途而行。至余自柳州起程,系西南运输公司之汽车,乃至贵阳换一辆较新较大之汽车,据车夫言,该车原将往重庆,兹为余故再回昆明耳。

四一五　视察滇缅路委员到昆明

廿八日早,余离贵阳将往昆明,是早在途中觉甚寒冷。越日午后车机忽坏,不能再行,幸距离西南运输车站不远,延至晚后乃坐运货车来昆明。到时已近午夜,仍寓前之旅舍。越日为十二月一日,往西南运输处,询政府所派委员到未,龚主任答重庆派来两位已到,一为造路工程师赵君,一为统运局委员刘君,而西南运输处要派一人未到,大约今明天可到。乃约定再三天同行,余即通知昆明同乡会,约定明晚开会,又往见建设厅长张君,问云南对田赋有无增加,答前月省参议会,接主席提案开会,讨论结果决议,待新年增加,要加若干待春季决定。又问数月来对省内运输,有无统制,答无有。又问有向民众派买军米及兼营贸易货物乎，答亦无有。余乃告以闽省各苛政，张君言此间概无有也。

四一六　请改善闽盐政

　　十二月二日，余在昆明，往西山佛寺（办事处假此）见中央驻昆明管理盐政张绣文君，告以闽省食盐，经中央财部统制，规定交盐子店专卖，每人每月限十二两，而盐子店舞弊居奇私售黑市，价钱加数倍，且若干远只一个盐子店，人民须牺牲许多时间，又如菜季产时，农民乏盐可腌菜头大菜等类，请张君代电财部改善办法。蒙即应承办理。余问食盐统制，是否全国皆然乎，答只有两省，闽省与某省（余忘记）而已。又问何故要统制闽盐，答未知何理由，或者有人开端请设之故。余又告以陈仪祸闽数事，此或者亦其主动。余已电求蒋公解救，料难收效，故拟联络中外同乡交涉计较，所以盐政不欲复直接向财部要求，而来转托先生，拯救闽民一部份苦况。张君又言，渠经接中央命令，此职已另委他人来替代，嘱渠往中央不知有何别委。对闽盐事如力能办到当效劳。晚间余往同乡会开会，仍详细报告及商进行办法，并分送各印件。越日往西南运输铁工厂，注意查看前告三个月内，可完造炭炉代汽货车四百个，有无实现。及查询经理，则云因乏铁版，仅造成卅余个耳。

四一七　辞行复献议

　　十二月三日，余与中央所派两委员及西南运输所派一委员，会议此次沿路进行视察等事，并订明早同车起程。而西南运输所派之人，即前下关主持人李某，余以此人前次欺蔽浪费，心甚不满，不可与共事。乃告龚君另委他人。答现无别人可委，拟电保山主持人，待余到保山时参加，余应承之。余既定明日早将起程，则再发一电文与蒋委员长云："余明早将同委员沿路视察，从此出国敬辞。前日在赣州、泰和、桂林呈上三电文，想均收览，迄未蒙覆［复］示。查黔、滇亦无如闽苛政，是则南方各省，独闽民最惨酷，故不能忍心坐视。至战时统制虽需要，如有好公务员则有益，若我国人窃以为有害无益。故不论何省，万祈勿轻施统制，只须严禁囤积，及平定物价，要视官吏肯否奉行。谨贡愚诚，希良裁。"余虽明知屡言无效，然爱省爱国之心不能自己［已］，再尽最后之忠告，成败均不之计也。

四一八　敌机炸两桥

滇缅路运输，自十月十八日英国开放后，敌机时常来轰炸，闻两个大桥多被炸坏，军火减运不少，每天仅可行半日而已，余甚为忧虑。适龚主任请往其家午饭，遇陈君体诚亦在座，他系代理宋子良君之缺。宋君为西南运输主持人，因告假往美国医病，故全权付陈君负责。余问陈龚二君，两桥被炸损坏如何，答一功果桥、一惠通桥，功果桥较无紧要，惠通桥则甚有关系，因用钢索吊造，若该钢索被炸断，则不能通行，然已被炸断两三条，眼前尚可维持。余问钢索有余存可续否，答恐无之，经电美国办买，但敌机尤注意惠通桥。蒋委〈员〉长已下令，每天自上午九点钟起，至下午三点钟止，均禁止通过。余闻后亦以为甚严重，因敌机时常来轰炸，非达目的安肯干休？陈君云渠近天将往缅甸。余问乘车或乘飞机，答乘机。

四一九　功果桥无妨

四日早余等与两委员，坐两汽车由昆明起程，余及赵工程师、李秘书同一车，侯西反、庄明理及刘委员①同一车，余告庄君等注意沿路，如见某处欠阔或湾［弯］曲不妥，抑或有危险性，均要登记，待停车或到站互相查对，是否相同，并告知赵工程师。然沿路所记载，须改善者大都相同，赵君亦承受修改。是晚寓楚雄中国旅行社。越早复启行，午后到下关。余复往医院视蒋才品君，

---

① 即刘牡丹。

仍不能起床，乃与议定不日由医车运送至仰光，经医院长应承，并要派一医生同行。余等复起行，是晚到永平，寓旅舍。越早复启行，近午至功果桥，该桥长二百余尺，系用钢索吊造，其江水颇浅。自敌机来炸，已在上流距离半公里，江水更浅，江面更狭之处，再造一新桥，将竣工，以作预备。此桥免用钢索吊造，系用桥柱，工程极容易，故不惧轰炸也。

四二○　保山华中校[①]

十二月六日，近晚至保山，寓于旅舍，是晚华侨中学校长某君来见，系广州人。余询以学生数及经费多少，答男女学生四百余人，经费中央年给一十五万元。校长去后有顷，廿余学生来见，云自秋季来此上课，迄今三个余月，计实上课只有一个月而已。原为求学而来，若此未免误其时间，且教师有用广州语教授者。彼等思欲回洋，又因入口及其他不便，实进退维谷。余问何因停课许多时间，答教师聘不足及告假无人替代。又问马来亚有好中学，何故来此。答因误信此中学宣传如何完善，故仰慕而来，不知绝非事实也。余劝其既归来应暂忍耐，余当劝校长改善，顷校长来见，余询其经费，云中央年给十五万元，有此充裕经费，当然不致简陋或者移来不久，教师难聘，否则决不致如是，观贵校长似亦活泼，若肯认真负责，必不使诸生失望也。

四二一　保山诸陋习

余至保山之越日，西南运输处华侨中学及各界，在露天开欢迎会，时在下午三点多钟。主席致词后，余报告代表南侨回国，及历过各省各情事，约一点半钟。在场男女两学生，晕眩倒地，余言此地天气最佳（七十余度），且经午

[①] 全面抗战爆发后，南洋各地华侨青少年回国学习，为适应其求学需求，1938年国民政府在云南省保山市筹办国立华侨中学，于1940年5月建成开学，命名为国立第一华侨中学（侨一中）。

后，何至如是虚弱。余经过十余省，开会百余次，绝未曾见有不健康若此者，希当局注意改善为幸。前闻人言，保山为中国瑞士，及到地所见，绝无优美风景可言，仅有天气不甚寒暑，闻终年最冷六十左右度，最热八十余度。市场虽非小，而街道甚劣，全无修整，汽车虽可通行，震动难堪。店屋亦简陋，且有一种陋习，最阻社会之进步，凡建筑屋宅，无论工人如何延迟，屋主无权干涉，亦不得另雇他人。在街内见新筑未竣一间小医院，约如住宅，可住两家，论普通工程，至多五六个月可完工，闻已动工二年之久尚未告竣，其习俗腐化有如是者。

四二二　敌炸惠通桥

十二月八日，鸡鸣时离保山将来芒市，因惠通桥上午九点钟起，禁止通行，故须赶早起程。至桥时八点半，余等下车步行桥上，详细视察桥之两端，近处俱是高山，大约高可五六百尺，敌机来炸许多次，因山高不便低飞，所下炸弹不下千百个。桥边屋舍尽行倒坏，山下各处炸弹痕无数，桥中虽有炸坏，然非要害修理一两日便竣。唯钢吊绳在右桥头，炸断两条，计该桥两边各用二寸径钢绳九条，虽断两条，尚有七条。据赵君言，如有四五条尚足通行。桥长仅八十公尺，桥下江水缓流不急，自水面至桥板，高卅英尺。余问赵君江水涨落相差多少，答终年如是，相差少许。又问流水急慢如何？答亦不甚急激。自敌机来炸之后，交通部经鸠工从两桥头开斜路至水面，拟用渡船运货车，可免专倚靠该桥。以卅尺高之斜度，便至水面，路途不过半公里外。若有渡船可通，该惠通桥纵或被敌机炸坏，亦无关紧要。而敌人极力轰炸许多次，尚未甘休，亦是愚笨。所可怪者，西南运输处两要人，但知桥坏有运输不通之危险，竟不知虽炸坏，绝不至阻碍运输，有何危险可言。而身负抗战军运之重任，不曾到地履勘，昆缅往来只坐飞机从天上过，安能知晓实际状况乎？

四二三　惠通桥之禁令

惠通桥两边均立碑揭示蒋委员长严令，禁止各车辆非时过桥，每天由上午九点钟起，至下午三点钟止，并说明该时间防敌机来炸，故须停止通行。距离桥头两端数百步，并设有闸架，查其原因，为恐敌机常于该时间内来炸，货车适运到桥上有被炸之虞。然该桥长仅八十公尺，运货车瞬息即过。且车夫如闻机声，定驶往树下可闪避之处，何致在桥上被炸，此乃普通人所能晓。兹乃禁止该时间内通行，未免致使两端货车连接许多辆在路上等候。如敌机来炸，岂不更觉危险，无乃安危倒置乎。况该段路程甚崎岖，夜间不便通行，日间又减少半日，阻碍军运不少，真乃一举两失。我国人常识浅陋，而负责人亦如是，妄报上峰下此禁令，可胜叹哉。

四二四　接蒋委员长覆［复］电

是日下午至芒市，寓于招待所，接蒋委员长来电文两通，一云："来电收，闽省田赋系中央意旨，闽事可电我知，切勿外扬。"又一电云："昆明来电已收。"此两电大约同日发来。一无关系，一则护恶讳疾，诚如李宗仁君所言"作事甚偏"，盖偏则不正，不正则无是非。余所报告陈仪祸闽苛政，请改善利民，与抗战军机消息，绝无关系，何须缄口。然三四日间，两电哀求，乃绝无一字回覆。如此则余当袖手坐视闽人凄惨、死亡，有何理说。若能秉公办理，既可拯救闽民，亦可明显德义，而陈仪之去留，亦由中央主裁。余所要求但望改善，非必须开革。夫如是亦何害于陈仪个人，而乃计不出此，深可惋惜。至田赋则全担挑承，云是中央意旨，其自欺欺人，亦无乃太甚，请问中央何单独意旨闽省，是否择肥而噬，然闽民之贫苦惨况经已电告，而非膏肥胜于他省，其他如军米、贸易公司、统运等均置不覆，复禁余勿言，其主意莫非陈仪握权，职居刀俎，而闽民应当任其鱼肉乎？

四二五　滇缅路应改善之事

昆明龚主任，前次对余应承，改良运输三件事，准在一个月内各站实行。余此回沿途所见，仍旧腐化，绝无改革一件。是晚在芒市，与中央两委员，及保山运输主持人等开会。余言沿途视察已告终，明天将离别，对于改善路政，如若干处路面须增阔，又若干处弯曲，亦须修妥，及某某处有危险性诸项，赵工程师逐一接受，云当积极改善。至管理运输腐化事，此条龚主任既食言，希望刘委员回渝报告，设法改善。余待到仰光，电请蒋委员长，如获同意，则留侯西反、庄明理二人，尽数月义务帮助改妥。又各运输处各立门户，同为政府服务而不统一，不但人多费大，所需各物不相周转，甚至互生意见。车夫亦无一律牌号，由各机关自编号码，如西南运输之车，自行列号，交通部之车亦然。凡途中相撞触，发生争执无从裁判。车夫既乏相当惩戒，更任意不守路规，故翻车、冲突、损伤等事，无日或免，损失之巨何止数倍。西南运输两年间，置新货车三千辆，现仅存可用者不上一千辆，每辆平均仅用六个月而已。若南洋货车，每辆至少可用五六年。虽无乌油路面，亦不应如此速坏，此完全由管理无方所致。予并将管理腐化各条告知刘委员，请其回渝报告当局。

四二六　华侨机工非罪禁暗房

有一华侨车夫，非其罪而被西南运输处拘禁暗房已三天。侯君闻知往交涉，始放出来见。乃潮州青年人，系新加坡华侨，为爱国而来。时天气寒冷约五十余度，余重裘尚觉冷。该车夫似非劳动界，身上只穿一领单布衣。余问："你衣何如此单薄？"答："前在南宁服务，衣服一切均在南宁，失陷时适赶运军物在外，致所有衣物尽行失陷，当局云要赔补，迄未见赐，数月来衣服甚贵，无钱可买。"又问："禁在暗房，有被席给你否？"答："无有。"余伤感之余几为下泪。因余在南洋多方鼓励诸机工三千余人回国服务，今亲见此景况，并忆其他类是者，不知凡几，故不免自咎，且代为伤悲。乃送他五十元为买衣服费。又问："被禁因何罪？"答："有某司机是余朋友，余因暂停未有工作，帮助该友驾车，该友犯罪逃走，故当局捕余往禁耳。"侯君西反将回昆明，与余握别，余付他千余元，托其沿途到医院，慰问华侨车夫，每人赠一二十元。后余回新加坡，接侯君来函报告分赠完毕。

四二七　"华侨先锋队"货车何处去

十二月九日上午，余离芒市来宛丁，入市午膳。见西南运输车场，有数辆货车，均名华侨先锋队。视该车甚陈旧，似乎已用过数年，然该车系本年春初，始由西南运输处请求，并电行政院同意，由南侨总会捐买一百辆，费新加坡币二十余万元，对英政府声明系在缅界内需用，故免由逐月义捐汇款内抵扣。四月杪在仰光交车，添造车斗至六月间完竣，开始运货。迄今仅五六个月，何得如此陈旧。至先锋队之名，乃西南运输处所编号，前曾函渝告余，故知之。该车后来多有运至昆明者，不但行缅甸而已。庄明理君同余至仰光，即将回昆明，余嘱其沿途调查此华侨先锋队，一百辆车现存若干辆。一月后接庄君自昆明来函，云仅存可用者廿三辆，其他七十七辆有损坏者，有乏附属品可修理者。又其年秋间复买赠货车一百辆，计是年共赠二百辆，而后来之一百辆不知下落如何。南洋华侨募捐款项，多由零星凑集，如百数元，或十元八元一元两元，辛劳工作积少成多，非是向资本家一呼便集之容易措办。而彼辈公务员，则视若泥沙，上峰复委任不晓事、不负责之私人主持此抗战重要之军运，可胜叹哉。

四二八　游缅故京王宫

午膳后即起程，离我国界而入英缅界，晚后至腊戍，旅舍皆满，后三人共寓一所，非房非厅。越早复起程，下午到缅京瓦城谢兆丰①君店内，由谢君向友人假一别墅寓焉。谢君籍隶诏安，前在此任余经理，诚信负责，后自经营颇得顺利。招待甚殷。是处有华侨筹赈会及福建会馆，然华侨无多。无华文日报，因距仰光只一天火车，所阅报概由仰光来此者。两会均邀余往报告，余均接受赴会，报告大略而已。谢君导余往游缅京城内，昔时王宫，现无人居住，只作游玩古迹而已。

四二九　在仰光电蒋公报告路政事

十二月十二日早，余离缅京来仰光，近晚已到，仍寓曾君和衷行内。越日即发电蒋委员长云："某日两电均悉，余与委员视察滇缅路已毕，路中凡太狭及弯曲危险者，经与赵工程师酌妥速改。近来新到五吨货车，比前三吨者加大，故非速改不可。西南运输管理无方，车机易坏，运输减少。前龚主任许速改善，迄今数月仍旧腐化。经与刘委员商酌，留侯西反、庄明理在各站三数月，帮助改妥，以尽义务。如蒙赞同，请电示昆明龚主任，俾两人有权可督促各站负责人。至其他各运输，多设机关，各立门户，而不统一之害，经详告刘委员，希待改善。路中功果桥、惠通桥，任敌机如何轰炸均不能阻碍我运输，因免经该桥，尚有车船可渡。现每天禁半日不许通车，实极错误，不但减少军运，且反使货车均停于桥之两端，更觉危险，希取消勿禁较妥。余再五天往槟城。"

四三〇　出国首次报告抗战必胜

十五日在仰光赴各界欢迎会，主席致词毕，余上台言："余此次代表南侨回国，历十五省，参加演说会者百余次，而时间在重庆及福建最久，占去三分之

---

① 谢兆丰（生卒年不详），云南人，缅甸侨商，瓦城兆丰公司经理，抗战时期曾任"缅甸救国救灾总会"主席团成员。

一。我国近来交通已大有进步，经过路程路面多已铺石子，未铺者如兰州往青海，西安往延安诸路。唯未有乌油路耳。前在贵处开会时，余不敢预告将到诸省，恐未能达到，而拟往之意早有主张，除非万不得已外，当然要亲闻亲见，俾回洋时对侨众报告，不致有失实错误。此为余职责，故不能采一方宣传，或据报纸刊载，便可尽余之任务也。余至重庆时，闻政府预备八万元，作招待慰劳团费用，若不力辞，社会民众亦必仿效，他日慰劳团至各省亦必如是。在此抗战辛苦时际，应当节省诸费。但恐口辞无效，乃登报辞谢，言慰劳团回国，各费已自备，不欲花政府及社会之款，并遵守新生活实行节约，希国内诸同胞原谅。越早冯副委员长来见，云阅报甚表同情。余寓所尚有空屋数间，乃向政府假为慰〈劳〉团寓所。计全体慰〈劳〉团到重庆者五十人，有五人或病或因家事回去。五月一日分三团出发，每团十五人，在重庆廿天，共费去国币六千一百余元。政府只供给两辆客车油资而已。社会则联合作一次大会，亦未有开销何费用。余曾访何应钦部长言：慰劳团应否以金钱赠军队？如需要余当向财政部磋商。因南侨所有义捐，概汇交行政院也。何君答必须赠多少，以资勉励为妙。现前线二百八十师，计有二百八十万人，每人按一元，须二百八十万元，伤兵每人两元，约四十万元，合计三百廿万元。后方军兵及游击队则免。余乃呈函孔院长，告以此事。孔院长立即覆［复］准，备交何部长分发矣。我国抗战之初军队实数不过一百五十万人。现时在前线已近三百万人，后方训练备补充者有九十万人，游击队八十万人，又中共军二十余万人，合五百余万人。至于军械除大炮外，其他均能自制，钢铁铜诸原料，生产亦甚进步，足可供用。机关枪前每师分配不及二成，现下已配有七八成，再加数月便可配足。步枪以前种类甚复杂，近已淘汰一律用新式，故言军械已比前远胜。至于后方壮丁训练，到处皆有，千百成群，每早四点余钟即闻路上口声步声，常被震醒。余每次耳闻目见，莫不欣慰无已。他如各处治安亦好，无盗贼之纷扰，民气旺盛，都能同仇敌忾，知非辛苦抗战，则无救亡可能，进步之速可以想见。至于重要之粮食，我国原以农立国，如雨水调顺，定可充裕。加以物价日好，农民更加勤劳，荒地新垦日广，冬季复加种什粮，更免患不足。虽如广东最缺粮之省，而据建设厅长告余，经积极垦荒，再加半年足可自给。由政府公务员以身作则，每人须开垦一亩以领导之。

"综观以上情形，可见国内甚有进步。古语云，自助者天助，故能愈战愈强，确可自慰。现下各战区，我军均居在崎岖有利地位，敌虽有机械化部队，难于施用。而我众彼寡，我虽未能反攻，而彼亦不能再进，因其后方补给线愈长愈形不利，每被我游击队截夺或消灭之，实令彼防不胜防也。我各省区域，失陷虽多，而敌可到之处，不过交通线及城市而已。如北平沦陷最早，现下敌人如要出城十里外，须有相当军队保护，否则屡为我游击队消灭，此为近间厦大新聘某教师，从北平来为余言之。至于敌士气亦远不如前，各处多衰退。傅作义将军自绥远将往重庆，在兰州与余相会，深赞华侨回国慰劳助力，云各处军官，可借此以鼓励兵士及民众。余问敌士气如何？答初开战经年间，在战场敌伤兵虽逃走不脱亦不愿降，或奋斗至死，或自杀。后来则大不同，虽非伤兵，如被我军包围，彼即弃枪举手投降，或跪地哀求赐命。又初战时队长下令开枪，敌军则作有秩序开放，一响一响相续而来，既较准确，且省炮弹。而我军则不然，一闻下令，则枪声齐发，如燃爆竹，战术实不及他。自近年来则相反，我之军队开枪，较有秩序，而敌则不然，盖其新补充之兵不如前，于此足见其士气战术均形衰退。阎锡山将军亦言，前敌人每师兵约二万人，完全为日本青年，自称为皇军，气概激昂。迨近年来所有补充，则复杂不一，有日本人、朝鲜人、〈中国〉台湾人及伪军等，气势退化，不似前之猛烈矣。西南方面张发奎将军言，敌士气已衰退，近来时有厌战士兵，或三五人，或十人八人，相率来降。由上举南北各战区，司令长官之经验可证明敌已气衰退化，而我军民气势，日加强盛，对抗战都抱乐观，最后胜利决定属我。然须再经若干久，则无人敢武断。但长期战争最关紧要者在人力与金钱。人力我国既绰有余裕，而金钱则多靠海外华侨。余曾会见宋子文君，问抗战后，有无向外国借来多少现金？渠答一文钱都未有，初战时英国借我五百万金镑，系维持纸币基金之信用。后来苏俄借我虽多，概是军火。美国借我几千万元，乃是货物交换，均非现金。我国抗战后，第一次发出救国公债五万万元，而各省及华侨承购不及半数。再后至今三年，政府已再发出五六次，每次五万万元，合计三十余万万元，约每年发出公债券十万万元，均未再向各省及华侨摊派。若然则向何处借得如许巨款，此无非概向我政府所办诸银行借出。然政府银行安有此多款，盖即是海外华侨外汇之金钱，如去年南洋及美洲等，寄家信及义捐，共汇国币十一万万元。照

著　述

世界银行公例，如有现金一元，便可发出纸币四元，如十一万万元之现金，存在政府各银行，则可发出四十四万万元之纸币，以十万万元付华侨家眷，尚可存三十四万万元之多。除将十万万元借政府外尚可取半数向外国买军火及原料，如前向德国捷克及其他诸国购买俱是以华侨汇款现金支付。至客年汇归之十一万万元，南洋占三分之二，美洲及他处占一分。义捐约十分之一，余系寄家信者。抗战金钱既须倚赖华侨，而华侨负此重要任务，应人人更加努力，多寄家用及义捐，尤希各侨领尽力鼓励。况汇水廉宜，亦是极好机会，既可救国，又可充裕家费，诚一举而两得。将来最后胜利达到时历史记载，华侨实与有荣焉。"

四三一　在仰光福建会馆报告闽人惨状

十五晚赴福建会馆开会，主席致词毕，余起言："贵主席言，前日此间各日报，接香港专电，余在桂林对记者发表，陈仪在闽五项苛政，即统制运输、贸易公司、增加田赋、责派军米、绳缚壮丁，是否事实，要余详细报告。兹余敬将陈仪、徐学禹祸闽，及闽人惨状略举大概报告。余此次代表回国任务，诸君早已明白，余行过十四省，虽属走马看花，然大都满意，昨天经在大会报告矣。最后到本省，甫至南平县，则有多处代表来言，苛政害民，万分悲惨。余由是要知事实，故回头往闽北，而后闽中、闽南计五十余天，历廿余县及七八大城市，开会五十余次，至考察情况及耳闻目见，系从报界之访员、记者、厦大集美师生、商界名人及沿途轿夫并劳动工人等。至于本省政界公务人员，则绝无一人肯言者。若党部关系人，则某处仅有一人而已。至闽人受苛政惨害，系由三级政令，即中央及省府与县，而最惨烈者为省府苛政，即陈仪及徐学禹，其次则县长，又次为中央统制食盐，均为其他十四省所无者。其中省府苛政甚多，若要详细报告，恐时间甚长，兹举其大略言之。先言统制运输，如百数十斤之物，均不得自由挑运，原只三天路程，而运输局须延迟二个月方能运到。涵江产虾米，每担价一百五十元，距离泉州不过三天路程，而经运输局运至泉州每担卖价四百元。商人贩卖之货，比及交局运到多已臭烂，不但乏利尚当亏本。

泉州需米大半倚靠漳属运来，平常三四天可到，而运输局亦须二个月方能运到，泉州米价每银一元，仅买市斤一斤（实重十三两）。余到泉之前几天，运输局拍卖两次臭米数百担，其原因为米身未足干，运输局当事人不晓保护，又寄栈过久所致。又县长等代商家定买千担米，每担卅余元，订一个月内交货，先收去定银数千元。越后米价升至五六十元，县长则取消不交，借词运输困难，甚至定银不肯交还，诸商家不得已登报责问追讨。由是泉州米愈寡，价愈高。贪污官吏之横行可以想见。闽北崇安县即武夷山所在之处，每担米政府定价十七元，逐日派运三百担来福州，而福州卖出每担七八十元。福州城外设检查私米之机关至十二处之密，虽带十斤八斤入市为自己食用者，亦拘捕治罪。福州闽江有一大桥，名万寿桥。自政府统制运输后，米价大贵，贫民由桥上投江自杀而死者，只警察捞出死尸即达八百余人，被水流去者尚不知多少。各日报不许登载，以为扰乱治安。余自集美将来漳州，在英棣头街口海边，见五只满载米船，有一舵工集美人。余问何不起卸？答每次须延十余天。问何故？答前运夫男女三千左右人，自设运输局因种种不便，现存一千余人。余至角尾市，招待员告余运输局栈内即有臭米数千包。其运输统制之弊如此。省政府自设一贸易公司，借口战时要补助商民作不到之事，究实乃与商家争利。虽香菇、泽泻少许土产，及出洋旧式帐〔账〕簿，亦兼经营，将政治变作贸易。至田赋事，余经十余省均未有增加，而本省自十月一日起，已实行加收。视各区米价高下，如米价高则田赋亦高，故由三倍至十八倍。全年前为六百三十余万元，现平均当加七八倍，须四千余万至五千万元。征调壮丁自抗战至本年秋，已廿五万余人。余问陈仪死伤及逃走各若干？答无登记故不知。余在他省所问皆知数目，唯此处不知。且陈仪视闽人生命如草芥，故虐待壮丁惨于罪犯，用铁线或麻绳束缚成串。余在渝已闻人言，及行至仙游界枫亭，则亲见百余壮丁，用绳缚手臂，每串十余人或七八人。余至安溪集美学校，教师陈延庭告余，某乡有一家贫民十二人，均服露藤自尽。余由闽北、闽中至闽南泉州，调查各处苛政害民，确属事实，乃函电陈仪，先求撤消〔销〕统制运输，并列告误民惨况各情，至永春复亲函哀求。彼回电拒绝不许。及至漳州、石码等处，复上电陈仪告以沿途所见惨状，彼乃来电嘱余上省计议。及知余将到，则在纪念周演说，并登报云'战争时代，运输必要统制，唯不知政治之人，乃生反对，本席决不轻改'。其骄傲残忍凶恶有如是也。余出本省界至江西，即电蒋委员长，先求田赋一事待中央决定时与他省一同增加，并告以闽民贫苦。后数日又电陈仪、徐学禹苛政祸闽数条，请大慈大悲救闽民于水深火热。至桂林复上电哀求，均不蒙采纳。至廿余天始来电，言'闽省田赋，系中央意旨'。然中央何独选闽省，岂择肥而噬乎？本省民众已凄惨贫瘠，非较他省膏肥也。余知陈仪靠山大，固知任何哀求请命，终难望有效果，故出闽界之后，到江西赣州，即传集同乡会，报告闽民惨况，并拟进行办法。余此行将经过各省，凡有同乡会者，皆向其报告，请团结一致，努力救乡，宣传陈仪、徐学禹等野心祸闽，并函电要求中央政府，继续努力勿息。余经西南数省，各同乡会经已如此工作矣。余回南洋，由缅甸瓦城及仰光起，沿途至马来亚、新加坡，凡有福建会馆者，亦决如此宣传，然后在新加坡召开南洋闽侨大会，函电向中央要求，并报告各省要人知情。将来成败置之度外，盖不忍坐视我闽人，遭倒悬惨苦而不救，况不能救乡何能救国。美国汽车大王有言，正当之失败，无可羞耻，畏惧失败，转可羞耻。望同侨勿畏陈仪势大，而袖手不救幸甚。至义捐救国，及汇寄家信，更当努力进行，万不可因陈仪祸闽，便灰心馁志。要知抗战救国之责任严重，本省内出力较他省逊色不少，我海外闽侨，应多捐金钱，以补省内之不足，俾他日抗战胜利后，历史上方有地位，后世子孙亦可无遗憾也。"

四三二　香港闽侨来电查闽事

十六日晚集美校友会欢宴，到者百余人，余报告游历十余省大概，及民气旺盛，愈战愈强，最后胜利决可属我，并言厦大不致改为福建大学之原因。仰光集美校友会办理较有精神，成绩颇好，其办事处楼下兼营一印刷局，系诸校友合股份营业，颇有获利，每年将得利抽二成，供校友会经费。余到仰时，将在闽与陈仪函电，及呈林主席蒋委员长来往等电，托校友印局印五百本，除留数十本外，余带回马来亚。适香港闽侨将召开大会，来电要知陈仪祸闽事，余即寄空邮数本以作材料。盖香港因中央党部，设有对外总机关，每月耗费百万元，凡当地公务人员有关系者，如检查新闻、印件、函电、邮局或其他与党有关系者，多受贿赂，余如党人或非党人，较活动者付给干薪在百人以上，既可联络亦可利用，以钳制反对派行为。陈仪、徐学禹在香港设有机关，亦靠该党部之助力。香港华侨中闽侨虽无多，亦分两派，一派与我国官吏及党人同声一气，另一派则反对之。自桂林记者在香港发表闽事后，香港闽侨即订［定］期召开闽侨大会。然陈仪祸闽详情未悉知，故来电查询。余至此始知蒋委员长对闽事，原不肯覆［复］余电文，迨后迫于香港各日报多载余在桂林对记者谈话，由是在港之党机关，电知蒋委员长，故不得已乃有回电。

四三三　赴马来亚各地开会

十二月十七日，余离仰光搭船来马来亚，廿日至槟城，诸侨领及社团代表来船迎接，寓于刘玉水①住宅。晚间用电话与新加坡怡和轩会友问讯。是晚赴各界开会，余报告约如在仰光各界开会中所言。越日又赴福建会馆开会，然甫组织成立未有会所，乃假惠安会馆开会。余乃如在仰光福建会馆所发表之报告。而吉礁、玻璃市、太平等处，俱派代表来要余赴会。于是廿二日早往吉礁，在双溪大年开会。下午往玻璃市，均为各界欢迎会。余所报告约如在仰光各界会中所言，若闽事及延安事，余全无提起。两区闽侨虽众，因无福建会馆，又无人询及延安事，余当然不提起也。廿三日来太平，在各界午膳会，余略报告，不如仰光之详。新加坡李光前君来见。晚后往福建会馆开会，余略言国内民气旺盛，愈战愈强最后胜利决可属我，并详细报告陈仪、徐学禹祸闽惨状，如在仰光所言者。越日赴实吊远埠各界欢迎会，会场假电影戏院。会毕往江沙各界开会，下午往和丰埠赴各界欢迎会。各处报告约如在仰光所言者。近晚离和丰埠往怡保，寓于旅馆。新加坡华民政务司帮事孙崇瑜②君来见，因久别相见甚欢。又新加坡筹赈会共事，黄弈欢君来迎接，并作伴同行。廿五日下午往各界开会，余仍如在仰光所言，并报告华侨司机在滇缅路服务情况。晚间赴福建会

---

① 刘玉水（1893—1972），福建惠安人，时任槟城筹赈会主席。
② 孙崇瑜（1897—1991），福建福州人，时任新加坡华民政务司助理。

馆开会，仍如在仰光福建会馆之报告。廿六日早离怡保，赴金宝埠各界开会。午宴后赴丹绒马林埠赴各界茶会，余报告毕，有多位青年请余报告延安事，余略言情况。近晚至吉隆坡，寓于实业俱乐部，新加坡林崇鹤①君来见。是晚赴福建会馆开会，余约如在太平福建会馆之报告。廿七日上午赴各界开会，会毕即往吧双埠各界开会。余言终有多人要求报告延安事，余约言大概。近晚复回吉隆，仍寓该俱乐部。廿八日上午往彭亨文冬埠，应各界开会。下午复回吉隆坡寓所。廿九日往加影埠各界开会，下午往芙蓉埠各界开会，是夜宿于旅舍。卅日上午往×××各界开会，会毕即起程来吗六呷埠，应下午各界开会。是晚又赴福建会馆开会，每会报告约如前言。

四三四　招待与献金

十二月卅一日早离吗六呷来麻坡，赴各界开会并午宴，筵中百余人。有颜某者与余同席，公然讥刺新加坡筹赈会，代理主席李君，及代理南侨总会陈君，对吴铁城部长来洋，应负责领导马来亚各侨领招待及献金，乃办理不善，领导既无方，而献金亦乏成绩云云。余答余未到新嘉坡，不知实情如何。以余所知者，南侨总会成立时曾通过一条议案，凡国内官员来洋，若未先经南侨总会承认，及政府公文介绍，各筹赈会不负责招待。吴君此来是否经过此等手续？君当时亦曾出席能否记忆？此议案且详载总会章程内，贵会曾否查问总会陈代理乎？颜君不能答，余又言献金事，新加坡筹赈会组织法及逐次成例，凡要捐款不论大小名目，须开会通过方得进行，而此次新加坡虽有人倡议献金，是否经开会通过，君知之否？颜君亦不能答。迨余回至新加坡，查询结果，对于招待及献金两事，一出于总领事之谄媚，私自通函马来亚侨领，一出于党人之提倡，未经筹赈会赞同，故两不如意也。

---

① 林崇鹤（1894—1970），福建南安人，陈嘉庚好友，怡和轩俱乐部会员，陈嘉庚公司管家，曾任新加坡金兰庙管理人。

四三五　回抵新加坡答诸记者

余在麻坡午宴毕，即起程来峇株巴辖，赴各界开会，主席致词及余报告毕，复开茶会并拍照。时已近晡余便起程来新加坡，到怡和轩俱乐部，钟鸣七点矣。是晚为民国廿九年十二月卅一日，诸会友及筹赈会委员等，设筵等候，到者五十余人。别离已十个月，相见甚欢。宴毕记者多人来访，余导上三楼，问要访何事？他等云祖国抗战大势及闽省事，多已转载，现要访者三项，即国共磨［摩］擦能否破裂？参政会议决案能否实行？滇缅路运输有无改善？余答："国共决不至破裂。因各军官多受过相当教育只为爱国对外而战。本年春夏间，山东及江西两次，中央军数师团，为将攻击共产党，致不战败溃，此可为明证。至参政会不过形式而已，前年汪精卫任主席最末届，参政员五十三人，联名签呈蒋委员长，控孔祥熙院长，详列逐条舞弊事实，结果无效。滇缅路绝无改善，腐化如前。秋间余面与龚主任交涉，承许一个月内改妥。及本月首余再经过，沿途视察，仍腐化如旧耳。"

四三六　要求禁开欢迎会

余到马来亚之后，新加坡各界多向筹赈会建议，欲开欢迎会，代理主席李君已应承，唯日子未定。余用电话订约元月五日，该日为星期日，假快乐世界运动场，入场券每名一角，充入筹赈会，共发一万余张，收款一千余元。吴铁城自秋间南来由香港而菲律滨，而荷印，前月到新加坡十余天，即来马来亚。余到槟城时，他适在槟城，彼此在林连登①君住宅相会。不数日彼复来新加坡，在国内带来秘书随员多人，并一英人。见报载参加欢迎余者甚多，便生眼红，乃利用英人随员向政府要求，取消各界欢迎会，其理由谓余将宣传共产，对中

---

① 林连登（1867—1963），广东惠来人，马来亚韩江公会联合会首届主席。

英均不利，结果无效。是日开会时坐［座］位皆满，余登台报告，比在仰光各界欢迎会中所言更详，经过各省均有提起，延安情况亦约略言之，最后勉励捐输及增寄家费等事。

四三七　新嘉坡闽侨大会

民卅年元月十日下午，余假中华总商会，开合坡闽侨大会，报告陈仪及徐学禹祸闽状况，约如在仰光福建会馆所言，并言以余回国经验，要援救本省民众甚于水深火热之惨，除非打倒陈仪、徐学禹，决无挽救办法。然陈仪、徐学禹为浙江人，军长陈祺、党部陈肇英亦浙江人，其他公务员由浙江来者亦众，树立威势已久。蒋委员长既与彼等同乡，陈仪又是其嫡系，如何肯从我哀求？既不从我哀求，则本省千余万人民，日处倒悬之中，饥饿、疾病、死亡、自杀者不可胜计，且日甚一日，悲惨无已，余何忍袖手坐视而不救乎？况陈仪之妻为日本人，日本庆祝台湾割让四十年纪念日，陈仪亲往祝贺。此乃我国抗战之贼，其亲日次于汪精卫，故如此凶残惨酷。其借口战时统制，所施各苛政，多为全世界所无者，对于抗战完全有损无益。余对蒋委员长要求既无效，余由本省回洋，经过西南各省乃召开同乡会，请团结计较，时常将陈仪、徐学禹祸闽之事宣传使各省要人及战区司令长官咸知，并言余回洋，即向各属闽侨开会宣布，请电中央政府交涉，待必要时，则传知各闽侨，派代表来新加坡开救乡大会。余并拟电向重庆国民参政会提出此案。如此中外协力计较，尽人事以听天。汽车大王有言，正当之失败，无可羞耻，畏惧失败，乃可羞耻耳。

四三八　运动终失败

重庆中央党部，自去年秋将派王泉笙同余来西南不果后，则变通办法，积极分道进行。（一）派海外部长吴铁城来洋运动，借代表蒋委员长名义，在香港、菲律宾、荷印、马来亚各处，谋增强国民党权威，并诬余受共产党包围，到处宣传谤毁。（二）以何部长应钦名义，通电西南各省长官，注意余行动。（三）电新加坡总领事与党员合作，向英政府运动，谓余参加共产，请禁止余入口。及余回至新加坡，其进行之第二第三策已成过去。唯第一策尚在进行中，其最紧要之目的，为向新加坡政府要求，准国民党在马来亚注册，为正式社团，俾可扩充活动。在重庆则请英大使来电帮助，在英京则令郭泰祺大使向英政府交涉，且利用中英军事将联络时机，各处进行亦颇成熟，英政府似乎将迁就之，故新加坡政府专为此事，召集全马来亚官长，来柔佛埠开会，结果不能通过。因该时英国尚忌共产党活动，今日若成立此法律，许可国民党注册之案，而共产党如要注册，亦当承认不能拒绝矣。故重庆中央党部，虽出九牛二虎之力，及利用中英战时机会，终归失败耳。

四三九　侨领请发电

民廿七年冬，战事正严重之际，约在广州未失陷前十余天，余阅报纸登载广州市民十万人，游行示威，政界要人鼓掌欣慰，余甚讶之。究竟示威目的对何方面，若非向自家必系向敌人无疑，故吴主席满意褒奖，以为游行示威便可吓退敌人，否则何用，故余深为诧异。及广州失陷消息传来，新加坡粤侨甚形愤恨，谓其抵抗不力，失陷太速，致损失惨重，而主席吴铁城则于未陷前先逃走，私人可免损失。粤侨领袖数人来要求余发电，质问军事委员长蒋公，余念该电颇难措辞，然亦不便拒绝，乃告诸侨领，电稿由他等拟来。越日携来电稿，措词［辞］不甚激烈，即行拍发，而中央置不答覆［复］。及至此次吴铁城南来，粤侨尚恨其弃职先逃，多不满意，某委员告筹赈会勿睬他，不得开会欢迎，否则粤侨决不参加。厥后该粤领被总领事运动，则反热烈倡开欢迎会。当开会之时，闽侨某党员，首倡献金，自己当场认捐坡币一万元。而筹赈会代主席及诸委员，则以未曾提案开会决议，故新加坡献金乏成绩。总领事又函马来亚各区侨领，来新加坡参加欢迎，而代理南侨总会主席陈君则不知缘由，致外埠侨领来者多误会也。

著　述

四四〇　吴铁城之活动

自余回洋,发表陈仪祸闽事及在槟城新加坡各界开会演说后,吴铁城屡投稿报馆,讥刺拥护蒋委员长是假的及口是心非等言论,余以其不敢指谁姓名,且为蒋委员长代表,置不与较。彼则与槟城新加坡等处党员,时常会议,扩大马来亚国民党势力,收买记者,资助某处日报,并拟在新加坡创办一家宏大报馆,资本新加坡币四十万元,中央政府负责半数廿万元,余由马来亚党人认足。即向当地政府立案,而政府以战争时代,不许新成立股份公司,故吴铁城逗留许久,迨至党部不准注册活动,报馆亦不许开办,始作罢回去。

四四一　中正中学校

新加坡有一间"中正中学校",系前年创办人托林君文庆,函请蒋公同意,故用此名。至客年学生五百余人。总领事高凌百,前介绍其内戚某人任教师,后因行动不正,被校长辞退,高凌百向校长要求无效,乃联络一部份校董,拟更动校长。即电蒋委员长,诬该校校长教师多系共产党,且屡生风潮罢课,致伤中正校誉,请裁夺。于是蒋委员长回电,取消中正二字校名。而高凌百不通知该校,将电文投各日报同时发表,以为如此办法,该校学生必停课,校长必倒台。然校长之岳父谢君,亦校董之一,往见当地提学司,提学司甚愤怒,谓该校是渠管辖,果有此等弊,渠责任非轻,何以对上官及英京。并告谢君贵校可仍旧开课勿睬,于是校长乃向学生宣布,校名仍旧,照常上课。而学生亦怨恨高凌百,诬蔑其屡生风潮,及罢课与共产化诸欺罔事项。至高凌百但知欲陷害校长,而不计其是否事实也。

四四二　吴威胁校董

数月后，吴铁城南来，诸校董联袂往见，告以中正中学事实，致有碍蒋委员长命令，恐被洋人轻视，请电知蒋公理由，并请其收回成命，并请吴君约定日期往该校参观。届时诸校董来邀，吴铁城则反言"我此来系代表蒋公宣慰华侨，对教育不便干预"辞之。再后多天，则召诸校董往寓所，面告："你等是党员，该学校既不奉行蒋委员长命令，你等当辞去校董职务，否则，我将报知党部，开除你等党籍。"诸校董多系社会领袖，热诚教育，为义务而努力，兹乃遭此不之白［白之］威胁，不得已俯首从命，即向该校辞职。只有客侨林师万①先生一人，负气不辞，诚堪敬佩。新加坡政权属他国，而我国党官尚敢如此昧良凶逆，倚势欺凌，若在国内安得不鱼肉民众乎？

四四三　因救闽事生恶感

余自离重庆来西南诸省，途中呈蒋委员长数次函电，如行政官公文不亲签押而用印之流弊，及请通令诸被敌炸毁市区，如建再筑［再建筑］，须仿新加坡市政改良办法，及派员同余视察滇缅路等事，均即覆［复］电奖示，虽或官样文章，未必实行，然情意尚好可知也。迨至诉说陈仪祸闽事，连发数电均置不覆，及至桂林记者由香港发表后，不得已始来电全担替陈仪挑承，并禁余闽事不得对人言，至此已见其情感不同矣。及至仰光呈电视察滇缅路，并荐侯、庄二君帮助，改善军运公事，亦弃置不睬。余至新加坡查前寒衣捐，存有坡币九万余元，即汇国币八十余万元，函电单据交蒋夫人收，久无回覆。虽函查收否，亦不肯覆。更足见其夫妇均对余不满矣。然闽事余实为公非为私，且恳求改善，

---

① 林师万（1886—1953），广东大埔人，新加坡华侨富商，曾任新加坡华侨筹赈会客帮分会主任。

以苏［纾］民困，而非要求开革陈仪，不意深恨见绝若此也。

四四四　救闽更积极

　　民卅年春初，余回到新加坡已月余，见蒋委员长及蒋夫人，对余因陈仪祸闽事，已生恶感无法挽回，然不忍坐视闽民凄惨于不救，故不计利害，唯有以积极进行为天职。乃将陈仪、徐学禹祸闽种种事实十余条，印刷千余份，分寄重庆国民参政会诸参政员，复向参政会正式提案，并寄政界各要人，与及各省主席，各战区司令长官，南洋各处日报，俾中外咸知闽民受祸之惨也。至余在泰和及桂林，两次呈电林主席，告以闽事，闻林主席均将原电交行政院办理，故行政院不便抹煞，即作提案讨论，而西南诸省同乡会，又联络浙江、湖南、广东等同乡会，扩大宣传，攻击陈仪、徐学禹祸闽。由是国内除沦陷区外，大都知闽民惨况，舆论亦代为不平，故参政会有相当人数，签名提案而付讨论也。

四四五　请政府办华侨师范

　　南洋华侨中小学校，三千余校，男女学生三十余万人，教师一万余人，闽粤二省居多。而南洋亦未有华侨正式师范学校，所需教师概从祖国聘来。以闽粤二省现状观之，所有师校毕业生，已不敷省内需求，而南洋华校，年须增加千余人，多向省内争聘，致闽粤教师愈形缺乏。余故电请重庆教长陈立夫，在闽粤两省各创设华侨师范学校一所，闽省应开设于闽南，多收闽南贫生，毕业后较可实践来洋服务，至粤省应设何处，可与粤省府商酌。此事自前月已函电详陈一切，希其采纳实行。迨至近顷接陈君覆［复］电，拟先办一校，不必设于闽粤。余复电言作事当取实效，若设他省将来难收实效，竟置不覆。结果不知是否开办，又恐如保山之华侨中校，有名无实。陈部长如有诚意，非设于闽粤两省不合也。

四四六　召开第二届南侨大会及闽侨大会

南洋华侨筹赈祖国难民总会，简称"南侨总会"，自民国廿七年国庆日成立，章程规定两年须开大会一次，并改选委员及各职员，应于民廿九年十月十日召开。然其时余代表回国未返，故未曾开会。兹余已回洋，应早日召开，乃发出通告，订本年三月廿九日（黄花岗纪念日）开会三天，至卅一日止，计参加本总会者有英、荷、法、美、暹罗各属会八十余处，均去函及登报通知。又因陈仪祸闽惨酷，南洋各属闽侨亦应召集开会，研究办法，故乘间亦发出通告，请各属闽侨举派代表，准四月一日开会，亦以三天为限。此为民国卅年元月间之事。自此通告发表后，重庆中央党部，及新加坡总领事，并重要党员，甚形不安，积极运动，力图破坏，虽屡次开会，函电交驰，亦未得相当办法。其所忌盖在闽侨大会，恐不利于陈仪耳。

附录一六

南侨筹赈总会召集第一次会员大会通启

会期：三月廿九日起一连三日　　　　地点：新加坡

通启者，本总会依据组织大纲第七章（任期）第二二条、第八章（会议）第二三条所规定，应即召集会员大会，选举第二届本总会之常务委员，正副主席、财政员、查账员等，俾以继续主持本总会之会务，发挥我华侨赞助抗战建国之能力，更使我华侨拥护国家民族生存独立之精神，光大发扬，永持弗替。查前次南侨代表大会，乃开于廿七年双十节。以时计之，此会宜于去年十月召集，其时适因本主席回国慰劳，任务未毕，身在途次，无法赶回，此应特行声明者。今兹召集，开会地点仍定在新加坡，时间为本年三月廿九日（星期六）、三十日（星期日）、卅一日（星期一），一连三日，谨将应行注意各事项，详列后端，尚祈各属会（包括筹赈会、慈善会、救灾会、后援会等）按定路程，推派代表，准时来新加坡出席大会，是所切盼，此致××××××会。

主席陈嘉庚　　三十年一月廿四日

附告：

（一）附函夹寄本总会组织大纲一份，现任委员姓名表一份，以备参阅，委员姓名，如有错漏，请于本年二月底以前，函知补正，逾期无效。

（二）各属会出席代表，选派几位，请开其姓名履历，限二月底寄到，其有因故不能选派者，亦请依期函知。

（三）各属会提案，请于三月十日以前寄到。

（四）各属会劝募捐款之报告，请分两部：一自抗战后至廿七年九月本总会成立前，作一统计；一自廿七年十月本总会成立后，至廿九年十二月，作一统计。凡义捐公债、药品、寒衣、卡车，或航空捐、难童保育捐等，均可分类列入。

（五）本期开会目的，除选举常务委员，及正副主席、财政、查账各员外，尤在检讨过去，策励未来，故各属会对于今后吾侨筹赈，有何整个计划，各该地劝募工作，应如何推进，均请拟成方案，提出大会，共同商议。

四四七　教部阻设南洋师范

二月间余因教育部不肯在闽粤省内开办师范学校，故拟在新加坡倡办南洋华侨师范学校。适李君光前，自前年购一座昔时富侨巨宅，价五万余元，拟作校舍，经工程师绘图，英提学司批准，但未决办何学校，故未动工修改。余乃请其捐献，复捐修理费五万元，共一十万元，又向陈贵贱[①]、李俊承、陈延谦、陈六使、曾江水各认二万元，余认一万元，共二十一万元。拟待数月后或开课后，再向同侨求捐基金，料数十万元可无难事。于是积极筹备，按秋季开课。招生二三百名，开六班至八班，每班四十名，专收男生，因提学司不许中等生

---

① 陈贵贱（生卒年不详），福建厦门人，时任福建会馆董事。

男女同校故也。而中央教育部来电，谓校长教师须由其委派，余不之睬，继则来电反对，阻止开办，否则他日学生不许回国升学，并发表于各日报。其党报及反对派等报，均极力破坏，俾阻捐款。以在殖民地办学，教育侨民子弟，使之勿忘祖国，校费且完全由侨民自筹，而中央教育部竟来干涉，此无他，大都为党化故也。

四四八　南侨爱国无党派

南洋各属华侨一千万多人，散居诸海岛，唯缅甸、安南、暹罗属于陆地，均相隔遥远，居人篱下，规律殊多，我国国力不振，难免被外人歧视。虽多有派遣领事官，然坏者居多，良者甚寡，故更贻当地外人鄙视，而华侨程度参差亦乏联络团结可言。迨"七七"抗战而后，始有南侨总会之组织，历两年余，同心一德，无地域亲疏之别、党派之意见，对于义捐之努力，及其他爱国之进行，颇称顺利。自吴铁城南来，借蒋委员长名义，提高党权，增树党力，自命居主人翁地位，炙手可热，由是攀龙附凤之党员，所在多有，矜夸歧视，致有党与无党分裂，意见日深。加以余发表陈仪祸闽事，党人亦形不满，乃借端时常于报纸上对余攻击，并诬余将取华侨赈款，充作学校基金，以为此策便可打消南洋师校之成立，吠影吠声，不免相继而起。余不欲与辩，则在报纸上登启事，辞南侨总会主席第二次被选举，盖不愿南洋侨胞在抗战期中互相倾轧耳。

四四九　驱逐出境电英使不负责

南侨总会及闽侨大会，开会日子已近，而党人虽努力破坏，知无效力。及将开之前数日，乃由重庆外交官，要求英国驻渝大使，发电新加坡总督，请于三月廿九日以前，驱逐五人出境，即《南洋商报》主笔胡愈之①，总会秘书李铁民等。英大使电末附言表示不负责云："此事系中国某要人请托，可否由贵督自便。"盖中央党人设想，若乘未开会时驱逐诸人出境，则两会便开不成。然其最注意者，实在闽侨大会耳。其愚笨实是可笑。有余一人在，何会不能开，主动完全出余自己，绝非李秘书等与闻，至胡君更觉无谓。抑或将显其权威势炎，令诸闽侨惧怕乎？然其结果英政府派员调查，五人中均未有犯出境法律者，故终于无效也。

四五〇　辞第二次南侨总会主席不获

南侨总会第二届重选主席事，马来亚多位党员，集总领事馆开会数次，拟举谁人余虽不知，然若不复举余，则彼等之目的已达。又党部吴铁城派常委兼菲律宾代表王泉笙来爪亚吧城，运动副主席庄君西言，告以勿举余为主席，并电庄君亦系此意，庄君皆不接受。及庄君到新加坡，总领事及王泉笙，以汽车召他到丰兴山咖啡店，向其运动切勿举余。庄君答："我知无处再觅此好人，何能别举。"彼云为余已共产化。庄君答："我认识其为正道无私好人，不管是否何党化。"此段事庄君久秘不言，及余此次避居爪哇始言之。三月廿七日，余忽接重庆朱君家骅来电，所言颇客气，并力劝余仍当负责南侨总会主席，切勿灰心推辞。余覆[复]电详言所以不得不辞之故，其电文见下附录。（附录系战后回星补加者）

附录一七

陈嘉庚发表对朱家骅来往电

（由南侨总会会员代表大会辑要转录）

对国事并未消极，月前遽萌退志，实缘别有苦衷

---

① 胡愈之（1896—1986），浙江上虞人，著名社会活动家、出版家，时任《南洋商报》主笔。

南侨筹赈总会主席陈嘉庚先生，月前遽萌退志，在各报发表启事，海内外同胞，俱极关怀，纷纷函电挽留，日数十起，佥以当此强敌在境，抗建未成，海外筹赈工作，不能无陈氏领导。此次南侨大会，各属出席代表，一致拥戴，重选陈氏任总会第二届主席，万方属望，尤可证明。兹闻陈氏在南侨大会未开会前，曾接中央方面朱家骅先生来电，表明中央以陈氏为侨胞领袖，对陈氏意见，极为重视之至意，而认陈氏引退消息，或出敌伪造谣，原电词旨，极其殷切。陈氏接后，立覆[复]一电，阐明引退之举，实缘别有苦衷。今陈氏经被重选为总会第二届主席，此事已成过去，来往两电，性质重要，承陈氏许可，特为发表如下。

（一）朱家骅先生来电

译转陈嘉庚先生：客岁台从莅都，备聆清论，别后频注于想。比者，传闻先生于国事颇露消极，谅敌伪挑拨离间之宣传，而非事实也，中央以先生为侨胞领袖，对国家社会，贡献尤多，故于先生意见，向极重视，而家骅于先生之言论风采，尤致钦佩。苟有卓见，尚希赐教，自当转呈总裁，翘首天末，毋任驰企，弟朱家骅，迥，秘。

（二）陈嘉庚先生覆电

重庆中央党部朱家骅先生勋鉴：迥电敬悉，在渝多蒙厚待，感并公私，曩者，国民外交协会，约讲西北考察观感，庚凭良心，作实言，乃有人厚诬庚被中共包围，一再捏词欺蒙蒋公，并电庚所到东西南各省，且复来洋布置，与庚为难，诬毁兼至，近更变本加厉，竟图利用外交，陷害无辜，冀以摇撼赈会，事虽未达，恶意仍存。侨胞效力抗战，原无党派，今则大大不同。又如滇缅路运输积弊甚深，闽省酷吏害民至惨，为自有世界历史所无，事与抗战前途有关，明知多言招尤。其奈良知难遏，蒿目时难[艰]，痛心何限，故辞。叨承眷注，谨覆并谢，弟陈嘉庚，有[宥]。（三十年三月二十六日）

四五一　南侨再开大会

民国卅年三月廿九日，上午假大世界舞厅，开南侨总会第一次会员代表大会，到者各属皆有，共一百五十余人。余致词说明迟半年开会之原因，并言此次会场因华中学校住［驻］有军队，故假此比较为适用。

继言四项：（一）两年来本总会之会务与各属汇款概况，略言廿七年原定全南洋每月认捐国币四百余万元，廿八年共捐汇七千万元，较廿七年所认为多。廿九年亦达国币七千余万元。（二）华侨与祖国之经济。略言祖国抗战至今未尝由各国借得一元现金，国际外汇与国内流通所需现款，概赖华侨汇回家信及一切义捐。三年来侨汇总数共达国币卅万万元。政府发出公债亦三十余万万元，国家银行增发纸币尤多赖华侨外汇以作基金。可见华侨对祖国抗战在经济上之关系最为密切。（三）我国以农立国战时粮食足可自给，所差者贪官奸商假借统制机会遂致物价高昂。（四）最后胜利决可属我，因我国军力增强不少，现有军士约五百万人，军火亦能自制不少，苟全国一心，团结抗战到底，敌之崩溃亦仅时间问题而已。胜利日期已近，凡我侨胞更应出钱出力云云。（此段系据战后搜得当时旧记录补添，其原文见下附录。）

附录一八
南侨筹赈总会第一次会员代表大会开幕　主席陈嘉庚先生致词
（由大会辑要转载）

总领事，各位代表，各位来宾：

今天本总会第一次会员大会，假座大世界举行开幕典礼，蒙各位踊跃莅临，殊深荣幸，此次召集此会员大会，乃依据组织大纲规定，每二年召集会员大会一次，重选职员。以前次选举之日期计算，原宜于去年国庆日开会，其时乃因本席回国考察未还，致延至今日。

此次开会于世界战云弥漫之中，而各属会员代表及本总会委员，竟能不虞时局严重，不避舟车辛劳，联翩莅止，如此热情，本席尤为感幸。

查各属参加本总会之会员团体，原额共有八十七单位，其中香港二位，缅甸一位，英属婆罗洲七位，马来亚十三位，泰国三位，菲律宾一位，越南五位，荷属五十五位，此次出席大会者，计四十六单位，来函报告参加，而以种种关系未能派代表者，共二十八单位，其他如泰国、越南或路程稍远之地，为战后交通不便，音信难达，迄未答覆［复］者，共十三单位。回忆前次出席团体乃四十五单位，代表人数一百六十四人，而此次出席团体，则为四十六单位，代表人数一百六十人。（编者按：其后再到荷属楠榜代表四人，共数亦一百六十四人，非常之巧）抗战至今四年，我华侨团结精神，始终如一，此尤为本席之所欣幸。

总会成立以还，职员逝世者，有副主席菲律滨李清泉君，常务委员霹雳梁燊南①氏，及候补常委郑奕定②氏，诸氏公忠为国，今已长辞人间，至堪惋惜，请在座诸君起立，为三氏默哀致敬（众默哀三分钟）。

前次会场，假用华侨中学，兹因该校前面草场驻扎军队，未便借用，故在此大世界开会，新加坡华侨众多，竟乏公众大会堂，殊觉有愧。本席今日所欲提出为诸君告者，约有下列数端，谨先摘述纲要。

（一）两年来本总会之会务与各属汇款概况。

（二）华侨与祖国之经济。

（三）我国以农立国，战时粮食足可自给。

（四）最后胜利确可属我。

一、本总会对筹赈事务，只居倡导地位，未尝直接向外募捐，故凡遇重要事件，计划决定，即发通告劝请各属筹赈会推行，以达到目的为止。两年余来，见诸通告及函牍者，如主办武汉合唱团在马来亚演奏，征募机工回国服务，响应蒋夫人劝募寒衣捐，组织华侨回国慰劳团，筹办制药厂，发动新中国剧团义演等；此外如主张对日抗战到底，声讨国贼汪精卫，抗议英日东京妥协谈判，拥护英国对德宣战等，则散见于通告或电文函牍之中，往事历历，兹可从简。至各属认捐款数，在民廿七年开会时，汇水新加坡银三十元申国币一百元，全南洋每月约认国币四百余万元；若廿八年各属所汇计为七千余万元，比之在大会中所认，有加无减；至廿九年则汇水大降，全年各属计汇出七千三百余万元，以国币言，比廿八年度增加三百余万元，如照前之三十元汇率核算，则减去不少，其中如马来亚，因受外汇限制，现存银行坡币有三百余万元（值国币三千

---

① 梁燊南（1880—1940），广东梅县人，马来亚侨领，时任南侨总会常务委员。
② 郑奕定（生卒年不详），福建永春人，马来亚霹雳侨领。

万）未能汇出，否则，约可比当时认额增加一倍。查自欧战发生，当地规定每月准汇坡币五十万元，经屡次向当地政府请求增加，本席回国时，亦向蒋委员长及王外交部长请向英京要求，迄今未得确实答覆。至安南之减少，乃因时局变迁，筹赈停顿，若荷属，则有购大宗金鸡纳霜荷币三十五万元，其数尚巨，未在统计之内。

兹将本总会廿七年十月至廿九年十二月止之进支详报如下：

收进——影戏二万九千零二十四元，民族呼声歌集五百四十八元八角，唱片四百一十五元四角，药品捐三万二千九百零四元，影片（吧城来）二千元，共六万四千九百二十八元二角。

支出——代表大会二千二百二十四元，制影片六千零五十九元，邮电费五千七百九十九元七角，什费一千一百四十元，辛金八百九十五元，纪念品三千八百八十二元，合唱团员九千七百二十二元七角，回教访问团五千元，中国药厂三万三千七百五十元，各属会欠二万三千一百八十九元，共九万四千八百八十六元四角，对除外不敷二万四千九百五十八元二角。

复查两年来之捐款：

马来亚每月认一百三十三万七千元，廿六个月共应三千四百七十六万元，而汇出实额八千五百四十三万元。

婆罗洲每月原认二万四千元，廿六个月共应六十二万四千元，而汇出实额三百三十一万三千元。

荷属每月原认五十四万四千元，廿六个月共应一千四百一十五万元，而汇出实额三千一百五十三万元。

菲律宾每月原认五十万元，廿六个月共应一千三百万元，而汇出实额一千四百八十八万元。

缅甸每月原认三十万元，廿六个月共应七百八十万元，而汇出实额八百零三万元。

安南每月原认廿五万元，廿六个月共应六百五十万元，而汇出据报为一百五十六万四千元（按：实数尚多，因其报告不全），共计原认每月二百九十五万五千元，廿六个月应七千六百八十三万三千元，而实汇则达一万四千四百四十五万六千元。

（按：上言各属原认四百万元，而本段统计只二百九十五万余元，盖尚有泰国香港两处，以及荷属数地方，共按一百余万元，未在此认额之内，然泰香两地，亦以别有特殊原因，始终未有实报可据。）

上述乃属款项部份，至于工作，尚有比较重要者为：一，攻击汪精卫之叛国。二，英日谈判通电英京朝野名流吁请主持正义，至在新加坡召开侨民大会，通过发电英京诸事，该次大会举行时，当地政府对于借用会场之商会当局，似有责难，嗣见大会完满，立场公正，反表满意。三，当英德战事发生，本总会曾发一通告，表示同侨拥护英国抗战，反对德国侵略行动，当地政府在事前固知同侨乃与英表示同情者，然以无具体之证据，足以表明此种态度。及本总会之通告发出，当地政府深觉非常欣悦。乃据是以报英伦政府，于此见华侨与地方政府合作之真实态度，此举于中英邦交之敦睦，当亦有相当的贡献。

二、我国此次抗战，以本席所闻，国际援助，实极有限，除一部份军用物资外，未尝借得一元现金，而国际外汇，与国内流通，所需现款，概赖华侨汇回家信及一切义捐。抗战三年余，侨汇总数，达国币三十万万元，不意欧战发生，侨汇多受限制，否则，当可增加不少。查抗战后，政府发出公债，亦三十余万万元，国家银行增发纸币，尤多赖华侨外汇，以作基金。由是言之，华侨与祖国抗战经济上之关系最为密切，吾人不可不知。

三、我国以农立国，田野广大，出产丰富，战后海口虽被封禁，物价高昂，一部份人不免遭受困苦，然农民新垦荒地，加种杂粮，逐季可以增加生产，粮食供给，决无问题。所差者，一般贪官污吏，土豪劣绅，及奸商市侩，朋比为害，尤其假借统制机会，欺罔舞弊，无所不为，遂造成米珠薪桂现象。若政府能觉察下属情弊，勿轻行统制政策，严惩囤积居奇，则物价自可回平，民生自可安定矣。

四、抗战最后胜利，确可属我，因我国军事力量，比前增强不少。抗战前全国军队，不下二百万人，军械既多旧式，配备亦不完全。若现下前线军队，有三百多万人，穿插于沦陷区之游击队，近百万人，后方训练完成之部队，亦八九十万人，合计可五百万人。军械精新，配备完整，所设兵工厂六七十处，作战军火，足以自给，只飞机大炮坦克车，比较尚逊，故未能急行反攻，驱敌出境耳。苟全国一心，团结抗战到底，敌之崩溃，亦惟［唯］时间问题而已。

兹值抗战胜利日近，凡我海外华侨出钱出力，比前尤宜加进。本总会及各属会，此后筹赈方针，及筹赈工作，宜如何缜密规定，均有赖于此次会员大会之解决，此次收到提案计三十七宗，约分为六十五条目，所提内容，均甚丰富充实，所望出席代表，详思周审，和衷共济，以造成本大会完满之美绩。

四五二　狂谬之总领事

南侨大会开会，余致词毕。总领事高凌百上台发言，除敷衍外，则大骂特骂，斥华侨无诚意拥护中央及口是心非，无党无派是倒行逆施等语，极其狂谬，信口乱吠。巨港代表白君辰恭[1]等，几欲退出，而党员中亦有腹非[诽]者。是日继起演说代表多人，皆和平言论，无非以力助金钱，抗战到底达到最后胜利为任务。独高凌百如此狂谬，且复将其演说稿，投各日报，比所言尤更狂悖。此种贪污无耻官僚，妄自尊大。若言其出身才干，有何价值可讲，中文既属有限，英文亦不及四号位，非有何科专门毕业，且外交官亦绝未历过，如领事馆参赞、随习领事、副领事、正领事等，均未有经历，乃一跃便来新加坡作优缺总领事，其原因为蒋委员长私人，平时善于谄媚内部而来耳。

四五三　高总领事罪恶

三月卅日上午，南侨总会第二日复开会，王泉笙问余高总领事坐[座]位何处。余答今天未有请他来，你可告知。王甚不满，余则嘱他人辞去之。并往记者席云，少顷余有重要发言，未有备稿，诸君可详记。开会后余即上台发言，昨天开会余及诸代表所有演说，皆勉励爱国工作，加强汇款以助祖国抗战需要，绝无一语对中央政府，或国民党抑高凌百讥刺者，此为全场诸君所共知。乃高

---

[1] 白辰恭（1901—?），又名白麟趾，福建安溪人，曾任巨港安溪公会主席、中华学校董事长、巨港食品商会主席、巨港中华总会主席、巨港中华商会主席等职。

凌百之演说则狂谬乱骂，侮辱侨众，令人难堪。余本拟逐其下台出场，念系政府外交官，有关国体，故暂容忍。乃不知悛改，复投稿各日报毁辱尤甚，较之吴铁城更形骄暴。顷间余已逐他出去，不许参加旁听矣。兹余欲宣布高凌百有三项确实大罪恶，不但贪污，尚且拥汪亲德皆有实在证据。此地为法地政府，余言如不实，彼尽可诉之法律。当前年汪精卫对路透社记者谈起和平之消息传到，余即电询是否事实，谓其不致有此错误。而汪覆［复］电承认系事实，且言主张绝对不错。余复发去长电驳斥警告，并劝其猛省觉悟。汪复回一长电，言渠决不错，非和平不能救国，嘱余劝告华侨切表同情。计来往数电，均即发交各日报登载。余至此已知汪贼无挽回可能，复拟第三电予以警诫，痛骂其为卖国求荣之奸贼秦桧，将贻万代臭名。稿交秘书修正未发，高凌百即来见云："你与汪副总裁来往等电，今可截止，切不可复电责问，致为外国人讥笑，至切勿误。"然余已鄙其同类，不答可否，及电稿修竣，立即拍去，并投各日报发表。于此可证明其拥汪之事实。前年九月初，英对德宣战，后十余天南侨总会，由余主席名义，发出通告，拥护英国政府，同情其对德宣战，并以广告刊登各日报。其时我国已与德国绝交，所聘德国教官顾问，早已召回，而前德国驻我国公使，屡运动汪精卫与敌和平，我国虽未与德国宣战，然已视与敌国无异。而高凌百见此通告，立即来向余交涉，谓余甚错误，言"以我国虽与德国绝交，而感情仍好，华侨不宜作此仇视等"云云。此又足为其亲德证据。至其腐败事实，如对中正中学校为其内戚争权利故，冒报蒋委员长，诬该校屡生罢课风潮，师生多共产化，校誉如何恶劣，致蒋委员长来电取消校名，然此间英提学司恶其诬罔奸诈，反拥护该校，致失国体耳。

四五四　省长可免罪

余在台上既宣布高凌百罪恶，复续言吴铁城之流毒。今日高凌百敢如此狂谬者，莫非谄媚吴铁城，奉其意旨作走狗，故敢如是。我国抗战后政府命令，凡任地方官长，如弃地失守逃走，杀无赦。福建金门县一小海岛，守兵不上百人，失陷县长逃走，乃立即正法枪毙，其他诸失陷地，不知枪毙若干人。而重要之广东省份，为我国最殷富区域，省主席竟于失陷前先行逃走，私家物件亦免损失。兹不但逍遥法外，尚觍颜居党部高位，夸言无耻，谓代表蒋委员长南来，到处鼓树党权，破坏华侨团结。抗战三年余，人民惨苦莫可言喻，而吴铁城在重庆嘉陵新村，则大兴土木，建筑巨大住宅，尚未竣工。试问此巨万金钱从何得来，岂非民脂民膏乎！中正中学被诬一案，多位校董联袂往见，报告事实，请其代电蒋委员长，收回取消校名，并约定日子参观该校，及到时诸校董往导，则反口云，我此来为代表蒋委员长宣慰华侨，不干教育事项。再后数日竟召集诸校董警告，谓该校既违蒋公命令，不取消中正校名，是违背本党总裁意旨，尔等均属党员，应即辞卸该校董职务，否则，我将报告党部，革消尔等党籍。其意以为该校董多文人及资本家，若辞退则该校经费自不能维持。然明知其被诬冤枉，不但不肯昭雪，且护恶逞势，助桀〔纣〕为虐。新加坡为英殖民地，尚敢如此，在国内安得不鱼肉无辜民众乎。

四五五　发言失资格

余言毕下台，王泉笙便起言，谓余侮辱中央外交官总领事，不许参加此会为不公，求诸代表同情，派人往请高某前来，如同意者举手。党员咸都举手，余尚观望。余即起言，王泉笙非主席，安有权提决此案请代表举手，应作无效。是日主席团轮到庄西言君，乃欲请庄君付表决。余则反对云，高凌百无端侮辱大多数非党侨众，不宜复入此会。诸君如赞成他来，余决退席。由是取消王泉笙提案。王泉笙又起言，菲律宾如开会必须请领事参加，今日本大会更形需要。余则驳云，菲律宾乃美属，对华侨抗战筹款事甚宽容，任我自由行动。若英属则不然。本坡筹赈会首次开会时，政府便声明勿许领事参加，因他是中国政府代表。新加坡为中立国，日本领事可以交涉，若侨民开会则无问题。故本坡筹赈会自成立以来，所有开会未尝一次请领事参加也。王泉笙又起言，余逐高总领事出场，然后发言是背人语。余起言驳云，今天本会未有请他来，非已请而复逐者，在全侨代表大会场，要发言须注意慎重，否则失其代表资格。王泉笙系中央党部常委，且曾轮作主席，对于会场规例，应当更了解明白，若今日讥评余背人语，则失其代表资格。试问今日此会名为何会，是否华侨代表大会？高凌百既非华侨代表，算来是局外人与旁听员一样。我既不请他便不许参加旁听，此我之权。余在会场对诸代表公开发言，何乃谓之背人语乎？

四五六　代表盗印章

是日当余发表高凌百拥汪亲德及腐败，吴铁城逍遥法外，同恶相济，威胁党员校董诸事，下台后会场有某党人，便提起此等事请各日报记者不可登载。余则驳他云，本早各日报登载昨天高凌百辱骂华侨，甚于在场所言，狂谬诬蔑，尚可登载，而今日余所言皆系事实，且属他个人之事，便不可登载，理由何在？然新加坡三家日报，除两家素反对余者，当然为之掩饰，不肯登载，只有守中立之《南洋商报》可以发表。高凌百乃利用党员安南某代表，其人初来时曾寓总会办事处，怡和轩俱乐部楼上，乘夜盗盖南侨总会印章，阻止该日报登载，故越日无一家登载。余乃以电话查询何故，始悉安南代表半夜来办事处盗印事。《南洋商报》越天则详细登出。

四五七　假冒菲岛电文

三月卅一日上午复开会，是早高凌百携一封电文，云是菲律宾总领事馆拍来，内言"福建省主席，中央转委朱绍良"，来南洋旅馆与王泉笙看。王泉笙则转达庄西言君，盖两人同寓该旅馆，并告庄君待开会时可以宣布云。及开会时庄君即将高总领事接菲电消息报告。然过后便知该电文系高、王两人昨日同谋假作，其鬼蜮心肠，欲使明后天闽侨大会开会时可以停止攻击陈仪罪案，或竟阻止闽侨总会机关成立以对待陈仪之祸闽。如此同恶相济，在鬼祟之高凌百诚不足论，最可怪者王泉笙，身为闽泉州人，曾受过祖国相当教育，往菲律滨任华侨学校〈校〉长多年，抗战后代表菲侨来新加坡出席总会已两次，既闻陈仪祸闽之惨酷，不肯为家乡补救万一，已是忍心不近人情，而乃复诈作电报，冀阻闽侨代表救乡之进行，既不能爱乡，何能爱国？语云，哀莫大于心死，其此之谓欤。

四五八　全场一致之南侨总会第二届选举

南侨大会是日下午各事讨论已毕，将选举正副主席。余起言"余前月已登报，辞不复任本总会主席，希切勿选余为要。且本会之组织为求增益外汇金钱，以助祖国抗战，而主席为本会主脑，其关系尽人都知。余既获罪中央，情感已亏，复重以陈仪、徐学禹祸闽，余又不能缄默坐视。由以上种种缘故，若复举余，对内对外均有损无益。以此谨让贤路"云云。庄西言君起言："中央前虽有误会，然经朱家骅部长来电挽留，足见已明白了解。至闽事高总领事已接菲律滨领馆来电，闽主席中央已换朱绍良，亦无问题，希仍当负责。"诸代表咸鼓掌赞成，在场代表一百五十二名，乃投票先选正主席，结果投余名者一百五十一票。副主席二人，庄君仍中选，又选菲律滨杨启泰[①]君，完满闭会。

附录一九
南洋华侨筹赈祖国难民总会会员代表大会宣言
（由大会辑要）

中华民国三十年三月二十九日，南洋各属华侨筹赈祖国难民总会举行第一次会员大会于英属马来亚新嘉坡，出席代表四十七单位，百六十四人，会议三日，提案三十七件，六十五条目，整理讨论，成立重要决议案十宗，兹经完满结束，谨郑重报告，并掬诚献言：

大会召集之时，狂敌正图掀起南太平洋风浪，危机四伏，一触即发，同人懔于国民天职之大，侨胞付重之重，冒险阻，排万难，依时集议。盖念祖国抗战已阅四十四月，最后胜利，功余一篑，而国际情势，又转至最佳阶段，必须

---

① 杨启泰（1898—1983），福建龙溪人，菲律宾侨领，华侨富商，时任南侨总会副主席。

号召全南洋侨胞，努最后大力，助我政府，不敢推诿回避，稍懈稍怠也。

大会同人检讨总会组织以来，一切工作，显有长足进步，各属赈款且皆超出原定数额，于以证明总会方针之正确，及其存在之必要，审此事实，基此认识，同人今后誓更各尽所知，各尽所能，以巩固总会，发展总会。

一年余来，欧陆各国，或战而败，或不战而屈，或数日而有左衽之悲，或数月而有黍离之叹，波诡云谲，不可究穷。反观祖国，言军力，敌则愈战愈衰，我则愈战愈盛；言财力，敌则愈战愈减，我则愈战愈增。而民心之固，敌不如我也；民食之足，敌亦不如我也；天时地利，敌举无一能如我也。扬正义之旗，鸣公理之鼓，撄暴力而抗无道，不骄，不馁，不妥协，重之以持久，最后胜利之终必属我，最后失败之终必属敌，固其所矣！本此观察，抱此信念，大会同人更深佩我最高领袖之贤明，更深感我中央政府主持大计之适当，用首决议重申前届代表大会旨意，通电拥护政府，拥护领袖领导抗战到底，并向林主席及蒋委员长致敬。

总会成立不久，汪兆铭竟妄发和平妥协主张，继之以公然叛国降敌，又继之以组织南京伪政府，身受国父知遇，位居党政要职，丧心病狂，乃至于此！罪浮秦桧，奸甚刘豫，为革命留一污点，为民族留一耻辱，总会陈主席嘉庚首警告而揭发之，于是全国上下，一致共弃，大会同人鉴于国贼稽诛，妖言未息，大义所在，不与两立，用决议通电声讨，并请政府严令全国官民不得与此丑及其伪组织信使往还，违者以通敌论罪。

总会陈主席嘉庚，公忠谋国，一生如一日，其在教育上贡献，古之所无，其以人民地位协助政府抗战，今所仅见，而识足以辨奸，才足以服众，德望足为群伦钦式，徒因守正不阿，刚毅质直，每当有事之时，辄召无根之谤。大会同人最近闻陈主席忽萌退志，骇异之余，深悉其苦衷，而考虑之余，又深以为不可。值此抗战期间，南洋华侨不能无筹赈总会之组织，则不能无陈主席之领导，同人深信南洋绝大多数侨胞需要陈主席，爱戴陈主席，国内绝大多数同胞，亦需要陈主席，爱戴陈主席，用决议致电政府表示同人公意，并慰留陈主席。

中国自"七七"发动全面全民之神圣抗战，恃自力更生，自强不息，艰苦奋斗，百折不挠，已获得精神胜利，而奠定最后胜利之基础。此其间由于国际友邦明识世界和平为不可分割，明识唇之利害，即齿之利害，明识中国抗战之目的，不特在求自身之生存与独立，且欲维护东亚以至世界之安全与秩序，故多寄以热切之同情，予以有力之援助，而同情尤切援助尤力者厥为英国、美国及苏联。今南太平洋情势骤趋严重，远东海盗，更燃其凶炬，厉其毒刃，伸其魔掌，视南洋群岛为其囊中物矣。所谓"征服中国，以为征服世界之准备"。已由理想而发为口号，已由口号而企图加以实现矣。由于侵华战争之无法结束，由于英国之增强马来亚防务，由于美国之增强太平洋防务，彼之自召覆亡，固无待蓍龟。然英国、美国当能更明识中国在东亚之地位，在世界之地位，从而同情益益切，援助益益力，东亚无幸，苏联断难独幸，故苏联大体上亦必与英美同其态度，齐其步伐。大会同人瞻念及此，又忆国民参政会蒋议长本届会议休会词"加强英美苏联各友邦联系"之训示，用决议分电英美苏联表示感谢其过去对中国抗战之同情及援助，并希望今后更热切同情中国，更有力援助中国。

大会决议案内容其主要之尤主要者，具如上述，此外愿更略举三义，告我全南洋侨胞。

其一，祖国抗战以来，海外全侨捐款及私汇归者，据查不下三十万万元，南洋约占三〈分〉之二，其于祖国经济，补助至大，何可妄自菲薄，使吾侨之款而果无大补助于祖国战时经济也。则吾侨欲捐则捐，不捐则已，欲汇则汇，不汇亦已，吾侨之款既如此其大有助于祖国战时经济也，则祖国需财正殷，多多益善，又何可妄自满足。故大会同人深望各属会扩大推行常月捐，更努力鼓励节约助赈，使吾侨有钱无一不出，有力无一不尽，而宏报国家民族之效。

其二，吾侨身家寄托何地乎？曰：南洋。吾侨产业寄托何地乎？曰：南洋。敌人今日觊觎何地乎？曰：南洋。知敌人今日之觊觎南洋，则知吾侨在南洋之身家岌岌可危，吾侨在南洋之产业摇摇难恃，知吾侨在南洋之身家可危，业产难恃，则知南洋非保卫不可。然欲保卫南洋，必先保卫祖国，祖国情势好转，则南洋情势随之好转，祖国抗战胜利，则南洋不保卫而自保卫。此义南洋各属居留政府无不深悉，我侨胞亦宜深悉，故大会同人望我侨胞但须注全神于祖国，集全力于祖国，不必分虑。

其三，吾侨守法崇理之精神，素为各属居留政府所嘉许，近更惕励戒慎，发挥无遗，此真可欣可慰之事。前届代表大会曾不厌倦，举此相勉，今复重新提出，以冀吾侨百尺竿头更进一步。抗战后之中国，已非复旧中国之姿态，而成为进步之新中国，抗战后之中国国民，亦非复旧国民之姿态，而成为进步之新国民。新中国以及新国民，应如汤之盘铭，所谓"苟日新，日日新，又日新"，以自见于世界，而后生命乃充实，前程乃远大。

同人薄德鲜能，所知止此，贡献止此，愿我政府时加指导，愿我侨胞时加督促，俾克达成任务，而免陨越。蒋委员长有言："在参政会之内，只有国民的立场，没有党派的立场。"同人在大会之内，亦只有国民的立场，无党派的立场。谨更本此立场，大声呼吁：请求各党各派以及最大多数之无党无派，亲爱精诚，加紧团结，国家民族，实利赖之！

中华民国三十年三月卅一日

四五九　南洋闽侨大会开会

民国卅年四月一日，南洋各属闽侨代表，集新加坡，仍假大世界舞厅开会，到者三百余人，推举余为临时主席。余就位致开会词言：自南洋各属地有我闽人侨居斯土者已数百年，而同乡侨众多至数百万人，然未曾联络聚集一处。此次开会代表至三百余人，可谓破天荒之举。我全省梓里千余万同胞，被外省主权苛政鱼肉，未有如两三年来陈仪、徐学禹之野心残忍者。"七七"事变蒋委员长领导抗战，中外一致团结拥护，人力全倚靠祖国同胞，金钱则多赖海外华侨，历今将近四年，亡国危险已经度过，最后胜利业有把握。余客年春以南侨总会名义，代表南侨率慰劳团回国，慰劳致敬，并考察各省官民对抗战状况。历十阅月，经十四省，耳闻目睹，咸多满意，民众生活安定，民气进步。及最后到本省南平县，则有多处代表来告诉，陈仪、徐学禹祸闽诸惨况，人民饥饿、疾病、死亡、自杀者不可胜计。余不得已乃转回闽北，而闽中、闽南计五十余天，历廿余县及数大城市，调查各种事实，经发表于各处报纸，及印刷品，毋须复述。余在省内经函电陈仪，哀求解放统制运输一项而已，其他尚有若干苛政，均未敢言。而陈仪绝不采纳，骄傲拒绝。余出本省界到江西，即电求蒋委员长，他害亦不敢言，只先请求暂缓田赋一项，以前每年原为六百卅余万元，而突增至五千余万元，已由十月一日起实行征收，此外全国各省均未有增加也。而蒋委员长亦不睬。经十余天为桂林记者，在香港发表余对闽事谈话，始覆［复］电全为陈仪担承，谓"闽田赋，是中央意旨"。若为择肥而噬，然闽民已消瘦如柴，非有肥膏可噬。陈仪、徐学禹攫取闽民金钱，无异竭泽而渔，至于壮丁抗战以来，已征去廿余万人，问其生死逃伤之数均不知。其视若草芥之虐待更不堪言，至于囚禁绳缚，无异罪犯，谁无父母妻子能不痛心。如此虐待，征调虽多，何益抗战。陈仪之妻为日本人，前年往台湾恭贺日本占领台湾四十年纪念。以此种人格，安得不鱼肉我闽民众。加以徐学禹助桀［纣］为虐，彼辈视吾闽无异其少数私人之殖民地，其居心已路人皆见。余回洋再经过西南各省，复详查有无如本省所受各苛政，而诸省均无有。故复电请蒋委员长。初不答覆，后电余闽事只可告他，不许向人言。然余受良心所驱使，不因被威胁而坐视，在西南各省经传集同乡会，请联络设法补救，料均已进行。南洋本省侨胞，谁无家乡观念，所以今日请各代表来此开会，集思挽救办法。吾侨非如国内军阀官僚，竞争地盘权利，我等所争及要求者无他，只希望勿以惨酷苛政特施于我闽人而已。

四六〇　成立闽侨总会

余致词毕，诸代表多有发言，大都主张各处函电向中央要求，如再无效，则诉之各省及各战区长官。越日正式开会，举主席团五人，并议决组织"南洋闽侨总会"，办事处设新加坡。又通过总会创办周刊，及发表大会宣言，致电林主席、蒋委员长。最后又通过各属进行后，中央政府对本省如无改善，陈仪仍任主席者，由总会电呈林主席，请其辞职。又通过捐资赞助新加坡南洋华侨师范学校基金，及本总会章程。四月三日在会场投票，选余为正主席，庄西言为副主席，其他常务职员等从略，完满闭会。

四六一　大会电仍不覆［复］

南侨及闽侨两代表大会，闭幕后均照通过，致电林主席及蒋委员长，告以开会理由，及选定正副主席，帮筹金钱助祖国抗战，至达到胜利为原则，闽事则请开革陈仪、徐学禹另委贤能等情。自英德宣战后，新嘉坡拍我国电文，普通人不能用暗码，若领事馆所拍往香港者则可通行。计五六张电文，托领事馆代发支去坡币七百余元，又恐其留中不发故复拍电香港，托友人代转重庆。按两方电文确有一方可达，林主席已有覆［复］电，蒋委员长绝无见覆。又朱家骅君虽来电挽留而蒋委员长尚对余不满，大部份实为攻击陈仪起见。自闽事发生，去年十一月十七日在赣州起，迄两大会开后，计拍呈蒋委员长电文十余次，大半为南侨总会事，只有在芒市接两电，系阻余对闽事勿言，及田赋多算是中央意旨等而已。其余均不置覆。余为南侨总会公事，及援救闽人疾苦故，不得不奉公行事。彼不睬与不覆，愈表其为政不公，护恶不悛，若余则内省无疚何妨耶。

附录二十

呈林主席　蒋委座等电文

重庆国民参政会，请分送林主席、蒋委员长、冯副委员长钧鉴，何总长、白副总长，暨各院部长官勋鉴：南侨筹赈总会会员大会及南洋各属闽侨代表大会，近日均在新加坡开会，到英、荷、泰、菲、越、团体百余单位，代表四百余人，会议一星期，一致拥护领袖，拥护抗战国策，声讨汪逆，加强筹赈工作，又设立南洋闽侨总会，呼吁改善闽政，团结闽人。庚以公意，谬膺赈总闽总两会正主席，两大会呈电中央八通，均托总领馆代发，不悉有无达览。侨胞拥护抗战，一秉至诚，出钱出力，以无党无派为最巨，苟以党派为号召，则无异屏弃无党无派者于圈外，岂非自截手足，以求强身。自吴铁城来洋，利用宣慰名义，暗植党羽，鼓煽分裂，驻星总领事高凌百，更仰承鼻息，变本加厉，阴谋

著　述

操纵报馆、学校、社团、各机关，以遂其破坏团结毒计。长此以往，恐将造成上海第二之纷乱惨况，当地英政府，已深表不满。吴君在星时，对记者诬毁鄙人，无所不至，以念其为委座专使，恐伤尊严，隐忍不较；高君以为懦弱可欺，益肆狂悖，竟在此次赈总大会中，大放厥词，斥骂无党无派者为倒行逆施，为破坏抗战。庚认吴、高等辈，荒谬绝伦，无可再恕，始揭吴贪黩误国，高拥汪亲德各实据。至于陈仪、徐学禹苛政祸闽各端，经大会电请撤惩，务祈采纳，临电不尽欲言，参政员陈嘉庚叩虞。（四月七日）

四六二　闽省垣失陷

闽省多山险峻，到处崎岖，既无重大物产，亦非紧要战区，除金门、厦门两海岛，关系华侨出入口被占领外，其他陆地非敌所需，故抗战四年，未复再陷他处。至本年夏间，敌人由长乐登陆，军队仅几千人，不数日福州便失陷，然不久即退去。而军长陈祺闻风逃走，闽省驻军三师团，闽北居大半，乃不战而溃，如入无人之境。陈仪兼绥靖主任，军长属其指挥，竟如此狼狈，若论军法恐难辞罪责。平素鄙薄闽人无才，骄傲欺侮不可一世，至此能否有自知之明。陈祺军长有无办罪，余未尝闻。而陈仪为祸闽故，中外宣斥，舆论哗然，国内各省军政要人大都咸知。此次复加以福州失陷，不战而逃，浙系诸军亦难免被影响多少，故虽有任何靠山袒护，然伺隙乘机窥代者，早有其人，于是陈仪地位不免动摇矣。

四六三　陈仪祸闽证实

陈仪既受中外闽人攻击，复遭福州失陷，舆论不免纷纷。浙江总司令刘建绪，军力已伸入闽省以代陈祺。闻吴铁城、陈仪等为政学系，而陈立夫、刘建绪等为诗诗①派。陈仪既不合众论，而诗诗派要占地盘势力，故乘机拟推倒陈仪，而取闽省主席。风闻如是，未知真否。然国民参政会对余所提陈仪祸闽事，已通过派委员到闽调查。而行政院刻接林主席转交各电文，亦不得不派员调查。由是两机关计派委员五人，来闽查察。结果认陈仪、徐学禹等祸闽，逐条确系事实。回报后中央政府不得不将陈仪召开，而以刘建绪为闽省主席。香港某闽报当余揭发陈仪祸闽各苛政，及野心轻视闽人，彼不能指驳何条非事实，而乃极力袒护陈仪为良吏，及至委员调查之后，知陈仪将倒台，则复攻击其罪恶，盖凡不以忠义为主，而投机行事者往往如是也。

四六四　不闻问新四军事

本年春初，蒋委员长下令攻击新四军，在江南未曾渡过江北者四千余名，军长叶挺被掳，其他死伤甚多。闻系因限期已届，尚逗留未尽渡之故。据报载周恩来君言，世界军队最冤枉死者，莫若此几千人，盖不日便可移完，绝非抗拒不移也。此事发生后，何应钦部长即乘机到西安，将下令攻击西北共产军，后因胡宗南、卫立煌等不同意，故不能实行。此等消息有报纸登载者，有自重庆来言者，实情与否未能确知。但余主持南侨总会，目的在时常鼓励华侨努力义捐，俾逐月有进步无退缩，及能持久为职志，并鼓励多寄家信以增加外汇。对于国共磨〔摩〕擦问题，早不愿与闻问，因无丝毫权力，或言论可解劝。况自数月前吴铁城南来，致华侨有党及无党分裂。南侨总会对新四军事，不但绝未有一字在报上言起，或致函电于国内何人，虽新加坡筹赈会亦抱此宗旨，所有开会亦未有讨论及之也。

---

① 即国民党CC派，是陈果夫、陈立夫奉蒋介石之令组织的中央俱乐部，全称为中国国民党中央调查统计局。下同。

四六五　借故要求无效

　　南洋各属党人及各报等，自被吴铁城鼓动，国内及香港党机关，时常从后推促，加以闽事交涉未息，及教部陈立夫，阻办南侨师范学校无效，又两大会中余宣布总领事高凌百、吴铁城等罪恶，由是高凌百及诸党人，往往借端向余寻事。而最露骨者，为马六甲埠党人受其愚弄，竟为新四军事，开会议决函请南侨总会，须发电往国内共产党机关，告其切须服从中央政府命令。余覆〔复〕函南侨总会对国共磨〔摩〕擦事不欲闻问。彼复来函交涉不休，并往运动森美兰筹赈会，亦来函与他同意。余又覆函贵会来提此议案，若有他处效尤，来函请本总会拍电往中央政府，须供给共产党军械饷款则将如何？彼等尚不明白，来函更激烈。余复去函贵会可看本总会组织章程，某条凡属会要提出何议案，须有十个筹赈会同意，方得成案开议，否则无效。然至此尚不知止，利用其会主席曾君江水名义，复与余交涉，且欲登报发生恶感。盖曾君是侨生，对祖国事颇热诚，但不识中文，虽任筹赈会主席，而作事概由其女婿何某负责。然其致此原因，系曾君有认捐南侨师范学校二万元，党人等设计欲他与余发生恶感，则该捐款便可取消。余早知其奸谋，乃托人请曾君来新加坡面述其理由。曾君始悉为彼等之作弄，于是以电话叫其女婿来新加坡与余对质，而其婿不敢来，曾君再用电话警告，此后不论来函或登报，与南侨总会主席交涉，所提案事我概不负责，切不可复用我之名义云云。该会乃作一段落矣。

四六六　为公为私可质天日

　　前年西南异动，反对中央以广东省长陈济棠为首脑，其平时营私贪污，罪恶贯盈，中外咸知，甚至以战舰作商船，运转其货物，积资达数千万元，在香港置有许多屋业。及事败出洋，抗战后回国至新加坡，乃有人在总商会发出传单，召集各界欢迎，而闽侨则出而反对于是不敢赴会，托词有事不得来。及至香港向中央党人运动，献金国币七百万元，行政院竟任他以农林部长要职，在首都公然就任。同臭相投，贻羞中外。若谓抗战时际，不分黑白，应予赦宥，则不究其前罪已足，如以为七百万元之报酬，则此数仅抵华侨一个月之义捐，华侨捐款比他多数十倍，尚不敢自以为功。况华侨义捐概为血汗之资，而陈济棠之款，乃民脂民膏不义之财，何足相比乎。语云："赏罚不明，百事不成；赏罚若明，四方可行。"本年五月初，新加坡大世界游艺场，捐助筹赈开会，余致词攻之云"我国自来以农业立国，而科学落后，对于改良种植，以助益收获，未能办到，而逐季收成之丰歉，半靠人力，半靠天功，质实言之，而尤以天功为大。盖天如不以时降雨，何有收获。兹者中央政府，乃委任贪污罪恶之民贼，主持此重务，与天合作，无乃失替天行道之义，使天意有知，难免引以为憾"云云。余自前年因西南异动而攻击陈济棠；以提倡和平卖国，攻击汪精卫；以阻碍军运，攻击宋子良；以舞弊国帑，攻击孔祥熙；以腐污误国，攻击吴铁城、蒋鼎文、高凌百；以野心祸闽，攻击陈仪、徐学禹；以教育党化，攻击陈立夫。呜呼，此岂余之好事哉。若谓余反对国民党而发，则所敬佩钦仰如冯玉祥、白崇禧、阎锡山、马寅初、张发奎、卫立煌、胡宗南、傅作义、薛岳、熊式辉、黄绍竑、黄旭初、李汉魂、程潜、杨绰庵及其他等数十人，岂非国民党人乎。不过激浊扬清，属余代表南侨职责，嫉恶好善，出余爱国天性，既不能圆滑敷衍，又不能同流合污，安能免于受人不满耶。

四六七　敌机散宣传品

自余发表攻击诸贪污官吏后，南洋各报多有转载，国内报纸虽被禁登，然阅南洋报时有所闻，第不广耳。而敌人则利用此机会，印许多宣传品，每张十寸，阔六寸，一面用大号字，标题余姓名，攻击宋家兄弟，并孔院长等，且增添深刻文词，另一面印蒋委员长及其夫人，像下复列宋家兄弟姊妹等名，用飞机到多省散发。成都军校某学生寄来一张，并函告数只飞机往散。又广西桂林叶采真君亦寄来一张。可见非仅一两省，或向多省宣传，俾全国民众知诸贪污官吏，而以余为证明者。盖敌人知国内报纸检查严厉，凡有关于政治及讥评官吏言论转载外报，概行禁绝，故乘机散发宣布，其用意以为借此可以离间我国社会民众，不信任中央政府及蒋委员长，究实彼不但徒劳无功，且反助我内部知政治之是非，求将来之改进。至于拥护中央及蒋委员长，乃由于对敌抗战之决心，而中国历来多有贪官污吏，久已司空见惯，安能被其离间而不爱国乎？然敌人既如此广布，则蒋委员长及诸贪污等人，对余必更加切齿，亦势所必然也。

四六八　助港币修年鉴

重庆自春初新四军事件发生后，对异党及无党之人，更形嫉视，稍有嫌疑之人，或捕禁或暗杀，极其辣手，而尤以文化界为甚，故逃出不少。报界记者协会主持人范长江君亦逃至香港，来函言同志数十人，在港赋闲无事。因我国自抗战于今四年，对年鉴未曾编修，故拟编修年鉴及维持其通讯社，须有七八个月经常费，港币一万五千元，以后便可将年鉴出售之资，来维持其他文化工作之费。余覆[复]函承受，逐月汇去港币二千元，至十一月间，接范君来函，告年鉴已编竣，方在付印。至范君自重庆逃来香港后，有粤侨备资创一家日报，名《华商日报》，以范君任经理，然系雇印字馆代印，自家无印字机，致出版诸多不便。余以为非根本办法。乃来函招余合作，重新组织股份公司，资本港币八万元，余认半数，即先汇去港币二万元，寄存中国银行，余二万元待公司注册再汇。然不多时而香港战事已发生，从此之后，消息断绝，至于付印之年鉴，其稿件不知能否保存也。

四六九　南洋教育党化

我国数年来执政权诸国民党员，处心积虑，愈行愈辣，既欲行其一党专制之霸政，又力谋其党权永远存在。故乘抗战期间，军政统一之秋，以国民参政会形式暂抵塞，而延迟国民大会，极力广招党员，不计资格，不别良莠，尽力吸收，只知数量，不核品质。复多设政务机关，以容纳党籍公务人员，故凡政界大小官吏，非党人不可。再进而各学校校长教师，及职员亦须入党，否则辞去。甚至优待学生入党，如不入党者失优待资格，谓之教育党化。其他亦多仿此布置。盖系准备将来战后，为选举代表国民大会之基础。以上所言，虽在国内筹备有年，若南洋华侨，却尚未举行。及吴铁城南来，认非仿国内不可。于是委托侨务委员会，办一间训练党化指导学校，招收初高中毕业生，训练六个月卒业，即派来南洋指定某埠学校。首届毕业生廿余人，齐到香港办理入口手续，将来马来亚服务。于是报纸传载，有八人先到新加坡，指华侨中学、南洋女中、养正学校、启蒙学校各一人，余四人分往别埠学校。教育部来函令诸校董云，令此等人来校内指导，或兼教师及主持会务，每月薪水坡币八十元，由校供给。新加坡英提学司早已闻知，即拍电香港，阻止未来者不许复来，并召四校董事长面告，非有他执照不准入校，不得供给一文钱，至往他埠四人亦同此类。南洋教育党化，由是搁浅不行矣。华侨之办学校系以血汗金钱捐助，且经过甚久时间，方能办得一间良好学校。国内教部对金钱人力无丝毫帮助，乃为其党化权利故，委一青年乳臭未干者来指导全校，其摧残教育为何如。幸当地提学司禁阻，否则奚堪设想耶！

四七〇　领袖何是非

参政会及行政院，派五委员来闽调查，余所控陈仪祸闽各项皆属事实，故陈仪须下台离闽。闽人被冤死者以万数，若中央政治稍有是非，应科陈仪以应得之罪，不但可以谢闽人，亦可以申明国法，以诚效尤。即使极力袒护亦当永不叙用，或薄责了事。兹乃不然，立即召往首都，升为后方勤务部长要职。林主席对委任状不肯盖印，乃迁延月余，改任行政院秘书长。此种无是非之举，何能服众。（第因抗战枪口对外，故各省一致拥护，否则早已四分五裂矣。）至陈仪与林主席素原有郤，未抗战前，林主席自南京将坐某军舰来闽，陈仪将其舰他调，林主席乃搭客船来闽，陈仪又不到码头迎接，其藐视闽人自来如是。迨后蒋委员长闻知，乃电责陈仪到京向林主席谢罪，陈仪不得已往南京，要见林主席，而林主席拒绝不见，延迟多天，最后蒋委员长用电话对林主席关说乃许见。虽然如此，而前憾决〔绝〕未易消也。

四七一　最上级主动

英美自前年法国战败，日本侵入安南，便知东亚大战决难避免，而我国处战区中最有重要关系，故无论金钱与军械均拟极力帮助我国。无如因种种阻碍，不能信任，其重要者约有三端，一为政治不良及独裁，次反恐助成内战，三为用财不公开及多私弊。盖英美驻华大使馆，多有政治家、财政家、军事家之能人，详知我国内容，常报告其当局，而为战事故，复时常派干员来考察，对我国领袖及党人等之举动，知之最稔。其未能发生内战之原因，系经济与军械，对日抗战尚虞欠缺，故暂时忍耐耳。英美若有资助，则内战决难避免，内战一旦发生，抵抗外敌必大不利，实非英美所愿。故美政府不数月便派人来重庆，名为蒋委员长顾问，而实则磋商我内政，力劝改善放弃独裁，与异党及无党者合作，以及财政公开等项。若能就绪，则内战可免，财政可靠，而英美之帮助便无问题。年余中间派换数人，结果无效。此事余早知大略。本年秋有英人，由重庆来新加坡，对余言之更详。其人一为我国合作社创办人。另一人当南京失陷时，在城内亲见敌人，虐杀、奸淫、抢劫，诸无人道之事，乃著一书报告于世界，在欧美销行甚多，新加坡筹赈会曾买五百本，费款千余元，分送诸侨生。该人言伊最后来重庆，任蒋委员长顾问三个月。此回辞职将归国，战事未终不复来华。其人出言甚慎重亦寡言，然所言则甚中肯。余在怡和轩俱乐部设筵招待，席将终复云，重庆政府要行"法西斯化"，系由最上级人主动者。

四七二　挂羊头卖狗肉

余久居南洋，平素对国内政治及官吏素乏注意，故罕闻问。及"七七"抗战后，负责筹赈会及南侨总会等主席，虽常与中央及他处政府官吏交通，然亦未知情况。及至此次回国慰劳，始知中央政府诸要人多野心不正举动，在内包围制造一党合污之政权，在外如香港则设党政机关，以笼络及欺蔽海外华侨。凡政府公务员，概须党员。由是朋比为奸，营私舞弊，上下争利，公然横行，无所忌惮。凡党外人稍一开口反对，则诬以共产重罪。对舆论报纸箝［钳］制严厉，稍有正气之人，只有敢怒而不敢言。国内既无人敢呻吟，任其野心鱼肉。余以南侨总会主席地位，代表千万侨众职责，且身居海外非暴力可及，若缄口不言，不但有负南侨委托，亦失自己人格。又自抗战以来，逐月必有开会，亦有一月数次者，每次必依中央规定仪式，宣读总理遗嘱，与誓词无异。至中央政府及党部各机关，每开会及纪念周，亦莫不如是。然考多年来，公务人员之举动，多背道而驰，偏走极端，真所谓口是心非，挂羊头卖狗肉者也。

四七三　模仿欧美效果

本年八月间，复轮到假新世界游艺场，开筹款会，余上台致词云，每开会读总理遗嘱，不免愤恨与抱愧。愤恨者何，党政中不照遗嘱举行，多系口是心非，实系挂羊头卖狗肉。抱愧者何，余每逢开会亦须依例而读，究实绝不遵行，自问良心能不抱愧乎。我国自中外交通，门户开放，百年来模仿外国风物，致国弱民穷，几于亡国，贻祸至今，尚未获已。然一波未平，一波复起。其最初为祸害者，便是"鸦片烟"，又名洋药，外国人利用其性质，制药以治疾病，为有关人类身体之药品，而我国人则用为取乐消遣及交际应酬之物，致缘结不解，相习成风，由是心身颓丧，破家荡产，到处多是，几陷于亡国灭种之大祸。此系仿取欧人之物而用之不得其道者也。所谓一波复起者，十余年前欧风复传来，此即新人物之男女交际，握手互抱之跳舞是也。我国古礼男女有别，虽未免过于拘束，然若以接手假抱为交际，亦未免太过。此风虽模仿西人，然欧人开此跳舞会，原有时间性，多在大日子、纪念日，或新婚生辰诸宴会，用以助兴娱乐，至于青年学生，有资格慎重之人，则多不参加，盖亦知其非正当乐事。我国上海等处及南洋华侨不特喜而仿效，且变本加厉，作男女跳舞之营业，天天都有，无论种族老少，随意自由，甚至日间兼设茶舞，而吸收惧内或畏怕家长之人，大为青年人及学生之陷阱。又有一种谓之"伴坐"，凡不能跳或不欲跳，而恋爱舞女者，则计时还资，与娼妓无殊。新加坡市内有三大跳舞厅，其他小规模舞场百余所。个人受其弊致毒害健康，精神丧失，侵逃财款，患病自杀，夫妻涉讼，家无宁日者，不可胜计。至对国家社会之害则如良家被化，良莠混杂，廉耻扫地，贻羞国族，又无庸多赘。此亦我国人模仿欧化，甫在萌芽之祸害也。兹者复有模仿一事，而与欧美原则上大相径庭，其为害亦不知伊于胡底，则政党是也。百余年来，欧美废除君主独裁，政体改为共和，以党治国，权属议会，议员限定年数，总统由全国民众公选，亦有为议会选举者。此为数千年来最良好之政体。至其国内党派不一，党员或多或少，虽有许多党，然每届选举内阁或总统，多归一二大党之手，其他诸异党则负监督政府职责，俾不致有独裁私弊及轨外诸行为，以贻国家社会于不利。故各党组织严密，选择党员极为慎重，以防滥竽之弊，致失该党名誉。设有不幸党员违背党纪，行动不正，则开除党籍，不容有害群之马。故党中选出领袖，多才德兼优，足以代表全党而无愧。由是进而负责政权，组织内阁，其举动慎重，忠诚奉公，竭力报国以国家为前提，乃能党誉日隆，政治日好，异党钦佩服从，称为以党治国，岂易语哉。我国数千年来，君主政体之害，乱多治少，人民惨苦莫可言喻，故孙总理推倒清朝专制政体，改为共和政治，提倡三民主义，模仿欧美，由人民自由组织政党，如一党执政权，其他诸党亦居监督地位。然因初事改革，国民未选代表，未有宪法及议院，乃由国民党先任执政，订明训政六年，实行国民选举组织议会。及至六年满后，借词抗战不便，先组国民参政会，代表由政府指派，历兹三年，徒具形式。观此三年间国民党之设施布置，处心积虑，比较欧美政党实有天渊之别。如滥招党员，不择良莠，只求其量，不求其质，知国民受教育者甚寡。他日能在社会活动者，当然非文盲之人，乃强迫学校校长教师，须加入国民党，否则开除，学生如入党者则可优待，谓之教育党化，诸公务人员亦然。致造成上下贪污，猫鼠同眠，误民弊政，无所忌惮，较之君主时代，苛殃更甚。此亦模仿欧美以党治国，而图永占政权，排斥异党之现象也。

四七四　私人故袒护

两国战争预防间谍，此为古今中外战时必需之要事。余回国十阅月，历十余省，虽到处大小汽车，都是政府供给，然每到交通关要处，必须停止为宪兵查询，方得放行，第如执有海外领事馆护照，知为华侨归国，则免询问立即放行，足见我国之防备间谍，亦甚注意。余虽屡遇，而心甚喜慰也。新加坡总领事馆，出护照最多，自抗战后，不知卖与敌人若干张护照。迨至本年夏间，有复顺兴客栈经纪人，告知其友人黄君，有此利源，每名可获廿元至一百元坡币。前上海、厦门等处，由伊经手作过许多，只须交伊像［相］片几张，就能办妥。时适重庆特务机关戴笠君，派一位闽南人刘某，原是集美学生，来驻新加坡为特务员。与经纪人之友黄君为乡亲，闻知此事乃函告戴笠君，即由重庆付来两张像片，均青年人卅余岁，一在蒋委员长办公厅服务，一在军委会服务，交黄君转托该经纪人。两三天手续便清楚，将两张护照交出，为知友故只费四十元。刘某则专人带至香港，乘飞机往重庆交戴笠君收。戴君即发电来新加坡，告已收办矣。此系八月念间之事。据刘某言事体严重，总领事及办公人不日必当召回。然延至新年元月杪，新加坡将失陷，而总领事等尚无罪责。闻客栈经纪人言，通总领事卖护照之事，有两三客栈之经纪人，非只一人而已。盖戴笠为蒋委员长最信任之人，该护照亲送于蒋委员长然亦无效，于此可见袒护私人，至于如是之甚也。

四七五　南洋师范开幕

民国卅年十月十日，国庆纪念日，南洋华侨师范学校行开幕礼。学生二百卅余名，教职员廿余名。英副提学司及诸校董来宾到者共数百名。余致词后，提学司及来宾及校长等均有演说。然开课已自八月举行，唯俟至国庆纪念日始行开幕礼。计首次认捐二十余万元，除校舍原置五万余元，修理四万左右元，校具仪器图书床褥等一万余元，共费去十一万左右元。而认捐诸人有交足者，有交半数者，亦有先交三分之一者，未收之额约七万余元。又收到太平埠及漳州会馆一万余元。本拟进行第二次向坡侨募捐，而战事已起故作罢论。至新年元月停课后，除半年校费及开办等费外，仅存在华侨银行二万余元。此新加坡"南洋华侨师范学校"经过重庆教育部之阻挠，在洋党人及报馆之破坏，幸得艰难成立，尚期日有进步，乃遭遇世界大战，新加坡将失陷，乃不得不结束停课。

四七六　南洋战事发生，欣慰我国不孤

民国卅年十二月八日早四点钟，余在怡和轩俱乐部三楼卧房，忽闻轰炸声三响，初疑为雷声，起至窗口探头一看，又发一响见火花散布空中，同时警笛亦大鸣，乃知为敌人已来投弹，向英国开战。于是心中无限欣慰。欣慰者何，我大中华民国对敌抗战不孤，而最后胜利决可属我也。乃下楼避于近处草场旷地，各处路灯仍光明未息，敌机已去不复投弹。天明时林崇鹤君来告，某处及某处中弹倒屋数间，人命定有死伤，尚未知多少。少顷，余往探视，见政府市政局方召集工人清除。敌自上月近卫内阁辞职，以陆相武人东条继任，余已知战事难免。第敌人惯用行险侥幸不宣而战乘人不备出手攻击故技，故发生不知何日耳。两夜前为星期六晚，闻三大舞厅皆甚热闹，英海陆空军人到者不少。常例可至午夜后二点方止，是夜未到十二点，接上官令所有一切军人迅归本部，而外间亦风传东亚战事将爆发云。

四七七　两主力舰沉没

十二日晚余在怡和轩接孙崇瑜君电话，告英京已宣布，前夜发生一至不幸

事，则此间两艘主力舰，太子号及击退号①，已在关旦海面被日本飞机炸沉。余闻此凶报终夜不能成寐。盖敌人已在马来亚登陆，敌机既如此利害，新加坡恐难保守。越日李俊承君来告，英财政司来华侨银行，取去英公债券八百万元，云必要时将予烧毁，给回一张收据。又云逐日所存纸币若干，须要报告，必要时亦要烧毁，不留资敌。并劝余早离新加坡为要。余答时间尚早，不宜遽行。是午已闻吉礁及关旦均失守，不两天又闻槟榔屿亦已失守矣。

四七八　通告合坡开防空壕

十七日公安局长来告，总督请君往说话，余即与俱往。所言乃欲全市开避［辟］空炸之壕沟，导余往观近处已开数壕，长十左右尺，阔三尺，深约四尺。据云关旦埠已有经验，凡避此壕沟内者炸弹不能伤害。又言合坡所有空地，或不拘公私球场，尽可开掘。并通知私人住宅，令自动开掘多少云云。余回时即写启事投诸日报，请各界准本月十九日下午二点钟到总商会开会，报告承坡督命，为开避空炸壕沟事。而素来之反对报故意改登廿日开会，其当事人被华民政务司召去训斥。为大众生命计，尚存此心肠，其平时举动可知。是日开会到者甚众。余宣布总督意旨，并请各社团当场承认负责雇用工人若干，器具由筹赈会供给，并派员调查全坡可开地方，及印发传单通知各住家，自动开掘，均限七天内完竣。

四七九　政府委任负责总动员

廿六日上午，英公安局长偕总商会长及一国民党来见，云总督嘱余召开本坡华侨总动员会，协助地方诸事。余辞以不晓如何办理，他等复再三要求，余

---

① 1941年12月7日，日本偷袭美国海军基地珍珠港，宣告了太平洋战争正式爆发。1941年12月10日，日机击沉英国远东舰队的主力舰"威尔斯太子"号和"击退"号，英国在太平洋地区失去了制空权和制海权。

复辞以总动员甚虚泛，军事政治余完全不晓，华侨虽众亦乏此经验，盲人瞎马何能办到。无论如何决不敢接受。后总商会长乃露出，蒋委员长亦有电嘱华侨须努力与此间政府合作。余则答以既然如此，总商会即当领导负责，复有何言。渠云恐不能和洽各党派，故彼等已决议非请君领导不可。余答现坡中最危急时际，他党派安有不服从之理。彼此议论不休至两点多钟之久。余不堪纠缠，乃请公安局长往房内，借词告以霹雳州已失陷，余所有营业及诸树胶厂，大半在该处，积货百余万元，尽行丧失，内心焦灼，办总动员事，不但无此学识经验，且方寸已乱更何能顾及，希代白总督原谅。于是乃相率去。

四八〇　接受负责三条件

廿七日公安局长复派一关系人来告云君不肯负责，坡中实乏他人可委。总督闻君坚辞不干，甚形不满。且谓中国事你便如许努力，今日乃如此推诿云云。余不得已乃答云请贵局长来谈话。少顷来到。余告以贵督之言，余甚注意。但总动员事太泛，余诚不晓办理。凡余度能办到者决不推卸，如前日开防空壕事，余立刻应承。今日要余帮忙，当取事实，究竟要华侨干何事项，须指明条件为限。于是公安局长列出三条：一，各街设义务警察，帮助治安及防备燃烧弹降落伞等，并清理被炸倒塌；二，组织宣传队，到各处宣传；三，代政府雇劳动者，以应各处之需要，工资由政府供给。余答第一项较困难，如办理未能完满请原谅。其余两项易办。该局长即回覆［复］总督。即订明天上午召集合坡各界领袖，并侨生及中西报界往督署开会。

四八一　释放政治犯

自两艘主力舰沉没后，政府知海权已失，马来亚难守，而槟城将先放弃，在该处所有英人男女老幼，阴行撤退，用火车运来新加坡，他种人均不许参加。坡督亲到火车站迎接。由是全马来亚民众甚形不满，而尤以华侨为甚，总督亦自知错误，既登报表明缘由，复召集各色人领袖百余人，在议事厅宣布，过去槟城错误状况，系槟城当局过失，渠完全不知。此后无论何处凡有不得已时，决不效尤，必视同一体云云。至于前时所拘禁各政治犯，虽多年未满之共产犯亦概行释放。又在吉隆坡组游击队，给以军械，参加者多属华侨，究有若干，未知确数，因其时交通已不便。

四八二　祖国电三机关协助英政府

廿八日上午在督署开会，到者二百余人，政界要人亦多到。主席总督致词云："在此战争危险市区，民众当与政府合作，此为各处之通例，如维持治安、救护、防空、防谍等。且鉴于前日槟城之变，警察不力，致发生抢劫，敌未至已先乱，可引为前车之鉴。本坡民众更多且更复杂，然华侨实占大半。前昨贵国蒋委员长亦来电，令华侨共同努力，兹经蒙侨领陈先生许可，愿领导华侨帮助政府。今日故请诸侨领到此集会，报告此意。以后凡华侨应合作事项，本总督经委托陈先生领导一切，凡各社团报界侨生等，均须服从。"云云。余答词言："顷闻总督所言，余甚感谢，余前昨力辞不敢接受者，以华侨素无经验，对战时种种帮助政府之事，恐办不到。及昨闻总督决要余负责领导，余乃询贵公安局长以何项工作，据言三项，即组各街义务警察及宣传队，并代政府雇劳动工人，余均接受愿为效力。至蒋委员长何日来电，余本早阅报纸方知。其所委派系党部、报馆、社团三机关，然此三机关与余个人完全无关系。盖党部者，余非党人，报馆者，余不但无报纸势力，且本坡三家日报，中两家常以嫉忌私憾，并为党人利用，时来反对破坏。此为华政司及公安局长所知者。至社团中本坡当以总商会为首。然今日中英已成共同战线，虽非联盟亦与联盟无殊。贵总督既欲委余领导华侨，余若办得到者，当竭诚奉行耳。"总督复起立致谢，再特告各报馆应一致拥护陈先生云。盖自马来亚战事发生后，重庆政府曾对英驻华大使言，如需华侨帮忙，情愿电令华侨努力。故英大使电知坡督，坡督回电接受。所以蒋委员长令总领事，转达三机关。曾开会多次，议无办法。电文虽到多日，不敢发表，乃要求公安局长，禀请总督，而向余要求负责也。

著　述

四八三　华侨抗战后援会成立

十二月卅日，余以坡督委任，召集合坡华侨假中华总商会为会场，到者坐[座]位皆满。余起报告数日来经过各情况，并言："今日召集便是要讨论华侨协力之名义，其次则讨论承办三条件及如何进行诸工作。此三项若能办得完满，我华侨责任可以无愧。至于其他既非约定亦恐非我侨可能办到，故无提起必要耳。"讨论结果名称为"新嘉坡华侨抗敌后援会"，义务警察名称为"保卫团"，宣传股仍旧，代雇工人名称"劳工服务团"。以上讨论毕。有一人名耶鲁[1]者，闽南人，前以共产党案，被英政府拘禁二年余，甫放出。彼提出一议案，曰"民众武装"，余则阻止谓今日议案，只有上言所接受三条而已，其他非应讨论之问题。然甫放出之政治犯多到会，并此外青年人亦多赞成耶鲁君提出之案。余复解释，言民众武装我华侨素无此资格。若从兹训练义勇军，须四个月方毕，实属缓不济急。且政府如需要，应从英澳美召来，月余便到。如个人要参加游击队，则政府已成立机关，可以报名。本会只可负责介绍，故无须加入此议案云云。然与耶鲁君表同情者颇多，而诸放出政治犯，昨天总督开会亦邀他等参加，散会时又均与握别，故其赞成武装更烈。彼等同仇敌忾诚属可嘉，而年少寡经验，不计在此岛屿殖民地，非我侨武力帮助可能有效，而参加此有损无益之工作也。

四八四　举定抗援会各职员

卅一日下午二时，复假总商会组织各股及诸委员，办事处即假晋江会馆。

---

[1] 即黄望青（1913—2003），福建同安人，原名耶鲁，新加坡华人企业家，时任《光华日报》电讯编辑。

义务警察举郑古悦①为正主任,副黄奕欢②。每条街举一家或两家华侨行店负责,就该街征雇。短街一站,长街二站或三站,每站三人,日夜轮流,每人月薪十五元,由该街捐给。至各站长由本会雇委,每人月薪四十元至五十元。办事所附设于坡中各区警局内。工人股正主任林谋盛③,副刘牡丹,每天政府各处需用工人若干,即代雇用,平均约二千余人至三千人,工资逐日由筹赈会先垫发,政府须迟约十天,方核算一次来还,计被侵三万余元。宣传股主任胡愈之,总务主任叶玉堆,其他免赘。至诸义务警察,政府应承交钢帽三千顶,迟许多天始交足,致实行站岗亦稍缓。民众武装股共产党举一人为正主任,国民党举二人为副主任,亦附设办事处于晋江会馆。至其他可办之事,余只限定介绍游击队与政府而已,其他概辞绝也。

四八五　最后义捐汇款数

新加坡筹赈会逐日之收款,自战事发生后已逐渐减收,至民卅一年元月起,则完全停止,所有亦仅经手人来找而已。至存款数目,在战事未发前数天,所有存额坡币一百六十余万元,即由中国银行汇交行政院,坡币一百六十万元申国币一千三百余万元,此为最末次之汇款也。至马来亚各埠。原系逐月自交中国银行转行政院,然自开战后不多天,便已完全停止矣。敌人在马来亚日日迫近,飞机每天数十只或百余只来轰炸,警报日必多次闻。敌机为最新式,每点钟可行三百七十公里,而英之飞机名水牛式,每点钟仅能行三百三十公里,故不能与敌,只有低飞防护而已,且量数亦较减。我国政府派一中将郑介民④君,来驻新加坡探访军事,时常来报告英军计划,退至某处决不再退,许时海陆空军多到,立可反攻。然海军则不知,陆军及空军虽有陆续来,亦未有见效,仍是屡次败退,及至郑君所言死守界线,不久亦已丧失矣。

---

① 郑古悦(1880—1949),福建金门人,新加坡华人富商,曾任华侨抗敌保卫团团长。
② 黄奕欢(1908—1985),福建南安人,时任南侨总会委员。
③ 林谋盛(1909—1944),福建南安人,华侨抗日英烈。
④ 郑介民(1897—1959),广东文昌(今属海南省)人,时任军令部第二厅厅长。

四八六　菲律滨华侨与义捐

民国卅一年元月起，南洋华侨对义捐及汇款已完全停止。再后月余，菲律滨、香港、马来亚、婆罗洲、荷印、缅甸、安南咸都失陷矣。华侨义捐，作结束比较言之，美属菲律滨当地人一千余万人，华侨十三四万人。前为西班牙殖民地，卅年前被美国占领。然美国主意，与欧洲帝国殖民地不同，自占领后诚意扶助，使将来能自治独立。对于教育不但善意设施，且力行普及。政治社会依宪法公开，如恪守法律，行动概可自由。我华侨客居其处，待遇平等，比较其他殖民地及暹罗，相差甚远。唯限制入口甚严，劳动界不能往，故华侨无多。除自己经营商业外，则任职经理、书记、行员，及私人贩卖物品，并为学校教师等。因土人性怠志短，不能与华侨竞争，故菲岛华侨，较他属华侨为殷裕。而华侨中闽人居大多数，平素对国家观念甚热心。"七七"抗战事起，由首府岷埠侨领等提倡捐输成立筹赈会，其他散处各岛屿者，亦热烈响应。若以个人比较，其数目为南洋各属华侨冠。初南京规定凡海外华侨输款，概给公债券，菲侨亦已接受。后经余在新加坡宣布，义捐与公债当分开办理，凡义捐概不可接受公债，因劳动界、职业界及游艺演剧等，每人或一元或数角，零星诸捐款，何能给以公债，既不能给公债，而诸资本家输款，则可取公债，无乃助富损贫甚为不公。由是菲侨义捐，亦一律不受公债。菲律滨政府既未歧视华侨，募捐工作可自由行动，且殷裕侨领出为领导，以身作则，故成绩最佳。新加坡召集南洋侨领开会，派三代表来参加，承认常月捐国币六十万元（新加坡币卅元申一百元），然仅汇交一年，后即减去大半，总会屡函查缘故，据覆［复］为购航空协会债券，实否不得知也。

四八七　香港华侨与义捐

香港地方虽与我国接近，然既为英属，居其境便称华侨。人数之多为南洋各埠冠，就抗战前言，可一百万人，粤侨约占七八十万人。劳动界虽多，而商工业界及拥有不动产之富侨，比较南洋任何大埠，实远胜不少。且其地人民成分与南洋不同，无侨生及由国内来者之别。至于爱国募捐等工作，虽未能如菲律滨之自由，然比较南洋各属地亦宽松不少。侨胞现象，富侨又多，法律宽厚。对此次祖国遭遇有史以来未有之危险，为尽国民职责，理应热烈提倡，以金钱救国，无论义捐公债，均应起而领导南侨。乃竟袖手旁观，置若罔闻。抗战后不一两月，海外华侨近则南洋远则美洲，莫不争先恐后，组织筹款会，热烈捐输以助战费，及救济伤兵等项，虽杯水车薪，亦足以表示民心不死。世界无论何国战争，最需要者在人力与金钱，而金钱多倚靠国民购公债及饷税，我国海口既失，税款大减，国民贫穷，公债无着，所需战费，几完全倚赖海外华侨外汇之输入，此不待智者而后知也。及至抗战经年，重庆行政院孔院长，电新嘉坡令余召集南洋各属筹赈会侨领，组织总机关，领导捐款。余知独香港未有筹赈机关，乃函电香港总商会及有名侨领，并电孔院长请特电香港成立机关，派代表来出席，然均无效。只有闽侨派两代表来参加。而闽侨在香港财力极微，不足轻重。再后两三年仍寂寂无闻，虽有私人购买公债，亦极有限。据香港名人冯香泉①君言，香港侨领袖手原因，大半为见广州官吏贪污，又中央大员及其子弟，在香港挥金如土，故灰心莫肯负责。余云此所谓因噎废食也。

四八八　安南华侨与义捐

法属安南华侨四十余万人，闽粤约各半数，抗战后亦成立筹赈会。有多位富侨，家资千万及数百万元，然爱国心极弱，既不肯参加提倡，亦不能捐出相当金钱，故虽有多处筹款机关，而成绩有限。新嘉坡召集开会时，亦派代表七人参加。闽粤均有，承认常月捐，国币不及廿万元（新嘉坡币卅元申国币一百元），及至回去之后，逐月列报往往不能满数，再后则更形降减，甚至不上国币

---

① 冯香泉（生卒年不详），广东南海人，旅港南海商会领导人之一，1922年与李右泉等南海殷商，成立南海中学校董会，募集办学经费，扩大办学规模。

十万元。查其原因盖为提倡之人，虽热诚努力，然诸富侨既如上述，不肯出资与出力，且各派多生意见，故其筹款成绩愈久愈松，竟成为香港华侨之第二矣。

四八九　暹罗华侨与义捐

暹罗在南洋为独立国，非殖民地，华侨自昔已多往居住，最近据其驻新嘉坡总领事告余，华侨确实有五百万人，占全国人数三分之一。余信其所言是实，因闽粤两省自二百年前已多有往者，而尤以潮州为众。然历年已久多娶暹女，故大半已被当地人所化，不识华语文，几与我国脱离关系，只有姓名与当地人异，自知为华裔也。除此之外，完全保留华侨气象者，大约一百余万人。商埠在曼谷，有华文日报数家。"七七"抗战后约一年之内，暹政府对华侨爱国工作，尚未严禁。彼时新加坡南侨总会尚未成立，对暹罗华侨义捐成绩如何未详。若据财政部报告，则汇到无多，在南洋亦未见报纸报告其捐款数目。至于购买公债券，则更失望，其错误为南京财部委托暹京某华银行发售，该银行不自量乏推销能力，而徒欲享此声誉，致成绩极微。盖华侨殷富者多属总商会派，素与该银行乏好感，故袖手不与闻问耳。再后几月，暹政府亲日愈露骨，对华侨义捐及抵制日货，即严令禁止，唯有偏僻小埠，暗中筹募无多。故以华侨最多数之区域，竟对祖国抗战金钱无重大贡献也。

四九〇　缅甸华侨与义捐

英属缅甸，最繁盛之处首推仰光，其次如峇淡然、瓦城、勃生等。华侨四十余万人，闽侨占多数，散处各埠及内地。抗战后在仰光成立筹赈会机关，而各埠亦多响应，所有募款概付交仰光机关，以资一致，主持者多系闽侨。新加坡将组南侨总会，亦举五代表来参加，承认常月捐国币三十万元（新加坡币卅元申国币一百元）。其后逐月颇能如数汇交行政院，始终无缺，有时或因别项分捐故略减少些。缅甸以产米为大宗，米厂百多家，华侨占有六成之多，买粟卖米，互相竞争，绝无联络，致难于获利。若稍能和衷团结，对抗战义捐必能较有成绩。该埠有华文日报两家。

四九一　苏门答腊华侨与义捐

荷属苏门答腊，地方广大，华侨四十多万人。首府在日里棉兰，商业颇盛，多操华侨之手。其次为巨港，商业亦盛。再次为占卑、日里属诸小商埠多处，亦颇繁盛。商务亦多华侨经营。棉兰埠华侨自抗战后，亦组织筹捐义款之慈善会，乃多生意见不能合作，竟分两派机关，致成绩有限。新加坡召集南侨开会时，两派均不能派一代表参加，其内容可以想见。再后闻经领事社会屡次调和均无效，由是影响诸埠实非少可。该处且有两家日报。至巨港埠自抗战后，成立筹赈机关，主持人热诚负责，募捐成绩优异，始终无间。南侨总会将组织时派两代表参加，承认常月捐国币六万元，且屡有超过者。该埠无华文日报，系阅荷英寄去者。其他占卑等既无逐月认定，所捐亦仅有数耳。

四九二　爪哇华侨与义捐

南洋荷殖民地，以爪哇人口为最多，当地人至五千万人之众，华侨八九十万人，区域分西爪哇、中爪哇、东爪哇。首府在西爪哇吧城。中爪哇著名商埠为三吧垄，东爪哇著名商埠为泗水。全爪哇以吧城、三吧垄、泗水三埠为最繁盛，商场均临海口，其次万隆、梭罗、玛琅在内地，再次大小商埠以百数，交通有火车汽车，甚形便利。市面商业多属华侨经营。"七七"抗战后，诸大中商埠多组织筹募义捐之慈善会。新加坡召集南侨代表开会，吧城、泗水、万隆及两三中等埠，均有代表参加。唯常月捐，只有吧城承认逐月国币三十万元，万隆数万元（新加坡币卅元申一百元）。三吧垄竟不派代表，泗水代表云无把握，待后报知。迨后吧城、万隆均如数履行，且或常有超过者。泗水回报月认国币十五万元，三吧垄则无回报数目。以中爪、东爪两巨埠，华侨之殷富及众多，

著述

并属下诸商埠之盛,若有热诚负责领导者,决不亚于西爪哇吧城、万隆,而尤以东爪哇最有希望。可惜筹款机关虽早成立,而负责人不能以身作则,不但大商埠乏成绩,其他中小商埠亦多袖手。若诿为当地政府阻挠,则亦非是荷印各埠华侨男女学生,时常三五成队,带捐箱向中西菜馆、咖啡店、酒楼、旅馆募捐,终年如是,政府绝无干涉,若马来亚则不可。爪哇三巨埠有华文日报五六家,通行荷印各处。爪哇当地人生活简单,前荷官员报告,每人伙食每日三占已足维持,其物产丰富,工资廉宜,可以想见,故华侨劳动界十一无焉。

四九三　荷属〈南〉婆罗洲、西里伯华侨与义捐

荷印各属地除爪哇、苏门答腊两大岛外,尚有南婆罗洲及西里伯,并其他诸小岛。小岛虽多,对抗战义捐乏领导鼓励,故捐输无多。西里伯首府为望加锡,其次为万亚老,华侨商业颇盛,各设有义捐慈善会。新加坡召集开会时,亦派代表参加,对常月捐无把握承认,再后报告汇交行政院无定数,多者国币几万元,非逐月皆有。南婆罗洲首府为坤甸埠,其次山口羊、马辰等,华侨商业亦不少。抗战后均有成立义捐慈善会。新加坡召集开会,派多位代表参加。最有成绩者为坤甸埠,其侨领多潮人,热诚努力,承认常月捐国币数万元,始终无间,且常超过,可与巨港相辉映。望加锡有一间小日报,若婆罗洲则无之。

四九四　马来亚华侨与义捐

英属马来亚,居民五百余万人,华侨占多数,有二百三十余万人,当地人二百左右万人,余为印人、欧人及其他。全马分十二区域,首府新加坡,居民七十余万人,华侨占五十余万人。"八一三"沪战发生乃召集侨民大会,组织筹赈会,提倡义捐,不取公债券,并兼筹常月捐,所有汇款概交中央行政院。由是全马十二区咸组织筹赈机关。越年承中央行政院令,在新加坡召集南洋各属华侨,派代表组织筹款总会,全马十二区共派代表八十余人,承认常月捐国币

一百卅余万元（规定坡币卅元申国币一百元），出席代表多不敢充分负责承认，然月终报告汇出数目，常超出二百万元。马来亚华侨虽众，除妇孺外，大部份为劳动界，若资本家除侨生多不认捐外，其他如认过一次特别捐后，鲜肯再认常月捐，故逐月成绩仅有此数。若资本家及中等行商，肯将其逐月入息，捐出十分之二三，则全马义捐可增许多倍。无如各区无此热诚之人，夫复何言。至逐月有此二百多万元，大半倚靠货物捐及各游艺会所收集。南侨总会逐月为之比较，如新加坡原认常月捐国币四十万元，然每增至五十余万元至六十万元，在十二区中屡居第三、四位，始终如是，故全马均不至于减缩也。

四九五　英〈属〉婆罗洲华侨与义捐

英属北婆罗洲，地方颇广，而出产及商业，远逊荷属婆罗洲，其较繁盛商埠，只有古晋，其次诗诬、仙那港①、纳闽等，俱非大出入之商埠。华侨虽有八余万人，劳动界居大部份。抗战后诸埠亦多成立筹赈会。新加坡召集南侨代表大会，亦派有代表参加，至认常月捐仅古晋、诗诬认国币数万元，颇能逐月照数汇交。其他所捐无多，且亦不能逐月继续不断。

四九六　南洋各属义捐总比较

南洋英荷法美暹各属华侨，对祖国抗战捐输金钱，努力工作既如上述，兹将三年间各属除暹罗外，人数及逐月捐输，平均比较如下。按民国廿八年、廿九年、卅年汇水平均，新嘉坡币十五元申国币一百元。菲律滨华侨十四万人，每月捐输平均国币七十万元，即每人平均五元。马来亚华侨二百卅五万人，每月捐输平均国币四百廿万元，每人平均一元七角半。缅甸华侨四十五万人，每月捐输平均国币五十四万元，每人平均一元二角。荷印华侨一百六十万人，每

---

① 即山打根。

月捐输平均国币一百六十万元，每人平均一元。安南华侨四十五万人，每月捐输平均国币廿余万元，每人平均五角。英婆罗洲及暹属小埠，每月平均约汇国币十余万元。合计华侨五百余万人，每月平均捐输国币七百卅四万元。若香港华侨稍肯努力，每人每月按捐输国币一元五角，即可得一百五十万；荷印中东两爪哇及苏门答腊，若肯如西爪哇之努力，每人增捐国币五角，逐月可增八十万元；安南华侨如肯努力，每人每月按增捐国币一元，逐月可增四十万元，此三条逐月可加国币二百七十五万元。合共华侨六百余万人，每月捐输可得一千万元。美洲及欧俄等处，逐月按国币三百五十万元。共海外各华侨逐月义捐可得一千三百五十万元。如将义捐存银行作纸币基金，在国内便可发四倍之纸币五千四百万元。据何应钦部长在参政会报告，民廿八年全年战费，共开国币十八万万元，则华侨义捐可当三分之一。若单就饷款而言，据政治部长陈诚将军所述，民廿九年间军兵每名食饷仅十一元半，近因米价贵，每名津贴米价四元，合计十五元半，抗战后正规军至多三百师，计三百万人，即每月须四千六百五十万元。尚可余七百余万元，以为诸军官之俸金。准此而言，则华侨义捐，安可谓之杯水车薪，而袖手观望乎。然此不过单指义捐而已，海外华侨汇回国内之款，尚有寄家费一条，比义捐数目更多十倍，此条为我国最大之资源，对政费战费更有重大关系，前已详言之。民廿六年"七七"事变后，下半年海外华侨，汇归国币约三万万元，时汇水新加坡币五十二元，申国币一百元；廿七年汇款约六万万余元，是年汇水平均新加坡币四十四元，申国币一百元；廿八年汇款十一万万元，汇水是年平均新加坡币廿二元，申国币一百元；廿九年汇款十五万万余元，是年汇水平均新加坡币十五元，申国币一百元；卅年汇款十七八万万元，是年汇水平均新加坡币十二元，申国币一百元。以上自抗战以来五年间共汇家费义捐国币五十余万万元。

四九七　星洲危急，劝移财往祖国

民卅一年元月十五日，族弟陈六使君来见，谈论战争已濒危险事，余问："拟汇款往祖国否？现有机会，可以汇出。英自与德宣战后，限制华侨汇款数目,每人不能一次超过二百元,自本月来马来亚义捐概行停止,无款可汇交行政院,英政府逐月准汇义捐坡币五十万元,私人如要汇不但可抵额,尚可加汇数月之额。"他答待回去打算,是日余复写一函告他云:"此间战事甚形危险,若多存款项在银行实为不妥。乘兹汇水廉宜,不如汇一二千万元,存于祖国。余拟招李光前之代理人,如肯,可汇一千多万元,合计三千余万元。抗战胜利后,再招多少,可在本省或即在厦门,开一福建兴业银行,然后由此银行发起招股,创办轮船公司、保险公司,或闽南铁路、安溪铁矿及石灰厂,与其他有关民生事业。不但帮助国家发展实业,而南洋闽侨,方有投资祖国之机会。吾侨有志裨益乡土,舍是莫可为功。至汇款可另借一名词,如付安溪集美学校'闽南救济会',交陈村牧、陈水萍[①]二人收,嘱其寄存中国或中央银行生息可也。"越日六使君便来汇国币四百万元,且云集美学校如需用,可以支取。加数天又来汇三百万元。均由新加坡中国银行汇出,其收据概交陈六使君收,并告再后如要加汇,可与中国银行直接也。其日(一月廿一日)余以电话告光前之代理人,陈森茂(侨生)[②]、陈济民[③]二人来,告以战事如此危险,是否汇款回国,陈六使君经两次汇国币七百万元,并将函告六使君事详述之。陈济民主张汇五百万元,而陈森茂不同意,仅允一百万元。陈济民言渠将回国,可由森茂君主张。余告他等云,战事现如此危险,适有机会余不得不通知,然余决不重告,汇多少由尔等自主。越日则汇一百万元耳。

四九八　劝告军港工人

元月廿三日,新加坡军港司令官派人来告,军港工人六千余人,华侨占大

---

① 陈水萍(1888—1967),福建集美人,陈嘉庚族亲,曾任集美学校校董会和集美学校委员会常委并兼任会计主任。
② 陈森茂(1902—1941),福建厦门人,曾任市议会议员。1940年与人合作推翻市议会通过的采用日本水泥的决议案,后深得李光前赏识,重金聘为经理。新加坡有以其名字命名的陈森茂路。
③ 陈厥福(1894—1989),又名陈济民,陈嘉庚长子,祖籍福建集美。北京大学地理专业毕业,先后在陈嘉庚橡胶制品公司和李光前的橡胶公司任要职。

著　述

半，其次为印人及他色人，近日来为怕空炸，出工日减，现逐日工作仅数百人，邀余等往劝告。余先往查询，约越日召集各华工，在影戏院开会。余极力慰勉，告以中英共同战争等云云。越天华工大半出勤，印工等亦相率恢复。军港界内有贮油池十三个，前日被敌机轰炸三个，火烟尚未熄。余往军港时，郑介民君亦参加，云渠奉中央军委会令，将往荷印，托余电吧城庄西言君，代租一洋楼及汽车，并招余同乘飞机避往荷印。余谢以时机未到，不便轻离。

四九九　渝电保护领事回国不言侨领

元月卅日上午，叶君玉堆来告，本早英人妇孺，大部份或全数均已撤退，许多警察强牵私人汽车往运，渠之车亦被牵去。少顷另有人来告，昨夜军港许多印度工人下船，不知往何处。又有人来言，昨夜军港雇华工二百人，将器物不论贵重与否，一概搬投海中，又有甚多兵士，乘夜自丹戎巴葛码头下船他去。又有友人来告，老巴杀区十余门高射炮，昨夜不知撤往何处。又陈振传[①]君来电话，告渠要辞分配船位委员，谓英人不照订约履行，盖前十余天，政府召组一委员会，凡客船要出口，西洋人及中印等人须由委员会公开分配也。余为上言种种消息，约叶玉堆、陈振传等数人往见总督，告以上言各事，使坡中人心甚为动摇。总督虽逐一解释，然多不实言。最后叶君问总督云，闻重庆蒋委员长来电，谓必要时领事馆官吏及所派委员，须设法使之安全回国，实否？总督答有之。又问对诸侨领有并提否，答无之。叶君云彼不认我等为华人。

五〇〇　新嘉坡将放弃

元月卅一日，柔佛通新加坡桥已自动炸坏，终夜大炮声隆隆不息，闻系军

[①] 陈振传（1908—2005），祖籍福建同安禾山（今厦门禾山），新加坡出生，时任新加坡银行总裁兼东方实业有限公司董事长。

港自开大炮，攻毁柔佛埠诸巨屋。二月一日军港界内尚存十个贮油池，则放火焚烧，浓烟满空。上午民众武装之人，要来支四百元。余问作何费用，答政府发给他一千枝［支］枪，令往守前线，此一千人每人须交款四角，作起身费。余方知给枪之事，由是余乃决意离新加坡，盖欲表明不赞成华侨武装，助英政府之事。此等乌合之众，绝对无丝毫效力，而英兵至少尚有五七万人，何须派此绝未训练之华人往前线。不但此一千人将就死地，敌人入境必因此多杀许多华侨。英政府此举，最为狡猾残忍，实可痛心。据来取款之人林江石①言，按发三千枝枪与华侨，再后不知尚有多少妄人，再往牺牲。余自前日与公安局长约订［定］，必要时抗敌会诸侨领廿余人，须给介绍证书，避往荷印。越日上午经已领出，即分发于诸人，并告以自由行动，勿沦陷此地为敌利用。缘两三天来，见政府之举动，已知其无意死守新加坡，总督虽勉强解释，而不明言，然吾等已明白，确知其不久即将放弃矣。

五〇一　离开新嘉坡

余二月二日，即准备一切，南侨总会及筹赈会，诸办事人每人发给四个月薪水。闽侨总会及南洋华侨师范学校，各存款二万余元，则由中国银行各汇国币廿万元，交集美学校闽南救济会收。南侨总会及筹赈会存款十余万元，恐新加坡抗敌会或有需用，不便汇出，将印章支票等，是夜托友转交财政李君振殿②。三日早余与陈贵贱、刘玉水、陈永义③四人坐陈贵贱之小火船离开新加坡。余带坡币二千元，匆匆起程，家人未曾告知。盖原拟待更紧急时，然后离开，不意英政府发枪与华侨，余是以刻不能缓。又陈贵贱云，政府已来登记该小火船，若被取去即无他船可备急用，故亦须起程也。至须避来荷印之原因，窃度祖国既不可往，因国民党要人决不容余立足，此一路早已无意设想矣。若荷印既近，又按其地设不能守，亦可维持两三个月，有此充分日子，必要时或

---

① 林江石（1916—1942），原名黄伯遂，广东增城人，华侨抗日英烈。
② 李振殿（1874—1965），福建海沧人，时任南侨总会财务主任。
③ 陈永义为陈六使次子。

转往澳洲或印度。余之家属尚有青年儿侄五人，留在新加坡，其他早已回国。至集美学校逐月须垫款三万余元，按可支持至暑假而已，幸陈六使君许从其汇款内支用，余于元月半及月杪计寄空邮两函，告陈村牧君校费逐月可支三万元。若该函有接到，则集校可免停闭，实闽南青年之幸福，而功德则出于陈君六使也。

五〇二　将往巨港转爪哇

四日午间，到苏门答腊之淡美那岸，其县长以余等入口手续与常例不合，待伊电询宁岳埠府尹，方许再进，故暂寓侨领处。该埠虽小，而诸侨胞甚热诚招待，并派员坐原小火船往宁岳，告知诸侨领，即分电往吧城、棉兰、巨港等处。延至八日县长始来告可往宁岳，而宁岳侨领亦以电船来迎。九日早起程，午间到宁岳，寓于中华学校。其时荷驻新加坡领事，已离开多天，虽手续完备，亦无从给照，而苏门答腊驻廖内埠上级官吏，亦逃来宁岳两三天矣。十一日余往见该府尹，据云伊接巨港军部来电，请余及刘某两人即往，并给一张通行证。盖巨港福东行知余及刘君①名，余则不知。十二日余与刘君乘汽车来直落关旦，寓于中华学校，该处侨胞诚恳招待。是晚新加坡播音台，美国记者言，电话局经放火，我今晚作最后一次之通消息耳。十三日早起程，坐原车来双溪那礼福东树胶厂，经理庄丕斗君，以该厂汽车同余前往。行至午后到某港边，待渡船点余钟，甫将下船被对岸召至，云要先将军用品渡完，方许渡客车。庄君往查回云非至午夜恐不能尽，不如回厂待明早再来，故回车仍至寓所。其夜占卑直务埠福东行派人并汽车来接。鸡鸣时与庄君握别便起程，近晚至巨港界马老白，寓福东行内。该处距离巨港五百余公里，福东经理拟先电话告知，然已不能通，亦不知为何故。越早即二月十五日，为阴历元旦日，清早起程，行至午后距巨港埠百余公里，而守路边飞机场军人，见余等通行证系往巨港，云日本兵已入巨港何可往。余下车往询侨领，答昨夜甚多汽车由巨港逃出，失否则不知。余

---

①　即刘玉水。

不得已乃回车，晚后仍寓马老白，自念我往巨港将转爪哇吧城，兹敌人侵入如此迅速，则吧城亦不获往，当沦陷在苏门答腊，应往双溪那礼庄丕斗君处为宜。

五〇三　荷军闻风逃

十六日早起程，由马老白回来占卑界直务埠，时已中午。市内各商店多闭户，而福东行经理等亦他避，留伙夫及工人数人。直务距占卑埠二百公里，而占卑胶厂、米厂及重要机关，已破坏或放火。军政公务员概逃走，多有暂来直务者。甚至商民之汽车货车亦取而烧毁之，且复谣言敌军已入占卑埠，大有风声鹤唳之概，沿途遇荷官逃走者不少。按巨港距离占卑七百公里，敌人入巨港系一部份降落伞队，为占领油池并油矿，荷兵万余人，不能抵抗而溃散，此系事实。至占卑非重要军区，敌人原无注意，延至三星期后敌兵始到。世界最坏之军人及公务人员，想无如荷人之不负责者。余至午夜始到双溪那礼，起早交其书记二百盾，往购床褥及他物。又闻吧东有船可往爪哇，刘君与书记坐汽车往询侨领，甲必丹吴顺通君，后两日回报可往试。十九〈日〉夜乘汽车往吧东，廿早到达，寓于吴君住宅，甚蒙诚意招待。余即电告吧城庄君，余待有船将前往。蒙回电言余子陈济民、陈厥祥①平安到加里吉打，他两人带眷元月卅日，由新加坡搭船将往仰光，谅为危险故转往印度耳。

五〇四　避来爪哇

廿一日夜半，在巴东下轮船将来爪哇，该船二号房位，只有卅多位，而搭客多至一百余名，船局早截止不卖票，赖吴君情面始许可。吴君伴余下船，午夜后始回去。廿二早启行搭客概属荷人军政界，房厅及舱面均满。余因送十盾与役夫，故夜时可将餐桌作卧床。每日三餐时间未到，荷妇女儿童及男子等，

---

① 陈厥祥（1900—1965），祖籍福建集美，陈嘉庚次子。

入厨房自由取食。但余待他等食后，由役夫随便送来。初下船之夜，刘君口渴将取水，余开手电灯助照，该灯包以蓝布，并向低开以防光明，而荷客便大声喝阻。然他等时常开手电灯往来，且无包蓝布，则绝无一人开口，足见荷人平素藐视华侨常予不平等待遇，到此惨败逃走之秋，犹不能自己检束。船中一土生公务员，告余伊来自占卑埠，至今约十天，身上所穿白衣裤，变为黑色，无他服可换，因军人下令即刻急走，不容回家取衣服，其恐怖几于破胆，更可想见。廿五日晚船到芝胜汁海口，待关员来检查，明日方可上岸云。

五〇五　芝胜汁登岸

廿六日上午，关员派人导余至警局，待关员来，订明天上午到其办事处作手续。适侨领林君宗庆来警局，招待往其住宅，另托人导至中华会馆。适吧城副领事兴化人，带家眷寓此，将往锡兰岛。又一泉州人名林香串，亦由吧城来寓，云不甘沦陷在此，故拟回国，但要搭之船仅至锡兰岛而已。少顷中华会馆副主席，李君保仲来邀余往寓其店，刘君则寓于旅馆。越早有人导余往对面，见吧城领事馆秘书，郑超逸君。问以来此何干，渠言昨日同总领事来此，夜时下船将往锡兰岛，中国银行总经理黄伯权[①]亦同往。顷要回吧城，有汽车招余同往，余因手续未清楚，请彼先行。至午后手续办妥，照例还入口税一百五十盾，余之护照及公安局长介绍书，均为关员收去，云要寄往吧城，如到吧城可换居留证。即先给余通行证，午后雇车来万隆埠，近夜始到，寓于东华旅社。

五〇六　敌军入爪哇

廿八日早余在万隆，往福建会馆，见王君怀仁，询郑介民住何处。答郑君

---

① 黄伯权（1884—1965），原名秉枢，广东梅县人。1913年获早稻田大学商学士，后得到时任司法总长梁启超的提携，进入中国银行广州分行，历任中国银行汕头支行、香港分行、总管理处、哈尔滨分行、厦门分行、新加坡分行要职，1949年8月退休。

自两日前已离去，只留字辞行，不言何往。余即坐原车来吧城，王君伴行，午后至吧城，由郭美丞①招待，寓于庄西言君住宅。庄君同家属，早移居数十里外别墅。少顷数位侨领来会，余原不欲人知，而郭君以诸君久盼，不得不告。白辰恭君亦来见。越早为三月一日，郑超逸君来告，昨夜敌人已在爪哇某处登陆，此处沦陷在即，不可再留。政府各办事机关概移往万隆埠。船公司亦移去，且亦无船可往他国，前昨之船乃系各国领事要求，故有此最后之船，华侨五十余人概无房位，只有领事夫妇一房而已。余乃同郭君坐汽车，往芝吧容会庄君，庄君言伊家属已移往陈君泽海②之树胶园内，该处较好避匿，即导余前往，刘君同郭君回吧城去。

五〇七　居停好意

　　三月一日午间，余同庄君来芝安术，陈君泽海之树胶园。据庄君言，伊在芝吧蓉别墅，原无意他移，为余将来爪，故向陈君借寓所，告以同行四人，陈君立应承，即备四人床褥家具。伊来胶园相宅，见宅后尚有一间小屋，并伙食房等，该园经理赵全福君，原为相识之友，于是转想家属暂移来此较妥。越日陈泽海君来见，余谢其招待假寓。渠言："十年前往新加坡，友人导往参观贵制造厂，并开罐头黄梨糕招待云。"然余已忘矣。二日吧城市甚恐慌。三日土番出抢劫，闻死伤数百人，损失者多属华侨。四日敌军已入市，而荷军仍望风逃走，绝无抵抗，当地人则在多处抢劫。赵君祖父母兄弟，全家廿余人原居芝安术埠，亦概移来，合庄君等共住计四十余人。园内备有枪两枝［支］。五日夜有当地人廿余将来抢不成。越夜复来，乃用电话达芝安术，派四位警察来保护。因是日敌人已派人来芝安术维持治安，所派之人系前在此经商者，故芝安术区不致纷乱抢劫也。

---

　　①　郭美丞（1896—1959），福建海澄人，印尼雅加达侨领，时任南洋华侨回国慰劳团副团长。

　　②　陈泽海（生卒年不详），印尼华侨，在东爪哇开办橡胶园，早年与陈嘉庚相识，1941年3月接待陈嘉庚一行避难。

五〇八　华侨被抢劫

九日庄西言君遣其两子，坐汽车往芝吧蓉住宅视察，拟越天迁回，至晚回报，昨日被当地人数百人抢劫一空，甚至门户亦打毁，其宅内积存布类，值价卅余万盾，尽行损失。近处华侨住所，亦多被抢，并死伤无数。有一家侨生男女七人，备有枪两支，当地人百多人要来抢，见主人执枪在手不敢近。其雇佣在侧，亦系当地人，请主人将枪交他与抗，主人信以为真，将枪转交，该佣立将枪口向主人。主人曰尔在我家服役廿二年。佣答曰，今日是我好机会，即开枪打死，全家被杀死五人，各物抢劫一空矣。是日吧城庄君令弟，提日本宪兵队长交庄君一函，请庄先生速来见，有事相商，切勿延迟，另口述如不来必有相当对待。越日庄君不得已带眷回吧城，留三子同余作伴。临行时余告之云："敌若知余与君有关系，必须告者请勿讳。"盖余恐累及庄君耳。越十天始接庄君电话，报告敌人好意相待，所失布类已有一部份讨回，余闻讯心稍安。

五〇九　敌在吧城大捕华侨

卅日郭美丞、刘玉水二君自吧城来言，敌人对诸侨领甚好意，无何寻仇事项。越日郭君同庄君二子回吧城，刘君另约友人于四月五日来导往吧城。到期刘君往芝安术埠会友人，始知庄君被捕，乃不敢往吧城，而往泗水。因余前日已告刘君，此地近吧城匿此不妥，又园主虽好意，只可暂而不可久，宜往泗水觅诸校友更妥。故刘君有转往泗水之行，然余未之知也。四月八日吧城刘心田君来胶园，要觅刘君。余始知庄君被捕多日，又言敌人曾问庄君，知余与刘君来吧城事乎？庄君言不知。不多日敌在吧城大捕华侨百余人，余甚觉不安。最有关系者，恐园主陈君，难免恐惧余之寄寓。陈君为茂物埠富侨，既恐被拘捕，又恐被余累，实势之使然，故余别往之念无时获已。廿二日刘君始由泗水回来，带诸校友一函，约本月终便来导往。而待至五月八日尚无消息，余则托赵君派其园内书记，携函往泗水交郭应麟①、黄奇策二君。越日回报，准数日便来导往也。

五一〇　移居梭罗埠

五月十五日上午，郭君应麟、廖君天赐来胶园，余甚欣慰。下午余同刘君与赵君握别，即同郭廖二君来芝安术，暂寓旅舍，待晚后搭透车来泗水。因军客满车无位，复回旅舍。十六早搭火车来日惹，寓于旅舍。十七日搭火车来梭罗，寓于旅舍。廖君回去通知黄君丹季②、陈君明津来见。余闻梭罗华侨，组织一机关对敌人负责办理华侨登记及其他等事。乃与黄郭二君商妥，就此租屋匿居。即日租一半洋式平屋，房间颇多，其他亦均适用，月租四十盾。并请郭君往泗水搬眷同住。郭君夫人林翠锦③，亦校友，有干才。黄君为厦大学生，在东爪哇玛琅埠营家私工业，自敌入爪停止工作，故时常来招待，甚诚恳。然梭罗埠自七月起，天气颇热，余发生牙痛两次，且闻秋后更热。乃决移匿玛琅，托黄君租屋。而郭君与友合作商贩，颇称顺利，故常单身留此。

五一一　复移住玛琅埠

八月四日，余与刘黄二君，搭火车来玛琅，所租之屋甚佳，月租前为六七十盾，现降至四十左右盾。家私概新式，为黄君行内搬来。郭君及其夫人再两三天亦到。余在新加坡自敌南侵后，心多忧烦常舍饭食粥，每夜至多睡四五小

---

① 郭应麟（1898—1961），祖籍福建龙海，生于印尼东爪，艺术家，时任新加坡南洋美术专科学校教员。

② 黄丹季（1900—1995），福建安溪人，印尼中华总会理事、玛琅和泗水中华总会领导人，发起组织华侨生活促进社并任主席。

③ 林翠锦（1904—?），郭应麟之妻，菲律宾出生，少时回鼓浪屿，后就读于集美师范学校，1928年赴新加坡，1934年与郭应麟在厦门结婚，抗战爆发后，举家避难南洋。1942年协助夫君及黄丹季等校友一起保护避难印尼爪哇的校主陈嘉庚。

时。离新加坡后沿途虽迟延经月，然到处受侨胞热诚招待，堪称顺适。及至爪哇陈君泽海胶园内，天气既好，时常七十余度，伙食亦佳，惜余常存客气，颇不自然，及至梭罗虽午后天气较热，然三餐甚好，食量进步，至玛琅天气与胶园同，食住均佳，远胜在新加坡之生活。所差者蛰匿屋内，不便往外游行，心中焦急盼胜利早临，然消息难通，只有阅当地日报。以其偏于彼方之宣传，只可自行猜测。臆度澳洲如能坚守，则联军不久便有反攻之日，而敌寇终必败溃矣。

五一二　闻风屡迁移

十月念日，有人告黄君，此间宪兵队长闻余来玛琅埠，已着手查探。余即日避往黄君厂内。刘君则往峇株乡亲处，由是该乡亲及友人始知余行踪。廿六日复来玛琅住宅，廿九日同郭君搭火车，往近外南望小埠，苏浩然君米厂。苏君夫妇均校友，诚恳招待，无如住家房屋不便，且日日受其招待，不欲久住。十一月九日复回玛琅原宅。余每天鸡鸣后便起运动及洗身毕，即出门散步，及天明时乃返。因敌捕人常于天甫明即到，余故于其时防避并为卫生起见耳。黄郭二君每劝余移往别埠，余恐屡移不便，且以天气关系。又查探宪兵部未有确实侦余消息，故亦稍放心。郭君因梭罗商贩乏利，而在玛琅设牙刷工厂，故亦常住此。校友林君永德，数月前押友人航船往新加坡，并到太平回来，带有马来亚数埠日报，余阅之略知马来亚情况。可惜他将往时未相见面，不能托其代查余在马来亚，诸儿侄及诸事业如何耳。

五一三　回忆录动笔

民国卅二年三月间，余仍住玛琅埠。追念生平对社会国家，无甚有益事业，故未有记载。唯前年代表南侨，回国慰劳并考察，及探悉闽省民众遭受陈仪野心苛政惨状，则不可不记录。前曾嘱李秘书笔录，回洋时阅之遗漏不少，嘱其重编拟补录，彼竟怠慢延搁，而余亦怠于执笔也。兹以避匿在此，终日无事，回忆往事，虽未能周详，遗漏不少，然亦可记大略。个人经历虽不足道，然所见所闻多属确切事实，有裨社会观感，且使后人知当祖国抗战时，南洋华侨之工作情况，庶不致误以为当我国有史以来所未有之危险期间，海外南洋千万人之华侨，尚坦然置之度外而忘其祖国也。

五一四　再移峇株

五月六日晚，郭君来告：下午有二次日本人来其工厂似暗查嫌疑之事。该厂绝无他项可怕，所患者恐外间风闻容余同居，此最为紧要，于是乘晚复避往黄君工厂内。越早与黄君搭车来峇株，在刘玉水君住所数日，知无危险乃复回玛琅住宅。不数日敌宪兵副队长，为藏娇故，来余寓所对面居住，且有华人为彼使役。由是余不得不别移，故再来峇株埠，在笨珍路边租一住宅，月仅廿盾，系荷人新建不久者。空气风景均佳，有前后厅及数间房，若非战争时，虽七八十盾未必能租得。盖此处为风景区，住宅多业主自家居住。与余同住者为李荣坤君，并母妻二子相待甚殷勤，黄君亦常来作伴。此为五月念间事。至七月十二日，泗水埠有新加坡人被警局拘去，恐与刘君有关，余不得已复移往玛琅郭君住家，至七月卅日因风波已息，复回峇株住宅。然该宅现在大路边，来往经过之人必众，华人虽少当地人甚多，敌人亦有往来。诸相知及校友屡劝他移，勿住此地，因华侨中有数人知余住此。余言他移有三项不便：（一）热地及小埠均不合，小埠即非热地，然新来华人恒引人注意。（二）东爪哇不热之地，大较〔较大〕之埠，则玛琅、老王、峇株。玛琅既住过，老王华侨多亦不可，独峇株系风景区，休养者多。（三）若往内地交通不便，海味不到，且乏妥人家属同居，报纸及战事消息亦难传到。为诸种不便，故不宜轻于再移。且余亦半信命运，若末日未至，何必复移，若末日已到，实属气数。因敌人如捕余，必不与此间侨领同，或将使余作傀儡，代他说好话，余决不从，岂非末日已至乎。自度生平对国家社会尚无罪恶，于财色嗜欲亦绝无污染，问心无愧，安危听之天命可也。

五一五　移居晦时园

　　民国卅三年二月七日，移居晦时园，此园名系余移来后始称之，该园距离峇株埠三公里，园前一道车路，右接峇株大路，左至笨珍路，然园前此路极劣，马车多不肯来，恐损坏胶轮，路面既劣且属偏僻。而屋宅布置，与山水风景等极其佳妙。业主为荷人，早被敌捕禁。系向管理机关租来，月卅盾。若我国人必谓因择风水，故来经营此地。荷人虽不迷信风水，然亦选择地点，以此地风景美丽，故不嫌偏僻。盖其妙景四方均有，非仅前后或左右而已。其园后有小山，高约二百尺，右边为峇株山，高约五六百尺，左边为笨珍山，高约六七百尺，左右两山相离约五六公里，而山脉延长如两手环抱。三方面均有洋宅树木为之点缀，一望青翠之中，间以红瓦白壁。山下两小川弯曲合一，向东南流去，距离园前约一公里余。在此一公里之外，有一片农田及水池，过此之外有不高之小阜，小阜之后有孤山不甚大，高约数百尺，再后远处有高大之山，闻该山为全爪最高者。余短于文才，不能详细形容，窃谓此种风景，即用人力来建造，亦不过如是而已。至所租屋宅系平屋，新式美妙，全屋周围均有无柱走廊，虽淫雨时亦可散步。宅之右畔，为花园鱼池有一藤花棚，长百余尺，阔十余尺，左畔为果子园，及家禽畜栏。宅后及左右树木森列，石路阔三尺，周围长至二千余尺。全园围以铁网，虽汽车夫及役人浴房、厕所，亦用白瓷砌成。水系从上面山泉以铁管导来。电火则自设发电机。然自敌人入境，业主被捕，园中花木失照管，电火无油①，所有家私概为敌搬去。天气夜间六十余度，日间最热不上八十度。方向为坐西向东，无烈风蚊蝇等弊。此等光景屋宅及天气，远者不敢言，若南洋方面料未必有第二也。

---

① "电火"为闽南语，指手电筒或电灯，"电火无油"即失去电力保障之意。

五一六　敌陆军与联军之比较

敌自侵占爪哇后，除收纳以前荷人所训练当地军兵十余万人外，复积极加调当地人青年由十五岁至廿余岁者，不拘日夜加以训练，到处皆是。此间如此，大约全荷亦多如是。合计当在百万人之外。南洋被占区域，如菲律滨之当地人，马来亚华侨及当地人，以及缅甸等处，若无百万人，亦可数十万人。暹罗原有军队数十万人。总合可在二百万人之上。生活简单，粮食易办，生长在热带地方，又堪耐苦，且处在守势方面，更有把握。当地人军队虽不晓机械化，然敌人则可负责，并配以指挥将官。以陆战而论堪称劲敌。若联军方面，印度兵虽靠得住，我国军队不但无多人可来，于机械化亦不晓。至于英美之兵不能就地取粮，对热带气候亦不适。与敌人比较，虽机械较强，若要达到完全胜利，恐非两三年期间可能了。即使全南洋尽可克复，而敌人母国仍属安全，安能崩溃屈服乎？故联军要打败敌人，绝非陆军所能独力成功，此不待智者而后知也。

五一七　联军海空可胜敌

联军要打倒敌人，使其无条件屈服，陆军既如上言不能收效，唯空军与海军乃能获胜。若能获得海空权，则战舰及航空母舰、潜水艇，可以包围日本海，使其船舶不能出入，断绝其交通之路，战舰则攻击其沿海各区，航空母舰飞机万架，轰炸其全国各都市，无需半年，其重要都市已变为焦土。如此彼虽在南洋及中国等处，陆军完整未有失败，然不能回救母国。海路既不能交通，如再勉强支持，不愿屈服，则其国内迟一日必增一日之惨状，而无丝毫挽救之希望，安得不崩溃乎。客年六月余在梭罗，阅敌《共荣日报》，言美国大造航空母舰，在船坞内新造及改造者七十余艘，在坞外以大商船改造者亦有二十余艘，合计百多艘，谅系事实也。

五一八　胜利可期附述志诗

　　余避匿沦陷区内，两方战争确实消息不能知，唯阅敌方之日报加以揣测。按联军战略在太平洋一方面既如上述，重海空而不重陆战。美国亦早已宣布，先尽力解决欧洲然后转锋东向。此系余未离开新加坡时美海军部长之宣言。及至客年（民卅一年）八月初间，美海空军始在南太平洋梭罗门群岛占瓜代加拿岛作基础，该岛敌驻有海陆军二三万人，空军亦有相当实力，然不数日间多被美军消灭，并在新几内亚亦登陆，均积极扩充空军基地。其重要舰队则在大西洋保护运输，以助苏俄及英国、非洲等处。此种战略，全世界人都知之。至于美政府及诸议员，并全国之人亦都明白，赞成此战略也。而我国驻美大使胡适之①，外交部长宋子文，均在美京，则更澈底详知。敌人虽占领缅甸，其发展已登峰造极，不能再侵入印度一步。在太平洋方面，海空军早在珊瑚海失败两次，只能望澳洲而兴叹，其势已成穷弩之末。美英洞知双方形势，在太平洋方面，何时可打败敌人，早已胸有成竹矣。

　　胜利未达，敌寇未败，潜踪匿迹，安危未卜，余惟［唯］置死生于度外，作俚诗一首以见志。

　　　　　　领导南侨捐抗敌，会场鼓励必骂贼。
　　　　　　报章频传海内外，敌人恨我最努力。
　　　　　　和平傀儡甫萌芽，首予劝诫勿昧惑。
　　　　　　卖国求荣甘遗臭，电提参政攻叛逆。
　　　　　　强敌南侵星岛陷，一家四散畏虏逼。

----

　　①　胡适之（1891—1962），祖籍安徽绩溪，生于江苏松江（今上海浦东），中国现代文学家、哲学家，时任驻美大使。

爪哇避匿已两年，潜踪难保长秘密。
何时不幸被俘虏，抵死无颜谄事敌。
回检平生公与私，尚无罪迹污清白。
冥冥吉凶如有定，付之天命惧奚益。

中华民国卅三年四月十四日于爪哇晦时园

战后补辑

余写回忆录动笔于民国卅二年三月,脱稿于民国卅三年四月。迨日寇投降后,余由爪回星,抵星以后数月来,因事务丛脞,未遑补记,兹因付印在即,特补数则,并将报章所载及余近所撰诸文件附辑于此。

一　敌寇投降之喜讯

民卅四年四月初,日本内阁首相小矶倒台,改以海军上将年已七十九岁之铃木继任,识者已知其将败降。盖自来大权属于陆军,今乃归海军,且以老大之人负此重任,其将屈伏,不待智者而后知。五月初其盟邦德国已完全崩溃,而日本之延迟日子者,无非要求联军减轻投降条件而已。至八月十二日果闻日寇已屈伏投降矣。

日寇自去年知将战败,乃鼓励印尼土人许以独立之筹备,反对荷人战前对殖民地之虐待。于是当地人宣传日广,城市乡村普遍集会,日甚一日。日寇投降后,尚须负责地方治安,以待联军来接收。然传闻纷纷,或云此月内,或云来月初,究实相差甚远。九月半间,风闻当地人将抢劫华侨,余乃移住玛琅市。至廿八日接吧城前新报经理,洪渊源[①]君来电,告予如要急回新加坡,有飞机可乘。余复电不日起程。十月一日,余与校友黄丹季等,坐汽车来泗水,午间赴各界欢送会。下午五时搭火车将来吧城,送行者颇众。一等位火车每辆八位,

---

[①] 洪渊源(1894—1984),祖籍福建南安,出生于印尼万隆,华人新闻工作者、社团领袖。

蔡钟长[1]君自费包租惠赠,诸校友伴行者,为黄丹季、郭应麟、陈新盘、林昌平、黄奇策。车行半小时后,有一洋装印尼人来坐在椅边。校友告以包租事,彼答伊:"奉其最高领袖令,来此保护华侨领袖,到某站,即换他人。"沿途果转换数次,足见其鼓动独立,只敌对荷人,而对我华侨尚有好感也。

二　吧城欢送会,附答词

十月二日至吧城,寓于庄西言君住宅,三日厦大、集美诸校友开欢送会,各界参加者数百人。主席致词后,余答谢,并略言厦大、集美两校经过大概,及战后本省及南洋师资必大缺乏。其原因为本省教师素乏,复加以台湾收复,所需更多,而南洋教师为战事改业,及久客思归者亦不少,侨生愿读中文者必多,准是推之,教师必大缺乏。鄙意祖国如有良好政府,则集美学校现移在安溪、大田、南安三处,仍旧勿迁回,而将集美校舍借给政府,专办师范学校,可收学生二千余名,格外优待,在南洋可招初高中毕业及未毕业诸贫生数百人,省内亦然,如此则一年后陆续毕业,可以补救师资之缺乏。余言终,有某校友发言:抗战告终,建国方始,希望校主领导华侨襄助祖国建国云云。余答言:"乏此才力,实不敢当,至祖国现延安毛泽东主席来渝,国共表面上似有妥协之可能,然根本上则背道而驰。不知者只认国内两派不和,究实中央政府方面,将官亦甚复杂。各派均言要行三民主义,究竟谁是谁非?华侨果欲帮助建国,必当分别是非。诸君如要知详细,明天尚有福建会馆一会也。"

十月四日,早间庄君告余,今日如开会勿道起国共事。有顷郭应麟君告余,伊受郭美丞嘱托,劝余在会场勿言国共事,因侨领等多党人。两郭均为校友,余答:"余不能失信,会场发言亦不能受人限制。且起因出自主人,既不能信仰,何必开此欢迎会,不如取消为愈。"郭君等见余如此坚决,与诸侨领聚商,至午饭时尚未表示如何。迨至开会时将届,不见庄郭等君,有他校友招余同车赴会。抵步时各界男女侨胞到者甚众,坐〔座〕位皆满,郭君等亦在场,闻甫

---

[1]　蔡钟长(1902—1981),福建晋江人,印尼侨领。

欲宣布解散，而余适至，遂即开会。主席致词庆祝余安全脱险及勉励领导华侨襄助建国云云。余答谢云："余乃侨民逃难一份子，奚敢当此盛大欢迎，适贵主席顾爱奖誉，并勉余领导华侨，对祖国战后帮助建国等项，余实愧不敢当。然既蒙在盛会中表示，余亦不得不发言，鄙意会场中发言有三种：一，漂亮话；二，敷行［衍］语；三，老实话。漂亮话余平素不会说，敷衍话，难免使诸君失望，若言老实话，恐为一部份人不喜听。如此则将无言可说，但既不能不说，又不得不言多少。

"今请言'爱国'两字。然爱国范围甚广，姑从抗战建国与我华侨之关系言之。抗战需要金钱，而建国必先认清是非，如是非不先认清，则政治上一切建设，都无从谈起。余于民廿九年春，率同慰劳团回国时，在重庆曾问孙院长及财政部，去年（指廿八年）华侨外汇若干？答十一万万元，其中侨胞家信寄款十万万元，义捐一万万元，此数南洋各属占三分之二，美洲等地占三分之一。据世界公例，国家银行发行纸币，每一元基金可发纸币四元，如此其纸币基金便算稳固。华侨汇回国内，尽是现金。政府如依十一万万元之数目尽量发出纸币，可得四十四万万元。除发交侨胞家信十万万元外，尚存三十四万万元。又据何应钦部长在参政会报告，去年（民廿八年）战费支出为一十八万万元，如将上述三十四万万元之数，再除此一十八万万元，尚存十六万万元，可以供作政费及党费。其时抗战已经三年。余询白崇禧、陈诚两将军：兵士每月每名发给粮饷若干？彼答十一元五角，近因米贵，每名另贴米价三元，共十四元半云。查当日每担米价为四十元余。及至南洋失陷后，侨汇断绝，纸币增发，百物昂贵，民不聊生，米价亦由百元升至一万余元，殆由于国币缺乏基金之故。

"至于南洋各属义捐，自南侨总会成立，以迄沦陷，计三年余，所有捐款及药品以新加坡币一十五元申为国币一百元计之，更用各属华侨人数平均，成绩最佳者为菲律滨，彼地侨胞十三万人，每月每人捐出五元。次为马来亚华侨二百三十余万人，平均每月每人一元七角半。又次缅甸侨胞四十余万人，平均每月每人一元二角。又次荷印华侨一百五十万人，平均每月每人一元。成绩最弱者为安南一地，侨胞四十余万人，平均每月每人五角。若论自祖国来，而个人又拥资最富者莫如安南，该地富侨黄某为同安人，资产有千余万元，惜以领导失力，群情散漫，捐款成绩，致落人后。抗战已属过去之事，此后全国要集结总力，从事建国，余以为首须认清是非。以国民立场言，若不明辨是非，对国事必模糊不清。古语云：无是非之心非人也。金钱非人人所有，力量不大，是非之心则人人皆有。我侨在海外有千余万人，既富有金钱势力，若能加以认清是非，对此后建国贡献，比之以前抗战贡献，必更伟大。

"我国不幸在抗战时，内部尚未统一，重庆、延安俨然对峙。双方领袖均系南人，两党名称虽不同，而其所云推行之三民主义则一。（延安言他们是行三民主义其说详后。）然主义既同，何故不能合作？盖重庆指延安为'赤'，延安指重庆为'腐'，各是其是，各非其非。以余观察，战后则必多一中立派。中央、中共、中立适成三中。大都势均力敌。中立派虽未结成团体，其人物则约略可知，如阎锡山、傅作义、李宗仁、张发奎、薛岳、余汉谋以及宿将冯玉祥、白崇禧等是，彼等虽隶属中央，实则貌合神离。三派人物，俱言奉行三民主义，在抗战时，亦尚可勉强合作，此后三民主义必各有其形态，谁是谁非，殊难认清，要在各人肯运用良心与否耳。

"余前年回国慰劳，深深注意，国共两党能否团结抗战，抑或分裂内战，以及两党政治措施究竟如何？故决定既到重庆，亦必亲到延安，以求得知事实。兹先言重庆，重庆政治，可不具论，我华侨都属闽粤人，如已知闽粤两省之政治如何，则亦不难推知重庆之政治状态也。至所谓中立派者，如阎锡山将军，中央许其有十八师军队，但他扩充至三十师，军费不足，自发省币。余告他国共摩擦事，经白崇禧将军拟具调处方案，划定双方界线，各守范围，合力抗战。阎云此非根本办法，须国民党自己把政治弄好，政治好共产党自然没用，否则虽无共产党，亦有别党，可起而反对云。傅作义原属阎将军之部下，自然与表同情，他两人握有军队四十余万。李宗仁虽反共，而与中央亦非十分契洽，蒋委员长之个性，彼知之甚深，对余曾表示过批评。是时李君亦有军队四十余万人。张发奎虽任战区司令长官，然与中央无一贯因缘，未为中央所倚信。薛岳前系张之部下，余汉谋亦与彼等有默契。以上诸人，在抗战时，固然拥护中央，一致对外，而战后拥有百余万兵力，数量实不减于中央。至于中央之正规军虽上百万人，而民主势力已遍布各省内地，统辖游击队二百余万人。故余以为此三者，已成鼎足之势。国共果能真诚合作实行三民主义，则中立者可无问题，设不幸仍旧背道而驰，则三民主义必能露出真伪，谁是谁非，我侨不可不分别认清也。

"蒋委员长待余极厚,虽宴全体参政员,而首席客位则以让余。最后在黄山别墅设宴饯行,筵终适来警报,主客均下山数百步,入避防空壕,警报解除,复再步行上山。蒋公见余未执手杖,乃将自己手杖强让与余,他与蒋夫人携手同登,深情厚意,余终身不忘,然此属私人情谊,至于国家大事,公私应有分界。余甚望蒋委员长更使政治良善,庶以成其不世伟业,保持其无上荣誉也。余自入延安界鄜县、甘泉县,便注意道旁所经各田野,见其陇头阡陌,一一仍旧。窃思彼等若已实行共产政策,必废阡陌,而成为集团农作,今则田园旧界仍存,心中颇觉疑惑。又见农夫及路人衣服亦颇完好,不似甘肃人之破烂残污,恍似另有天地。

"抵延安之越日,参观女子大学,乃首次与朱德将军相会,将回时,李秘书头部突受车伤,入医院七天,此时期一切参观,李秘书概未参与。延安教育大中小学校均免费,男女大学生衣食住皆政府负担,每月复给零用费一元。公务员每日工作外,须读党义二点钟,每星期上一大课,坐在露天地面。公务员、学生、民众常数千人,听名人演讲。

"农民产业权仍旧自由,各新垦荒山田园,业权亦属私人。抽税每人每季不论收成何种物品,上四百斤者抽一斤,加收一百斤者,加抽一斤半,至多抽至七斤半为止。新垦田园首年收成免税,民众负担纳税,只有此条义务而已,并无其他捐税。工业如机器厂只有政府创设数家,甚形幼稚,人民仅有多少手工业而已。

"商业在延安城外,只一道街。延安全城内前住二万多人,被敌炸作平地已无人居。大小商店百余家,均为私人经营,营业自由,政府绝不干预。全年亦无抽税。

"南洋男女学生及闽南人在延安者颇多,财政长、医院长、司法院长均龙岩人,宣传部秘书陈伯达惠安人,为集美学生,司法院长亦为厦大学生。

"余既查明后,问何谓共产政治?彼答:'是行三民主义,而非行共产政策。前在江西亦系如是。又自西安事变时,与蒋委员长所立合作条约,更坚守不变。'余问条约内容可得闻否?答:'蒋委员长在西安事变时所议定者:(一)日本如侵入华北必须抗战。(二)划陕甘十八县、宁夏三县,共廿一县为边区自治政府，直属中央管辖。（三）中央承认共产军编成三师。（四）中央逐月供给军政费国币六十八万元。（五）如与日本开战，中央每月供给枪弹八百万发。（六）以上各条在手续上须经行政院通过，并宣布全国，而共产党须实行三民主义。故自该约成立后，彼已实行三民主义云.'

"据朱德将军言，彼等'照约实行三民主义。而中央政府对所约各条件，未尽举行，行政院虽已通过，却未宣布全国，致国民绝不知情云云'。

"余上言三中鼎足，或者有人以为此乃余之杬[杞]忧，余亦乐受不辞。若此次国共会议能真诚合作，实际推行三民主义，建国不难成功，诚我国家无穷幸福。设或不幸分裂，则三民主义又将如何？料不致均为徒托虚名，最低希望，亦必有一方面能真实行三民主义者，战时虽黑白难分，若在战后，无难水清鱼现矣。

"我海外侨胞，对国内任何派别，只有义务，而无权利。惟[唯]有极望国内政府实践三民主义，庶能达到建国目的。欲求建国目的之达到，尤必须先认清是非也。我国政治如能办好，华侨人人心理中之愉快，比之霎时获资数十万元，当更狂喜。何以言之？国家政治不良，回国投资无路，故资本家不论其如何辛苦，积血汗资千百万元，仍与祖国无丝毫利益关系，而在南洋将资本遗子孙，亦每每不逾一世而亡。新嘉坡闽侨，余所知者，五十年来百万以上之富翁十余家，其身后不坏于无知之妇妾，则毁于不肖之子弟，家破产亡，门庭冷落，声名狼藉，言之可伤。假如国家政治优良，儿女可受高尚教育，而己身投资祖国，机会尽多，中南航路畅通，故乡侨地，两可为家，随意而适，生前事业开拓，身后子孙贤能，令誉可以永保，其乐何如？然此固首赖祖国政治之优良，方可有望也。"

三　回新嘉坡

十月六日，上午由吧城乘飞机，午后到新加坡。直到怡和轩俱乐部，屋内修理未竣，用具及各物损失无余，盖被敌占住三年余，方始交回，重整未备。少顷诸旧雨[友]接踵来访，相庆脱险平安，及闻侨胞遭难惨况，则悲喜交集，真有不胜今昔之感。

四 日文书《华侨研究》中一段

老圃译（《南洋商报》载）

　　星洲沦陷后笔者经华侨检证之浩劫，幸得脱险。当时甚欲知日寇对于华侨之意见，一日于一小摊购得日文旧书一册，书名《华侨之研究》，系日本企画院——按此想系日本政府所设，专为计划侵略他国之机关——所编，一九三九〈年〉末出版，洋洋巨帙，详述南洋华侨之种种情形，以及其抗日工作，事事皆甚明晰，较之华文书报所自述者尤详。日寇大约即用此种报告为根据，以对付我华侨者，阅之不禁毛竖。中有一段专论陈嘉庚先生，可见日寇对于嘉庚先生之注意，先生能安然渡过此长期逃亡之难关，可谓天幸。于兹日寇屈膝，先生归来，侨胞举行欢迎大会之际，笔者欣然释锄，译而刊之，以与侨胞共申庆祝之意。该书第五章"抗日诸团体之活动"第一节"陈嘉庚"，所述如下：

　　若将此人除外，不但马来亚之抗日运动，即凡其他华侨社会活动，均不得考究矣。彼为福建出身，在世界恐慌前，其经济力唱霸全马来亚，发挥绝大势力。（中述嘉庚先生之营业，从略）。其后受世界恐慌波浪所袭，经济上遂致失败，然其昔日之势力仍不减少，其社会地位及声望依然"独步"，对全华侨有强大之影响力。彼现为星华筹赈会之主席，又为抗日及排斥日货之主动机关，难民救济会之主席，"奔命"于抗日之运动。一时传闻彼欲辞职，然此系误传，实则彼仍旧在抗日阵营中指挥工作。彼早于一九一三年（应为民十三年）特为排日之目的，而创办《南洋商报》，置言论界于其势力之下，现今其销行额约一万份。去年一九三八年十月十日双十节，全南洋华侨代表开大会于星洲，任此会之主席者即为陈嘉庚。彼抑制一部份华侨之盲动，而指导之以从事冷静而有秩序之大运动，实一不可侮之人物也。去年"七七"纪念日，彼在星洲大会中演说，告诫华侨应遵守当地之法律，勿破坏中英之友好关系，而为敌国所笑云云。华军虽屡败，然彼仍不停其怒号。汪精卫脱出重庆以前，曾发表和平愿望之谈话，彼立即电汪云："和平谈话将使华侨误解为无继续抗战之意，应排斥和平，坚持强硬态度,澈底抗战救国,以振奋人心。"(译者按此照日文直译,下仿此。)汪复电云:"我国固反对侵略,然对于国家之生存无害之和平交涉,亦不必拒绝。"陈再打一电表示不满,云"际此国难,民气愈盛,生而屈辱,毋宁玉碎"云云。其后汪由重庆遁出,发表对日和平宣言,新加坡之华侨遂视彼为叛逆,致强硬通电于蒋介石,请其发逮捕令,此电亦正为陈嘉庚所发起也。其后维新政府电陈嘉庚,劝其赞成和平亲日,陈不过以一笑置之。如上所述,彼陈嘉庚者实为南洋之排日货及抗日之巨头,其风貌态度手腕及"抱拥力",正可谓为蒋介石之南洋版也。

五　南侨总会战后[①]通告第一号

日寇投降后,余在爪哇即发出通告如下:

南洋各属不幸沦陷敌寇三年余,生命财产损失惨重,尤以马来亚新加坡为甚。他如缅甸、菲律宾华侨较少,然地当战区,损失必更酷烈。至于爪哇侨胞,遭难虽次,但既受当地人抢杀,复被敌寇劫掠物资,几至竭泽而渔,工厂没收或拆毁,略有声望侨胞,多遭拘禁集中营,酷虐待遇,苦不忍闻。其他侨众,虽获些少自由,然拘捕任意,朝不保夕,一入囹圄,释放无期,酷刑虐待,非死则伤。加以公务人员,狐假虎威,助桀[纣]为虐。人民疾病伤亡,难以数计。兹幸联军胜利,领土恢复。侨胞损失虽重,然经此困苦难关,追念前昔泛散,此后应有团结组织,亲爱互助,协力同心,俾于两三年内,克复前业,效力建国,实践侨民天职。至于沦陷间,敌寇权威之下,或迫于压力,或困于生计,不得已在营业上与敌交易,不足为怪。若以此为罪,则许多人员为敌服务,政府将如何处置。惟[唯]有为虎作伥,任敌走狗,谄媚无耻,利己害人者,此辈虽可恶,然谅极少数,政府必有相当之处置。除此以外,不可居心嫉忌,吹毛求疵,造作构陷,互相排挤。当知侨胞来此,多为谋利计,虽或有积货居

[①] 南侨总会通告日据时期中断,战后于1945年10月恢复发布通告,但重新编序,此为战后在爪哇发布的第一号通告。

奇，料属少数，而大多数人损失，当加百十倍。黄台之瓜，岂堪再摘。倘有获利侨胞，对于救济援助，捐输教育，尤希格外慷慨，因富成仁。至于侨胞惨被敌寇酷刑虐杀，迫取金钻，掠劫货物，应当严惩报复，及请追回，或求赔偿。各处侨领宜速组调查委员会，呈请中外政府，务期达到目的，此为战后侨胞首要之任务也。此布。

六　电印尼主席促进中印民族友谊

万隆印度尼西亚共和国临时政府主席苏加尔诺①先生鉴：鄙人前由爪哇返星，在爪哇时深悉足下所领导之印度尼西亚共和国政府与人民，对中华人民采取友好态度。鄙人兹特向足下表示感谢。惟〔唯〕目前苏门答腊有若干地方，中华与印度尼西亚两民族间感情尚未臻融洽。鄙人以华侨领袖名义，已通知该地华人，务须与当地印度尼西亚人保持最密切之友好关系。兹请足下对各地印度尼西亚人亦作同样通知，以期中华、印度尼西亚两民族间之睦谊愈益增进，无任盼祷。陈嘉庚自新加坡。

七　调查我侨损失
（转录各报记载）

星华筹赈会，自星洲沦陷后，会务便尔停顿，至今已达四年矣。主席陈嘉庚归来后，觉该会有许多事务，急待继续办理，爰定于本月十五日（星期一）下午二时假座中华总商会举行委员会议，议程如下。

（一）报告本会在沦陷期间账单及器物各种损失。

（二）报告民国卅一年一月廿九日存在中国及华侨两银行之款项数目。

（三）报告沦陷前曾代英政府雇工垫出三万余元之款项数目。

---

① 即苏加诺（1901—1970），出生于泗水，印度尼西亚国父。

（四）本筹赈会之名义，是否暂再保存，如须保存，各帮委员缺额是否须加补充或更动。

（五）敌寇入境惨杀华侨，及检证时被其捕去，与及后来累次掳杀，生死存亡不可胜计。是否须另组华侨机关负责调查，抑由本会办理，以便汇集报告，呈请中英两国政府严惩凶犯，及处置敌国。

（六）敌未入境时，侨胞各商店存积物资，多或数十万，少亦千百元（叻币）。迨被占领，非遭武力掠夺一空，即为伪币剥夺以去。现今英政府对于伪币价值若不予相当承认，则吾侨几等于全部破产，损失惨重如斯，前途奚堪设想？又如各工厂原有规模悉被破坏，是否应限期征求各侨商造报工商业物资损失，及所存伪币数目，以便呈请中英两国政府筹划补救补法，并责敌国赔偿。

（七）临时动议。

《南洋商报》十月十三日

星华筹赈会为调查敌寇占领马来亚时，吾侨生命财产之损失，特组织调查委员会，该委员会昨假总商会举行第一次委员会议，到会者卅余人，主席陈嘉庚，纪［记］录李铁民。（一）制定调查表格案，议决，分作财产损失及所存军票（再分商店与个人两种）及人命牺牲，依照所拟格式表通过。（二）调查办法案，议决，分区进行，大坡四区，小坡四区，由全体委员会及襄助员参加工作。大坡推杨缵文①为召集人，小坡推李亮琪②为召集人，如人数不足，另行增加。至于市区外，仍由筹赈分会负责（日内召集会议）。

《星洲日报》十月二十日

星华筹赈会调查委员会，已发动大规模调查吾侨在敌寇占领时代，人命财产之总损失。其中如敌寇之宪兵部，特高科以及各种军警机关，逮捕无辜民众，加以种种酷刑迫讯，惨无人理，如所周知，灌水、灼电、灸香、灸香烟头、碾腿、跪玻璃屑等，任意施刑，不胜枚举。该调委员会为欲制成表式，以便详细

---

① 杨缵文（1881—1967），原名诗籍，广东潮州人，新加坡侨商。
② 李亮琪（生卒年不详），广东人，新加坡侨领，时任怡和轩俱乐部总务主任。

调查，兹特征求各界侨胞，凡所身受，或耳闻可靠者，请将其酷刑种类，一一列出，函报"新嘉坡华侨筹赈祖国难民大会调查委员会"收，俾便汇集填入调查表格之内，望我侨胞，深切注意，就此数日内，径函报告云。

《星洲日报》十月十八日

南侨总会通告第二号

自敌寇南侵至于投降，南洋各属华侨生命财物，损失惨重。各处若不妥备手续，分户调查，则不能知确实数目，既无确实数目，何以造报中外政府，严惩敌寇，责偿损失。至于办理调查之机关，如由"七七"抗战后各地组成之筹赈会、慈善会等，亦甚相宜。其中如因战争解散，回复为难，则由当地侨胞之新成机构，或原有公团如商会者，负责主持，当无不可。查英属马来亚原分十二区，各区原设有筹赈会。现新加坡区经组成调查委员会，推进工作，按一个月内可以竣事，其他十一区因交通不便，未悉情形如何，是否应行变通办理，最好就地解决。兹付去新加坡区调查表格四种，凡未举行诸区，可以参考，并希从速举办，最迟尽本年内调查完毕。统报本总会，以便汇集转行呈报英政府及我祖国政府，依照公意，请求办理，为死者谋伸冤，为生者谋救济，或不至全无希望也。此布。

八 五百社团欢迎会答词

新嘉坡各社团欢迎会于十月廿一日开会，主席总商会长连瀛洲[①]致词毕，余答词言：

"余乃侨民逃难者一份子，未曾随同诸君在本坡沦陷区内痛受敌寇凌虐之惨苦，内心无限惭愧，奚敢当此盛大之欢迎。无如报纸已将欢迎事情发表，屡辞不获，再却又恐不恭，只得敬谨接受。

---

① 连瀛洲（1906—2004），广东潮阳人，银行家，华联银行创始人。

"适才大会主席要余说话，余首先欲言者，为抗战与建国。抗战之起因，乃由于'九一八'之事变，'九一八'罪魁为'土肥原'，继而'七七'战争，'七七'之罪魁为'近卫'。近卫宣言，欲将中国打至屈膝而长为日本之附庸。其最初计划，按出兵十五师团，三个月占领华北各省，此事世界咸知。又继而敌寇南进，其罪魁为'东条'。自敌寇败降后，联盟国对敌寇严加处置，首重惩治战争祸首，故土肥原、东条，均已捕禁待审，而近卫则逍遥法外，且仍为高官，居尊处优，威势煊赫，不逊平时。虽美英苏等认七七事变非其战争主要，而我政府对此深仇大敌，竟亦默无一言，殊觉可异。南侨总会拟于近日致电我政府，主张严惩此寇，以谢我国。"（以下如在吧城福建会馆欢送会所言，见上文，不赘。）

九　重庆庆祝大会来电

陈嘉庚先生赐鉴：暴敌投降，公莅星岛，消息传来，万众腾欢。顷由十团体发起庆祝大会，本月十八日举行，贺辞满壁，到者盈门。会上公决，奉电致敬，祝公康强，为国宣力，和平永奠，端赖老成，盼赋归欤，群情所企。海天万里，无任神驰，谨电奉闻，诸维垂察。陈嘉庚安全庆祝大会公叩，印。（十一月八日）

附转载十一月十九日重庆《新闻报》

"陈先生，即嘉庚，对人好，谋国忠，一言一动皆大公，闻已返旧居，远道得讯喜难名。"这是冯玉祥先生为庆祝陈嘉庚先生脱险所作的一首"丘八诗"，挂在十一月十八日重庆所举行的庆祝会的会堂中，特别为人所欣赏。

会场中还挂得有很多人的祝词，包括各方面的人物，譬如说陈立夫和青年团送了些对联，毛泽东也送了一幅"华侨旗帜，民族光辉"的单条，周恩来、王若飞[①]的祝辞说："为民族解放尽最大努力，为团结抗战受无限苦辛，诽言不

---

① 王若飞（1896—1946），贵州安顺人，时任中共出席政治协商会议代表。

能伤，威武不能屈，庆安全健在，再为民请命！"

大会主席是邵力子，到会的人有五百多，郭沫若①、黄炎培、柳亚子②、陶行知、沈钧儒③和海外部副部长赖琏④都来了，正如黄炎培所说的，来参加的人都是自己来的，不是被拉来的。

邵力子先生说："陈先生的一生就是：兴实业、办教育、勤劳国事，言人之所不敢言、为人之所不敢为。"黄炎培说："发了财的人，而肯全拿出来的，只有陈先生。"

郭沫若被请起来说话，他是代表文协来庆贺陈先生的安全的。"陈先生是建设的人物，另一方面还有些破坏性的人物存在着，陈先生是坚决地反对有破坏性的人物。"郭先生开始了他的一篇有血有泪的呼吁。"陈先生是诚实公证的人，能为老百姓多说几句诚实公正的话。我们人民要求安居乐业，水够深，火够热，我们决不容许再使水加深，再使火加热。陈先生现在是在庆祝个人的安全，同时正在忧虑全国人民的安全呢！我以良心来庆祝他的健康，庆祝全中国人民自己免掉内战的健康！"多少鼓掌，打断了他的话，台上在呼吁，台下也发出吼声。

最后柳亚子提议于大会后致陈先生贺电中，加上请他和他的朋友快来重庆参加政治协商会，以制止内战的意思。台下又发出爆炸似的吼声："好，好！"但是没有成功。邵力子说贺电中有"和平奠定，端赖老成"的字样，不必再加。后来主持筹备的人也不肯，郭沫若、柳亚子、邵力子都离席了，接着一些参加的人都纷纷离席。

这次庆祝会中，潘国渠先生提出了两句话："南洋一千一百万华侨的心预备供献给祖国，祖国如何来接受他们的心呢？"

---

① 郭沫若（1892—1978），四川乐山人，中国现代作家、历史学家，时任国民政府军事委员会政治部第三厅文化工作委员会主任。
② 柳亚子（1887—1958），江苏吴江人，中国近现代民主人士、诗人。
③ 沈钧儒（1875—1963），浙江嘉兴人，中国民主同盟创始人之一，民主爱国人士。
④ 赖琏（1900—1983），祖籍福建永定，出生于湖南长沙，时任国民政府海外部副部长。

覆［复］庆祝大会电

重庆大学转庆祝大会诸君公鉴：印电敬悉，敌寇南侵，侨胞生命财产损失惨重，尤以新加坡为甚。庚避匿爪哇，未同诸侨分苦，实深抱愧。竟蒙过爱，集会电祝，愧感无任，谢谢，陈嘉庚沁。（十一月廿七日）

一〇　出任调解劳资

余徇总工会所请，敦请本坡各厂家推派代表，于十一月十日假中华总商会，举行座谈会，协商复工办法，同时并请各帮侨领为调解人，莅会协商。发出小启如下："昨日本坡各业工人，联合总工会主席卢君，及代表四人来告，总工会已经成立，且已经过各途工友多次集合，授权各代表与总工会接洽复工问题。故彼等托庚向资方劝促举派代表，共商复工条件，俾得早日复业，双方均蒙利益。庚窃以新加坡虽为出入口转运商埠，然工厂林立，劳工实居多数，尤以我华侨为最。对于合埠工商营业，民众生活，与及治安繁荣，实有莫大关系。然自战前劳资纠纷，早已无法消弭，扰攘已达极点。基本原因，为劳工非但无总工会可以领导，而各途工友亦乏相当代表负责人。兹者各途工会既产生实权代表，复由各实权代表组成总工会，是则劳工方面，既有具体团结，遇事自有全权代表可与资方接洽。所以彼等特于今日来告是项缘由，并托代向资方促派代表协商复工办法也。此举纯为双方均等利益着想，资方谅必共表同情。庚以社会公利所在，不避僭越，谨订本月十日（星期六）下午三点钟，假中华总商会，开各途资方代表及调解员联合座谈会。每途请即推派代表二人至四人，前来赴会。如该途尚未有团体组织，请会集同业商议，酌派出席之人。"

一一　组织回国卫生观察团

余著有《住屋与卫生》一册，赠寄国内各省当局，贡献住屋与卫生之意见，并拟组织"南洋华侨回国卫生观察团"，征求团员及书记三十二人观光祖国，到各省府县城，实地考察报告，并由总会发行月刊贡献祖国，促当局注意各点改革事宜，此为中华民族将来健康之大计，民族生存扩展之要务，兹录通启原文于下：

"径启者，南洋千万华侨素以家乡为重，自民国光复后，热心爱国，进步甚快，逢有灾难，悉力救济，不分省界，以国族为前提。'七七'事变，同仇敌忾，热烈救亡，捐资助饷，数年如一日。惟〔唯〕寄人篱下，限于自由，故不得不借慈善机关救济会等名词，成立机关，以避阻挠。此不但新加坡为然，全南洋诸筹赈会，亦莫不皆然。兹者抗战告终，各处未汇捐款，必有多少。若仍汇交国府行政院，以助政费，犹如沧海一粟，无丝毫价值可言。如请为某项救济，虽政府能实行，亦不过抵减国库极微之支出，此不待智者而后知也。余为此事再三考虑，若变通办理，存款汇归祖国，用途则择其确可有益民众者。言外汇则绝无差异，言救济则更可实施。不宁唯是，如办有成绩，将来可以继续捐输，再行推广，以期普及全国县市。至所拟办法，为组织'南洋华侨回国卫生观察团'，其简章及任务，另印付阅。盖祖国城市乡村之不合卫生久矣。影响所及，至为重大。战后建设伊始，亟应乘兹计划改革。予已印有《住屋与卫生》小册，邮寄祖国各省市当局，供其参改，并请迅速实行。兹复拟组织此观察团回国调查视察。查新加坡筹赈会存在银行十六万余元，若将此款移作观察团经费，足可支持两年。他处如表同情，日后更可推广。借考察于观光，借调查而促进，我侨任务，唯此为宜。或云祖国方事内战，观察恐生阻碍，应暂迟一步，然此所谓因噎而废食。盖国内虽不幸而发生政争，然军民多明是非，谅不致延长糜烂，阻碍建设之进行，况我侨完全为促进卫生建设起见，绝无党派政治意味，可免过虑。兹付上《住屋与卫生》一本，及观察团规则一通，希予惠览。不日拟传集开会解决此案，特此通告。"

南侨总会通告第五号

本总会成立于祖国抗战发生之后，组织法与普通社会不同，因常务及诸委员多住外埠，故授主席以特权，如第十四条"主席主持一切任务及策划应兴应革事宜"，除领导各属会增加外汇金钱外，凡有裨抗战有益国家民族之事项，本主席当尽其职责，庶无负侨胞之委托。兹者，抗战告终，各处筹赈会或慈善会应当结束。然尚有未了之事，则以华侨生命财产损失惨重，调查造报，义不容辞。他如爪哇、安南兵戈未息，迁延何时，尚不敢知。为此之故，本总会虽欲召集开会，办理结束，亦不可能。且以抗战虽终，建国方始，华侨任务，更形重大。本总会在未结束之前，略尽棉〔绵〕薄，责无旁贷。审时度力，实事求是，认卫生为建国首要，考察有促进效力。华侨贡献任务虽多，易收效果无逾乎是。故倡组"南洋华侨回国卫生观察团"，以期襄助建设于万一。舍此以外，无其他更有把握者可以提倡。职责虽重，贡献无术。爰拟将筹赈会存款，拨作此项经费。至前汇交政府之用途，确实用于救济者不过十分之一二。盖华侨每年义捐虽达国币一万万余元，救济会长许世英言，中央每年仅限拨救济费，二千万元而已。然华侨义捐之目的，多在襄助战费，故不问政府用途如何。兹者战事告终，剩余微款，似以完全充为慈善建国之费为宜。或云国共政争剧烈，内战难免，恐致交通阻梗。然兄弟阋墙，战区有限，与外寇侵略，绝对不同。我侨不宜因噎而废食。设不幸延长扩大，双方必能尊重局外民意。况华侨为襄助建设而回国，定必更加优待，决无意外之虞也。为卫生观察团事再予说明如上。

中华民国卅四年十二月十四日

侨民大会赞同（转载《南洋商报》十二月十七日）

星华筹赈会于前星期六日下午三时，假中华总商会召开侨民大会，讨论筹赈会存款十万余元移交南侨总会作华侨回国卫生观察团经费事，到会侨团代表及筹赈会委员计二百多人，由陈嘉庚主席。开会时，首由主席宣布开会理由，大意略先追述南侨总会组织宗旨，及和平胜利后，因环境关系，故一时尚难办理结束，而星华筹赈大会亦以抗战后责任未尽，继续为国家社会服务，进行各种工作等由。次即宣布此次组织回国卫生观察团，借他山之名，裨益祖国战后建设上之进步。对卫生之注重与否，与民族之健康及死亡率之比例，有重大关联，阐明甚详。继称抗战胜利后华侨欲贡献国家，拾此无较适切之道。渠于避难荷属之时即曾慨念及此，且曾周详计划，乃著作《住屋与卫生》，将观察经验及智力所及，撰述成帙，印刷三千册寄交国内各省当道，请其转致属下市县，以备新兴建设之参考。最后言明回国卫生观察团之组织，业经星华筹赈会委员会赞成通过，兹为移款手续慎重起见，本日特召开侨民大会，请诸君对移筹赈会存款充作南侨总会，办理卫生观察团经费，是否赞同予以慎重表决云。主席致词讫，继起发言者有周献瑞①、连瀛洲、庄奎章②、李友竹、郭珊瑚③等君，对主席倡议卫生观察团，原则上均表赞同。惟［唯］连瀛洲先生对团员遴选建议重物色技术人才，而庄奎章君则请扩大观察范围，卫生之外，进而考察国内政治、教育、经济、建设诸问题。最后再由主席解释，该会之召集，只在讨论移款问题，请到会代表就此种意义而表决之。结果由李竹友君正式提议，将星华筹赈会存款移给南侨总会作为组织华侨回国卫生观察团费用，多数举手赞成通过，遂告散会。

一二 编辑《大战与南侨》

南侨筹赈总会，拟编辑及印行《大战与南侨》一书，由余发出总会通告第三号征求稿件，文云："自'七七'抗战以来，南洋千万华侨，对祖国捐资助饷，不遗余力，其经过情形，余已记于《南侨回忆录》，数月后可以出版，俾今后人知我南侨拥护祖国抗战之实况。其后敌人南进，造成世界大战，既据越暹，复陷英美荷各属，使我华侨无量数之生命财产，均在其淫威掌握之中，俘捕刑杀，奸淫劫夺，牛马奴隶，任所欲为，损失之大，难以数计。兹者大战告终，胜利已达。此后中外各国战史，必多记述。然各国各有立场，编述各有所重，欲求其详载我华侨之惨遇与牺牲，永为后人观感之资者，料不可得。纵吾侨另有私人记载，恐亦囿于见闻，一地之情况尚恐未周，况全南洋地域广大，网罗更为不易。本总会有鉴于是，爰拟集合此项记载，编辑成书，名曰《大战与南侨》。特在南洋各埠登报，广求爱国侨贤，将前后见闻，确属事实，堪留传记以

---

① 周献瑞（1887—1964），祖籍福建南安，生于厦门，南洋同盟会元老，新加坡华侨树胶公会创办人之一。

② 庄奎章（1894—1969），福建惠安人，时任星洲华校教师公会主席。

③ 郭珊瑚（1898—1980），福建龙溪人，时任新加坡福建会馆总务科主任。

为信史者，撰成文章，寄交本总会。征文内容：计分（甲）军事（乙）贪污（丙）刑杀（丁）奸淫（戊）奸贼（己）损失（庚）政治诸项。"

南侨总会通告第四号

自日寇"七七"启衅至南进为止，我侨对祖国筹赈救亡工作，余已详述于《南侨回忆录》。迨日寇南进后，南洋各属沦陷，侨胞生命财产损失惨重。大战告终，我侨遭难经过，不应无所记载。本总会爰拟集合此项文字，编成一册，名曰《大战与南侨》，特登报广求爱国侨贤，将前后见闻事实，堪留信史者，撰文惠交本总会。征文内容，分军事、刑杀、贪污、奸淫、奸贼、损失、政治七项。详述地方一切或一二项情形均可。详细说明，另印散张寄存马来亚各区筹赈会分会、苏门答腊中华商会。要者请向贵处机关索取，或来函索寄。至截止期，马来亚限至本年终，苏门答腊限至明年一月终，此布。

一三 福建会馆振兴教育

余鉴于英军接收后，华校复办者寥寥，众多儿童，失学流荡，民族文化，前途可忧。爰倡议筹募教育经费，择地开创学校。经派人与大世界娱乐场商定于明年阴历元月十六十七两夜举行游艺会，以资筹款。十二月十五晚召集福建会馆本届执监委员会商讨办法。余报告此次筹募目的在开创新学校，非为供应原有三校。本会馆办学，一向注意普及，所收学童，不分省籍。例如道南学校，本季所收学生，闽籍以外者，即占百分之六十以上。故此次在大世界游艺筹款，亦望全侨各界，能予尽量赞助。至于此项筹款，亦非经常所有，不似以前筹赈时代，各世界娱乐场每间数月即举行一次。所以尤望侨界有资财而热心兴学者，视此为荣誉之捐款，踊跃解囊云。旋即进行讨论办法，决定组织委员会负责办理，名称定为"福建会馆筹募教育经费大世界游艺委员会"。越数日举行职员联席会议，余之致词录印如下。

金钱如肥料散播才有用

本会馆自多年前，已鉴于本坡侨胞日众，儿童失学日多，而各帮创办诸小学校，大都囿于市中，校舍狭小，每校仅能容学生数百名，后虽复设分校，亦限于局部少数生额而已。至于失学儿童，每年有增无减，约略计之，非仅数千，或且近万。为此之故，拟作一具体计划，于市区近旁择相当地点，至少有若干英亩，建筑学村，收容学生可万名。而本会馆所辖冢地，最适宜者，莫如恒山亭及新恒山亭等处。屡向政府要求，自行备费迁冢以作校址（当时地契只限作冢地）。交涉许久，不蒙许可。乃转求政府安祥山空地，蒙提学司等努力襄助，以为目的可达，聘绘图师设计，复延多年，终被拒绝。不得已拟将羔丕山坟冢余地建筑，呈请政府批准（该地原系先侨献作冢地），亦不可得。前后十余年，所有计划，均成泡影。兹者本会馆既无其他余地，若复要求政府供给，实无异于缘木求鱼。为此之故，唯有出资购买，方能有效。然欲达此目的，必须筹有相当巨款。按如买地作十万元，每年建平屋式之校舍，容纳五十班，每班平均建筑费三千元，预筹两年建筑费三十万元，设备费十万元，合计须五十万元，可收容学生一百班四千名。两年之后，再作打算。或云本坡民主政治将实现，咨询会屡向政府建议实施平民教育，如有实行，毋须我之代庖。然此种见解，恐未明了殖民地之根本立场。设政府能采纳此项建议，亦必首重英校。若我华校至多每年每一学生加贴些少校费而已。至于为我侨胞计划经营校舍，普及教育，谈何容易。本会馆此次借大世界开游艺会筹款，目的在实现上言计划。自敌寇南侵后，迄今四年，义捐久停，仅此复见。窃度此后两年间，必无再事义捐巨款之机会。本会馆鉴于侨教扩大之必需，不得不负责作大规模之提倡。且以同属侨胞，有教无类，更无地域意见，省籍区别。如道南学校本届学生，福帮五百卅人，广帮二百廿四人，潮帮二百零四人，琼帮一百八十二人，客帮九十六人，三江帮七人，共一千二百四十三人，其中福帮学生只占四成而已。此次筹款扩充教育仍抱此旨。西哲亦有言"金钱如肥料，散［撒］播方有用"，况祖国抗战告终，建国方始，教育重大，尽人都知，出钱出力，责无旁贷。愿我殷实侨胞明白此义，格外解囊，其他各界多买入场券，慷慨玉成，并望各募捐员及干事售票员，与各界负责诸君，踊跃努力共成义举。前者敌寇入境，余公司厂内所存树胶二万余担，被抢一空，仅存砖厂小部份而已，然天职所在不敢推诿，愿买名誉券一张，银一万元，以资提倡。

中华民国卅五年一月七日

一四　我之华侨团结观

（发表于各报卅四年十二月末）

余由爪哇回星之日，顾爱诸君出示印就简章，言为促进华侨团结起见，拟组织马来亚华侨总公会，经小组筹备会议，尚未完满，适闻余平安至吧城，乃暂搁置，待余取决云云。余以兹事体大，自度才力不能办到，谨辞不敢参加。其后本坡外坡屡次函促，咸认团结为战后华侨最重要任务。然余再三考虑，仍无把握，故不敢造次。近日各报屡有专论，又蒙顾爱诸君惠临见教，无非促余领导团结，关心之切，错爱之深，可敬可感，余非木石，敢置度外。惟［唯］念把握毫无，故尔再四踌躇。然而长此缄默，亦恐不知者误以余为消极独善，置侨胞公益于不顾，故亦略抒鄙见。夫团结二字岂易言哉。姑无论南洋及全马之广，只就本坡而言，能否团结，未敢肯定。盖所谓团结，空言无补，必当有事实之表现。先语其最明显，最易行者，如各帮学校应统一办理，各帮大小会馆及无数同宗会，亦须减少合并。此两事如能解决，方可进及其他。兹略举此两事之具体办法如下。

一　教育统一

设星洲华侨教育会，总办全坡华侨教育，统筹全坡华侨教育费（各帮公举若干董事参加管理）设立师范学校、高中初中若干校、高小学校若干所、国民学校若干所，均分配于适当地点。各帮所有校舍概归教育会管理，其他产业基金不在此内。各帮学校基金，丰啬悬殊，以后应一律公平办理。按每学期每一学生须补助校费若干，由该帮会馆负责，按该帮学生额筹补。每学期招考男女学生，以程度高下依序收纳，多设贫生免费名额，依一定规则公平办理。

二　裁并会馆及同宗会

每帮各留存会馆一所，如福建会馆、广州会馆、潮州会馆、琼州会馆、客属会馆、三江会馆。至于一府一县之会馆，可合并于以上之大会馆。同宗会取消，所取消各会馆及同宗会等之屋业，概归教育会管理。除作校舍外，余可收租，以补校费。其他产业不在其内，亦可自动捐于教育会。按本坡各会馆及同宗会，至少有七八十所，如以三分之一作校舍，每校按收学生百余人，计可容四千余人，余者每所收月租按七八十元，每月可收租金三四千元。我华侨各会馆及同宗会之多，系由于昔时封建时代之陋习。以前提倡者每美其名曰联络感情，促进团结，究实每多相反。若言办事，则终日无事可办，徒花无谓用费，空置堂皇会所。我侨果能觉悟团结，必先合小群为大群，化无用为有用，否则未免徒托空言耳。

以上两事，不过我侨团结之第一步而已。然只就福帮而言，无论谁人开口，必遭碰壁。唯此系余个人之蠡测，或者广潮琼客三江等帮，其学校会馆及同宗会，不似福帮之杂，且较有团结之热诚，亦未可知。希望提倡团结诸君，请向各帮诸机关试探如何。若能一致，则福帮或不至于自外。果能如是，余敢不附骥于诸君之后也。

一五　华侨损失调查之结果

敌寇占领马来亚三年半，华侨生命财产损失惨重，当地政府未有挨户切实调查，虽市民咨询局曾招人民往报，余恐不识英文者及市外较远人家，定难往报，家无余人者更无从报。况所报只人命而不及财产，亦有不足。故余在筹赈会结束之前，组织市内及市外调查委员会，印备调查表，沿户分送，限日收回，汇集统计。至新加坡以外十一区，则由南侨总会通告各区筹赈会仿新加坡办法或酌衷办理。迄兹数月只有新加坡及柔佛南界一部份已获结果，兹附列于左〔下〕。

新加坡市区内被害人数二千四百九十三名。

又市外被害人数一千七百九十五名，然尚有一部份未报，因多在偏僻地方，大约至多不上一千名，共计约二千数百名。

市区内外二条合计约五千名。

又受非人道酷刑者三百九十三名。

财产损失个人方面叻币一千一百七十八万一千四百元，又日军用票一亿四千六百九十四万八千元。

又商店方面，叻币共五千五百八十三万六千八百元，又日军用票一亿二千三百八十七万四千元。

合计叻币六千七百六十一万八千二百元，日军用票二亿七千零八十二万二千元。

但关于人命损失，决不止此数。据政府咨询局报告，失踪及死亡者三千余人。合计之亦不过七八千人，与前所传数万人相差甚巨。虽前者系属风闻，然调查未周，或全家遭难或被难者原属单身，或大人被难只余童稚，均无从填报，或认为无甚用处，不欲填报，故遗漏自所不免。至财产损失，亦有以为赔偿无望，而军票已成废纸，不肯费手续填报者亦属不少也。

又据咨询局报告，一九四二年二月十八日至廿二日"大检证"之役，全坡失踪者二千七百廿二名，该局负责人称必不止此数，而望市民复往投报，盖定有不欲报，及乏人可往报，与及不知往报者，当然不少也。

至当时被检去之人，据确实可靠消息，概被敌寇残杀，有林崇鹤君之子失踪，要求台人黄堆金（为敌走狗最有势力者）代为寻觅，据言："无希望，昨天亚历山大地方，枪毙六七百人，巴实班让亦枪毙三四百人云。"亚洲保险公司经理李亮琪君，被敌拿去，其汽车为敌军官取用，其车夫爪哇人仍为服务，言亲见被检去之人，每日上午运四货车，下午亦四货车，每车约五六十人，在丹戎百葛海边枪毙落海，如有浮水而未死泅近岸边者，再用铁枪刺杀，计三天约杀死千余人。伊所驶汽车，即敌寇监刑者所用。然惨杀之次日，伊恐惧过甚，几不能司机，敌人乃命将汽车停歇于廿二号货仓，其他如运往加东及淡申律枪毙者，亦有人见之。至柔佛，仅柔南一部份华侨仅数万人，而调查所得，被杀者即有三千二百九十九人。

一六　筹赈会之结束

新加坡华侨筹赈祖国难民大会委员会，创自民廿六年八月十五日，迄今八年余。兹者敌寇投降，战事告终，调查本坡侨胞损失亦已告竣，尚存余款拨交南侨总会，作回国卫生观察团经费。余乃于本月三日召集委员开会，报告调查损失数目，并讨论建碑事项。盖此次祖国抗战及世界大战，为有史以来所未有，南洋华侨生命财产损失惨重亦从来所仅见，本坡为南洋最重要及繁盛区域遭遇损失亦最大，故须择地建一堂皇之永久纪念碑，既可追悼死者，又可警惕后代之侨胞，故余有此提议。结果全体赞成授权于余向政府请地，并订至本年三月终将筹赈会结束，另组织建碑委员会。

一七　中国与安南

此次世界空前未有之大战，皆由于侵略主义国家贪欲无厌之结果。近世以来战争频临，无数十年得和平宁息，忧时之士，力图弭兵良策，在海牙设立国际和平会，然不免于前次世界之大战，战后设立国际联盟会于日内瓦，冀可久息干戈，长享太平之幸福，乃不廿年，东西侵略国又相继异动，遂造成此次世界空前大惨剧。今者大战告终，联军胜利国领袖，定必亟反前非，以道义为根本，认侵略为罪恶，究祸水之来源，消火线于净尽，移其独忠于国之心，扩而兼忠于世界，如此则长期之弭兵可达，人类之幸福无穷，而俄美英三领袖，丰功伟烈，堪称空前绝后，流芳千古矣。诸领袖果欲达此目的，则就东亚而言，法属安南殖民地，应归还中国，或为中国之自治领，最低限度亦当使之独立，其他香港、澳门等小部份之地，更无问题。至安南关系东亚和平之重大，谨将其理由胪列于左［下］：

（一）安南一地，自秦始皇时代，已属我国领土，置吏治理，再后历朝二千余年，大半为中国地，较其他附属诸国，如朝鲜、暹罗、缅甸等，一时入贡者不同，不能引以为例也。

（二）安南人民，与中国古时闽浙两粤（粤即越）之人民同属越族，而闽浙两粤之越人即为构成汉族之一要素，故安南人与中国人为同种。且安南之文化亦属于中国系统，即在今日经法国统治数十年之后，犹不能改变其素质，语言极相类，中国文字犹存在，其衣冠犹保存明代以前之大汉古制，较之国内三百年来之改从满制为尤胜,其他风俗习惯亦多相同。故从民族及文化言之,安南与中国亦最为密切也。

(三)安南与法国无论在历史上、民族上、文化上、地理上,均为风马牛不相及,绝无丝毫理由可以为继续占领之借口。

(四)法国人口仅四千万,在欧洲已占有优美国土五十五万方公里,平均每方公里仅七十三人,德国人口六千六百万,国土四十六万方公里,平均每方公里一百四十余人。德国无殖民地,法国不但本国住民宽松,尚有国外殖民地比本国加至二十三倍,计一千二百余万方公里。若安南仅七十一万方公里,不过十余分之一,法国减此小部份,实无关乎国计民生。

(五)此次发生世界大战之惨祸,法国亦难辞其咎,当"九一八"日本侵占东三省时,日内瓦国际联盟会执牛耳者,系法英二国,若履行誓约,加以制裁,亦可警诫德意之效尤。法国政府不但袖手失职,其各机关日报更大吹特吹,都用特大号字登于第一版,不啻同意日本之侵略。迨后欧战发生德国攻法不上五十日,全国瓦解投降,俄与美本非其盟邦,若非此二国及英国之力,则法国至今尚在亡国之际,欧洲本土尚不能保,更何有于远隔之殖民地。今国土恢复,应当深感联军之再造,尚敢重占昔年侵夺我国之领土,欲为世界和平之阻碍乎?

(六)俄美英三国领袖既以爱国之道义,推广兼爱世界,必须深谋远虑,铲除将来战争之祸根,乃能达到长期和平之目的,其千绪万端非吾人可能道其万一,惟〔唯〕据我人所知者,则安南必须归还中国,此为拔除祸根之一法,如或不然,试问安南人是否情愿复受以前不平等之统治,而中国民族岂肯长期放弃其弱小兄弟乎。

总而言之,安南与中国万万不得割离,其密切关系既如上述。欧洲列强前昔之侵略主义,今须觉悟改善,世界和平乃能持久,俄美英领袖大功亦克告达,此实天经地义必然之至理。余为此语,不专为安南与中国而设,亦为保持世界长期和平而言也。

附列

中国与安南在历史上之关系

安南人既与中国人为同族,自然从古即有关系,周初越裳氏即来朝贡,见于载籍，自秦以来，关系更为密切，摘录历史记载如下：

汉高祖乙巳十一年（纪元前二○三年）①五月，立故秦南海尉赵佗②（河北真定人）为"南越王"，初秦南海尉赵佗，乘秦乱聚兵诛秦吏，击并桂林（广西）、象郡（今安南国），自立为南越武王，至是诏立以为南越王，使陆贾③授玺绶，与剖符通使，使和集百越，无为南边患害，贾至说佗令称臣，奉汉约归报，帝大悦，拜贾为大［太］中大夫。

高后吕氏戊午五年（纪元前一九○年）④，南越王赵佗反，庚申七年（纪元前一八八年）⑤遣将军周灶⑥将兵讨南越，会暑湿大疫回军。

孝文帝壬戌［戌］元年（纪元前一八六年）⑦遣大中大夫陆贾使南越，南越王佗称臣奉贡，孝武帝己［乙］巳五年。（纪元前一一九年）⑧，南越相吕嘉⑨杀使者发兵反，秋遣将军路博德⑩将兵讨南越。庚午六年（纪元前一一八年）⑪路博德平南越以"交趾、九真、日南"（今安南国）置为三郡。

东汉光武帝十六年（纪元二九年）⑫，交趾（今安南国）女子征侧、征贰反。十七年以马援⑬为伏波将军讨交趾，十八年（纪元三一年）⑭春马援与征侧

---

① 应为纪元前一九六年。

② 赵佗（约公元前240年－公元前137年），南越武王，秦恒山郡真定县人，南越国创建者。

③ 陆贾（约公元前240年－公元前170年），西汉楚国人，思想家、政治家、外交家。

④ 应为纪元前一八三年。

⑤ 应为纪元前一八一年。

⑥ 周灶（？－前162年），汉高祖刘邦芒砀山起事最早的追随者之一，南征收服南越，北驱匈奴，因战功封隆虑侯。

⑦ 应为纪元前一七九年。

⑧ 应为纪元一三六年。

⑨ 吕嘉（生卒年不详），南越国丞相，三代南越王的辅臣，权倾一时。

⑩ 路博德（生卒年不详），西河平州（今黄河晋陕峡谷两岸）人，汉武帝时期将领，因战功封符离侯，与楼船将军杨仆等进击岭南，终结南越政权统治，将其属地分置九郡。

⑪ 应为纪元一一一年。

⑫ 应为纪元四十年。

⑬ 马援（前14年－49年），字文渊，扶风茂陵（今陕西兴平东北）人，西汉末年至东汉初年将领，东汉开国功臣。

⑭ 应为纪元四二年。

征贰战大，破平之。

梁武帝壬戌大同八年（纪元五三二年）①，交州（今安南国）李贲②反，梁主遣交州刺史武林侯谘③，与高州刺史孙冏④，新州刺史卢子雄⑤将兵讨之。

梁戊辰太清二年（纪元五三八年）⑥，交州司马陈霸先⑦，讨李贲，平之。

唐太宗戊子二年（纪元六一八年）⑧，遣卢祖尚⑨镇抚交趾（今安南国交州府）。

又癸卯十七年（纪元六三三年）⑩，贬杜正伦⑪为交州都督（今安南国交州府）。

又高宗丁巳二年（纪元六四七年）⑫，贬褚遂良⑬为爱州刺史（今安南国清化府爱州）。

又高宗辛未二年（纪元六六一年）⑭，王勃⑮父为交趾令（今安南国交趾）。

---

① 应为纪元五四二年。

② 李贲（公元503年—548年），又称李南帝，龙兴太平（今属越南）人，出身地方俚族有势力家庭，公元6世纪中期越南北部地区领袖，万春国开国君主。

③ 侯谘（生卒年不详），南朝梁人，字世恭，鄱阳忠烈王萧恢子，累迁至卫尉卿，以王子封武林侯。

④ 孙冏（生卒年不详），南朝官员，曾为高州刺史，率兵协助大将卢子雄进讨李贲，失利后被梁武帝赐死于广州。

⑤ 卢子雄（生卒年不详），南朝大将，梁武帝遣其进讨李贲，失利后被赐死于广州。

⑥ 应为纪元五四八年。

⑦ 陈霸先（503—559），字兴国，吴兴郡（今浙江长兴县）长城下若里人，南北朝时期陈朝开国皇帝，谥号武皇帝，庙号高祖，葬于万安陵。

⑧ 应为纪元六二八年。

⑨ 卢祖尚（？—628），字季良，光州乐安人，唐初名将，封弋阳郡公。贞观二年（628年）因违抗唐太宗命令被斩于朝堂。

⑩ 应为公元六四三年。

⑪ 杜正伦（？—658），相州洹水（今河北魏县）人，唐朝宰相。

⑫ 应为纪元六五七年。

⑬ 褚遂良（596—658/659），字登善，杭州钱唐（今浙江省杭州市）人，唐朝宰相、政治家、书法家，谥号"文忠"。

⑭ 应为纪元六七一年。

⑮ 王勃（649—676），字子安，绛州龙门（今山西河津）人，唐朝文学家，与杨炯、卢照邻、骆宾王共称"初唐四杰"，以《滕王阁序》闻名于世。

著 述

周武氏壬辰九年（纪元六八二年）①，流御史严善思②于欢州（今安南国人安府欢州）。

唐玄宗壬戌十年（纪元七一二年）③，秋安南乱，遣内史杨思勖④讨平之。

宋太宗辛巳六年（纪元九七〇年）⑤，田锡⑥请罢交州屯兵（今安南国交州府）。

又仁宗皇祐元年（纪元一〇三八年）⑦，广源州蛮侬智高⑧反（今安南国谅山府广源州）。

又仁宗皇祐五年（纪元一〇五三年）正月，狄青大败侬智高讨平之。

又神宗乙卯八年（纪元一〇六五年）⑨，交趾反，丙辰九年以郭逵⑩为安南招讨使，败交趾兵于富良江李乾德⑪降。

又理宗壬戌三年（纪元一二五七年）⑫封陈光昺⑬为安南王。

---

① 应为纪元六九二年。

② 严善思（644年—728年），名馔，以字行，同州朝邑（今陕西大荔县）人，擅长天文历数及卜相之术。

③ 应为纪元七二二年。

④ 杨思勖（654年—740年），本姓苏，字祐之，罗州石城（今广东省廉江市）人，唐玄宗宦官名将，官至骠骑大将军兼左骁卫大将军、知内侍省、上柱国，封虢国公。

⑤ 应为纪元九八一年。

⑥ 田锡（940年—1004年），字表圣，嘉州洪雅（今属四川眉山市）人，祖籍京兆（今西安），北宋初期著名谏臣，政治家，文学家，官至右谏议大夫，著有《咸平集》。

⑦ 应为纪元一〇四九年。

⑧ 侬智高（？—1055），安德州（今广西靖西安德镇）人，北宋中期广源州少数民族首领，曾建立"南天国""大南国"，后为名将狄青所伐，败亡大理。

⑨ 应为纪元一〇七五年。

⑩ 郭逵（1022年—1088年），字仲通，洛阳人，祖籍钜鹿（今属河北），北宋时期名将，官至左武卫大将军，获赠雄武军节度使、司空。著有《五原集》《闲江集》《节制集》《奏议》《经制集》《对镜图释》等，今均佚。

⑪ 即李仁宗（1066年—1127年），越南李朝第四代皇帝，其统治时期，被认为是越南历史上的黄金时期，谥号孝慈圣神文武皇帝。

⑫ 应为纪元一二六二年。

⑬ 陈煚（1218—1277），又名陈光昺，越南陈朝开国皇帝。

明永乐丙戌四年（纪元一四〇六年）秋七月，命新城侯张辅①率师讨安南（安南王陈日焜为其下所弑）。

　　又丁亥五年（纪元一四〇七年）五月，安南平得府十五、州四十一、县二百八十，户三百二十万，设布政司于交趾。

　　又丙申十四年（纪元一四一六年）命丰城侯李彬②镇交趾（今安南国）。

　　清康熙五年（纪元一六六四年）③ 封黎维喜④为安南王。

　　乾隆五十一年（纪元一七八四年）⑤，安南乱，遣粤督孙士毅⑥及提督许世亨⑦讨平之。诏封黎维祁⑧为安南王。

　　又五十五年因黎维祁失位，阮光平入朝赐冠带，封为安南王。

　　嘉庆七年（纪元一八〇一年）⑨，封阮文惠⑩为安南王。

　　光绪九年（纪元一八八二年）⑪，法国兵侵入安南，清政府遣云贵总督岑毓

---

　　① 张辅（1375—1449），字文弼，河南祥符（今河南省开封市）人，明朝初年重臣、名将，河间王张玉长子，官至左柱国，因功封英国公，谥号"忠烈"。

　　② 李彬（1361—1422），字质文，凤阳府定远县（今安徽定远）人，明朝初年名将，北征漠北，南伐交趾，因功封丰城侯，追封茂国公，谥号"刚毅"。

　　③ 应为纪元一六六六年。

　　④ 即黎玄宗，名黎维禑、黎维禧，越南后黎朝第二十代皇帝，清康熙帝册封为安南国王，确定每六年两次进京朝贡之固定贡期，正式确立清黎宗藩关系。

　　⑤ 应为纪元一七八六年。

　　⑥ 孙士毅（1720年—1796年），字智冶，浙江仁和（今浙江省杭州市）人，清朝大臣，官至军机大臣，参加安南之役、镇压白莲教起义，封一等谋勇公，谥号"文靖"。

　　⑦ 许世亨（？—1789），四川新都人，回族。行伍出身，官至广西提督，抗阻阮惠兵围袭，战死，封三等壮烈伯爵。

　　⑧ 黎维祁（？—1793），越南后黎朝第二十五代（末代）君主，受乾隆帝册封为安南国王，因西山军阮惠作乱，击败清军，乾隆帝改封阮惠为安南王，令其携带家眷赴京，归入汉军旗下，病逝于北京，阮朝谥号闵帝。

　　⑨ 应为纪元一八〇二年。

　　⑩ 阮惠，又作阮文惠，后改名阮光平，越南历史上著名军事家、民族英雄，西山朝第二代皇帝，史称光中皇帝。清乾隆帝册封为安南国王，庙号太祖、谥号武皇帝，乾隆帝赐谥忠纯，派使吊唁。

　　⑪ 应为纪元一八八三年。

著述　　441

英①、两广总督张树声②、提督冯子材③统大军入安南,击败法国兵,而法国乃派东洋舰队来攻台湾,入闽江,击败清海军,并陷宁波,于是英使巴夏里④出为调停,割安南与法国,此为光绪十一年,即一八八五年之事也。

附录

百年来我国领土及主权之损失一览

一八四二年⑤林则徐⑥在广东烧英商鸦片,英军来攻各海口。

一八四三年⑦与英订立《南京条约》,割香港及赔款与英国。

一八五六年⑧英法联军陷大沽,复在天津立条约,赔款并准许领事裁判权。

一八五九年⑨英法又陷北京,订立《北京条约》,赔款及割地,是年俄国因调处之功,迫清朝立《瑷珲条约》,割黑龙江以北边区境地。

一八六〇年俄又因调停英法事,复迫割乌苏里江以东之地。

一八八五年法国侵占安南。

一八九五年中日战争,割台湾及赔款。

一八九七年德国借山东曹州教士案,占胶州湾及山东铁路权,并许可开采各矿产。

一八九八年法国占广州湾,并订两广、云南三省,优先权及铁路权,英占威海卫及九龙半岛。

---

① 岑毓英(1829—1889),壮族,广西西林人,清末大臣,曾任署云贵总督。
② 张树声(1824—1884),安徽合肥人,清末大臣,曾任直隶总督。
③ 冯子材(1818—1903),广西钦州人,晚清抗法名将。
④ 即哈里·斯密·巴夏礼爵士(Sir Harry Smith Parkes,1828年—1885年),英格兰施他佛郡出生,英国外交官。1856年任驻广州领事,曾制造"亚罗号"事件。
⑤ 应为一八三九年。
⑥ 林则徐(1785—1850),福建侯官人,清代中后期政治家、文学家,民族英雄,以虎门销烟之壮举名垂史册。
⑦ 应为一八四二年。
⑧ 应为一八五八年。
⑨ 应为一八六〇年。

一九〇一年①义和团之乱，八国联军入北京，除惨杀、奸淫、抢劫外，复赔款母利十四万万元，订三十九年逐年交还母利。

一九二五年②日本占领东三省，自日本未占领以前，在帝俄时代，列强各划定范围，俄定长城以北，英定长江流域，法两广及云南，德山东，日福建。

一九四五年我国与美、英、苏四国联军打败日本，称为"大战胜利"，收复台湾及东三省，然因国内政争，竟失去外蒙古全部，及旅顺、大连主权。

一八 南侨总会否认割弃外蒙③

南洋华侨筹赈祖国难民总会通告 第八号

径启者：本总会曾为南洋华侨于祖国抗战期中所组织，虽出侨民建议，亦我国民政府所命令，其任务为出钱出力以救国。成立以后，黾勉从事，出力虽远逊祖国，出钱则有过〈之〉无不及。至于救国之目标，无非求领土之完整，主权之恢复，不平等条约取消，人民得自由幸福，达到总理临终之遗嘱也。

抗战时最重要之牺牲，为人命与金钱。我华侨资助祖国，不但义捐而已，其他私人汇款，亦为战时军政费所利赖之资源。然所寄血汗巨资，今日已同乌有。至于日寇南侵后，华侨人命牺牲之惨重，亦由抗战爱国而致。如各处侨领全家遭害者难以数计，较之祖国贪污官吏金钱逃存外国，家属安居内地者不可同日而语也。

然华侨为救国而牺牲金钱与生命，若能达到救国之目的，固无所悔恨。今者敌寇已失败，胜利已属我，然而华侨牺牲救国之目的，是否果已达到耶？本总会为爱国天责起见，不能缄默无言，谨举所见如下：

鸦片战争，失去香港，中法之役，失去安南，甲午之败，失去台湾。三败之辱，失地八十万方公里。今日战胜收复台湾，仅数万方公里，而反失去外蒙

---

① 应为一九〇〇年。
② 应为一九三一年。
③ 即蒙古国。

百万方公里及旅顺、大连主权。互相比较，战胜与战败如何分别？

菲律滨之预备独立，出于宗主国特别美意，然军权、外交仍不轻放弃。印度之要求独立，为统治国不平等待遇，与我国各民族平等共和政治，大相悬殊。且凡属土要求独立，系自动对母国而发，绝未有邻邦为之代庖，有之，惟野心国日本，要求朝鲜独立而已。

外蒙古土地，大过两江闽粤四省，为我国西北藩篱，与内蒙①、满洲有唇齿关系，旅顺、大连则为满洲门户。兹者藩篱已撤，唇亡齿寒，门户为强邻占据，东省内部，何能长保安全？虽以国弱乏力抵御，然如不承认，尚有国际机构，可以投诉。目的纵未能达，久后终有收回之日。我国历史记载，祖宗土地，尺寸不得让人，反是则为国贼也。

近日出版《中国之命运》第一章云："以国防的需要而论，上述的完整山河系统，如有一个区域受异族占据，则全民族全国家，即失其自卫上天然屏障，河淮江汉之间，无一处可以作巩固的边防，所以台湾、澎湖、东北四省、内外蒙古、新疆、西藏，无一处不是保卫民族生存要塞，这些地方的割裂，即为中国国防撤除。"今乃自相矛盾，竟因内部政争，将外蒙旅大全部甘心割弃，冒历史上所未有之大不韪。

甲午战败仅失台湾数万方公里，今日战胜竟失去外蒙旅大加至十余倍之多。呜呼！战胜乎？战败乎？凡真诚爱国者视全国当如人之一身，拔一毛而知痛，何况去其股肱哉！

今日挽救之法，只有全国民众一致声明否认，指斥其非法授受，违背三民主义，破坏五族立国，对内则实践政归民主，奋志图强，庶可取消伪约，保全国土，方有胜利可言。本总会追念华侨生命财产损失之惨重，坚持达到抗战救国之目的，特此通告声明，永不承认中苏非法之条约及外蒙之割弃。

此布。

中华民国卅五年二月廿一日
新嘉坡南洋华侨筹赈祖国难民总会主席　陈嘉庚

---

① 即内蒙古。

一九　住屋与卫生

余居南洋新加坡五十余年。初到时市政局已规定生死登记，对市民卫生甚为注意，如自来水、防疫、除蚊、清洁、屠宰管理，均已有设备。每月派人视察市民屋内是否清洁，公共沟渠街道垃圾逐日清扫，运往市外消[销]毁。此在现今我国诸城市，多尚未有也。而每年市民死亡率，平均每千人死廿四五人；疫病虽常发生，然迅速消灭，不至蔓延。以上所言，尚系一九二一年，即我民国十年以前之事。从彼时起，市政更大改革，将全市通盘计划，凡不合卫生之住屋，逐渐改建。至近年新加坡未失陷时，市民死亡率，每千人仅十五人，比较二十年前减少十分之四，而疫病亦已罕有，此盖为改善住屋适合卫生之效果也。闻之卫生之根本有三项：空气、日光与清洁；其他次要者虽多，较易解决。余前年代表南侨回国慰劳，经十余省，所历城市乡村以千数，见其街衢及乡村屋宅之卫生状况，比较新加坡二十年前尚远为不及。市区街屋，虽略有改造，街路仍狭，店屋只整饬门面而已；至于乡村屋宅，建筑更多不善，又乏窗牖，有之亦甚小，且常关闭，有等于无。其他厕所、沟渠、垃圾，更形污秽。我国人民生死无登记，若其有之，每年死亡率，当更多于新加坡市政未改善时也。

余自离延安及抵金华，沿途见诸繁盛城市，被敌机烧炸惨重，有化为平地者。每逢开会，余必报告新加坡廿年来改善住屋，有益卫生诸事实，且言日后重建，应当取法，不可仍前由业主任意自建。并呈函蒋委员长，请下令被炸城市"今后重建须合卫生，俾可转祸为福"。虽蒙覆[复]电嘉纳，恐亦徒有具文耳。兹者大战告终，交战各国，破坏之后，重新建筑，势必益求最近代化，以适合卫生。我国政府自来放任，人民亦不注意公共卫生，损害健康，促短寿命，莫此为甚。

际兹不平等条约取消，无谓外债免还，所有战时借款及其他债务，自有敌人赔款抵偿而有余；加以人力物力之丰富，海外华侨汇款之巨额，若有民主的良好政府，则交通发达，工业勃兴，城市繁荣，乡村发展，皆指顾间事；而改善住屋促进卫生之举，当然不致忽略。凡全国各城市，不论被炸与否，均应预为全盘计划。至于乡村亦当从易于办到者着手改善。谨将所见所闻，贡献于政府社会以资参考。

我国地大物博，人民众多，城市大小数千处，然除上海、北平、天津、汉口、广州外，其他开发尚未达十分之二三。此次世界大战后，各国必多兴革，力求进步，而尤以卫生为最注重。我老大不振之中国，关于维新兴革诸事业，应比他国更多且更紧要。维新之道，莫重于卫生，人民身体之强弱，寿命之长短，与国家之兴衰，极有密切之关系也。

新加坡市区，在民十年以前，住民不及五十万人，华侨约占三分之二，余为印度人及当地人，欧美人甚少。每年死亡者一万二千余人，平均每千人死廿四五人。及至近年间，即民卅年顷，住民增至七十五万人，每年死亡者仅一万一千余人，平均每千人中死者不及十五人，比较廿年前减死四成之多。其原因大半为改善住屋适合卫生之效果也。

新加坡在民国十年以前，诸旧式屋宅，多尽地建筑，无论屋身长若干尺，均不留空地。屋后多相接，不但无巷路，甚至乏窗户。屋内虽有天井，然或太狭小，或用光瓦遮盖。房间既多，窗牖寡小，空气日光不能通达。沟渠既长，清扫困难。据卫生家言，水、空气、日光为生命上最重要之三原〔元〕素。空气少到，养〔氧〕气自减。屋内无日光，则细菌及害虫发生益盛。水不但有关饮食，于洗澡及清洁亦甚重要。

新加坡自民国十年起，将全市计划改革，规定某街若干呎〔英尺〕阔，后巷亦若干呎阔（至少八九呎）。某处作政府及公共机关，某处作公园、运动场、游憩所，某区建工厂及货仓，其他商店住宅亦各有规定区域。至市内店屋、住宅地址，限长八十英尺，至多一百英尺。若前已建旧式屋宅，凡过限者概须拆卸。剩余空地，不得复建小屋，均由市政局管辖，改作儿童游戏运动场，或草地花园等。

规定新式建筑法，不论商店住宅，如地址八十呎，屋身只可建三分〈之〉二（地址不足亦然），即五十三呎，前后两房均须开窗；尚剩屋身后二十七呎，以一半建厨房、浴室、厕所等小屋，余一半作露天空地，不许用任何物遮盖。如地址长一百呎，屋身准建七十五呎，然中间须留天井十方呎，不得遮盖；如作三间房，各房均须开窗；尚余空地二十五呎，照上言以半数建诸小屋，半数作露天空地。违者拆卸并加科罚。无论建大小屋，或更动修理，均须先绘图呈市政局批准，开工时由市局派员勘定基址，方得兴工。至公寓、别墅、工人宿舍、其他建筑物等，则另行计划，总以适合卫生为标准，沟渠概造明式，易于清洗。污水从后巷路流出，水沟既短，自免积滞。

楼上下各房间，每房至少须开窗一个，每窗至小高四呎阔三呎。窗上墙壁或他处，须再开通风洞数个，方圆或扁形均可，每个约若干寸，不能容人出入，此系备夜间窗户均闭时空气不致隔绝；若雨季怕冷不耐，则可用物塞之。至窗门日夜须洞开，不可常闭。总而言之，全屋不论厅房，必须有相当窗户，可多不可少；使日光易于照临，空气易于流通。

屋内逐日所有垃圾，扫置桶中（桶由市政局列号供给），每早置于门口，市政局派役运往消毁。厕所如非阴厕（近发明阴厕，积粪自能融化入土，可十余年不须清除），市政局供给粪桶，每早派役换取并代洗扫，用户逐月缴还市政局役费。市内不许饲养家畜，须在市外设棚畜养，并须领有市政局许可执照。街路边卖食物亦严禁，须移往屋内。

市政未改革以前，所建不卫生诸旧屋，有长至百余呎以至二百呎者，此种屋不论屋后彼此有无相接，均须依新定图式改造。凡屋身过长逾限者概须拆卸，除留后巷（约八九呎至十余呎）外，余地概作公共游息场，或花园草地，然以全市之大，非短时间可能办到，第分别较有关系者，先后办理，以及每逢修理或火灾时，均须依照新图式改造，十余年间咸已毕改。且初时旧屋虽未遽改，而屋内天井遮盖，亦即严令拆卸。

自市政总计划颁布后，各处前街后巷均照规定改阔；横直有序，整齐美观，逢有火灾，容易消灭。然美中不足者，即旧屋诸街无论如何扩大，阔度尚感不足，直街不过六七十呎，横街三四十呎而已。不若新市区直街阔近百呎，两边兼有人行道，并栽种佳树，横街阔五六十呎，各屋宅门前酌留空地，或围短墙栽种花草，令人见之悦目开怀，似有园林之胜，精神为之爽快。居民既安，健康少病，医药、迷信、保险等费终年省却不少。市区日益繁盛，业主亦因之而收桑榆之利。

欧美十年前，城市住屋已经改善者，其死亡率，英国伦敦每年每千人死十四人，法国巴黎每千人死十三人，德国柏林每千人死十一人，美国纽约每千人死十六人，芝加哥每千人死十五人，西雅图（系新开埠仅数十年）每千人死九人。尚有未改善之纽奥伦，每千人死廿一人。伦敦市亦有贫民区，人口十余万，住屋未改善，据医官统计报告，死亡率每年每千人中死廿余人至卅人左右，婴孩死亡率更大，即能成人，身体亦少康强。我国各城市住民，生死无登记，设有之，其死亡率之多，必可惊叹也。

我国人住屋不卫生，以乡村为尤甚。盖自来建屋，原不注意空气与日光之需要；习惯又多畏风，故屋宅大都户小窗乏；不但空气不足，日光更难到达；厕池到处多有，沟渠不清，垃圾积滞；水井无栏，或距离厕所仅数十步；各种弊端，为害甚烈。然屋宅改善，大非易事，若从简便着手，可多开窗户，使空气日光能通达；厕池尽量缩减，并改良筑造，令蚊虫不生；沟渠垃圾委工人负责按日清毁；水井筑栏，且须距离厕池有百步之远；他如湿地池塘蚊虫易生，或填塞，或开沟以通流水。如此则卫生基本已立，收效定属不少；而费钱无多，任何穷乡贫户都能办到。然清扫屋舍之事我国人常专责妇女，男子多不闻问；欧美人则不然，屋内外男子亦共同负责指导或帮助之。我国人对改善卫生事，果欲提倡实行，男子更不可不努力也。

十余年前，欧洲卫生家研究世界人类寿命长短，以人数最多之三区域民族比较，即欧洲、中国、印度各区人寿平均，欧洲人每人五十四五岁，中国人每人卅九四十岁，印度人每人廿八九岁。然此为十余年前之事，据后来欧美医学研究会，断定将来不久，欧美人平均可达七十岁，足见其卫生科学日臻进步。印度人寿命之短促，虽因早婚之害，我国亦有早婚，第不如印人之甚，其实重要原因在乎住屋不卫生居多。或云食物滋养料亦有差别，中印人主要食物，远逊欧美人。此语似是实非，如新加坡市民自来食米，何以前后廿年间，死亡率相差许多。若以欧美人多食肉类，我国青海省人三餐以羊肉作饭，何以不能如欧美人之长寿。或云自来水亦有关系，然新加坡自七十年前已有之，绝非改良市政而始设，水固重要，然非仅由水一项也。

人自出生，艰难培养以至成人，须廿多年。若论其能振作事业，普通人当在卅岁以上，再加以阅历经验，亦须有相当年纪。虽或天资出类，才干超群，如此次大战俄美英三领袖年俱六七十岁，亦须四十余岁甫始知名，复过多年经验阅历，方能轰轰烈烈，造福民族，闻名世界。推而至于模范乡党领导社会，服务政府之人，亦何尝不然。可见国民身体强弱，寿命长短与国家最有密切关系，若我国人之弱质，年未五十，老气横秋，安得不事事落后也。

前年德国柏林，举行国际运动会，为全世界所注意，我国为此事，曾费去廿万元巨款，集诸有名运动家，第一次演身手于国际体育比赛之舞台，在我国历史上亦一件可纪念之事。然其结果乃饱吃鸭蛋而归，考其原因，各种比赛非由技艺不精，实因体力不足，故致全归失败。国民体格之健全，要在平时有素养得来，非短少时间之训练所能速成。故对卫生根本问题，必须澈[彻]底改革，不但体力可以增强，而长寿当然亦可期矣。闻苏联鼓励青年培养强健身体，检查合格者给以奖章，亦有见于人民健康之重要也。

据外国科学家研究我国土地与人民，谓自北方沙漠至南方热带，土地肥沃美丽，不论上下级社会男女都有强壮骨骼，天赋独厚，体格优美，活泼聪明，勤奋耐劳，所差者无良善政府与社会之负责领导，致事业不振，疾病丛生，而蒙病夫之讥诮云云。前年江西熊主席告余，本省自七八十年前，已有人民二千五百万人，自太平天国乱后，降至现在仅存一千六百余万人。其锐减原因，在于疫疾时发，死亡相继，而数十年来，疟疾为害尤烈，遍处多有。言间不胜希[唏]嘘，余答以此种惨况，他省亦多有，或以江南等省为甚，所见人民，多面无血色尫弱可悯，此莫非起居不合卫生之害也。

健身之术，运动洗澡亦有关系。余少时未受新教育，对体育绝不注意，迨年逾六十，身体常觉困顿。由是每早（约黎明五点钟后）在床上运动（展[辗]转数十次稍稍用力），起后续行普通运动，计床上下运动约十余分钟。洗澡廿余分钟，用毛巾擦全身数次，温冷水随意。是后无日间断，自觉补救不少，于今十余年裨益实多，若少年能知行此，其健康定胜于今。寒季人多怕冷，怠于起床，若在床上运动，则寒气减而热气生，洗身后精神益清爽，不怕寒冷矣。如能出门行数千步，并行深呼吸一二分钟，既可吸新鲜空气，亦可运动内部，更为有益也。

药物与卫生亦甚有关系。余非医生不敢妄谈，唯推荐身所经验之一种于此，此药即"五香丸"。余自四十余岁染胃疾，延及盲肠，中西名医诊治无效，乃阅《验方新编》得之于内外备用诸方，据载"此方善能消食、消积、消痞、消痰、消气、消滞、消肿、消血、消痢、消蛊、消隔、消胀、消闷、消痛。药料平常，功效甚大，每服一钱，姜汤送下，早晚一服，其效如神。其方为五灵脂八两，香附子八两去净毛，水浸一日，黑丑一两，白丑一两，共研细末，半以微火炒熟，半生用，和匀醋为丸，如萝葡子大"。余照方采服，立见功效，据所言可消治十四种，若以余及朋友经验数十年，尚不止此。凡胃腹疾痛，服之多效，盖疾病多因胃肠积滞而起，无论何病，若感觉胃腹不快，服之屡效。又晕船晕车，胃苦欲呕，服之立可消化，晕吐俱免。遇病服药，最患在无效而反有害，若此方则绝对无害，余因论及乡村住屋卫生，故并载以告同胞；亦因医少病多，乡村为甚，若备此药，费款无几，自救兼可救人也。

全世界各事业，最落后者莫如我国，此事尽人都知；然此后建设最多者亦为我国，此亦时势必然。就交通言，各省县都市乡村间铁路网之敷设，虽未能于数年内普及，然若有民主良善政府，积极进行，各重要干路不难完成，其他支路虽迟亦属不远。若无铁路，亦必有电车路，以利便城市与乡村。此非神经过敏之理想，欧美诸国及印度南洋已行之久矣，至于汽车路，我国现下各省虽可交通，而各县市及乡村间尚付缺如，然此项较易办到，不久以后不但可望普及，即乡村内小车路，亦可望到处多有，唯西北西南边境，如外蒙、新疆、西藏各种道路之建设，或须稍迟一步。至与南洋方面之交通，则云南汽车路已通缅甸，铁路亦将完成；广西铁路及汽车路已达安南，经暹罗而至马来亚矣。他如国际公路及铁路，至少有三条干路可通欧洲：东北西伯利亚铁路虽通，汽车路尚未；西南由云南至印度，汽车路已通，而铁路尚未，将来更可由印度而达土耳其；至西方中路，则由新疆经中亚细亚而达莫斯科。此三条国际之大干路，无论铁路、汽车路，不久必能实现。我国战后交通空前大发展，必能促进将来各城市之繁荣，城市愈繁荣，则其住屋问题更不可不讲也。

英美人民不及我国半数，而英京伦敦、美国纽约，市民各八百余万人，又芝加哥市百年前仅有一千人，现今增至三百余万人。我国百数十年后，交通中心各城市，其繁盛如伦敦纽约者，必有多处，如芝加哥者定亦不少。至于县城小镇、偏僻市区，将来交通发达，工业兴盛，繁荣随臻，数万人或数十万人聚居之象，可以到处都有。试思前此蒸汽电力发明未备，欧美城市即能如此发展，现下已大不同，繁荣之可以速臻，毋须多赘。故宜乘兹放大眼光，将全国各城市筹备测划，预定市图，街路须横直整齐，前街后巷，阔度相当。目前先建筑二层三层楼屋，后来可以改建十层八层高楼。至公共应用地方，如政府机关、菜市、民众教育机关、运动场、游艺场、公园等，须精密预计。若较广大城市，并加人行道及种树。工厂住宅须分区。欧美凡已改善市区，屋宅占市地面积至多半数，余者即是街路、人行路、树木、公园、运动场、草地、花园等。我国市屋既密，街路狭隘，近来虽略有改革，然除街路稍扩外，他项尚未着手。所有屋舍，稍壮观者唯上海、天津、汉口、广州等少数城市有之，其他建筑费无多。若乘兹规定改合近代化，则市内损失既少，市外尚未开辟。毅力进行一二十年之后，全国城市皆有园林之胜，居民获寿康之福矣。

市内稍大之区，街名多复杂，探寻不易。如新加坡市住民仅七十余万人，街名多至九百余；有一条街长不上二英里，街名至有三四名目，若较偏僻之街，虽本地人尚难悉知，外来之客更难问津。如我国上海市区广大，街名必加多数倍，探寻尤觉困难，更无论将来无穷发展以后。美国纽约、缅甸仰光，整饬市区街路之办法，系以数目为名称，直路曰"路"，横路曰"街"，如第一路第二路等类，设须分别者，则曰天字第几路，至横街则曰第几路第几街，故无论商店住家，寻访极易。仰光市直路虽用数目排列，而横街则否，未免美中不足。我国将来城市发展，街路之多，屈指难计，若乘兹将全市通盘计划，街路以数目代名称，其利便岂浅鲜哉！

以上所言各地死亡率相差之远，世界人寿长短不同，运动会失败之原因，江西人口锐减与疫疾之关系，我民族天赋骨骼之优美，乡村城市不适合卫生之诸点，住屋改建之办法，市区改建之方法，如市内空地应留半数，街路以数目字为名，诸重要事件，希望政府社会注意，决心毅力改革。如美国新兴市区西雅图，真可谓后来居上。我国各城市平屋居多，有楼亦一二层，建筑费不多。能从兹割爱积极改善，损失无多，而收效甚巨。欲获得无穷之幸福，不得不牺牲眼前少许之代价也。

（附言）有人认为此种建议，尽可呈送政府，何必公开发表，然此所谓"可使由，而不可使知"。贡献政府固属当然，第公众卫生之重要宜使人人明白了解，俾可服从政府，协助地方，不致反生阻挠。若得全国同胞，咸知住屋不卫生能致病弱与高度死亡率，而猛省戒惧，则无论城市乡村，改善住屋之目的不难达到也。属稿既毕，更为通俗短歌以晓民众。

寿命长短在卫生，科学进步理益明。
无知顽迷委天数，欧美中印信可征。
星洲市政改住屋，日光空气助洁清；
二十年前死亡率，于今减少达四成。
乡宅无窗似衣箱，日光空气闭不容，
微菌丛生到处有，厕池露设在村中。
沟渠垃圾多积滞，蝇蚊成群各逞凶。
不知卫生最首要，健康寿考乐无穷。
富家儿子尚早婚，为扬家声急饴孙；
不图见小反失大，所生多弱或愚蠢。
血气未定焉能戒，健康失去草无根。
维新政府宜规定，适当年龄方准婚。
世界比较人年寿，美欧平均五五右，
我华仅登三十九，印度三十尚难就。
中印年龄何短促？卫生不讲仍守旧。
政府同胞当猛省，寿夭有道应根究。

个人企业追记

余本无意记录个人企业上之事项，故回忆录只选记与大众有关之事。然以个人营业与所从事公众之事件，有密切关系，且此回忆录颇似个人自传，缺其前一部分亦不完备，故补记于此。

一　未成人经过

余生于福建泉州同安县集美社，与厦门岛仅隔十余里海港。九岁入私塾，至十七岁夏师亡辍学。性钝，惟［唯］颇知勤学。旧例塾师来一月余，即回家一月或半月。所读《三字经》及"四书"等，文字既深，塾师又不解说，数年间绝不知其意义，俗语所谓"念书歌"是也。至十三四岁读《四书注》，始有解说，十六岁略有一知半解，既限于天资，又时读时辍，故虽就学许多年，识字甚少。十七岁秋始出洋来新加坡，在家君所营顺安号米店学商业。该米店系向暹罗、安南、仰光诸米行采买，然后售于本坡零售米店及外水商行。其时家君久不直接管此业务，住眷在顺安三楼，午间始下二楼，吸烟、看书、接友及办理硕莪[①]厂并地皮屋业等事。顺安米业系交族叔经理，兼管财政。硕莪厂财项亦由顺安出入，然银关甚困，每月买入米款二万余元，账期市例卅天，普通多加十天清还，而顺安常延至五六十天。所以能维持采米者，为有德安复安两号合买分来。该两号原亦家君倡办，与友合股，并归伯父儿子名下。余十九岁族

[①] 硕莪树是沙捞越马兰诺族心目中的"神树"，从他们的日常饮食习惯、表演艺术到祭祀活动，都离不开硕莪。硕莪树经去皮、切块、用水浸泡、淘洗、提取淀粉、烘干等工序，制成可以食用的硕莪粉。

叔回梓，米业及财项交余料理。是年家君又加作黄梨罐头厂，名曰新号。在此两三年间，地皮屋业略有获利，硕莪厂亦有利，米店每年之利约五六千元，合计实有进步。资产除欠账外，大约存十余万元。然顺安之财项亦不宽，还米账须在五十天左右。家君在洋娶一侧室颇好，不幸早逝。后复娶一妾苏氏，性极好赌，虽畏家君，然每乘机往外，或招外间妇女来楼上，其癖性生成，终年如斯。螟一子尚在幼稚。余廿岁秋承家慈命，回梓完婚。自来洋及回梓三年，守职勤俭，未尝妄费一文钱，亦无私带一文回梓。执权两年，家君未尝查问。在膝下三年，终日仆仆于事业，亦未曾撄其怒也。

二　母丧停柩

余廿岁冬完婚，廿一岁在家复从塾师补习多少。廿二岁夏复南来，仍在家君顺安内服务，公忠守职。廿四岁冬家慈不幸谢世，停柩在堂。家君以营业无人替理，不许奔丧。其时顺安诸营业多有进步，而尤以地皮及屋宅价值日高，逐月可收屋租二千余元。然除还借款利息及政府牌税外，所余无多。硕莪厂已承顶与人，黄梨厂则在柔佛加开一所，并经营黄梨园数区，共数百英亩。各业虽有进步，而银关仍困，还米账常近五十天。然其时米业比前规模加扩。家君逐月规定准苏氏支家用一百五十元。彼因赌性难改，常要加支，如属少许余或与之，若多则拒之，因其赌友妇女常由商店出入，余甚觉其不便也。

三　回梓葬慈亲

廿五岁秋余回梓，择地葬先慈灵柩，地师言正穴方向不合，须待至两年，乃权厝于穴之侧，并从俗为之延僧作佛事。廿六岁春带眷复南来，此为余第三次之出洋，仍在家君顺安内服务。至廿七岁冬因慈柩合正葬之年，故决计回梓。而此几年来，各业均有进步，亦以屋地业为最，其时屋租逐月可收三千余元，大约堪值六十余万元，而典押借款约卅万元，利息牌租逐月近二千元，按该业可存实款卅余万元。顺安米业兼营外埠逐月比前又更增不少，银关还米账在四十余天，为十余年最宽松之景。且加营两号，一为九八①店名金胜美，一为庆成白灰店，均为友人情面承作，资本支去三万余元，后来失败多由此两号为祸根。盖苏氏螟子已十六七岁，金胜美财款系他支掌，向洋行收黄梨羔项，亦常由他往领。余默思此人得志，则其母赌资可任意支取，为害非少，然不便向家君谏阻。其时将建住宅，原按至多一万余元，计该时家君诸营业，顺安米店资本四万余元，黄梨厂及园六万余元，金胜美二万余元，振安铁店一万余元，庆成灰店一万余元，共十五万余元，屋地业除押款外存卅余万元，合计四十余万元。而借款除典押固定卅万元外，其他向印人流动借款，只系信用而无抵押，约九万至多十万元，此系多年如是，利息每月近一千元。再除此条外，实存资产卅五六万元。余如德安、复安、竹安、新开茂四号股份额，约五六万元，系余先伯父儿子之业。又源安米店股份数千元，则为该螟子名下。余将回梓时所知之大概如是。至余原抱公忠尽职之心，无论在洋回梓，均不私蓄一文钱，家内亦不许有金饰。顺安财款仍交族叔管理，余即带眷回梓。

四 厦市大火灾

余廿七岁冬初回梓，改葬先慈后，适厦门市遭火大烧一日余，焚去店屋千余间，倒塌砖土堆积满街，高可十尺，乃积极挑移，往填海口之提督、打铁两码头海滩，未及一月已填平三数万尺实地。有人介绍向厦官厅购买一万元之地，可建店屋数十间。余以有利可图，乃函禀家君如肯承买，其契据可作该螟子之名，盖余原非为自己起见也。函去后不久回示可行。由是兴工建筑，按先建半数卅余间，费款二三万元，一年至年余完竣，然后出洋。不意有台湾籍民，野心倚势，图占一部份，乃与打官司，经年方结案。计前后时间两年余，建筑费三万余元，连买地及填筑合共四万五千元。在洋顺安执事族叔，未尝来函报告银根困迫，借债增多，及诸号侵款事，只有一两次遇相识之人归家，吩咐嘱余

---

① 九八行（店）即南洋华侨通行的出口代理经营模式，一般抽取一至二成佣金。

著　述

速往，言为家费浩大而已。余转念设每月被苏氏加支赌款千余元，三年不过四五万元，入息抵补有余，无关营业大局，故亦不甚关怀也。

五　四次南来景象已大非

余卅岁夏末，厦门建筑事完竣。七月初作第四次南行，甫入顺安店门，即感觉状况大形衰退，各事凌乱不堪，似无人管顾。则往住宅拜见家君，又睹其神色久别相见，亦无欣容快意。少顷辞出，回顺安米店，见族叔身染麻木之疾，神气丧失。余问以流动借款，比较余归时增减如何？答加增。又问加增若干？答不知。余即查核账簿，其数目至三十二万元之巨，比较余前年将归之际，增廿二三万，余甚惊惶。又阅屋地业押款，仍前卅左右万元无加减。乃复问此三年间，有加置何业产否？答未闻。又问有多营何生意否？答无有。又问还米款须若干久？答须六七十天。又问流动借款既加借许多，银关又奇困，则此巨款为何业何人侵去？答不知。余是夜几不成寐。越日在楼上检查各来往数目，半日之间已明白大概，计黄梨厂侵欠七万余元（时黄梨季甫完），厂内货底统存不上一万元，庆成灰店侵欠六万余元，金胜美侵欠五万余元，家费三年支四万左右元，建住宅支三万余元，还支流动借款利息约三年九万余元，汇厦门四万余元，合共约四十余万元，扣去金胜美、庆成灰店余未归时原欠三万元，实支出三十七万余元。而顺安被黄梨厂所欠之款，一部份是原料，如白铁糖枋，尚欠人未还五万余元，又顺安米业资本前四万余元尽罄，尚不敷一万余元，流动借款加廿三万元，三条合计三十三四万元，尚差四万余元，系三年顺安米利及向振安复德安等支来者。现下银关已大困乏，欠市面白铁等款五万余元，米款一万余元，共约七万元。

六　祸真不单行

余既查明三年间支出数目，则抄列一纸，午饭后复往住宅见家君。问此三年间有无增购屋地及加营何事业？答无有。又问何加借至廿余万元之巨款。答汇厦门数万元，余为利息加重，及不时垫去之故，今已惨矣。又问黄梨厂三年结算得失如何？答未曾结算，大约可得利万余二万元。余乃将所抄数目呈阅。家君方知被各号侵去之多，及尚欠白铁糖枋，并米项许多未还。乃复叹曰："我以为屋地业大降价，当损失廿余万元，料不能维持，不图复增欠市面许多项。"盖该时不但借款已穷，而诸流动借款，每单限期多系五六个月，到期有欲收回，或要加重利息者。前余未归时，信用借款利息平均一分，迨至后来加借之款，多非信用，系将屋地业作次等抵押，利息升至一分三四。诸借款主互相效尤，由是信用遂失，既被家人舞弊十余万元，复加借重利之损失，又遭屋地业大降价，亏损更巨，三者并至真所谓祸不单行矣。

七　气数或当然

顺安号三年间被诸号侵支如许巨款已如上述。其中如黄梨厂设使乏利，当不至克本，不意损失许多，因所有向洋行收款，概由螟子之手，故易舞弊。金胜美亦然。庆成白灰店系小营业，何至亦侵巨项，据其经理言，大半为苏氏母子取去。住宅照估值不过一万余元，而加支二万余元。家用三年亦加支大半。此数条被二人侵支十余万元。该螟子常于醉后侮辱店员，故好人亦变坏矣。家君平生俭素，除染洋烟外，别无花费，数十年来住家即在顺安米店楼上，故家用亦省。余在顺安服务十余年，所有流动信用借款，初时由数万元增至十万元，乃由屋地及营业扩充而添借，借单每张五千元或一万元，订期四个月至六个月，利息九角至一分。每当银关稍困时，余则禀知家君，须再借若干来济用，家君常惜耗利息迟延多天，始择较廉者借贷。有时盘问何必再借之故，余则列单呈阅，某时或某单若干，或某号因何故暂侵若干，绝非任意侵借也。常叹言，屋地业如有相当价值，拟售出一部份，可长十万八万，清还此流动借款，庶免如此纷繁云云。乃不幸在此两年余间，逐月添借近万元，而绝未查考用途，余至为不解。至顺安经理兼管财项之族叔，身既染病，终年未曾见家君一面，借款等概由螟子与家君直接，彼似抱不干涉主义。余多次往住宅与家君谈话，在厅中相距约十余尺，见家君目中似有白点，如翳疾状，然明知无此目疾，复注意细观，白点仍然，乃起行近前则无之，余心甚异之。回念其神气衰变，故致如是，毋乃气数使然乎。

八　收束之结果

余自到店之后，家族叔日日要将事权及财政卸交，余不肯受。彼时余大有进退维谷之慨。盖全盘核算，所有屋地业原典押卅万元，流动借款抵押卅二万元，合计六十二万元，现因降价按可值四十余万元，除后不敷约廿余万元，顺安欠米账五万余元，又欠洋行白铁等五万元，按至年终六个月，利息须还三万余元，流动借款到期要收，按还一万余元，共十五万余元。而可收入之额，顺安被人欠米项四万余元，黄梨厂承顶于人，按二万元，金胜美、庆成、振安等收盘，按四万元，共十万元，除外尚不敷五万余元，合计押业及生理共不敷廿五万元弱。厦门屋地业不但难于变卖，且非余名字，故踌躇不欲接受。然转念不能脱离家君而他去，况在此艰危之际，逐月再被苏氏母子支取数千或万元，则无须三四个月决不能维持。不但屋业押款无着，而欠市中米白铁等项亦无法清还矣。乃接受之，并禀准家君，逐月只许苏氏支家费二百元。立即预备将金胜美、庆成、振安等尽此数月内结束。黄梨厂因出产期已过，无款可收，则由家君觅人承受。柔佛厂承顶与人，收一万余元，本坡厂招潮商黄梨贩合伙，资本一万二千元，彼出七千元，余出五千元，商号称日新公司。生意由彼经理。至顺安米业不便停顿，故仍旧经营。唯较次之客不放账，俾款容易收取。两月之后还米款仅须四十余天。又幸有客承买一段空地，除还押欠外可剩五万余元，故白铁、枋糖之欠款亦概还清。虽黄梨厂承顶与人，金胜美等收罢，市面中西商人绝不知内容，多谓因乏利不欲滥作。于是无欠货账，只有米款数万元而已。顺安名誉转隆，交冬之后，米业减作，劣账迫收，延至年终米款尽行还清。被人欠尚有一万多元，按有半数过年可逐斩〔渐〕收回，从此即一概停止。所未清者，只有产业抵押两种之款。第一款则固定卅万元，此条产业价值虽降，尚可值约四十余万元，无丝毫损失；唯次押之流动借款，计欠卅一万余元，如除产业剩余之十万元外，尚不敷约廿余万元。家君一生数十年艰难辛苦，而结果竟遭此不幸，余是以抱恨无穷，立志不计久暂，力能作到者，决代还清以免遗憾也。

九　初步好机会

余卅一岁春，顺安既停罢，念不可赋闲度日，乃在距坡十英里洰水港山地，建筑黄梨厂。按从简起手，用木料茅草造成，并买旧机器，一切按两个月完竣，至夏初黄梨产季开始工作。共费款七千余元，名曰新利川。至活动资本可免需，因各原料如白铁、糖枋，均可向市面华洋商赊取。数日间黄梨罐头造成，即交洋商便有款可支也。而春末日新公司伙友潮人逝世，照英律当截止其股份，全盘归余一手，然余不忍举行，往商其家人营业股份照旧，但经理权须归余执掌。他不许可，余于是依律通知，并核结一切账目，计自客年冬初合伙，至来春末半年间，实得利一万八千余元，他之母利一万七千余元，须留待向政府请求领出遗产，至速数月后方得交还。日新公司既归余自办，时适夏季之初，黄梨甫在出产。盖生黄梨每年出产两季，冬季约产四成，夏季约产六成。是季由四月起至六月终止，此三个月日新厂核结得净利近三万元。新利川净利得九千余元。在此短促时间，两厂获利近四万元，为初出茅庐极好机会。合前日新公司母利一万余元。又收顺安账尾及货底亦一万余元，合计已有资本近七万元。故自夏初加开一米店，号曰谦益，资本二万元，除米业外兼为两梨厂收支机关。而新利川厂则扩大工厂及机具，以备冬季应用。

一〇　同业多庸常

余前在顺安服务，但经理米业及财项而已。至于黄梨厂如何经营，则不闻问。其时售黄梨罐头，只与两三家交易，多系洋商，由家君直接经办。每次数千箱或万箱，每季或作数次，先期售完，制出概属普通庄头，甚形简单。余既未曾参加，绝不知该业利害。及亲营此业，并由前日新公司半年获利之巨，乃知此业极需有才干思想。若能精于核算，用心选择制造出售，每箱可多获五六角之多。其时同业有十余家，其能干者，即与余合伙之潮人已死，其他多乏精明之流，故余得独占大利。欧美加拿大诸洋行，有经营此业者，约十余家，除星期日外，三两天必有来电，采买黄梨罐头。计所采各庄，不下五六十样，如条、块、四方形、整个圆形、成片刻花、或加糖、或仅水、或各半等式样。最大宗为条庄、方庄、枚庄约占八九成。全年新加坡诸厂出产一百七八十万箱，各色杂庄数十样，仅一二十万箱而已。每箱比较普通庄，多获自两三角至七八角之利。每次成盘只数十箱至数百箱，非如普通庄，每次可售千箱至万箱者。余与一副手叶君，每日上午九点余钟，分途到洋行探询，有无电信？采何庄？故凡诸什色庄头，大半被余售去。他家或嫌少数零星，或不晓核算，或恐制不合式，致日后须赔偿，故少竞争，此向外人售货与同业不同之点也。至于厂内最重要在采买生梨，及工人剖梨损失。余每天清早及下午到厂视察费数点钟工作。各厂采梨例系算枚还价，诸梨贩来售大小不定，有每百枚两三元者，亦有一元余者，不特大小有关，亦须看成熟与否，并须察看有无坏烂等事。既非按重量还价，但凭眼力而已。他厂多系每季停工时，然后核计得失。余则不然，系逐日核结得失。凡该日所采生梨，概令制完不使混杂，明天罐头装妥，便知得失。既可以为采估梨价之标准，又可研究剖工损失。比较前日新公司潮人之办法更进一步矣。若言资本则少许便可作。盖全箱原料最多为白铁片，向洋人采办系二个月还款，其次如白糖枋箱向华商交易，四十天期还款，工资半月还清一次，只有生梨须用现款而已。普通市价每箱生梨占四分之一，至多三分之一。生梨入厂三四天制就，即运交洋行，便有款可收。为无须大资本故，新加坡并柔佛共有廿余厂，竞争剧烈多乏利，全年获利一万余元者仅数厂耳。

一一　福山黄梨园

新利川近处，黄梨园颇多，全年可制卅多万箱之额，大都运到坡中由梨贩经售。余恐数年后生产退化，采买困难，乃思购地栽种，则于距离数英里远车路边，购空芭地五百英亩，每亩价五元，共二千五百元。积极砍芭种梨，按一年内完工，加两年全园可生产二万余箱，名曰福山园。然自各家开种黄梨园以来，至多二三百亩，或作二三年栽种，未有如福山园于一年间完成之多。是年冬季日新、新利川两厂，得净利二万余元。因黄梨羔［膏］价稍降，故利益稍不及前。谦益米店得利八千余元，计余卅一岁之年，除伙伴红利外获实利六万余元。

一二　创办冰糖厂

卅二岁夏季，余两黄梨厂得利三万余元，秋间又在新加坡梧槽港口租屋，创办一黄梨厂，兼制煮冰糖，号曰日春。该处收采外地运到生梨，为最好地点。相距至近，早晚免待海潮均能运到。至冰糖厂，系从坡中向爪哇糖商买白糖来煮成冰糖，还款账期三四十天，而过煮成冰〈糖〉仅八九天，并装配下船至多十五天。若有信用汇票往支，免廿天便可收款。不但免出资本，尚可先期收存款项。计坡中有冰糖厂十余家，概系潮侨。然他等均用大锌锅，燃料用柴薪。所煮冰糖多寄香港托售，上海则甚少。余之煮法则不同，系与黄梨厂同用蒸汽炉，而燃料则用锯木屑，煮锅系内铜外铁，比较燃柴每担成本可廉二三角。每日煮二百余担，计可便宜数十元。制成大半寄香港托售。是年冬季黄梨厂虽加日春号，而得利仅一万余元。全年三梨厂得利四万余元。谦益米店得利八千余元。合计五万余元。除伙伴红利外，余获实利四万五千元。

一三　还欠志愿尚未遂

余卅三岁春，则每念家君前顺安号为屋业，所典押一等二等诸借款，除一等外，二等卅余万元，尚不敷约廿余万元，而屋业此两年来无何升降，若愿与债主折减还清，以消遗憾，亦须半数约十余万元，至少亦当八九万元。本夏季黄梨厂如能获利四五万元，便可议还，此为余最念念不忘者。不意黄梨羔［膏］

价自去冬已稍降价，至本年更形冷淡，甚至经月乏人问津。迨近夏各厂争售，每箱降至一元左右，诸什庄亦大减消。又他人加设两厂亦能核算竞争，由是乏利可图。福山园初出产，适逢败市亦不见利。是夏梨季三厂仅获利一万余元，除各伙伴侵支，实得约一万元。统计余营业此两年半，获实利十一万元。又前日新公司及顺安二万余元，共十三万余元。家费及义捐等约二万元，实存十一余万元。而各营业垫去资本，谦益米店二万五千元，三间梨厂资本四万余元，冰糖厂免资本，福山园垫去一万五千元，合计八万余元，尚剩仅三万余元。故尚无力可与顺安债主议还旧欠也。

一四　黄梨园种树胶

是年马六甲埠陈君齐贤卖一丘树胶园二千英亩，价二百万元。该园初时为林君文庆得英人报告，乃向陈君倡办，资本多由陈君支出，先后垫出廿余万元。其时南洋人种树胶尚未发达，所有者不外百余亩，仅几处而已，亦未曾刈胶见利。故英京无人注意。及陈君种此大规模之胶园，英人即组股份公司来承买。西报虽有登载，而华文报则绝无言及。余虽闻人言亦绝无注意，且与陈、林二君素无交接。约在夏间在某洋行一英人告余，陈君售胶园获巨款事，劝栽树胶可获厚利。余始查探陈君有树胶子出售，乃向买十八万粒，价银一千八百元，运往"福山园"栽种。在黄梨边，每十五方尺开一窟栽之，对黄梨无伤害。全园两个月栽完，此为余经营树胶园之始也。

一五　参加恒美米厂

是年冬初，谦益米店左邻，有一间米店恒美号，兼租在芽笼桥头印人一白米厂，每日可绞出白米一千余担。然所作是熟白米，而非生白米。其制法系将粟落水池浸两天，然后加热气蒸熟，在砖庭晒干运入厂，用研磨机磨净壳糠。此类米概消［销］印度。时每担比较生米加价一元之外，算来甚有好利。适其股伙多人发生意见，愿由该经理另招别股，余乃招一友人承受，与原经理合作，仍用恒美字号，专营熟米而已。资本六万五千元，余出四万元，经理及友人各一万二千五百元。然因晒粟砖庭不敷用，尚欠半数，故每天不能出充分白熟米。余与合伙后，熟米价又升，乃急购一段地距米厂不远，在大港边，兼有淡水可用，价四万元，交还一万元，余三万元典欠利息七厘。积极铺砖庭三四个月后大半完竣。逐日可以充分出米矣。冬季黄梨厂获利仅一万余元。冰糖厂因竞争剧烈，香港代售行甚靠不住，各冰糖厂多乏利有亏损者余度此业难取利，营业经年即停止收罢。是年三梨厂得利二万余元，谦益米利九千余元，福山园长利五千元，共四万元。除伙伴红利及支侵，余实利约三万余元。

一六　顺安债还清

卅四岁夏季，黄梨羔〔膏〕市复降，普通庄每箱仅三元半，比前年减价二元余。自新加坡制造黄梨罐头以来，绝未有如此落价者，半由欧美多出生果，半由新加坡黄梨罐头增产，如前年仅百六七十万箱，本年增至二百余万箱。本季三厂获利仅一万余元，同业多有亏本或至倒闭者。恒美熟米厂自客冬入股以来，米价常好，每担实利六七角，每天增出至七百余担，每月实利一万多元。余以恒美有利，自秋后则与前顺安号，产业抵押债主，开议清还之事。所有产业由他承受，不敷若干然后折还。计开议数月，或因主人回印，故延至冬间始议妥，计不敷约廿万元，折还九万元完结。从中交现款六万元，余三万元限期四个月还清，并坐还一分利息。彼此在律师处立约，并登报存案明白。是年终各项生意核结，恒美公司计十四个月，实利十六万余元，余得十万元，黄梨厂得利二万余元，谦益米利一万元，福山园五千元，共十三万余元。除伙伴红利外，余实利一十三万元。

一七　承购恒美米厂

卅五岁春，恒美公司所租印人之米厂，租期已到不肯续租，硬要出售价十

著述

六万元，典回十二万元，利息七厘半，须还现款四万元，不得已承买之。买后不两月熟米大降价，每担实利一角余，而合股之经理料难获利，便欲抽出，无法挽回，即就年终核结数目，抽去母利红利四万余元，由是银根难免稍感拮据。幸他抽去后熟米价复转升，每担三四角，故逐月可得数千元入息。年终核结得利六万余元。三黄梨厂全年得利一万余元。谦益米利八千余元，福山园六千余元，合计九万余元，除恒美股伙及诸红利外，余实利约七万余元。

一八　遭遇两不幸

卅六岁春，福山园左右有旧黄梨园数处，亦兼栽树胶，仅年余。而园主以老园乏利可收，故不耘草，廉价出售，共五百余亩，每亩五十元。买后将黄梨及草清除，专培树胶，由是福山园之树胶已有一千英亩矣。是季胞弟敬贤回梓完婚，不数月适遭家君不幸谢世，余因营业所缠及银根关系，不能奔丧，但遣妻妾儿子回去，丧事由胞弟料理归土。又数月而祸不单行，恒美厂竟遭回禄之灾，货物无保险，仅机器保四万元而已。然货物损失不过数千元，急复兴工积极办机器兼建筑，并扩大规模，至年终告竣。是年恒美公司因火灾乏利，黄梨厂得利一万余元，谦益米利七千余元，福山园六千余元，共三万余元，除伙伴红利外，余实利二万五千元。

一九　树胶园卖出

卅七岁，自客年秋，恒美厂遭火，保险赔四万元，交还典主（原典十二万，现存八万元）。而恒美厂重新建筑，及置办机器计费款六万余元。逐日出白熟米较多，流动资本亦须增加，银根甚形困迫。时适树胶市日涨，每担由二百余元升至三百余元，树胶园及股份，亦随佳市而活动，故于去冬将福山园抵押广益银行七万元，然为谦益恒美侵支。至本年春将福山园与陈齐贤君等立约，许他至年终为止，按价三十二万元实收，任他经手转售，所加之价归他所得，届期如售不出，则合约取消。然由立约起他须借余八万元，利息七厘半，限期两年，又不拘何时，广益银行如要讨回七万元，陈君须代清还，期限与八万元同。计两条十五万元，均为垫于恒美厂之事。自与陈君签约后，胶价复升，未及两月，陈君便将福山园售与英人价三十五万元，订三个月内找清。至秋间如数交清，除还广益七万元，陈君八万元外，尚剩十七万元。然自夏间胶园卖成后，余立即向柔佛觅地两处，复开芭种植黄梨与树胶。是年恒美公司得利四万元，黄梨厂得利一万元，谦益米利八千元，共五万余元。除恒美股伙及红利外，余实利约四万元。

二〇　七年总核算

余自卅一岁春自立营业起，至本年卅七岁止，计此七年间，恒美公司及黄梨厂米店，共得实利约四十五万元。福山园收黄梨三万余元，树胶园除买地、种梨、雇工等七万余元外，得利廿五万元。合共三条得实利七十三万元。除还顺安债款九万元，恒美公司因熟米降低且暹罗有多家新设利源日退，而厂身及砖庭置［资］本已乏相当价值，应须折减。前逐年只添置及修理开消［销］，而成本却未曾折扣。计厂身原本十八万五千元，折减八万五千元，砖庭原本十万元，折减五万元，两条十三万五千元，余之款应为十万零数千元。又七年家费及义捐等八万余元，合计廿八万余元。除此之外存款约四十五万元。至往柔佛开垦之树胶园，一在笨珍港，名曰祥山园，拟栽树胶兼树茨，一在老谢港，距新嘉坡较近，拟栽树胶兼黄梨，名曰福山园，每月按开一百五十英亩，垫本五千余元。

二一　在暹罗开黄梨厂

卅八岁春，余往暹罗曼谷，系专为恒美厂采粟而往。拟就曼谷溪边租栈房，买粟配来新嘉坡。以前系向暹行采办，颇不利便，故拟直接在暹自买。不意除米厂外，栈房难租。有友人告北柳港黄梨甚多，供全国生食之需，余即坐火车经数点钟前往视察。在北柳港有一所米厂，乃假其小火船游内港，果见黄梨园甚多。略探大概，按采三分之一，则每年可制梨罐四五万箱。其时黄梨市价已升，因新嘉坡数年败市，出产减少，而暹地未有人制造。又北柳地方产中下等粟亦多，正合作熟米之用。若在此设厂制梨罐，并采粟，诚一举两利。而加两个月生梨便盛出，余即买地赶建，机器由新嘉坡及在暹购置。按夏初完竣。并建采粟码头栈房，兴工月余将竣，号曰谦泰，余乃回新嘉坡。

二二　后来居上

余往曼谷寓友人泰源行内，他介绍往见一侨生闽人，行号鸣成，富有数百万元，在曼谷及北柳均创有米厂。余到北柳参观其米厂，于近年始兼作熟米。其砖庭御雨蔽粟，系用活动可进退之屋盖。庭股边安轻便铁路，出入湿干粟及屋盖，均从铁路运载甚为便利。余一见之后，深敬服其机智，而抱恨自己愚拙。彼近间始经营此业，真所谓后来居上也。若恒美之砖庭遮粟系用竹叶制成之帆席，湿干粟出入均用人力挑运。如湿粟散在砖庭上未干，逢阴雨及夜晚则用竹扫聚积庭股上，遮以帆席，待日出再开散曝晒。常于一日间散合两三次，不但工人须多，如逢降雨多天，乏日可晒干，则臭烂损失不少。鸣成厂活动屋盖之妙处，在乎湿粟既散开庭上，逢降雨及夜时，只将屋盖运来遮御，未干之粟可免聚积一处，不但可受空气助干，又俭省许多工人，终年不致有臭烂损失。然此法须有加倍空地，以容纳活动屋盖之退藏方可，然恒美新创粟庭可以办到。余回新嘉坡，立即照此办理并办轻便铁路，改作数月完成，约费去近二万元。至新嘉坡诸黄梨厂廿余家，为数年来多乏利，亏本倒罢及收盘者近半。余即招两三家来合伙，余约占三分之二。是年恒美公司除新造庭盖等费以外得利二万余元，黄梨厂得利二万元，谦益米利八千元，共五万元。除伙友及红利外，余实利三万元。

二三　第四次回梓

余卅九岁，为去冬我民国光复，极欲回梓，一为略尽国民一份子职责，拟在集美社创办制蚝厂，及集美小学校，一为出洋已近十年，思乡甚切，故拟于秋间言归。即在新嘉坡筹备制罐机器，及火炉等，计费七千余元，并函在日本友人，代雇一熟悉制海蚝罐头技师，月薪国币二百元，订冬间到厦。至蚝之罐头，余在新嘉坡曾买外国货运来试过，原质气味，虽不及生蚝之佳，然每枚比较集美出产尤大，余意其过于老大，若集美之蚝势必较佳。及至秋间回梓，冬末开制，则完全失败。其原因有二，集美之蚝在海中仅八九个月，不耐高热度，煮久缩小约存十分之六七，形体大变，此其一。而该技师亦乏经验试制仅十余天，多已变臭，此其二。以此完全失败。后乃闻外国罐头蚝，其蚝身在海中年余或两年，达相当老大，乃能耐高火度，而不变其形体，盖火度不高，则易变臭也。计亏损四千余元。乃将各机器估八千元，与厦门友人合伙招股份公司，名曰大同罐头食品公司，余入股约五分之一。是年恒美公司得利二万余元，黄梨公司得利二万余元，谦益米利七千余元，合计五万余元，除伙友及红利，余之额三万余元。

二四　第五次南来

四十岁秋，余复南来，暹罗所创之谦泰黄梨厂，计经营已三年，约得利五万余元。迨至末季因北柳港水变咸，经理人不知预防，致损失三万余元。由是承顶与人，机器屋栈均廉价卸去，采粟则移来曼谷，租一小米厂经营白米，并为恒美公司采粟。而新嘉坡有两黄梨厂不利，招余承盘，由是全新嘉坡黄梨厂制出之罐头，余公司约居半数之额，年可七八十万箱。然因市价不佳，竞争亦烈，故虽占许多数，而不甚有利。在柔佛笨珍港所开树胶园，因地方多病，及其他不顺，上年间费去五万余元，不得不放弃。是年恒美公司得利二万余元，黄梨厂公司得利二万余元，谦益米利八千余元，合计五万余元，除伙友及红利外，余实利三万五千元。

二五　欧战发生

余四十一岁秋，欧洲战事已发生，黄梨羔［膏］近奢侈品，政府对船运认为次要，限制颇严，洋行不但停采，而前所定诸期货亦不肯领。时适黄梨季甫过，厂内积存数万箱，不能交配，致银根日形困迫。再后连熟米亦无客可受，因乏船运所致。复加以德国一艘战舰，自东亚逃去，在印度洋攻击许多商船，故船运更形恐慌。存栈万余包，洋行及印商前时采定之货，既不肯领，要求先交款十分之一亦分文不还，咸云银行汇票及抵押不通，故无款可交。黄梨厂虽停工，然欠市账未还及工资厂费，恒美厂亦然，银根困苦不可言喻。市账虽可停还，任其催逼，而各厂费及工人生活，则不能置之度外，艰难维持，度日如年。延至冬间，黄梨膏及熟米，因船运稍松，稍稍来领，及至年终存货略已售清。是年恒美公司得利三万余元，黄梨厂得利二万余元，谦益米利一万余元，福山园黄梨虽可收成，尚不足垫全年之费，计得利六万余元，除伙友及红利外，余实利四万五千元。

二六　四年总核算

余自卅八岁至四十一岁，四年得利共十四万余元，而开支及损失数目，计祥山园五万五千元，家费三万余元，义捐及制蚝损失二万余元，建集美小学校舍及两年校费二万余元，共十四万余元，出入相当，无可见长。当前年胶园卖出时，存现款十余万元，而新开柔佛福山园垫去十五万余元，大同罐头公司股份一万元，暹罗白米厂资本三万元，共廿余万元，故银根无时宽舒，常侵欠银行多少款项。

二七　租轮船四艘

余四十二岁，自客年欧战发生，至冬季火船载位虽稍宽些，然较前时实有相当困难，如要在安南暹罗配粟，甚不利便，各船局多不愿运粟，为其量比白米占位较大，而运熟米往印度亦常乏船。故自新春来熟米虽能合消［销］，而原料缺乏，巧妇难作无米炊，不得已乃租赁两轮船，一艘立约两年，可载一千三百吨，名万通，一艘立约一年，二千五百吨，名万达。租后数月颇顺利。再向香港租两艘三国船，每艘二千吨，订约一年，计租四船。所以敢如此放胆者，因曾为英政府承运枋木片，往波斯湾，每次来往须一个月，虽无多利可获，然日期可由我自定先后两个月。如运往他处较有利，我可尽先往他处，如乏利或限期已届，然后运枋木往交。以此算来全无危险。是年租船得利廿余万元，黄梨厂甚少作，而定采全年白铁，转售得利廿余万元，恒美公司得利四万余元，谦益米利一万余元，共五十余万元。余之额约四十五万元。

二八　购置东丰船

四十三岁，余为客岁租船有利，乃自置轮船一艘，可载三千吨，原名东丰，价卅万元，所租之船三艘，已到期被讨回，仅存万通一艘，时租金已提高，故不复他租。而熟米一途，因暹罗仰光诸产粟原地，增设许多厂竞争剧烈，新加坡既不产粟，更难与争，已现乏利气象，前程亦甚悲观无望矣。黄梨厂自客年集合在加笼区为一所，每日能制出两三千箱。然自欧战后，消［销］路甚短，减去不下十分之六。所定采白铁片，价值日升，转售于人更胜于裁制罐头。前有一梨厂在土桥头，各机器概已移去，只留火炉而已，乃改作树胶厂，添置各机并建吊栈，并加热风气，费款五万余元。先代他家作绞工，每月可绞五六千担，得实利一万余元。是年轮船得利卅余万元，黄梨厂得利廿余万元，树胶厂得利五万元，谦益米利一万二千元，共得利六十余万元，余之额五十余万元。

著　述

二九　复购谦泰船

　　四十四岁春，不幸发妻谢世。恒美公司熟米业已完全不可经营，乃将米厂改为树胶厂，而对面砖庭建平屋安机器，原有栈房，则改建四五层以吊胶，并添置热气，费款廿余万元，号曰谦益。自买湿胶片来过绞为胶布，在本坡售诸洋商。适有一美国广告公司经纪人，来新加坡招登广告，乃托其介绍美国胶商来交易。渠回美时，即介绍于胶业协会经理人。由是绞出胶布大半直接售于美商。秋间复购轮船一艘，三千七百五十吨，原为澳洲客船，可行十四海里，价四十二万元，名曰谦泰。余以两年来有利，乃思前年获悉闽省师校之腐化，师资之缺乏，若力能办到决在集美办师范学校，兹正其时矣。秋间即商遣舍弟回梓，建筑校舍，可容寄宿生三百人，并函托上海江苏第二师范，代聘校长教师，准新年元月开幕。冬间将所置两轮船，谦泰东丰租于法国政府，租金每月新加坡币十二万元，除用费及修理外，按可长五六万元，立约至战事终再加六个月满期。是年轮船得利五十余万元，黄梨厂仍得白铁利卅余万元，谦益胶厂得利十五万元，恒美公司无利，米店得利一万余元，共一百万元，余之额九十余万元。

三〇　两轮船沉没

　　四十五岁春，东丰船在地中海被德国击沉，保险赔款实收五十万元。秋间谦泰船亦在地中海被击沉，赔款七十万元，而船业已不能再谋利矣。为收得保险等款，乃买在柔佛高踏丁宜路胶园一千英亩，又空山二千英亩，价四十万元。又买本坡马珍律港边空地，卅万方尺，价卅二万元。黄梨厂自欧战到今四年，消〔销〕路甚小，获利无多。唯白铁片每订采一年之用，初战时买每箱六元，第二年买九元，第三年买十二元，第四年买十六元，大半转售出去，首年兑十二元，次年兑十五元，第三年兑廿元，第四年兑廿五元，故四年间得利近一百万元。然因经理人怠于管理，致腐漏甚多，损失及赔还洋行廿余万元。是年战事告终，谦益胶厂得利八十余万元，两轮船扣原本外得利六十万元，黄梨厂得利十余万元，米店得利一万余元，共一百五十余万元，余之额一百四十余万元。

三一　四年又总算

余自冬间欧战息后，便思回国久住，以办教育为职志，聊尽国民一份子之义务。而对南洋社会关怀之事，则为新加坡未有华侨正式中学，乃首倡捐资，招全侨合办。营业如黄梨厂，因数位伙友兼经理多不认真，恐有危险，乃卸去一切，归他等承受，而保留谦益树胶厂及米店，并与他人联财在新加坡参加裕源公司、振成丰公司、槟城树胶公司等。彼时计谦益胶厂资本二百余万元，直接与美欧商交易，按逐年中平均可获五六十万元。裕源、振成丰、槟城三公司，亦均营树胶，余股份约三分之一有奇，资本五十余万，每年亦按可分利十余万元。福山园计栽树胶二千余英亩，已七八年，黄梨已除去，专顾树胶，再两三年便有利可收。新买一千英亩胶园，亦将近收利。空山二千英亩，则开始栽树胶，按年余可完竣，每月垫本一万余元。计自四十二岁至四十五岁，四年间获利轮船一百六十余万元，黄梨公司实额六十余万元，树胶厂一百万元，米及恒美七八万元，又三公司得利卅余万元，福山园估得利四十万元，前原存五十余万元，合计四百五十余万元。而支出数目，集美学校建校舍及开办，并全年经费，三十余万元。义捐十余万元，家费五万余元，共五十余万元，除后实存资产约四百万元，从中谦益胶厂活动资本二百余万元，三公司五十余万元，承恒美厂及添置约四十余万元，树胶园一百余万元，买地卅余万元，米店资本七八万元，共四百卅余万元。所加之款系买地押欠及侵银行者。

三二　第五次回梓

四十六岁春余既决意回梓，乃请舍弟南来接理，时为民国八年。余于五月

著　述

回乡。秋间接舍弟函告，马珍律所买空地左邻，尚有廿余万方尺要售，因地较次可便宜些，按廿余万元，余覆[复]函承买之。计马珍律两次所买空地，近六十万方尺，买价五十余万元，过后陆续填平空地，再费去四五万元，共六十余万元。该地在新加坡河港边，数百担驳船可出入，为适合建货栈之地。自余归后屋地业月月升奖，因新加坡币日小，而南洋各处获战后巨利者，多来置业，有升至两三倍者。冬间舍弟与友人，合买马珍律对面空地数万方尺，每方尺价至四元。若相比较，则马珍律之地，至少可值每方尺二元半，最低亦二元，则值百万元有奇。是年谦益树胶厂获利九十余万元，米店得利五六万元，除红利外，余实约九十万元，而汇水须二百余元方可汇国币一百元。

三三　三公司俱失

四十七岁余在梓里。新加坡币复缩小，盖亦为上海、香港等处多存款之故。最高时坡币三百元，方得汇国币一百元。余因急于尽教育义务，故仍依计划奋进，不以汇水而退缩。其时新加坡屋业价尚好，舍弟与友人所买空地，亦积极赶建，意在建后售出可获多利，然原料亦多升价矣。而土桥头之树胶厂，余则函告舍弟改为树胶熟品制造厂。又在三条巷粟庭隔邻有远利火锯厂将拍卖，余寄函以廿五万元收买之，兼营黄梨厂。而裕源公司经理兼股东，自余未回梓之时，屡向余言合伙营业已久，有如人老须更换少年，盖早有独立之意。及本年来则下决心，存树胶五千余担暂停不售，成本每担九十余元。不久适胶价大降特降，及至售出每担亏本五六十元，计亏去卅余万元。又一胶园成本廿余万元，估计五万元归他自己承受。洋货店及账目及招牌亦归他。因诸股东念多年伙友故不与计较。余母利原廿余万元，仅抽得饼干厂股份及屋业，可值四万余元而已。至槟城树胶公司，因股东兼经理变更售法，将一部份胶布托洋行往美国代售，款先支八成，前后托售五六千担，亦值胶市屡降，亏损廿余万元，在地亦亏本十余万元，共卅余万元，将公司资本一切弄空，营业停罢。振成丰公司股伙中，有五人共理事，因一客籍伙侵款及私营他业，他四人便与发生意见，余函劝须念多年伙友勿复计较，他等不肯遂致折[拆]散，振成丰公司归他承受，余原本收回。计此数月间，裕源、槟城、振成丰三公司俱失去，亏损卅余万元。是年胶市虽大降，而谦益胶厂得利九十余万元，米店得利二万余元。除各伙红利外，余实利九十万元。

三四　出入略相抵

四十八岁新加坡屋地业，自客年上半年已升至登峰造极，至下半年则大降特降。舍弟与友人合建之栈房，垫去廿余万元，虽要亏本售去，亦无人接手。而所营之树胶熟品制造厂及火锯厂、黄梨厂，亦垫出许多资本。树胶园则因胶价降跌，亦停止采刈，新旧园逐月须垫去二万余元。集美、厦大建设及校费逐月亦数万元。虽有胶厂之利，出入仅略相抵，而利息及诸垫本，须多侵银行数十万元。其年谦益树胶厂得利约一百万元，米店、火锯梨厂得利四万余元，余实利一百万元。

三五　第六次南来

四十九岁春初舍弟因病回梓，余不得不复南行。本拟数月后再回国，及到坡之后见树胶营业，已有数家出为竞争，彼亦直接与美国胶商交易，致利益已不如前。而厦、集二校，均在扩充，所需经费多赖此途之利源，故不得不转变方针。其时因两年来胶市告败，马来亚各埠小规模胶厂，大都亏损，或停罢或半作，多欲卸去。余乃往各处视察，向其收买全厂栈机一切，计峇株巴辖、麻坡、巴双、峇株牙惹、怡保、江沙、实吊远、太平、霹雳九厂，廿余万元，逐厂扩充吊栈热房及改善机器，费去十余万元。槟城厂停闭两年，复修整扩大，费数万元。俱于年内完竣，逐月可绞出胶布三万余担。制造厂亦加垫十余万元。是年各胶厂得利一百零万元，其他制造厂、米店、梨厂、火锯〈厂〉等，得利十余万元，合计一百十余万元，余实利一百一十万元。

著　述

三六　四年再核算

余回梓里及再来洋，计此四年间所得利三百九十余万元，而支出及业产降价事，计集美、厦大两校，设备及经费二百二十余万元，利息六十余万元，火锯地皮栈房按跌价五十余万元，三公司损失卅余万元，树胶园垫出卅余万元，因胶市降估减，又义捐十余万元，家费六万余元，共四百一十余万元。出入抵后不敷廿余万元。比较四十五岁时资产减去此数，而树胶园许时可刈者，已有三千英亩，新园二千英亩。尚有一丘亦在柔佛二千英亩，与梨厂伙友合种，名曰三合园，余得一半，后一友抽去，故余得四分之三，一千五百亩，已栽六七年之久。此园原本甚轻，初时只还讨山费一万余元，招客籍人百余人栽种黄梨，每亩津贴十余元，黄梨收成，分得梨利来抵津贴费已可相当，又兼栽种树胶，彼等当兼顾。此时黄梨已收五年，再迟一年余已将尽矣。合计余之树胶园六千五百英亩，每亩只估值一百零数元耳。

三七　宁人负我

五十岁，陈君延谦招余一任职人合伙，经营树胶厂号曰信诚。其时竞争剧烈之家，以振成丰、通美、信诚等为最，陈君出而提倡合作，通美不甚利害置之，只谦益、振成丰、信诚三家，每采湿胶一担抽利一元，谁不实报每担须赔十元，逐月抽利若干作十分［份］均分，在律师处立约，三年计谦益得六分，振成丰二分半，信诚一分半，并公租坡中他人之胶厂五间，关闭不得开工，办事所附设信诚楼上，书记由他兼理。其初四个月谦益采胶较多，逐月支出一万余以还两家得利，再后经三个月未闻核算。时谦益办理人系李光前，余催其速结，则该三个月，振成丰、信诚二家须支出二万余元还谦益。而振成丰疑信诚减报，要查其账部，信诚不许但承认减报五千担，振成丰则以就此当罚出五万元，渠欠谦益之账可以抵还而有余，由是两家应出之款均置度外。再延三个月，两家应再出四万余元,合七万余元当还谦益,更难交出矣。而信诚竟唆弄振成丰,将公租一胶厂作私家复业,余则以约章阻止之。彼即控余于法庭,欲破三年之约。振成丰伙伴四人,前均任余职务,其中一叶君者良心上自过不去,奔走要求总商会长薛君,力为斡旋。余云彼欠七八万元既不还且又见控,上堂打官司事,余素不愿,欠款不还置之就是。而薛君等强为要求,取信诚五千元来作了结。余素抱宁人负我宗旨故即了事。是年谦益胶厂得利九十余万元,其他得利卅余万元,除红利外,余实利一百廿万元。

三八　扩充熟胶品制造厂

五十一岁,是时树胶厂营业扩充已足,树胶园新旧相抵,免复垫本,市价稍转,逐月有利可长,则注意扩充树胶熟品制造厂,此后简称制造厂,对各种车轮胎及各日用品、医生用具、胶靴鞋等,均筹备试制,由是扩大厂屋机器。然货物出产既多,消[销]路未通,寄人代售则难靠,盖资本家为我新品,消行未畅,不愿代理推销,非资本家则乏信用,不得已须自设分店,俾可推销。故先在马来亚及荷印诸大埠,开设十余处。是年谦益各胶厂得利一百五十万元,其他得利卅余万元。除红利外,余实利一百七十余万元。

三九　气数已造极

五十二岁,为英政府限制树胶出产,其时荷印出产无多,未有参加。限制后胶价每担由卅余元逐月升奖至冬间,竟达二百元。自秋初三合园售于英人每亩七百元,余得四分三,实收一百万元。由是大为买入,计买五六处,在柔佛七千余亩,新加坡一千余亩,每亩平均二百余元,共二百廿余万元。制造厂又分设商店于香港、上海等国内大都市十余处。自树胶限制出产后,每担卅余至五十余元。将本厂全年所需胶款,采入足数,故有多利。至在马来各树胶厂,因价高厂寡,乏人竞争,亦有厚利。是年谦益各胶厂得利四百余万元。胶园共有一万五千亩，每亩估值按最少价三百元，可值四百五十万元，扣固本三百廿万元，可得利一百卅万元。又三合园得利一百万元，制造厂得利一百五十万元，其他得利廿余万元。合共得利八百零万元，余实得七百八九十万元。

四〇　三年总核算

余此回再南来，则由五十岁至五十二岁三年，为一生中登峰造极，得利最多及资产最巨之时。依上言三年计得利一千零七八十万元。而支出之数，厦大、集美两校建设及经费二百七十余万元，因胶价高及多买树胶园，故多侵银行，计还去利息七十余万元，义捐十余万元，家费五万余元，共三百六十余万元。对除后三年中可长来七百十余万元。若论其时树胶园价，每亩至少增加估一百元，可加值一百五十万元。又前年估存资产三百七十万元，共一千二百多万元。从中各项财产所占数目，树胶园为最多，计一万五千亩，每亩四百元，共六百万元，谦益各胶厂机器及厂栈估一百万元，活动资本四百万元，制造厂机器并厂一百五十万元，活动资本一百五十万元，空地及栈房估五十万元，火锯（厂）、梨厂、米店等五十万元，合共一千五百余万元。故尚侵支银行近三百万元。

四一　工厂如师校

五十三岁树胶制造厂复在南洋及祖国设分店十余处，再垫出数十万元。余对制造厂不惜垫资扩充者，以廿世纪为树胶之时代，日本小国尚有大小胶厂四百多所，以我国之广大竟无一相当树胶厂。新加坡系产胶区域，政权虽属英国，所需男女工人概我华侨，对于化验制造各机器，可臻完备，出品种类亦多，可以训练职员工人，如师范学校之训练学生，俾将来回国可以发展胶业。愚于个人营业之外，尚抱此种目的，故不惜资本，积极勇进。至谦益胶厂为去年有厚利故，多位职员欲自出经营，外间亦有羡慕诱出合伙者。然自新春之后，胶市日降，各胶厂无利可图。前拟办一造纸厂，办机器交定廿万元，见市势已不好，即取消不敢进行。自春至冬，树胶价降如流水就下，由每担百七八十元而跌至九十余元。各厂不但乏利，尚当亏损。由是厦大校舍已下手建设者，使至完竣便止，而集美建设则于冬间完全停止。虽建筑近半之工场亦不敢继续，此乃出于不得已之苦衷，而经常校费，则如旧进行。是年谦益胶厂亏损卅余万元，利息支去四十余万元，厦大、集美支去九十余万元，办纸机取消廿万元，其他均无利，共支出一百八十余万元。

四二　胶利已失望

五十四岁，前承接裕源公司之环球饼干厂系股份公司，余之股额，系一部份，他人尚占大半。因经理人与股伙生意见，余诸股东多欲售出。乃承买一切，加以改善，并扩充新式机器，垫款十余万元。夏间树胶园卖与英人五千英亩，每亩五百元，计二百五十万元。而谦益树胶厂两年间，诸职员出去合他人经营同业者，计有志成、益和、南益，连前振成丰、信诚五家。洋银行及华银行被侵支至七百余万元，多将厂栈货物抵押，并有银行买办暗与联财，此乃举其大者。至于马来亚诸厂职员，出去作同业者亦有多人。由是竞争益形剧烈，各厂绝无毫利可图。自欧战后十余年来，入息多靠此途营业，兹乃如是变迁，前程甚为悲观。而胶园及别途亦无好景，逐月应支出厦、集二校经费及利息十多万元，衷心苦况难可言喻。然尚希望制造厂后来有利，故复增设分店十余处，推广销场。是年谦益胶厂，及制造厂、胶园等均无利，饼干厂及火锯〈厂〉、梨厂、米店等得利数万元，只足供义捐及家费，所余无几。厦大、集美支去经费七十余万元，利息四十余万元。共一百二十万元。

四三　抵制日货遭火灾

五十五岁春，复售出树胶园六千英亩，每亩四百元，共二百四十万元。夏间我国为北伐故，日本派兵入济南，发生惨案。新嘉坡开侨民大会，筹款救济，举余任主席。其时华侨抵制日货甚形剧烈，余所办之《南洋商报》揭载某商家，由某轮船运到某货品若干件。由是衔恨，雇人下毒手放火焚余树胶制造厂，计毁去屋机货品近百万元，除保险外损失五十余万元。是年谦益各胶厂仍无利，制造厂为各物品降价亦乏利，又受火灾之损失。其他火锯、梨厂、饼干、米店等得利几万元，只足供义捐及家费。而厦大、集美虽缩减经费，亦须汇去六十余万元，利息四十余万元，加火灾损失五十余万元，共一百六十余万元。

四四　三年再总算

余自五十三岁起至五十五岁，此三年均在退步境遇中，虽幸两次卖出树胶园四百余万元来抵额，尚不敷支出之数目。计支出最多者，厦、集二校经费二百二十万元，利息一百卅万元，火灾五十余万元，胶厂亏损卅余万元，卖胶园佣资二十五万元，纸厂机廿万元，义捐六万五千元，家费四万五千元，共四百九十万元。饼干〈厂〉、火锯〈厂〉、梨〈厂〉、米〈店〉等得利十余万元。对除后尚支出四百八十万元。按诸业及厂机降价损失，树胶各厂按五十万元，地皮栈房廿五万元，火锯等廿万，胶园十万元，共一百零五万元，合计两条五百九十五万元。至估存资产制造厂机厂二百万余元，活动资本二百万元，谦益胶厂活动〈资〉本二百万元，厂机五十万元，胶园存四千亩估一百万元，火锯〈厂〉、饼干厂等六十余万元，共八百一十万元，合两条共一千四百零万元。故尚侵支银行三百余万元，仅存资产实额五六百万元耳。

四五　改作有限公司

余五十六岁至五十八岁，此三年为全世界发生大不景气之年，各物产均大降特降，树胶每担降至七八元，园主多停止采割，然不忍完全放弃不加管顾，只留一部份工人，采割之额只抵工人生活费，每日每人仅二角余，工人亦甚困苦，须加勤方有此数。至于其他失业到处多有，政府津贴川资，遣送华侨男女回国甚多。胶布鞋前每双一元外，降至二角余。凡各原料及成品诸物莫不降落大半。余制造厂分店八十余处，及厂内所存生熟品，跌价不下百余万元。谦益胶厂亦无毫利。饼厂、火锯等获利无多，只供义捐及家费。利息及厦、集校费支出仍巨。制造厂又垫去七八十万元，致加侵银行一百余万元。至秋间银行乃商余改作股份有限公司，利息愿酌减，厦集校费亦裁减大半，每月仅限叻币五千元，余不得不迁就之。于是核结一切，计此三年支出最多者为利息一百廿万，次为厦、集二校经费九十余万元，制造厂垫去七十余万元，共三条二百八十余万元。除侵银行外，余数十万元系抽谦益胶厂之活动〈资〉本。而树胶园估值六十万元，须亏四十万元，制造厂亏本七十万元，利息及校费二百一十万元，此四条共三百廿余万元。前年结存资产六百万元，除后可存二百余万元，估作股份有限公司。银行亦有加入少许。凡余名下一切动产与不动产，概行并入。此后余个人不负债责，银行举三四人为董事，一人任副经理，余任正经理，月薪各一千元。此为民国廿年八月间改组之事也。

四六　不景气仍严重

五十九岁之年，世界不景气仍深重，美国富人甚至有不能维持生活，降至为乞丐者。譬如存有业产及股份一百万元，而将此业抵押四十万元，尚存价值六十万元，是一富翁也。然遭世变降至值卅余万元，债主代为售脱尚不敷数万元，无力清还，安得不破产报穷乎。马来亚出产只有树胶及锡为大宗，直接间接多视此为荣枯。工人除失业及回籍外，留存有工作者每日工资至多两三角为极优，苦况难以形容。至于园主如有欠债，及无力可还利息地租者，多被政府或银主拍卖，每英亩四五十元，亦有十余元者。南洋资本家破产者难以数计。是年虽校费仅支六万元，利息可减十余万元，然因物品价值复降，各业无利可长，致利息亦不能清还。

四七　胶厂概停作

六十岁春，新加坡及槟城两胶厂，因乏活动资本经营，乃租于南益公司。迨至夏间似有否极泰来之象，在马来亚尚有小胶厂八九所，已略呈转机。然六月间本有限公司董事会见客年下半年，各厂核结数目或无利或亏损，则议决将各胶厂停止出租，又议将外地如祖国荷印英属等分店，概行收罢。余虽力劝以分店要收必大损失至多收回两三成而已，又胶厂已转机有利，不可遽次出租，彼均不肯。计尚存峇株、麻坡、巴双、怡保、江沙、太平、实吊远、峇株牙惹等处胶厂。余不得已乃将巴双厂租南益，订资本由他出，利息扣后，有利分半数为厦、集校费。麻坡厂租于益和，利息扣后，有利全数充集美校费。怡保、太平等厂，则招诸经理人合租，余亦参加，订明有利，抽三成助校费。峇株厂租于宗兴公司，条约亦如是。以上系各胶厂转租之事实也。

四八　好机会复失

本年五月间，英国为数年来不景气损失，对前时入口货少征税事，不得不改变税则，乃通告英辖各属地，派代表到加拿大开经济会议，增加入口税。如树胶靴以前每双征税二角半，兹加至二元，胶布鞋每双七占〔分〕，加至七角半，由七月一日实行。新加坡为英殖民地，然入口不加税。前英京有八家向本厂采办靴鞋，逐月无多，现因日本及他国税重难往，故自此议案通过后，来办者大增特增。余按本厂逐月可出胶靴五万双，每双可得利一元半，逐月有利七万余元。此物香港未能制造，全数可以消〔销〕清。什色胶鞋逐月可消十万双，每双得利三角，逐月有利三万元。此为各采办家之式样，至于普通庄有多处竞争，每双得利一角余，每月亦可消十余万双，得利一万余元。合计每月可得利十二万余元，一年之后，本公司各业可以复兴，深以自慰。不意八月间英京忽来一魔商，执有汇丰银行介绍函，向新嘉坡汇丰银行运动，要求将本厂所出品靴鞋为他一手专卖，并运动诸董事同意。该魔商原系八家之一。余极力反对，彼等则硬要接受。余警告云，若如此必至两败俱伤。最后汇丰银行经理，则不客气言，我英国之利权不容他国人染指，所交易其他七家，系犹太人及别国人云云，此语无异暗示我华侨在内。余仍拒绝不肯签合约，而诸董事竟代签许。所欠七家之货交至十月完了，以后由该魔商一手承揽，不但定采之数大减，余亦灰心办理，与诸董事大生恶感。自秋初因定货多，立向欧美采办许多原料，兹销出既少，存栈如山积矣。

四九　本公司收盘

自秋间英京魔商来后，银行诸董事与余意见日深，除制造厂有意保存，以供该魔商之需外，其他饼干厂、黄梨、火锯、米店，概欲收罢。余亦料制造厂寿命不久，故交冬后或收罢，或承顶于人。饼干厂营业颇不劣，年年有利，乃招李光前承受，订明资本由他供出，利息公开，得利三分一补助二校经费。在新嘉坡树胶厂，原租南益一年将届，次年仍续租，亦与订明资本由他供出，利息公开，得利十分抽二，及月租加一千元，补助二校经费。而魔商逐月来定制靴鞋，不但无多，价钱亦廉，每双靴得利不上一元。余以后望已绝，更灰心办理，且料不能持久，故于阴历将终之前，核查尚欠市面七万余元，若公司一旦收盘，决无清还之理。于是通知各货主或原物领回或取制品抵额，一切交还清楚，此后如有再需些少用料，则以现款交易。银行诸董事见余灰心消极，乃延至阴历十二月终，全厂停闭，由银行公举收盘员，全权核结收罢矣。

五〇　牺牲非孟浪

余自卅一岁春，经营商业及工厂，种植黄梨树胶，计前后创设商店百零处，各项工厂卅余所，垦树植胶及黄梨园万余英亩，雇用职员工人常达数万人，对于居留地政府及侨胞，略有相当裨益。至十余年间牺牲教育费，坡币八百余万元，实亦按步［部］就班，非自己无相当根底，而只出于孟浪之举。所经营诸业，以树胶园、树胶厂、制造厂，三项为大宗，其他则无关轻重，尤非专营投机者比。当四十六岁倡办厦大时，己［已］存有资产四百万元，至五十二岁增至一千二百万元。而两校设备及经常费，年开八九十万元，自度决无过限，岂意再后树胶价大败特败，复加以职伴多人出作同业竞争，三年间无毫利可入，而校费及利息货价支出至五百余万元，然尚存有资产六百余万元。校中设备费早已停止，经常费每学期缩减，至常年费三四十万元。不幸一波未平，一波复起，适逢世界大不景气来临，仿似避贼遇虎惨况。有人劝余停止校费，以维持营业，余不忍放弃义务，毅力支持，盖两校如关门，自己误青年之罪少，影响社会之罪大，在商业尚可经营之际，何可遽行停止。一经停课关门，则恢复难望。若命运衰颓，无挽回可能，原属定数，不在年开三十几万元校费也。果不幸因肩负校费致商业完全失败，此系个人之荣枯，与社会绝无关系也。当公司收盘之时，分店八十余处，货物家私存二百余万元，制造厂、机器厂、栈房除逐年折减外，尚估值二百卅万元，原料存在栈内者六十余万元，生熟品数万元，共五百余万元，树胶园可值一百万元，胶厂四十万元，饼干厂及火锯等廿万元，地皮、栈房廿万元，合计六百八十万元。而收盘最大损失为分店及制造厂机器，收回不上三成。自有限公司成立至收盘计卅个月。厦、集校费每月不敷一万余元，共四十余万元，系将厦门校业变卖十余万元，及由集通息借卅万元，来维持耳。

中华民国卅三年六月卅日陈嘉庚于爪哇晦时园避难中

我国"行"的问题[①]

[①] 文本依据南洋华侨筹赈祖国难民总会中华民国三十五年（1946年）六月版本，南洋印刷社承印。

目 次[①]

小引 ··· (487)

（一）轮船 ··· (488)

（二）南洋 ··· (488)

（三）航线 ··· (489)

（四）客位 ··· (490)

（五）待遇 ··· (491)

（六）冷舱 ··· (495)

（七）航业收支 ·· (495)

（八）航校 ··· (496)

（九）厂坞 ··· (497)

（十）江河 ··· (498)

（十一）火车 ·· (498)

（十二）电车 ·· (499)

（十三）人力车（三轮车代） ······································· (499)

（十四）汽车数 ··· (499)

（十五）汽车值 ··· (500)

（十六）汽车胎 ··· (501)

（十七）汽车油 ··· (501)

（十八）脚踏车 ··· (501)

（十九）自制汽车及其他 ·· (502)

[①] 本版谨依据底本正文标题修正相应目录。

（二十）洋技师……………………………………………………（503）

（二十一）余制车轮之经验……………………………………（505）

（二十二）实验……………………………………………………（506）

（二十三）车胎之破坏……………………………………………（507）

（二十四）实验之牺牲……………………………………………（508）

（二十五）雇技师之难……………………………………………（508）

（二十六）私营车厂………………………………………………（509）

（二十七）省立设胶厂之计划……………………………………（510）

（二十八）车胎原料………………………………………………（510）

（二十九）复制胶…………………………………………………（511）

（三十）制车胎工作………………………………………………（511）

（三十一）车胎成本………………………………………………（513）

（三十二）树胶厂地点及建筑……………………………………（513）

（三十三）胶厂所用电力…………………………………………（514）

（三十四）附设铁工厂……………………………………………（514）

（三十五）胶厂机器………………………………………………（515）

（三十六）机器价…………………………………………………（518）

（三十七）安机器…………………………………………………（520）

（三十八）全厂各部之位置………………………………………（521）

（三十九）胶厂出品数……………………………………………（522）

（四十）胶厂附设学校……………………………………………（522）

（四十一）汽车夫…………………………………………………（522）

（四十二）柏油路…………………………………………………（523）

（四十三）我国自制胶轮之利益…………………………………（523）

小 引

　　自入二十世纪以来，世界文明国积极为其人民谋生活幸福，对于如何增加生产，如何交通有无，如何防御侵略，如何维持治安，以及文化教育卫生娱乐诸项所需，深觉均与"行"之一事有关系；故衣食住三项之外，加以行字，盖舍此则幸福目的不能完全达到也。百十年来欧美发明蒸汽及电气，由是交通工具日新月异：水则轮船电船，陆则火车电车汽车，空则飞艇飞机，运载多而速，旅行安而快，旧式之舟车牛马，欧美多已淘汰矣。我国人于衣食住三项，本足自给，毋须外求，然亦只能维持生活而已。倘遇灾难，拯救乏术。至于幸福问题，更可谓未曾梦及。自中外交通以来，政治腐败，主权丧失，舶来品日来侵蚀，不但衣食住之物品源源输入，而"行"所需要之舟车，竟完全倚靠外来物，或操于外人之手。虽有极少数人稍获利益，而国计民生受漏卮之害，日甚一日，惨重莫可言喻。若探究挽回之术，而分别其轻重难易，则轮船火车损失不大，亦且较易，唯汽车一项，工作难而需用广，挽回恐非易易。我国如不设法补救，数年之后，每年金融之大漏卮，虽海外千余万华侨血汗外汇之金钱，不能抵塞半数，便是全国任何一种大宗出口物，如茶丝豆亦不敷其垫补。可惊可虑实非小可。兹者战事告终，主权恢复，维新民主政府，对各事业必能积极兴革，追踪欧美同盟诸国，以民族幸福为前提，而于本世纪行之问题，当然能倍加注意。爰将鄙见所及略贡刍荛，以资参考。

（一）轮　船

　　世界数十国，有大小轮船（五十吨以上）数万艘，据前"注册"总吨数达六千余万吨。一国所有多者二千万吨，少者亦有百数十万吨，而我国贫至无名，可愧之甚。以前主权丧失，故难建设，今者抗战胜利，情形不同。以海岸线数千海里，沿海名城数十埠，以及各省江河长达数万里，需用大小轮船数千艘。除敌国赔偿外，不敷数额若干万吨，当然须向外国购买，方敷分配，而保航权。至于国外航线，除南洋有密切关系外，其他航线数年内尚无问津之可能。向外购买，虽须支出巨大金钱，然此属初期建设不可免之损失，毋须顾惜，唯希望后来能自建造，免再向外购买耳。然航业应归国有，由政府统辖。至燃料以煤炭为最要，以汽油我国未能出产，而炭则各省都有。然近来新船多用摩多，可比用煤炭省三十巴仙至四十巴仙，我政府当注意考虑为要。

（二）南　洋

　　我国此后物产及各种工业品，除自给外，如欲推销于国外，环顾四境，除南洋外，其他三方面区域虽大，住民虽多，料乏出口推销之市场，此不待智者而后知。南洋地广土肥，物产丰富，现下已有一万万四千多万人，而未开发之土地尚可加容五六倍以上。其他乏人居之大小海屿一万余，虽大半不能生产，而可以殖民者或尚不少。且科学进步无穷，就使种植困难，而海洋生产宏大，亦可以容纳人类生活。是则南洋与我国关系之重大，毋庸多赘。我华侨寄居各处，已有一千余万人，无论海口内地，大埠小市，足迹都到。贩卖日用品，收买土产经营工厂等事，大半操我华侨之手。土人虽多，性质愚怠，志愿薄弱，须赖我侨为之仲［中］介，方资便利。以前各项日用品多由日本运来，其后日本训练组织智识份子，散布各处，自行推销与华侨竞争。受其打击甚形惨重。兹者该国已一蹶不振，此后供给此廉价物品之使命，舍我其谁耶。然欲达到此目的，对于船运之重要，可不更加注意哉。

（三）航　线

我国交通南洋之航线，按分中东西三道，而航程远近，客货多少，各有不同。按由我国至东印度之爪哇为东线，至缅甸仰光为中线，至暹罗为西线，约述如下。

（甲）东线由上海经温州、厦门、台湾、吕宋、三宝颜、锡江、泗水至吧城。按来回五星期，每星期一艘，定期开行。每艘由五千吨至六千吨已足。每小时须能走十五六海里。此路来回客比中路为少，载货或可较多。一二等客位各备三十余名，三等位四十余名，统舱客数百名，每次回国一等客按廿名，每名二百盾；二等客廿名，每名一百十盾；三等客卅名，每名六十盾；统舱客三百名，每名卅盾。共三百七十名，收一万八千余盾。（所按数目比前荷船减一成外，统舱客减尤多。）现在设未达此数，再后亦必可期，因来洋客货定有进无退也。载货按三千五百吨，每吨十五盾，计五万二千五百盾。共客货可收七万余盾。来者以国币核算，相差无多。至于温州、宁波、台湾及三宝颜泊否，视需要而定。

（乙）中线由厦门经汕头、香港、琼州（此埠临时决定）、新嘉坡至槟城。按来回四星期，每星期一艘，计四艘，定期开行。每艘以四五千吨为适合。每小时须能走十五六海里。此线客多货少。一等客位八十余名，二等客位六十余名，统舱客位一千五百名，至二千名。每次由洋回国，以新嘉坡币算（美金一元申二元），一等客七十名，每名一百廿元；二等客五十名，每名七十元；统舱客一千五百名，每名十三元，共三万二千余元。载货按一千五百吨，每吨十二元，计一万八千元，客货合五万元。至由厦门来洋，货或可加收多少。所收客货数目亦可相当，共来往可收十万元。

此线再当另备三艘，由上每［海］经温州、厦门、汕头、香港、新嘉坡、槟城至仰光。按六星期来回一次，则两星期一艘，日后或可添至每星期一艘。每艘至多六千吨。客位及速率约与上言四艘同。回国时如运米往菲律宾，则免

著　述　489

往香汕。至由国来洋，是否经温州或宁波及汕头则视需要而定。

（丙）西线由汕头经香港、琼州、安南抵暹罗。按四艘，每星期一艘。每艘三千吨左右，能走十三四海里。一等及二等客位五六十名，统舱客数百名。每次由暹罗回国，一等客按廿名，每名一百五十铢（美金一元核暹币二铢半）；二等客廿名，每名八十铢；统舱客四百名，每名十八铢。货物收二千五百吨，每吨十铢。共客货可收三万七千余铢。由汕来暹，客货按收国币战前值三万余元。此线之船多在二千吨以下，因暹港浅，我国船亦须以能进该港为要也。

（四）客　位

东西两线客少位宽，无甚问题，当注意者，唯有中线。中线客多货少，每月统舱客来往以万数，尤以厦门汕头为最。此四艘定期船，应特别设计，将货位作客位。兹约述于下：

（甲）该船如作四层舱，下层作水舱，二层作货舱（按可容三千吨多少），三层作统舱客位，四层作一二等客房兼统舱客位。船面除船长等房外，再加一等客位及膳厅。如此则统舱客位可容二千名左右。但三层舱搭客多嫌上落不便，且乏光线，实不适用。

（乙）三层舱作客位固为搭客不满，然除此层外，无处可容纳许多人。若就此层之舱口改善，则光线可较充分。至上落虽加十余级，如将楼梯加阔，使人易行，且每层不高（按八尺多少），便无甚紧要。譬如四层船面舱口长廿五尺，阔十五尺，三层之舱口长可加至五十尺，阔至廿五尺以上，则光线可加不少。全船虽减去客位三数百名，亦尚可载二千名之多。至于边窗及风筒，当然要逐层设至极充分也。

（丙）前他国船有在舱内添设一层活架者，其架可起可下，客多则吊起，否则放下收货。然此系非常时权宜之计。若我政府之船，既决定长期川走此路线，便不应仿效。且架上客位亦有诸多不便，如上落之梯甚狭，且须经过他客之卧位。以重量言，二千名客运行李不过一百余吨，既欲将货位减去一千余吨让为客位，则造船师必能设计完美，使各统舱客对于光线空气上落等事咸称便利，无何优劣之差也。

（丁）前统舱客逢旺月时，常超过例额，致卧位有密如鱼鳞之苦。又有一种恶习惯即竞占客位，以居奇取利，甚至引起用武，见笑外人，贻羞国体。我政府若自备轮船改善待遇，侨胞为爱国故，势必宾至如归。我虽规定例额客位，不似他船牟利随便加收，而舱位客位当然亦有多少差别。不但居奇取利陋习难免，代理客单等亦必互争优先。若预为设法妥善，消除诸弊，亦属易事。可将各舱客位数额，分作若干段，标列号码，譬如全船隔作四舱，每舱所印客单，分别色彩，单中注明在某舱某段位，客栈当依序负责。客栈要领若干单位，登记后公开拈阄，无论在洋或国内先到后到之客，均以拈阄定客位，自免争论也。

（戊）妇女之舱位，当然须占优先，并须分别两类，一为有夫之妇，一为单身妇女，每次按其人数留给之，待有剩余然后许给男客。

（五）待　遇

前外国船视统舱客如货物，与人类不同。名为搭客究实与"客"字相差甚远。既吸收我金钱复歧待我同胞。虽有极少数国人自办之船，为牟利计，对搭客之待遇亦如五十步与百步。兹我政府既自购置，不特每年可挽回千余万元外汇金钱，而于土产之运输，国货之振兴，亦可获得巨大之利益。获益既多，对于搭客之待遇，亦应改善兴革，务须认清客字而应与前专为牟利者不同，约述办法如下：

（一）不论何月何帮，统舱客如过多，任何客栈决不许凭私情交谊加收一名，既免众客拥挤之苦，复免入口海关之干涉鄙视，致辱及国家之名誉。

（二）船规：船中须用黑牌白字，写明各条规则，挂在各舱显露易见之处。如：

（甲）领饭菜茶水时，须依次排列，先到在前，迟到在后，不可争先。

（乙）领取饭菜茶等，须按足用为止，不可任意多取，致公家损失。

（丙）盘椅碗箸用后须安置妥好，不可随便凌乱。

（丁）洗面时，亦须如上言依先后秩序，每人洗面刷口至迟不得过三分钟

（按每分钟约行一百步时间）。用水须节约，洗后水立即放去勿误，洗衣时间每人不得过十分钟，洗后水亦当放去。

（戊）厕所小便所分别男女，如不识字可看图或问同伴勿误。

（己）本船备有多样药品，如晕船或发热、头痛、腹痛等等，可来办事房或诊病所免费领取。

（庚）发及指甲如长须剃剪，若乏刀可来办事房借取，然须带船单作押，待交回领去。

（辛）听演说时，须静默注意，不可高声阻碍听众。搭客如有愿参加演说者，本船甚欢迎，但须先到办事房报名，并依所订条件方可。

（壬）收音机广播及电影戏①表演时，亦须静默不可多言，致乱他客听闻。

（癸）本船逐日印有船中及我国并世界新闻，除贴示外，诸客如要阅可来办事房领取。

其他尚有他项可另加入，如不可随便吐痰，及当守清洁，等等。

（三）豆浆：我国黄豆为世界有名物产，其滋养料不亚于牛乳。每帮行程中之早餐，可配三几次，加以面包，全船各等客均适合，而一二等客再加火腿牛油鲜果，便为美好食品。然须置一两个电磨机，俾容易制造，既合卫生，且属国货，应为之提倡也。

（四）膳食：前他船多由人包办，或由办事人之戚友一手购买。为私人利益起见，注重价格廉贱，多购劣等食品，致常不满客意。此不良之制度，决当废除，不可效尤。此后应归各埠船局负责采办大宗白米海味菜蔬，糖油猪鸡等物，质料须佳而价亦决不贵。向何家采买，数量及价值，须公开发表于日报。总船局当时常派人员在埠上或船中监察之，务使船中膳食相当适口，较前时他船为优美，此为待客之最要者。棹椅，按以承菜盘下加作两木条为脚，高数寸，可以开合，至于椅用一片木板，阔七八寸，长十余寸，下钉两木条作脚，高二三寸。按每六人为一席。如此办法，则菜盘可免置于污秽之船舱上，膳时有坐椅也。

---

① 闽南语，即电影。

（五）茶或滚水①，由客选择，每日必分发两次。

（六）面盆②：每舱中及船面，安置白磁洗面盆一二十个，作两处或一处，并安一长形玻璃镜于上头，又安置洗衣盆数个，各水喉③须用离手水止之机关，以防不慎之客遗忘损失。按每帮客一千五百名，每名加用水二担，共不上二百吨，所费无几。若言多占重量，则船中尚剩千余二千吨之货位，载水所占无多。对于搭客必须充分助其利便与清洁，虽略占货位，亦必设备也。

（七）厕所及小便所：按厕所与小便所应分开，各用"白磁槽"，日夜以海水冲洗，并要设备多处，分别男女，除文字外，并加图画，以利文盲之客。

（八）药品：船中原住有医生，前他船统舱客必逢重病，方有报告，甚至不知或不敢往求，至于轻病及晕船等，则唯有忍耐。据海关定例，医生应逐日巡视一两次，然究实何尝实行。此后不但要其实行，且须备数种药品，如"五香丸""百灵片""济众水"等，并设便利诊所，使搭客容易请诊及领药。五香丸载于验方新编。据云："此方善能消食、消积、消痞、消痰、消气、消滞、消肿、消痛、消血、消痢、消蛊、消隔［嗝］、消胀、消闷，药料寻常，功效甚大。每服八分至一钱，姜汤送下，临睡先一服，次早一服，其效如神。方用五灵脂一斤，香附子一斤，去净毛水浸一日，黑丑二两，白丑二两，共研细末，以一半微火炒熟，以一半生用，和匀醋糊为丸，如萝卜子大。"此方余及多人经验数十年，凡胃腹不快，服之甚效，对于晕船、晕车、晕空等，亦极效。盖晕船之苦，为头痛胃胀欲呕，或终日不食，一食必吐，搭客常患之。此药一下咽之后，胃胀消失，头痛便愈，真治晕船之圣药。在舟车中姜汤不利便，可用滚水亦好。余按如要给搭客可以每二分重为一粒，每次服四五粒，入口嚼碎，吞咽下喉亦可。因药味不苦，容易吞下。然须晒之极干，用细口之瓶妥为贮藏，切不可失慎生霉，致药变坏。至百灵片，系英美最普通便药，能治身体发热及头痛等。然买成片者甚贵，可买百灵粉来自制片，每磅粉可制一千余片，每次服一两片。以上两药，搭客多需要。不但川走南洋船上当设备，便是国内稍行

---

① 闽南语，即白开水。
② 闽南语，即洗脸盆。
③ 闽南语，即水龙头。

长途之船，亦须设备也。

（九）大镜：在统舱客上落梯中或经过处，每舱须置一个大镜，约可照见全身，俾能自观其形容及上下衣服。盖乡村之人，多有发长不剪，面垢不洗，须长不刮，衣秽不浣，或袒胸露体，裤脚高下，指甲不修，大呼小叫，竟不知仪表之常度，难怪洋人之歧视。所谓人必自侮，而后人侮也。兹我维新政府兴革伊始，凡各机关必须共同负责，而在此船中众多之侨客，应当乘机设法，以尽互勉之职责也。

（十）剪剃刀：船中应备有剪刀剃刀各百件，以借予搭客应用。每舱客若干人可托一代表来办事房借取，然代表人须带其船单作押，待交回时原单领回。

（十一）演说会：船行后一两日，当开演说会，途中至少两三次。各舱客如不能集合，应分舱演讲。主讲者以船主及同伴略有口才者参加。搭客中不拘何等客，如愿加入更当欢迎，但须先来办事处报名，并依规定各题目，勿出范围为限。大概为申述黑板上各规则或勉励守法，爱国勤俭等故事，又如回乡之客，不可放重利，买田园，因田园有限，必致乡人失业及奢侈浪费贻误风化等事。

（十二）收音机：各舱均设有收音机，约晚餐后至十点余钟，收放国语及闽粤语，此事应由总局与中央及闽粤电台酌定分配，勿同时播出也。

（十三）日报：船中逐日用油印发出新闻一次，将各埠所购最后日报，摘要转载，及收听世界新闻，以及船中逐日费用，如各等客若干名，支饭菜等若干公布之。

（十四）电影戏：晚后在船中演电影戏，以我国自制影片为主，选择标准，以有关于慈善、诚信、耐劳、勤俭、文化、爱国等事为紧要。

（十五）优待：南洋华侨各处学生，如有志回国升学者，应特别优待之，如一二三等位减收半价，统舱位完全免收，然须有母校转学书及社团保证。

（十六）制服：船主职员及供役等须衣制服，俾搭客易于认识，以资便利。以上各条之船中固定设备，计费不上一万多元，每帮加费亦不上三两千元，而收入之增加可至数倍。且政府之目的，不专在营业利润，根本重要在提高华侨程度与爱国，使免受外人侮辱歧视，且可挽回巨大漏卮。若办理妥善，此三条航线将来可扩充数十艘，实意中事。如云他国船可效仿竞争，然彼若能降价竞争，甚至概担义务，客货不收运资，更为我政府及华侨所欢迎也。

再者，我国客栈常有一种招客陋习，轮船入港锭尚未下，便争先上船抢客，或用铁钩，或用吊索，攀爬上船，争先恐后，大呼小叫，甚至抢夺行李，强奸客意，其不顾体面，实属可痛，不但国内如是，前新加坡亦有之。厦门曾有一次数人在小舟被船后车叶打死，亦有被船伙割断吊索落海而死者。后来新加坡海关已严禁，船未下锭［碇］，不许登船，违者科罚。待船下锭后方由船梯上船招客，且须守秩序，不得竞争。以后我国海关及船局，必当力禁此等弊，事先须预集各客栈及舟子演说开导，并用印刷品宣传两三次，倘有违犯，则以法律惩戒。

（六）冷　舱

川走南洋三航线之船，必须各设有冷气舱，以保护出口生果及海产。就中线言，如厦门全年各季，都有特产运销南洋，元月至四月海蚵（牡蛎）甚多（带壳装寄内肉未挖出），系属粗重之物，每帮数百吨至千吨。地道佳美，远胜洋产，最为侨胞嗜好，洋人且从他处用空运作生吃，其珍贵可知。五月至八月生果盛出，如树梅①、桃李、荔枝、龙眼及其他，尤以龙眼为佳而且盛，南洋任何果类，不能望其肩背。九月至十二月为加腊鱼（或称鲷鱼）及其他出产之期。加腊鱼质味之味，冠绝鱼类，南洋鱼类虽多，莫可与竞。前外国船乏冷舱，致我货弃于地，物贱民贫。我政府如有意提倡，决当创设冷舱，运销外国，其利益实非小可。若潮汕广惠等，亦各有特殊之出产，为南洋所无，而为华侨所嗜好也。

（七）航业收支

航业经营之得失关系，约有四端：

---

① 闽南语，即杨梅。

一、搭客货饿之多少。
二、船身大小设备及快慢。
三、对方竞争资本之厚薄。
四、搭客或寄货者情感之向背。

我国与南洋之航船，若政府有相当设备，如上言者，决可居最优胜地位，不待智者而后知。至言购船之费，至多不过战前国币数千万元，在私人或公司可称巨款，若政府则同太仓之一粒。兹将中线四船每廿八日来往一回收支，核计如下。由洋回国收新加坡币（美金一元申坡币二元），一等七十名，每名一百二十元，计八千四百元；二等客五十名，每名七十元，计三千五百元；统舱客一千五百名，每名十二元，计一万八千元。货饿南来者或较多，回者较少，平均来回各二千吨，每吨十二元，计二万四千元。共四条收五万三千九百元，申旧国币（美金申三元）八万元。至来洋客货至少按收旧国币七万元，两条共收一十五万元有奇。支出方面，煤炭一千三百吨，每吨按旧国币十五元，计一万九千五百元，船伙一切薪金伙食什费一万五千元，各等客膳费等七千元，船局佣资五千元，油绳等及出入口费六千元，保险费六千元（此条政府自保可收回大半），修洗及停泊（新船十年内可免修费）二千元，船价估三百万元，利息一万五千元，船身作十五年消耗一万七千元，又按加意外费二千五百元，共十条支出旧国币九万五千万元〔九万五千元〕，对抵外可获净利五万五千元。所按收客货价目，均比战前他船减一成外。至出洋之客，常比回国加多，但所按票价较廉。费用如用摩多或燃油每月可减少六七千元。

（八）航　校

航海人才，我国前政府绝无关怀，民国初年仅有上海吴淞创办一所航海水产学校，继则集美一校，再后有烟台海丰等续办数校，既非积极，如同杯水。及七七事变，吴淞烟台俱已放弃，集美移入内地，恐成绩有差，海丰校不知存否，新加坡创设一校尚未毕业而已失陷矣。兹我维新政府，对于此项人才当必格外注意，积极多办，沿海由安东至琼州数十埠，虽未能逐埠开设一校，亦当设有二十余校,以培养航海水产及管理"发动机"专门人才,俾两年后略供分配。按此三数年内我国两三百吨以上轮船当在千余艘之外,每艘船长管机各三人,计须近万人。如开廿校每校各科招三班,每班毕业作卅人,每年每科千余人,亦须三四年后方足分配。兹约言如下:

(甲)廿校需用校长教师百余人。按前吴集烟海等校毕业生千余人中可特选优秀堪任校长教师者数十人(每校按两三人)。以优俸招聘,虽现任船长者亦当聘来,不敷再向外国选聘。

(乙)管机,校内兼设一工科,专门教授管理"发动机"及电机。外国轮船中司机员,都由普通机械学校出身,我国为治标速成起见,当变通办法,专门教习发动机及电火机已足。一年后可以毕业,凡少许损坏便能自行修理,至教师在我国容易招聘。

(丙)优待,航海及管理发动机,招生最好有初中毕业或有相当学力,年龄二十岁以上,检查身体目力须极严格,并以不怕晕船为要。不但免收学费,凡衣食住及书籍纸笔一切均由学校供给。逐月再与零用若干元,按一年至两年毕业,并保障毕业后在船中练习数月,每月薪金若干元,届限则升任实职,薪俸定可优厚也。

(丁)水产科为开发海利亦属紧要,然不必逐校都办,须择该处海洋生物丰富者兼设。至学生亦须优待,唯毋须保障,毕业后自有出路也。

(九) 厂 坞

我国现下船坞船厂甚少,战后需用大小轮船极多,上文已言之。船虽可由赔偿及购置而得,然各船按期均须修洗则将如何?若驶往外国修洗,不但损失利权,而来往时间牺牲尤巨。况向外国购船,系出于急需之权宜,不可作为常例,应速筹备自造计划。大船虽不能自造,若三千吨以下者最为我国所需要,决无难事。准是而言,修洗造船均为眼前要事,不可再延。我新政府必须速选沿海适合之处,开创大小船坞,并附设铁工厂,于一两年内逐渐告竣,既可修洗亦可练习造船,数年后更可造大船航行国外也。

(十) 江　河

我国现下需要航船，除沿海及南洋外，国内诸江河湖泊亦有需要，共需用轮船数千艘。然极长之黄河，关系许多省之运输水利，乃自来失于整治，不但不堪航运，尚且泛滥为害。其他许多名川运河等亦淤浅不修，阻碍交通。此后我新政府不惟须注意疏浚整治，以便交通，或须再计划新辟运河，以期普及水利。诸项浩大工程，虽非短时间可能竣事，然目下科学发达，机器万能，有工作定有收获，功虽不能速成，进步自可日见，交通运输决可日渐发达，需用大小轮船亦必日多一日矣。

(十一) 火　车

我国海岸线虽长，仅占国界四分之一，陆上占有四分之三，故称大陆国，居世界第二位，民众之多则居第一位。若言各种交通路线及工具比较欧美则绝对望尘莫及，比较印度及南洋各属殖民地，亦相形见绌不少。交通等工具如火车、电车、汽车、脚车①在欧美诸国，现甚普及，无论城市乡村平野高原都能达到。我国欲为人民谋幸福，当然不能例外也。就火车一项言，自民国光复后，屡有计划，终归泡影。据最后预算按六年完成全国铁路网之建设，结果亦徒托空言。兹我维新政府必能积极实行，无需六年，除少数崎岖山地外，不难达到。盖人力有余，各处同时并举，可无问题。所欠铁轨车头或长桥，国内未能制造者，可向外国购办，此系初创不得已之损失。两三年后，可无须由外国购买，因属粗笨简单之物，容易制造。至于车房客位，货架等，当然可从速设厂自造，若燃料煤炭及滑机油，且均为我国出产。故交通上重量运输之火车，毋须对外牺牲如何金钱，即可办到也。

---

①　闽南语，即脚踏车。

（十二）电　车

电车与火车在设备及任务上多不同。火车须有轨道及车头，任务则能运载重量行走远途，若电车则甚简单，多设于短距离之间，以利便民众之往来，收费极廉。电力总机关如有水电，则费用更省，否则虽燃煤炭费用亦无多。所用胶胎后来可以自制，只有初创时须向外国购办，损失亦属一次而已。其可以替代各种车辆，减少外输金钱，利益民众交通至大。希望我新政府亦须计划筹备，凡各城市街道必预留相当地位，以供电车行驶。

（十三）人力车（三轮车代）

黄包车为我国之通称，南洋多称人力车。此种车全世界仅东亚有之，亦为近世纪所创设。我国历史上未曾见过。新加坡初时称为东洋车，或始于日本之作俑。彼国尊敬贵族财阀视人民为奴仆，故设此车以人民代牲畜，莫怪其然。我中国满清时歧视汉族固无可言，光复后腐败军阀把握政权，但知利己，安肯为人民设想故我国人亦效尤而采用，日盛一日。他如印度马来亚安南等，为英法殖民地，其使用此车更不足论。兹我新政府首重人类平等，铲除阶级，万无留此污点以贻国耻之理。然亦不能急促禁绝，惟有禁止新车，按年递减（如为交通故可以脚踏三轮车替代），两三年后绝迹矣。

（十四）汽车数

我国水陆交通之进展，既如上述，然沿海船舶，不过停泊码头，江河轮船亦仅能停近河岸，至于水陆间之运输，必须赖汽车为之转接，又如陆地火车虽可载重行远，然货客之起落转运，亦须如船舶之倚靠汽车。是则水陆交通愈发达，汽车必随之以俱进，此为必然之势。其他各业之建设，及造路浚河等等，更为必要。且不拘远近，高山平原，偏僻崎岖之处，凡有路径无处弗届，故汽车之应用较火车为尤广。我国前因交通困难，乡村男女终身未尝到城市者十居八九，故致民智闭塞，今后借汽车之力可以开通民智。且官吏执行政务，商工从事营业，报界出访新闻，学界修学旅行，游历者之搜奇探胜，在在均需汽车。我国此后汽车之大量需要既如上述，余按由民卅五年至卅九年五年内全国大小（大者指货车客车，小者指人坐车，以下仿此）汽车应有三四十万辆，再后五年（民四十至四四年）或可增加五六十万辆，合计约一百余万辆。此非神经过敏之理想，第视我新政府措施如何，若如前黔驴无技，腐化敷衍，则余实属估算过高，否则，此较苏联之猛进，尚属不及。余又以远近两地事实作比例，美国人民一万万三千万，有汽车二千余万辆，平均每五人得一辆。南洋马来亚人民五百余万人，有汽车十一万余辆，平均每五十人得一辆。余按今后十年内我国有汽车一百余万辆，而人数平均则五百人方得一辆，如以此为过多，殊非我新兴民主国国民之意志。前土耳其新兴时，总统凯末尔言，一年要作"十年事"，兹余非敢如此奢望，但希冀中央及各省当局，一年要作"两年事"而已。

（十五）汽 车 值

汽车寿命之长短，与车夫及路政甚有关系，车夫对进止开禁，要小心注意，其管理照料，须如看护妇之勤慎，至路而有无加柏油及修理，则又如水面之平静或有波浪。马来亚车夫及路政二者均可称不错，汽车平均每辆可用六七年。我国恐未易企及，可按作五年（战时滇缅路平均仅有一年），盖因尚有翻车及相撞等弊。兹以一百万辆汽车，每年须购新车二十万辆，大车按四万辆，每辆三千五百元（美金一元申三元），计一万万四千万元；小车十六万辆，每辆二千八百元，计四万万四千八百〈万〉元；修理附属品每辆四十元，计四千万元；共六万万二千八百万元（均按旧国币）。

（十六）汽车胎

汽车内外胎用度之久暂，与上言三项亦有关系，而尤以路政为甚。按每辆每年须用外胎六个，内胎当加二成。大车二十万辆，须外胎一百廿万个，每个平均九十元，计一万万零八百万元，内胎一百四十四万条，每条十元，计一千四百四十万元。小车八十万辆，外胎须四百八十万个，每个按三十元，计一万万四千四百万元，内胎五百七十万条，每条六元，计三千四百廿万元，合共三万万零六十万元。

（十七）汽车油

大小车逐月需用之汽车油，按大车每辆平均一百五十加伦〔仑〕，每加伦国币五毫（税除外），须七十五元，廿万辆计一千五百万元。小车每辆平均四十加伦，须廿元，八十万辆计一千六百万元。两条每月三千一百万元，全年三万万七千二百万元。

（十八）脚踏车

全国脚踏车按五百万辆，如欧洲庄每辆可用四五年，须国币一百廿元，日本庄可用一两年，每辆三十元，兹以日本庄核算，每年须三百万辆，计九千万元。又三轮车（代人力车）按作五十万辆，每辆六十元，每年按损失三十万辆，计一千八百万元，又内外胎按补给一千万条，作一千五百万元，合共三条一万万二千三百万元。统计以上四条每年须一十四万万二千三百六十万元。

（十九）自制汽车及其他

上言所用四项，咸由外国运来，我国完全未能制造与出产。若论原料只欠树胶一物而已，其他都有国产。然所用树胶，仅占不过二成，全年只数千万元。此物出产以南洋之马来亚及苏门答腊为最多，约占全世界百分之八十，其产地之气候，以华氏寒暑表七十度至九十度为适合。我国琼州亦略相当，自十余年前已有出产，但政府不加注意，且交通不便，保护无方，故生产甚少。闻云南亦有一部份区域气候适合。有此两处适宜之地，政府若能关心培植，十年之后，毋须外购。兹拟自行制造之物如下。

（甲）汽车，此项原料为钢铁。我国炼钢工程尚极幼稚，粗简器物尚未能出品，遑言此精细机具。虽可借才异国，多聘技师，然是否能获完满，实不敢知。政府若决心创办，在此五年中（民卅五年起）有相当成绩固属幸事，否则最低限度除"发动机"外，其他全部必须自造，发动机虽买自外国，然亦可挽救大半矣。

（乙）汽车内外胎，在表面上看来，似乎简单易造，而实际上诚有相当困难，盖以植物造作之物，负如许重任，载重数千斤，疾驰数万里，而不至急速磨坏者，其艰难可知。余前曾从事制造多年，略知大概，另详于后。

（丙）汽油一物，现全世界每年出产约三万万吨以上，美国出产占半数有奇，苏联居第二位约二十巴仙，南洋荷印亦出产一千余万吨。我国以一百万辆汽车，每年用油不过三百余万吨，仅占世界产额不及百分之一。我国素称地大物博，究竟油区有多少，藏量有若干，则尚茫然。据确实发现油田之处，以甘肃玉门关为首，其他想尚有多处。希望我新政府积极查探开采，期能补救损失也。

（丁）脚踏车一项，余所按十年内全国有五百万辆，系以至少数而言，若新政府各事业及交通等，能顺序进展，当在千万辆以上。恐近视者认为过于夸张故不欲多言。欧美乡村每人有一辆，盖以其省费便利，为行之工具中第一适合者。我国五年十年之后，道路四通，教育普及，农工进展，乡市密切，男女老少均可应用。有事既［即］便服务，无事亦可消遣。每家一辆，尚非过虑。如此计划，当由数千万辆至一万万辆以上。而每年消耗之巨，或为各种交通工具之冠。美国汽车之多，冠绝世界。彼为黄金国，且富有汽油区。我国则人民众多，农村密布，将来脚车之盛，亦必冠绝世界。然脚车虽简单较易制造，我国尚未有出品。亦须望各省政府筹备创设，训练工徒，俾两三年后大量出产足可自给也。

（二十）洋技师

机器工业制造品，多是欧美先进国发明，其初时经历实验，定须经相当之时间与牺牲，而后获得完满，此为势所必至。吾人欲仿效其出品，除简单工业外，须由欧美雇聘有经验技师，方易有成就，此亦必然之理。但同地同业，造成同样物品而优劣悬殊者甚多。因各家为利权故，极守秘密，虽本地同业中，尚难模效，况外地者乎。余自创办树胶制造厂及其他工业，历聘多人，并见洋人来新加坡及爪哇设厂，雇到多位技师之经验，始觉悟其困难。盖此非如聘请军事教官，科学博士，或矿业技师，闻名罗致便可收效也。略述如下。

（甲）余前在新加坡见有海蚝（牡蛎）罐头，不知由何国贩来。及民国光复越年，思欲在故乡集美仿制，因邻近海边出产颇盛。乃托在日本之友人登报招聘熟悉此业之技师，后蒙介绍一位年龄卅余岁者其毕业文凭系海产罐头学校，论理应属不错。即雇其人并由新加坡寄去全副机器及蒸炉等。迨试制后，则完全失败。

（乙）前余在新加坡所开胶厂，系初产之生树胶，对于熟胶制造品，虽有心经营，然未悉门经。及民九年回梓，见上海某日报登载，有容君兄弟二人，对记者言伊等游历欧洲及日本，专研究树胶制品，现拟在上海招股设厂云云。余即函询可否拨一人往新加坡任职，如肯请来厦门商议。不日他兄弟二人俱来（余其时对该项太门外汉故被欺），云上海厂未有把握，兄弟俱愿往。即与议定一切，并函新加坡将旧生胶厂（生胶厂已移设新地）发动机及混合机等留用。并由当事人阅看英文册，及添设各种模型，开工制造诸简单杂品。加数月容君兄弟到后，竟一筹莫展，反不及看英文书之有效，其大胆欺人乃如是也。

（丙）余树胶制造厂开办已三年，出品系胶鞋及各什类，初时多系牺牲研究，略有成绩，方逐渐扩大。对于汽车轮内外胎屡思仿造，因属门外汉故未进行。民十三年往游荷印爪哇，至万隆城友人导看已停歇数月之汽车胎制造厂，其全部机器为造车胎而设，有大型百马力三个轮者一架，及混合机等等。闻开办时资本五十万盾，机械及建厂费十余万盾。股东及经理技师均欧洲人。其出品以汽车内外胎为目的，经营数年，成绩绝无，资本用尽，故拟全部出售。余以廉价承购，将各机具移到新加坡。此为洋人制胎失败之一例也。

（丁）民国初年间，有欧人组织公司，资本百余万元，在新加坡创设树胶制造厂，经理技师皆洋人，亦注重制造车胎及其他什类。历十余年，换过技师数人，最后之人立约五年，每月薪水五百元，曾在欧洲某有名造车胎厂服务多年，而结果亦归失败。由是心灰意冷，从此对车胎制造不复问津。然该厂能维持者，因出品一种水管颇佳，荷印糖厂都向采办耳。此为洋人制造车胎失败之又一例也。

（戊）余自购移万隆各机具安设后，对汽车胎之制造甚为注意。曾由友人介绍一位英人技师，云对车胎造法素有经验。立约一年，工作于化学方面颇属不错。而造出车胎则绝少效果。后又续雇一意大利技师，亦因乏成绩可言，数月辞退。计年余间，前后造成各汽车内外胎千余个破坏退回者大半。

（己）有一位留法四川省学生，来函言伊在法国留学多年，专习化学，对制造树胶亦有经验。近将毕业回国，如有需用愿来服务。余覆函接受。及到时云厂内乏"实验机"不能展其技术，乃列一单往法采办，费坡币四千余元，迨到后竟一筹莫展耳。

（庚）新加坡有饼干厂数家，每日出饼干数百担，都是次庄粗饼。经历卅余年，如欧洲英国匣庄上等饼均未能出品。余之饼厂亦然，思欲添制如欧洲之上饼，乃函告英国售饼机之厂，托代介绍英技师精于此业者，蒙应暂承定试办六个月，续否再议。窃以为付托不错，定有益无损。及到后无论用任何原料与方法所有制出者与普通之饼无殊，所期之目的完全失望。至观其工作确为此业中人，而年龄已四十余岁，云在饼厂服务已廿余年，其技仅有此耳。

（辛）余前为创制羊毛帽及兔毛帽，向意大利铁工场办全部机具，并托介绍一位技师。据覆须两人方可。一为制造，一为染色，均订一年。两人对制染均不错，然究实一人已足。但出品与普通庄一样，而尤以兔毛帽更远逊欧洲制出者之完美。羊毛帽亦不能算上乘也。

（壬）南洋兽皮及油类，出产甚多，如牛羊椰干等，可以制皮面底并肥皂。土制虽多，均远逊舶来品。余乃向德国铁工厂办制皮及肥皂各全部机器。并托介绍两位化制技师，各订一年。其工作确非门外汉，但结果出品成绩均差，不能与舶来品并驾。

（癸）余自试制汽车胎经过三四年后，因未获成绩，亦曾函托美国售机器之工厂，托代介绍一位制车胎有经验技师。据回答美国机厂出品汽车胎最优者仅数家，其次稍略有名者数十家。然重要人员都与该厂有密切关系，内容极守秘密，招聘实非易事。其他普通工作之人，不敢造次介绍云云。

（二十一）余制车轮之经验

民十七年，有一位槟城侨生温君，留美某学校，专习树胶制造及化学，数年毕业回来，余乃聘为技师。对于应用药料化验工作改良等等，颇有相当着效。据云由法国办来之实验机，系普通化学用具，非专门树胶实验机，非重办不可。复列单往美购办费六千余元，到后确实不错。计有小型混合机、三个轮炊具、弹力机、挽布线机、挽粘机、磨胶机、生熟度表、耐久表等等。弹力机系挽胶弹力度数，布线机为挽布线力量，粘机则挽粘性多少，磨机系磨擦耐用久暂，生熟表验胶炊熟否或过度，耐久表验制成品可支持若干年月。又美国有一家专门采取各名厂车胎，逐月化验一次，将各厂所用各药料分色列报。并割各外胎一段，阔半寸许，约十余环及分色表一齐付邮交来，全年还费美金数十元。其化验分色虽精，中间亦难免有多少未能尽明。然彼既尽其技能贡献，他家化学师亦难更完满。但有此专门家多方实验之报告，制造厂受益不少。温君又以前承购万隆厂车胎模型（硬心），系旧式不合用，应办新模及工作机，并新式炊具。即向美国采大小各款十多个，并声明各模型除花纹外（花纹须由我画样付去不能仿他家），须如某名厂之体式为要。自新办各机具到后，对车外胎之制造,更加注意。每日出品十余个至廿余个。多方设法实验,历过年余,虽逐渐进步,然破坏退回者尚多,十个中约有两三个。查其粘性,弹力,线布力等等,不逊于各名家,然何以如此短寿?竟穷于术无法改进矣。余第三儿原在厂助理改良诸杂品,见车胎如是困难,悉心研究认为非从模型修改,无他法可以补救。乃与温君及铁工厂技师商约,将原模及花纹修改,数月后略见进步。由是所有旧模或改良或放弃,自造新模及改换药料工作等,屡屡改革,经两年后,果略达目的。至最后之年(民廿二年)每日出二三十个(因消[销]路所限),退回者甚少,每一百个中不及两个,虽未能与名家并驾,若比较诸什牌可无逊色也。惟大车胎之制造约由民十九年造起,至廿二年计三年余时间,其中十个中破坏退回者大半。后来虽渐见进步,然缺憾仍多,至最后数月,每十个中尚退回两三个,而敝厂已不幸因不景气亏损收盘。如再研究多少年月,能否达到如小车胎之成绩,则未敢预料也。

(二十二) 实 验

大小汽车外胎实验尤劣,余曾经用种种办法,略述于下。

(甲) 用轴心车安两个车胎,载压相当重量,以机轮带挂在发动机轴心上旋转,看每分钟可走若干里。此法虽较易知,然只以磨消胎外胶为限,于其他诸弊端则无效。

(乙) 专备一二辆小汽车,有事务人坐,无事务空走,按定每日走二三百公里,两个月可走一万余公里。如胎胶消磨略尽,而内部线布尚完好无何损坏,尚未可认为满意,盖因自家汽车夫熟于驾驶,所走路程多平坦及柏油路,与买客之驶用未必相同,亦难为凭。

(丙) 路边招租客车,择略相识者多辆试用,嘱其每日走若干公里,须详细登记,凡有破坏,即须来换,然每经过多月,有来换者,有不来者,至查其登记行程,或放弃或胡涂失实,亦靠不住。

(丁) 最后则以川走新加坡二马路小客车(坐客十左右人)为标准,因其走快而量重。该路长六七公里,每日来回数十次,有多辆竞争。所用英美名胎,若车后轮至多耐走二个月。于是与数辆议定,廉售包用六十天,未届期破坏可来换,计日回扣,并派员注意视察。自此以后,日子既快,实验亦有把握。该客车与车胎之实验更有关系者,便是途中忽逢搭客立即停止,此最能损坏车胎,若非耐用之物必易生弊,如此种车合用者,则其他诸车均无问题矣。

(戊)大货车轮之实验,系以黄梨园来往为标准,因国内道路欠佳,或多崎岖,不似公路平坦及柏油滑利,且所载重量往往过限,最易伤损车胎。除名厂出品外,其他什牌乏人问津,余厂车胎以此法为实验,较能明白优劣也。

(己)黄包车胎之实验,因新加坡无此等车(所有系硬心胶条)无从实验,须待国内分店寄来坏胎,虽有报告难究细详,故改革迟延方有成绩。

(庚)汽车外胎每次改革之迟缓,有种种原因。为换药料,改模型,添花纹(花纹须能平均为要)等事。如新造胎模,用手工雕刻花纹(因铁工厂未有刻机)须数十天,为欲一手造成,且出品后,当候一二十日,方可实验,故每次要知优劣,须待四五个月方能了解。

(辛)汽车内胎之实验,则随外胎并试,其最困难之弊,多在接口及风喉,重迭〔叠〕数层胶片,粘性漏风等事,故亦须经过许多时间,方有成绩也。近来发明于生胶胎时,接口完妥,然后人在圆形胎模炊熟较佳。

(壬)汽车外胎前时保行里数,不过六千公里而已,后来厂家研究进步,渐次增加至一万余公里。后又以黑胶磨尽,内线无坏者为优品。其精益求精之工夫,新制造家难于企及,势使然也。

(癸)外胶黑胶既磨完,当然不可复用,倘线如完好,尚可值多少钱。因可用一种补胎胶炉(新加坡铁厂多能造)买胶厂制成生黑胶补之,可以续用也。

(二十三)车胎之破坏

汽车胎之破坏,自初出品至最后数年间,其坏处多在唇下破裂,前后退回者约占半数,其他不等,此系指制造不良自然破坏者而言,若车夫不慎及意外损伤,亦有数端如下。

(甲)内胎入风不充分饱满,或风漏失觉察,此最易损坏内外胎。

（乙）铁环唇口薄而利，或偏斜，亦能割坏外胎。

（丙）轴心不正，则压力不均，亦易损坏车胎。

（丁）碰触尖石或他硬物，外胶虽不见伤痕而内线断坏则成破胎。

（戊）碰犯铁钉，其孔虽细，然水能渍入，线湿易致腐烂。

以上五项损坏，出品家当然不肯负责，惟新制品厂，在实验及推销期间，不欲过拂顾客意，故多吃亏耳。

（二十四）实验之牺牲

前余厂自民十五年初试制汽车内外胎，至廿一年前后七年，每日出品由数个至二十余个，平均每月约三百个，每个成本坡币十六元（因出品少厂费加多每个约六元），计四千八百元。收回不及三成，每年损失约三万余元，七年共二十余万元。大车胎由民十九年制起，至廿二年，计四年，每月平均廿个，每个成本卅五元（厂费估十元），计一千零元，收回不上二成，四年共损失四万余元。两条合计三十余万元。至大小内胎出品均较多，虽有破坏损失，然出入约可相抵或尚可见长多少耳。

（二十五）雇技师之难

汽车胎之制造，要聘用洋技师，其经过既如上述，然不但新加坡爪哇洋人所办两厂乏成绩，便是欧美什牌百十家资本虽如何雄厚，或聘任名厂技师，出品亦不能与英名家"邓禄普"，美两三家名厂并驾齐驱。又日本人称善模仿，且有英邓禄普自早年在日本国内设分厂，工作人员概用日人，而日本胶厂大小数百家，迄今尚不能制汽车内外胎，运到外国争售。不宁唯是，即较简单易造运销我国之黄包车胎亦让邓禄普自日本制寄，几于独占市场也。

按英美数家名厂汽车胎，所配用之药料、模型、工作三项中最难守秘密，易为服务员所知者，为工作一项。至于药料及化验房，分为"内外两部"。一为普通技工等时常之化验，如胶线弹力粘性生熟各项，是否适合，此为外部之技术。若内部化验室，主持及研究员等少数人，非股东则正副经理，或董事部要人，待遇定极优厚，任职亦已多年。所有经验药方及他项均极守秘密，不容厂员入内参加。其守秘密之诸味药料，先用普通药在内部混合，使无从分别，然后发交药土栈分配。至于模型亦必与铁工厂重要机师考虑改革，非任何厂员可知悉。况工作各有职司，不能随意进入他部份。故虽本地同业诸厂，无法雇聘名厂内部经验要员，遑言他国。便是什牌诸厂，其化验室之设施，亦莫不分别内外部门，各守其实验秘密方法，而内部要员亦同名厂一样。所以外间要往聘其有经验技师，实属困难，至于名厂更无论。如委托得人，所能聘到者，亦仅服务外部之技工等，虽住厂若干年之久，然亦只执行工作，对于内容完全不知。及离厂自己制造，方知碰壁。所以新加坡爪哇两厂洋技师均告失败，不外乎是。足见无论何处新创胶厂，出品要一跃而与名家媲美，绝对错误。惟有自家研究经验，不惜牺牲，若能逐渐进步，后来自可达到目的。如专倚靠洋人，难免失误。我国俗语云，"有狀元学生，无狀元先生"，树胶之制造正如是。

（二十六）私营车厂

前年余回国慰劳，在首都重庆会见经济部长翁文灏君，谈参观工厂事。据言拟在云南昆明，创设汽车胎制造厂，资本国币五百万元。余问技师从何处聘来，答上海有我国人，余不便再言。后来该厂有无成立，出品成绩如何，未有续闻。然余素未闻上海有树胶厂能制造汽车胎者。果有成绩，厂家必属私人营业或股份公司。经过抗战多年，不知其荣枯如何。若就现际言，无论资本如何多，规模如何大，此后欲望随我新政府之进步，出品能供给我国庞大需要，恐未免有杯水车薪之感。若政府鼓励国民效制，多设胶厂增加出品，成效非易。况我新政府对现世界潮流，社会趋向，注重人民"平等"，既要实行平等主义，当然不能容私人以势力或金钱，役人为其生产，而独占大利。此乃国家重要之体制，否则，安有平等可言耶。我国工业原属幼稚，资本缺乏，战前虽有规模稍大之纱厂若干家，资本多非自备，其他工业亦更有限，复经战事之损失，除不正当官吏奸商，发国难财外，殷富商民更形稀少。至战前原有工业，设能存在，除规模狭小者外，其他不论私人或公司，将来政府或将收为国有，何况新经营庞大出品车胎厂，乃欲委诸乏力商民，不但目的难达，恐亦不符政府规例也。

（二十七）省立设胶厂之计划

此后我国车胎之庞大需要及制造困难，既如上述，欲挽救此利权，非由各省政府负责开办，无更好之计划。二十世纪称为树胶时代，人类生活所需，除车胎外尚有许多种物品，为日用所必需，此为各省当局应当注意者。设各省未能都办，最少亦须于沿海及长江流域交通便利之十余省，各设一厂。由卅五年起买机筹备，按年半完竣。出品后略见成绩，再作扩充。至民卅九年，此数年间，经验进步，每厂每日能制出外胎五百个，内胎及脚车胎，鞋靴机带，电火线，雨衣，胶席及他什品，应政府并民众之需要。再后五年（民四十四）之内，每厂每日当能制出大小外胎二千个，以应百万辆汽车之用也。

（二十八）车胎原料

制造汽车胎各原料以树胶为大宗，次则线布，又次药料。除树胶外，其他我国都有出产。至树胶虽产于热带，我国亦有相当区域可以栽种，兹详述如下。

（甲）树胶产自南洋英荷二属，占全世界生产约八十巴仙之多，暹罗安南亦有多少出产。大战前因产额过剩，故限制每年一百余万吨，每磅价约国币五毫余（美金一元按申国币三元），此价为英荷美（美为销用最多之国）三国委员会规定，升降不多。大战后底空货乏，恢复非易，一年内恐价格高升。

（乙）适合栽种树胶之天气，约在华氏寒暑表七十余度至九十度，我国琼州有适宜区域，自十余年前已有栽种出产，因政府乏注意，交通及保护有种种不便，故投资寡少，出产无多。云南张建设厅长①曾告余，其地亦有某区域适宜栽种。果尔则我国将来欲自给自足当无难事。第视我政府肯注意与否耳。近年来欧美发明人造胶，成本不贵，若能仿制亦妙。

（丙）汽车外胎内部骨干系线布，线过纺后，以细纱作纬，寸余一条，牵连便免散乱而已。其原料系棉花，要选纤维长而有力者为佳，以"埃及"出产者为上等，美国亦改良棉种，虽未如埃及之佳，然亦可合用。我国产棉虽多，恐未能企及，亦应从速研究改善，定有相当效果。至于布之原料亦然，车胎用布虽少，若机轮带，需用必多，是亦当注意者。

（丁）树胶厂所需各种药料，我国都有出产，然须经过化学厂化制，方可适用，否则分配乏标准，竟同废物。譬如"硫黄"一物，我国出产亦多，如未经化制，则不合用，因炊树胶须赖硫黄乃能熟，如胶一百磅须配硫黄二磅余，若未照标准化制，则或熟或否。其他材料亦然，但化制无难。

（二十九）复 制 胶

复制胶一物，为非树胶生产国，所认为重要原料。且复制方法简单，费用无多，只需燃料及些少药品，并收买诸废胶物。而制成之胶，其原质可值新胶八十巴仙之额。譬如新胶每磅五毫，复制胶可值四毫。至成本多少，当视采买废品贵贱。然无论所买何价，金钱仍属我国民手内，而非漏出外国。至逐年可复制若干，当视我采入新胶多少，及废胎多少改作他用为断。约略言之，对生胶之比例，可按二十巴仙上下，我国未能产胶，所以必须复制也。

（三十）制车胎工作

汽车外胎之工作，先将胶线（胶合线详四个礁章）剪便，两条反面相合

---

① 即张邦翰。

（要合时用汽油布擦过使生粘性再以手捶研之），然后妥安于"开合心模"上（心模面先抹些胶糊，俾胶线不致滑走），则用研机由正中慢慢展开密密研过，不使跳痕，至尽处止，乃安置三角环唇（此唇须先造便），然须先套以铁环为标准，再加两层线如前研法（三角唇及线或布将加之前，均须先用油布擦过），三角唇上须加几层胶布，可参考外国胎。以上所言系四层线小车胎制造法。六层线或大车胎之八层线及十层线以上，亦如是工作。至何种胎三角唇安在第几层线，及三角唇安几层布，可参看洋胎。研机不合研三角唇，须用一种手研轮力研之。线层安完后，则安一层软胶，复一层粗线（均参考洋胎）。所余剩线布，则用利刀割去。后安贴中央黑胎胶，或并两边胶（黑胶中央及两边要分作三片或一片均可，或视胎大小而定）。均用研胶机妥研之。再详述如下。

（甲）车胎工作中最重要在安线后，用研机密密妥研之工夫，不可跳痕失研，及安三角唇后，用手力轮密研。若能慎重工作，无论作日工或作件工，能不草率偷工，则于工夫方面可无遗憾矣。

（乙）若熟手工人，当然可许作件工，譬每天工资一元，能制四层线小胎五个，每个工资二毫，若作件工则每日能造至八个，可得工资一元六毫。但恐其欲速而偷工，每日可限定六七个与造，并须依厂规出入时间工作以防之。且要在平时训练工作责任心，及审其勤惰慎忽，若靠不住之人，不可留在此部份，因全厂最优厚之工资，就是造车胎，不得误用亲戚私友滥竽。

（丙）车胎实验有成绩后，厂中当然要增加出品，故须包作件工，两俱有利，而工人手术快慢灵笨，相差非少，亦不得一律待遇。闻美国多包件工，每日每人能造十余个，彼工资高昂，每个须美金一元。

（丁）要炊外胎须用胶水袋（与内胎同样，但要厚），此系用小四轮拖出薄胶，用手工包叠许多层，参以耐炊药料，炊熟后（人在外胎内）由水涨机入水。当熟度充分时，全胎极软，借数千斤水力迫令坚实。至每个水袋可用若干次则不定，有耐数十次者，有数次便破坏者，系研究未精之弊。若炊时水内胎坏者，该外胎便牺牲矣。近有改用风力而不用水力者。

（三十一）车胎成本

造汽车外胎成本，以小胎四层线，约用胶十磅，国币五元，线按三元，布一元，药料三元，钢线五角，工资五毫，厂费二元（以每日能出百个者），计每个十五元；大胎十层线，每个用胶廿磅，银十元，线十元，布二元，药料五元，工资一元，钢线一元，厂费五元，计卅二元。至于大小内胎，如小胎每条胶按一元二角，药三毫，风头四毫，厂费五毫，计二元四毫。大内胎每条胶二元四角，药六毫，风头七毫，厂费一元，计四元七毫。脚车外胎，每个成本不上二元。（均以美金一元申国币三元）

（三十二）树胶厂地点及建筑

树胶制造地点，须择交通便利，尤以近水为宜，为其便于起卸，煤炭需用亦多，淡水亦属必要。以上诸项当预为计划。至其面积，五年内虽不须大，再后年年扩充，男女工人由数千而至数万，实意中事。若非出于万不得已，至少须有三数百亩以上（每亩按七千方尺）。厂界之内，如学校、书报社、病院、俱乐部、影戏院、托儿所、运动场、公园等等，必须兼设。至于职员住宅、工人宿舍，更为必要。故愈广愈妙。盖树胶品类甚多，用途极广，工人尤众，与他项工业不同。且为省府所办，非如商人有多家可竞争，在可能之内，当为计划远大，如有充分地方，应乘此机会建筑"模范村"，以为全省倡，我国人前所建住屋，不知日光与空气，与卫生有重要关系，贫民窟固无论，虽富家大厦，亦多不合卫生。兹若有相当空地，将来可建数十百座，以应职工需用，请工程师善为计划，以适合卫生及经济。最少先建十余二十座，为全省居民楷模。兹聊陈数项，以供参考。

（甲）建筑勿过大，以适用及省费为标准。厅十三四尺方，房十尺至十二尺，平屋建柱尺余方，壁墙厚数寸便足，俾省建筑费。

（乙）每房至少有窗高四尺，阔三尺，窗门分作上下两段，下段糊白纸，上段用玻璃片。厅当有两窗，应大些。全屋各窗门上或他处，须开若干个，或圆或扁方形等小空窦，备夜间窗户关闭，而空气尚可流通。

（丙）屋前当留有走廊，至小六七尺，或并留多少空地，栽种花草。

（丁）距离屋身若干尺，另建小屋作伙食房浴厕所等。

（戊）每座房至多三四间，如小家庭可住两三家，如权作单身职工宿舍，可容三四十人。

（己）绘图师能精巧设计，各座勿一律雷同，宜变换数体，俾可由民众选择仿造。至于各窗可大不可小，虽窗门亦可以上段糊纸。据欧美卫生家言："太阳之紫外线，在白纸上通过，比较玻璃容易。纸窗在健康上，比较玻璃更好。"我国未能造玻璃，可以用纸也。

（三十三）胶厂所用电力

树胶厂各件机器，当以电力为适合，不可直接用发动机。设厂地方，如无电力，胶厂当自设备，先用约二千马力者便足，待开办后如需用再添置（若水电则无限）。至自备电力以燃炭为要，不可用燃油机，因我国未有产油。若煤炭各省都有，如近处有水电力更佳。但须稍久以后方能办到。而本厂所备机炉，他日亦免损失，可将发动机移为别用，所有蒸汽炉可改作炊胶品之用。

（三十四）附设铁工厂

铁工厂为胶厂日常需要机械工作，凡修整各机及附属物，与各厂模型，实有一日不能分离之重任。虽近处有他家铁工厂可以代作，只可认为辅助而已，必须自行设备全部，并多招学徒训练，俾应将来胶厂进展之需要也。

（三十五）胶厂机器

树胶厂应用各件机器，逐一说明如下。

（1）实验机全部，及弹力、粘力、线布力等机，生熟表（加办），耐久表，及各种机器应配之各表如蒸汽表、热度表、风力表、水力表、电力表等。

（2）混合机（六十马力），十具，按四具任翻胶及停修，余六具任混合胶药，每具廿四小时，可绞出一千六百余磅，共一万余磅，生胶约占四十余巴仙，约用胶四千多磅。工作如下。

（甲）原料：由药房将胶药用桶装出，每桶六十磅（硫黄另包），用纸条列明号码，以备炊验。如普通用之胶，先将生胶在混合机绞廿余分钟，视胶已溶烂，暂缓下药，再十分钟，视胶药略混合，乃下硫黄，须用手取抹普及，再绞至完毕，总计四十余分钟。若复制轮胶（调和胶），即旧胎再补之胶，生胶须加绞十余分钟。闻近来美国发明一种快熟油，绞生胶时，加入少许，较易糜烂，可节省甚多时间。

（乙）混合机按约五十分钟，绞完一桶。然工人有勤惰，如勤者常用手刀将胶药割开，使易翻转，则混合时间如此已足，如怠于动刀，或须迟些耳。

（丙）硫黄为熟胶生命线，如药栈失备，或工人遗落，漏减，则任炊不熟，全品损失，此事尤以夜时为常。故不拘日夜所绞胶药，逐桶（有纸条列码）若干片置在椁上，化验员依该号码割些胶片，炊验后方可取用也。

（丁）欧美胶厂所用混合机，有八九十马力，每次可绞八九十磅，然彼工人身躯高大，手力充足，若我国人则不适用，以六十马力至多七十马力为宜。

（3）大型四个碾，系四个相叠式，马力约一百左右，为制车胎必需机具。其为用系用混合机将胶药溶软后，从上卷进，翻转到第三碾，适合时则将线进去（线须先在糊机染后），用刀将胶割开，则胶药压入线缝面，其后方用油布作套卷起，至全捆线完了，再如前法翻面进行，计线之两面俱要经过此四碾方能适用。此项工作须用小心熟练工手，盖放松恐过厚不合，把紧则伤线，必须日间工作及先用些线试妥。其他如阔面胶席，亦须有此机方可也。

著　述

（4）小型四个碖，约廿余马力，此机之碖系三个相叠，又一个与上碖平座，专绞光面薄胶片，如包电火线，鞋套及靴布鞋边，车胎水袋，等等。余前往昆明市见一胶厂包制电火线，厂内宽广，只安置两具小型混合机，及一具大型三个轮约近百马力，无其他别件机器。而仅专包电火线，若非误办，安有大器小用耶。

（5）小型混合机大小两种，廿马力至廿五马力，专备翻胶以供小型四个轮及压胶机之需，如或必用时，亦可混合胶药，第绞出不多耳。

（6）压胶机，此机分大小数种，视出品为度，如大车胎黑胶，须用大型机，小胎黑胶及内胎则用中型，脚车内胎水管风条等等用小型，压榨出各内胎，兼用风与粉以防相粘。

（7）长型炊锅，为炊各车内胎、胶束、马车胶，及其他什品等之用。

（8）开合心模，分大小多种，系专供造汽车各外胎之用。

（9）研线机及研胶机专为研造汽车各外胎之用。

（10）汽车外胎模型，要刻何样花纹，由我给图寄去制模厂，彼自能照制，至模体要仿名家。

（11）外胎炊锅，大少多种，每具每次仅炊一个，如下快熟药，数十分钟便熟矣。

（12）打胶糊机，为打溶化胶糊之用，须将薄胶片剪碎，浸电油候略溶开机翻打之。

（13）擦布机，此机有界刀及压轮（系胶造，须由外国办买，因自作不易），并熟度盘十余尺，有贮糊糟等，如车胎线由糊糟中拖过，经熟度略干，用油布卷起，其他机轮带布，及雨衣鞋布等，则由界刀平光，或一次或若干次，此机因用汽油有危险，其工作屋舍须独立。

（14）剪线布机：此机刀系为割各车胎线布之用，如初时出品无多，手剪亦可。

（15）五十左右尺长型水压力炊机：此机为全厂各机价值最高者，然为要制机轮带，及长胶席之需要，不得不办，机轮带为各机器工厂必需品，将来用途日广。系用厚布涂擦胶糊制造，阔狭厚薄有多种。至长胶席为轮船火车及住屋中需要。

（16）三四层或四五层方型炊机，亦用压水力炊各什器，尤以制鞋后跟球类等居多。

（17）压力水涨机，此机水力数千斤，如炊各车胎及长型方型各炊具，均要此机之水力，然近来炊各种内外胎，有改用风力者尤佳。

（18）割胶束机，胶束便利工作，故用途日广，政府各机关亦多需用。

（19）打碎机，此机为打碎废胎胶线布，须先用机锯切作片段，然后打碎，供复制胶之用，及他胶品碎等，又如有布胶鞋里垫等，须用布碎，亦要此种机之工作。

（20）复制胶炊锅，废胶品打碎后，以水及药料入此锅内（锅中有轮转机，蒸时翻转不息），炊至相当时，线布等已化灰，原料与胶分开，乘热气将水卸去，所有灰药随水流去，锅内剩存旧胶取出，复经小型混合机（其轮因有花纹故不滑），绞成绉布。在机房吊干后，便成为复制胶。然中间尚含有些少旧药料无妨。至用途如汽车外胎黑胶可参加十余至廿巴仙（系就生胶算），他如鞋底后跟胶席什品均可多加。

（21）炊鞋锅南洋有新式者，新加坡铁厂能制造，上海如未有可来南洋办去。

（22）蒸汽炉为当然必需之物，按先办大小两个，初制时如出品无多则用一个。

（23）各车内胎模及胶束模，均铝质直型，应办若干件，无论大小胶要入模须用风力，若照下条改良新法则此项可免。

（24）割内胎圆刀及磨石机，内胎接口处须磨粗，抹糊束紧，乃能相粘，此系旧式，然近来改良法，未炊熟之前先接口，然后在模内用风力以炊熟，其接口处更形坚固也。

（25）打风机及水抽均有需要，各须有正副两件以防损坏。

（26）研白土机筛及土粉机各一件，因白土作原料，比各药料之用为多。

（27）炊布水管长型锅，用直径约十寸铁管造成，长数十尺。

（28）銮鞋底及后跟球类并各什品之凿机，须办数具。

（29）热度房一间，其热度有华氏表百零度便足，如明天要用诸线布，先贮存以除湿气，凡要染胶之线布，不可有湿气，无论在何处，定含有多少，必先

著　述

除去为要。

（30）高热度房一间，阔按十余尺，长廿卅尺，热度须有一百三四十度（多安置蒸汽管），此房为炊雨衣及胶布（均要用快熟药）之用，炊好须在自来水管实验，以不漏水为标准。胶布及雨衣销路亦日广，如警察更为必需。然制造非易，恐日久常有变粘之弊，故须经研究之工夫。

（31）油布为防粘作套之用，凡线布染胶糊之时，必套以油布，美国专造一种蓝色油布甚适用，不知染何物。我国如未能仿制，则用染油之布亦可。

（32）热气棹一块，置在大四个轮近处，备混合翻出之胶粿，逐条暂寄热棹上不致冷硬，因线叠胶时需胶快，混合机翻不足用，故须先备多少以待也。

（33）热水袋模，寒季热水袋畅销，其模型上海如能造固好，否则由外国各办买若干个。

（34）胶靴，寒地多霜雪，湿区矿工亦多需。制造完善非易，必先经验多时。

（35）鞋靴及黑鞋套等，需铅模甚多，可自造，但合用之体式必须研究。

（36）胶席（地毡）花模，及鞋底、后跟、球类，并各什品等模型，均要自造。

（37）保护物，各机器凡有狗牙轮转，须作罩遮盖，以防危险，此为至要。因工人常忽略，屡有伤害。又如机轮带，亦须用铁或木围盖，切不可忽视至要。

（38）成品汽车胎及脚车胎，未入栈前逐日须另委职员用"生熟表"逐条验看有无足熟或过度。至于内胎及其他总合入锅者，则每锅取数件验之。

（三十六）机 器 价

（1）实验机全部（五马力）按国币（美金一元申三元）一万元。

（2）混合机十具（每具六十马力），价每具七千五百元计七万五千元。

（3）四个轮机一具（一百马力）一万八千元。

（4）小型四个轮二具（每具廿五马力），价每具四千五百元，计九千元。

（5）中混合机二具（每具三十马力），价每具三千五百元，计七千元。

（6）小混合机二具（每具二十马力），价每具二千元，计四千元。

（7）迫胶机大中小四具（每具平均十马力），每具平均二千元，计八千元。

（8）长型炊锅大小二个，每个平均一千五百元，计三千元。

（9）开合炊心模，大小并脚各十个，每个五百元，计五千元。

（10）研线机并研胶机各二副，每副二百元，计八百元。

（11）外胎模，大小十副，每副七百元，计七千元。

（12）炊外胎锅大小十个，每个一千元，计一万元。

（13）打糊机大小二个（每个平均五马力），每价一千元，计二千元。

（14）擦布机二张（每张三马力），每价二千五百元，计五千元。

（15）剪线布机一具（马力不大）二千元。

（16）五十尺长炊机一具五万元。

（17）四方型数层炊机四具，大小每具平均二千元，计八千元。

（18）水涨压力机三副（每副十马力），每副二千元，计六千元。

（19）割胶束机二具（每具一马力），每具一千元，计二千元。

（20）打碎机二副（每副十马力），每副一千元，计二千元。

（21）复制胶炊锅二个（每个卅马力），每副六千元，计一万二千元。

（22）炊鞋锅十个，每个价一千元，计一万元。

（23）蒸汽炉大小二个，长二十十四尺①，高八尺。长二十尺，高七尺。一万五千元。

（24）脚外胎炊锅六个，每个价一千五百元，计九千元。

（25）打风机三具（每具三马力），每具价七百元，计二千一百元。

（26）筛土机一具，（按马三力［三马力］）一千元。

（27）研土机一具（按马二力［二马力］）六百元。

（28）炊布喉锅一具六百元。

（29）錾什品机三具（每具二马力），每具八百元，计二千四百元。

（30）热度房一间，按十余尺方，五百元。

（31）高热度房一间，阔十二尺，长三十尺，一千五百元。

---

① 此处应为二十四尺。

（32）水抽五具（每具三马力），每具价八百元，计四千元。

（33）铝质各内胎模，大小按二百支计三千元。

（34）热水袋模，大小作办四个，计五百元。

（35）割内胎及磨机各二具（马力不大），计一千元。

（36）铁工厂全部各机完备，按（一百马力）计五万元。

（37）鞋铝模大小按一万双，每双三元，计三万元。

（38）什品各模型按二万元。

（39）安置各机器一切至完竣按加二成八万元。

（40）建平屋厂，按面积五万方尺。每方尺一元五角，七万五千元。

合计四十条马力一千二百余匹，国币五十五万二千元（战前国币）。再者各机器，除大四个轮机及五十尺长炊具外，其他上海铁厂多能仿制，第工夫不及欧美之精。如水抽及打风机，虽属易造然在胶厂甚为紧要，如炊时忽坏，则全品损失，所以必先向外采办，又如混合机之狗牙，亦须向外采办为要。兹按无甚关系者可从国内采购，余者先由外国办来，待日后扩充添置时，则在本国仿造，较为顺利。兹举可在国内自造者如下：

铁工厂全部、水压力机（水抽向外国办）、錾什品机、小混合机、研土机、筛土机、炊布水管、热度杆、擦布机（树胶轮须外办）、炊鞋锅、热度房、各模型。

至大混合机狗牙，因日夜行动，恐易坏，须多买防备。

（三十七）安机器

全厂各机具，应安置如下：

（甲）混合机在厂之中央，以十具言，应分左右两行，中间须留路阔十尺至十二尺，备将来安轻便铁路，以便运生熟品出入。

（乙）视蒸汽炉安在何方，如在左方，则凡用蒸炊如复制胶锅、长炊机、多层炊具、热房等等均在左。

（丙）水压力机，为对各炊锅重要机关，如有时失水，或水抽坏，抑破漏

(压桶不能升高，因桶内有数千斤物)，若工人看不见，则所炊物品俱损坏。故要安置此机，无论距离各炊锅等远近，须使工人可得见为要。又如三个压水机，钢管虽可相通互用，但须要规定某机配在某某炊锅。至于五十尺之炊机，应专备一水压力较妥。其他则酌量分配，或各外胎等另指一个水压力最好。

（丁）混合机左方，则安置大四个轮。(按与一具混合机相对，距离十余尺，较远取翻胶不便，太迫近恐碍工作)其他小混合机，则随小四个轮机及迫胶机之后各安置一具。(按距离数尺，以手能接取翻胶为度)至各外胎及錾机等工作，亦当在此方面。

（戊）安置各机在十马力以上，基址须坚固，如地非硬质，当开两三尺深，打入木桩，上面垫洋灰①石沙。至压水机及长型炊具等，亦须如此为要。

（三十八）全厂各部之位置

全厂总计划及将来各位置如下。

（甲）办事处设在厂对面（按距离卅余尺留作马路），左右一方设实验室，并熟品栈（约与厂各炊机相对），学校或职员宿舍，亦可暂设此处，日后可作栈房之用。又一方设各种原料栈房及磨土机等。至铁工厂亦可在此方面，但须距离远些，留余地供后来扩充原料栈及铁工厂之需，办事处等方面，其屋后当然留有多少余地，为日后发展之用。

（乙）工厂左右亦须留相当空地，备日后添设栈房之需，如制鞋工场，须建楼屋者，宜暂迟一步（远离则不便，迫近则占日后安机地位），应将近处厂地，建如机厂之平屋权用，俾日后安机也。

（丙）全厂除运动场、公园、戏院等外，其界址须建筑围墙，留一门出入，在工作时间不许职工或外人随意来往。若初办未久，墙围不便广大，可用竹木或其他作藩篱以分内外。

---

① 闽南语，即水泥。

（三十九）胶厂出品数

上言按办各机器，每日需用生树胶四千多磅，系以安竣后于本年内尽量出品而言。按汽车小外胎一百个，用胶八百磅，大胎二十个三百磅，脚车胎五百个五百磅，小内胎二百条三百磅，大内胎四十条一百磅，脚车内胎五百条一百五十磅，布胶鞋及拖鞋四千双一千磅，鞋套及胶靴三百双二百磅，机轮带、雨衣、胶席、电线及什品一千磅，统共用胶四千三百五十磅，须用男女工人一千余人。

（四十）胶厂附设学校

厂内当设两种学校，一为招收男女文盲学生，日间或夜间工余时读几点钟，一为考选小学毕业生或有相当学力者以优秀为标准，半工半读，随其志向，不拘化学工作或铁工厂等，凡能勤慎机智者，特别奖励，顽劣者淘汰，或使作其他服务。凡校内用品概由厂义务供给，以期养成多数人材，为将来扩大或设分厂之需。

（四十一）汽车夫

汽车夫与汽车之关系，如医生与病人，如未晓畅机件，或不注意慎重，则机件损坏及翻车相撞乃属常事。不但亏损国家金钱，而人命亦遭危险。余前年回国历十余省，走数万里，经百十车夫，所见多卤莽不慎，不守规则，沿路屡见，指不胜屈。彼等敢如此骄忽，半由政府无法律惩戒所致。马来亚英政府对汽车夫，请领"执照"甚为慎重，不但同乘面试技术，对于机器亦盘问甚悉，方肯准许。倘有相碰或其他失事，必经法堂审判，轻则罚金，重则入狱，并取消执照。以后希望我维新政府注意给照，并实行驶车规律，俾免无谓之损失。

（四十二）柏油路

南洋各属地，汽车路面多用柏油铺造，而尤以马来亚为最。二十年前经用种种物质试过，最后结果，认柏油路面为最佳，既能耐久，且甚匀滑易走。其法除打实路基后，再用碎石混和柏油，铺路面数寸厚。十余年来仍用此法，未有变换，其功效可以想见。路政既佳，车行甚快，而汽车身及车胎较免损坏，汽油又俭省不少。虽加一种柏油费，然不但对汽车有上述之益，而养路之费可以减省。柏油对车路之效如此，故希望我新政府亦注意柏油之生产也。

（四十三）我国自制胶轮之利益

余上言各省政府，均应设厂制造汽车胎。按初五年为办机厂并实验之过程，后五年当然可自给自足。虽或未达完满，出品不能如外国名厂之耐用，然若得与诸什牌并驾，其功亦已不少。倘不幸尚有逊色，然能自制自用，亦远胜于舶来品之漏卮。大战前德苏二国多制"人造胶"。其成本比买入天然胶价增三倍。然彼何故愿如此牺牲？盖虽为战时预备，亦不肯流出现金到外国去，人造胶成本虽贵，然所费金钱系在国内流转，且可救济工人失业。又如此次大战，美国称为世界军火厂，输出飞机、战车、轮船，及其他物品与人力等，逐日费款以亿万计，究竟所费金钱，流到他国去乎？未有也。其原因为国内物产丰富，工业发达，所费金钱仍在本国流转，故黄金国依然金瓯无缺。我国自造车胎，即使出品最不佳，两个亦可当彼一个而有余，且我金钱不流出，我所损失者只树胶一物而已。然每个车胎比较彼之价值，不过五分之一，尚可收回复制胶百分之二十。况小胎之制造，前已经验，其成品颇不劣也。

大中华民国三十四年八月十七日
寓爪哇峇株晦时园写

民俗非论集[1]

---

[1] 文本依据新加坡南洋华侨筹振总会 1950 年 6 月初版《新中国观感集》之附录一《民俗非论集》，中华书局承印。

目　次[①]

跳舞营业之毒害 …………………………………………（528）

嫁娶 ………………………………………………………（529）

作生日 ……………………………………………………（529）

丧事 ………………………………………………………（530）

作功德 ……………………………………………………（531）

迎神 ………………………………………………………（531）

盂兰会 ……………………………………………………（532）

纸钱 ………………………………………………………（532）

应酬 ………………………………………………………（532）

衣服 ………………………………………………………（533）

演戏 ………………………………………………………（533）

风水 ………………………………………………………（534）

对小孩说谎 ………………………………………………（534）

同食与卫生 ………………………………………………（535）

晚夜消遣 …………………………………………………（535）

江南停柩不葬的陋习 ……………………………………（536）

华北陋俗两则 ……………………………………………（537）

拜年 ………………………………………………………（538）

[①] 底本无目次，为便于读者查阅，本版新增目次。

跳舞营业之毒害

　　十余年来各大都市，多设有营业跳舞厅，如上海多至百余家，其他较小城市，亦多相继效尤，名曰欧美化，事实与青楼妓院，相差无多。然青楼妓院，虽在繁华之地，亦匿居偏僻处所。妓女日间多不敢公然显露头面，若此辈舞女，则唇红口丹，奇装异服，车水马龙，炫耀市道，妖形浪态，恬不知羞。且住处多与良家混杂，泾渭不分，致令寒素女子，垂涎羡慕，自甘下流，只顾虚荣，绝无廉耻，朝为闺女，夕即舞娘，春色洋场，滔滔皆是，非仅血气青年，受其迷乱，便是中年老辈，亦多乐此不疲。经营舞场者，雏燕娇莺，网罗周备，噱头花样，诱惑多端。夜舞日舞，酒舞茶舞，时时可舞，事事可舞。问津之人，以其名称异于青楼，畏长惧内较免罪责，自然趋之如鹜。然而沈［沉］入迷途，积重难返。轻则精神耗损，事业荒废；重则夫妇分离，囹圄受罪；甚或天涯亡命，遗毒伤嗣，种种恶果，不胜枚举。闻菲律宾跳舞虽盛，然市区内禁绝，跳舞厅须设于离市区五英里外，不似我国绝无限制。或云跳舞在欧美社会，极早普遍，若谓我国不可仿效，未免过于顽固。不知凡事当先审察利害，若利害参半，或利多害少，行之固亦无妨；跳舞营业，诚有百害而绝无一利，不能以欧美风化为比拟。欧美社会经济繁荣，我国则民生惨苦，安能望其肩背？羽毛未丰，遂欲高飞，其不自行坠毙乎？又如巴黎法人，常在大庭广众中，男女互抱狂吻，几若鸡犬，是亦欧俗之尤弊者，我国人岂能取而仿之乎？苏联社会，男女亦极端自由，但如互抱狂吻之风，鸨业跳舞之害，闻则绝不通行，国人可深长思之矣。

　　近来各国罪犯学专家，从各国调查统计中，发见荷兰国刑事犯最少。其报告云，该国之唯一特点，在男女限制甚严。在海牙附近之宝石城，公共地方，男女不准在六英尺内并坐。而该城监狱，长年空虚，无一犯人。又罪犯学家言，凡犯罪者皆由于意志力薄弱，即心理不健全；以荷兰国事实证明之，厉行性欲节制，即可使国民脑力多清明健全而不犯罪。美国近来犯罪人数激增，查自十年前已居世界第一位，而该国男女间之放纵，实最显著，跳舞最为普遍。报纸屡载该国检查女子身体,发现过半数女生已非处女。联邦侦缉局长胡佛宣告云:"青年道德坠落,犯罪增加,实由于色情刊物与跳舞二者之导淫影响。"

盖性欲为动物同有之天性,但畜类有自然时期之限制,人类无此限制而更有思想,耳目接触,感情冲动,堤防即随之溃决。惟有政府严行限制,减少其接触之机会,防微杜渐,习惯自然,毒害自可避免也。

嫁　娶

一、订婚俗例,有送糖果或金钻作礼物,视男女家贫富丰啬而差。如富裕之家,踵事增华,物品丰盛且复麻烦。

二、殷富女家,随嫁衣服,有数十套至百余套,终身享用不尽者,然时式常变,背时之制,多作废物弃置矣。

三、金玉珠钻,亦为富家嫁女之必需品。

四、成婚之日,男家须备种种礼物,富者逞美炫奇,力求艳盛,贫者亦须张罗敷衍,勉为其难,甚至重利典借,以顾面子。

五、男女家设筵宴客,或更演戏,有连续多日极其热闹者。

以上所举,皆为陋俗。政府应规定订婚时,用何种简单礼物;嫁装衣服,限至多若干套;成婚之日,礼物亦须规定从约;钻石乃外国饰物,更不必用;宴客亦当限制。

作 生 日

一、生男育女作满月,或四周月,或周年,设筵招待戚友。富者浪费,贫者或借以敛取戚友礼物。

二、不拘年纪老少,在其诞辰设筵款客,或演剧热闹,亲朋祝贺盈庭,闾里视为盛事。

此项无谓之开消[销],或有关交际作用,富家以示豪阔,贫者资以取财,是亦陋俗之一，政府应酌定规制。凡人年过若干岁方得贺寿，且不许过度浪费。若夫庆祝生儿，实无意义，须当禁止。

丧　事

一、人死须新制衣裳鞋帽。如年过六十者，其裹体新旧衣服，多至六七套。富人多用绸缎裁制，耗费动辄数百元。以生人有用之物，作无益殉葬之品，或多或少，无人不有。虽明知无理，而格于俗例，未敢或废。

二、有以珠宝金玉殉葬者，妇女多用玉环，几乎为必需品物，每对十数元至数百元不等。

三、棺木优劣，相差甚巨，每具十余元至数十元数百元，甚至千元以上。不但木有优劣，而形体大小亦相悬殊，大者须数十人而舁，耗费之多，可以相〔想〕见。棺木同埋于土内，多费奚益？欧美人所用棺木，以适于藏尸而已，轻而易举，何等简便。

四、俗有死后不埋葬，停柩厅事，十余日或至数十日之久，以供戚友吊祭。夜间则招宴吊客，陈设赌具，资以遣兴，名曰守丧。

五、亲朋赠送挽轴挽联，多用绸缎纱布，互以华丽为尚。

六、灵前祭供，多用猪羊鸡粿及纸钱等物，间亦有戚友致送者。

七、出葬之日，彩旗锣鼓，塞途喧闹，或装饰戏剧队伍，招摇过市。又有纸人轿伴随，道士和尚超度，其热闹情状，不减于神社之出游。

以上陋习，愈演愈烈，哀乐不分，奢侈无度。鄙意今后除有大功烈于国家由政府明令国葬者外，民间各种不合理之丧葬习俗，政府应规定改革之法例，俾有遵循。如衣服几套，不复新制，棺木取法欧美，或限定尺寸厚薄，停柩至多几天，必须出葬，如能火葬更佳。挽联用纸，其他一切鼓乐僧道必须禁绝。我国人年寿平均四十左右岁，即每年死亡一千万人有奇，每人丧费平均若节省星币五元（暂以星币为标准），折美金二元半，全年可节省五千余万元，年年如是，日积月累，加上利息，损失之巨，真可惊人。奢俭之利害，关系国计民生，重且大矣。

作功德

　　丧家为其先人超荐[度]，俗称作功德。此名称闽粤均同。中产之家，其人死后，立即举行超荐。纸扎楼屋庭院，车马园亭，男女奴婢，所有衣服或兼用丝绸。并招聘僧尼道巫，诵经礼忏，烧化冥镪，一连数日。或数日一次，有延续至五七次者。名曰报答生前功德，供其冥间享受美丽楼居，仆役服侍。凡一超荐，费百数十元或至千元以上。片时火化，黄金灰烬，暴殄天物如此。另有一种谓之"打地狱"者，乃假定其先人犯罪，被禁地狱，借仗道士法力打救出来。主人于此须加制纸狱一道，另给道士施法用费。诬蔑先人，可谓愚不可及。若家景清淡，其子孙一时未能办到，虽延至后代有钱子孙，亦当追行，戚友至奠礼物，丧家设筵款宴，一切与其他丧喜事略同。政府破除迷信，对此不良风俗，自应取缔。

迎　神

　　一、各地寺庙神佛，任人自由信仰参拜，众所周知。另有一种将神迎出庙外，谓之做生日。或某种纪念日一年一次，或两三年一次，哄动全乡，装扮戏剧人马队伍，及美女亭阁，鼓乐旗彩，结队游行。一二日或二三日，演戏多台，宰杀牲畜无算。蒸制糕品，互赛谢神，家家户户，不敢自外。他乡戚友，热闹参加，虽家景贫寒，亦当从众，罔敢有忽。酬神必恭必敬，子女酣嬉失学，则熟视无睹。

　　二、乡例每当春秋佳日，演戏酬神，连续多日，且日以继夜。所演戏剧，后来多参以爱情淫荡，败坏风化。土豪地痞，排设赌场，外乡异姓，远来聚赌。

　　此二事，费金钱，损精神，败风俗，妨治安，均应禁止。

盂兰会

　　此会多在阴历七月间举行。年年都有，未尝间断。俗称普渡无依众鬼。或出私家，或为集团。宰杀牲畜，排列酒肴，烧化纸钱。如系集团，则加演戏。贫寒之家，亦须勉为其难。事后将祭余牲物，分赠戚友，或设筵招客，一月之间，每因祭日先后不同，故得互相赠送。然时当盛暑，酒肉征逐，于卫生无益，反易招致疾病，敬事鬼神，未见其福，先见其祸，习俗迷妄，亟宜革除。

纸　钱

　　烧化纸钱，以供神鬼需用，稍有识者，多知其妄。然习俗传染已久，迷信已深，非政令无由废止。纸钱有金银数种，系用纸制造。谢神用纸金，送鬼用纸银及纸钱。各家谢鬼之烧化，月或多次。以有用物品，投于烈火，化为土灰，恐全世界所无。每年消耗之大，难以数计，政府如欲禁止此弊，首当严禁制造家之出品，立可收效也。

应　酬

　　我国人对交际应酬，注重宴饮，虽素昧平生，或赴友人筵宴，间接传介，萍水初逢，亦多设筵招待，互相传引，豪阔之士，自是应接不暇。夫金钱浪费，必须寻得来源，私情既多，公心难守。此项陋习，尤以官僚政客及城市绅商为甚。既有酒席情面，求事难于推辞。国家社会之败坏，病根多缘于此。去年苏联派两位人员来星嘉坡[①]，购办树胶数千万元，驻留经年，与华侨某公司交易，

[①] 即新加坡，二战前南洋华侨习惯用语。

某公司欲招宴一次，竟坚拒不受，谓有背其政府规律，始终如是，屹不动摇。而两人每次餐费平均分出，毫厘不苟，即购一瓶啤酒亦然。苏联政府殆鉴于应酬弊害之深，故立法如此。而其人员能于千万里之海外，守法不渝，屹如山岳，亦可见其教育训练功夫之深矣。

衣　服

我国自民初光复后，男女服制，未见有规定。在此世界交通便利之际，变易无常。男服如满清之长衣马褂，决当废除。他如西洋装、中山装，自可斟酌去取。倘由新政府规定适宜服制，颁行全国，定可耳目一新。至于妇女服装，从来复杂善变，其长短阔狭体式，或数月一变，或一年数变，每年变换，弃旧从新，损失甚巨，而况花纹色样，新奇美丽，多出舶来品物。政府对下列数项应有规定，以简便朴素为主：

一、男女礼服鞋帽及材料。二、男女平常衣服。三、男女工作时衣服。四、男女学生衣服。

演　戏

戏剧之动人注意，甚于教育。自有电影以来，流传更广，然公映电影，多在城市戏院，至乡村多仍演旧式戏剧。前时表演，多系古代历史故事，近来被电影戏剧影响，务求取悦观众，不计败坏风俗，多演爱情盗劫奸伪诈骗等剧。积渐浸淫，人心大变。政府于戏剧一道，如何斥靡返醇，化民美俗，不能不加之注意也。

风 水

风水又称堪舆，地师多出自江西省，其他闽粤本地人亦有，第信仰不及江西地师。彼辈倡言，山川形势，起伏有龙脉天成，地气结穴，若得其所，埋葬先人骸骨，子孙可以富贵旺盛。故追求寻觅之风，无时不有，无地不有。由是觊觎之流，往往窃葬他人吉坟之前后左右，谓可夺其龙脉，两方交涉，小则涉讼公堂，家业破产，大则集众械斗，人命死伤。此种风水迷信，政府亦应消除之。

对小孩说谎

家庭教育，关系儿童最为重大。教育落后之我国，缺憾甚多。家长之对儿童，不但不能教以诚实公正，反教以扯谎欺骗及威吓责罚，等等，无非以儿童胆小识弱，易于欺诱。迨事过境迁，积渐成为自然，儿童亦以其得诸父兄者，而以施诸于家庭及社会，并不以为可怪矣。又儿童有不诚实恶行，非从生时带来，其所习于家长者，举其数端如下：

（一）好啼哭及顽皮之小孩，父母多用恶言恐吓，如盗贼来了，或老虎来了，或其他恐吓，目的在止其啼哭，或止其玩戏，此为威吓之教育。

（二）如儿童不受威吓，则或告以某处将演戏，或某处有好景，可导往游玩，或将买糖果佳品，给与之食，将做新衣鞋帽，给与之穿，此为利诱之教育。

（三）威吓利诱之外，或利用神权，以憾其心。有言某处庙寺之神，如何英灵显赫，某处神鬼报应，如何祸福不爽，与［以］及无稽荒唐小说等故事。

总之，上面所述，父母对孩子存意扯谎，只在安慰片时，任何诈伪威吓欺骗，皆作为教育手段，而不顾儿童所受之恶影响。古人有胎教之义，况儿童一片天真，教以齐则齐，教以楚则楚，扯谎示范，遗误实非浅少。此外尚有二事应注意：

（一）儿童玩具，宜选择有教育意义，而能开发心智，鼓励进取精神者。

（二）慈母爱子，常吐哺饲养，此最不卫生，有损无益，盖母亲身体，或有不适，或牙齿口气不佳，均有传染之害。

以上各点，甚望政府注意，设法改善。

同食与卫生

我国人同席共食，如一碗汤一盘菜或鱼肉，共取饮食，各执匙箸，沾染口涎，复取汤菜，至筵终必经多次，该汤菜受多人匙箸之共染，已成混合口涎质。若共食之人，未有疾病，自无妨碍。倘有疾病，或甫染未剧发，常能互相传染，速者如疫症时气，较易发觉，其他或绝细微，日积月累，身体康强者可抵抗无恙，否则难免受损害，设不致短促寿命，亦必阻碍健康。惟事由极细微而来，眼力不能看见，故咸不知戒惧。兹举一事而言：譬用一碗清水，三数人各用匙箸共饮食，每人口涎或染红，或染黑，或染黄，取饮数次，尚未完之清水，必被匙箸混染多色，而非清水矣。兹若改善共食，除旧弊习，简单办法，只加备数件公用匙箸，不使直接沾染口涎，既适卫生，免加毫费，无论家庭会食或宴客，咸都便利。希望各处卫生局及社团领袖，积极提倡。

晚夜消遣

在本世纪以前时代，煤油灯及电灯未发明时，在城市乡村之私家及社团，入夜时所燃油灯，或蜡烛，光明有限。节俭之家，如无工作，都不燃灯。逢有明月，亦不燃灯。为此缘故，睡眠时间亦较早，罕有过晚夜十时者。晨鸡鸣后，至迟天甫亮，便都起床。晚间聚会，多为教学歌曲，或练习武技（其时未有手枪，多习武技以自卫）。赌博虽有，则不甚盛。以上民间晚夜消遣习惯，为百数十年前之事。迨鸦片烟入国以后，城市乡村，多设有售烟馆，不但聚集人众，吞云吐雾，而赌博盗窃之徒，竟踞作巢屋，社团会所，亦形热闹，加以煤油灯

著 述

及电灯之光亮，助其兴趣，多有拖延至午夜，尚未就枕，日上三竿犹未起床，教学歌曲，练习武技，则几如凤毛麟角。民俗腐化，国家贫弱，安能避免？民国光复后对鸦片烟馆，虽有严厉禁令，而暗中尚有私设，尤以乡村为多。新中国政府成立后，必更悬为严禁，当无难收效。但是上半夜有许多时间，加以煤油电灯光明如昼，交际应酬，聚会娱乐，势所难免，除一部分在家或在外间有正当工作外，其他闲暇无事之人，当难早睡，势易流于不正当消遣，如赌博狂饮，嫖妓及其他淫乐，其贻害国家社会，实非浅鲜。

新政府之兴利除弊，对此项问题，亦当深为注意。除严禁嫖赌外，应设法举办各种有益事项，以利用此时间，如办夜学，开演讲会，传授各种智识、技术、音乐、开映电影，收听广播电台播音，及举办其他适合个别城市乡村需要之事。希政府及社会注意之！

江南停柩不葬的陋习

江南若干地方，人死出丧后并不立刻入土安葬，大概先寄在寺观或善堂内。善堂为营业机关，专供寄柩之用，寄费每月自数十元至数百元不等（战前币制）。上等的占正屋数间，下等的则一室容柩数十。停柩的时期无限制，只须缴清租费。如原有坟地而经济充裕的，则在一二年后于冬季择日安葬。如需购买坟地，则必先请堪舆家（俗称风水先生）选择吉地，有时迁延多年。他乡人士多不愿葬身异地，必设法运回原籍，常有因事羁留或经济不足，永不领出，此后无力缴费，就置诸不问。善堂方面于相当时期登报催领，过期则将无主棺木集体葬埋，事后常引起很大的纷争。

此类善堂像苏州一城有数十所，所寄之柩达数百口。善堂虽有人管理，但或因管理不善，常有火灾盗棺之事发生。至于贫苦农民，则于田野中筑小屋浮厝。坐京沪火车时，轨道两侧，历历可见。这种浮厝，因日久屋圮棺朽，尸骨暴露，为状甚惨。

这种风俗为江南一大陋习，既费金钱，又碍卫生，自应彻底改革。照笔者的意见，人死后立即火葬，为最合理，简捷卫生，又极经济。惟国人积习太深，不是教育宣传一时所能改正，必须由政府法令规定，才能于短时间内奏效。这样人力物力才不至作无谓的消耗，而良田亦不会化成荒冢了。（刚森）

华北陋俗两则

华北若干地方陋俗，有极合算而极不合理者，兹略述于左：

睡坑〔炕〕床 华北天气寒冷，一般平民，不但一家同居一房，而且夜间同卧一坑，坑下置一小煤球炉借以取暖。近人章炳麟曾论其恶影响云："北方文化日就鄙野，原因非一，有一事最可厌恶者，则火坑是也。男女父兄子弟妻妾姊妹同宿无别，亟于聚会，无所避忌，则德育无可言；终日烫火，脑识昏聩，故思虑不通敏，则智育无可言；燥热既甚，筋胳弛缓，地气本寒，而女子发育反早，未及衰老，形色已枯，则体育无可言；故欲化导北方，以屏去火坑为亟。"（荆汉微言）。南来之江北人，亦往往于旷野或路旁田中搭一茅屋，高仅等身，广亦不出一二床位，举家长期共卧一处，与北人之同睡一坑无以异。此类名为风俗问题而实则为经济问题，经济问题能解决，则风俗亦不成问题矣！

童养媳 中国各地皆有童养媳，尤以北方为甚。南方之童养媳与其未婚夫之年龄尚相差不远，北方之童养媳，与其未婚夫，就岁数言，或直同母子。盖北方农民及其他穷苦人家，为增加劳动生产计，于初生男儿或其男儿三数岁时，即为娶一年在十六七甚至二十以上之妻子来家帮工，迨此男儿十六七或二十岁时，其未婚妻已三四十岁矣。此男儿因从少皆由其未婚妻抱养，往往呼其未婚妻为"姊姊"，而其未婚妻亦回呼对方为小弟弟。男方长大，因顾名思义与年龄生理之关系，皆真以其未婚妻为"老姊"，而另与年龄相当之女子相爱，并娶之为妻。当男方结婚最觉快乐之时，即女方被弃最感痛苦之日。中年女子不易出嫁，惟有长期以泪洗面，且有出于自杀者。又有一部分童养媳，情窦早开，不惯空房独守，以致不免发生外遇，奸杀之事。都市男女早已社交公开，恋爱自由，不独华北式之童养媳亟须严厉禁止，即其他各地之童养媳亦不宜再许其存在。（蔡尚思）

拜 年

　　岁序更新，普天同庆，惟吾国习俗于新历元旦举行机关拜年之后，又于旧历新年盛行个别拜年之礼，情况之盛，逾于耶诞；各地皆然，而京沪尤最。所不可解者，即压岁钱袋非仅馈人儿女，而且赏及仆役，富人之对富人，固竞以金钱相炫耀，下属之对上司，亦每以丰礼示谀敬，往往三天拜年，毁薪一月，仆役视岁赏为当然，主人引客礼为荣耀，层层贺送，等于纳贿，官贪吏污，盖有由矣。况京沪地区广阔，往来费时，车费亦伙，若拜贺欠周，又动辄得咎。揆之金钱、时间、人情等等，浪费之甚，实无可比拟。为今尤宜废除旧历拜年，更禁附带送礼。至于嬉春交游，各可听其便也。（王秀南）

东北观感集[1]

---

[1] 文本依据1949年陈嘉庚在新加坡自印本。

目 次

弁言 …………………………………………………（542）
晚会演说词 …………………………………………（544）
领袖诚恳虚怀 ………………………………………（548）
农民耕耘勤奋 ………………………………………（548）
工人努力工作 ………………………………………（548）
经理学习研究 ………………………………………（549）
出品成本高 …………………………………………（549）
车胎制造厂 …………………………………………（550）
再谈车胎与公路 ……………………………………（551）
车辆整洁为要 ………………………………………（552）
菜市场须建设 ………………………………………（553）
博物馆陈列商榷 ……………………………………（553）
中学科学馆 …………………………………………（554）
大城市报纸 …………………………………………（554）
石蛋代碎石 …………………………………………（555）
玻璃与人造丝 ………………………………………（556）
工役须训练 …………………………………………（556）
城市现代化 …………………………………………（557）
钢铁石油等厂 ………………………………………（558）
马来亚柏油路 ………………………………………（559）
保护童工 ……………………………………………（559）

弁 言

　　余在南洋，久闻东北各省，土地肥沃，物产丰富，而交通便利，尤冠全国。"九一八"后，日寇积极兴设，轻重工业林立，败后为国民党接收，贪污腐败，窃盗废置，不事生产，达三年之久，败走时又从而破坏，各报刊载，或云惨重，或云轻微，余急欲知其实际状况，此回国动机之一；闻我国树胶制造厂，能制造汽车轮胎，仅有三家，上海一家，为商人所办，天津及沈阳两家，为我人民政府接办，而沈阳厂规模宏大，出品亦多，惟质量如何？尚未详知。余前曾经营，略悉质的方面，求其优良，并非易易，今后全国解放，各业发展，车胎需用甚广，如我人民政府所办，质量均佳，则可塞此漏卮，此回国动机又其一。

　　自东北解放，亟欲回国观光，原拟由六月中旬起程，游历东北二个月，内蒙、山西一个月，华中及长江等二个月，即到福建，然后返南洋向侨众报告。在回国观光计划中，并未拟参加新政协，当在南洋时，曾接中共毛主席两次电邀，固令余不胜感激，但以政治非素习，国语又不通，迭恳辞谢。迨抵北平，毛主席及各民主党派领袖，恳切挽留参加，优异相待，在常务会议，须待庄明理先生逐段翻译，大会时且增加翻译一位，故在平多延十余天。

　　六月二十二日始离平抵津，二十五日由津抵沈阳，七月三日往抚顺，五日往本溪，六日返沈阳，九日由沈抵哈尔滨，十三日往齐齐哈尔，十五日往内蒙古王爷庙，十七日往四平，越日往长春，二十二日往吉林，二十六日返沈，二十八日往安东并游北朝鲜①新义州，八月一日往鞍山，途经辽阳，曾作小游，三日离鞍山抵大连并游旅顺市，十日返沈。访问十余名城，参观大学、医科大学、中学、卫生研究所、科学研究所、监狱、菜市、煤矿、页石油矿厂、炼铁炼钢厂、五金冶炼厂、造纸厂、人造丝厂、树胶制造车胎厂、玻璃厂、铁工厂、制药厂、水电厂、造船厂、造火车头厂及其他工厂共六十左右处，计程数千公

---

① 即朝鲜。

里，历时六十天左右。爰将见闻，略为之志，以应各城市虚怀若谷诸当局，作粗浅参考焉耳。

中华民国三十八年八月

晚会演说词

中国与南洋

余抵天津三宿，就来东北沈阳及其他十余城市，除四平、抚顺、本溪、鞍山外，其他皆有晚会。各工作人员，下午六时停工，回家及晚餐，须近八时乃能开会。每处坐位皆满，主席及余上台讲话及翻译，至多一小时半，演剧约二小时，已近半夜，而工作人员，五时就要起床，故常提前半小时毕会，非演词缩短，则节目裁少，而各处同胞，素与南洋华侨隔阂，多要余报告南洋概况，爰扼要记录如下。

东北南洋贸易

毛主席提倡农工业增加生产，我国农业守旧，工业落后，此后响应毛主席号召关于农业不但农民努力，增加生产，尚期科学化，改进植物、畜牧、水利诸重要问题，俾能避免旱水灾害。至工业方面，我国重工业初在萌芽，轻工业虽略有基础，然比较先进国相差尚远，亦须力求改进，设非农业国变为工业国，亦当有难兄难弟之需要，准此而言，农工业发展后，除国内自给外，剩余物品，当然向外国推销。以我国环境言，东西南北四方面，东为日本，北则苏联，西有欧美，均非我国推销地，惟有南洋一方，可以发展。南洋地广人众，土地肥沃，物产丰富，气候热带，无严寒极暑阻挠，所需轻重工业品，为南洋所无，而欧美及我国所有。如煤炭、洋灰、纸张、玻璃、火柴、纱布、丝绸及磁铁家具等，战前系由日本欧美运往，日本则多由我国东北运去，战后日本货绝，概由欧美运到。若论水途路程，东北至南洋新加坡，三千左右海里，而欧洲须六七千海里，美国则更远，不但路程远，运费多，而欧美工资，比较我国尤贵，我国工业物品，优劣及成本，如不逊于欧美，则运销南洋可无问题矣。

各属地与人数

余所言南洋，系从安南、暹罗、缅甸、马来亚、印度尼西亚之苏门答腊、爪哇、西里柏、婆罗洲及菲律滨等处。安南人口约二千五百万，暹罗一千五百万，缅甸一千六百万，马来亚六百余万，印度尼西亚七千余万，北婆罗洲数百万，菲律滨一千余万，合计一万万五千万人。而华侨在安南四十余万人，暹罗五百万左右，缅甸约四十万，马来亚二百五十万，印度尼西亚一百六十余万，婆罗洲二十余万，菲律滨十余万，共计一千万人有奇。华侨在南洋有此人数系事实，因前年组织南侨总会，各代表之报告。至暹罗五百万人，乃前驻新加坡暹总领事亲告余者，然被暹人所化，读暹文说暹话，对我国语文完全不晓者，约三百余万人，但知为华人，因华侨天资，比较土人聪明些，故在政界多人。现执政权领袖，名銮丕文[①]，系广东省潮州人。前年日本战败后，我国为四强之一，彼时诸不识华文语者，多要学习中国文字语言，再后见国民党政府仍旧不振，遂中止耳。

海陆等物产

南洋地居热带，终年都夏季，盛暑罕过九十度，寒月不下七十度，雨量充足，森林茂盛，土地肥沃，植物易长，种类丛多，为寒温带所未有，如树胶、椰子、胡椒、甘蜜及其他等。单说树胶一物，每年可产一百二十万吨，价钱虽贱，尚值美金五万万元。安南、暹罗、缅甸，每年出产白米，除国内自用外，尚余五百万吨，可以出口，全年仅种一次，不肯再种杂粮。因气候环境关系，土人但求衣食，不事积蓄。又如爪哇水利完善：每年可种稻三次，矿产如锡产量，占世界七成之多，汽油可出二千万吨，海产鱼虾亦甚丰富，交通便利，安南铁路虽未通暹罗，而汽车路已通暹罗、马来亚、缅甸，铁路及汽车路均通，各处汽车路密如蛛网，爪哇菲律滨铁路公路亦然。

南洋经济权

南洋各土产多运消[销]欧美，故凡装寄出口，都操洋人之手。若在内地零星收买，及集中海口市场，转售洋人，则多属华侨经营。至于入口之日用品

---

① 銮披汶·颂堪（1897—1964），泰国出生，华泰混血，父姓吴，祖籍广东，时任泰国总理。

如纱布、罐头、烟枝①、器具及其他百货，前由日本及欧美运来，上海香港亦有多少。现日本已败，则由欧美运来，至售卖商贩，不拘成宗或零售，海口或内地，仍多由华侨经手。总言之，诸仲[中]介买卖，须经华侨者居多。又如各处米厂及其他工厂，大半亦属华侨经营，土人因思想简单，既不重积蓄，当然乏财力可营商业，而欧美人又不作零售商贩，故多操华侨之手。此后各工业品我国如能制造，物质与成本不逊于欧美，以华侨之爱国必尽先推销国货矣。

南洋之文化

民国光复前，华侨学校甚少，故多为土人及殖民地洋人所化。迨民国光复后，各处华侨学校，蓬勃发展，如马来亚华侨二百五十万人，有学校一千八百间，学生二十万人左右（英文校在外），概用国语教授。故南洋各处，国语可以通行，所缺点者涣散无统，各自为政。若人民联合政府成立，外交解决后，派员组织领导机关，若附设于领事馆，则收效实大。他如新闻日报，马来亚有三十余间，概为私人所办，中文报、英文报各十余间，余为马来报、印度报。中英报每日皆出二大张，他在国内及南洋多设置通讯员，在坡中则有外勤记者多人，凡法庭及社会事，多系他之好材料，故能吸人注意也。

南洋民族革命

安南前为我国属地，数十年前被法国占领，及世界第二次大战，法国惨败，被德国占据，安南乃放弃，日本乘机侵入，及日本战败，法英派兵收复。然安南人自法国失败，组织革命军，推胡志明为领袖，力求民族解放，抵抗法军，于今数年，愈战愈强，有许多青年人，身怀炸药，牺牲生命，以攻敌人要塞，其民气强烈，可以想见。现法军多厌战，且亦无多，其势力只近海滨及城市交通区，广大内地，完全解放矣。

暹罗执政领袖，名銮丕文，原籍广东潮州，虽属华侨，而排斥华侨最烈，非是则不能取暹人信任，故其政策多遵行旧制命令，压迫民主派人民，并巴结帝国主义国家为援助，以巩固其地位。然反对派非仅在野民众，海陆军人亦多

---

① 闽南语，即香烟。

不满，地下反对工作日烈，政变常起，如运动成熟，一旦爆发，革命立可成功矣。

缅甸前为英国殖民地，世界第二次大战后，英国放弃统治权，交缅人自治，然执政之人，仰承遗习，空挂民主招牌，致反对者多，内战剧烈，革命军已占据大半领土，势力日强，现政权岌岌可危。

马来亚在日寇将侵陷时，英政府鼓励华侨青年，组游击队抵抗，并给以军火。马来人、印度人，亦有参加，共数千人，多在内地森林，乘机扰击，日寇无能消灭，再后英美常派潜艇飞机，供给军火药物。日寇败后，马来亚政府宣布政治民主化，许各党各界自由组织公开活动，政府方面各机关及病院等，为各物昂贵，工资不能维持生活，罢工屡起，工厂亦然。万数千游击队，不满政府之待遇，对各罢工潮多受嫌疑，树胶园、锡矿、炭矿，工潮亦屡发生，由是游击队等，与政府恶感日深，至去年夏间遂破裂，逃返山林，乘机攻击英人。而政府亦召来外兵及飞机，并训练土人，共计五六万军警，初时按三个月消灭，后来竟不能预期取胜。自两方破裂后，英政府下紧急法令，拘拿任意，尤以民主方面吃亏最大。国民党甚形得意，炙手可热，凡所列报，多难幸免，前后计拘禁二万余人，多月未尝审判，被驱出境者数千人。最惨为久居数代之侨生，完全不知祖国何乡何里，全家老幼逐出，如福建人则运交厦门，潮州人则运交汕头，生死不管。至行此竦［辣］手原因，系查该村如有参加游击队之人，则阖村受祸矣。

印度尼西亚，日寇侵陷时，所有荷兰人，尽行拘禁，华侨稍有资望，亦被拘数百人，征调土人训练作兵不下百万人。迨知战争将失败，则鼓励其独立，令组印尼政府，选举苏加诺为总统，嗾使抵抗荷兰帝国主义。日寇败后，荷兰派兵接管，与印尼总统议和，屡次背约，战争由是开始。而印度尼西亚，另有革命军，主张解放全民族，反对与荷兰帝国主义议和，故广组游击队，悉力抵抗。而荷军至多十余万人，所占沿海及交通城市而已，若内地则不敢问鼎耳。菲律滨亦有革命军，但势力甚微，菲政府亦难消灭之。以上南洋各属地，自被日寇侵陷，各民族咸思解放，酝酿已久，大都根深蒂固，非帝国主义可能使驯服奴役，吸吮脂膏。自我国解放军收复东北华北，人民趋向，势力澎涨，天下咸知腐败国民党政府，倒台日近，全国解放系时间问题。由是影响南洋各处，革命军及人民，倍加热烈兴奋，故去年间，英法荷重要官员，聚集新加坡会议对付办法。大原因为海口被其封锁，大陆隔于我国，国际上不能交通，军火不能运入；而各处革命军，多在内地，人民既众，物产丰裕，所欠者军火，如有军火，无异火上添油；深恐云南广西解放，大陆可与国际交通，所需何物，容易到达，如此则封锁政策失败，有万分危险也。

领袖诚恳虚怀

访问诸城市，均蒙党委，行政当局主席、市长等，诚恳厚待，虚怀相与。每处参观之后，辄请提供意见，如天津市长等，因行程匆迫，则嘱书而［面］批评，令余感激不已。各负责当局，态度恳切，勤奋虚怀，生活简约，衣服扑［朴］素。解放未及一年，而百废多举，治安秩序，整然可观，文盲减少，订［定］期可能肃清，乞丐收容转向生产，赌博、娼妓与舞女，行将绝迹，失业游民，各有所事，尤可贵者，监狱变成学校工厂，唤起其重新做人之自尊心。前途光明气象，宛如访问延安当年。

农民耕耘勤奋

沿途青葱田陇间所见农夫，勤奋耕耘，什草除尽，而尚努力动锄培养，乃余少时在乡及长在南洋对农业所未见之现象。昔曾闻锄动田肥之农谚，东北农民其庶几乎？要亦农业政策得宜，土地改革成功，农民爱护自己田地为一主要因素，而增加生产也。

工人努力工作

九一八以后，野心日寇，视东北为己有，轻重工业，积极兴设，巨厂大厦，到处多有，洋灰厂十余所，煤矿、铁矿、炼铁、炼钢、炼油、炼焦煤、造纸、造玻璃片、制火柴等厂数十处，及其他工业厂指不胜屈，大战前多有运往南洋者。太平洋战起，日寇气势日蹙，败降后，各厂尚多保全，经国民党接收，大半停工，失管荒废，盗取折［拆］卸，以及败时恶意破坏，损害惨重。尚幸工人早有组织，尽力保护，得免全部消毁，今我负责当局，立意恢复，积极修建。现在各业已能出品者约十分之二，正在加紧恢复生产中。各厂职工，规定工资，以地方物价为标准，普通工人每月可得一百三十分，估值若干货币，个人粮食费约三四十分，余者可供零用及养家，有技能者特别优待。职工生活安定，业余则有职工会、劳动宫及俱乐部之组织，读书、座谈及正当娱乐，故认是为国家亦为自己而工作，无罢工怠慢之陋习，有奋发勤劳之佳象。

经理学习研究

上级干部及工农方面情况，既如上述之乐观，惟下级人员及工厂管理人，则尚须加以努力克服困难，盖勤慎精干，虚怀求进者固多，而素乏经验，处理未尽合宜，不无其人。然接任未久，多赖熟练工人，协助研究，始多有成绩，亦势所必然。工业发展，管理人员善于领导，至为重要，虚怀慎重，研究考核，科学管理，逐日比较，时时留心，是提高质量。减低成本，不难达到，而为建设祖国重工业之基础矣。

出品成本高

东北出品之煤炭、洋灰、纸张、火柴、玻璃片等，太平洋战争未爆发时，日寇多运销南洋，售价甚廉，因南洋缺乏，故须由外国输入，而日寇廉售原因，系回头船位可运南洋铁矿苗、玻璃沙等。日寇败后，南洋所需，多由欧美运来，售价高昂，比前数倍。但查现下东北出品，成本过高，不能运南洋与欧美竞争。成本过高之原因，如煤炭出品不及前三分之一，各厂需多煤炭，此其一；各厂出产量亦远不及前时，致费重本高，此其二；国民党时代，停工多年，损失破坏，修建多费，影响成本，此其三。而管理人员，缺少经验，亦不无关系，希望增加生产，减低成本，乃能发展也。

车胎制造厂

　　树胶制造品，成绩最难者，莫如汽车外胎，用途最广者，亦莫如汽车外胎。全世界每年消［销］量为一百五十万吨，用于外胎，占一百万吨。美国每日造出汽车二万余辆，需用新胎十余万个，苏联每日造出汽车一万辆，需用新胎五万个。旧车用胎，为数亦多。我国地广人众，新政府成立后，全面建设日趋发达，交通推广，必为主要，需用汽车外胎，诚难预计。而制造汽车外胎之困难，乃余颇具经验。现南洋及香港经营树胶厂，不下百余家，未有一家能制造者。闻我国上海，天津与东北，各有一厂，能造汽车外胎，上海厂为私人所办，规模不大，出品无多，或云此乃旧胎翻新，未知确否？天津厂不甚著名，独东北厂规模宏大，产量亦巨。余在南洋即甚注意，希望成绩优良，为全国各地设厂之先导。迨前月抵津，参观其厂，日仅出数个，问其效用，则云可与美国上胎并驾。抵沈阳时，即参观其厂，规模果然不错，若添置数机器，每日可造出汽车外胎数百个，据云现每日可出百个。问其效用，则云外观不及美国名胎，耐用则胜之。又云比太平洋战争未起时之日本出品则不及，比太平洋战后之日本出品则胜之云云。余知南洋马来亚每日需用汽车外胎近千个，日本出品，不但远逊英美名胎，且比杂牌胎为劣，故日本车胎在南洋绝迹。今与该厂管理员所谈，实际殊多出入矣。余乃告其当局：南洋为树胶出产地，民国初年间，新加坡及爪哇，洋人各创一厂，制造汽车内外胎，经十数年之久，聘请欧美技师多人，均因无成绩，终于失败停止。欧美制车胎工厂，无虑数百家，而著名者，不过十家，其成绩乃其苦心孤诣，研究所得。化学室重要人员，待遇甚厚，绝非他厂所能争取雇聘，其他职工，服务虽久，底细不详，聘为技师，仍归失败。余前亦曾设树胶厂，注意制造汽车外胎；除各种设备外，并订阅美国化学家每月报告，将各名胎化验药料成分，极力实验研究达三四年之久，人坐汽车胎方告成功，亦只能与最佳杂牌胎并立，售百个退回不上两个。唯运货车大胎则有余憾，售百个退回达廿余个，假再继续钻研一二年，容有收效，然不幸停办矣。每次实验优劣，换药改模，变更工作方法，等等，制成后，须待三四十日，方能试用，前后过程须经数月乃能知优劣。无论大小胎，若在平坦柏油路行走，虽经多月，历数千英里而不坏，似可与名胎比美，然仍不能确定其优劣。惟与欧美名胎，并驰于崎岖恶路，始知不及。新加坡有运客车，可坐十二人，固定路线，终日奔走不停，欧美名胎，可耐五六十天，余厂新胎亦以此为试用，故易知优劣。若运货大车胎，则以树胶园、波罗［菠萝］园载运重货，在崎山岖路与欧美名胎并试，亦能知其优劣。盖非此无以知其澈底真相也。余鉴于制造汽车大小轮胎之艰难，以日本最善于模仿，而对制车胎尚无成效，而我国将来需用车胎之区，不应仰给外国，在南洋华侨及国内工厂，又无相当成绩出品，且此种工业，私人经营难以发展，盖除实试损失外，成绩要好，规模要大，出品要多，只有政府力量，乃能达到目的。制造大小车胎，如获成功，可挽巨大之漏卮。按车胎之原料，布线及树胶占最大部份，其他药料无多，除树胶外，其他我国均有出产。小车胎用胶数斤，仅值美金二元左右，大胎用胶十余斤，仅值美金四五元。但悉心研究，以达优良成绩，亦非一朝一夕，倘能聘得苏联名技师来华指导，当可望其缩短时间也。

再谈车胎与公路

余对制造汽车外胎，将来消用之广大，制造之困难，既为当局言之，复贡献于地方领袖，以尽知无不言之责。盖我国如以前劣政府时代，工业落后，交通不便，火车路无多，汽车路有限，需用汽车外胎，尚属少数，自家虽不能造，向外国买来，损失不大，则无可言矣。若此次革命成功，全国解放，人民政府成立，由农业国将变为工业国，以土地之广，人民之众，政治之良，及团结之和协，力量之伟大，蓬勃发展，实无限量。而交通事业，当为首要，想必有三年或五年计划，增加铁路若干公里，汽车路若干公里。据世界交通路政纪［记］载，每一公里铁路须附设汽车路九公里，俾能供给促进铁路运输之发达。查东北铁路有一万二千公里左右，而日本时代曾辟汽车路十二万公里，然路基多未填石，可行汽车货车甚少，故东北铁路货物不敷转运，致货车近半空闲，损失颇巨。至关内各铁路附设之汽车路，虽有多少，亦未能充分供给火车之货运，此系从现有铁路，缺乏辅助汽车路损失而言。

　　汽车路既少，则交通不便利，民风闭塞，囿于一隅，乡人有数十年或终身，未履县城，居大多数。又如铁路之便利，以长途为优，然目的地距连［离］稍远，亦须有汽车路，否则，仍不便于旅行。至非长途，无论城市乡村，当以汽车路称便。缘火车往来有时间性，不若汽车之来往自由。既免等待需时，又可直达目的地，对于文化卫生智识及其他许多事业之实益，甚有关系。如余此次东北之旅行，若有汽车路，则大城市以外，中小城市可游历不少。我人民政府成立后，汽车路之进展，必能迅速显著，而需用汽车轮胎之多，势所必然。东北各工业为全国之先导，故再三为当局告，希望作两种办法：如苏联肯帮助者，请派经验人员来华指导则短时间可以收效，此其一也；如苏联不肯，则靠自己研究，将延长时日，迟至一两年或不只此，亦未可知。待有经验有成绩，然后多处设厂制造，仍须多费时间，故宜提前预备。现东北天津有此两厂，宜积极注意，切实研究，只在技术智识等工作，毋须多大资本，致妨其他生产事业。今见东北驴马车亦多用胶轮胎，若全国如此，则更增加消［销］路矣。

车辆整洁为要

　　城市中最流动活跃，接触频繁目标显著，又为市内外人民所必需，莫如各种车辆，如电车、汽车、马车、三轮车、自动车等皆是，若陈旧破烂，残缺不整，甚至肮脏秽陋，爱洁净者见而生畏，洋人见而讥评。余所到诸城市，大都如是，乡村又多以城市为范，因车辆不整洁，足以影响人家亦不整洁，其关系人民卫生及市容观瞻不少。南洋各城市，对车辆完整清洁，甚为重视，特设车务局专责管理，每年改换牌照，必详为检试，合格始可，平时常派交通警察在街上巡视，凡违规处罚。此事系由市政府派员管理，并不花费巨资，盖车辆整洁及逐日驾车人清除乃车主负责。即如电车、汽车底下之机件及轮胎，亦不许秽陋，自动车亦然，若运货之汽车、马车及牛车，虽不如人坐车之整洁，仍不许过于秽陋，载重亦有限制，如牛马伤病，不许拖运，违者亦处罚。各种车辆，均置车灯，按时必须点火，以免相撞，发生危险，违者亦必处罚。南洋马来亚汽车数万辆，私人多于政府，无论公私车辆，晚间回来，必洗除车胎及其他一切尘秽，此乃驶车人职务，主人查考之，至于电车三轮车亦然。总言之，衣食住行，均须清洁卫生，而行尤关公共所需，故不可忽也。

菜市场须建设

菜市关系公共卫生，政府负管理清洁，大约数万人口必须设一菜市。南洋各地所建菜市，颇为简单，类多平屋，鱼肉鸡鸭菜蔬水果之属，皆分类排列。如鱼肉鸡鸭市场，多无墙壁，惟地面略高一二尺，上建多座石桌，或铺白砖，务期清洁，每日清洗一二次。菜市场皆当地市政府设立，租税颇高，卫生局负责监督，附近商店不得售卖同类物品。余参观解放区各处市场，惟大连一所甚好，闻系日寇时代建供日人买卖。其他则多简陋，甚至由小贩集市，复杂无序，露天沙土，降雨时更不堪言状。望政府注意及此，不惟有好租税可收，且公共卫生亦多赖之。

博物馆陈列商榷

南洋各地多设博物馆，陈列该地出产物品，如动物、植物、矿物及海产之标本。旅顺市有著名博物馆，为日寇时代创立，除些地方物产外，大部份则为大小佛像、妇女缠足小鞋、满清衣冠，实含有侮辱我民族之意图。其他如千百年前之尸体，及古墓中之铜铁石磁废具，只供考古者一玩而已，若现代之有益卫生及智识，则付缺如。沈阳市新创之博物馆，大部份亦陈列前代古物，多系墓中取出之铜铁磁石所造之人物用具，及前人山水字画，若本地物产，为数无多。除此两处，其他未见。查博物馆关系社会教育颇巨，数万人口之小城市，即有设立之必要。然单陈列地方产物，乃系前时体例，现代化之设备，则不仅此。闻苏联博物馆，兼及卫生，如陈列蜡造小孩模型，自出世至一二岁，每次吃量至若何程度，消化须历若干时间，均能一目了然，使饥饱适宜，疾病避免。又如公共厕所之构造，粪池须作两三格，首格可容十天之粪，然后流入第二格，顺序而流，微菌经十天之久，已告死亡，农夫取作肥料，应用末格，则微菌不致寄生于菜蔬，吃者亦免受其害。又如水井与厕所应有若干距离，方免地下污水流入。又如建筑住屋，厅房若干方尺，窗户应如何配合，方有适当空气，沈阳中国医大及长春东北医大，均有图案及住屋小模型。又如男女花柳病，毒疮坏烂，模型甚肖，望之令人戒惧，此种模型，长春医大能造。其他启发现代智识尚多，倘能参加陈列，裨益人民，良非鲜浅。

中学科学馆

余所经各城市，查中等学校理化仪器之设备，均感缺乏，图书杂志亦有限，或云格于经济，或云采办困难。经济所限不免稽迟，采办困难，实则不然。上海及日本无货，欧美尚可定购，惟订办须五七个月乃能交货。过去我国派出洋学生留学，每年多至千数百人，每年每人需费美金二三千元，出洋求学之理由，不外（1）环境好；（2）设备完善；（3）教师高明。我国解放后，对环境与设备当能于三几年内，解决完满。若高明教授，一时不敷，尽可聘之外国，每年至多美金五六千元，除其生活费用外，提出外汇，不过一留学生之费用，而一教授可教数十人；我国三四年后，每年中学升入大学或专科学校，至少八万至十万人，因此中学科学馆之设立，不可或缓，庶免升学之困难。倘一时不能普及，每省亦应斟酌情况，先行设立三两处，此乃根本之要图。

大城市报纸

报纸为指导社会，开通民智，使人民广见闻，晓世事，不致囿于一隅，国际消息，既要登载，国内及地方消息，更要登载，因此各处必多置通讯员，本地必须几位外勤记者，分途采访，政府机关及社团新闻，法院犯案，新到之名人言行，如此材料丰富，篇幅必须增加，每日至少扩至两大张。现下报纸，几仅传达政府公文，其他各种消息不多，前国民党钳制舆论，材料缺乏，故大城市日报，日仅一张，今则不然，务使多读报纸，提高智识，日趋进步，而平津沈阳等为全国有数之大城市，尤当为中小城市倡。马来亚人口共六百多万人，日报三十多家，每报各出二大张，其中华文报，英文报各十余家，余为马来报及印度报，然均属私人创办，每早沿街卖报，至办报多为义务，原非求利。现下解放区，除上海外，私人办报少，而各大报均为政府设立，望能负责推广，扩充材料，以引人民之注意。此乃政府应负之责任，以补救私家报之缺乏。

石蛋代碎石

丰满水电厂，为我国水电力之最大者，"七七"事发，日寇在东北积极扩大各矿厂，各工厂，以增加生产，而电力不足，故日夜赶建小丰满水电厂。为求迅速完工及俭费，竟将堤坝上半段缩小宽度。该坝高二百十尺，长三千余尺，地基阔九十尺，上面现二十余尺，原定三十余尺，日寇为速成及俭费，乃从中缩小二十尺，故上面减去十尺左右，所需碎石，不经碾石机碾碎，不照规定寸量标准，而尽量取用千万年前，流水漂光之石蛋，或圆或扁，或长或短，或大或小，仅过大弃去，以代碎石。解放后，我派员接管，认日寇缩小宽度为危险，万一不幸崩溃，将毁及全部，用意甚善，故不惜巨资，动工二千余人，积极增建。现下工程尚未及半，然仍取用石蛋，以代碎石，余甚讶之。盖在南洋从未见过建筑工程，可用大小光滑石蛋者，况关系甚大之水坝乎？查英国建筑工程所用之碎石，有规定寸数，如半寸方以上至二寸方多种，经碾石机碾碎，筛出相类碎石。而我所有石蛋，不仅大小不一且光滑缺乏粘性，用于水坝，危险尤大，故即向当局进言。余非工程师所言对否，未敢断言。在南洋所见重要建筑工程，不但未有用此大小光滑石蛋，虽碾碎石，亦必有一定寸数。我国建设方始，重要工程甚多，而石蛋到处多有，故提及之，希工程师注意焉。

玻璃与人造丝

　　玻璃与人造丝，我国乏厂制造，原因为前腐败政府，对于原有创办有利工业，尚多自私自利，安有志愿毅力，出资建设新工业，若商家多限于经济、技术及经验，故玻璃片出品，只有大连、沈阳及秦皇岛三个厂，现均为我人民政府接办矣。南洋虽产玻璃沙，然未有制片厂，前所消系日寇及欧洲运来。我国目〔自〕来所建房屋多不注意光线及卫生，故用玻璃片甚少，除城市店屋采用外，若乡村则甚罕见。此后全国解放，兴利除弊，于卫生方面势必能切实施行。无论城乡，新建宅舍或旧屋改善，均须多开窗户，以引光线，而需用玻璃片数量之多，可以想见。望于东北及秦皇岛诸厂，多多训练干员以备他日为他省新厂服务。又人造丝，原料多用木制，织成布类，轻衫重袍，寒暑适用，可补棉花之不足。我国人口众多，衣料多靠天然棉花，常感不敷。闻日本国内有人造丝厂四十余所，大厂日出十四五吨，小者不一，总计不下数百吨。我东北一所，日仅十吨左右，且部份遭破坏，幸修整不难。望当局注意出品，不但于东北应扩充多厂，即关内各处亦可仿设也。

工役须训练

　　市中旅馆及招待所之工役，为要在职务上发挥其效能，必须加以训练，否则，任务未明，客人呼唤应对外，则袖手无事矣。外国旅馆之工役，应酬客人外，逐日厅房及窗户玻璃必须刷扫用具必须整洁，管理人员按时巡视。若不如是，容易发生地方不洁，窗户破坏，门闩生锈，不能关开，甚至臭虫出动之现象。大城市解放后，气象日新，参观游客，工商学子，远近闻风而来，日多一日，褒贬系之，虽属细事，颇与声誉有关，故不客气提及之。

城市现代化

东北沈阳、四平、长春、哈尔滨、齐齐哈尔等处，将来必为繁荣之大城市，而尤以沈阳、哈尔滨为最。现下除长春外，市内建筑稠密，空地甚少；阔大街路，除沈阳有一部份外，余均狭隘；交通路线，除铁路外，未有长途之汽车路。现下沈阳市人口百七八十万，哈尔滨市六七十万，其他二三十万人，数十年后，全东北交通网完成，各业兴盛，其繁荣如伦敦，纽约或支加哥[①]者，当可以实现。希望当局放大眼光，预早计划，未来市区建设图案，必须多留空地，放宽街路，改良住屋，适合现代卫生，并准备扩展市郊以外。余前著《住屋与卫生》一书，述欧美新市区，规定街路及空地，须留全市面积百分之五十。而日前闻张奚若先生言，苏联新市区，街路即占全市面积百分之五十，空地百分之廿四，建屋仅百分之廿六，至空地多属花园及运动场所等。我国旧城市之街路与空地，虽不能如欧美与苏联之计划，亦须尽可能酌量筹备，至迟三二十年改革完成，以符现代建设之精神。

其次如吉林、抚顺、本溪、安东、鞍山、辽阳及旅大等，除鞍山、旅大外，其他更形狭隘，亦非考虑改革不可。盖将随工业物产发展而发展，人口可增加许多倍也。大连商埠，街路宽阔，高楼大厦，码头堤岸，斐然可观；职工住宅，列如栉比，结构幽雅，不下万数，乃日寇为其居民所建之遗留；市区坐山临海，市后山坡，多座环列，高低有致，高者不上二千尺，下者亦近千尺，葱茏悦目，雅趣盎然，乃天然之住宅区。宜乎预先计划路线及植树，期望十余年后，市面日臻繁荣，人口不断增加，工商业屋宇，势必不敷，则所有住宅、校舍、病院、监狱及非工商业所需之屋宇，移建于山下或山坡之上，则自海上观之，其壮丽宏伟，当可与香港比美。市内虽有空地，不但不宜再建住宅，且须计划不合卫生之店屋，逐步改革，将来必要时，职工住宅，亦可改建高楼，但空地不应缺少，以辟为花园与广场。大连为东北南端唯一之不冻港，万余吨巨船可泊码头，

---

① 即芝加哥。

陆上交通便利，将来各业发达时，出入口船舶，无虑日以百计，则仅有两个船渠，作为修洗之用，尚恐不足，遑言新造轮船。附近空地，宜作为开辟许多船渠及工厂之用。至鸭绿江港口之辟为商埠码头，关系辽东出入口贸易，而北朝鲜亦称便利。日寇有将港口——大东港改成不冻港之计划，而未能实现，我人民政府必不忽焉视之。

钢铁石油等厂

余参观抚顺、本溪、鞍山、四平等处，煤铁石油等矿厂十余所，规模伟大，机器复杂，恒绵延数里之长，审其形势，资本浩大，工程艰巨，实为亚洲稀有之重工业。吾人就事实言，在我国未解放前，设有巨资购办机器，而安置适度，出产完善，恐亦未必能顺利。闻汉阳大冶铁厂，设备完整，规模不小，系聘外国技师建设，满清及国民党，办理不善，以致亏损停歇。兹我东北各厂，人民政府接办，虽有破坏损失，然大体上尚多完整，不过耗费修补。如大小炼铁炉，鞍山每日炼铁七百吨五座，五百五十吨及六百吨各一座，四百吨二座；本溪二百吨及六吨各二座，计十三座，每日炼出实铁六千吨。现已开工者两座，每日炼出六百吨，秋后再修竣两座，亦可出等数。日寇时代，东北每年可炼铁二百万吨左右，忆民国三十一年十一月，英国恐日本发动太平洋战争，英首相丘吉尔在电台广播，警告日本，谓日本对战争重要物力，远逊美国，如钢铁一项，美国年产九千万吨，日本仅能产七百万吨而已。又闻苏联、美国每炉能产千吨以上者，每厂辄有十座二十座之多，若以鞍山炼铁厂与之比较，真同小巫与大巫。我国工业落后，重工业尤为幼稚，现有各厂，应视为初步学习，大炉巨厂，当俟两三年后。抚顺石油厂东西两处，炼炉三百四十座，现开工四十座，每日炼油二百吨，今后当陆续增加开工。我国多省储藏丰富，望于东北等厂修理完整，恢复旧观，训练多士，蓬勃发展，为全国各矿产区，建设巨大出产之先导。

马来亚柏油路

英政府在马来亚新加坡筑路之实验，自二十年前，试过三种：（一）三合土（即洋灰沙石碎）；（二）三合土，另加铁条铁网；（三）专用石碎（石块碾碎，不及半寸）混合煮沸柏油。各填约三寸厚，一英里长，在各车辆来往频繁之区，实验结果，认柏油石碎路为最佳。如三合土虽耐用，然过坚硬，常有破洞，不若柏油路含有柔性，破坏易于修整，车辆便于行走，车胎磨擦，损失亦少，至于耐用有十余年尚免翻修。自实验后，即采用此法而未有所变更。查柏油系从焦煤炼出，我国产铁日多，则柏油随之，重要街道，可以仿效，原料出于自家，利权不怕外溢，车胎减少损失，车辆不易震动与破坏。惟马来亚为热带地方，而我国有寒带温带，对柏油石碎路，是否适宜，须实验一两季，始能判明也。

保护童工

余见轻工业工厂，多有年似十三四岁者，男女童工每日工作八小时，或有轮流夜工。问管理人关于童工年岁，多云十五六岁。在南洋工厂早经有严禁，男女童工须上十六岁方可工作，俾免伤损其发育，而夜工则更不许，希当局切实注意保护为要。

新中国观感集[1]

---

[1] 文本依据新加坡南洋华侨筹赈总会 1950 年 6 月初版，中华书局承印。

目　次[①]

一、弁　言 …………………………………………………………（568）

二、开国盛典 ………………………………………………………（570）
　　起程回国 …………………………………………………………（570）
　　人民政协筹备会议开幕 …………………………………………（571）
　　在人民政协筹备会议致词 ………………………………………（571）
　　中国人民政治协商会议第一届全体代表大会开幕 ……………（572）
　　政治协商大会华侨首席代表致词 ………………………………（574）
　　中国人民政治协商会议第一届全体会议胜利闭幕 ……………（575）
　　朱副主席闭幕词 …………………………………………………（577）
　　电慰人民解放军 …………………………………………………（578）
　　人民英雄纪念碑奠基典礼 ………………………………………（579）
　　中华人民共和国中央人民政府成立典礼 ………………………（579）
　　中华人民共和国中央人民政府公告 ……………………………（580）
　　中国人民解放军总部命令 ………………………………………（581）

三、沿途观感 ………………………………………………………（583）
　　出品成本高 ………………………………………………………（583）
　　车胎制造厂 ………………………………………………………（583）
　　再谈车胎与公路 …………………………………………………（585）

[①]　本版谨依据底本正文标题修正相应目录。

车辆整洁为要 …………………………………………（586）
菜市场须建设 …………………………………………（586）
博物馆陈列商榷 ………………………………………（587）
中学科学馆 ……………………………………………（587）
石蛋代碎石之疑问 ……………………………………（588）
玻璃与人造丝 …………………………………………（589）
旅馆工友须训练 ………………………………………（589）
城市须力求现代化 ……………………………………（590）
发展水电力 ……………………………………………（591）
建设铁工厂 ……………………………………………（591）
华侨联谊会 ……………………………………………（592）
苏联的技艺 ……………………………………………（592）
傅作义高风 ……………………………………………（593）
建设好国家 ……………………………………………（593）
背信义必败 ……………………………………………（594）
早婚促短寿命 …………………………………………（595）
卫生局责任 ……………………………………………（595）
郑州征税论 ……………………………………………（596）
高中学校厕所 …………………………………………（596）
除旧能布新 ……………………………………………（597）
吐痰与狂咳 ……………………………………………（597）
讨论营业税 ……………………………………………（598）
火车搭客与便所 ………………………………………（598）
途遇回籍军人 …………………………………………（599）
购公债 …………………………………………………（600）
童工挑煤炭 ……………………………………………（600）
造路与养路 ……………………………………………（601）
最新城市 ………………………………………………（602）
向苏联学习 ……………………………………………（602）

集体农场 …………………………………… （603）
论加入共产党 ……………………………… （603）
参观大冶厂 ………………………………… （604）
侨汇存原币 ………………………………… （604）
政府优待例 ………………………………… （605）
挑粪尿时间 ………………………………… （605）
水与人关系 ………………………………… （606）
龙岩煤灰油矿 ……………………………… （606）
福建两铁路 ………………………………… （607）
厦大体育场 ………………………………… （607）
多难兴邦 …………………………………… （608）
我国人质量 ………………………………… （609）
毛主席人格 ………………………………… （609）
蒙厚待不安 ………………………………… （610）
抗战牺牲之代价 …………………………… （610）
烟枝问题提案 ……………………………… （611）
建筑勿用光滑石子 ………………………… （611）

四、沿途日记 ………………………………… （613）
　天津是华北的工业重地 …………………… （613）
　北京是文化故都 …………………………… （614）
　山海关的真面目 …………………………… （615）
　沈阳是东北的政治中心 …………………… （615）
　煤都抚顺 …………………………………… （618）
　哈尔滨市 …………………………………… （620）
　东北烈士纪念馆 …………………………… （621）
　黑龙江省会齐齐哈尔 ……………………… （622）
　内蒙古表现民族团结的感情 ……………… （623）
　四平市 ……………………………………… （624）

著　述　　565

长春——曾为敌伪建为京都 …………………………………………（625）
　　吉林山水好 ……………………………………………………………（626）
　　电都的小丰满 …………………………………………………………（627）
　　鸭绿江畔的安东市 ……………………………………………………（628）
　　辽阳白塔 ………………………………………………………………（629）
　　钢都鞍山 ………………………………………………………………（629）
　　在大连所见 ……………………………………………………………（630）
　　大连工业及其他建设 …………………………………………………（631）
　　到旅顺去 ………………………………………………………………（633）
　　由沈阳回京 ……………………………………………………………（634）
　　开国盛典 ………………………………………………………………（635）
　　卢沟桥与八达岭 ………………………………………………………（636）
　　到了济南 ………………………………………………………………（637）
　　由济南华兴造纸厂看新政府保护工业发展 …………………………（637）
　　由济南到徐州 …………………………………………………………（638）
　　在河南省内 ……………………………………………………………（639）
　　武汉三镇 ………………………………………………………………（639）
　　大冶工业 ………………………………………………………………（640）
　　新生的长沙 ……………………………………………………………（641）
　　由湖南入赣 ……………………………………………………………（643）
　　由南昌到福州 …………………………………………………………（643）
　　由福州到厦门 …………………………………………………………（645）
　　龙岩与长汀 ……………………………………………………………（646）
　　对福建观感 ……………………………………………………………（647）
　　经赣南到广州 …………………………………………………………（648）

五、演讲、报告、提案、言论 ……………………………………………（650）
　　南洋景况——晚会演说词 ……………………………………………（650）
　　在中国保卫世界和平大会致词 ………………………………………（652）

回国观感——在新嘉坡中华总商会联合各社团欢迎大会讲词 ……… （653）
福建建设前途乐观——在新加坡福建会馆会员大会演讲 …………（662）
新中国一片光明——对南侨报记者谈话 ……………………………（666）
严正警告美反动派 ……………………………………………………（670）
向政协提出七项建议 …………………………………………………（673）
谣言与事实（时论）…………………………………………………（675）
贺福建人民政府成立电 ………………………………………………（677）
斥责蒋匪帮滥炸暴行 …………………………………………………（677）

一、弁　言

　　一九四零年三月，余代表南洋华侨归国劳军，至重庆见蒋介石狡诈独裁，至延安见毛泽东主席公忠爱国，至福建见陈仪苛政祸民。南还后据实报告，并断言将来胜败谁属。自是国民党方面衔余日甚，断绝往来。余度蒋政府时代，无由回国，乃于日寇南侵时，避居爪哇。日寇败后，内战继起，解放区阻隔难通，徒殷向往。平津解放，遂决意回国。著意所在，约有三端：余久闻东北各省土地肥沃，物产丰富，交通便利，"九一八"后日寇积极建设，工厂林立，规模颇大，日寇战败，国民党接管，盗窃废置，不事生产，已历三年，败走时又多破坏，报纸记载，略而不详，急欲知其确实，此其一。中外报纸每有中共政府能治乡村，不能治城市之论，余虽不信，惟念国土广大，迅速解放，干部需人众多，除旧布新，求其尽宜，颇不易易，急欲加以考察，此其二。新加坡市卫生较之二十年前大有进步，以前每年每千人死二十四五，现每年每千人死十三四，推究原因，首当归功住屋之改建。余料我国今日人民死亡率，其百分比必远高于二十年前之新加坡。（去年秋，余抵齐齐哈尔，市长言市内每千人每月平均死三人；在北京，闻卫生部长李德全先生言，一九四八年全国人民死亡一千五百七十五万人，若以四亿五千万人计算，即每千人约死三十五人。）我国自来相传以三十年为一世，考究既往，相差无多。十九世纪以来，欧美卫生科学日形进步，身体健康，寿命延长，现已可五十年为一世。惟我国人对卫生仍旧不能注意。去年南侨总会，曾刊印《住屋与卫生》一书三十五万本，寄全国各县市分赠社团，冀唤醒我民族注重卫生。又拟将该书摘要三千字，遍刊国内日报广告栏，借宏宣传，此其三。至于人民政协会议，余初无意参加，会期亦无所闻，抵北京始知将开，各方且强余任海外华侨首席代表，固辞不获，勉为接受。余原拟寒季前游东北二个月，内蒙山西华中二三个月，然后南下。人民政协筹备会议结束后,立即北上,历东北十余名城,参观重轻工业厂及文化机关六十余处,复返北京参加人民政协大会及人民政府成立典礼。因严冬瞬届,乃取消内蒙、山西之行,出京经济南、徐州、开封、郑州、汉口、长沙、南昌、上饶、福州、泉州、集美、厦门、漳州、长汀、赣州、韶关、广州、香港,而重回新加坡。前后十阅月,经十四省四十余城市,赴演讲会、座谈会百余次。由东北返京时,写《东北观感集》一书,刊二千本分寄京中代表及东北各县市。顷在新嘉坡复写本书,命曰《新中国观感集》,内容记开国盛典及自香港起程回国至返新嘉坡止之见闻与感想。百余次开会讲演词,仅摘载在国内晚会所讲《南洋景况》及在新嘉坡中华总商会欢迎会与新嘉坡福建会馆会员大会演词。其他所言,视地方需要,酌贡所知。间或因若干人未明新政,当局嘱代解释,雷同之处,时所不免。兹载其不同者约五十题,一得之愚,聊当芹献。所载沿途日记,则写各地风景与风俗民情。末附余前著《住屋与卫生》及《民俗非论集》①。《住屋与卫生摘要》原拟在国内日报普遍刊出之,惟足迹所到,私办日报甚寡,政府所办日报缺乏版位,不能多登广告,仅三数家作社论介绍一天。至《民俗非论集》,前每县市分寄数本,亦嫌太少,故均附载于此。本书除由南侨总会在南洋刊售外,并另行在港大量刊印,寄全国各县市,赠人民代表会议各社团参考。

---

① 原书末附录一《民俗非论集》单独成辑,附录二《住屋与卫生》在《南侨回忆录》中呈现,此辑不再收录。

二、开国盛典

起程回国

　　一九四九年五月廿八日早，我在香港搭捷盛轮船启行，六月三日抵天津港内，军管会参谋长王世英①先生等数人，来迎接到前德国俱乐部寓所。晚后胡愈之先生等八人，从北京来迎。六月四日早由天津车站乘政府专车，十一时半到北京总站。在站相迎者有林伯渠、董必武、叶剑英、李维汉、李济深、沈钧儒、邵力子、蔡廷楷〔锴〕、齐燕铭②等新旧朋友数十人，华侨学生百余人。相见均欢欣愉快。寓政府招待所北京饭店。

　　七日周恩来先生导往西山见毛泽东主席。刘少奇、陈伯达亦到。晚餐后，谈论中外事，至半夜方归。

　　十一日朱德总司令请午饭。在此数日间，周恩来、林伯渠、董必武、叶剑英、陈绍禹、李济深、沈钧儒、郭沫若、马寅初、黄炎培诸先生均来劝我参加新政治协商筹备会议。未开幕时，各会议单位首席，两次往毛主席寓所，讨论开幕办法。

　　十三日北京市各界开欢迎会，叶剑英主席，各界代表及来宾二百余人。开会前，胡愈之先生告我，谓南洋各属动乱，此间多未知，嘱提出报告。我乃略述安南、暹罗、缅甸、马来亚、印度尼西亚、菲律宾，自日寇侵入及败后，迄

---

　　① 王世英（1905—1968），山西洪洞人，时任天津军官会参谋长、天津市委常委。
　　② 蔡廷锴（1892—1968），广东罗定人，时任全国政协常委；齐燕铭（1907—1978），蒙古族，北京人，时参与新中国政协会议筹备工作。

今战乱状况，并以不通国语为歉。郭沫若先生言：心通胜于言通，他前月领导代表团往欧洲参加和平大会，会中代表虽语言多不相通，但意志一致；他与蒋介石语言大通特通，心则完全不通。林伯渠先生则称誉华侨对祖国抗战，出钱出力如何伟大。叶剑英将军谓今日之欢迎会，竟转为东南亚人民解放运动谈论，堪为吾人注意。

人民政协筹备会议开幕

十五日晚七时，由北京饭店坐汽车往中南海勤政殿，开新政协筹备会。门口结红彩及悬琉璃灯、大宫灯。签名后由招待员引导入席，场上面讲台两旁为记者席（八位），中间代表席形成椭圆，共一百四十左右位，后面来宾席五十位。场内壁上插小红旗多丛，每丛五枝。前国民党和平代表张治中、邵力子及北平和平主持人傅作义，均列在来宾席。今晚中共副主席周恩来任主席，宣布开会后，请毛泽东主席、朱德、李济深、沈钧儒、郭沫若、陈叔通[①]及余相继演说。

在人民政协筹备会议致词

在人民政协筹备会中，我致词如下："毛主席，朱总司令，各位代表，各位来宾。今天政治协商会议筹备会正式开幕，是为了邀集各民主党派，各人民团体和各界人士，共同商讨召开新政治协商会议，建立人民联合政府。这是中国历史上一件大事情，是我们世代子孙幸福有关的一件大事情。由于中国共产党毛泽东主席的正确领导，人民解放军的英勇战斗，全中国大部分土地已得到解放，而贪污独裁为全国人民所深恶痛绝的蒋介石反动集团，现在只剩了奄奄一息，海外华侨无不同声欢庆。本人乘此时机回到祖国观光和考察，到北平以后，

[①] 陈叔通（1876—1966），浙江杭州人，中国政治活动家，民主人士。

蒙中国共产党毛主席和各民主党派，各人民团体诸领袖，推选为出席筹备会代表。本人自问才识有限，屡辞不获，深感责任非常重大。海外华侨盼望祖国和平民主统一和富强，十分迫切。但由于蒋介石狡诈无信和国民党反动集团的贪污残暴，人民依然得不到翻身。当抗战时期，本人回国慰劳，亲到重庆延安，看得十分明白：重庆蒋介石政府，只知道搜括民脂民膏，恣意挥霍；而延安毛主席和其他中共领导者，则勤劳刻苦，处处为人民打算。抗战结束之后，旧政协开会，本人当时估计要蒋介石还政于民，等于与虎谋皮，决无成功可能。当时中国共产党毛主席却不避危险，亲到重庆和蒋介石商量合作。毛主席一定明白蒋介石狡诈无诚，惟因战后中国人民都盼望和平，为了减少人民的痛苦，有意忍让。本人以当时毛主席往重庆的原因也许在此，所谓尽其在我而已。但蒋介石却因此骄纵，把双方同意签订的协定都撕碎了。现在形势和三年前大不相同，蒋介石独裁政府，已经整个被打垮。大家都知道这首先是中国共产党奋斗的结果。可是中国共产党虚怀若谷，广邀各民主党派，各人民团体及各界民主人士来共商建国大计。正如毛主席时常所说的，遇事和群众商量。因此对中国共产党和毛主席，实在无限钦佩。这次祖国大革命的胜利，对全世界极有影响，对海外华侨也有很大影响，不久全国解放，民主政府成立，华侨在海外地位也可提高，对祖国的愿望快实现了。海外华侨听到新政协筹备会成立的消息，一定非常高兴。本人相信联合政府成立之后，海外华侨绝大多数，都会拥护民主联合政府，拥护中国共产党和毛泽东主席。新政治协商会议的筹备工作，由我们二十三个单位负担责任，实在非常重大。我们筹备会要讨论的日后参加新政协单位和人数，自然比现下筹备会的单位和人数来的更多。本人以为选择新政协代表，却应十分审慎，宁缺毋滥。这是本人所提一点粗浅意见，以供诸位参考。谨祝本会顺利地成功！中华人民共和国万岁！"

中国人民政治协商会议第一届全体代表大会开幕

（本篇摘录报章所载）

一九四九年九月二十一日，中国人民政治协商会议筹备会副主任周恩来，在中国人民政协开幕前,向全体代表报告人民政协代表人数。代表总数六百六十二人,内各单位代表五百十人,候补代表七十七人,特别邀请代表七十五人。代表包括五类,计党派代表十四个单位,一百六十五人;区域代表九个单位,一百十六人;军队代表六个单位,七十一人;团体代表十六个单位,二百三十五人(以上四类包括候补代表在内);特别邀请代表七十五人。截至本日为止,已到者六百三十八人;未到者二十四人,其中十人系经筹备会特许列名缺席,三人系缺额未补,十一人可在会议期中赶到。关于大会主席团八十九人的名单和秘书长人选提议,得到全场一致的通过,当被通过的主席团登上主席台后,主席毛泽东宣布中国人民政治协商会议开幕,在这个庄严的时刻,军乐队齐奏中国人民解放军进行曲。同时,在会场外鸣礼炮五十四响,全场代表一致起立,热烈鼓掌至五分钟之久。毛泽东主席的开幕词,生动地扼要地叙述了会议召集的历史条件和历史任务。毛泽东主席宣布:"中国人民政治协商会议,在自己的议程中,将要制定中国人民政治协商会议的组织法,制定中华人民共和国中央人民政府的组织法,制定中国人民政治协商会议的共同纲领,选举中国人民政治协商会议的全国委员会,选举中华人民共和国中央人民政府委员会,制定中华人民共和国的国旗和国徽,决定中华人民共和国的国都的所在地,以及采取和世界大多数国家一样的年号。"毛泽东主席的充满说服力量和乐观情绪的演说,几乎每一句都引了会场雷鸣的鼓掌。

毛泽东主席的开幕词,在长时间掌声中结束以后,全场起立为在人民解放战争和人民革命中牺牲的人民英雄们静默三分钟志哀。

今天开幕式历时四小时,出席代表六百三十五人,被邀旁听的来宾三百人,国内外记者三十一人,包括外国记者四人,即苏联塔斯社记者罗果夫,意大利团结报特派员斯巴诺,朝鲜中央社特派员智龙成、李同建。今天会议的执行主席由毛泽东、朱德、李济深、沈钧儒、郭沫若担任。主席台上的布置简洁而美丽。主席台的正面悬挂着中国革命领袖孙中山和毛泽东的画像,中间和两侧挂着人民政协的会徽,中国〈人民〉解放军的军旗。会场的休息室内挂满了全国各人民团体、各部队和各地区的贺幛和锦旗。

政治协商大会华侨首席代表致词

在人民政协大会，余以华侨首席代表名义致词如下："本席谨代表海外华侨民主人士，对中国人民政治协商会议组织法，中华人民共和国中央人民政府组织法和中国人民政治协商会议共同纲领三个草案，简单地表示如下的意见。一般地说，这三个草案都能够适切地反映出广大人民的迫切的要求，充分地照顾到各民主阶级，各民族的基本利益，对于独立、民主、和平、统一和富强的中华人民共和国的建立有很大的帮助。我们表示完全接受和极力拥护。站在海外爱国华侨的立场，我们特别感到这三个草案，符合我们的愿望。我们海外华侨一向热爱祖国，对于祖国前途抱有很大的期待。可是这二十几年来，我们和我们在国内的眷属吃够了'好话说尽，坏事做尽'的国民党反动政府的痛苦，我们出钱，出壮丁，出技术人员，尽力替祖国服务，但在海外的我们受不到国民党政府的保护，在国内的眷属受尽了这个反动政府的榨取和压迫。我们更不要说在祖国政治实际上有甚么发言权了。现在可不同了，海外华侨已成为全中国人民民主统一战线的成员，在由这个战线所组成的中国人民政治协商会议里头，海外华侨有充分的代表权和发言权，这使到我们华侨在祖国政治中的地位空前提高了。相信侨胞一定感到无限的快慰。中国人民政治协商会议组织法草案，既能够巩固和强化这个有足够的华侨代表的全中国人民民主统一战线的组织，我们对这草案极表同意，这是一。我们华侨的居留地，不是资本主义国家，便是他们的殖民地。过去有不少看到祖国政治黑暗，视客地为故乡。最近几年来，我们华侨在居留地受到一天比一天厉害的痛苦，我们深深体验祖国民主制度，实施人民民主专政，实在是绝对必要。现在中华人民共和国中央人民政府组织法草案既是依据这样一个基本原则来草成，一定能够使新中国政府成为代表与保护华侨和广大人民利益的政府，使中国人民由被压迫地位变成为新社会新国家的主人，这是二。就'中国人民政治协商会议共同纲领'草案来说，它的内容不只反帝，反封建和反官僚资本主义，而且积极地提出为中国独立、民主、和平、统一和富强而奋斗的具体方针，又恰当，又切实，在各方面都能够满足爱国华侨的要求。比方说,草案中的经济政策一章,高度发挥新民主主义经济的精神,特别提出便利侨汇,一定能够繁荣经济,吸引华侨对祖国工商业的投资,以促进新中国建设。又比方说,民族政策一章,强调民族平等和团结,反对大民族主义和狭隘的民族主义,使身受异族歧视之害的我们华侨感到异常适切。特别是外交政策一章,他规定新中国外交政策的原则为保障本国独立、自由和领土主权的完整,拥护国际的持久和平和各国人民的友好合作,反对帝国主义侵略政策和战争政策。这原则的切实执行,不独为中国外交辟一新纪元,而且一定会提高中国在国际上的地位,因而也大大改善华侨在海外的地位。加之外交政策一章,又明白课予中国[中华]人民共和国中央政府'尽力保护国外华侨的正当权益'的义务,将来新政府一定能够对海外华侨的生命财产和权利,予以充分和有力的保护,是可以断言的,这是三。基于上述的认识和信念,本席代表海外华侨民主人士以及爱国侨胞,对于这三个草案,愿无保留地予以接受。通过以后,并愿在中国共产党领导之下与各民主党派,各人民团体和其他爱国民主份子,努力促其实现。"

中国人民政治协商会议第一届全体会议胜利闭幕
(本篇摘录报章所载)

九月卅日,由主席团经连日慎重协商后,提出的中央人民政府委员候选名单,今日经全体会议一致通过。按照选举法的规定,候选名单虽经通过,代表们在选举时,仍然有完全的权利,舍弃名单中任何一人或若干人,而另行选举。选举的手续极为郑重。本日会议的执行主席刘少奇、李立三、沙千里、梁希、盛丕华[①],担任选举总监督。另由主席团指定六十人监票,此次会议有选举权的代表共五百七十八人,但因海外华侨代表有两名名额,没有补足,所以实际投票的实为五百七十六人。开票结果,表明投票者无一人弃权,亦无一张废票。

---

① 沙千里(1901—1982),上海人,时任上海市人民政府副秘书长;梁希(1883—1958),浙江吴兴(今湖州)人,九三学社创立人之一,时任全国政协常委;盛丕华(1882—1961),浙江宁波人,商人,时任上海工商业联合会会长。

选举开始时，由执行主席清点人数后照数发票，主席台旁设票箱九个，投票之前由执行主席验看加锁。在投票者分批投入箱后，执行主席当众开启票箱，核对票数无误，即将选票交监票人分二十组同时进行开票。

本日下午三点钟，开始会议，会议的第一个和第二个节目，就是两项选举，选举人民政协全国委员会和选举中央人民政府的主席、副主席、委员。两项选举用了不同的方法：作为中国人民统一战线，最高组织的全国委员会的名单，是经过各单位协商的，所以采取了用整个名单付表决的方法。表决的结果是全体一致通过。中央人民政府的主席、副主席和委员的候选名单，也经过各单位的协商，但是由全体代表用无记名联记的方法选举。当投票完毕，检票人进行检票时，全体代表一致地通过了宣言，向人民解放军致敬电和竖立人民英雄纪念碑办法和碑文。随即到天安门前广场，举行人民英雄纪念碑奠基礼，然后代表们回到会场，听取关于中央人民政府的选举结果。选举结果报告，引起了会场的狂热鼓掌。当主席宣告毛泽东当选中央人民政府主席时，会场一致起立，热烈鼓掌，并欢呼万岁，至数分钟之久。人民政治协商会议第一届会议的闭幕式，由会议所选出的中央人民政府毛泽东主席，朱德、宋庆龄、刘少奇、李济深、张澜、高岗副主席主持，在毛主席和六位副主席登台时，在毛主席宣布闭幕式开始时，以及在朱副主席致闭幕词时，全场再三地热烈鼓掌欢呼。闭幕式以军乐队合奏《义勇军进行曲》为结束，在奏乐时主席台上悬起国旗。全体代表在庄严热烈的空气中起立鼓掌，长久不息。

第一届中国人民政治协商会议全国委员会委员（任期三年每六个月开会一次），按单位次序排列的名单：

毛泽东、刘少奇、周恩来、林伯渠、董必武、陈云、彭真、王稼祥、李维汉、李济深、陈劭先、朱蕴山、李任仁、余心清、郭春涛、王昆仑、蔡廷楷[锴]、蒋光鼐、张澜、罗隆基、周新民、楚图南、曾昭抡、沈钧儒、沙千里、章伯钧、郭冠杰、黄炎培、章乃器、胡厥文、施复亮、陈已生、郭沫若、马寅初、张奚若、李达、符定一、马叙伦、许广平、陈其尤、陈演生、许德珩、黎锦熙、谢雪红、蔡乾、冯文彬、蒋南翔、萧华、马明方、杨明轩、杨秀峰、蓝公武、张鼎丞、荣德生、林枫、车向忱、黄克诚、张轸、方方、陈汝棠、乌兰夫、奎璧、张友渔、周叔弢、杜国庠、任谦、朱德、徐向前、彭德怀、赵寿山、邓小平、高树勋、粟裕、何基沣、林彪、陈明仁、陈漫远、吴奇伟、刘宁一、刘长胜、刘子久、张维桢、易礼容、李凤莲、邓颖超、李德全、史良、陈少敏、张琴秋、沈兹九、张晔、王国华、谭余保、胡明、李景膺、李秀真、廖承志、钱三强、吴晗、谢邦定、方光宇、宋锡恒、陈叔通、盛丕华、李范一、简玉阶、包达三、宋棐卿、刘晓、潘汉年、朱俊欣、簋延芳、沈雁冰、周扬、郑振铎、梁希、李四光、侯德榜、陈绍禹、邓初民、樊弘、成仿吾、叶圣陶、林砺儒、胡乔木、金仲华、王芸生、潘振亚、宦乡、李承干、吴鸿宾、张冲、朱早观、天宝、朱德海、王国兴、陈嘉庚、司徒美堂、戴子良、蚁美厚、庄明理、费振东、吴耀宗、马坚、赵朴初、宋庆龄、陶孟和、董鲁安、钱昌照、萨镇冰、李书城、张元济、何燫时、黄琪翔、李明灏、李明扬、宁武、陈瑾昆、陈其瑗、张文、冷遹、张治中、邵力子、章士钊、黄绍雄、颜惠庆、江庸、程潜、傅作义、邓宝珊、董其武、林遵、邓兆祥、刘善本、周信芳、梅兰芳、赛福鼎、阿不哈依尔吐烈、赵占魁、李时良，共一百八十人，此外留出十八名空额，以便将来容纳新解放地区的适当代表人物。

朱副主席闭幕词

"各位代表先生们：中国人民政府政治协商会议第一届全体会议的工作，已经胜利地完成了。我们全体一致，宣告了中华人民共和国的成立，我们通过了人民政治协商会议组织法，中央人民政府组织法和共同纲领，选举了中央人民政府主席、副主席、委员和人民政治协商会议的全国委员会，制定了国旗，决定了国都、国歌和纪年。我们所作的这一切工作，都符合于人民意志。在整个会议期间，我们全体代表始终团结一致，和衷共济。这是我们国家兴旺发达的气象。我们既然能够团结一致，开创了中华人民共和国，我们就一定能够团结一致把我们的国家建设好，把我们的国家引导到繁荣昌盛的境地。在我们开会的时候，全国广大人民和各国人民团体纷纷来电庆贺我们，这是表明在我们的事业中，支持我们的不但有全国的人民，而且有国际的友人，我们深深地感谢他们的好意，我们也一定不会辜负他们的好意。庆贺中国人民政治协商会议的完满成功，庆贺中华人民共和国的诞生，中央人民政府万岁！毛主席万岁！"

电慰人民解放军

中国人民革命军事委员会毛泽东主席，中国人民解放军朱德总司令，中国人民解放军第一野战军彭德怀、张宗逊、赵寿山诸将军，第二野战军刘伯承、邓小平、张际春诸将军，第三野战军陈毅、饶漱石、粟裕、谭震林诸将军，第四野战军林彪、罗荣桓、邓子恢、谭政诸将军，及各野战军全体指挥员战斗员同志们，西北、华北、东北、华东、华中、华南各军区和西南游击区人民解放军全体指挥员战斗员同志们，人民空军的全体指挥员战斗员，人民海军的全体指挥员战斗员同志们：

中国人民政治协商会议第一届全体会议全体代表，向你们表示热烈的慰问，感谢和敬意。中国人民革命的特点是武装的革命，反对武装的反革命，美帝国主义所支持的国民党反动政权的溃灭，中国人民政治协商会议的召开和中华人民共和国的成立，首先是我人民解放军全体将士，团结全国人民英勇奋斗的结果。你们的胜利的战斗，你们的严明的纪律，你们的高度的政治觉悟，你们的和广大人民的亲密联系，已经奠定了中国人民民主事业的坚强的基础，已经提高了中外人民对于中华民族光明前途的信心。当我们在北京开会的时候，各个前线的人民解放军正在勇猛地扫荡残敌，胜利的消息每天传来，使我们倍加兴奋。我们坚决地相信，在中华人民共和国中央人民政府成立以后，不要多久你们就会实现全国人民的殷切希望，澈底地消灭一切不投降的敌人，解放台湾、西藏和一切尚未解放的地方，最后完成统一全国的伟大事业。我们热烈地庆祝你们的胜利，庆祝中国人民陆海空军的日益强大。

中国人民政治协商会议第一届全体会议一九四九年九月三十日

人民英雄纪念碑奠基典礼

(摘录报章所载)

纪念碑奠基典礼是在全体会议最后一天的下午六时举行的。当各代表就位后，周恩来代表主席团，在严肃的空气中致词说：

"我们中国人民政治协商会议第一届全体会议，为号召人民纪念死者，鼓舞生者，特决定在中华人民共和国首都北京，建立一个为国牺牲的人民英雄纪念碑。现在，一九四九年九月三十日，我们全体代表在天安门外，举行这个纪念碑的奠基典礼。"

在周恩来致词之后，全体代表均脱帽，静默致哀，默哀毕，毛泽东主席宣读纪念碑的碑文：

三年以来，在人民解放战争和人民革命中牺牲的人民英雄们永垂不朽。

三十年以来，在人民解放战争和人民革命中牺牲的人民英雄们永垂不朽。

由此上溯到一千八百四十年，从那时起，为了反对内外敌人，争取民族独立和人民自由幸福，在历次斗争中牺牲的人民英雄们永垂不朽。

典礼的最后节目奠基，在举行奠基仪式时，毛泽东主席和各位首席代表一一执锹铲土，并表示他们对先烈的崇敬。

中华人民共和国中央人民政府成立典礼

一九四九年十月一日下午二点钟，主席、副主席、委员全体六十三人，在勤政殿宣布就职（废除宣誓陋习）。三点钟，中央人民政府委员会暨中国人民政治协商会议第一届全体代表，齐集天安门，参加中华人民共和国中央人民政府成立典礼，北京各机关团体工人学生市民数十万人参加盛典。大会典礼程序：（一）中央人民政府秘书长宣布开会；（二）中央人民政府主席就位，副主席就位，委员就位；（三）奏《义勇军进行曲》；（四）中央人民政府主席宣布中华人民共和国中央人民政府成立，并升国旗，同时奏《义勇军进行曲》，鸣礼炮；（五）中央人民政府主席宣读中央人民政府公告；（六）阅兵，中国人民解放军总司令检阅，并宣读中国人民解放军总部命令；（七）游行，礼毕。

中华人民共和国中央人民政府公告

自蒋介石国民党反动政府背叛祖国，勾结帝国主义，发动反革命战争以来，全国人民处于水深火热的情况之中。幸赖我人民解放军在全国人民援助之下，为保卫祖国的领土主权，为保卫人民的生命财产，为解除人民的痛苦和争取人民的权利，奋不顾身，英勇作战，得以消灭反动军队，推翻国民政府的反动统治。现在人民解放战争业已取得基本的胜利，全国大多数人民业已获得解放。在此基础之上，由全国各民主党派、各人民团体、人民解放军、各地区、各民族、国外华侨及其他爱国民主分子的代表们所组成的中国人民政治协商会议第一届全体会议业已集会，代表全国人民的意志，制定了中华人民共和国中央人民政府组织法，选举了毛泽东为中央人民政府主席，朱德、刘少奇、宋庆龄、李济深、张澜、高岗为副主席，陈毅、贺龙、李立三、林伯渠、叶剑英、何香凝、林彪、彭德怀、刘伯承、吴玉章、徐向前、彭真、薄一波、聂荣臻、周恩来、董必武、赛福鼎、饶漱石、陈嘉庚、罗荣桓、邓子恢、乌兰夫、徐特立、蔡畅、刘格平、马寅初、陈云、康生、林枫、马叙伦、郭沫若、张云逸、邓小平、高崇民、沈钧儒、沈雁冰、陈叔通、司徒美堂、李锡九、黄炎培、蔡廷楷[锴]、习仲勋、彭泽民、张治中、傅作义、李烛尘、李章达、章伯钧、程潜、张奚若、陈铭枢、谭平山、张难先、柳亚子、张东荪、龙云为委员，组成中央人民政府委员会，宣告中华人民共和国的成立，并决定北京为中华人民共和国的首都。中华人民共和国中央人民政府委员会于本日在首都就职，一致决议：宣告中华人民共和国中央人民政府的成立，接受中国人民政治协商会议共同纲领为本政府的施政方针，互选林伯渠为中央人民政府委员会秘书长，任命周恩来为中央人民政府政务院总理兼外交部部长，毛泽东为中央人民政府人民革命军事委员会主席，朱德为人民解放军总司令，沈钧儒为中央人民政府最高人民法院院长，罗荣桓为中央人民政府最高人民检察署检察长，并责成他们从速组成各项政府机关，推行各项政府工作。同时决议：向各国政府宣布，本政府为代表中华人民共和国全国人民的唯一合法政府。凡愿遵守平等，互利及互相尊重领土主权等项原则的任何外国政府，本政府均愿与之建立外交关系，特此公告。

中华人民共和国中央人民政府主席　毛泽东
一九四九年十月一日

中国人民解放军总部命令

全体战斗员，指挥员，政治工作人员和后勤工作人员同志们！

中华人民共和国的武装部队，今天和全体人民在一起，共同来庆祝中华人民共和国中央人民政府的成立。

我们中华人民共和国的武装部队，在反对美国帝国主义所援助的蒋介石反动政府的革命战争中，已经取得了伟大的胜利。敌人的大部分已经被歼灭，全国的大部分国土已经解放。这是我们全体战斗员，指挥员，政治工作人员和后勤工作人员一致努力英勇奋斗的结果。我向你们表示热烈的庆祝和感谢。

但是现在我们的战斗任务还没有最后完成，残余的敌人还在继续勾引外国侵略者，进行反抗中华人民共和国的革命活动。我们必须继续努力，实现人民解放战争的最后目的。

我命令中国人民解放军全体指战员工作员，坚决执行中央人民政府和伟大的人民领袖毛主席的一切命令，迅速肃清国民党反动军队的残余，解放一切尚未解放的国土，同时肃清土匪和其他一切反革命匪徒，镇压他们的一切反抗和捣乱行为。

在人民解放战争中牺牲的人民英雄们永垂不朽！

中国人民大团结万岁！

中华人民共和国万岁！

中央人民政府万岁！
毛主席万岁！

中国人民解放军总司令　朱德

三、沿途观感

出品成本高

东北出品之煤炭、洋灰、纸张、火柴、玻璃片等，太平洋战争未爆发时，日寇多运销南洋，售价甚廉，因南洋缺乏，故须由外国输入，而日寇廉售原因，系回头船位可运南洋铁矿苗、玻璃沙等。日寇败后，南洋所需，多由欧美运来，售价高昂，比前数倍。但查现下东北出品，成本过高，不能运南洋与欧美竞争。成本过高之原因，如煤炭出品不及前三分之一，各厂需多煤炭，此其一；各厂出产量亦远不及前时，致费重本高，此其二；国民党时代，停工多年，损失破坏，修建多费，影响成本，此其三。而管理人员，缺少经验，亦不无关系。希望增加生产，减低成本，乃能发展也。

车胎制造厂

树胶制造品，成绩最难者，莫如汽车外胎，用途最广者，亦莫如汽车外胎。全世界每年树胶消〔销〕量为一百五十万吨，用于外胎，约占一百万吨。美国每日造出汽车二万余辆，需用新胎十余万个，苏联每日造出汽车一万辆，需用新胎五万个。旧车用胎，为数亦多。我国地广人众，新政府成立后，全面建设日趋发达，交通推广，必为主要，需用汽车外胎，诚难预计。而制造汽车外胎之困难，余颇具经验。现南洋及香港经营树胶厂，不下百余家，未有一家能制造者。闻我国上海、天津与东北，各有一厂，能造汽车外胎，上海厂为私人所办，规模不大，出品无多，或云此乃旧胎翻新，未知确否？天津厂不甚著名。独东北厂模规［规模］宏大，产量亦巨。余在南洋即甚注意，希望成绩优良，为全国各地设厂之先导。迨前月抵津，参观其厂，日仅出数个，问其效用，则云可与美国上胎并驾。抵沈阳时，即参观其厂，规模果然不错，若添置数机器，每日可造出汽车外胎数百个。据云现每日可出百个。问其效用，则云外观不及美国名胎，耐用则胜之。又云比太平洋战争未起时之日本出品则不及，比太平洋战后之日本出品则胜之云云。余知南洋马来亚每日需用汽车外胎近千个，日本出品，不但远逊英美名胎，且比杂牌为劣，故日本车胎在南洋绝迹。今与该厂管理员所谈，实际殊多出入矣。余乃告其当局：南洋为树胶出产地，民国初年间，新加坡及爪哇间，洋人各创一厂，制造汽车内外胎，经十数年之久，聘请欧美技师多人，均因无成绩，终于失败停止。欧美制车胎工厂，无虑数百家，而著名者，不过十家，其成绩乃其苦心孤诣，研究所得。化学室重要人员，待遇甚厚，绝非他厂所能争取雇聘。其他职工，服务虽久，底细不详，聘为技师，仍归失败。余前曾设树胶厂，注意制造汽车外胎。除各种设备外，并订阅美国化学家每月报告，将各名厂化验药料成分，极力实验研究达三四年之久，人坐汽车胎方告成功，亦只能与最佳杂牌胎并立，售百个退回不上两个。唯运货车大胎则有余憾，售百个退回达廿余个。假再继续钻研一二年，容有收效，然不幸停办矣。每次实验优劣，换药改模，变更工作方法，等等，制成后，须待三四十日，方能试用，前后过程须经数月乃能知优劣。无论大小胎，若在平坦柏油路行走，虽经多月，历数千英里而不坏，似可与名胎媲美，然仍不能确定优劣。惟与欧美名胎，并驰于崎岖恶路，始知不及。新加坡有客运车，可坐十二人，固定路线，终日奔走不停，欧美名胎，可耐五六十天，余厂新胎亦以此为试用，故易知优劣。若运货大车胎，则用于树胶园、波罗［菠萝］园运重货，在崎岖山路与欧美名胎并试，亦能知其优劣。盖非此无以知其澈底真相也。余鉴于汽车大小轮胎之艰难，以日本最善于模仿，而对制车胎尚无成效，而我国将来需用车胎之多，不应仰给外国，在南洋华侨及国内工厂，又无相当成绩出品，且此种工业，私人经营难以发展，盖除实验损失外，成绩要好，规模要大，出品要多，只有政府力量，乃能达到目的。制造大小车胎，如获成功，可挽巨大之漏卮。按车胎之原料，布线及树胶占最大部分，其他药料无多。除树胶外，其他我国均有出产。小车胎用胶数斤，仅值美金二元左右，大胎用胶十余斤，仅值美金四五元。但悉心研究，以达优良成绩，非一朝一夕。倘能聘得苏联名技师来华指导，当可望其缩短时间也。

再谈车胎与公路

余对制造汽车外胎，将来消用之广大，制造困难，既为当局言之，复贡献于地方领袖，以尽知无不言之责。盖我国如以前劣政府时代，工业落后，交通不便，火车路无多，汽车路有限，需用汽车外胎，尚属少数，自家虽不能造，向外国买来，损失不大。若此次革命成功，全国解放，人民政府成立，由农业国变为工业国，以土地之广，人民之众，政治之良，及团结之和协，力量之伟大，蓬勃发展，实无限量。而交通事业，当为首要，想必有三年或五年计划，增加铁路若干公里，汽车路若干公里。据世界交通路政记载，每一公里铁路须附设汽车路九公里，俾能促进铁路运输之发达。查东北铁路有一万二千公里左右，而日本时代曾辟汽车路十二万公里，然路基多未填石，可行汽车货车甚少，故东北铁路货物不敷转运，致货车近半空闲，损失颇巨。至关内各铁路附设之汽车路，虽有多少，亦未能充分供给火车之货运。此系从现有铁路，缺乏辅助汽车路损失而言。

汽车路既少，则交通不便利，民风闭塞，囿于一隅，乡人数十年或终身，未履县城，居大多数。又铁路之便利，以长途为优，然目的地距离稍远，亦须有汽车路，否则，仍不便于旅行。至非长途，无论城市乡村，当以汽车路称便。缘火车往来有时间性，不若汽车之来往自由，既免等待需时，又可直达目的地，对于文化卫生智识及其他许多事业之实益，甚有关系。如余此次东北之旅行，若有汽车路，则大城市以外，中小城市可游历不少。我人民政府成立后，汽车路之进展，必能迅速显著，而需用汽车轮胎之多，势所必然。东北各工业为全国之先导，故再三为当局告，希望作两种办法：如苏联肯帮助，派有经验人员来华指导，则短时间可以收效，此其一也；如靠自己研究，将延长时日，迟至一两年或不只此，亦未可知。待有经验有成绩，然后多处设厂制造，仍须多费时间，故宜提前预备。现东北天津有此两厂，宜积极注意，切实研究，只在技术智识等工作，毋须多大资本，致妨其他生产事业。今见东北驴马车亦多用轮胎，若全国如此，则更增加销路矣。

车辆整洁为要

城市中最流动活跃，接触频繁，目标显著，又为市内外人民所必需者，莫如各种车辆，如电车、汽车、马车、三轮车、脚踏车等皆是。若陈旧破烂，残缺不整，甚至肮脏秽陋，则爱洁净者见而生畏，洋人见而讥评。乡村又多以城市为范，车辆不整洁，足以影响人家也不整洁，其关系人民卫生及市容观瞻不少。南洋各城市，对车辆完整清洁，甚为重视，特设车务局专责管理，每年改换牌照，必详为检试，合格始可。平时常派交通警察在街上巡视，凡违规即处罚。此事系由市政府派员管理，并不花费巨资。即如汽车、电车底下之机件及轮胎，亦不许秽陋，脚踏车亦然，若运货之汽车、马车及牛车，虽不如人坐车之整洁，仍不许过于秽陋，载重亦有限制，牛马伤病，不许拖运，违者亦处罚。各种车辆，均置车灯，按时必须点火，以免相撞，发生危险，违者亦处罚。南洋马来亚汽车数万辆，私人多于政府，无论公私车辆，晚间回来必洗除车胎及其他一切尘秽，此乃驶车人职务，主人查考之。至于电车三轮车亦然。总言之，衣食住行，均须清洁卫生，而行尤关公共所需，故不可忽也。

菜市场须建设

菜市关系公共卫生，政府管理清洁，大约数万人口必须设一菜市。南洋各地所建菜市，颇为简单，类多平屋，鱼肉鸡鸭蔬菜水果之属，皆分类排列。如鱼肉鸡鸭市场，多无墙壁，惟地面略高一二尺，上建多座石桌，或铺白砖，务期清洁，每日清洗一二次。菜市场皆当地市政府设立，租税颇高，卫生局负责监督，附近商店不得售卖同类物品。余参观解放区各处市场，惟大连一所甚好，闻日寇时代建供日人买卖。其他则多简陋，甚至由小贩集市，复杂无序，露天沙土，降雨时更不堪言状。望政府注意及此，不惟有租税可收，且公共卫生亦多赖之。

博物馆陈列商榷

南洋各地多设博物馆，陈列该地出产物品，如动物、植物、矿物及海产之标本。旅顺市有著名博物馆，为日寇时代创立，除些地方物产外，大部份则为大小佛像、妇女缠足小鞋、满清衣冠，实含有侮辱我国之意图。其他如千百年前之尸体，及古墓中之铜铁石磁废具，只供考古者玩玩而已，若现代之有益卫生及智识者，则付缺如。沈阳市新创之博物馆，大部分亦陈列前代古物，多系墓中取出之铁铜磁石所造之人物用具，及前人山水字画；本地物产，为数无多。除此两处，其他未见。查博物馆关系社会教育颇巨，数万人口之小城市，即有设立之必要。然单陈列地方产物，乃系前时体例。现代化之设备，则不仅此。闻苏联博物馆，兼及卫生，如陈列蜡造小孩模型，自出世至一二岁，每次吃量至若何程度，消化历若干时间，均能一目了然，使饥饱适宜，疾病避免。又如公共厕所之构造，粪池须作两三格，首格可容十天之粪，然后流入第二格，顺序而流，微菌经十天之久，已告死亡，农夫取作肥料，应用末格，则微菌不致寄生于菜蔬，吃者亦免受其害。又如水井与厕所应有若干距离，方免地下污水流入。又如建筑住屋，厅房若干方尺，窗户应如何配合，方有适当空气。沈阳中国医大及长春东北医大，均有图案及住屋小模型。又如男女花柳病，毒疮坏烂，模型甚肖，望之令人戒惧。此种模型，长春医大能造。其他足以启发现代智识者尚多，倘能参加陈列，裨益人民，良非浅鲜。

中学科学馆

余所经各城市，查中等学校理化仪器之设备，均感缺乏，图书杂志亦有限，或云格于经济，或云采办困难。经济所限，不免稽迟，采办困难，实则不然。上海及日本无货，欧美尚可定购，惟订办须五七个月乃能交货。过去我国派出洋学生留学，每年多至千数百人，每年每人需费美金二三千元，出洋求学之理由，不外（一）环境好；（二）设备完善；（三）教师高明。我国解放后，对环境设备当能于三几年内，完满解决。若高明教授，一时不敷，尽可聘之外国，每人每年至多美金五六千元，除其生活费用外，提出外汇，不过一留学生之费用，而一教授可教数十人。我国三四年后，每年中学升入大学或专科学校，至少八万至十万人。因此中学科学馆之设立，不可或缓，庶免升学之困难。倘一时不能普及，每省亦应斟酌情况，先行设立两三处，此乃根本之要图。

石蛋代碎石之疑问

小丰满水电厂，为我国水电力之最大者。"七七"事发，日寇在东北积极扩大各矿厂、各工厂，以增加生产，而电力不足，故日夜赶建小丰满水电厂。为求迅速完工及省费，竟将堤坝上半段缩小宽度。该坝高二百十尺，长三千余尺，地基阔九十尺，上面现有二十余尺，原定三十余尺，日寇为速成及省费，乃从中缩小二十尺，故上面减去十尺左右，所需碎石，不经碾石机碾碎，不照规定寸量标准，而尽量取用千万年前，流水漂光之石蛋，或圆或扁，或长或短，或大或小，仅将过大者弃去，以代碎石。解放后，我派员接管，认日寇缩小宽度为危险，万一不幸崩溃，将毁及全部，故不惜巨资，动工二千余人，积极增建。现下工程尚未及半，然仍取用石蛋，以代碎石，余甚讶之。盖在南洋从未见过建筑工程，可用大小光滑石蛋者，况关系甚大之水坝乎？查英国建筑工程所用之碎石，有规定寸数，如半方寸以上至二方寸多种，经碾石机碾碎，筛出相类碎石；而我所有石蛋，不仅大小不一，且光滑缺乏粘性，用于水坝，危险尤大，故向当局进言。余非工程师，所言对否，未敢断言。在南洋所见重要建筑工程，不但未有用此大小光滑石蛋，虽碾碎石，亦必有一定寸数。我国建设方始，重要工程甚多，而石蛋到处多有，故提及之，希工程师注意焉。

玻璃与人造丝

　　玻璃与人造丝，我国乏厂制造，原因为前腐败政府，对于原有有利工业，尚多自私自利，安有志愿毅力，出资建设新工业。商家多限于经济、技术及经验，故玻璃片出品，只有大连、沈阳及秦皇岛三个厂。现均为我人民政府接办矣。南洋虽产玻璃沙，然未有制片厂，目前所用系日本及欧洲运来。我国自来所建房屋多不注意光线及卫生，故用玻璃片甚少，除城市店屋采用外，若乡村则罕见。此后全国解放，兴利除弊，于卫生方面必能切实施行。无论城乡，所建宅舍或旧屋改善，均须多开窗户，以引光线，而需用玻璃片数量之多，可以想见。望东北及秦皇岛诸厂，多多训练干员以备他日为他省新厂服务。又人造丝原料多用木制，织成布类，轻衫重袍，寒暑适用，可补棉花之不足。我国人口众多，衣料多靠天然棉花，常感不敷。闻日本国内有人造丝厂四十余所，大厂日出十四五吨，小者不一，总计不下数百吨。我东北一所，日仅十吨左右，且部份遭破坏，幸修整不难。望当局注意出品，不但于东北应扩充多厂，即关内各处亦可仿设也。

旅馆工友须训练

　　市中旅馆及招待所之工友为要使其职务上发挥其效能，必须加以训练，否则，任务未明，客人呼唤应对外，则袖手无事矣。外国旅馆之工役，应酬客人外，逐日对厅房及窗户玻璃必须刷扫，对用具必须整洁，管理人员按时巡视。若不如是，容易发生地方不洁，窗户破坏，门闩生锈，不能开关，甚至臭虫出动之现象。大城市解放后气象日新，参观游客，工商学子，远近闻风而来，日多一日，褒贬系之。虽属细事，颇与声誉有关，故不客气提及之。

城市须力求现代化

　　东北沈阳、四平、长春、哈尔滨、齐齐哈尔等处，将来必为更繁荣大城市，而尤以沈阳、哈尔滨为最。现除长春外，市内建筑稠密，空地甚少；阔大街路，除沈阳有一部分，余均狭隘；交通路线，除铁路外，未有长途之汽车路。现下沈阳市人口百七八十万，哈尔滨六七十万，其他二三十万。数十年后，全东北交通网完成，各业兴盛，其繁荣如伦敦、纽约或芝加哥者，当可以实现。希望当局放大眼光，预早计划未来市区建设图案，必须多留空地，放宽街路，改良住屋，适合现代卫生，并准备扩展市郊以外。余前著《住屋与卫生》一书，述欧美新市区，规定街路及空地，须留全市面积百分之五十。而日前，闻张奚若先生言，苏联新市区，街路即占全市面积百分之五十，空地百分之廿四，建屋仅百分之廿六，至空地多属花园及运动场所等。我国旧城市之街路与空地，虽不能如欧美与苏联之计划，亦须尽可能酌量筹备，至迟二三十年改革完成，以符现代建设之精神。

　　其次如吉林、抚顺、本溪、安东、鞍山、辽阳及旅大等，除鞍山、旅大外，其他更形狭隘，亦非考虑改革不可。盖地方将随工业物产发展而发展，人口可增加许多倍也。大连商埠，街路宽阔，高楼大厦，码头堤岸，井然可观；职工住宅，列如栉比，结构幽雅，不下数万，乃日寇为其居民所建之遗留；市区坐山临海，市后山坡，多座环列，高低有致，高者不上二千尺，低者亦近千尺，葱茏悦目，雅趣盎然，乃天然之住宅区，宜乎预先计划路线及植树。期望十余年后，市面日臻繁荣，人口不断增加，工商业屋宇，势必不敷，则所有住宅、校舍、病院、监狱及非工商业所需之屋宇，移建于山下或山坡之上，则自海上观之，其壮丽宏伟，当可与香港媲美。市内虽有空地，不但不宜再建住宅，且须计划将不合卫生之店屋，逐步改革。将来必要时，职工住宅，亦可改建高楼，但空地不应缺少，以辟为花园与广场。大连为东北南端唯一之不冻港，万余吨巨船可泊码头，陆上交通便利，将来各业发达时，出入口船舶，无虑日以百计，则仅有两个船渠，作为修洗之用，尚恐不足，遑言新造轮船。附近空地宜作为许多船渠及工厂之用。至鸭绿江港口之辟为商埠码头，关系辽东出入口贸易，而北朝鲜亦称便利。日寇有将港口——大东港改成不冻港之计划，而未能实现，我人民政府必不忽焉视之。

发展水电力

我国抗战时，美国水电工程师，到长江三峡查察水电力。据该工程师言，有一千万基罗瓦特（三基罗瓦特约四匹马力），可建世界最大水电厂，工程按须十年完竣。并羡我国江河水利丰富，惜失于运用，至国家赤贫，有似手捧金碗，向人家乞饭吃。盖长江水电厂如造成，可利用水电力及用新式机具将上下游江中浅滩浚深，万吨巨轮船可直泊汉口岸，二三千吨轮船，可到四川内江；沿长江六七省份，江运可开辟许多条运河水道通达各内地，既可灌溉农田，又可利便运输，任何大霖雨，有运河可以消纳，江中又无浅滩壅塞之弊，故永无水患。就使多月不雨，亦不致发生旱灾，耕作免全靠人力与牛马。他如轻重工业厂，到处可以兴设。至于陆路交通，无轨电车，可达到各市镇乡村，如此则农工业发展，莫可限量。此仅长江而言，其他黄河、珠江、湘江、赣江、闽江、韩江及东北华西各处，许多川河与各县溪流，难可计算，虽规模大小不同，多可利用水电力，发展农工业。民殷国富，端在乎是。

建设铁工厂

欲建设新中国，必须振兴工业。工业如不发达，则殆无建设可言。工业最重要者为钢铁业。我国铁矿虽多，采炼甚少。规模较大者，有东北鞍山、本溪两处，每日可炼出铁七千一百吨，并由铁炼作钢（铁炼钢可得八成）。多处有炼钢厂，鞍山较为完备，能制出铁路轨，造船厚薄铁板、工字铁、圆铁、板铁、角铁、方铁及其他铁条。

至制造机器之铁工厂，在大连、沈阳者规模最大，厂内工人，有五六千人至八九千人，其他千人以上者，指不胜屈。凡轻重工业，所需各机器，多能制造。又如铁工厂内应用大小车床、刨床、钻床、锯床及其他各种用具，亦皆能制造。在本年间，东北重轻工厂尚在修理，恐乏余剩可供关内所需，若至明年就有剩余，可以运入关内，应各省需求。预计明年末，东北各厂皆可修竣，逐日可出产七千吨钢铁，留千余吨在东北自用扩充，尚存五千余吨成品或原料，可运入关内以充建设之用。华北、华中、华西、华南，铁矿、煤矿、页石油、水泥石及其他矿产均丰富，富有水电力之江河，亦到处多有。惟铁工厂除上海外，他处甚缺乏。我意各省应先建设铁工厂若干处，规模不妨从小着手，每厂用百数十人，若缺乏工作人员，可早日派往东北或他处学习，简易者半年可以卒业。此事应由各省实业所，调查工厂应设何处，工人多少。至于所需大小各类铁床，可请中央当局命东北铁工厂造交。其他轻重工业机具及水电机，亦希望东北能供给，不但火车头及铁轨而已。

华侨联谊会

我在北京，屡有人招我组织海外华侨联谊会，我不赞同，为时机尚早，华侨在京无多，各处侨领未到辞之。及将往东北，向新政协筹备会秘书长李维汉告别，并托以数事。他亦嘱我组织华侨联谊会，帮助政府工作，我乃解释不赞同理由，为在京各处侨领甚少，若冒然成立，既选重要职员，侨领多未参加，要望其推诚合作，定必困难，我不欲戴此高帽，故不敢应承。鄙意待全国解放，与各国之外交关系建立，交通无阻，那时通函各处重要侨团及有力侨领，亲来或委派代表，在北京或上海开会，组织华侨公会，选人负责，逢有机会，共同努力，帮助政府，乃能收效。若现下成立，未免欲速不达，希原谅为荷。

苏联的技艺

我国人民政府成立，苏联代表团男女三十余人，来北京庆祝。其中多有专门艺术家，晚间在怀仁堂表演，一位青年女舞蹈家，用脚拇指尖在演台上跑走三四圈，然后正立台中，迅速旋转，如车轮然，经数分钟之久，其技艺精高美妙，实足令人惊叹。又体育表演，男人十多位既优雅，又勇猛非凡。他等演毕，继以我国游艺会，其节目不过打腰鼓、扭秧歌、大锣大鼓等技，相形见拙，真令我羞愧难堪。吾人在报纸上往往宣传学习苏联，对于游艺技术，体育训练，亦须学习苏联，庶不偏废也。

傅作义高风

傅作义将军，为前国民党华北重要将领。及东北蒋军失败，北京受围，傅作义虽有军队数万人，知终难抵御，及不忍糜烂都城，悔悟以前附蒋介石之非，故和平投降解放军。去年六月北京人民政协筹备会开幕，他亦列席。九月人民政协正式成立，他已在代表之列。大会闭幕前，诸首席代表均有致词，傅作义高声朗读，慷慨陈词，自认他罪列战犯，前时错误拥蒋介石，及北京受围，方猛省了解前非而反正云云。

古语云：人谁无过，过而能改，善莫大焉。我对傅先生之坦直认过，义勇高风，无任敬佩。人民政府维新方始，毛主席言建设新中国，如今似万里长征第一步。前国民党人误入迷途者尚多，当学习傅先生之智勇，庶有无限前途也。

建设好国家

去年十月一日中央人民政府成立，苏联派代表团三十余人来庆祝，中多有专门技术家。有一市政专家,名阿布莫洛夫①。庆祝日过后,北京市政府开会欢迎,阿君演说,谓史太林②元帅有言,为政若不能建设一个好的京城,就不能建设一个好的国家。以史太林元帅建设苏联之经验,其言必定可信。我意不独京城为然,省县治均一样:如省主持人,不能建设一个好的省城,就不能建设好的全省;若县长不能建设好的县城,就不能建设好的全县乡村。盖京城省城县城,虽大小不同,俱居在领导地位,必须先整理有序,采取现代化建设。京都应为各省城模范,省城则当为各县城楷模,繁简奢俭虽不同,对于整顿地方,有益民生,皆负有领导之责也。

背信义必败

考中外各国历史,凡狡诈无信,多行不义,违天理道德之人,虽炎赫一时,权威盖世,定必失败。一九四六年秋,我曾列举春秋楚灵王、隋炀帝及本世纪德国威廉第二、日本裕仁、德国希特拉③及意国莫沙里尼④等之史实,推断蒋介石必败,今已验矣。美国自杜鲁门接任总统,即违背盟约,狡诈取巧,靠他有丰富军火金钱,欲称霸全世界,既占据日本,复得陇望蜀,利用蒋介石为傀儡,欲侵略我中国,助长我内战。对欧洲方面,亦施用其金钱与势力,诱迫多国为其奴役,听其指挥,处心积虑,奸狡雄野,较之日本德意等帝国主义,有过而无不及。譬如有巨富之人,不作慈善正务,而复经营损人利己事业,以益其富。既背义弃信,复加凶恶残忍,人神所同愤,天地更不容,世运无私,时间有限,

---

① 应为阿布拉莫夫,时任苏联莫斯科市苏维埃副主席,1949 年 9 月 16 日,以阿布拉莫夫为组长的苏联市政专家团应北京市政府邀请来华指导北京的城市规划和建设,苏联专家巴兰尼克夫参照 1933—1935 年莫斯科城市改建计划,提出了《关于北京市将来发展计划的问题的报告》,从城市规模、市区规模、城市区域的分配、建筑行政机关的房屋、设计新的行政和居住的房屋五个方面提出了建议。(参见张其锟"新中国成立初期北京城市规划的有关问题",《党史博览》2020 年第 5 期。)
② 即斯大林。
③ 即希特勒。
④ 即墨索里尼。

可拭目以俟之。

早婚促短寿命

　　二十年前欧洲卫生家，调查欧洲、中国、印度三处居民，将其寿命长短比较，结果欧洲人平均五十四五岁，中国人三十九至四十岁，印度人二十七八岁。中印人寿命短促之原因为不卫生，印度人又有早婚之害。我国人亦有早婚，第不如印度人之甚，印度人有十三四岁或十五六岁就结婚者。早婚损害身体健康，当然不能长寿。南洋有树胶园，能生产树胶，为世界有名物产，胶树寿命长短，常视取胶时树身大小，如地土肥者，七八年便可以取胶，中者十年左右，瘠者不定。普通以树身周围有二十寸为度，就可开刀，若能留待至二十余至三十余寸更佳。如急于取利，至十五六寸时即割取，则必致损伤树身，至多十余年胶即枯竭，若二十寸大始割取，工人熟练不伤害胶树内部，该树可耐取三四十年，如工人非熟练，则年限当然减少。若至二十余寸至三十寸始开刀，其树皮已足厚，供熟练工人割取，该树可保存五六十年，设遇不熟练工人，亦不致大伤内部，致胶汁短年枯竭。胶树产胶之寿命长短，与人类结婚迟早之影响年寿甚相似，故引为比喻，希政府及社会注意焉。

卫生局责任

　　我国各省内多设有卫生局，其任务似以防疫为主要，其他颇不重视，或云限于经费，恐不尽然。前国民党时代，重要工作机关，多挂空招牌，当局常存敷衍之心，不究实际，下级员吏安肯努力负责？关于地方卫生，有数事轻而易举，原不可不办。如按时派人视察各店屋住宅，有无洁净，逐日清洗街路边水沟。每见流积秽水成渠，垃圾倾卸街巷或河边，市民食水又从河边挑来；又小贩在街内贩卖食物，不用玻璃器贮藏保护，任苍蝇侵肆，均须改善。以上数事毋须多大经费，如果政府财政困难，亦可按月酌派行店负担，此乃卫生局之任务。若言防疫，此正曲突徙薪的防备，胜专待临难打针远甚。兹者人民政府官吏须切实负责，不能如前敷衍了事。第解放之初，所委工作人员不免有一部份素乏经验及未受过训练，致有如前之忽视卫生行政，政府既规定各县市须定期召开人民代表会，则人民有共同负责之权利与义务，凡关于地方应兴革之事，自应注意。

郑州征税论

去年冬我到郑州，市长告我市政府拟裁减税收。我问其因市民抗拒不交？抑因景况不好？他答不是，谓系因预算可免用许多。我谓如此打算则错误。我看过市内街路概是泥土，未铺石碎，亦不铺水泥灰，稍降雨则泥泞难行，路边水沟未造，污水散流，积聚莫消，公共厕所未有，鱼肉菜蔬则在路边散卖，未有集中菜市。以上等项，与卫生甚有关系。因秽水及垃圾，易生蝇蚊，侵害市民，致生疾病，甚至疫症疟疾多从此起。政府向市民征税，为市民设想，安全乃政府之职责，而纳税乃市民之义务。除上言者外，尚有其他较大建设，将来亦必进行，惟近间未能办到。新中国政府与前国民党政府不同，必须参考欧美先进国，办理市区方法，仿效设施，计市民力量，征收税款，兴办地方公益事业，此当局之责任也。

高中学校厕所

我至华中某有名市镇，参观一间高中学校，学生数百人。该处原有初高中学校五校，后来高中并归一校，其他四校专办初中。迨参观到厕所，大出我的意外，用砖块筑两行墙，高可二尺余，阔约三尺，深约四尺，长三十余尺，只此而已。露天无屋瓦，不但无门户，其中亦无间隔遮掩，似马槽一样，入厕下便，显露下体。此种现象，若小学初中生，尚形不雅，况年纪大半近成人，或将升入大学之高中生与及校内教师？就使不受教育之工人农民，年龄如许高，亦属不雅，况高级文化机关，竟有如是陋俗。且高中生毕业，若不升入专门学校或大学，多有出任教师者。在母校既如是习惯，对于小学设备，更可随便。我所怪者，该校校长定受过高深教育，非经大学校亦必经高师薰陶，竟乃如斯措置。或云此为某省某区地方素习，校长为本地人，故从俗不改善。果如是，则该地区此种陋习实有改化之必要也。

除旧能布新

我到华南等处，遇多位市长及专员，都希望华侨投资，帮助人民政府新建设，而华侨中有人甚表同情。我深感福建省政府张主席，能实事求是，了解侨情。他告我必先解放全省，肃清土匪，使治安妥善，人民安居乐业，方能谈到大规模建设，许时华侨自能热诚内向云云。其见解透彻，至可钦佩。专员中有不能了解及此者，且不知除旧乃能布新，旧时陋习，应先改革。有若干地方，街路边水沟，用砖盖密，积秽满盈，仍未清除，污水漂流成池，街内店屋前，遮盖许多尺，致日光不能照临，市内垃圾，多积近处，或倾卸河边，市民食水又从该处挑来；其他不卫生难可尽述。上言等项之改革，可免费多款，应迅速实行。即水沟不可盖密，逐日须要洗扫；污水须使其流通消净，不可使其积聚生蚊；上言屋前遮盖之物，切须拆卸；垃圾应移运郊外，设炉烧毁，亦可作肥料；鱼肉菜蔬，应专设贩卖市场；小贩所售食物，最好用玻璃器盖藏，以防蝇秽。此若不知改革，何能谈及其他新建设？专员负责指导各县，必选择对市政略有经验者，方可委任，否则贻误非轻。如乏人，则须及早训练。

吐痰与狂咳

我国人对吐痰狂咳，多随意发作，以为平常事，无关重要，不计他人畏恶，致外国人行店旅社，凡有华人出入之处，多贴标语"禁止吐痰"。我前后两次回国游历，经三十省，百数城市，出席演讲会、宴会、座谈会及私人会见，不下数百次，屡屡遇见随意吐痰之人，甚至高声狂咳，在宴会中亦不顾一切。此种弊端，实为社会恶习。诚以平素不知能引人闻声畏恶，故任意为之，若能知道必能省悟自制，稍久自然消除，不复存在。虽染肺病者，在众人中出于不得已，必须吐痰，亦应走往僻处，以避人闻见耳。

讨论营业税

我出京南下，经过各城市，每逢晚会后，并开工商座谈会，讨论政府法令。或云商业方面税则未具体规定，商人难免恐惧重征；或云暂时所宣布者颇重。我答前国民党腐败政府，上下争利，工商业家对应纳税额多不实报，有权势者可以免纳，乏权势者则恃贿赂而少交，相习成风，致政府收入寡少。官商竞相舞弊，官既贪污，民亦不知义务，误国误家，良由于是。今日人民政府则不同：各界人民代表会，两三个月须开一次，人民有权可以提出问题讨论，故多数官吏不敢贪污，点滴归公，而工商业家亦不能如前之作风。若不实报，则失爱国之义，不但伙伴不同情，恐明理之兄弟子侄亦不直其所为。至现规定税则，就一般而言，比较南洋同类之税尚轻。政府官吏既廉洁勤奋，为人民服务，征收税款，即可为地方谋幸福，如办理卫生，从事建设，维持治安，俾人民安居乐业。此等事均非财不能办，晓事商民定必乐从也。

火车搭客与便所

我国火车，如津浦、粤汉、京汉、陇海、浙赣等路之客车，大小便所多不清洁。尤以三等客车为甚，粤汉路虽上等客车亦然。惟广州佛山铁路客车，大小便所每抵首末站洗扫一次，车中垃圾亦如是清除，出我意外，至为钦佩。前国民党政府腐化，莫怪其然。现人民政府应该不同，凡百改革，除较困难未能举办外，其他容易办到者，决不可放松。搭客明知车中污秽之非，不肯致函当局，最为可憾。我深望当局，派晓事者按时查察，究为怠于洗涤，抑为设备不足，均应从速改善。又客车顶面，常有坐客不少，雨淋日曝，且危险势所难免。我在国外绝未见此现象。前年代表南侨回国劳军，在河南阌乡镇即曾见之，此次从郑州来汉口，亦看过许多搭客，在车顶坐卧。查诸车站管理人，据云客位不足，彼等强登车顶，不能阻止。所言甚无理由，希望当局严令禁止为幸。

途遇回籍军人

我自北京南下，抵江西上饶，坐吉普车至福建崇安县，越日经建阳抵建瓯，在途中见成群男女及幼孩，约二三百人，男人多面无血色，形容憔悴，须发蔓长，约多月未有修剪，初见时，疑为另一国人。彼等步履艰难，多执杖慢行。过后又陆续遇见一二人，或两三人，及有卧在路边者，合计可数十人，俱系带病追随前群不及。后乃查知为前国民党败军，流落闽南等处，由省政府资遣回籍，每人每日给米若干，须行至上饶坐火车，到原籍山东、河南、安徽家乡。然至上饶尚有四百余华里，计其行状，非十余天不能到达。带病之人，恐半死途中。我抵建瓯，查询党委、县长等，皆云由南平遣来，告以所见形状凄惨，政府有空货车返上饶，应当加以运载。据答，前者系以车运去，三星期来方停止。我告切须继续运往，否则路程遥远及崎岖，病死途中恐不少，到外省必痛骂本省残忍虐待。党委等均以为然。我又请其用电话通知建阳、崇安当局，将疾病者留医，并雇剪发匠为彼等修容，越日党委等告我谓当日已运去八十余人，又云："先生如到南平，祈通知主管人，备车运抵上饶为便。"隔日我到南平，党委专员、县长等在座，我告以此事，他等谓有如何困难，不能办到，我即警告："本秋季北省水灾严重，毛主席下令灾区县长，不许饿死一人，今此易作之事，你等袖手不干，责有所归。"至此，他等乃应承待晚间开会解决。及我到福州会见张主席，张主席即表同情，越日起在《福州日报》要栏，登广告多天，令各当局仍旧备车，将所遣散之国民党败兵运抵上饶，及加以招待。上峰之勇于改革如此，愿地方官吏，对于应负任务，切勿怠惰也。

购 公 债

　　世界各国政府需款，多向国民借债，母利订期清还。不得已乃向外国借款，否则，只向国民推销公债，虽利息较重，亦系国民利益，免致金钱外溢。前国民党政府屡次向国民借债，贪污官吏，借此营私舞弊，操纵公债升降，以损人利己。迨抗战时又大借特借，甚至强迫威胁。许多县区保甲，对购债者先给一纸收条，日后正式公债票发出，则多为县区长吞没，由是信用更扫地。此为前腐败政府之误国误民。现人民政府完全不同，官吏廉洁，纪律严明，点滴归公，信用昭著，老解放区诸省，治安良好，口碑载道。全国解放，百政维新，建设开始，需财孔多，故向国民借债，母利订期清还，利息归国民享受。东北各省已经办过，成绩良好。购债既有利息可收，兼有爱国之誉，诚一举而两得也。

童工挑煤炭

　　福建龙岩县，无烟煤矿甚丰富，驰名已久，因未有铁路，故不能以机器大量开采。我此次南返，途经龙岩，参观数矿井，皆用人工掘挑，每井仅容十人左右，出产甚有限，每人每日所获工资，白米数斤至多十斤，并由人工挑到市内发售，作家用燃料，路程约五六华里，男女工人千余，每日挑运两三次。童工亦不少，且有十二三岁幼童。本世纪以来，世界各国多限制工厂雇用过幼工人，并规定童工，不得在夜间工作，为能损害其发育与健康。龙岩挑煤男女童工如许幼稚，路程既远，挑运又重，比较在厂内工作，更形劳苦，为父母者只求少许财利，不计艰难培养十多年，而损害其健康，误其前途非轻。政府对此，实应加以限制。前国民党政府任人民自生自灭，已不足道；现人民政府虽欲兴利除弊，惜解放未久，一部分干部人员，未能充分注意及此。我于开会时曾作建议，切盼不久能见诸实行。

造路与养路

江南各省公路虽较多，路基多不佳。马来亚造路工程，多作三层铺填。底层用大石，每块大六寸至七八寸，经碾路机压实后，乃叠上次层一寸半至二寸碎石，再由压机研压坚实。第三层即最上层，用半寸细石碎与柏油铺填路面一寸厚，亦由压路机压实。此种造路法最佳。所用石碎为寸半、二寸及半寸等，均由碾碎机碾碎，过筛，务合规定寸数；所用柏油俗称乌油，系从焦煤出产。我国鞍山有焦煤厂。溶〔熔〕铁须焦煤方可，系将煤炭过烧，使变成焦者。用此法建造之马来亚各处公路，路面平滑，车中坐客舒适；不论人坐车、运货车，用油省俭，且轮胎减少磨擦，车机又免震动易坏，诚一举而数善备，路面亦坚固耐用，故养路费甚少。其次者如印尼城市道路，底层用石略同，惟第三层（路面）用柏油和沙薄薄铺面而已，远不及马来亚公路之妙。我国造公路，底层多用溪中水流石，大小不齐，光滑不能结合，或参以手工捶碎之石，寸数不一，碾压只用石辘，以牛马或人工拖过，压力不足，甚欠坚实。路面虽铺沙泥，不久被雨水漂去，则高低不齐，凹凸之石齿毕露，大小车行过，震动如波浪。又用油多，行走慢，车胎多磨擦，机件易损坏。而车油、车胎、机件尚须向外国购买也。

我人民政府对公路网之建设，当然极为注意，不但各省县交通，就是各市镇乡村，将来亦必互相通达。对于造路首要机器，万万不可缺乏，如碾碎机及筛，必当购置，不可用人工捶用，因大小不齐有弊也。又压路机亦必置办，不可用牛马拖石辘，因陋就简。上言两种机具，东北或上海铁厂皆能制造，燃料用煤，亦系国产。望负责当局及社会人士，格外注意，俾免损失许多外汇金钱。

马来亚修养路面，如破坏要填补，先用尖锄将周围掘破，湿以水，然后填补石碎，并用铁锤舂实。其锤如碗形，碗底向上接以木柄，我见国内修养公路，上言器具皆无，工作极草率，不但不先掘破，亦不湿之以水，不舂实，只填石碎沙泥，就算了事耳。

最新城市

我前著《住屋与卫生》一书，内中言及欧美城市新建设，其中屋宇，至多不得占全市面积半数，公路及运动场公园草埔等，常占半数以上。世界第二次大战后，苏联新城市计划，公路占面积半数，花园草地百分之二十四，屋宇仅占百分之二十六。毛主席此次游历苏联，定必详细考察。我国对旧城市虽一时不能仿效苏联，最低亦当逐渐仿欧美其他城市，屋宇不得占过面积半数，预早通知诸省县市，凡要建筑，须依新计划；至旧屋宇须逐渐拆改，前街后巷之阔度须相当。经十余二十年，全市当可改善。至新的市场，可能取法苏联也。

向苏联学习

大连玻璃厂工作比赛（造船工厂亦同样），计分各部门为竞赛单位，例如溶［熔］炉、原料部、制片部、整装部，各部内再分个人成绩。

竞赛方法，由厂中上级领导干部，计划各单位完成工作任务的时间与质量的分配。各单位内个人竞赛，由小组公平评定其成绩，以质好量多，及无损坏材料者为优胜，将其名列上黑板，隔天如有人比前一天的成绩更好，则在当日将姓名列上黑板，而将前一天之名擦去。至一个月则将全厂工友，成绩统计，将最优胜者摄影像贴在劳动模范功臣牌上（有功臣牌树在大门边）。因此全体职工，多非常认真学习和工作，竞赛情绪甚高，使全厂生产额经常超出预算。此系苏联人主管之工厂。我国人声声欲学习苏联，此亦值得学习之一端，勿单作口头学习幸甚。

集体农场

有人问东北田地广大,有无集体农场,我答我亦注意此事,然尚未见之。又问私人有用机器耕种否,答耕者有其田,乃土改律例,私人田地不多,毋须机器,亦难于独置机器,故未有见过。又问:"闻苏联初时土改,亦系耕者各有其田,后来政府变更为集体,用机器耕作,致农民不满,杀尽牛马,反抗剧烈,损失重大,中国将来能否像苏联变动,实行集体共耕,多用机器,致农民不满否?"答中国土改成功,政府费了许多苦干精神,意在使人民安居乐业,出产加增,若有变更,自必依照计划,万无轻举之理。要实行集体耕作,政府亦必采取人民公意,然后举行。且集体耕作,采用机器,对农民利益甚大,惟保守性大之农民初恐不惯耳。苏联实行集体耕作,初时或确有一部分农民不满,但当不致如反苏者所夸张之甚。且苏联集体农场之成绩,已昭昭无可否认矣。

论加入共产党

我到国内,有人问我加入共产党否,我答未有。又问在北京共党要人,有无招我入党,答共产党与国民党不同,不随便招人入党,须其人志愿要入,经相当时间调查考验认可,方准加入。又问我将来加入否,我反问之曰:"先生对我入党与否,如此注意,有何原因?"答曰:"无他,但要知你志愿而已。"我告以我个人自民国光复,于今近四十年,就已行共产,何用待今日参加。至人民政府,虽由共产党领导,然一切设施,与十年前我往延安所看一样。土地虽改革,系耕者私有业;城市乡村屋宅,仍是业主私有;工厂商业,不论新旧,亦多系私人财产;交通工具如船车及股份公司之矿产,等等,除官僚资本,战犯罪人,以及敌寇财产,为政府没收外,其他一切,仍有私有权,政府不但妥为保护,尚解决其困难,鼓励其发展。共产条例,岂如是乎?他云这或者是眼前权宜,久后恐非变不可。我答延安所行,于今已十余年。至于久后世界将再演变，亦不足怪，更不必忧，毛主席有言，政党如人之寿命，最多百数十年必死。改换新制度，更进于佳境，此乃人类社会之进步，亦天运所循之轨道耳。

参观大冶厂

我到汉口第三天，政府备小汽船载我往大冶，参观新式洋灰厂，该厂每日能出灰一千吨。又参观新造三十吨溶〔熔〕铁炉及铁工厂、炼钢厂，工人千余人，场中正大兴土木，建筑厂屋。导参观者为厂中负责人。我问红砖每万个价钱多少，则所答殊欠明确，又问枋木每吨（五十方尺为一吨）何价，亦不知，我甚怪之。岂我国前时管理工厂，都如是乎？现为人民政府接收多月，人员虽旧，工作必革新，安有如此者！我又告以大连造船厂及玻璃厂，经理为苏联人，在厂门口设立劳动功臣牌，逐日将工作人员成绩比较，鼓励竞赛，其法甚佳，并问该厂有无同样竞赛，答未有，竟不续问详细办法，故我亦不便复告。归途在船中，同行人颇得意云：解放以来数月，全部职工努力服从，差堪告慰。我拟将上情告知，为囿于客气，开不出口，过后问心，未免有失言责矣。

侨汇存原币

海外华侨汇款到祖国，战前每年约美金一万万余元至二万万元，为我国经济上最大宗入款。自抗战及内战发生，国内纸币价值日贱，华侨汇款回国，损失重大，家中所积余款，同于乌有。人民政府成立，全国大陆虽解放，而海岛蒋匪未清，军队未能大量解散，费用巨大，经济尚受困境，致人民币日常降跌，华侨汇款未免观望。我在京时，曾电告闽省主席，设法鼓励华侨汇款，主席转电上海华东区经济当局，又转电北京，由人民银行与华侨代表讨论办法。及我抵福州，张主席接上海消息，指定福州、泉州、厦门三处中国银行，代理侨汇，不论多少，可将原币（港币）寄存该行，需用时可以支取。我即告张主席：此举恐无裨事实，因侨眷大多数散住内地乡村，何能到此数城市零星支取。假使能到，所支恐不足抵来往旅费。我乃建议中国银行可印五元、十元、二十元三种原币存款单，分发侨眷，既可维持华侨信心，又可阻止逃走外汇。张主席虽允为转达，然迄未再接消息。

政府优待例

我自出京后，到处屡有人查问东北及华北政府优待学生，是否衣食住及纸笔书籍，概由政府供给。亦有问是否公务人员无论如何职务，全家生活费，亦由政府负责，我分别回答如下：

东北优待中等以上学生，不但免学费，衣食住书笔一切，由政府供给，确为事实。然对中学生，今后要有相当限制。聪明优秀者，固可升入中学，受政府优待；如学生资质过于迟钝之流，不但不优待，且限制其升学。此后不但东北如是，全国亦必一律实行。盖不如是，则贫苦之聪明人，恐减少升学之机会也。

至公务人员之待遇，有供给制与薪给制之别。供给制每人衣食住等费，由政府供给，逐月再给数元零用资，其家人如老幼不能生产，生活费亦由政府供给，否则虽妻子亦须工作，绝非一人服务，就可恩荫全家，长幼赋闲坐食也。北京甫解放，对南方初往之政治人物及其家属，有特别优待，此乃一时权宜，过后就不如是。试思我国人民众多，若人人子女教育，皆靠政府优待，甚至公务员全家生活，亦要倚赖政府，则不但政府无此力量，且将养成一部分怠惰国民，何能发愤图强，革新建设？今日人民政府时代，人民俱要刻苦耐劳，向生产方面迈进，而以倚赖为可耻。若公务人员，对此必须更加了解，以身作则，问心无愧，庶可无负职责也。

挑粪尿时间

江南多处城市，每日上午八九时，街中常仍有挑粪尿之人，不但臭气难闻，屡有溢流街道者。我眼见一青年男子，衣服丽都，竟在街中碰着尿桶，衣服湿染，莫可如何。我曾请招待员转达当局两件办法：一、限定时间，上午须八时以前挑去，违者处罚；二、粪尿桶须有桶盖遮密，既免溢出，亦减臭味。未悉其人是否转达，及有无实行。如未者，望地方人民代表会，提出研究，勿以事小而不改良也。

水与人关系

水与人生活，有密切关系，不但饮食而已，如沐浴洗澡亦关重要。我国人自来不讲卫生，致身体孱弱，寿命不长。虽知水之宝贵，仅重饮食而已；对于洗浴有益，大都不知。传西北人有一生仅洗三次者。又或因取水不便，养成怠惰习惯，不但多月未经沐浴，亦未洗澡全身。欧美苏联人，每人每日用水平均数十加伦〔仑〕，我国人每人每日用水不上数加伦，如北京虽有自来水便利，平均每人每日仅用五加伦而已，其他更可想见。今日人民政府成立，百事革新，兴利除弊，虽多赖其设施领导，若自身卫生，应自勉励，毋须待政府催促。关于此事，社会尚须多多宣传也。

龙岩煤灰油矿

东北抚顺，有东西两炼油厂，规模伟大，已如上述。其原料系取煤矿上石块，名"页岩石"，用炸药炸开，每个大者千余斤，由火车运到厂内碾碎，然后入炉炼油。我往参观时，一工友广东人，告我广东此种矿石甚多。我此次到龙岩，参观采煤矿，亦见到矿上似抚顺之页岩石甚多，惜因途远不便，不能带回多少，以供化验。又在路上，见许多石山，其石色与洋灰（我国叫水泥）石相似。在石山中有两个灰窑，系以土法烧白石灰，作为建筑用料。前我曾取安溪灰石，交新嘉坡工部局化验，批为超等洋灰原料。若龙岩之石，果合作洋灰，则伟大而无限之山石，几任取不尽。可惜闽省未有铁路，致货弃于地，徒使人民生活惨苦，希望闽中人士及中央政府注意焉。

福建两铁路

　　福建山多田少，民生困苦，出洋者众，回国者寡，事业落后，殆为国内冠，亦为世界所鲜有。全省面积十二万余〈平方〉公里，人民一千二百余万人，竟未有一寸铁路。加以地势崎岖险峻，交通阻梗，各业无从发展。惟厦门水深港阔，数万吨巨船，可以泊岸，为我国沿海有数良港。若建筑两铁路，一由浙赣铁路伸展到福州、泉州而至厦门，为闽东铁路；另一从粤汉路曲江站，经长汀、龙岩、漳州至嵩屿（厦门对面海岸）为闽西铁路，则不但省内各业可以勃兴，而内地华中、华南、华西诸省，一部分物产亦可由此出洋，与世界交换文物，非但闽省发展而已耳。

厦大体育场

　　厦门大学创办时，校址由政府拨给演武场地四分之一。该场东西长一千一百尺，南北长二千尺。当时聘美国绘图师来设计，他主张校舍建品字形，我不同意，为其多占操场地位。结果建一字形，因演武场东西南北已无余地可以扩展操场；至校舍地址虽西迫于乡村，南迫于海，而北有山岭余地数百亩，东面虽坡岗起伏及多坟墓，然地方广大，可达曾厝垵右畔，不下数千亩，坟墓迁移之后，山坡亦可建筑校舍。预料久后厦大师生，可至数万人，若开全校运动会，或全厦运动会以及闽南运动会必须用此广大操场。又厦门市将来繁盛，如市民至数百万人，逢国家大纪念日，人民数十万聚集庆祝，亦需用厦大操场，故此操场愈广愈妙。自创办以来二十余年，所有建筑校舍，皆在演武场之外。此事厦大师生，大都知道，我所著《南侨回忆录》亦有详细说明（该书存厦大图书馆）。厦大一字形，五座楼，校舍建筑后，即在东畔山坡迁移坟墓，建筑生物学院、化学院、女生宿舍、教职员住宅，大小共三十余座。抗战时厦大失陷，该三十余座被日寇拆毁，仅留地基存在，将各材料移建炮垒。前年内战发生，国民党人对我恶感更甚。厦大教授陈烈甫①，系党委兼厦门市议会议长，往菲律滨向华侨募捐数万元，为厦大建图书馆，名"菲华馆"，馆址即在演武场中心（距一字形群贤楼前数百尺），其立意当为破坏我之主张。否则空地甚多，且被日寇拆毁之数座大楼，基址尤［犹］存，何不择一建造，而必欲建在操场中？校中党人反对我，同情陈烈甫之奸谋，首责当推汪德耀②校长及其他数人。虽破坏我的主张，乃私人憾恨，不足轻重；惟破坏厦大美观，且妨碍将来实用，关系甚大。现该馆工程未竣，而款已尽，希望新校长或校委会注意之。

多难兴邦

蒋介石无恶不作，害民至惨。毛泽东主席在延安时，即信义昭著，爱民若赤。两方善恶分明，世界多知。而美国总统杜鲁门，背义狡猾，欲称霸全世界，故以大量军火财物，援助蒋介石，使中国内战延长。然智出于此，而祸生于彼。我全国人民痛恨美国助纣为虐，奋起而倒蒋，苏联亦恶美国背道违义，以技术人材及物资借助我国，俾东北重轻工业，可早日恢复，得有剩余原料及成品，运入关内建设，此其一。蒋贼凶残，用美机美弹轰炸学校与城市，对解放军几无毫发损害，徒死伤平民，增其无限罪恶。被炸城市，如福州、厦门、广州等，在我未回国时，窃意其均有现代化市区，及到后则甚失望。福州街路稍直，阔度则甚不足，建筑又甚简陋，多用杉木假作砖料，广州、厦门建筑虽较坚固，而街路湾［弯］曲不直，阔度亦甚不足，且屋店多旧式，过于深长，不留后巷，与卫生殊不合，距现代化甚远。蒋贼惨炸城市，民众虽受祸一时，然此后可改建合于卫生之楼屋，使前街后巷阔度相当，俾作将来全市之楷模，此其二。古人谓，多难兴邦，良有以也。

---

① 陈烈甫（1908—?），祖籍福建厦门，菲律滨籍华人，菲律滨华人教育工作者，时任厦门大学政治系主任、厦门市议会议长。

② 汪德耀（1903—2000），江苏灌云人，细胞生物学家，中国细胞生物学奠基人，时任厦门大学校长。

我国人质量

我国人民有四亿七千五百万人，为世界最大民族。此后人口定必有增无减，此为必然之势。然人口虽多，而身体多孱弱，智识多落后，令人抱愧无穷。自鸦片战争，门户开放，洋人侵入已历百余年，卑辱羞耻，生活苦惨，莫可言喻。十余年来，抗战内战，生命财产，损失重大，为有史所未有。兹幸人民政府成立，有英明领袖毛泽东主席领导，必能刻苦奋斗，革故鼎新，发展农工业，改善人民生活，增进人民卫生幸福，使身体健康及长寿，和欧美苏联人并驾。吾人要注意质，而勿徒以量自夸。关于此问题，除有良好政府设施领导，亦要人民及社会，猛省努力奋斗，乃能达到目的也。

毛主席人格

毛主席在论人民专政一文所言"一面倒"系指世界现下有两派：一派为帝国主义，要侵略战争，损人利己，如美国是也；一派为和平民主阵线，不要战争，己所不欲，勿施于人，如苏联是也。我国处此时代，不能含糊两可，必须站在一边，共维世界和平，即须与苏联亲善，同走一条路之谓。乃有人误会，或立意歪曲，散布谣言，谓一面倒，系要作苏联附庸，失独立自主权，真是无中生有，绝无丝毫根据。以我国土地之大，人民之众，民气之烈，若有良政府领导，定可与列强并驾。就毛主席而言，文武才干，英明智慧，不但为我国历史所未有，亦为世界所仅见。将来新中国建设成功，其光荣芬芳，前古后今，殆无出其右，为公为私，安肯自屈卑下，附庸于人？此理之绝无者也。

蒙厚待不安

我每到地方，蒙政府负责人格外厚待，心甚不安。若非人地两疏，出于万不得已须预通知行期，则我甚不愿预告行期，以麻烦当局。然常出于两种原因：一为未到之城市，先来函电欢迎；一为甫从一城市动程，居停主人即电达前方。为此缘故，使我不能不接受各地相待美意，无任感激，由感激转生惭愧，为对各地并无贡献，徒蒙其厚待也。今后游历，甚愿旅行费自理，作为普通过路客，但采访民情，考察地方景况，游目骋怀，遂我素志；逢有必要，须请教或报告当局，始造访商榷，则可免其麻烦，我亦毋须不安，幸何如哉！

抗战牺牲之代价

图国家富强，必须振兴工业。工业最首要者为钢铁。无论轻重工业均与钢铁有密切关系。美国每年出产钢铁六七千万吨，前德国及英国各出产千余二千万吨，现苏联出产三四千万吨。国家如不能生产钢铁，则几无工业可言。我国关内各省采铁矿厂甚少，实微不足道，惟东北鞍山、本溪两处，有炼铁炉十三个，每日能炼出净铁七千吨左右，由铁再炼成钢四五千吨，全年共出钢铁二百万吨，比较美苏英虽不及十分之一二，然以此可作工业发展之基础。如所谓百尺高楼从地起。东北铁矿丰富，尚可扩大生产。关内多省铁矿，也有无尽蕴藏，都未大量开采。兹既有东北相当之生产，友邦苏联技术之指导，作为全国工业发展之基础，绰有余裕。此后旧矿扩大，新矿增加，追随美苏，不但可与并驾齐驱，尚冀后来居上。盖地广物博人众，加以有良好政府及毛主席之领导，蒸蒸日上，数十年后目的决可达到。我谓八年抗战所流之血，代价当首推东北，良由是也。

烟枝问题提案

我此次回国游历观光，各种见闻多甚满意，经记载于本书，但有一事比前"进步"，却令人不感愉快，吸烟枝是也。十年前我代表南侨回国劳军，历十余省，与文武官吏社会人士接触，时吸烟枝者虽有，似颇少数。到陕西三原县，及浙江刘建绪将军处，均见壁上贴标语"禁香烟请客"，我甚感佩。此次回国亦经十余省，与公务人员接触，一见面多招待烟茶，甚诚意，我同行三人均不吸烟，彼似有疑讶者。茶虽排列，主人未必饮，独烟枝几乎无人不吸，与前次回国时，甚不相同。至于社会应酬，大都相似。国民党时代，烟枝多由外国运来，现人民政府已禁止入口，在国内自种自给，虽利权免外溢，然粮食必减少收成。盖顾此失彼，势所必然。鸦片流毒，已严厉禁种；而烟枝流毒，将来恐比鸦片烟尤甚，因吸烟枝较吸鸦片便利。交际应酬，丧喜宴饮，非此不可，尤为鸦片时代所无者。对卫生上不但无裨益，尚能损害健康，人民政府协商会议时，代表可提案建议事项，我提出限制烟枝各办法，蒙大会议决交政务院办理。我所提出三种办法如下：

一、限制种烟，规定某省区准种若干亩，出产归政府专买。

二、增加烟枝税。外国对烟枝征税，比成本加十倍，我国征税甚微。

三、通令禁止未成年者吸烟，劝成年者自动节制，及勿作应酬品。

人民政府百政革新，兴利除弊，对于烟枝之害，应当加以注意，准备预防，虽不能禁绝，亦不宜放任，置之度外也。

建筑勿用光滑石子

本世纪以来，外国都市建筑新式屋宇，多用铁条作筋，敷以混合之碎石沙灰，其坚固耐久，比较杉木甚远。至碎石沙灰混合数量，如敷有铁筋之栋梁楼板，据新加坡工程局规例，灰一份，沙二份，碎石四份。若填地基或筑墙壁，则灰一份，沙三份，碎石六份。以上称为最佳之建筑。若工料由人承包建造，除监督人严慎，否则用灰必被偷减多少。我到国内，见多处建筑，用石多取溪中石蛋，光光滑滑，或圆或椭圆形，大小长短不定。此种石蛋，比较用机器碾碎之石，实远不及。机器碾碎之石，过筛漏出，寸数大小有定，普通以寸半至二寸为度，碎石身不光滑，与灰沙容易结合。若溪流石蛋，大小不齐，加以光滑，定能妨碍粘结。故用灰一份，沙二份，石蛋三份，算来成本较高，坚固又不及碎石。我国建设方始，政府及社会应多设置碾石机。如办不到，亦当用人工打碎，略有一定寸数，比较用石蛋既可省灰，又可较坚固也。

四、沿途日记

天津是华北的工业重地

一九四九年五月廿八日，乘捷盛轮由香港启行北上，同行者庄明理、张殊明①。六月二日夜半到达大沽口，三日清晨七时人民政府的关卡人员和引水的下船，把船驶入大沽口，沿沽河驶进。两岸是一片大平原，田野青翠，果树满目，所以天津的水果颇多。

天津市郊，沿海河两岸是工业区，有纺织厂、面粉厂、皮革厂、榨油厂、酿酒厂、地毯厂、橡胶厂、汽车材料厂、制碱厂，这是比较大的工业。其他小工业亦不少，因之它成为华北的工业中心。

我们的船于十点半钟靠招商局第四码头，检查人员对一般搭客，都很和蔼，但在工作上很认真。他们的廉洁，连一根烟一杯茶，都不肯接受别人的应酬。根据一班经商的人说，国民党时代，在中国任何海口，船一到，货物起落，就要遭着碰坏和偷窃的损失，自解放后，解放区对这方面管理的改善，实在出人意料，不但甚少偷窃，货物起落也很小心搬动，使人满意。

天津市街颇宽，马路亦颇清洁，惟市郊外较差。市内的房屋及商店之建筑，有欧美式的亦有日本式的，而前英租界和前德租界以及其他各国租界的街路及建筑亦各不同，好像一个国际建筑物的陈列场。

---

① 张殊明（1898—1998），福建泉州人，新加坡归侨，时陪同陈嘉庚赴京参加中国人民政治协商会议。

天津市的人口约有一百七十万，商业市场颇广，它不但是华北一个工业重镇，同时也是中国四个重要商埠之一，因它扼津浦铁路及北宁铁路之枢纽，同时有大沽出海之要口，故黄河流域及华北、西北各地之货物，大部分经此出口。

北京是文化故都

六月四日的上午八时由天津车站乘政府特备之专车厢，朝着北京前进，十一时半到达北京总站，在车站相迎的有林伯渠、董必武、李维汉、叶剑英、李任潮、沈钧儒、邵力子、蔡廷楷〔锴〕、齐燕铭诸先生及其他数十位新旧朋友和百多位华侨学生。彼此见面均极欢欣愉快。

北京是一个文化故都，公私立的大学、专门学院、中学小学都很多。市民待人接物态度，都很温纯。

北京市街的建筑物，除了几幢大饭店和热闹市街有些大店铺是西式建筑物之外，绝大部分的房屋都是古香古色的旧中国式的建筑。马路除了几条干路比较宽些，其余的都很窄，尤其是横街小巷，更窄得几乎不可通汽车。现在人民政府定北京为首都了，相信今后的北京，将会逐渐地改革，再多若干年后，它就可能变成一个现代化的人民的大首都。

北京的人口约二百万人，工业区在门头沟及石景山。市内仅景泰蓝较为驰名。商业市场虽广，但多属消费的。这个城市数百年来是封建官僚的消费地。这次人民革命胜利将这个城市解放出来，今后在人民政府的改造下，将会有计划的稳步地由消费城市，变为生产城市。

北京是好几代的封建帝都，所以它的古迹也特别多，如皇城的故宫、太庙、西苑、中南北三海、琼岛白塔、城北的景山、城南之天坛、西城外的颐和园和其他许许多多的宫殿亭阁园坛寺院，这许多的历史遗迹，都是封建时代帝皇的赏玩处，但这些地方是用民脂民膏筑成的，现在由人民自己接收回来了，今后这些地方也将由人民自己使用它。

六月廿二日，上午由北京搭火车到天津，市长黄敬①先生等多人在车站迎接，仍寓前德国俱乐部，越日参观毛织厂、地毡厂、树胶厂等。

山海关的真面目

六月廿五日中午离开天津乘搭北宁路的火车，向北开行，沿铁路都是大平原，除了一大片的高粱小米的农田外，铁路的东边还有一大片的盐田，产盐甚多。午后经唐山、开平、滦县矿煤之区。唐山除煤矿外还有洋灰厂等，规模亦不小。四时许过秦皇岛。这里有一间规模颇大的玻璃厂，为我国关内唯一之玻璃厂，惜因时间关系，来往两次经过，都没有机会去参观。

六时到山海关车站，大家都因为慕"天下第一关"之名，而觉得非去瞻仰不可，故于车到站时，即由站长雇了九辆人力车，浩浩荡荡指着"天下第一关"而去。约二十分钟之久即到达目的地。但这"天下第一关"，不过也只是与其他的城楼一样。并无何特殊奇观可看，远不如居庸关外的八达岭之雄伟与壮丽。因为火车在山海关只停五十分钟，所以我们必须在五十分钟内赶回火车站，而去的时候已经走了二十分钟。在城楼上下赏玩了一下，因为时间已经太迫促了，所以也就不去搜寻它还有什么特点，而匆匆地赶回火车站。

沈阳是东北的政治中心

六月廿六日晨八时到达沈阳南站——总站，由东北行政委员会主席林枫、副主席高崇民、沈阳市长朱其文②及东北各高级首长待接。招待所是以前的铁路宾馆，建筑规模颇大，设备亦完美。

---

① 黄敬（1912—1958），祖籍浙江绍兴，生于北京，时任天津市市长。
② 林枫（1906—1977），原名郑永孝，黑龙江望奎人，时任东北行政委员会主席；高崇民（1891—1971），原名恩浚，辽宁开原人，时任东北行政委员会副主席；朱其文（1909—1987），江苏如皋人，时任沈阳市市长。

东北行政委员会，为东北最高之政治领导机关，它辖东北的辽东、辽西、吉林、松江、黑龙江、热河六省及旅大一行政区专署，沈阳、鞍山、抚顺、本溪四直辖市。一九四九年八月廿一日在沈阳召开东北人民代表大会，经代表通过，取消行政委员会，建立东北人民政府，东北人民政府所在地仍在沈阳。

沈阳是东北第一大市城，人口约百五六万人。十余年来新建筑颇雄伟，马路宽阔，房屋高大，市内马路中之小草场及马路边之树木，亦颇整齐。铁路四通八达，交通方便，名胜古迹亦不少。商业市场，最繁盛地区是城西新区之太原街，城内之热闹比不上此区。工厂多在铁路西，烟囱林立，大小工厂达数千间，较大规模的有机械厂、冶炼厂、电器材厂（共有五厂）、橡胶厂（共分四厂）、制药厂、玻璃厂、机车厂（即火车头厂），其他尚有化学厂、铁工厂、纺织厂、磁厂、汽车修配厂。各种轻工业，几应有尽有。所以沈阳是东北的政府中心，也可以说是中国的重要工业城市。

中国医科大学，设东沈阳。校址的前身是敌伪时代的南满医科大学。在抗战前是日本南满铁路办的，在医学上的地位是远东有名的。现在它的设备还相当完善，每一种病科都有其检验室及手术室。为了学生实习的方便，附办一所医院，规模亦不小。医院的设备也很完全，各种电器治疗都有。

中国医科大学，现有的学生二千多，另外在佳木斯还有一千二百多位，共为三千多学生。它的学程为四年毕业，普通科高中毕业生就可以投考。学业第一年是读完基本课，第二年是读物理课，第三、四年读完临床课，同时在第二年读完后，即分科专读，如外科、内科、妇婴科、耳眼鼻喉各科和各种特殊专科。在三、四年的学期中，是一方面从书本学习，一方面在医院学习，书本读到那里，实习学到那里，力求理论与实际一致。

它的教育方法亦与一般旧教育方法不同。旧教育方法都是凭学生个人的聪明高低，所以在同一个学级，到了学级完毕之后，有的可以学成，有的则未能学成。中国医大为求全校学生到毕业学年时，都能学成，故创造新的方法，它不全靠在课室内的教授教导，它也靠着课室外的同学互相启发，所以在教法方面就分为课室内的授课和课室外的学习，在课室内是由教授将课题详细讲解，然后将全班或全系的学生分为两种小组，一种三人的叫钻研小组，一种是十二人的叫学习小组。三人钻研小组是就同级的学生中选一个比较聪明的，一个中等的和一个比较鲁钝的合成,将教授所教的课题,三人合在一起去研究。比如那两位比较聪明的搞通了,而那位较鲁钝的还未把问题搞通,同组的这两位要帮助他,使每个问题三人都会了解,然后由四个钻研小组合为一个学习小组,把四组十二人所钻研的结果拿出来交换学习。有时各钻研小组有各种不同的理解,他们十二人就要把其不同的见解再作一个集体的研究,然后将研究所得做个答案给教授,教授即将全级各小组答案汇集,再上一次大课,分析各小组的长处及修改各小组的短处,使全级的同学都能一致把问题搞通,才算读完一课。因此对每一个课题的研究,没有很严格的限制时间,而着重于学生对那一个课题,是不是全部搞通。由于这样的教法,同学们也就不会互相轻视,反而要提高互相帮助的美德,因为先学会的人如果不去帮助未学会的人,那他自己这一组就要受影响,而各组中有一组尚未搞通,其他各组也要受影响,因此他们在组与组之间和人与人之间,都会自动的提高他们的互助精神,克服自私的偏向。

沈阳的监狱。一般人说着监狱,都会觉得是一种残酷和黑暗的场所,等于十八层地狱一样,但是人民政府处置犯人,是着重于教育和改造的,所以沈阳的监狱里,设有机器厂、印刷厂、肥皂厂、纺织厂、皮革厂和农场菜园,给犯人去学习生产。狱中的小偷、扒手、强盗,多数有劳动力而没有生产技术,所以要强迫他们每个人都要学会一样的职业技术。监狱里还设有识字班,不识字的犯人每日要读识两个字。在监狱里还设有犯人俱乐部,他们于工作和学习以外每晚都有自己的娱乐节目,或演奏音乐,或排演话剧,扭秧歌,开小组会,阅览书报,编写壁报。

犯人小组是以犯人中同一样工作的八个人或十个人成为一小组,小组的工作是:互相检讨,互相批评,自己反醒〔省〕,有了问题提出共同讨论。小组中有的觉醒力强的,晓得过去的错误,从新积极改造自己,思想进步了,工作积极了,学习认真了,在小组中起着模范作用,经同组的犯人评议,提请监狱主管员特请法院减刑,提早释放。经法院调查确实之后,即可照准。而犯人中如果恶习不改,在狱里骂人打人,要吃懒做,经犯人小组自己评议,即将他禁入监房,一小时或二小时,重的半日也有。在被禁的时间内,没有参加监房外的工作,这是犯人中认为最羞耻的一件事。

在中午的时候,我们看到二十多位犯人提着锄头从狱外进来,没有警察监视，我们好奇地询问他们，才知道他们是到外面去种田，要回来吃午饭，休息后至二点还要出去。在谈话中，外面来了一辆大车（运货的马车），那位车夫也是挂着一个犯人的号码牌，他每天要运狱内工厂的出品去交街上的商店，然后由街上运回工厂所需的原料。我们觉得很奇的是犯人可以到狱外工作，不须警察监视而不会逃走。原来他们已经受了教育和经过改造，他们都已明白他们过去自己的错误，他们应该在这个时候好好地反醒，永远做个好人。因为思想搞通了，他们不以为在这种工作岗位是耻辱，他们认为这些工作正是他们自新之路，所以他们不愿逃走，有的甚至刑期满了，释放之后一时未找到职业而再回来做工，这样就不是犯人了，而是雇员了，他有一定的待遇，外面有职业时也可自由去自己所喜欢去的地方做工。

犯人的监房也建筑得很不错，地方净洁，空气充足。犯人自己要洗扫得干干净净，如果房间内不清洁就要受批评。犯人的吃饭，他们的饭菜和管狱员警察都是一样的，每人每天一斤半粮，八个人合一菜一汤，都能够吃饱，再加以有体育，有娱乐，有学习，所以大家不但体格健壮，就是精神也很饱满，要是不知道的人就看不出他们是身在囹圄的犯人。

煤都抚顺

七月三日由铁路部派一辆汽油机①，专车送我们到抚顺。还未到车站以前就先看着很多的烟囱和很多的电杆电线，电车来来往往，看起来是一个电器〔气〕化的城市。这里有煤矿，有炼油厂，有炼钢厂，有机器厂，有发电厂，有电车厂。抚顺市是在浑河的北岸。

抚顺的煤矿共有四处，即露天矿、龙凤矿、老虎台、胜利矿。露天矿照原设备，每日可出产一万吨。因为战争所影响，设备上有些损坏，所以未能达到这个产额，预料一九五零年就可以完成每日出产一万吨的任务。龙凤矿是直竖井，煤层深，工人落井取煤均用电升降机起落，离地面数百尺深，煤井里设有

---

① 闽南语，即汽车。

轻便铁路。落井的工人身穿工作衣，头上戴着另一种专为煤矿工人特备的盔（形似军用钢盔），头上前面挂一个干电池的电火①，下井的时候都须在上面先挂名，作为报到的手续，也防备万一在井里有意外的事。龙凤井按照它的设备每天也是可产一万多吨的，但是日本投降后，国民党接收时，只知道取煤，对煤井里的准备工作完全不管，所以有许多地方崩塌、涨水，损坏很多。解放后，人民政府认为准备工作很重要，故在接管后，就一面取煤，一面作准备工作，如抽以前所积的水，架装木架，料须数个月的时间始能恢复原产量。老虎台煤矿是斜井的，井内分好几层，均设有轻便铁轨运煤。由井口用四尺阔皮带透井底，旋转不息，运煤出口，这个煤矿每日亦可出产一万余吨。至胜利矿及西露天矿因时间关系未去参观。闻此两矿每日亦各可出产数千吨。计抚顺各矿每日共可出产五万吨左右，在一九四九年七月间我们去参观的时候，每日已可出二万八千吨至三万吨，预料至一九五零年就可以完成日产五万吨的任务。

抚顺除了煤是它的特产之外，石油亦极丰富。在煤矿上面有一层一层的石头，颜色是朱黄色的，它的名称叫做"油母页岩"，当地的石油就是这种页岩石提炼的。抚顺因为有了这种石头，所以就设了两个炼油厂。

炼油厂东西两厂共有三百四十台的炼油机，每台每天可出五吨的原油，如果全部恢复生产，每日可出一千七百吨的原油，然后可用原油再提炼为飞机油、汽车油、柴油（即油渣）、滑机油、白腊［蜡］等。工厂的规模也很大，一个厂横直十多里。

抚顺的市街并不十分热闹，因为这个城市的居民多数是工人，虽然有十多万的人口，他们白天要上矿场或到工厂去工作，所以在这个时间内街上是很静寂的，颇有街可罗雀之势。但到了下午六七点钟的时候，街上就热闹起来了，有的要去上工人夜学，有的要上识字班，有的到劳动宫开会去，打锣打鼓扭秧歌，各有各的兴致。

街上的商店，除了一般日常用品的商店外，要算琥珀商店特别多。在火车站口一条大街，几乎给他们占满，因为每个到抚顺旅行的客人，都要带些抚顺特产的"琥珀"和"煤晶"做的玩具回去做纪念。

---

① 闽南语，即手电。

七月五日下午二时由抚顺出发，于下午五点钟到达本溪。本溪又名本溪湖，在太子河的上游，也是东北重要工矿城市之一，它有煤有铁，所以成立一个煤铁公司。在煤铁公司管辖下有两个钢铁厂，一个在本溪湖，一个在广园（即本溪湖之南）。广园厂有二台炼铁炉，每台一天可出六百吨。另外还附设有炼焦厂、炼油厂，规模大而且新式。这个厂在日本时代尚未建设完工，加以国民党接收后没有进行工程，反将可以移动的东西盗取饱私，闻须一九五零年始能修竣开工。本溪湖厂是很老的，炼铁炉有两台，每日可出铁四百吨。这个厂在日本投降时还在生产，国民党去接收时，将厂封闭，连在炉里提炼的铁亦不等它炼成出炉，而只知抢收，将电关闭，致在炉内炼半成的铁凝结。在国民党接管那三年多的时间内，完全没有开工。至解放后，东北人民政府才去请苏联工程师来协助设计，经苏联工程师的努力协助，已于六月先修竣一个炉。当我们到厂那时，适这个炉在试炉出铁的时候，我们觉得非常兴奋，深幸来得其时。看到炼铁炉的出铁，同行中大家都是首次的，所以都非常高兴。另一个炉正在修理中，闻十月间就可竣工出产。

　　六日中午饭后，因还有些时间，想到街上看看，坐着厂里所备的吉普车上街，无意中到了一间佛寺，信步走进里面，发现寺傍一大石崖，石崖下一个大洞，洞底很深，水也很清，石崖上写着"本溪湖"三字，我们询问寺内的人，才晓得本溪市是因此湖得名。本溪湖的风景殊佳，在石崖下湖边，空气凉爽，附近某小学的教员亦带三四十个小学生到此，一面避暑，一面读书，小朋友们这样的读书生活，实在别有兴趣。

哈尔滨市

　　七月八日晚十时半乘坐"哈大"火车离沈阳，九日下午二时四十分到达哈尔滨市，松江省政府设在此处。地濒松花江南岸，人口约六七十万人。市区分为道里道外二部，房屋多是西式建筑，马路颇宽平，商业繁盛，白俄不少，一班青年白俄已明白其祖国的伟大，而纷纷投向其祖国复籍。

　　哈尔滨的工业不如沈阳，有一些农业加工的工厂，如面粉厂、榨油厂、酿酒厂、纸烟厂，此外有一个水泥厂、锯木厂、铁路工厂（即火车头修配厂），以铁路工厂规模较大。

松花江的风景非常美丽，沿着江边建筑堤岸，堤岸上的柏油路两傍是洋灰石板的行人路，路的中央铺着坦荡的青草，好像绿色的地毡，沿着人行路和堤栏，种着很整齐的垂柳。午后三四时，成千成万老的少的男的女的，结队成群到江中游泳，有的雇游艇，在江中游览。夕阳西斜，到江畔散步的尤多。

东北烈士纪念馆

东北烈士纪念馆设在哈尔滨市内。馆址就是日本时代的特务机关，在国民党时代是特务警察监禁政治犯的地方。日寇和国特在这间屋杀害了成千成万的中华儿女，热血志士，所以解放后把这间屋作烈士纪念馆是有特别意义的。进入烈士馆参观的人们，没有一个不受感动。在进门首先看到的是石膏造的东北抗日游击战士的武装全身像，那种冲锋的雄姿，一看就会令人起敬。接着在正中的墙壁是一块大红地书着毛主席的题词。再后进一间大堂，中有三位英勇牺牲的抗日游击队首领遗首，一位是东北抗日联军领袖杨靖宇将军，一位是抗日联军第二师参谋长陈翰章[①]将军，其他一位亦是抗日名将[②]（名忘记）。三位将军都是为了国家民族的生存而将他们自己的头颅抛下来，表现他们头可断志不可屈的伟大精神。我们在瞻仰三将军的遗容的时候，感到无限的悲切，万分的感动。除三将军的遗首之外，楼上分为两陈列室，一室是专陈列抗日时期牺牲的烈士遗像及烈士的遗物，如殉难者的血衣和志士们的日记遗书，另一室是陈列人民解放革命斗争牺牲的烈士的遗像和其他遗物。当参观完毕，向烈士馆的负责人辞行时，烈士馆的负责同志很诚意地要我们留下题词以存纪念，由于内心的感动和诚意的难却，随为书题曰："为保卫和平而抗战，精神不死；为打倒

---

① 陈翰章（1913—1940），满族，吉林敦化人，抗日将领，民族英雄，曾任抗联第一路军第三方面军总指挥。

② 应为汪亚臣（1911—1941），祖籍山东，生于吉林五常（今属黑龙江），民族英雄，抗联第十军军长。

独裁而牺牲，千古流芳。"庄明理亦题："十年驱日寇，三载破蒋军，捐躯为救国，精神万古存。"

黑龙江省会齐齐哈尔

　　七月十三日清晨由东北铁路总局特备一格专车厢，车上有卧房，有餐室，有厨房。同时政府派了厨师和服务员随行。这一格车厢就是我们游览全东北（除沈阳至哈尔滨外）历一个多月，行五千多公里的铁路所专用的。在路上的饭菜茶水都很充足。我们对当局这样的照料和车上服务人员的服务精神，内心是非常感激的。

　　上午七时离开了哈尔滨车站，下午一时半到昂昂溪，转挂车头于三时到达齐齐哈尔。于毅夫①主席偕王副主席、黄市长②等数十人亲到车站接待，先到招待所休息。适齐市在举行市体育运动大会的最后一天，承于主席之邀，我们亦赶去参观。健儿成千，观众数万。体育场的周围挤得满满，节目中最精彩的是蒙古中学生的赛马。计分为四组，每组四人，另有一女生组。首先由女生组先赛，四位雄赳赳的女孩子，身体都很健康。她们骑上马背，精神奕奕，不愧为女英雄。银枪一响，她们绳一拉，鞭一拍，四匹高大的骏马，飞似的奔腾。为了争取锦标，谁也不肯放松地加鞭紧扭。这精彩的一幕，博得全场热烈地鼓掌。接着是男生的节目，同样地表现着又精又妙，尤其是有一位骑旱马（无鞍的）最叫人叹服。由这蒙古中学的男女同学赛马节目，可以看到蒙古同胞擅长骑马的技术，实在值得赞赏。

　　齐齐哈尔为黑龙江省会。市内人口十余万人。街路宽阔，惟商店多数为旧式建筑。商业颇盛，工业仅铁路工厂规模较大。监狱与沈阳、哈尔滨同样以教育方法去改造犯人，狱内亦有工厂、文化馆、俱乐部。

　　嫩江在齐齐哈尔之西，离城约数华里，风景远不如哈尔滨之松花江，却是

---

　　① 于毅夫（1903—1982），吉林双城（今属黑龙江）人，时任黑龙江省主席。
　　② 王一伦（1912—1988），辽宁沈阳人，时任黑龙江省副主席。1950年齐齐哈尔市市长应为王劲如。

东北有名水产区，沿岸居民多以半渔半农为业，我们曾于七月十四日下午访问江边的一个乡村——新江村。这村里有一个村政府，有一间学校，这个村政府是由十多个自然屯（即小乡里）组织的，自然屯的屯长由各自然屯召开屯人民会议选举，村政府的主任及委员则由村召集村人民大会选举，村政府以下分为民政、文教、财粮、生产各种工作机关。

新江村人民小学就是村人民政府的文教工作机关办的，日间给全村的儿童们上课，晚间作为夜学。各自然屯还有识字班，大的自然屯还加办夜学，乡村里不管男的女的老的少的，都有读书了。

我们访问这个乡村，看他们每个人都有新的活力，兴奋，因为他们土地改革了，大家都有自己的耕地，而且所收获的都是自己的，不像以前惨受官僚和地主剥削，所以现在不但够吃了，而且还有剩余，可以换布。在这样的农村，因为土地改革的成功，人民已经有衣穿，有饭吃，有书读了。

内蒙古表现民族团结的感情

七月十五日上午七时，我们一行人离开了齐齐哈尔的车站。下午一时到达兆［洮］安县白城子，因为要到内蒙古自治政府所在地的王爷庙（乌兰浩得①）须在此转车。车一到站，在月台候接的各界代表执着欢迎旗帜，列队欢呼，为此盛谊，就在车站向欢迎者简单报告此行的目的，并表谢意。话讲毕，即由县委县府秘书接待至县政府稍为休息，白城子有二条宽阔大街，横街则甚窄。车站附近房屋建筑较好，但因数次之争夺战，破坏不小。下午四时由白城子转挂火车头，于下午六时廿四分到达乌兰浩得，这就是内蒙古自治政府的地方。乌兰夫②主席偕自治政府许多官员在车站相迎。给我们住在财政部的大楼。十六日晨到成吉斯汗③庙游览，并参观内蒙古日报、兴安中学、防疫所。下午三时

---

① 即乌兰浩特。
② 乌兰夫（1906—1988），蒙古族，内蒙古土默特左旗人，开国上将，时任内蒙古自治区人民政府主席。
③ 即成吉思汗。

许承乌兰夫主席来谈内蒙一般情形。晚七时宴会，八时半举行欢迎晚会。这个晚会表演蒙古的古代舞乐，殊为精彩。我们这次到内蒙，有一种深刻的印象，就是汉蒙兄弟的亲切互助的表现。一般地说，过去无论什么地方，凡是有两派民族相处的，常常要发生民族岐［歧］视，大民族欺负小民族，或多数人欺负少数人。过去汉蒙两族互相敌视的原因，主要的是封建官僚的作祟，如国民党时代，派去做官的是汉人，他就带了一班人马，有的专望衙门，有的利用关系去做买卖，而这些做买卖的人，都是交官结吏用欺骗手段或用权力去压迫弱小，因此造成民族的互相仇视。解放后，新政府极力改变这种恶劣的关系，在乡村城市进行各种各样的宣传教育，召集人民大会选举各乡村政府，并规定汉人多的地方正首长由汉人担任，副首长由蒙古人担任；蒙古人多的则正的由蒙古人，副的由汉人担任。凡事不吵吵闹闹，如遇有难于解决的事情，大家也和和气气地开会讨论。从这些地方表现民族的团结亲善，这是值得我们赞美的。

四平市

七月十七日离开乌兰浩得，当晚到达四平街的车站，有孙市长和市府其他负责同志及各界代表军乐队等，在车站欢迎。车到站时适大雨淋漓，故未能在车站与各界讲话。是晚在车上睡，十八日晨市府派六辆吉普车由市府秘书陪同游览全市及参观炼油厂。

四平市的火车站规模颇大，因为它是沈阳、长春、辽源、通化的交通中心。车站的建筑亦宏伟，可惜受炮火炸毁甚重。月台的玻璃瓦盖，已全破碎，除已修理票房及办公室外，其余都是颓垣废瓦。

四平市的街道亦颇宽，惟商店房屋建筑不甚整齐，加以七进七出之争夺战，蒋机每天二十架连炸二十天，全四平街几乎无一间完整的房屋，弹痕血迹斑斑。解放后，经人民政府之努力，市肆已逐渐恢复，惟欲完全恢复原状，恐须几年功夫。

四平市有一间炼油厂，规模很大，设备亦甚完备，它专以原油提炼飞机油、汽车油及火油等。厂址横直各有数华里。当解放军进入四平市时，蒋匪军曾利用这个厂所有的房屋作堡垒抵抗，所以这个厂损失特别严重。

长春——曾为敌伪建为京都

七月十八日下午六时半到达长春。车一进站，就可看到长春是一个很重要的地方。它的火车站建筑壮丽，车站周围的轨道好像蛛网那样密。它是东北的最中心城市，铁路四通八达。

长春当日寇占领东北的时候，是伪满的帝都。太平洋战争爆发后，日本且准备于东京受到威胁时迁都长春，故在长春建筑一新皇宫，其计划的规模非常之大，有一部分的地基已经奠好，亦有一部分的宫殿已在建筑中。在它的周围，就是伪满时代各院部机关的大楼，建筑亦相当高大和坚固。

长春的街道很宽阔，有好几条路是四排树的（两边是人行道，人行道要靠马路边种树，树外是马路，约有二三十尺宽，马路中又有两排树，两排树的中间是一条约四五十尺宽的马路）。马路的电线都埋在地下，在马路上所看到的就是绿荫荫的树叶，完全没有看到电火线①和电话线，实在堪称为新都市的建设。惟在旧城市街，则仍保持着半新半旧的姿态。商业繁盛，颇可与沈阳、哈尔滨媲美。

根据老住长春的人说，日本建造新京——长春的计划规模很大，及至日本投降后，国民党反动派劫收，再加以几次的战争，蒋匪军被围在城市内，把可以抢的抢，可以偷的偷，可以拆的拆，把郊区的房屋拆下来作燃料，几乎把所有木料都拆得干干净净。

长春虽然不是一个工业区，但也有些工业建设。在日本时代的大陆研究院，现改为东北工业研究所，颇具规模。它主要的工作是将许多东西，都取来研究。不论植物、动物或矿物，以及水利、建筑、电动力，都作很精细的研究、实验。里面一位高级的工程师（他是日本人，亦是日本时代大陆研究院的重要负责人之一）告诉我们，根据这个研究院的制纸研究室过去调查的纪录，中国全国每

---

① 闽南语，即电线。

年须用纸量为六十万吨，以东北的原料来制造，每年可出产四十万吨，惟现在每年仅出产二万吨。

东北电影制片厂，亦有相当规模。据说在中国是设备最完全的。虽然在国民党接收时期内，那班劫收官员偷去一部分的器材，和损坏了一部分的东西，但于解放后，已经很快地恢复起来，而且已经摄制好几部很好的片，如《富饶的东北》《回到自己的队伍》《桥》等名片。

东北医科大学设在长春，教法和沈阳的中国医科大学一样，学生一千多人，衣食住和书本文具都是由政府供给的。学校的设备虽然不及中国医科大学那样大规模，但也相当完备。

东北大学亦设在长春，学生三千三百多人，分为三个学院，注重自然科学和社会科学，教授法亦是分小组学习，成绩亦以小组集体的成绩为标准。学生于放假期内，须分别到有关方面去实习，例如读农科学生就要在假期下乡去和农民共同生活，一方面要与农民到田里耕种，一方面于晚间还要负责教农民读书识字，而且须自带米粮下乡，不能吃农家的饭。学工业的学生，就要到工厂去；读矿务的学生，要亲自到矿区去。因为这样，才能使理论与实际一致，所读与所做配合。当我们去参观东北大学，看到很多的青年学生，有的拿着锄头在锄草，有的挑着泥土。这在解放区的学生们，都很高兴劳动的。

吉林山水好

七月廿二日乘专车到吉林，周持衡①主席和各厅长、秘书长等在车站候接，到达时已是中午十一时半。

吉林市街没有长春的那样宽大，大建筑物很少，商店房屋还是古香古色的平房较多，但山水都很幽雅。省府门前就是松花江。沿江边建筑堤岸，种着很整齐的树。当炎夏夕阳西斜，到此绿荫下的江边散步游览者，络绎不绝。可惜江中没有游艇供外客游玩，是美中不足。市郊外离城不远，有处北山，汽车可

---

① 周持衡（1915—1986），浙江绍兴人，时任吉林省人民政府主席。

驶上山，在山上鸟瞰，可看吉林全景。山上有药王庙，奉伏羲、神农、轩辕三氏神像。农历四月廿八日为药王诞，全市参药行铺必于药王庙大集会。北山下面有荷花池，当荷花盛开的时候，更加这风景的秀丽，因此游人到的也很多。

吉林除了山水好以外，物产亦很丰富。木材、矿产、农业、生产和皮毛都很多。而最名贵的就是人参和貂皮。所谓"东北三宝"，就是人参、貂皮、乌拉草。乌拉草是冬天参加鞋穿的，它是御寒的东西。到了冬天不管是富人穷人，都是需要它。特别是穷人，没有办法买皮毛，全是靠乌拉草。

吉林的工业虽不能与沈阳、大连比，但它亦有不少的工厂。我们曾去参观亚麻厂、造纸厂、火柴厂。其他还有纺织厂、铁工厂等。吉林省内出产很多的亚麻，所以在此设厂。它的主要出品是帆布、水龙带及各种粗的细的麻布。所纺织出来的质料都很好，而且很美观，这种工业在东北还可继续发展，将来在关内亦可建立。

吉林出产木材很多，所以也就建立多处的造纸厂。在市郊有二家，而在附近的一个地方另有一家专造纸浆厂。我们去参观过的造纸厂，规模是比较大的。当时每日可出二十吨（仅开一部机器，它共有七部机器），据他的负责人说，计划在一九五零年，可将七部机器全部修复开工，则每日可出产七十吨，同时可自制纸浆原料。

火柴厂的规模也不小，现每日可出产七八十箱，预定一九五零年起，每日可出品二百箱以上。如果销路好，还可继续增加产量。

电都的小丰满

小丰满在松花江上游的松花湖，环列着"大风满""小风满"诸山峰，及至电厂建筑时，才由"小风满"易名为"小丰满"（这是据电厂的人说的）。这里风景甚雅，日本曾计划建为公园。她在世界水电厂有数的地位，故而闻名，有人誉之为中国电都。她的建筑工程很可观。那条水堤坝底宽达九十多英尺，高达二百余英尺，长三千三百多英尺，发电厂的设备可装八台的发电机，共能发七十余万基罗瓦特。现仅装二部发电机，故仅发十九万基罗瓦特。另有一部机器正在安装中。

鸭绿江畔的安东市[①]

安东是辽东省的省会，位于鸭绿江西岸。鸭绿江之东岸即北朝鲜之新义州。两国以江为界，交通来往有一大铁桥，两国人民来往须按照出入国手续办理护照，我们曾于七月卅一日按照出国手续，乘坐两辆汽车由鸭绿江桥驶过彼岸，入北朝鲜的国境新义州。它的马路宽阔而清洁。男女多着白服装，因为是夏天。我们游览各条街市，参观历史的博物馆。馆中陈列着很多的中国古代名人书画和朝鲜的历史文化资料。是日适逢他们在举行运动会，成千的青年男女，个个都雄赳赳，精神奕奕，在那体育场里大显身手。无数的男女老幼，带着欢欣的气色，结队成群向体育场进去。从被帝国主义统治的苦海里，逃出来的他们，已和中国解放区的人民一样，得着真正的自由幸福，他们在新民主主义的人民民主政权领导下，仅三年多的努力，已经获得有工作，有饭吃，有衣穿，有书读的幸福。这就是北朝鲜人民政府的成功。我们于当天下午四点多钟再沿着原路过鸭绿江铁桥回国。

安东的市街不甚宽阔。街道两傍皆种树，林荫夹道。商店房屋有些新式建筑。沿江岸因恐江水涨，故筑有水坝。市街背山面江，风景堪称幽雅。离市数十里处有大东沟，濒临黄海，为安东货物的出入港口。

安东有一个水丰发电厂，据说其规模不亚于小丰满。现为我国与朝鲜合用。

安东为东北柞蚕的产地。每年产量达一百万亿个蚕茧。这里有二家柞丝厂，规模颇大。上海来此购买柞丝者甚多。柞蚕有谓野蚕，茧比家蚕大。惟色没家蚕那样白。他的养法是将蚕放在山上的柞树上，经几个月后，它就在柞树上结茧。柞蚕最怕的是鸟，故养柞蚕的人，须时时刻刻巡视以防鸟类之伤害。过去两年多，因国民党军的摧残，把柞树砍伐作柴烧。现存柞树无多，按须两三年始能恢复过去的产量。

---

① 1965年安东市改名丹东市。

安东除柞丝厂外，尚有一家人造丝厂。它的设备每日可产出十三吨。人造丝主要原料是白木叶，纸浆厂制造的纸浆，亦是人造丝的原料。这个厂在国民党时代没有开工，故机件很多损坏。最重要的那种出丝的头，其价值很贵，给国民党的劫收官偷了一部分去，一部分为厂里的工友收起。现工友已将所收的自动献交给公家，全厂的员工正在积极赶工抢修，以期早日开工。

辽阳白塔

八月一日离开安东，中午再经本溪车站。我们没有下车，就在车厢约廿分钟，即转挂车头，下午四时到辽阳。

辽阳是关外名城，金辽时代曾建都于此。城濒太子河畔，城内建筑均为古老房屋。惟城外近火车站有几条宽阔马路，房屋亦是西式建筑，但已为战火所伤。车站附近有一个公园，里面有一很高的白塔。照他的碑志是"金正隆六年建立"，并书"白塔计十三层高四十八丈五尺三"。这里中西医馆和药房很多。我们走过几条街，几乎每条街都有好几家医馆和药房。

钢都鞍山

鞍山——就是久负盛名的中国钢都。鞍山钢铁厂周围十余里，分为溶〔熔〕铁、炼焦、炼钢各部。溶铁炉有九座，大的每日可溶铁七百吨，小的四百吨，每日共可溶铁五千四百五十吨。炼钢厂大小炉有二十二座，有的每天可炼钢一百五十吨，有的炼一百吨，每日共可炼四千吨左右。用炼出的钢制造各种东西，如火车的钢轨、造船的铁板、建筑桥梁的工字钢，以及各种钢条、钢板、圆铁、角铁、铁钉、铁管。另外还有炼焦的，并利用炼煤焦的油，提炼为原油和柏油。

鞍山市街全是新的建筑，马路都很宽阔，两边植树，林荫夹道。市内高楼大厦不少，在日本时期，这些大楼都是日本人才有权利居住，中国工人，只有住那些破漏的房子。然而现在日本人走了，共产党来了，工人也就翻了身了。

"工人们一向住漏房的，现在是住楼房了"，这是一个工人所说的话。

在鞍山因为仅以参观钢铁厂为目的，故于参观钢铁厂以后，即于八月三日上午八时早餐后，乘车赴大连。因为路上在石河换车头，耽搁了两个多钟头，至晚九时半始到达大连。

在大连所见

大连的火车站建筑得很壮丽，月台很清洁，灯光非常的明亮，秩序也很好，没有高喊乱叫的嘈杂声音。车站的搬运工友们态度甚佳，看起来好像都是有经过教育训练的。

大连市街的马路都很宽阔、清洁。马路上除了电车、汽车的声音外，没有其他嘈杂混乱的声响，在马路上行走的人，也是很少的。在那么宽阔的马路上，仅有三三两两、疏疏落落的行人。初到这里的，谁也不会相信这个城市内有三十多万的人口。但是再了解下去，就会使人们钦服和兴奋，那就是因为三十多万人口中，都没有赋闲的失业人物，所以，就看不到有闲阶级的闲散行人，在街上溜达。如果要看出大连的人口，那是要在早上七八点钟和中午十二点至二点，下午五点至七点。这时电车的候车站和路上来来往往的电车，常挤满了人，他们是在这些时候要去上工或散工的。

在大连市街，人力车早就没有了，三轮车也很少，几乎没有看到，主要的交通工具就是电车。电车的售票员和验票员大部分是女青年，电车的驾驶员也有二十多位是女的。根据大连市毛市长说，电车女驾驶员的工作成绩，比男驾驶员好，因为二十多位女驾驶员，都没有发生过意外的事件，这是值得钦佩的。就是因为女驾驶员谨慎，工作成绩表现得很好，所以正在继续训练新的女驾驶员。

大连虽然被日本占领了四十二年，市民受过长期间的奴化教育，但解放四年已获得很好的改变了。现在乞丐、娼妓、舞娘、赌徒、扒手、小偷，差不多都没有了，街边也没有小贩，没有擦皮鞋的小孩子。上面那几种人，都经过教育改造，不认识字的，都上夜学和识字班去了，没有工作技术的，都送进工厂去学习了,大连已经做到人人有工作,有饭吃,有屋住,有衣穿,有书读了。

大连对消灭文盲的工作,作得很成功,我们去参观过工人之家、文化宫、文化馆、文化站、夜学识字班。不论是中小学的教员,或街坊的工作干部,商店的员工,家庭的妇女,大家都按照自己的需要,自动的去参加学习。每一个工厂都有一个文化俱乐部,每一区都有一个文化宫,每一个坊都有一个文化馆,每一条街都有一个文化站。文化宫、文化馆里面,都设有戏剧、音乐、秧歌、图书、夜学,任市民去学习研究和娱乐,大连市共分五个区,区以下设坊,坊以下设间,全市有六百四十三处的识字班。

大连工业及其他建设

大连的工业也是很有可观的,比较大的如造船厂、造火车头厂、玻璃厂、化学厂。造火车头厂,为我国最大的,现在每星期可造出两个全新的火车头。造船厂的规模也颇大,有两个船渠,可修理万吨以上的船,亦可建造万吨的新船,厂内工人七八千人,除总厂长和总工程师是苏联朋友担任的,其余各厂长及技术人才,都就厂内旧人员训练提升起来。当日本占领时期,中国人除了做工以外,稍为重要技术部门就不准中国人走近,所以中国人在日本时代,只有一辈子当工人,永远没有升任重要职务的机会。日本投降后,由于苏联朋友的管理,给工人们以技术训练和文化教育,提高了中国工人的知识、技术,如在厂里设立技术研究和行政管理的组织,由工人中训练出人才。现在厂中很多行政干部和技术干员,就是从厂内的工人中训练出来的。他们都由工人集体评议产生,被评议选出来的人,平时必然是虚心学习,努力生产,不骄傲,不取巧,在群众中能起带头作用的,因此大家就拥护他,选举他,这也就是工厂中的民主方式。因为发扬这民主作风,就连工作也用民主方式的评议。他们热烈地展开了工作竞赛,竞争创造新记录,在各工作场的黑板牌上,不断地表扬着工人的工作记录,工友们为了希望自己的名时常列在记功牌上,大家都提高生产积极性。除了每日的记录,还有每星期的列榜,到了月底就把成绩最优的像片连同他一个月来学习精神的表现,经小组的公道评议的意见,都写出来贴在厂里的功臣牌上。这样使每个工作干部和工友都热烈的竞赛。由于这种竞赛生产计划常常提前完成任务。大连的造船厂，现在正在赶造小型的如五百吨和一千吨的汽船。五百吨的照旧法用钉，一只船须费一两个月才能造好，现在改良用电焊，仅三四天就可造出一只。

我们在这个船厂参观，从上午十时起至下午二时半才回招待所，中午承该厂的总厂长及总工程师的好意，留请午餐，酒菜都很丰富，席间详谈厂中的各种工作情形，他们都很诚意的表示，希望很快把中国的工人兄弟训练好，使我们能自己掌握着很好的工作，他们就可回到他们的祖国去为自己祖国服务。在席间，大家谈至最高兴的时候，又互相举杯共祝中苏两国的人民领袖毛泽东主席和斯太林①大元帅的健康。

大连的玻璃工厂，每日能出厚薄玻璃二万方米，为我国最大玻璃工厂。它的生产竞赛方法和造船厂一样，也是由工作小组用民主评议方式，在黑板上列名表扬，至月底再将成绩最优者的像片贴在功臣牌上。据该厂负责人说，他们全年的生产预算，可能在九月底完成任务。

大连大学设备很好，尤其是工学院，附设多个工厂，供学生实习，并有科学研究所。医学院附设医院，同时亦有医学研究所，设备都很完善。教法与中国医科大学及东北大学略同，注重小组学习。

东北资源馆设在大连，分为矿物馆、工业馆、农业馆。矿物馆陈列东北各地的煤、铁、金、银、铜、铀、镁、铝、石油、洋灰石。工业馆陈列东北各地的工业成品、工业原料、工厂设备模形［型］以及工业机器等有关工业生产的一切东西。农业馆，陈列豆、麦、米、高梁［粱］、包谷、小米、棉花、柞蚕等，并将各种农产品的移种，改良种子，种植方法，收成质量的比较，以及其他有关农业的样本，分别陈列。森林馆陈列各种木材以及用木材作原料的工业成品，如纸和人造丝等。

大连的码头也建筑得很好。码头分为三层，两层是供搭客起落船的，底层是货仓。码头上起重机设备很完备，已是机械化了。日本时代所有管理员都是日本人，现在由苏联朋友的帮助和教导，而由中国人自己去管理。苏联朋友为

---

① 即斯大林。

了赶快培养人才,还时常亲自到干部学校来教导我们,他们更为我们办了专门技术学校,培养新的人才。他们处处表现着对我们亲切、诚恳、友好,诚意在协助我们建设。

大连的工业展览会,规模颇大,会场内分作好几个馆,各种工业成品和工业原料的样品都集合来,电车厂也在展览会场内安装铁轨,特造一小型的电车在场内行驶,一面作展览品,一面供参观的客人乘坐在场内游玩。展览会场的布置,发动很多的青年学生、工人、妇女参加义务劳动,如布置、开路、平地、伐木、植树等工作。

到旅顺去

八月七日上午九时毛市长陪我们乘坐汽车去旅顺,十时三十分就到达旅顺市。由大连到旅顺的公路都是柏油路,路面很好,这是我们到东北以来首次坐长途汽车的旅行,沿着公路的风景极其幽雅。

旅顺市在辽东半岛的尖端,四面有高山环抱着,外控黄海与渤海之间的渤海海峡,握华北、东北海港的锁钥,是天然的军港。

旅顺的市街不像大连那样宽大,惟地方也很干净,社会秩序与大连相同,街边没有闲散游民,没有小贩,一切不合理的事物在这里是找不到它的痕迹的。

旅顺市的孔市长是一位年青的中共党员,听他讲说旅顺市近年的工作过程和未来的工作计划,甚有条理。东方历史博物馆,设立在旅顺市。里面陈列的都是古代佛像,以及古代中国遗下来的东西。白玉山上有一很高的纪念碑,这是日俄战争后日本人建筑的,高约二百尺左右,到最上层,可瞭望旅顺港口的渤海海峡诸小岛。

旅顺海港苏军的正副警备司令,知道我们到旅观光,都来陪我们到处参观。这样殷勤诚恳的友情,使我们得到深深的印象。根据旅大地区的同胞说,苏联红军的兵士和他们的军官都是一样,军纪值得钦佩的,相处了四年没有听到他们的士兵与我们的同胞吵过架。不管在城市或乡村,没有发生对人不住的事情。他们不但没有胡闹乱为,更以亲善的友情处处帮助我们。例如在农忙的时候,他们自动到田野间去助耕。他们的帮忙都是尽义务的，自己还带着自吃的粮食，不因为替农民耕种就要吃农民的饭。他们认为帮农民的忙是一件最愉快的劳动。农家没有耕运的牲口，他们就把军中不适用的驴马牵出来奉送。由于他们的诚挚的友情，旅大地区的人民，对苏联朋友感到无限的亲切。

在没有到过旅大的，总以为旅大一定是一个很特殊的地区，其实到了旅大后，一点也不会感到特殊。除了军港的驻军是苏联军队及各大工厂有多少苏联工程师和技术人员外，其余全是我们中国人自己掌握着一切。所有的行政机关，没有一个苏联人，维持地方社会治安的警察、警官，完全是中国人。

旅大地区能保持得这样完整和有许多新的建设，是因为日本投降后，国民党那班劫收贼没有机会踏进这地区。这是旅大最大的幸运。把旅大的完整和经过国民党劫收后的城市比较起来，那是一个很强烈的对照，更容易看出国民党反动派的祸国殃民，抢劫破坏的穷凶极恶的面目。

我们自三日到达大连至十日离开，在旅大地区逗留了八天，所接触看到的都很满意，很值得留恋。

由沈阳回京

八月十日夜晚回到沈阳。因与来接车的市府周秘书和招待所的李主任、潘科长诸先生欢谈，同行的黄薇①先生的一件小皮箱忘记拿下来，及至到达招待所休息吃饭后，临睡已将近半夜了，黄先生才发觉他的小皮箱没有。随即打电话通知火车站，但那一列车已北上哈尔滨了，后来由沈车站通知哈尔滨车站，至第二日的午后列车到哈市时，才接到电话通知黄先生的皮箱还在车上。黄先生的皮箱没有锁，皮箱内还有现款和衣服，在这样远途和长时间中，能物归原主，而现款一分也不失，这说明解放区"路不拾遗"的事实。沈阳的三轮车，当我们初到的时候，肮脏秽陋，殊碍观瞻，曾向朱市长建议，加以管理，务使车辆整洁。这次由大连返沈阳，即见全市三轮车已一改旧观，每辆车已刷洗一

---

① 黄薇（1912—2000），女，福建龙岩人，时任中共中央对外联络部研究组组长。

新，车帆坐垫亦已盖布及洗得干净，这证明政府对于该做而做得到的事，只要有人肯提供意见，就极虚心接受，努力实行。

我们原定八月十二日就要回北京，但因为数日来飓风暴雨，山洪海涨，把北宁路的桥梁冲毁，以致北宁路断绝通车，路基淹没数日，无法修路，及至洪潮稍退，铁路局乃全体动员抢修，至八月廿八日始复通车，惟铁路两旁由黑山、大虎山起，至天津全程，尚如汪洋大海，田园全为淹没，灾情惨重，损失非常大。

八月卅日午后三时再回到北京，仍旧住北京饭店。此行离开北京两个多月，而北京的一切情形更进步了。大前门的摊贩整理好了，摊贩都集中到一个地方去了，天安门前的人民大广场，在开始改造了，由数万的青年学生、工人、妇女，发动出来的义务劳动力，在那场里竞赛，争取为建人民广场的劳动英雄和模范团体，在一个月中把一个广场的瓦砾、土堆、树木、电杆、废物、颓墙清扫得干干净净，成了一个可供三十万人集会的平坦的人民大广场。

开国盛典

从九月一日起至九月十七日，都是政协筹备会各小组的会议日期。有的从上午八时开到夜后一二点钟才休会，第二日还得继续开会。每一个问题，每一件事，都经过各代表分别开小组研究讨论。问题没有达到协议，不把问题随便作决定，必须经过各小组的讨论协议之后，才作为定案。有时候，一个问题要经过反复数次的小组会的讨论。

九月十七日开政协筹备会第二次全体会议，通过筹备会各小组的各项草案，及第一届人民政协的全体出席单位和全体代表的名单，会后并在勤政殿门前拍照。这是人民政协完成第一阶段的筹备工作。接下去就是中国人民政治协商会议的开端，也就是中华人民共和国的诞生。

中国人民数千年来受着帝国主义、封建主义、官僚资本主义的统治，被反动势力重重压迫，直至现在才翻身过来，这是中国共产党领导的成功，是中国人民解放军英勇战斗的伟大胜利，也是全国人民大团结的伟大胜利。

一九四九年的九月廿一日下午七时，北京怀仁堂门前响着五十四响的礼炮，这就是宣布中国人民政治协商会议第一届全体会议的开幕典礼。在毛主席领导下的六百六十二位代表，精诚团结于一堂，协商建国大计，经过十天的努力，获得完满的大成功，而于十月一日，在北京向全世界宣告中华人民共和国的成立。中国人民站立起来了。

在这个开国的盛典中，整个北京的人海狂欢，是没有办法形容的。天安门的大广场，墙壁是红色的，参加典礼的队伍执的五星国旗也是红色的，队伍所提的星灯也是红色的，在天安门上看下来，红艳艳的，好像一片红海。中国人一切都喜欢红的，结婚寿庆要穿红衣，贴红联，结红彩，过新年要给红包，生孩儿要吃红蛋，在中国人的脑海里，凡是红的，总是象征着好事。中国人民欣逢几千年来，空前的大喜事，在一个人民的首都，张红灯，结红彩，执红旗，贴红联，变成一个红艳艳的红色首都，这正合中国人民的心理。

苏联的代表团，也不远千里赶来参加我们这个开国典礼。二日保卫和平的中国分会开成立大会，苏联代表团、朝鲜人民共和国的代表团都来参加。由于中苏两大民族的亲密携手，我们更坚信有把握，有力量，可以保卫世界永久和平。

二日的晚上，在怀仁堂举行一个晚会，苏联代表团也参加表演，有一个女团员，用他［她］的足尖拇指在地板上打转了很久，她那健康的体格，和那高超的艺术，实在使人很佩服。

卢沟桥与八达岭

十月四日到卢沟桥。对这个名传中外的历史名桥，到过北京的都想去瞻仰瞻仰。卢沟桥的建筑工程，实在壮丽，桥栏每根柱，都是一只石狮，两边一百余只石狮，各有不同的姿态，而每一石狮还抱着好几只小狮子，曾有人想把它算个究竟，看大小狮有多少只，结果都没有算准，因为小狮子很容易漏掉。

十月六日游览北京颐和园、万寿山，一切的山水景物，都由人工营造。为了帝皇的游玩，不知道花了多少国家的财富，用尽了多少人民的心血始成了一个这样的赏玩地。

十月廿二日乘汽车往居庸关八达岭游览。在这里可看万里长城的伟大工程。在那高山峻岭，城墙的石头，一块一块去砌成，其建筑实在非常雄壮。明十三陵，是明代的帝陵，共十三处，建筑亦相当可观。它的建筑样式，像皇宫的三大殿，从这里也可看到专制统治时代的浪费国家人民的财帛。

到了济南

十月卅日上午八时离开北京饭店到东站，许多留京的好友都来车站送行。八点半开车，十一点半经过天津。这是我们第四次过天津。在天津因没有事情，就不下车，乘原车（京沪直达车）沿着津浦路走，当晚十一时半到达济南，下榻于省府招待所。卅一日由山东省政府郭副主席陪着我们游览市区。城市建筑颇伟，工商业亦颇繁荣，风景幽雅，有"家家泉水，户户垂杨"之称。

大明湖在城北，为七十二泉所汇，是济南的名胜。有一对"四面荷花三面柳，一城山色半城湖"的名联。

济南城内有一所广智院。它是一个博物馆，同时亦是一个很有社会教育意义的好地方。里面的陈列品，除了一些古代文物书画和飞禽野兽之类，还有有关卫生、交通、住屋、造林、河流、水利等模型，及各种好坏的对照。例如旧的街道，路面既窄又泥泞秽污，把街道变成泥沟，行人赤足，一手拿鞋，一手拉裤，身上还染着很多泥污；现代化的马路，宽阔整洁，分行人路和车行路，两边植树。又如住屋、吃物、寝具，什么是不合卫生的，什么样才是合卫生的，都用雕刻陈列出来，作一个对照，使去参观的人，一看到就会看出好和坏的比较。我们认为这种教育意义很大。我们希望各地能多设立和济南广智院一样的陈列馆。

由济南华兴造纸厂看新政府保护工业发展

济南有一家华兴造纸厂。我们承厂中办事人的好意邀去参观。这个厂，如与东北吉林、安东等纸厂比起来，规模自然比不上。它每天可出十吨左右的纸，亦可出钞票纸。可是济南造纸原料是缺乏的，因为它没有木材，没有竹，所以它的原料，主要是靠旧棉花和旧布料。用棉花和碎布作原料，成本自然会比较用木材和竹更贵。据该厂的叶经理（是一位女的青年共产党员）告诉我们，他们的出品成本虽然很高（照我们计算，一吨的成本等于港币一千余元），但是在新政府保护民族工业发展的政策下，他们的前途是很有希望的。他们现在的出品，还是供不应求，这是因为新政府限制外国纸的进口。新政府这种政策，完全是符合于保护民族工业的。回想贪污腐败的蒋匪帮政权时代，对本国民族工业不但未予保护，反而加以破坏，让帝国主义实行经济侵略，外国货充斥市场，国内所有工厂生产，遭受外国货的"物美价廉"的打击，使各种民族工业多归破产。这和今天新政府对民族工业的保护和帮助，正是一个强烈的对照。

由济南到徐州

十一月二日晨，由济南再乘搭津浦路火车南下，经泰安、滋阳（兖州）、临城、柳泉，于下午四时五分到达徐州。经泰安时，得遥瞻泰山。由临城经沙沟、韩庄、利国驿至柳泉，沿铁路边就是微山湖的东岸，风景都很好。可是从抗战起一直到解放时，这个地区，在炮火下度过了十余年，处处可以看到战争痕迹，特别是徐州的周围。它经过抗日时期的"徐州大会战"，再经过这次解放战争的"淮海战役"。在淮海战役中，歼灭蒋匪军的五个兵团，六十万以上的兵力，活捉了战犯杜聿明。徐州是军事必争之城，所以徐州和它的周围受着炮火的破坏也就特别惨重。

徐州为津浦、陇海两大铁路的交叉点。市街仅一条新拆的，很宽阔，旧街道仍保持着旧中国城市的景象。风景有云龙山，在城南，登云龙山顶可看全市。

三日晚八时离开徐州，搭陇海路火车，于四日清晨四时到达河南省会开封。此地市街并不宽阔，但却很整齐。城北有龙亭，为宋朝故宫，高数丈。城东北隅有铁色琉璃塔，高十三层，颇为壮观。北塔在雨花台附近。雨花台是开封的名胜。

在河南省内

河南现在的治安相当好。根据吴芝圃①主席告诉我们，河南的匪犯已经肃清了，小偷强盗亦近于消灭。现在商旅不论在城市或到乡下，带款携货都很自然，不虑抢劫。即在乡下晚间亦不必闭门。由这可见解放区的好现象。

十一月七日上午九时，由开封乘省府特备的吉普车，沿黄河的南岸前进。沿途饱览黄河的风景，又幽雅，又壮丽。渔舟渡船，白色的帆在那黄色的水面上，格外显明。滔滔的急流，顺水行舟，看来多么轻快。两岸青绿的草木，随着风摇荡。中午经过花园口，这就是抗战时黄河决口处。当时因此受害的达十八县，死亡及无家可归百余万人。现这缺口已进行堵塞，惟工程还未结束。

下午三时到达郑州。郑州是京汉路和陇海路两大铁道的交叉点，握全省交通枢纽，商业颇盛。农产品亦丰富，晋陕棉花都集此转输。最近政府为发展农业生产，减轻工业成本，决定把郑州建为农产品加工的工厂区。现已由上海、青岛搬来郑州的，有两家纺织厂及其他。

郑州的街道，仅有一条是洋灰路面，其余都还是泥路面，一下雨，就泥泞满道。这样的交通中心要地，市街的整齐，马路的清洁，是很重要的。

九日的夜晚九点钟，我们乘着京汉路车，离开了郑州，因为修路的关系，在路上耽搁了四天，经过新郑、许昌、焦庄、确山、信阳、武胜关、淮河大铁桥（已为白崇禧匪军破坏，现由人民解放军重建一新便桥）、孝感，至十二日上午始到达汉口。

武汉三镇

汉口是华中南的政治中心，在华中南军政委员会未成立以前，有中原临时

---

① 吴芝圃（1906—1967），河南杞县人，时任河南省人民政府主席。

人民政府。邓子恢①主席是福建龙岩人，参加革命二三十年，为人很朴实，做事能力很强，而且很虚心，态度和蔼，待人诚恳，做事认真，令人敬重。

汉口为世界著名的中国四大城市之一，它是京汉、粤汉两铁路的起点和终点，当汉水入长江之口，与武昌、汉阳形成鼎足，帆樯如林，川、滇、黔、陕、甘、豫各省货物都在这里出入，因是汉口的商业繁盛。街道亦颇宽阔，市内尚干净。市北中山公园，山水池亭楼阁都是人工建造，尚称雅致。

武昌在长江南岸，为湖北省省会，辛亥革命发祥地。街道宽阔而清洁，商店建筑颇整齐，商业繁盛次于汉口。

蛇山是武昌的风景名胜，山势如一条长蛇，由内陆直出至江边，与汉阳的龟山夹江对峙，为江防天成的险要。临江的蛇山头，有历史名胜的黄鹤楼，可惜现在的楼阁已非昔日的黄鹤楼，惟它的风景仍然是优雅的。在张公祠楼上，可看长江上下游和汉水直流入江及武昌、汉口、汉阳三重镇全景。它的山水，的确是非常壮丽的。

汉阳市街远不如汉口、武昌，还是旧式的中国城市，仅有一条较阔的马路，久负盛名的汉阳兵工厂，今已不复存在。汉冶萍炼铁厂，仅留下一片平地。

大冶工业

大冶在长江下游，离武汉百余里，汽船下驶六七点钟可到。临江的市镇，俗称石灰窟，因为这里的石山全是石灰石，任采不尽，而且它的质是很好的。华新水泥厂就设在此。该厂在中国规模最大，它的二个窑筒，每个都是四百七十五尺长，两套水磨机，一天可磨千余吨的原料，两个窑同时开工，每天可出产一千吨的洋灰。现因交通艰难，运输受阻，以致销路受了限制，故每日仅开一个窑，日出产五百吨，一俟交通恢复，则该厂日出一千吨的洋灰，恐还不够供应华中南各省之需。

---

① 邓子恢（1896—1972），福建龙岩人，闽西革命根据地和苏区的主要创建者之一，时任中南军政委员会副主席并代理第一书记。

华中钢铁公司也建立在大冶的石窟，它原定是汉冶萍炼铁公司一部分，当时汉冶萍钢铁公司就是以汉阳的炼铁厂、大冶的铁矿和萍乡的煤矿合成。日本投降后，国民党政府去接收，这里还存有铁沙三十万吨，为了要利用这三十万吨的现成铁沙，国民党政府也就计划建设一个每日出产三十吨的炼铁炉。但是这个贪污无能的政府，计划尽管计划，成功与否还是另一个问题。这个炼铁炉，从日本投降，蒋政府于一九四五年的九月接收武汉算起，到一九四九年七月武汉解放，经过了三年多的时间，还没有建设成功。解放后，人民政府积极加工，现在已经完成工程任务，一俟焦煤配足即可开炉。现在除已完成的这个炼铁炉以外，并已完成一座三吨的炼钢炉，还有一个十五吨的炼钢炉在建造中，预算一两个月内也会完成。另外附有机器厂。这就是华中唯一的钢铁公司。现在的规模，虽然远不如东北，但在新中国人民政府的努力建设下，它的前途是很有希望的。

新生的长沙

十一月十九日的夜晚，我们告别了武汉，乘坐粤汉铁路的夜快车南下，在这一夜的路程，车外的景物无从领略。虽有时候从车窗看到倏隐倏现的灯光，也许是农家灯火。经过了岳阳的时候，很想下车看看，可是在午夜又是冬初寒冷的深更，只好在卧车上望望车站的月台。过了岳阳，沿着洞庭湖东岸行车，可惜在夜里看不到洞庭湖那美丽的面貌。

十一月二十日的清晨到达长沙。长沙对我们并不生疏，在一九四零年代表南侨总会回国劳军时就到过长沙，住了三四天，所以这次来可说是旧地重游。地方虽然是旧的，但景像［象］却是新的。一九四零年的长沙是一个刚被大火烧得很惨的一个破落城市，几条大街的店屋都是没有屋盖，到处残瓦颓墙，商店也非常的冷落，街道的垃圾堆积如山。然而今天的长沙，却是朝气蓬勃，因为它已经从吸血鬼的国民党蒋匪帮的统治解放出来了。虽然地方是旧的，人物也有些是旧的，但是它的精神却是新的。

从一个工商业界座谈会的席上，听着他们发表很多真实的意见，我们获得很多宝贵的材料。他们说着过去工商业界惨遭国民党政府和蒋匪军的摧残,以致商店关门,工业停顿,解放后则获得人民政府的协助。有一位业运输行的说:"我过去和几位朋友合作,靠着自己都会驾驶汽车,就合买三辆运货汽车,经营运输货物,希望维持生活。尤其是有家庭负担的我,更全靠那三辆车的营利。可是在国民党时代,尤其是蒋白匪军临败的最后三个月,首先是三辆车强征一辆,尚余两辆虽未被征用,但亦被指定为公家服务,所给的运费,不及驾驶人员的伙食。而被征用的那一辆,载运过重,且日夜不息,以致机件损坏了。他们把它拖回来,再换另一辆去,在这种情形之下,三辆车完全被征用去了,而且由三辆中拆了一辆的机件,作为两辆的补充零件,再由两辆并为一辆,最后连这一辆也带走到衡阳的半路,因机件损坏不能驶用,又把六个轮胎都拆去。到长沙解放,解放军为了急运支前,从公路局的登记,看到我们有三辆汽车,而没有出来经营,就派人来调查,经我们把过去这段惨痛的经过报告,并将存在的两辆废置无法驶用的破车给他们看,没有几天,解放军就派人来约我谈话,先由政府拨款借项及汽车零件和车胎,按照政府的订价,作为贷款。我们把车修理好,每个月每辆车要替政府服务五天,运费照计,在贷款内扣除。其余廿五天由我们自己经营商业运输。我得了这样的帮助,等于在死亡线上被救出来,因此我们喊出拥护共产党,喊出毛主席是我们的救星,毛主席万岁,这都不是口号,而是百分之百的从心内呼喊出来的。"又如某火柴厂的经理说:"长沙小工业的火柴厂,原有十一家,但在国民党时代来了很多的美国洋火柴,又便宜,又好看,政府的官员极力提倡美化,连用火柴也要用美国的才真够摩登。就是由于美国货来抢夺市场,长沙的火柴厂不能不关闭、停工,火柴厂的工人失业了。解放后,美国火柴被禁止入口,长沙的火柴厂得到翻身了。不但被摧残的十一家都先后得到政府的贷款复业,而且增加了三家。现在是十四家了。"其他如织布厂的经理和商店的东家,他们都说出他们自己经过的情形,大家异口同声的赞扬人民政府的保护工商业政策。他们都由心坎内露出感谢解放军,感谢毛主席的真情。

由湖南入赣

十一月廿一日我们到了毛主席的故乡——湘潭。在这里参观了中国电工器材厂，这是我国华中一个规模最大的电工器材厂。大部分主要的机器还未装竣，现在正在装设中。将来全部工程完成，可以制造一万基罗瓦特的发电机，及各种大型电动机和变压器、配电版〔板〕等。这是对中国将来电器工业的贡献，一定很有希望的。

湖南的锑在世界上是占最有名的地位，据说占全世界产量百分之八十，有"锑之国"之称。但是我们的锑品制造厂，却在国民党时代受着美国的控制，所以不能发达。解放后才逐渐进步了。相信今后一定能获得很好的前途。

十一月廿二日上午乘着吉普车离开长沙，沿湘赣公路前进，中午到达浏阳。在浏阳午膳，因为时间的关系不作多时的停留，故未进入浏阳的市街游览。下午四时许到了赣西的万载县，在这里住宿。万载虽然是赣西的重要县城，但是仍保持着那古老的面貌，街道很窄，而且弯曲，大的客货车只能在公路和城外的车站过往，在城内是无法通行的。万载的夏布，在我们祖国很负盛名的，可惜我们因时间的限制，没有机会去参观夏布的工厂，以及了解夏布的各种材料，这实在遗憾。

由南昌到福州

十一月廿三日清晨六时由万载出发，十二时到达南昌。

南昌是江西的省会，濒赣江之东，握全省水陆交通之枢纽，是全省商业中心。在国民党蒋政府统治末期，因不堪苛捐什税之重叠负担，及遭受蒋军败兵之抢劫，以致商店关门者十之七八。解放后经人民政府的协助，商店恢复旧观，秩序也很良好。

滕王阁在历史上很负盛名。读过滕王阁序，而未到洪都的人们，对滕王阁画栋雕梁，莫不存着很深刻的印象，可是，昔日的滕王阁，今日已无址可寻，仅在滕王阁小学的操场边，存着一块石匾额书"滕王阁"三个大字，放在墙边。我们担心着那仅存的石匾遗物，学童稍不小心，可能把它碰坏，曾请当局注意保存之。

南昌的百花洲也是有名的风景，在城东湖畔，亦因年久未修，状甚荒废。然环境很好，湖堤边的树木、池亭、花草，如果再加整顿，给予市民作为公余饭后的游园，那实在是很好的。

青云谱（原为青云圃）在郊外，是一间道教的古庙，是明末时候，明皇叔朱良月避难，化名为八大山人的隐居处，现尚保留着他的墨迹。庙里有一株高数丈围十左右尺的桂树，母树已枯，仅存外皮，惟树身腹内另由地下生五根子树直上，那就是世所谓"桂子兰孙"的"桂子"，盖树身外围枯后，腹内新树继其繁荣，相传不辍耳。

十一月廿四日夜十二时，搭浙赣路车离南昌。廿五日上午九时到达上饶。一九四零年首次到该地，此回为第二次。原定一二日即返闽，惟因路中尚有土匪，故延至廿八日下午三时半，才乘坐第三野战运输部特备的中吉普车，并有廿八辆运输车及一连武装同行。廿九日的中午经过"分水关"，这是闽赣分界处。在赣境内的山岭，烟浓雾重，细雨绵绵，显得天气很冷，一过了"分水关"，气候就不同了。因为闽境没有下雨，所以觉得很暖和。五时许到达闽北重镇的崇安县，这是吾闽最先解放的县城。因为它解放比较早，所以一切的秩序也就比较好，商店大部分都已恢复。卅日的清晨六时半沿着武夷山下驱车前进，在公路上的两傍的茶园已尽荒芜，曷胜感慨。从这里更可看出蒋匪军的抽壮丁、强征粮和苛捐什税摧残农村的惨痛景象。解放后人民政府虽尽力设法，要使武夷各茶恢复生产，奈创伤太重，一时未可复原。

由崇安到建阳，路上看着许多被遣送还乡蒋军，有的因为体弱有病，和军眷妇孺无法跟上队伍，以致三三两两，零零落落持杖而行，有的已体力不支难以行走。观此，特向政府建议，设法用军运车辆输送至上饶搭火车返华中。

我们自十一月廿九日入闽境，经崇安、建阳、建瓯、南平，至十二月三日始坐着省府特备的汽船，沿闽江直下，于是晚到达本省的省会福州。

由福州到厦门

福州是去年八月中解放的，在军事上是一件很大的胜利，因为只伤亡极少数的壮士，而消灭了蒋匪军四五万人。计福建省解放战争只付五六千伤亡的代价，歼灭蒋军十余万人，这是非常辉煌的战果，这是由于获得全省人民的支持和合作。福建解放前，蒋匪军由东北而华北、华中、华东一直败下，如垃圾一样，被扫至本省，已无路可再走；加以过去地方土霸惯匪流氓，为了畏罪逃跑入山，为非作恶，凶横抢劫，所以福建今日尚有匪患。但政府已有清剿匪特计划。据省军政当局负责者的表示，坚决在本年内一定要肃清全省的匪特，这就是本省当前的一个工作任务。福州这个城市商店，大多数是用杉木建筑的，所以过去常常发生火灾，而且每次火灾，烧的常是一千多家。福州还没有自来水的设备，所以要靠人工去挑水来救火，这种古老的救火方式，其情形可以想象。为了福州的防火，特别是为了福州人民的卫生，深深希望福州早点兴办自来水的事业，这和地方的安全，人民的健康，是有很大关系的。

十二月十三日应福建人民革命大学的约请，在孔庙与四千余同学讲话。福建人民革命大学，是要培植福建全省的青年干部，同学是从各县招考来的，准备将来派遣到各县去服务。目前全省的干部人员，多数是南下工作团，对地方的风俗习惯和语言，都很隔膜。将来革大同学毕业后，就可出来为地方服务，这对地方上的工作，是会有很大的帮助的。

十二月十九日下午六时由福州出发，晚十二时到达涵江，越日二时半到达莆田，适该县召开人民代表会议，出席代表四百余人，承全体代表的好意，特举行欢迎晚会。廿一日经枫亭、惠安，于下午五时半到达晋江。在晋江逗留七天，于十二月念七日离开，当晚到达同安集美。念八日清晨去看被炸的集美学校及集美社。集美学校多座教室和宿舍，倒的倒，毁的毁，几无大半完整的。集美社亦是全社无大半完整的住屋。

一九五零年的元旦，我们在同安参加同安县各界庆祝中华人民共和国第一个元旦。到会的数百人，大家都感到非常兴奋和愉快。

同安的同民医院是新加坡同安侨胞捐办的，虽然不是一个设备很完整的医院，但是在这小县城里有一个医院的设立，对地方总是好的。

一月七日晨六时由集美乘集厦电船公司的汽船到厦，因为事前未通知，所以厦门准备大规模欢迎的人，都未预先获悉，仅军管会市政府和主要地方负责首长到码头迎接。厦门市建设，除中山路稍宽且直外，其余的马路无一条是直的，都是湾湾[弯弯]曲曲及狭窄。但厦门市外禾山区的交通路线都是很好的。公路交通，可称相当畅达。

一月十二日厦门市各界人民代表会议开幕，我们亦被邀参加。各界代表二百余人，来自各不同的阶层，包括农民、渔民、工人、商界、工业界、教师、学生、青年、妇女、华侨及宗教代表，和中央召开的中国人民政治协商会议一样，都是统一战线的形式。

龙岩与长汀

元月念四日上午离开厦门到漳州。念五日到石码。念七日由漳动程，下午四时到达龙岩。念八日上午往南门外参观"冬瓜形"的煤矿和煤矿附近的石灰窑。

龙岩的煤不但在福建占有相当重要的地位，即在华东南亦然，惜在国内外未能与他处的煤争取市场，而仅能在龙岩作为柴火的代用品，无机会在工业上发生作用。相信今后人民政府一定能建筑闽赣铁路及闽粤铁路，则福建不但矿业可发展，而内地诸省亦便利交通出口也。

元月卅日上午八时由龙岩出发至晚十时始到达长汀，途上经过朋口松毛岭，据说这一带地区匪徒常常劫车抢货。最近军政当局曾派武装沿途护送行旅，并进行剿匪工作，故已稍为安定。

长汀造纸工业，过去遭受国民党的摧残，几乎全部消灭。解放后经各造纸业同人的申请，由工商联合会证明，得政府拨款借贷，已进行初步复工准备工作。据工商联合会主席云，今年可恢复一部分，希望明年或可完全恢复。这说明政府对工商界的实际帮助。

对福建观感

我们从十一月念九日入闽北，直到二月一日离开闽西重镇的长汀，在福建的时间整整两个月。我们所得到的观感，与别的地方大体上是差不多。如军队的纪律，政府人员的廉洁，高级干部的虚心，全省到处都可聆到好评。至于地方的下乡工作干部人员的缺乏，和南下工作团因语言不通，致许多与群众隔膜；利用旧保甲长人员，致反被旧保甲长利用，作为私人报复的工具；和征收田赋发生许多怨言，斗争恶霸的工作有些地方做得不够，有些地方做得过分；归纳起来，主要就是因为干部缺乏。由于干部缺乏，所以有些地方免不了会用一些经验不够，做事能力薄弱，或者犯着官僚主义的某种分子。但这些都是个别的情形，绝不是政府的政策，所以政府时时刻刻，在纠正这种错误，处处在征求人民的真实意见。如各地召开人民代表会议，不论军政人员必须诚恳接近群众，虚心听取人民意见。一方面在福州办军政大学和人民革命大学，招考各地方青年学员，准备于学成后回到原地方去为人民服务，这都是政府诚心诚意想把地方搞好的事实。

至于福建的经济前途，我们亦是认为很乐观的。在农业方面，福建全省有耕地三千余万亩，以一千二百万人计算，平均每人有三亩地可耕，这使福建的粮食在基本上是可以自给的。过去因为坏政府对于实际为民谋福的工作不做，反而加以摧残，迫得民不聊生，田园荒芜。照现在的调查，在那三千多万亩耕地中，仅有一千七百余万亩在耕种，有近千万亩为熟荒，尚有一千万亩是生荒。政府对这占全省耕地一半以上的荒地，正在准备着有计划有步骤地去开垦，预算在三五年内必可达到这目的。

关于工业方面，首先计划建立动力，以水电为基础。福建的水电力，计有古田、莆田、龙溪三个建设水电的主要目标，每处都可建设十万基罗瓦特以上的水电厂。至其他较小的江河溪流，可以建筑水电厂的尚有多处，可见福建未来的工业动力是很可发展的。

关于轻工业方面，如造纸厂、制糖厂，以及其他各种农业加工、海产工业，在福建的前途也是很有希望的。

矿业如安溪的铁、龙岩的煤、德化的磁和许多蕴藏的矿产，几乎都完全未开采，将来如铁路建设成功，交通方便，福建的工矿业必然会发展的。福建的工业建设要能成功，必须先依赖福建的交通。将来铁路的建设成功，福建的海港就可以繁荣，成为华东南各省物产的主要吞吐口。

经赣南到广州

二月一日上午离开长汀，十一时许经过革命老都瑞金，晚九时到达赣南重镇的赣州。此地市街很宽阔，在华中南恐怕没有比它更宽的。赣州的商业亦相当繁荣。

二月四日离赣州，晚八时许到达曲江。这是粤北的重镇，抗战时广东省府曾迁此地，濒北江的上流，商业颇繁盛，交通方便，有通赣州的公路，又是粤汉铁路的要站，水运可由北江上流直通广州，故粤北各地均以此为货物集散处。

二月六日上午九时，由曲江乘粤汉路火车，晚六时抵达广州。广州是中国四大都市之一，亦是华南最大都市，可惜街路弯曲，狭隘不宽，与厦门相似。闻当时孙科任市长，因私害公，至有此弊。高楼大厦，建筑颇伟，商业繁盛，交通则公路、铁路、水路都很方便。

七日下午乘车游览全市，并到白云山麓之黄花岗。此为革命先烈七十二烈士丛葬之处，建筑颇壮观。荔枝湾过去是广州最幽雅的游玩处，画艇很多，专为游客划舟览胜。今之荔枝湾虽画艇尚有，游客已无，情形好像很衰落。中山纪念堂在观音山下，建筑仿北京之天坛。广州市政府与中山纪念堂接近，在观音山上看下来，颇有似帝皇宫殿，因其屋瓦用黄色，闻为陈济棠所建，盖当时陈济棠颇有皇帝瘾。海珠桥是广州有名之大建筑物，架在珠江两岸，为蒋匪帮薛岳、余汉谋诸匪首临走时炸毁，因此市民于搭渡时，莫不怨声愤骂蒋匪破坏此桥的罪恶。当此桥被炸时，桥的两岸房屋被震动倒塌数十间，江上的木船亦被炸沉甚多，桥附近的市民被炸死伤千余人。这血的仇恨，广州的市民永远不会忘记的。

南方大学设在郊外，与中山大学相离不远，学生四千余人。学员中有大学教授，有中学教师，有旧政府人员，也有百余华侨青年。他们（她们）都有很高度的学习精神。南方大学的学员，学成后准备着派到政府各部门去服务，这是在为国家造就新人才，为政府训练新干部。

广东造纸厂，是在河南郊外，规模颇大，日可出纸五十吨，机器向瑞典购买，原料用松木。松木在华南是很多的，尤其是广东和福建（闽粤多用松木作燃料）。松木既然可以做纸，中国造纸前途更有希望。因为松木易种而且快大，它的成本一定比东北所采用的白松木轻，同时也不怕原料中断，这对造纸是一件最重要的事。

佛山又名南海，为广东一重要县市，离广州一点多钟的火车路程。佛山最主要的出产是丝绸（即广东油绸），但都是手工制的，工场还没有改良。据说制造这种油绸的方法，是靠佛山出一种泥土，用那种泥土擦在丝绸的上面，经过了几次，它就变成面又黑又亮，而底则呈红色。这在夏天和热带最合销，因为在热天是一种凉爽的服料。在抗战前它的产量是很多的，抗战后受日本摧残很利害，胜利后，正希望可恢复，不料国民党反动政府，不但不予扶助，反而处处刁难，阻碍出口，以致不但无法恢复，甚至继续停闭。幸解放后人民政府给予资助贷款，并由政府贸易公司收购出品，换发原料，使业此者皆得重整旗鼓，恢复旧业。相信在政府的协助下，佛山的绸业将可逐渐恢复和发展。

二月十一日，搭广九火车离开广州。十一时半到达深圳。在深圳午餐后，于下午四时到达九龙。至此，我们这次旅行暂时结束。我们对于此行的观感万分愉快，欢欣新中国的确是站立起来了。我们在兴奋地庆祝我们祖国光明前进。

五、演讲、报告、提案、言论

南洋景况

——晚会演说词

中国与南洋

余抵天津三宿，就来东北沈阳及其他十余城市。除四平、抚顺、本溪、鞍山外，其他皆有晚会，各工作人员，下午六时停工，回家及晚餐，须近八时乃能开会，每处座位皆满。主席及余上台讲话及翻译，至多一小时半，演剧约二小时，已近半夜，而工作人员，五时就要起床，故常提前半小时毕会，非演词缩短，则节目裁少，而各处同胞，素与南洋华侨隔阂，都要余报告南洋概况，爰扼要记录如下。

东北南洋贸易

毛主席提倡农工业增加生产，我国农业守旧，工业落后，此后响应毛主席号召，关于农民努力，增加生产，尚期科学化，改进植物畜牧水利诸重要问题，俾能避免旱水灾害。至工业方面，我国重工业初在萌芽，轻工业虽略有基础，然比较先进国相差尚远，亦须力求改进。农工业发展后，除国内自给外，剩余物品，当然向外国推销。以我国环境言，东西南北四方面，东为日本，北则苏联，西有欧美，均非我国推销地；惟有南洋一方，可以发展。南洋地广人众，土地肥沃，物产丰富，气候热带，无严寒极暑阻挠，所需轻重工业品，为南洋所无，而欧美及我国所有，如煤炭、洋灰、纸张、玻璃、火柴、纱布、丝绸及磁铁家具等，战前系由日本欧美运往，日本则多由我国东北运去。战后日本货绝，概由欧美运到。若论水途路程，东北至南洋新嘉坡，三千海里左右，而欧洲须六七千海里，美国则更远。不但路程远，运费多，而欧美工资，比较我国尤贵。我国工业物品，优劣及成本，如不逊于欧美，则运销南洋可无问题矣。

各属地与人数

余所言南洋，系安南、暹罗、缅甸、马来亚、印度尼西亚之苏门答腊、爪哇、西里伯、婆罗洲及菲律宾等处。安南人口约二千五百万，暹罗一千五百万，缅甸一千六百万，马来亚六百余万，印度尼西亚七千余万，北婆罗洲数百万，菲律宾一千余万，合计一亿五千万人。而华侨在安南四十余万人，暹罗五百万左右，缅甸约四十万，马来亚二百五十万，印度尼西亚一百六十余万，婆罗洲二十余万，菲律宾十余万，共计一千万人有奇。所言华侨在南洋有此人数，系根据前年南侨总会各代表之报告。至暹罗五百万人，乃前驻新嘉坡暹总领事亲告余者。然被暹人所化，读暹文说暹话，对我国语文完全不晓者，约三百余万人，但知为华人而已。华侨在政界多人，现执政权领袖，名銮波汶，系广东省潮洲[州]人。前年日本战败后，我国为四强之一，彼时诸不识华文者，多要学习中国文字言语，再后见国民党政府仍旧不振，遂中止耳。

海陆等物产

南洋地居热带，终年都是夏季，盛暑罕过九十度，寒月不下七十度，雨量充足，森林茂盛，土地肥沃，植物易长，种类繁多，为寒温带所无，如树胶、椰子、胡椒、甘蜜及其他等。单说树胶一物，每年可产一百二十万吨。价钱虽贱，尚值美金五亿元，安南、暹罗、缅甸，每年出产白米，除国内自用外，尚余五百万吨，可以出口，全年仅种一次，不肯再种杂粮，因气候环境关系，土人但求衣食，不事积蓄。又如爪哇水利完善，每年可种稻三次，矿产如锡产量，占世界七成之多，汽油可出二千万吨，海产鱼蚝亦甚丰富，交通便利。安南铁路虽未通暹罗，而汽车路已通。暹罗、马来亚、缅甸铁路及汽车路均通，各处汽车路密如蛛网，爪哇、菲律宾铁路公路亦然。

南洋经济权

南洋各土产多运销欧美，故凡装寄出口，都操洋人之手。若在内地零星收买，及集中海口市场，转售洋人，则多属华侨经营。至于入口之用品，如纱布、罐头、烟枝、器具及其他百货，前由日本及欧美运来，由上海、香港来者亦有多少，现日本已败，则由欧美运来。至售卖商贩，不拘成宗或零售，海口或内地，仍多由华侨经手。总言之，诸仲〔中〕介买卖，须经华侨者居多。又如各处米厂及其他工厂，大半亦属华侨经营。土人既不重积蓄，当然乏财力可营商业，而欧美人又不作零售商贩，故多操华侨之手。此后各工业品我国如能制造，品质与成本不逊于欧美，以华侨之爱国，必尽先推销国货矣。

南洋之文化

民国光复前，华侨学校甚少，故多为土人及殖民地洋人所化，迨民国光复后，各处华侨学校，蓬勃发展，如马来亚华侨二百五十万人，有学校一千八百间，学生二十万人左右（英文学校在外），概用国语教授，故南洋各处，国语可以通行。缺点为涣散无统，各自为政。若人民政府成立，邦交建立后，派员组织领导机关，附设于领事馆，则收效实大。他如新闻日报，马来亚有三十余间，概为私人所办，中文报、英文报各十余间，余为马来报、印度报。中英报，每日多出二大张，在国内及南洋多有通讯员，在坡中则有外勤记者多人，凡法庭及社会事，多系他的好材料，故能吸人注意也。

在中国保卫世界和平大会致词

主席暨诸位先生：

本日中国保卫世界和平大会成立，邀本人参加演讲，本人深感荣幸。世界自有历史以来，不是大民族吞小民族，就是强国吞并弱国，致各国屡起战争，无有一世纪和平，民生惨苦，人命财产损失重大。本世纪以来，帝国主义者，利用科学上种种杀人的利器，如各种大炮、战车、战舰、飞机、炸弹，发动世界战争。他们只知自己发财，不顾人民死伤。自反法西斯的第二次世界大战以后，美国华尔街垄断资本家，又想发战争财，野心愈炽，竟欲奴役全世界人民，独占全世界之物资。所谓杜鲁门计划、马歇尔援欧计划，其目的就是在奴役世界人民。在中国，美帝国主义者，以军火金钱援助蒋介石，发动内战，致使我国人命财产损失惨重，为历来所未有。他们还在扶助日本帝国主义者，企图作为侵略中国的工具。可是现在全世界人民已经觉悟了，不要再为帝国主义的利润而牺牲了。争取世界持久和平，反对新战争威胁，已成为全世界劳工及民主人士的强大运动。我相信只要全世界人民团结起来，美帝国主义者挑拨战争的阴谋，一定会被粉碎的。本人敬祝世界人民团结成功！世界和平万岁！

回国观感

——在新嘉坡中华总商会联合各社团欢迎大会讲词

主席暨诸位同胞先生：

我回国游历返星，今日承商会联合各界欢迎，至深感谢，甚不敢当。至欲我报告在国内见过各情，我当欢喜接受，以慰诸君关怀祖国之热诚。回忆前年日寇败降后，我在吧城福建会馆欢送会中，上台演讲，曾云世上有三种话，即漂亮话、敷衍话、老实话。漂亮话我未有学习，敷衍话难免使到会诸君失望，老实话恐有一部分人不喜听。我前年回国慰劳考察，与此次回国观光，无论在国内外讲话，均凭见闻事实与良心而言，故前次南返报告延安政治良好，毛主席诚恳虚怀，终必胜利；蒋介石狡诈无信，政治腐化，终必失败；陈仪祸闽惨重，必须打倒。日本败降初时，侨众咸庆升平，我则谓内战决难避免。美国极力援蒋，助长中国内战，我电责其昧良必败。以上数事，初时多数人不信我言，盖其时蒋毛势力悬殊，莫怪其然。今日我所言亦必有人不信。然信否由彼，与我无毫发关系。惟诸君诚意惠临，我不能以漂亮敷衍之话报答，幸祈原谅。兹欲报告见闻数要点，即关于军事、政治、农工业以及新中国将来之建设。约略如下：

军事

军事对外对内已胜利，尽人都知，毋须多赘。若患第三次世界大战，无异杞人忧天，我前已屡言之。现中苏二大国团结友好，其力量足以维持世界和平，打消战贩妄想。英国此次选举，工党又告胜利，其人民亦爱和平，更明显无疑。我人民政府原有陆军四百万人，又收容蒋军二百余万人，共有六百余万；自本年起已解散许多，令趋向农工方面生产，特别优待，每年限缴纳政府白米三百斤，其他各税均免。军队在非作战时间，均须学习工作，如从事农业生产。我经东北华北华中，到处查知军纪甚好，不打人，不骂人，不取人财物；及到华南，则亲闻亲见，借人民屋宅同住多月，虽家乏男子，未闻发生不正当事故。昔武侯屯田，军民杂耕而不扰，史称节制之师，若解放军之众，战期之长，普及全国，而能一律克［恪］守军纪，到处口碑载道，较之武侯节制之师，尤难能而可贵也。

政治

我在东北两个月，历路程五千公里，经十余名城，又往华北、华东、华中、华南数月，历数十名城，到处与军政要人接触，咸都诚恳虚怀，勤奋俭朴，遵守政府纪律，其待遇，除供给相当生活外，每人每月零用费不上星币五元。在北京屡会见叶剑英将军，其所穿外衣，未有熨过，近抵广州，所见亦然。诸领袖俭素之风，前后不易。以上情况，凡前未到延安之人，咸认为新奇，若我则认为旧例。现下除华南外，其他诸省治安甚好，盗匪罕闻。在开封吴（芝圃）主席告我，河南全省夜免闭户。前者各省多有陋俗，赌徒、娼妓、乞丐，到处多有，现多已被感化，参加生产，且已逐渐减少，不久可以消除。各地方集会结社，互相检讨，去恶向善。公务人员每日工作八小时，学习及运动二小时，正确领导社会，一面严令禁赌，一面宣传教导。在街区或乡村，广设文化宫、文工团、文化服务站等组织，内容设戏剧组、研究组、音乐组、体育组、卫生组、宣传组。政府如有一种新法令，要完成一种工作，每由宣传戏剧等组配合推动，做到任务完成。人民有严密组织，例如某乡村有居民一百户，就分作七八间。如男人多，正间长是男人，副间长是女人；如女人多，正间长是女人，副间长是男人。间以下设互助小组，及学习小组。如有人碰到困难，小组同人当为他想办法。晚间设有夜学识字班，识字之人须担任识字班义务教师，教导不识字之人。原不识字者，不论男女，每天定要认识两个字，读了六个月以后，每天就要读四个字，再读四个月，在此十个月中，每人就可认识八百字。使每人都能看政府报告及报纸。现东北各老解放区，识字已将普及，而新解放区亦正向此条路走。晚间有上课等工作及娱乐，故前时恶习多不存在。福建现有半解放者十余县，未解放者数县。其原因为政治人员未备，大约至迟本夏季内尽可解放。福州自去年秋后开办革命大学，定半年毕业，现有学生三千余人。又有军政大学，学生二千余名。广州有南方大学，学生四千余名，俱系大学中学毕业及未毕业男女青年学生自动投往参加者，毕业后可下乡为政府服务，其民气可以想见。此为华南闽粤最后解放区之大概情形也。

农业

我国虽称农业国，然耕种方法守旧，对于科学化之换种、施肥、水利等等，前政府均未注意，而纺织厂多设于上海，输入外棉为原料，致国棉价贱，出产寡少。现人民政府则不同，限制外国棉入口，鼓励农民由本年起，逐年加种千万亩棉田，以至自足为止。上海纺织厂此后须移一部分于内地。至于粮食问题，去年秋季东北、华北、华东、华中水灾严重，政府极力调整救济，毛主席下令各灾区县长负责，不得使饿死一人，故化险为夷，平安渡［度］过。交冬以来，风调雨顺，什粮可以丰收。加以土地改革，农民自耕其田，勤奋培养，成绩优异。且江河流水，铁路公路，东西南北水陆畅通，运输便利。人民政府又在相当市镇，设立贸易局，预防商人操纵，以资调剂市场。现在米价每担约星币十元左右，夏季如无意外灾难，关内各省粮食可以自给，东北尚有大量剩余，可以运来。闽张（鼎丞）主席言，福建田地三千七百余万亩，已耕者一千七百余万亩，未耕者尚有二千万亩。粤叶（剑英）主席言，广东田地六千余万亩，已耕者四千万亩，未耕者尚有二千余万亩。其他各省未耕之田地，较粤闽尤多。闽粤山多田少，可耕田地仅占省域面积不过百分之十二，余者大部分为山岭江河，池沼城乡，将来工业科学水利发展后，可增加无限之生产。

工业

毛主席提倡发展农工业，建设新中国，欲将农业国变为工业国。要建设新中国，与欧美苏联并驾，非发展工业不为功。而工业最首要者为钢铁，无论轻重工业，皆与钢铁有密切关系。如一枝针之微，非靠钢铁不可，国家如不能生产钢铁，则不成为工业国，无富强可言。东北鞍山及本溪等处，产钢甚丰，鞍山厂有炼铁炉九个，每日能炼出净铁七百吨者五个，六百吨者二个，四百吨者二个。本溪有炼铁炉四个，六百吨者二个，二百吨者二个。共十三个，每日可炼出七千一百吨，规模之大，可以想见。另有本处及他处许多炼钢炉，系由铁配料再炼作钢，每日可炼数千吨，复由钢炼出各种材料，如铁路轨、造船厚薄铁板、桥梁建屋工字铁、圆铁、铁板、角铁、方铁及其他各种铁条，以供铁工厂需用。满清时代，在汉阳设一炼铁厂，为大冶产铁，萍乡产煤，厂设汉阳，故名汉冶萍铁钢厂，有炼铁炉八个，每日大者可炼六十吨，小者三十吨，共三百余吨，在当时称为规模不小。后因办理不善，成本比较舶来品贵，及国民党时代，完全放弃。现仅存数枝烟囱，其他都无有。大冶距离汉口约一百华里，尚存铁沙三十余万吨。日本战败后，国民党资源委员会，就在该处设一铁工厂，工人数百人，自造一个炼铁炉，每日炼铁三十吨。至去秋解放军接管时甫告竣。以两三年工程仅成此小规模，若比较东北日寇之经营，须数百年方能企及。我国关内诸省，除此而外，虽太原及其他一两处亦设炉炼铁，规模狭小，于工业不足轻重。

东北重工业规模较大者，尚有炼油厂，原料系取诸煤矿上层岩石，碾碎炼油，在抚顺有东西两厂，东厂有炼油炉二百个，西厂一百四十个，每个每日可炼出初油五吨，共每日可炼油一千七百吨，厂址长十余里，规模之大，可以想见。

上言系初油，另有分类炼油厂多处（四平亦有两厂），机械甚繁杂，规模亦伟大，系将初油再炼出上中下各种油，如灯用油、汽车用油、飞机油，次下如发动机及其他用等油。煤炭矿有露天矿及矿井多处，大者每日能出五六千吨，共每日可出五万吨左右。又有洋灰厂十余厂，每日可出洋灰数千吨。又有新式砖瓦厂（如本坡慕娘公司砖厂），到处多是，不可计算。又在大连、沈阳、秦皇岛三处，有造玻璃片厂，每日可出厚薄玻璃五万尺。又一个名冶铁厂，能炼出铜金银，其烟囱高大为各厂冠。又有两个水电厂，一在小丰满，一在鸭绿江，小丰满水电厂，堤坝底基阔九十尺，高二百尺，长三千余尺，水电力有七十万基罗瓦，约近一百万匹马力。鸭绿江水电厂现与朝鲜国合用，我未往看，不知水力多少。造火车头铁工厂，在大连有一厂，能制造全部，工人五六千人，每月能造成五六座，沈阳亦有一厂，工人四千人，能造火车头七八成，未完者由大连厂补成。哈尔滨及齐齐哈尔，亦各有一厂，工人四五千人，只能负责修理。沈阳又有一铁工厂，车床刨床钻床锯床及其他数十种大小完备，工人八千余人，能制造轻重各工业所需器具。又一制造各种电线厂，工人四千余人。我所言系其规模较大者，其他同类及军火厂指不胜屈。

轻工业

至轻工业，如造纸厂，据工业研究院日本技师言，东北造纸原料（树木）每年可制纸四十万吨，足供我全国需用，现东北各纸厂，每年仅能制出二万余吨。他如纺纱厂、织布厂、人造丝厂、亚麻厂、天然蚕丝厂、制药厂、化学厂、树胶厂及其他种类甚多，应有尽有，难以枚举。轻重工业厂闻有数千厂之多，大部分原为日本所创办，现归人民政府接管。我所参观数十厂，系规模较大者，其他因时间关系，不能多往。

日本未战败时，在东北日人有四百万人，所住屋宅概现代化新建筑，适合卫生，砖墙红瓦。虽工人所住平屋，亦宽雅可观。我估计如每十人住一屋，须四十万座，每座连水电设备家具造路等费，平均作美金五千元，共需二十亿美元。他如公私办事所、旅行社、政府及文化各机关，俱有宏伟之建筑。日寇侵占东北十余年，处心积虑，得陇望蜀，欲吞灭全中国，故拼命经营。交通方面，有铁路一万二千余公里，大半为其开筑，又开辟公路胚十二万公里（铁路如一公里，例须附设公路九公里以供货运）。因太平洋战争，多未填石完成。据东北人民政府主席高岗先生言，本年要填石完成六万公里，又从沈阳至天津，铁路添加一轨道。东北各轻重工业厂及各机关，当日本失败时，大体未有破坏，国民党败走时，亦多未遑破坏，其破坏者，多系国民党接收后，三年余不继续经营，失于保管，虽有少数厂开工，如某件机具损坏，并不新造抵额，只向别厂取补，加以主管人盗窃，瓦屋破漏，任风雨侵蚀，故多不完整。内战围城时，因乏燃料，许多建筑物木料被拆，损失亦不少。解放后，人民政府积极修葺，至去年终大约可恢复十之二三，闻近月来多聘到苏联技术人员来帮助，此后恢复，定可较快也。

买机器

我国兴建工业如专靠外汇金钱买机器，则进展必甚迟，以水电厂言，查现机具及工料费，要造一万基罗瓦电力厂，须费美金五百万元，福建古田将建一四万基罗瓦水电厂，预算约须美金二千万元。东北小丰满水电厂有七十万基罗瓦，当费美金三亿余元。然大规模水电，平均费或可较低，若小者如数千或一万基罗瓦，则平均费恐较高，估计大小平均每万基罗瓦须美金四百万元，申星币一千余万元。苏联建设三十年，有大小水电厂二万余处，每年平均造成近一千处。我国水电现不上几十处，兹如欲学苏联之进步，只机具一项，每年要支出外汇许多亿美金，当然不能办到。我国工矿业未能开发，乏出口货物来换外汇金钱，虽素称农业国，所产之物，除自家供用外，只有大豆、桐油、猪毛及其他少数出口货，不足换入火油①、树胶并他项需用品，安有外汇金钱可以购买大宗工业机器。重工业种类很多，兹我仅举发展水电而言。若自家乏原料机厂及技术工人，而须用金钱向外国购买，以我国经济之困难，诚遥遥无期矣。幸东北现出产大量钢铁原料，多大铁工厂，并有苏联技师任教导，一两年之后，除东北扩大添建外，每年至少可剩原料与机器十之七八，运入关内各省建设重轻工厂，不但各处水电力可以勃兴，其他轻重工业厂，亦可如东北之设备。此所谓自力更生，毋须外汇巨量金钱，而能造成工业国无限富强，实现新时代伟大建设。盖关内及内蒙、新疆华西二十余省，各种矿产丰富，建设前途亦有希望。我此次回国游历，对东北印象最深，看到中国远大前途可以乐观，亦最愉快，认为抗战八年所流之血，其最大代价即在收复东北也。

衣食住行

新中国建设之目的，为改善人民生活，其重要者为衣食住行。我国人民于

---

① 闽南语，即煤油。

此数项，甚多缺点，必须重大改善，乃能获得身体健康及长寿，与欧美、苏联人并驾齐驱，达到建设新中国之目的。二十年前欧洲卫生家，欲知世界人类寿命长短，将欧洲、中国、印度等民族提出比较，调查结果，欧洲人平均每人享寿五十四五岁，中国人三十九至四十岁，印度人廿七八岁。中印人寿命之短促，为衣食住不合卫生，印度人又有早结婚之害。

卫生研究

近年欧美卫生研究会，再调查欧美人寿命，平均每人可达六十左右岁，比前已有进步，且断定不久将来，平均可达七十左右岁。

我国人对卫生甚少注意，当然不能进步。十余年前柏林开世界运动会，我国精选运动家数十人，参加比赛，结果完全失败。一九四八年，英国伦敦又开世界运动会，我国亦精选运动员数十人，参加比赛，仍完全失败。以四亿七千五百万人之众，选出数十运动员，而不及欧美数百万人小国之选手，其失败原因，非为技艺不精，实因体力不足。去年秋，我从大连参观造船厂，其中华工八九千人，经理为苏联人，甚诚恳招待，我乃问他中国工人比较苏联工人工作如何？请照实回答。他云："我推诚答复，譬如一件重物，苏联工人五六人就可扶走，而中国工人须十人左右乃能举行。"体力缺乏，为身体基本不健康，既欠健康，当然不能长寿，其原因为衣食住不适卫生之误。兹我将衣食住行等项逐一说明，以明建设新中国必需之理由。

衣服问题

关于衣服问题，我国人贫穷者不能温暖，到处多是。每人或仅有衣服一套，无可洗换。他如房内蚊帐被褥，更谈不到完备，为此缘故，安有卫生可言？若农工业发达，则人民殷裕，衣服多套，可以换洗，蚊帐被褥充分，足以应用。

食的方面

食的方面，非但食饱即可，亦须要清洁，防御蝇虫染秽。我国人厨房多欠整理，碗箸刀匙大都不洁，又如日常需用之水，更有关系。若自来水在源头有医生逐日检查，逢有细菌即下药消除，最合卫生。然我国人百无一人可饮自来水，而所饮井水河水，常有细菌及其他不清洁之物，日积月累，自不免妨碍身体健康。欧美人虽有食井河水者，但有卫生局教以下药消毒。我国将来工业发达后，必多有自来水设备，卫生局亦必能教人民在公井河水下药方法。

住屋卫生

又如住屋，我国除江南等省，民间有多少砖瓦屋，其他诸省除城市而外，在乡村要寻一座砖瓦屋，几如凤毛麟角，所见几乎概是泥墙草屋，矮低卑小，多有户无窗，即有窗亦甚小，屋内黑暗，空气日光不能达到。至江南等省，虽有较大砖瓦屋，窗户亦小，光线空气缺乏。盖建屋时绝不计及卫生，各城市楼屋亦然。若工业发达后，必重新改建适合卫生之高楼大厦。至于乡村住屋，不论工人农人所住者，虽平屋亦必须合于卫生，门窗阔大，光线充足，俾家家安适居住。

行的问题

现下各省或有少数铁路而乏公路，或有些公路而乏铁路，除名城重镇外，最大多数县市，无何车路可通，乡村更谈不到，乡民多有终身未尝一履县市者。若工业发达后，各省县及市镇乡村，铁路虽一时难普及，而公路及无轨电车，与运河水路，必密如蛛网，俾文化智识，易于传播，增加人民无限见闻。

以上衣食住行四大要件，必如上言之改革，方足达到建设新中国目的。此事情非我人过奢希望，系步欧美苏联先进国之后尘。前因腐化独裁政府，建设徒托空言，故无寸进。兹有人民政府，兼有英明领袖之领导，一切建设，定必蒸蒸日上。二三十年后，可与欧美苏联并驾，彼等人民获得生活幸福，健康与长寿，我国人亦能如之。建设新中国之主要目的，端在乎是。

大水电厂

我前到汉口，有关系人士告我，汉口居全国中心，将来必更加繁荣，可惜市场难于发展，盖前面迫长江，后方阻水湖。迨晚间开欢迎会，我演说云：前国民党聘美国水电工程师来长江三峡考察，据云有一千万基罗瓦水力，可建世界最大水电厂，工程预计十年完成，现人民政府甚注意此事，将来造成后，汉口必增加繁盛。武汉气候寒暑甚酷烈，居民每感苦楚，若水电厂完成，寒暑可以调剂，盖一般人民可有冷暖气和风扇设备。至于临江楼屋，现平均不过两三层，将来应翻建二三十层，或三四十层，后方店屋，现仅一二层，亦必翻建十余二十层。美国纽约市，自数十年前已建有一百余层者，若二三十层乃极平常楼屋。长江上下游深浚后，万吨巨船任何时可泊汉口岸，通行世界，免由上海转运。至上游二三千吨船，可达四川内江，长江流域七八省份，可开许多运河港，以通内地，既可利便交通，又可灌溉农田，消除水旱灾难。武汉现下市民一百二十万人，工业发展后，增至千万人亦意中事。我国各省各县，多有大小江河，可利用水电力灌溉农田，兴设工业厂，使无水旱之灾，获无穷之利，我举长江而言，其他可以想见。在创始之时，全国人民必须与政府共同努力，艰苦奋斗，乃能达到目的也。

两项怀疑

　　我自出京南下，经过许多名城，有些市民，有两项怀疑，要我明白解释，一为政协共同纲领中规定，"人民民主专政是中国工人阶级、农民阶级、小资产阶级、民族资产阶级及其他爱国民主分子人民民主统一战线的政权"，而不言及商家；一为毛主席言人民专政要一面倒，是否依附于苏联，丧失独立权。我解释如下：共同纲领中所言小资产阶级与民族资产阶级，一般正当资本商家，均包含在内。共同纲领第三十七条云"关于商业保护一切合法的公私贸易"是则商家更可放心。新中国系预防将来工商业发达后，有大资本家垄断，如欧美工商业诸大王及日本之三井、三菱等，独占垄断，损害普通工商业家。若美金数十万元至数百万元之正当营业，当亦在保护之列，毋须怀疑杞忧也。

一面倒之意义

　　系指现世界有两派：一派为帝国主义，要侵略要战争，怀损人利己之野心，如美国是也；一派为社会主义，要和平，不战争，己所不欲，勿施于人，如苏联是也。我人民政府不能含糊两可，势必选择一派，平等同行，结为兄弟友邦，以维持世界和平，绝非屈辱依附，自失独立尊严。兹我可举一事，以证明无须丝毫怀疑。这就五星国旗决定之经过。去年六月人民政治协商筹备会，举常务委员二十一人，我亦在内，分组负责讨论各事。讨论国旗国徽国歌一组十余人，为特别慎重起见，另选常务中六人参加，我列在内。关于国旗，征求全国美术家投稿，至八月二十日止，共收到四千余份，其中有铁锤镰刀者占九十巴仙之多，诸组员共同选择三十份，其中铁锤镰刀式当然不少，在此三十份中，要选一份列首位，惟意见未能一致，乃往征毛主席意见，结果毛主席选取五星旗。于此足以证明我人民政府之独立尊严也。

毛主席为人

关于毛主席为人，惠安人陈伯达先生（前集美学校师范生，现为中共著名文人）在北京告我，毛主席为人甚温和慈祥，善体贴人情，虚怀若谷，文学极好，所发表文章皆自手出，未有人增减一字。伊（陈）所作文，常请其指导，批评弱点。又谓毛主席记忆力极强，所看翻译外国书，连偏僻江河之名，亦历久不忘。一九四七年，国民党军攻占延安，毛主席同四千军队最后夜时撤退，经过许多战役，历许多路程，越年克复延安，由原路返旌，对当时经过区域，作战情况，皆能逐一说明，伊（陈）及诸将领，咸钦佩其记忆力高强。新中国将来建设成功，毛主席万古光荣，缘中国为世界最大国，而造成新中国，亦最艰难，其丰功伟绩，前后古今，殆无出其上。反动派诬我国将作苏联附庸，绝无丝毫根据也。

一九五〇年三月四日

福建建设前途乐观

——在新加坡福建会馆会员大会演讲

前星期会员大会举我为主席办理选举事务，我须办至本日代表选执监委员后，函告中选诸人，待各人承认，再召集执监委员，复选主席及各科主任等职员，常例待各职员宣誓就职，我的任务始完毕。兹人民政府已成立，规例与前不同，我要说明两事如下：

一、人民政府去年十月一日成立，主席及中央委员六十三人，在勤政殿就职，废宣誓礼节。事前在人民政协常务会中，毛主席提议，谓前国民党宣誓，徒有形式，欺人自欺，应勿效尤，经全体赞成，废弃不用。我前在本坡开会中，亦多次提起宣誓徒具形式之非，诸君当能记忆，此次我之任务，至执监委员复选各职员就完了，毋须再来本礼堂宣誓也。

二、本日选举执监委员，切勿举我，我未到新嘉坡之前，就决定来此三几个月，要再回国，按至迟本年夏末起程，因去年在北京开会，延搁二个余月，至许多省份未往观光，在福建本省内亦未久。此次返国，除往游数省外，在本省拟居住较久，待年终或新年再南来。我所言概为事实，祈为原谅。

建设铁路发展商港

前本会馆开大会时，我常言祖国缺乏良好政府，致吾侨对家乡虽有心向往，而事实毫无裨益。兹者腐败政府已倒，人民政府成立，初步状况，前日我在中华总商会已略报告，惟对本省多略而未详，今日补告多少。本省了解新民主主义干部人员甚缺乏，解放后在福州设两大学，即革命大学、军政大学，招中大毕业生及未毕业者，训练四个月至六个月，供政府干部人员，以领导民众。两校学生有六千余人，此后可陆续毕业，为政府服务，治安定可日趋良好，土匪迅可肃清，俾人民安居乐业，然后可以谈到建设，其时海外闽侨定必有一番兴奋，实践素来爱护桑梓之任务也。

本省山多田少，崎岖险峻，交通不便，面积十二万方公里，人民一千二百余万人，未有一寸铁路，此殆为世界所无，各项事业之不振，民生之困苦，与此当不无关系。查本省应筑铁路，有东西两段，东段由浙赣路经福州泉州，而至厦门；西段由曲江粤汉路，经长汀龙岩，漳州而至嵩屿（厦门对面）。厦门海港深阔，数万吨巨舰可以停泊，为我国沿海数一数二良港，此两段铁路如完成，不但本省各业可以勃兴，民生可得优裕，华中华西华南十余省，有一部分客货亦可经本省出洋，本省繁荣实莫可限量，人民政府定必注意建设，此不过时间问题而已。

龙岩煤矿蕴藏丰富

龙岩无烟煤丰富，久闻中外，常闻人言，满地都有，俯拾便是，事实不然，我前数月往看，见其如东北产煤区一样，须开若干尺深，依煤脉采取，非显露地面，惟煤矿上岩石垒垒，似东北抚顺用以炼油之页岩石（抚顺页岩石亦产在煤矿上）。若果同类，则龙岩矿物之丰富，或不亚于东北抚顺。我未行到煤矿之前，遥见多处石山满布，其石色像东北洋灰石（洋灰我国叫水泥），及行至山下，见有两间白灰窑，系取该山石在旧式窑用本地煤烧白灰，为建筑用料。我因归途尚远，不便取来化验，然我相信确为洋石灰，查之居民，咸云此种灰石山，范围甚广，难以计算。石山之构成，地下常较地面尤大，一座山岗，其所有洋灰石，就可取用若干年久，况无数山岗，诚可取用不尽。龙岩丰富煤矿，尽人都知，若页岩油石、洋灰石，则素未驰名，未悉尚有他项矿产乎。闻泉属安溪铁矿甚丰，洋灰石山亦伟大，更有煤及其他多类产物，本省只闽南方面，就有满地黄金可开发。洋人叹我国人手执金碗，向人乞饭吃，真非谬语。

我前月抵广州，参观造纸厂，见有两制纸机，每日能出五十吨，其规模比较东北纸厂尤大。原料系用松柏柴，此种柴生长较易，漳州属出产甚丰，概作燃料，他日闽西铁路造成，有廉宜煤炭代柴木为燃料，则以松柏柴制纸，产量多而成本廉，推销南洋可莫我敌。

知过能改方有前途

我与傅作义将军，前在兰州曾会面两次，去年在京又常会见，人民政治协商筹备会议开幕，他作客列席，及代表大会开幕，他已在代表之列。大会闭幕前，诸首席代表均有致词，傅作义高声朗读，慷慨陈词，自言伊罪列战犯，前拥蒋介石，如何错误，及至北京受围，方猛省了解前非，今后要如何服务补过云云。古语云：人谁无过，过而能改，善莫大焉！我对傅作义先生坦直诚意，义勇高风，无任敬佩，世有至死而不悟，及明知错误尚掩饰文过，安有前途耶！

美国野心终归失败

中国、苏联、美国为世界大国，人众地广，富有物产，若均有良善政府，领导人民，则繁荣富强，难兄难弟，可并驾齐驱，无论是战争，抑是和平，均不能由一国独霸世界，奴役弱小国家民族，专利其富强。自前世纪以来，欧亚两洲战争不息，富欺贫，强凌弱，于今已有百年之久。美国偏处一洲，对欧亚战争，有一时期隔岸观火，获渔人之利，日加富强，至世界第一次大战末期，方始参加，人命财物，无多损失，世界黄金，大半归其宝库，自命为世界工业厂，要垄断世界经济，鞭策欧亚二洲，由富而骄，由骄而野，得陇望蜀，以遂大欲。苏联在战争中损失虽大，而恢复迅速，日加富强，国大人众，主义优越，足与美国抗衡。由是美国如坐针毡，视为眼中钉，乃利用其金钱势力，企图利用欧亚诸国，任其爪牙，仇敌苏联，其处心积虑，可谓无微不至。我中国民众在三国中居首位，国界与苏联毗邻，举足极关轻重，而过去政府腐败，独裁贪污，假公济私，无恶不作，民生惨苦，饥饿死亡，莫可计算，加以美国资助军火财物与此腐败政府，加剧中国内战，使中国政治更加腐化，民生更加惨苦，落井下石，欲使中国无日翻身，消三大灭国［消灭三大国］之一，且企图一旦与苏联战争，可利用中国代其牺牲，一箭射双雕，美国此种计策与野心之毒辣，古今中外损人利己，莫出其右。智谋虽巧，天道不容，中国人民痛恨美国之助纣为虐，拥护解放军，共诛卖国贼蒋介石，于短期间全国解放，成立人民政府，在英明领袖毛泽东主席领导下，兴利除弊，百政维新，将见三大国中原属落后之中国，勃兴发展，独立自强，美国虽野心未死，百计破坏，已惨败涂地，故坐卧不安。近中苏亲善，结为盟友，力量伟大，冠绝全球，对于维持世界和平，贡献甚大，此使美国战贩，更形狼狈。现美国尚援助蒋贼，以飞机炸弹轰炸我文化机关，及民众生命财产，只有增加美蒋两方罪恶与遗臭，殊不足阻止新中国之进步。至美国当局借词共产主义，与之抵触，然独立国家，政权属之人民，实行共产政治与否，当由各国人民自决，与美国何干？毛主席政策，自在延安实行以来，已十余年，人民政府所遵守之共同纲领，对于政策亦有明载，新中国现所实行者为土地改革，耕者有其田，至私人财产，则依法妥为保护，私人之工业、商业以至航业，均可经营，尚未有共产条件也。毛主席有言，政党如人寿命，不能永存，经百数十年必死，时势潮流，民情风化，总以适合义理，趋向正道为上策耳。

一九五〇年三月廿七日

新中国一片光明

——对南侨报记者谈话

（一九五〇年二月廿七日《南侨日报》讯）陈嘉庚先生此次回国，到东北、华北、华中、华南各地游历考察，亲眼看到新中国的实际情况，一切现象，不但使他老人家觉得欣慰，而且令他对新中国的远大前途，抱着坚决的信心。

关于新中国的一般实际情形，陈先生已经报告过很多，其中大部分都在本报发表了，这里再报导的，是陈先生对新中国的印象。

苏联技师专诚教导我国工厂技术人才

有人说苏联在日本投降初期，搬去了很多东北的机器，这种消息，被陈先生亲眼看到的事实所纠正了。陈先生说：据他所知道，所有东北的工厂，只有一间工厂的机器被苏联人搬去数件而已，现在也已经答应归还我国了。

反动分子造谣说，大批苏联技师来帮忙我国复兴工业，是具有侵略的意图。陈先生也根据他亲眼看到的事实，告诉大家，到我国来帮助我们复兴工业的苏联技师中间，没有一个人干预到我国的政治。

陈先生说：他曾经参观过大连造船厂，那所造船厂，在日本统治时期，各重要工作部门，都由日本人负责，中国人连走近那些工作部门都不可以。现在苏联技师在那所造船厂里专心诚意的指导，只要中国人能做的工作，都教好中国人自己来管理，不但没有任何野心，甚至为了培养中国技术人才起见，特地设立学校，教中国人学种种技术，在那种学校里去学习的人有六七百人。

有一件值得特别提起的，就是东北训练人才的方法。依照此间一般的习惯，一个工厂的学徒开始受训，总是先学习一些不重要的事，到相当时期，才让他实际接触车床。可是在今日的东北，完全两样，学徒一进厂，便直接从实际工作中被训练起来。依这种训练方式，一个普通的工人，只要经过三四个月的训练就能够使用一部门的机器。

在东北一间大规模的医学院中，对一般人员的训练方式，是将受训练的人加以分组，譬如每组三人，一切工作，都在专家指导下，由同组的三人在一起研究检讨，成绩也是以组为单位计算的，经过相当期间，成绩及格，修业期满，也是三人一组同时毕业。这种训练方式，值得注意的，就是三人之间，天分有高低，勤勉的程度也有不同，可是为了一齐要迅速完成学习阶段起见，较聪明的人就不得不帮忙较鲁钝的人进步，而懒惰的人也不得不要勤勉起来了，因为三人之间，目标一致，如果其中一人懒惰，是一定受另外两人攻击的。所以，自然会得到最大的效果。

毛主席诚恳俭朴周总理有如钢人

陈先生这次回国，曾经会见了大部分人民政府的首长，他对毛主席、周总理、朱总司令以及副主席刘少奇、东北政府主席高岗都有良好的印象。

陈先生对毛泽东主席的印象是：态度诚恳、慈祥、温和、俭朴，而且很能体贴别人的困难。他说：抗战时期，曾经和毛主席会过一面，当时就凭私人见面的机会了解毛主席的为人，可是还不知道对别人究竟怎么样，及至此次回国，常在会议中或其他公众场合接触，始知毛主席待人接物之态度，确系诚恳慈祥而温和。抗战时期毛主席所穿为粗布衣服，今日亦然，最近虽增添一套呢质衣服，亦系为参加盛大典礼之用。毛主席住屋所置家私，以及屋中之一副皮沙发，虽较在延安时所用者精致，但均系旧物而已，与北京其他各处之华贵家具比较，则并未见华贵，由此足证毛主席俭朴之一斑。

陈先生对周总理的印象是：周总理政务繁忙，他有很耐劳刻苦精神，有很健康身体，简直是一个"钢人"，一天开会好几次，有时候开到深夜，而且每次到会都要发表意见，可是从没有看他疲倦过，他在中国政治上的地位，是仅次于毛主席。这次人民政协的召开，他尽了最大的力量。

陈先生对朱总司令的印象是，朱将军还和十年前一样，是一个和平的人。他和刘少奇是人民政府军事方面的首脑。陈先生又极敬佩高岗对人民解放事业的贡献。

陈先生这次回国，不但会见了人民政府当局首长，而且出席过人民政协，因此，对毛主席的言论和人民政府的政策有深切的了解。他在和本报同人聚谈的时候，特别提出很多人发生疑问的两点加以解释，那就是：毛主席所说的

"一边倒"和共同纲领中为什么未特别规定保护商人，而仅规定保护小资产阶级的问题。他说：

毛主席说我们应该"一边倒"，有人就说毛主席要使中国成为苏联的附庸，其实，那是完全歪曲的。所谓一边倒，是倒在和平、民主、进步建设的这一方面。并不就是倒在苏联身上。这事情，可以从国旗的选择来证明。当政府向全国征求国旗图样时，应征的国旗达四千多种，大家都在选择的工作上感觉烦难，那时，毛主席提出一个主张，说凡是有铁锤镰刀的图样的，都不必加以考虑，因共〈产〉党旗帜本有镰锤图案。毛主席认定当前国情应组织联合政府，所以国旗上就无须标明某一党的特征，由此也可见毛主席的伟大政治家风度之一斑。

正当工商业受保护中国历史揭开新页

共同纲领规定保护小资产阶级，有人就将"小资产阶级"误解为指从事小贩等类职业的人，而怀疑政府为什么没有规定保护商家。其实这是一种误解，所谓四个阶级中的小资产阶级，就包括大部商家在内的。在人民祖国，将来工商业必然达到高度的发展。一般私人企业家，若成为一种"大王"之类的垄断企业家，这是对民众有害，而是有阻碍民族工商业发展的。然而，平常的商人，只要不是垄断企业家，只要不会阻碍民族工商业的正常发展，那怕从事某种企业的人是拥有百万千万的资本，发了百万千万的财富，都是还会得到合理保护的。

前几天，本报记者访问陈老先生，询以对人民政协的印象。陈先生从心底里发出了简短的批评，就是：到会的各方面代表意见都很一致，会议进行得很顺利，成功。接着，他请在座的庄明理先生对记者更详细的报告人民政协的意义。

庄先生说：这次人民政治协商会议，可以说是中国历史上数千年来前所未有的一次会议。从会议的组织上来说，这是实实在在代表整个中国的。这些代表，包括各党派、各区域、革命军人、人民团体、农、工、学、妇女、学生、青年、学术界、国内少数民族、国外华侨民主人士、宗教界民主人士等各方面代表，是真正包括各阶层、各地区代表的会议，就是等于全中国人民代表的会议。这个会议的成功，就是中国人民大团结的最大成功，这就是中国人民统一战线的成立，我们要用这一条统一战线，去团结全国人民。

从会议的精神来说：这次会议，绝对不同于过去所谓"民主制度"的会议，而是表现了真真正正的民主精神。在会议中间几乎每位代表都发言，都提供意见。会议中的一切议案，如政协组织法、共同纲领、国歌国旗的制订等等，都是由各代表将意见提交各个单位小组，经各单位小组同意通过，再交由单位代表参加混合小组，集合讨论修改，至获得一致之意见时始提交常务委员会审查，然后再将修改意见，印成第二次草案，交与各单位，经各单位小组审查后，再提交混合小组，经同意后，始印出草案正本。

还有一点值得特别提起的，就是在人民政协中，每通过一宗议案，都是取得一致通过的，通过后，并且再由主席向全体代表询问：是否有反对的？是否有怀疑？或是否有弃权的？结果都没有，这种现象，充分表现了这个人民政协会议的精神是民主的，是全国大团结的表现，是真正代表了全国人民的意见。人民政协所通过的中华人民共和国中央人民政府组织法，选举出中央人民政府委员，都是由各方面人民产生出来的代表全国人民的代表，这个政府，绝不是某一党专政独裁的政府，而是人民政府，由此，可见中国人民民主专政的建立。人民政协所通过的共同纲领，等于中国人民大宪章，因为有了这种组织方式，有了人民政府来领导，就必须有一条施政的道路，所以共同纲领就是中国人民行动的纲领，其中一切条文，都是根据中国人民的需要而订定，而且都是切合实际，认为目前一定做得到才订下来的，绝对不虚造，不标榜，而是具有成功实现的信心和决心的。

因此，这次人民政治协商会议，是中国历史的新记录，也是世界历史的新记录，而中国人民的成功，也就是全世界人民成功的前奏，我们对这种前途，是很表乐观的。

陈老先生对去年十月一日北京开国典礼的盛况有极深刻的印象，这也许是他老人家一生感觉得意义最隆重、最盛大的典礼吧。他用足足半小时的时间，叙述了当天北京热烈庆祝的情况。给他印象最深的有两点：

第一点，十月一日下午二时中央人民政府成立，委员就职，仅在勤政殿开会宣告成立，不举行虚伪的宣誓仪式。这表示了人民政府是实事求是的。

第二点，陈先生对参加开国盛典游艺节目的苏联舞蹈艺术，非常赞赏。他说：这种高超的艺术，除了必须经过相当时间作技术上的训练以外，最重要的还是体格的强健。

陈先生还赞美当天北京天安门前三十万群众为着人民政府的成立而热烈欢呼的伟大场面；赞美当晚北京人民提灯庆祝那一片壮烈的"火海"；称赞那走过天安门前的雄伟的人民武装队伍；以及那由三四百人组成的雄壮整齐的乐队。

陈老先生此次回国，最初的动机是要回去游历，完全没有参政之意。他之所以参加人民政协，而且被选为中央委员，都是在当局诸首领和各方民主人士好意力劝之下接受下来的。他对记者说："我曾经以国语不通为理由力辞，可是，郭沫若在一个欢迎会上说：言语不通是不重要的，心能够彼此相通才是最要紧。"在这么一种盛意之下，陈老先生终于参加了人民政协，接受了中央人民政府常务委员的职位。

陈先生在祖国的时候，反动集团的造谣专家造出种种谣言，对陈先生和人民政府的关系加以诬蔑和破坏。现在，让我们用陈先生对游历新生祖国的观感，对人民政府首要的印象，来纷［粉］碎这些无耻的谣言吧。

严正警告美反动派

美国疯狂帮助蒋匪，残害中国人民，不但受中国人民的痛恨，且遭全世界爱好和平的人民的谴责！

（一九五〇年三月七日《南侨日报》讯）本月四日，即上星期六，有一个美国人到怡和轩俱乐部去，在陈嘉庚面前发挥了一套充分代表顽固派和反动派的论调，遭陈嘉庚先生严正驳斥。

这个美国人，名字叫做汤姆生，是华盛顿州"世界事务协会"的主席。据他说，那个组织包括有一千多名会员，是专门研究"世界问题"的。

谈话开始，这个美国人就滔滔不绝的发挥一大套谬论说："美国人也知道国民党政府是腐败低能的，但是，他们也听到苏联的领袖人物如史达林①等等的

---

① 即斯大林。

言论，读到史达林的著作，那些著作里面总是说共产主义将要打倒资本主义，而美国就是资本主义国家的第一个。美国人又很怕中国会像匈牙利、捷克、罗马尼亚等国家一样，倾向苏联，所以，美国虽然要和中国老百姓'亲善'，但总是不敢帮助倾向苏联的政府。"接着还假仁假义的向陈嘉庚先生说："美国应该怎样帮助中国才是？"

陈嘉庚先生就问他："现在美国杜鲁门所走的路线，和罗斯福所走的路线一致吗？"

这个美国人竟然回答说："罗斯福在世时，世界情势和今天不同，今天，如果罗斯福仍健在的话，也是要被迫走杜鲁门一样的路线的。"

为什么扶植日阀

陈嘉庚先生进一步质问他："日本反动政府是发动第二次世界大战的罪魁，美国为什么直到现在还卵翼日阀，扶植日阀呢？"

这个美国人于是把一段反动份子时常说的话都搬出来了。他说："美国对打倒日本出了最大的力量，苏联参加对日战争只有几天。美国并非偏爱日本，而是认为对日本也应该像对德国一样，有使日本人可以免于饥饿责任。美国虽不想将日本扶助成为一个侵略的国家，却认定也不可以让日本受苏联利用，而且认为应该保有利用日本作为将来对苏作战根据地的权利。"这简直是美国战争贩子的典型论调。

陈先生又问他："那么美国为甚么要帮助蒋飞贼残杀我们中国人民，封锁中国的海岸啊！"

这个美国人还是再搬出"美国怕中国跟苏联亲善"那一套，他并且说："美国政府认为，凡是和苏联亲善的，都对美国不利，所以才继续借款给蒋介石，卖军火给蒋介石。"他甚至更荒唐的说："如果将来新中国会是一个像铁托（南斯拉夫的独裁者）所领导那样的政府，那美国就可以改变对中国的政策了。"

美国所干罪行

陈嘉庚先生听了这种荒唐的论调，就严正的对这个美国人说："现在我们且不谈目前的事情，就拿从前的事情来说吧！本人十年前曾经亲往中国，深知蒋介石是坏人，是与民为敌的；毛泽东是好人，是与民合作的，这些情形，美国政府并非不知，可是美国为什么还要帮助蒋介石来残杀中国人呢？在一九四七年，我曾经致电给杜鲁门，责备他以军火帮助蒋介石在中国打内战，可是其后美国政府还是继续帮助蒋介石，使得我们中国人民多遭受好几年的战祸，陷入更悲惨的地步，这都是美国所干的罪行！"

然而这个美国人老是将他那套论调翻来覆去，说："美国帮助蒋介石是从中日战争时期开始的，目的是要中国在远东方面负责抵抗日本，当时中国没有第二个代表中国的政府元首，所以只好帮助蒋介石。现在美国人对帮助蒋介石的意见颇不一致的，不过，有人认为毛泽东领导下的政府和苏联很亲善，表现得不够'独立'，可能'受苏联支配'，美国人很怕，所以还继续帮助蒋介石。"继后，这个美国人还很滑稽的问陈嘉庚先生："依照你的看法，中国何时可以产生一个'独立'的政府？"并且说："只要中国有一个'独立'的政府，美国一定喜欢帮助那个'独立'政府的。"

美国干预内政

陈嘉庚先生立即驳斥他说："我亲自到过中国，亲眼看到美国帮助蒋介石残杀中国人，而苏联并没有，你讲话应该照实讲啊，我们中国自己内部的纠纷，美国是外人，照理就不应该干预的，可是你们帮助蒋介石，使得中国人民多受几年的战祸。苏联并无参预中国内战，而美国总是凭空虚造，硬说中国受苏联的支配，无非是失败以后的借口。其实，新中国已经是一个完全独立的国家，中国既不会受苏联的支配，苏联也不要支配中国。现在，中国绝不需要美国的帮助，只要美国不再帮助蒋介石来残害中国人民就好了。"

可是这个美国人总是自己发挥他自己的意见，说来说去，无非强调美国扶助日本，帮助蒋介石都是为了预防苏联；强调美国希望中国有一个像铁托政权那样的政府。

陈嘉庚先生于是再举出一个事实，反驳他说："我知道以前在朝鲜的苏联军队，都已经撤退了，可是美国军队还不愿意退，又是什么原因呢？美国自己野心勃勃，想侵略别人，到现在失败了，却反诬别人受苏联支配，这种不实在的话，是不会为熟悉情况者所相信的。"

不容美国侵犯

陈嘉庚先生再三忠告这个美国人：中国现在已经是一个完全独立的国家，绝不容美国侵犯。现在蒋介石还是不断对中国人民逞凶，不断滥炸平民，破坏学校，所用都是美国所给的飞机，美国这种残害中国人民的行动，不但中国人深恶痛绝，甚至全东亚爱好和平的人民都会对美国深表不满，这是上帝所不容忍的罪行。

陈嘉庚先生最后又严正指出：美国如果真正有意维持世界和平，就不应该阻碍中、苏、英、美对日本和约之早日签订，就不应该再驻兵朝鲜，而应依照过去盟约实行。可是美国直至今日，还是存着野心，独占日本，驻兵朝鲜。一切事实，都显示美国并无维持世界和平的诚意。可是，世界爱好和平的力量，是一定会胜利；破坏和平的一定要失败。

向政协提出七项建议

政协代表大会征求各代表提案，余提出七宗，均获接受，交中央人民政府办理。所提七项建议如下：

（一）**在全国各中学普设科学馆**

理由：科学建设为建国首要之图。查现在全国各中学有科学馆之设备者寥寥无几。欲培养科学人才，实应自中学始。

办法：由教育部规定全国中学须专设科学馆并注重数理化各科之讲授。

（二）**在沿海各重要地区设立水产航海学校案**

理由：我国海洋生产丰富，海岸线悠长，今后对海利宜尽量发展，以为国家经济建设之助力。战前水产航海学校全国只有数处，限于经费，成效甚微。每年全国毕业生不上百人，学者因海利未见，立志不坚，尤多中途弃去，改就他途。对日抗战时，沿海失陷，厦门集美学校移入内地，其中水产航海学校亦一同迁移，每年毕业一班，生数亦少。自经抗战，师资尤为缺乏。故欲发展航业，实收海利，必从培养此项人才入手。谨拟办法如下。

办法：由教育部或水利部联〔连〕同在沿海各重要地区设立水产航海学校，专收中学程度学生入校就学。

（三）增加纸烟税率并停止公务人员之配给案

理由：纸烟一物，无益身体，有害健康。欧美诸国，严禁中等以下学校学生吸烟，牛津剑桥两大学，每逢运动竞赛期间，必提前十余日禁止运动员吸烟，其故可深思矣。本席今次回国所经各地，纸烟极度流行，政府公务人员且予配给，如论其害，实宜禁止，惟人民习惯，原难戒除，应采逐渐减吸，办法谨拟如下。

办法：（一）增加纸烟税率，寓禁于征，以使逐渐减吸或至戒除；（二）公务人员之配给应即停止，代以他物。

（四）今后人民新建住宅应注重卫生之设计案

理由：人民保健，首须注重卫生，而居处尤不可忽。我国民间住宅湫隘阴暗，空气光线两皆不足，影响人民健康，甚至短促寿命。本席久居南洋，深知外国都市因卫生设备之进步，人民死亡率随之减少，故极感我国民间住宅有改善卫生设计之必要。查新加坡在近二十年来已屡行旧屋拆卸改良新屋，依据图案建造之政策，每座楼屋长约七十五英尺，屋后有巷路十五英尺，前后窗户四处洞开，空气流通，光线充足，居住其中，极为舒适。市民在未改良市屋前，每年死亡率每千人中为二十四五人。改良后减至十四五人。卫生成效显然可见。今后我国人民新建住宅，应使注意卫生之设计。旧者在可能范围内，亦当使之改良，俾以促进健康，增加寿命，谨拟办法如后。

办法：由卫生部或内务部详拟建屋规例，以空气流通，光线充足为原则，颁布各省市通行。

（五）设立各地华侨教育领导机构案

理由：南洋各属华侨中小学校约计有四千余所，都用国语教授。惟各自为政，泛而无统，难收整齐划一之效。为求提高侨教效能，必须于各地特设华侨教育领导机构（或附设各地领事馆内）以资督导，本案请提出讨论，移付中央人民政府于南洋各地有关国家建立外交后迅予实施。

办法：请向中央人民政府提出建议，在对于南洋各地有关国家建立外交关系后，应即设各地华侨教育领导机构，作为中小学校之最高领导机关。

（六）救济华侨失学儿童

理由：各地华侨学校，因战前设备破坏，战后整顿需费重大，故对学生收费增加不少。贫苦家庭无法负担，听令儿童失学，流浪街头，到处多有。此项儿童沾染恶习，无可补救。将来成为不良份子，遗害社会，将非浅鲜。救济办法，谨拟如后，请予讨论，付之实施。

办法：请向中央人民政府提出建议，在华南闽粤两省之广州、汕头、厦门、福州各地设立专校，推行义务教育，责成南洋各属主要社团（如商会或省级各会馆）收纳此类失学儿童，年龄限十岁起至十五岁者，尽量保送回国就学。

（七）引致华侨回国投资案

理由：引致华侨回国投资，协助祖国经济建设，诚为今后急务。惟以前所为，都无实效，或失之主持非人，或慑于国内战乱。最大原因，乃多数殷富华侨都在属地生长，资产出于前代遗留，于家乡茫无所知。另一部份资本家，幼年出国，辛苦半生，稍有居积，已在南洋生根，家人财产都搬不动，亦不愿变卖业产，冒昧回国投资，再尝辛苦工作。故今后华侨投资，除少数比较有祖国思想之资本家外，必须依赖中下层之小资产阶级，及一般职业劳动大众之力量，谨提办法如下。

办法：由国家经济部门指定投资方向，组织大众的股份有限公司，向华侨广泛招股。为坚定华侨信心，政府保证在投资初期若干年内，如经营不利，负责保本收回。此为权宜办法，在若干年后，如著有成效，便可取消。

谣言与事实（时论）

（在《南侨日报》发表）

我中国称为农业国，有史以来，谷物收成丰歉，常视有无天灾。以前省县交通不便，消息不灵通，故救灾一事，政府既未能充分办到，社会亦难于合作，如某省某区逢有水灾、旱灾、虫灾，虽如何严重，因限于上言种种阻碍，常致许多灾民饿死，加以战争频繁，无百年安定，致生命财物，损失更重。

迩来科学发展，人力可以补天，欧美诸国人民，不致为水、旱、虫灾饿死。

著　述

惟我中国科学落后，且过去政治腐败，人祸天灾，无年不有，尤以抗战末年及内战中为甚。前美国总统罗斯福以大战后世界多国惨苦，预备援救。及杜鲁门总统接任，将救济中国，变为援蒋内战，假仁假义，借慈善之名以侵略，欺世盗名，助纣为虐，尽人都知。及计划失败，黔驴技穷，美国野心家转而造谣惑众，幸灾乐祸，谓中国灾难如何严重，死亡如何惨多，为无美国救济所致。种种无耻捏造之词，不但无所根据，亦违反常识。兹将我中国去年景况，及常年农务工作，与新政府设施略述如下。

（一）一九四九年六月，我抵北京，闻人言华北某区将成旱灾，政府已动员多人，下乡指导掘井，及其他补救工作，后到东北，又闻人言，如无水灾，可以丰收。迨七月飓风由南而北，继以水患，大连一隅，只苹果一物，损失四千余吨。结果东北农业收获仅得五成，除自给外，无多大剩余。华北、华中、华东亦多处发生水灾，每省多者十余县，少者数县。其时华南、华西诸省多未解放，水陆交通亦有未便，毛主席下令动员非灾区民众，设法救济，节食赈灾，并严饬各灾区县长，不可饿死一人。此为去年秋间灾情，幸有备无患，平安渡［度］过。

（二）东北地近寒带，每年谷物下种，多在冰解后，由四五月至八九月收成。尚有半季，系在十月间种麦，苗甫出，霜雪便降，压埋在地，至春间冰解，麦即勃发长大，四五月就可收成。此系东北不极寒地区之情形，若更北如苏联每年仅收成一季而已。华北及华东，亦有一部分区域，冬季种麦如东北者，然与其他诸省，每年均可正式耕种两季：一季由四月至七月，一季由八月至十一月。十二月至三月系种杂粮，此季如田地属他人者，所出杂粮，多归耕者自有，与地主无关。

（三）去年秋季下种者，十一月已收成；本年四月下种者，则收成时候未到；至于十二月至三月杂粮，则我在二月半出国之前，闽粤咸庆风调雨顺，可望丰收。在此冬季种杂粮时候，就使有水、旱、虫灾，亦不致如何严重。

昔禹有三年之水患，汤有七年之旱灾，其他朝代之灾难亦常有之，但免靠外国救济，而中国人口仍增加。今日政府在各省内多处要区，设贸易局，贮积粮米，以备调剂。虽人民政府成立未久，全国甫告解放，而组织之严密，布置之周到，民心之团结，有如一家，痛痒相关，无分彼此，倘需救济，非灾区之民，三餐可减为两餐，食饭亦可改为食粥。古语云：不患寡，而患不均。一地有严重灾情，若大部分人民节约救济，则困难不难迎刃而解也。百十年来，我国政治腐败，外国侵略，几吸尽我民族膏血，人祸天灾，无年不有，推原祸始，侵略者应负其责，乃美其名曰"外国慈善家施惠救济"，岂不谬哉！今日我人民政府已成立，自立足可更生，主权独立，废除不平等待遇，假仁假义如美国者，已计穷智尽，造谣冀惑世界，有何益耶？

一九五〇年三月卅一日

贺福建人民政府成立电

张鼎丞主席、方毅副主席、叶飞副主席兼司令员：吾闽山多田少，民生困苦，出洋者众，回乡者寡。日寇败后，南洋各民族为求解放，受帝国主义武力压迫，华侨在战争中财产损失重大，失业日增。省内既受抗战惨祸；又遭外汇断绝。继以内战爆发，蒋党凶残，苛政百出，凄惨情况，莫可言喻。中外闽民，盼望解放，若大旱之望雨。电传大军入闽，名城解放，目的将达，人民政府及军区成立，公等荣膺主席及军旅之寄，闽民咸庆得人。谨此驰贺，并盼全省迅速解放，救民水火，兴利除弊，无任祷切。

南洋闽侨总会主席陈嘉庚
一九四九年八月三十日

斥责蒋匪帮滥炸暴行

（新华社汉口十一月二十一日电）中央人民政府委员陈嘉庚顷为国民党飞机连日滥炸厦门等地，死伤其一手创办的集美学校师生数十人一事，发表书面谈话，斥责国民党匪帮的反动暴行。谈话原文如下：

民国光复前，南洋华侨学校甚少，如新加坡闽侨，仅有公立道南一校，教师须向上海聘请。民国元年，我热诚内向，为福建教育落后，在故乡集美村创办私立集美学校，经费由我负担。由小学而师范、中学、商科、农林及水产航海等校，学生三千名左右。抗战时被日寇惨炸，损失甚重，各校移入内地。战后校舍尚未完全恢复，现下学生仅二千人。我前在厦门创办厦门大学，抗战时归国立。由于厦、集两校，影响到南洋华侨兴办教育不少。故南洋华侨各处华校林立。抗战时华侨源源汇巨款，帮助祖国军政费，其成绩大部得力于教育界及学生。

蒋政府乃我民族最败类之流，卖国尚敢作为，何况惨炸文化机关？然现下大革命已告成功，人民政府已告成立，全国不日解放；蒋贼不日消灭。全国在毛主席领导下，定必蒸蒸日上，达到建设新中国之目的。卖国贼尽其如何狠毒轰炸，绝无关乎毫发轻重，第愈暴露其遗臭万代耳。

（一九四九年）

附录

人物注释

以下相关人物注释，依姓名拼音字母为序，重复不赘。主要参照徐友春《民国人物大辞典》（河北人民出版社1991年5月）、周南京主编《华侨华人百科全书·人物卷》（中国华侨出版社2001年2月）、李盛平主编《中国近现代人名大辞典》（中国国际广播出版社1989年4月）、《辞海》（第七版，上海辞书出版社2020年9月）等辞书资信整理。

陈村牧（1907—1996），字子欣，福建金门人，教育家。毕业于集美中学，由学校资助入厦门大学预科。1931年厦大文学院史学系毕业，任厦大附中、集美中学教员，1934年任集美中学校长。1936年应聘任马来亚麻坡中华中学校长，就任途经新加坡时，被陈嘉庚劝留在华侨中学襄助校政。1937年5月履任集美学校校董、校长，主持集美学校内迁及分校创设事务。抗战胜利后，学校回迁集美，悉心校务。中华人民共和国成立后，曾任福建省政协常委、集美校友总会理事长，为侨乡教育事业作出巨大贡献。

陈笃生（1798—1850），又名卓生，祖籍福建海澄（今龙海），生于马六甲。1819年迁往新加坡，后创立陈笃生商行，与英国商人合伙经营胡椒等土产进出口贸易。1839年带头捐资兴建天福宫，作为福建人祭祀和聚会场所。1840年起任天福宫首任大董事，成为新加坡开埠初期商界领袖。1844年个人捐资兴建平民医院，1846年医院落成后出任董事会主席，同年获封"太平局绅"，为新加坡第一个获此荣衔的华人。1951年该院改称陈笃生医院，后由政府接管。新加坡有"陈笃生路"以资纪念。

陈国础（1899—1969），字肇基，福建金门人，华侨社团领袖。早年赴越南谋生，加入国民党。先后创建全兴公司、兆源行，任越南堤岸市《安南民报》

社长、国民党驻安南总支部财政主任。抗战时期,任越南华侨救国总会主席、越南华文报业主席、南洋华侨总会常委、南洋华侨回国慰劳团第三团团长等职。日据越南时回国,任国民党中央党部海外部侨务指导委员、国民党中央执行委员。抗战胜利后任国民党中央党部海外部驻南洋办事处副主任、国民政府侨务委员,奉命改组新加坡《中兴日报》,任社长。1950年赴台湾。曾任新加坡浩然社主席、金门会馆馆长等职。

陈敬贤(1889—1936),福建集美人,陈嘉庚的胞弟、创业和办学的助手。1904年到新加坡随胞兄学商,任谦益米厂经理,1912年在新加坡加入新华国民党。1916年秋返乡代表胞兄筹建集美师范、集美中学、集美女中等。1919年再赴新加坡接理陈嘉庚公司。曾任新加坡南洋华侨中学董事会财政和道南学校总理。1922年2月因积劳成疾回乡养病,组织集美学村委员会,带病参与集美、厦大两校校务,多次赴日学习藤田灵斋调和静坐养生法,并积极推广。1927年辞去一切校务,定居杭州弥陀寺。1937年1月,集美学校将其生前督建的大礼堂改署为"敬贤堂",立碑纪念。

陈厥祥(1900—1965),陈嘉庚次子。早年就读集美中学,后在陈嘉庚橡胶制品公司任职。1943年参与创办集友银行,任常务董事兼总经理,该行由陈嘉庚倡办,陈六使、李光前等东南亚华侨集资在战时福建省政府所在地永安创办,开创"以行养校"的盛举。1945年移居香港,1947年遵父命在香港注册成立集友银行,任经理。1948年集友银行改名为集友商业银行总行,股东大部分为海外华侨、厦门大学及集美学校校友。1963年12月主持编辑《集美志》。

陈烈甫(1909—?),祖籍福建厦门,菲律宾籍华人,华人教育工作者、菲律宾问题和东南亚华侨华人史专家。南京国立政治大学行政系毕业后,任江苏省高淳县县长,后赴美进修。1938年伊利诺大学毕业,获政治学硕士学位,转入加利福尼亚大学研究院。1940年回国,后任四川大学教授兼政治系主任、厦门大学教授兼政治系主任、厦门市议会议长等职。1950年返菲律宾,任菲律宾哥打巴托中华中学校长、中正学院教授、宿务东方中学校长兼东方学院院长等职。著有《菲律宾民族文化与华侨同化问题》《菲律宾华侨教育》《华侨学与华人学总论》等。

陈六使(1897—1972),福建集美人,南洋企业家、慈善家。幼时就读集美学校，后随兄南渡，1923年与兄先后创办联和树胶公司、益和树胶公司。日据新加坡时期避难印尼，抗战胜利后恢复营业，并投资银行与保险业。曾任新加坡华侨银行董事、香港集友银行董事主席，与连瀛洲等创办华联银行，成为东南亚著名华人企业家与银行家。曾任新加坡华人树胶公会主席、南侨总会新加坡区代表、新加坡中华总商会会长、新加坡福建会馆主席、新加坡中华橡胶工会主席、新加坡同安会馆主席、怡和轩俱乐部主席等职。持续捐助厦门大学基金和集美学校基金，1953年倡建新加坡南洋大学，为中华文化教育事业作出巨大贡献。

陈齐贤（1870—1916），祖籍福建海澄（今龙海），生于马六甲，植物学家。1896年开始试种橡胶，1898年接受英国植物学家里德莱的建议，在马六甲、武吉亚沙溪园大规模种植橡胶，随后在新马推广种植经验，对新马地区早期开发橡胶种植业产生重大影响。陈嘉庚、陈六使、李光前等均采用其经验，种植橡胶致富。1913年与友人创办东方联合保险有限公司，任董事长。曾任马六甲市政委员、马六甲侨生支会主席，参与创办马六甲培风学校，获封"太平局绅"。后人尊为"橡胶艺祖"，新加坡有"齐贤街"以资纪念。

陈水萍（1888—1967），福建集美人，陈嘉庚族亲。少年时入读乡塾，1918年南渡新加坡，先在陈嘉庚开设的谦益公司习商，翌年被派往马来亚马六甲公司任职，后升任经理。1936年受陈嘉庚之命回乡担任集美学校财务管理。集美学校内迁安溪、永安等地时，作为集美学校校务联席会议成员，参与集美学校各项事务工作。中华人民共和国成立后，任集美学校校董会和集美学校委员会常委并兼会计主任、集美社公业基金会出纳。1963年协助陈厥祥编撰《集美志》。

陈文确（1886—1966），福建集美人，新加坡华侨企业家。集美学校肄业后赴新加坡，任职于谦益橡胶公司。后与六弟陈六使合创益和树胶公司，并投资金融保险与银行业，发展为企业集团。1948年加盟亚洲人寿保险有限公司，任董事主席。关心华侨教育事业，资助南侨水产航海学校、南侨师范学校。1953年支持创办南洋大学，任执委会主席，1956年任中华女子中学董事长。热爱乡梓，1936年同安会馆下设筹建家乡医院委员会，任主席，促成创建同安同民医院和灌口、马巷两分院，并长期给予资助。1945年日本投降后，出任新加坡同

著　述　681

安会馆主席，持续捐助厦门大学基金和集美学校基金。

陈延进（1904—2001），福建同安人。早年就读于集美师范学校和厦门大学教育系，后随鲁迅转入中山大学文学院哲学系。1929年毕业，任同安县公立中学校长，1930年由中山大学选派公费留法，1934年获法国国立里昂大学法学博士学位。回国后曾任福建省政府参议员、福建省经济建设委员会委员、厦门大学法律系教授。1949年赴港，1953年迁居吉隆坡，任联合邦新闻部华文主笔、《无尽灯》季刊主编，森美兰州芙蓉中华中学、彭亨州文冬启文学校、槟城中华学校、霹雳班台育青中学及柔佛龙引中学等校校长。著有《楞严经要义》《识自本心》等。

陈延谦（1881—1943），字益吾，福建同安人。1899年随父到新加坡，1909年与友人合创裕源公司，经营橡胶业。曾任同盟会新加坡分会会长，捐资支持讨袁战争。1919年与林文庆、林义顺等合创华侨银行，任董事经理。1921年在家乡创立同美汽车路公司，1922年返新加坡创立信诚公司。1930年发起成立新加坡同安会馆，任首届主席。1932年华侨银行、华商银行、和丰银行合并为华侨银行，任总经理。曾任国民政府财政部顾问、吾庐俱乐部总理、新加坡道南等多所华文学校董事长、新加坡中华总商会董事、厦门大学董事、中国劝募公债委员、南侨总会常委等职。著有《止园集》。

陈延庭（1888—1983），原名庆，字延庭，福建同安人。1903年入泉州府中学堂，毕业后考入福建高等师范学堂，修理化科，1910年毕业后在厦门竞存小学、厦门中学堂任教。1916年曾与陈昌候等创办泉州私立中学，1918年转入集美学校任理化教员兼集美科学馆的规划和筹建工作，1921年任厦门大学总务主任。1926年至1935年任集美学校教育推广部主任，1951年至1955年任厦门大学建筑部主任。曾倡设厦门语言研究会，著有《厦门语系研究》《认识台湾》《厦门大学建筑史》等。

陈延香（1887—1960），字澄怀，福建同安人。同盟会会员，领导同安青年自治研究会与灌口革命军里应外合，光复同安县。后任同安阳翟学校校长、福建省议会议员、同安县劝学所所长。1920年至1922年应陈嘉庚之聘，任集美学校总务主任兼女子小学校长、代理集美中学和师范学校校长，参与筹建厦门大学。1929年往新加坡劝募教育基金，倡议组建新加坡同安会馆。1929年后任同安侨办同美汽车公司经理及同、马、灌、角汽车公司经理。抗战胜利后，创办阳翟图书馆。著有《延香建言录》。

陈振传（1908—2005），祖籍福建同安禾山（今厦门禾山），新加坡出生，银行家。中学毕业后入职华商银行，1933年任华侨银行地产部经理，后任华侨银行总裁、东方实业有限公司董事长。曾任新加坡市政委员、工部局议员、战时民防部委员会委员。日本占领新加坡时，避难澳洲。1943年在孟买筹办重新设立华侨银行总行，二战后返新续任华侨银行总裁。1966年任华侨银行集团董事长。曾任大东方人寿保险有限公司、华侨保险有限公司、海峡商行有限公司、马来亚酿酒有限公司及华纳兄弟汽车有限公司董事长，新加坡产业公会主席、中华总商会副会长和立法会副主席。

邓萃英（1885—1972），字芝园，福建福州人。全闽师范学堂毕业后入日本东京高等师范学校，加入同盟会，任东京同盟会福建支部长。1911年回国，任福州师范学校校长。后赴美国哥伦比亚大学师范学院深造。曾任北京高等师范学校教授、校长，河南省中山大学校长，参与创建厦门大学并任首任校长。曾任教育部参事、次长及河南省教育厅厅长等职。1949年赴台湾，曾任国民党中央评议委员等职。

郭美丞（1896—1959），字联勋，福建海澄（今龙海）人，雅加达侨领。集美师范学校毕业后，曾任县立中学校长，后应聘爪哇梭罗华侨公学校长。1929年出席南洋华侨教育会议，当选海外华侨三民主义实施委员会委员。后迁居吧城，合资创办南洋印书局有限公司。曾任巴达维亚福建会馆会长。抗战期间，任华侨抗敌后援会常委、南侨总会及南洋闽侨总会执委、南洋华侨回国慰劳团副团长。1942年遭日军以"敌性华侨"罪名拘禁。日本投降后创办南洋有限公司等企业，任雅加达中华商会会长、国民政府侨务委员、华侨高级商业学校董事长等职。著有《恬庐诗文集》。

郭珊瑚（1898—1980），福建龙溪（今龙海）人，新加坡侨商。1911年南下新加坡谋生，先从事船运业，后专营土产和橡胶，1938年任香港永安保险公司新加坡分行司理。抗战时期，任华侨抗敌动员总会总务、新加坡中华总商会救济会委员。战后升任永安保险公司经理、董事，随后创办福和贸易公司和郭珊瑚商行，经营土产进出口贸易。1946年任新加坡出入口华商公会主席，1947

年任新加坡华侨被日寇检证及杀害集体鸣冤委员会委员，负责调查日据新加坡和马来亚时期华侨所受生命财产损失证据，供审判日本战犯法庭参考。曾任新加坡福建会馆总务主任，新加坡中华总商会、同济医院、南洋华侨中学、南洋女子中学和南华女子中学董事。

郭应麟（1898—1961），祖籍福建龙海，生于印尼东爪哇，艺术家。6岁时回家乡就读私塾，后随宗叔郭美丞到集美师范学校学习，转南京国立暨南学校师范科。毕业后赴马尼拉中西学校任教。1927年（一说1928年）赴法国巴黎国立高等美术专科学校留学，为中国留法艺术学会初创成员。1933年回国，任集美学校美术馆主任兼厦门美术专门学校西洋画教师。1937年举家避难南洋，任新加坡南洋美术专科学校教员。1942年协助陈嘉庚避难东爪哇。1956年作为印尼华侨美术协会代表团副团长回国访问，在京举行"印度尼西亚华侨美工团作品展览会"。主要画作有《鸡蛋》《花》等。

何东（1862—1956），原名启东，字晓生，英文名Robert，父为荷兰裔犹太人，母祖籍广东宝安，香港著名企业家。中央书院毕业后留校任教，后赴广州任广东税关雇员、英商怡和洋行总经理。1897年辞职在香港自营商业，先后任香港汇丰银行、黄埔船坞公司、香港电车公司、香港电灯公司、香港大酒店等董事局主席及总经理，香港东华医院主席，投资接办《工商日报》，并创办《工商晚报》。日据香港时避居澳门，1946年返港继续经商。曾捐建东英学圃、东莲觉苑、何东官立工业女子中学、香港大学工学院何东机械实习厂。

洪渊源（1894—1984），祖籍福建南安，生于印尼万隆，华人新闻工作者、社团领袖。早年回国入南京暨南学堂，辛亥革命爆发后返回印尼，任雅加达《新报》马来文版社长、雅加达中华会馆副主席等职。抗战爆发后，任雅加达华侨捐助祖国慈善委员会文书主任、南洋华侨筹赈祖国难民代表大会提案审查委员会委员等。日据雅加达时，被拘集中营。二战后获释，复办《新报》，支持印尼民族独立运动，任雅加达中华总会副主席、印尼中华商会副主席、雅加达中华侨团总会主席。1960年《新报》被迫停刊，1963年创办华文《忠诚报》。印尼九三〇事件后，《忠诚报》被封，移居加拿大。著有《洪渊源自传》（英文版）。

侯西反（1883—1944），福建南安人，华侨社会活动家。20岁移居新加坡，与友人合资创办振美树胶公司，因胶业不景气而歇业。受陈嘉庚委派负责树胶品制造公司业务收束工作，兼新加坡《南洋商报》总经理，后任亚洲保险公司副经理。抗战初期成为陈嘉庚在南侨总会的得力助手，因抵制日货遭奸商诬告，1939年12月被英殖民当局驱除出境。回国后在昆明组织华侨互助会，救济华侨机工，创办侨光学校，培养归国华侨子弟。曾任新加坡同济医院经理、新加坡福建会馆执委会主任、中华总商会董事、国民政府侨委会名誉顾问、赈济委员会委员。1944年因飞机失事遇难。

黄丹季（1900—1995），福建安溪人。早年就读于集美学校，1924年入厦门大学，1927年参加北伐军。大革命失败后，遭国民党当局通缉，1928年南渡新加坡。1930年辗转到印尼玛琅从事华文教育，倡办玛琅中学，曾任该校董事长。后弃文从商，开办银行及工厂。是印尼中华总会理事，玛琅和泗水中华总会领导人，发起组织华侨生活促进社并任主席。日军南侵时，与集美校友郭应麟、林翠锦等人誓死舍业保护在玛琅避难的陈嘉庚。

黄琬（1885—1965），字孟奎，祖籍福建南安，生于福州。幼时就读福州苍霞精舍，师从林纾。北洋大学堂毕业后，应聘任厦门第十三中学校长，陈嘉庚创办厦门大学时聘为筹备委员会委员兼闽南语翻译。1921年受陈嘉庚和黄奕住资助，赴美哥伦比亚大学深造。1926年回厦，任南洋闽侨救乡会副会长，1927年任福建省教育厅厅长。1933年福建事变时被任命为福建人民革命政府侨务委员，事败后被捕，幸得徐悲鸿和丁超五营救获释。1936年被李清泉聘为马尼拉华侨中学校长，1939年赴新加坡创办敬庐专业学校。日据新加坡时避难印尼，1944年夏为日军逮捕，抗战胜利后出狱，移居澳洲。著有《入狱周年感赋》《课徒感作》等。

黄望青（1913—2003），原名耶鲁，祖籍福建同安，华人企业家。1935年厦门大学毕业赴仰光，后转新加坡，任职于邵氏影业公司，奉派任沙捞越美里市大光戏院经理，旋辞职返新加坡华侨中学任教。因加入马共参加抗日活动，被吊销教师执照，转槟城任《光华日报》编辑。抗战时期先后遭英殖民当局和日本占领军逮捕，被软禁。战后定居新加坡，任集诚有限公司董事经理、集南银业有限公司及新城实业有限公司董事主席、中华总商会财政主任、南洋大学理事会执委等。曾任新加坡驻日本和韩国大使、新加坡广播局主席。退休后应聘为厦门大学客座教授。著有《黄望青经济论文集》《工商业现代化诸问题》等。

黄薇（1912—2000），原名维英，福建龙岩人。集美女子师范学校毕业，赴日本东京明治大学留学，为留东妇女会、留东文化团体联合会领导成员。抗战爆发后回国，作为新加坡《星州日报》特约记者赴各地采访，后被聘为香港《星岛日报》驻重庆特派记者。皖南事变后到香港《星岛日报》任编辑，随后奉命赴菲律宾从事抗日宣传工作，加入中国共产党。太平洋战争爆发后主编《华侨导报》，抗战胜利后任《华侨导报》总编辑兼菲律宾华侨妇女会主席、新华社香港分社总编辑。中华人民共和国成立后，任中央马列学院组织科科长、中央对外联络部处长、全国妇联执委等职。著有《回到抗战中的祖国》。

黄奕欢（1908—1985），福建南安人。1923年赴新加坡谋生，后到马来亚麻坡创立振兴贸易公司，经营土产及日用品。1929年返新与人合办协隆源公司，经营名酒。1934年与李振殿创办亚洲保险有限公司。全面抗战时期，与侯西反等人组织民族抗日先锋队，任新加坡筹赈会委员、南侨总会委员、星洲华侨抗敌动员总会保卫团副主任等职。日据新加坡时期，避居印尼苏门答腊岛。战后续任亚洲保险有限公司经理兼亚洲人寿保险有限公司经理，1971年两家保险公司合并为亚洲联合企业有限公司，任董事会主席。曾任新加坡福建会馆执行董事、弥陀学校副董事长、南洋大学行政委员会委员等职。

李光前（1893—1967），原名玉昆，福建南安人，陈嘉庚女婿，华人实业家、教育家和慈善家。1903年赴新加坡，1908年回国，先后就读于南京暨南学堂、北京清华学堂预科、唐山路矿专门学校。辛亥革命后，返新加坡，先在陈嘉庚谦益公司任职，1928年自创南益树胶公司，兼营菠萝种植园、罐头厂、饼干厂等，并投资银行、保险及房地产业，成为当地著名企业家。曾任华侨银行董事会主席、新加坡中华总商会会长。参与创办南洋大学，为新加坡大学（今新加坡国立大学）首任校长，并在南安创建国光中学。全民族抗战时期，支持南侨总会工作。1952年设立李氏基金会，资助教育与慈善公益事业。

李俊承（1888—1966），生于福建永春，新加坡华人企业家。17岁随父到马来亚森美兰，后迁新加坡，先后创办太兴及太安实业有限公司，经营橡胶园、饼干厂等。1925年回国皈依佛教，获赐法号慧觉，返新加坡后致力于弘扬佛教,曾任新加坡佛教总会主席。1931年起先后任同德书报社副社长、和丰银行总理、华侨银行董事长、怡和轩俱乐部主席。全民族抗战时期,任新加坡筹赈会副会长、南侨总会执委,捐款救国,成绩显著。曾任新加坡中华总商会会长、福建会馆产业信托人、永春会馆会长等职。

李清泉(1888—1940),原名回全,福建晋江人。早年就读于厦门同文学院、香港圣约瑟西文书院。18岁返菲律滨继承父业,主持成美木厂,不久创办福泉木厂及李清泉父子公司,有"木材大王"之誉。1919年任马尼拉中华商会会长,发起创办《华侨商报》,1920年与黄奕住等创办中兴银行。发起闽侨救乡大会,倡办《新闽日报》,提倡实业救乡。1931年组建菲律滨华侨救国联合会,领导华侨筹饷救国,并发起航空救国运动,独资捐献战斗机一架,首创华侨捐机救国活动。曾任菲律滨华侨国难后援会主席、华侨抗敌委员会主席,倡建南侨总会并出任副主席。

李铁民(1898—1956),字原周,福建永春人。1915年赴新加坡,加入中华革命党。1919年再赴新加坡鼎新学校任教,1921年加入国民党。1926年任《消闲钟》主编,后任新加坡山东惨案筹赈会文牍主任、《叻报》总编、《南洋商报》督印人等职。1938年任南侨总会秘书,1940年参加南洋华侨回国慰劳团,陪同陈嘉庚慰劳考察行程。日本占领新加坡时避难于印尼苏门答腊岛,一度被捕。1946年与胡愈之等发起成立中国民主同盟马来亚支部,兼任《南侨日报》督印人。1949年出席中国人民政治协商会议。中华人民共和国成立后,先后任华侨事务委员会副主任委员、全国侨联副主席。

李振殿(1874—1965),字廷芳,福建海沧人。1893年赴马来亚沙捞越诗巫从商,后迁居古晋,创立长城商行,经营土产及橡胶出口贸易。1912年转新加坡创设长城栈。早年加入同盟会,蝉联新加坡同德书报社五届社长,创办《民国日报》。曾任新加坡南洋女中董事长、新加坡中华总商会董事、福建会馆代主席、国民政府侨务委员会委员、新加坡山东惨案筹赈会财政、星华筹赈会财政、南侨总会财务主任等职。1942年被日军逮捕,其子兆麟、兆昌均在抗日战争中牺牲。抗战胜利后捐巨资重建新加坡同济医院。

连瀛洲(1906—2004),广东潮阳人,新加坡华人银行家。1920年移居新加坡习商,1928年与友人创立华兴公司,经营船务代理及杂货进出口贸易致富。曾任新加坡中华总商会会长、华侨救济总会主席。日军入侵前回重庆，后任国民政府参议员，创立华侨联合银行任董事长。抗战胜利后返新，创立华联银行任董事长，并任新加坡发展银行、新联商业银行副董事长。1965年获泰国王颁赐高级皇冠勋章，1966年任新加坡驻马来西亚高级专员。1980年任新加坡国立大学理事会主席，成立连氏基金会资助社会公益。1984年任新加坡国际贸易公司和报业控股公司董事长，1988年辞职，获新加坡最佳商人奖。

梁燊南（1880—1940），广东梅县人。幼年随父到马来西亚槟城上学，父丧扶柩北回，18岁再赴马来亚怡保谋生，1909年独立经营矿业（锡米）、橡胶业。热心公益事业，支持孙中山在马来亚的革命活动，只身返国参加民国政府工作。历任国民党霹雳支部长、中央筹饷局干事、农业部顾问、建委委员等。1936年在吉隆坡倡办《马华日报》，任董事长兼总经理。曾任霹雳中华商会会长、育才中学和霹雳女子中小学主席、星洲嘉应同乡会馆总理等职。因其贡献，先后获得孙文大总统二等勋章、黎元洪大总统三等文虎章、民国军政府爱国勋章等。怡保有"梁燊南街"以示纪念。

林江石（1916—1942），原名黄伯遂，广东增城人，华侨抗日英烈。少年时随母到霹雳州布先埠，益智小学毕业后到锡矿做工。1937年参加马来亚共产党，曾任马共霹雳州地委委员、中央委员，领导抗日救亡运动和工运。1939年任雪兰莪地委书记，1940年任新加坡市委书记。1941年遭英殖民当局逮捕入狱，后获释。同年12月陈嘉庚倡立新加坡华侨抗敌动员总会，林江石当选民众武装部主任，创建星洲华侨义勇军，任司令员，领导抗日斗争。后因叛徒出卖被捕，虽一度越狱，不幸又被叛徒出卖再次被捕。1942年7月18日于四排埔监狱被害。

林可胜（1897—1969），祖籍福建海澄（今海沧），新加坡出生，林文庆之子，中国现代生理学主要奠基人，美国国家科学院第一位华人院士。毕业于英国爱丁堡大学，获哲学博士与科学博士学位。1925年出任北京协和医学院教授，创立中国生理学会并创办《中国生理学杂志》，1928年任中华医学会会长。抗战时期，组织中国红十字会救护队参与救援，后任中缅印战区司令长官医药总监、国民政府军医署署长。抗战胜利后，在南京组建国防医学院，创立军医中心教育制度，当选中央研究院院士。1949年移居美国，重新研究生理学。

林连登（1867—1963），广东惠来人。幼年在家乡接受私塾教育，1893年移居马来亚槟城，旋往吉打经营农业。1905年创立泰丰园，经营木薯、橡胶种植业。此后扩大庄园面积，拓展业务，开办顺泰和连德碾米厂，开设连兴和酒厂，成为华侨实业家。曾任华联银行董事长、槟榔屿中华大会堂会长、槟榔屿潮州会馆主席、华人参事局参事、保良局委员、太平局绅。热心公益，1919年捐资创建韩江小学，1934年倡组马来亚韩江公会联合会，任首届主席。先后捐资助建马来亚大学、创建槟城韩江中学、助建新加坡南洋大学。1958年获马来亚建国有功之士勋衔。1946年回乡投资兴建隆江新市场，并承建潮（阳）普（宁）惠（来）公路，发展家乡经济。

林谋盛（1909—1944），福建南安人，新马抗日斗争领导人。早年就读鼓浪屿英华书院，后移居新加坡。1927年新加坡莱佛士学院毕业，入香港大学商科。1929年返新继承福安有限公司，经营机器制砖业。曾任新加坡建筑业公会会长、福建会馆执委兼教育主任。抗战时期，与庄惠泉等发动丁加奴邦日本人经营的龙运铁矿公司和吉兰丹邦东海岸铁矿公司华工大罢工。后奉派加尔各答任中国留印战时工作队总务组长、马来亚区华人区长，负责在印度、锡兰训练马来亚青年特工。1944年化名陈春霖潜入怡保负责地下工作，不幸被捕牺牲。抗战胜利后国民政府追认为陆军少将，英政府在新加坡建立林谋盛纪念塔。

林师万（1886—1953），广东大埔人，华侨富商。1899年随父移居沙捞越古晋，从事金匠业。1901年移居新加坡，与叔父合营成丰银店，后又合资创办林成丰万记银铺，改营金饰致富。曾任新加坡华侨筹赈会客帮分会主任、华人参事局参事、保良局委员、中正中学董事长、南洋女子中学副董事长、《中兴日报》董事长、新加坡中华总商会理事、新加坡华人金银业公会会长、新加坡广东会馆副会长、广东省政府顾问、抗战时期中国第四战区司令部参议、国民政府侨务委员会委员等职。在家乡创办石云中学并任董事长。1945年3月遭日军逮捕，后获释。

林文庆（1869—1957），字梦琴，祖籍福建海澄（今海沧），新加坡出生，教育家、社会活动家、企业家。早年就读新加坡福建会馆附设书院、莱佛士学院，1887年入爱丁堡大学医学院，毕业后返回新加坡挂牌行医。1896年与陈齐贤合作引种巴西橡胶获得成功，并致力于新加坡华侨社会和华文教育的改革，

著述

为新加坡橡胶业、银行保险业的开拓者之一。同盟会会员,曾任新加坡立法会议华人议员、内务部顾问、中华总商会副会长,南京临时政府内务部卫生司司长。1921—1937年任厦门大学校长。著有《从内部发生的中国危机》《新的中国》等。

林学渊(1894—1982),福建诏安人。福建法政学堂毕业,任南安县诗山职业学校教员,加入同盟会。后弃教从政,任孙中山大元帅府参谋。北伐时任东路讨贼军张贞部政委、云诏行营主任、陆军第四十九师政治部主任等职。主持兴建诏安城关中山路和三民路,支持创办省立龙溪高中。曾任福建国民党党务特派员、组织部部长、监察委员,国民党中央设计委员、执行委员,福建省参议会副议长、省田赋处处长、粮政局局长、省银行董事等。1948年经香港旅居新加坡,1949年去台湾。

林义顺(1879—1936),字发初,祖籍广东澄海,生于新加坡,民主革命活动家。1905年孙中山到新加坡组织同盟会南洋总机关时任交际员,后参与创办机关报《中兴日报》,与陈楚楠等先后到马来半岛各埠及仰光等地创建同盟会分会,参与发动黄冈起义。1911年创办林义顺公司,随后创办通美、通益公司,开辟云南园、锦山园,以经营橡胶及黄梨致富。曾任新加坡中华总商会会长、怡和轩俱乐部主席、同济医院主席等职。1917年受聘为孙中山大元帅府参议,1919年与陈延谦等合资创办华侨银行,后任董事会主席。1927年任南京国民政府华侨事务委员会委员。

刘牡丹(1902—1983),福建南安人,陈嘉庚战前四大助手之一。1917年赴新加坡谋生,后经营建筑、采矿业。抗战时期,任星洲华侨抗敌动员总会劳工服务部副主任、南侨总会总务主任、南侨总会特派回国机工征募处主任。1939年受陈嘉庚委派,回国视察滇缅公路运输状况和沿途华侨机工生活境遇,提出《南侨总会关于改进滇缅公路设备及机工待遇的建议书》。日本占领新加坡时,协助陈嘉庚等人撤离,遭日军逮捕,获释后避难苏门答腊岛。抗战胜利后与友人创办新业公司,经营航运和进出口贸易,与胡愈之等组织印度尼西亚友谊协会。曾任新加坡机动船业联合总会主席、建筑商公会和矿商公会总务等。

刘玉水(1893—1972),福建惠安人。集美中学第一组毕业生,1912年赴新加坡,先在布店当店员,后被陈嘉庚看中,成为陈嘉庚公司职员,嗣被派往泰国谦益橡胶公司任经理。20世纪20年代初到马来亚创办启成公司、大成橡胶贸易公司，经营橡胶业兼营房地产。曾任槟城阅报社、马来亚橡胶公会、槟城惠安公会主要负责人和《光华日报》社董事主席、槟城筹赈会主席、南侨总会常委。太平洋战争爆发后，任星洲华侨抗敌动员总会总务部副主任。日本占领新加坡时，随陈嘉庚避难爪哇玛琅。抗战胜利后重整企业，倾力支持创办南洋大学，1963年任南洋大学董事长。

马天英（1900—1982），回族，山东临清人。北京南塘子法文学堂毕业后赴巴黎大学文学院。1922年回国参加陇海铁路建设，1932年参加上海穆斯林护教团赴南京国民政府行政院请愿。抗战时期，倡建中国回教近东访问团，任副团长，出访近东十几个伊斯兰国家，揭露侵华日军暴行，宣传抗日。1939年回国，受中国回教救国协会委派，率中国回教南洋访问团出访马来亚、印尼等国，呼吁南洋穆斯林支援中国抗战。1941年回国，后任驻马来亚总领事。1949年辞职，侨居马来西亚，主编中英文宗教刊物《伊斯兰之光》。著有《中国之回教》（英文版）、《伊斯兰教义与中国传统思想》等。

欧元怀（1893—1978），字愧安，福建莆田人。1915年赴美国哥伦比亚大学留学，获硕士学位，1922年回国后任厦门大学教育主任兼总务长，1924年厦大发生风潮，与王毓祥等教授率一部分学生在上海成立大夏大学（今华东师范大学），后任副校长、校长。曾任上海政治分会教育委员，贵州和湖北省政府委员兼教育厅厅长，国民参政会参政员、立法院委员。中华人民共和国成立后，任华东师范大学筹备委员会事务委员、上海政协委员。

潘受（1911—1999），原名国渠，福建南安人，书画家。泉州培元中学毕业，1930年赴新加坡，任《叻报》编辑，先后在华侨中学、道南学校及马来亚麻坡中华中学执教，曾任道南学校校长。抗战时期，避难新加坡，任南侨总会主任秘书。1940年任南侨回国慰劳团总团长兼第一分团团长，回国慰劳考察。1953年参与筹办南洋大学，任南大执委会委员，后任南大秘书长。1960年退休后从事文化艺术研究及创作。1998年任泉州黎明大学荣誉校长。著有《海外庐诗》《云南园诗集》等。作品曾获法国国家艺术与文学勋章、新加坡卓越功绩勋章、亚细安文化奖。

秦望山（1896—1970），福建泉州人。早年毕业于福州中学，加入闽南靖国军、中华革命党，参加反袁斗争和护法运动。1921年在上海与许卓然等组织福建自治促进会，任福建民军第五路军指挥。1925年返厦加入中国国民党，任国民党福建临时省党部执委、厦门市党部临时执委会常委。抗战时期，任国民参政会参政员，两次往南洋募捐。菲律宾沦陷后，留任菲律宾抗日血干团总顾问。战后回国任国民政府中央监察委员、福建华侨建设公司董事长，参与筹办福建水利建设公司。1949年因劝说李良荣及李汉冲起义被国民党追捕，避居香港。1957年回国定居，任民革福建省委常委、福建省政协常委等职。

丘汉平（1903—1990），字知行，祖籍福建海澄（今厦门），生于缅甸。少时回国求学，就读于暨南大学商科、吴淞中国公学商学院、东吴大学法学院。1928年赴美留学，翌年获华盛顿大学法学博士学位。1930年回国，后任暨南大学、东吴大学、中国公学、交通大学教授，曾在沪任律师。创办华侨、侨光、华海等中学。1939年赴永安，先后任福建省银行总经理、福建省财政厅厅长、交通部直辖驿运管理处处长，创办福建大学兼任校长。1947年辞职，返沪重操律师业。1949年去台湾，曾任东吴补习学校（东吴大学）校长、铭传商专董事长等职。著有《法律通论》等。

汪德耀（1903—2000），江苏灌云人，中国细胞生物学奠基人。1919年就读北师大附中，1921年考入法国里昂中法大学，1926年转入巴黎大学攻读细胞学，1931年获博士学位。回国后在北平大学、西北联大任教。1939年参加筹建湖南师范学院，1941年创办福建省研究院，1944年任厦门大学代理校长、校长。中华人民共和国成立后，任福建省政协常委、厦门市政协副主席、中国科学院遗传研究所研究员、全国细胞生物学会副理事长、厦门大学细胞生物研究室和抗癌研究中心主任。首次报道鸟类精细胞变态过程中的微管空间构型和核孔复合体的趋微结构，填补了国际相关研究的空白。著有《普通细胞生物学》《细胞趋微结构图谱》等。

王泉笙（1886—1956），字逢源，福建惠安人。早年就读福州法政讲习所，加入同盟会。二次革命失败后，赴菲律宾协助党务，从事华文教育工作。1921年发起创办马尼拉普智学校兼办普智阅书报社，1924年任国民党吕宋支部及驻菲总支部执委会常委。1935年回国出席国民党五大，任中央常委。后在菲劝募救国公债及航空救国捐，创办中正中学，任南侨总会常委。1942年回国，后任立法委员、国民党台湾省党部主任委员。战后返菲督导中正中学复校兼办师范专科。曾任《公理报》社长、国民党驻菲总支部评议员、华侨福利会常委等职。

王正廷（1882—1961），字儒堂，浙江奉化人，社会活动家，有"中国奥运之父"的美誉。早年就读北洋大学，1905年赴日本筹设中华基督教青年协会分会，加入同盟会。1907年赴美国密西根大学、耶鲁大学学习法律。武昌起义后，后任南京临时政府参议院副议长、北京政府工商部次长、中华基督教青年会全国协会总干事、中华全国体育协进会理事长、代理内阁总理、中俄交涉督办、外交总长。1928年后任南京国民政府外交部部长、驻美国大使等职。抗战胜利后，任中国红十字会会长、菲律宾银行董事长、太平洋保险公司董事长。是中国第一位国际奥委会委员，曾率领中国体育代表团参加第十一、十四届奥运会。

伍连德（1879—1960），祖籍广东新宁（今台山），生于马来亚槟榔屿，公共卫生学家，中国卫生防疫检疫事业先驱。1896年考入剑桥大学伊曼纽尔学院学医，获医学博士学位，返吉隆坡医学院研究热带病。1907年回国，后任天津帝国陆军医学堂副监督、全权总医官，领导东北防疫，发明"伍氏口罩"，扑灭疫情，随后倡导收回海港检疫主权。1914年与颜福庆等在上海创建中华医学会，任会长，编辑《中华医学杂志》。后又创建北京中央医院、东北陆军医院和哈尔滨医学专门学校，曾任全国检疫事务所监督。1935年诺贝尔生理学或医学奖候选人，为华人世界首位诺贝尔奖候选人。1937年返马来亚怡保市定居。著有《瘟疫斗士》。

杨启泰（1898—1983），福建龙溪（今龙海）人，菲律宾侨领。早年随父移居菲律宾，入天主教圣胡安文学院。毕业后任职于祖父的瑞隆兴铁业公司，后任董事长兼总经理。曾任菲律宾华侨教育会会长、中国航空建设协会菲律宾分会主席。抗战时期，任菲律宾华侨抗敌后援会副主席、南侨总会副主席等，自费捐献飞机一架支持祖国抗战。日据时期一度被捕入狱，抗战胜利后创设北方、南方汽车公司，任菲律宾华侨救济复兴委员会主席、华侨福利委员会主席、菲律宾华商联合总会理事长、中正中学董事长等职。长期担任菲律宾交通银行行长、总经理兼董事长，在菲金融界具有重要地位。

杨缵文（1881—1967），原名诗籍，广东潮州人。1898年赴新加坡，承父业经营玉成号，后自创永元成号、成美金庄，专营土产及督造黄金首饰，成为巨富。与陈云秋等创办潮州公立端蒙学堂，任总理；参与倡组新加坡中华总商会，任副会长；参与重整潮州八邑会馆、义安公司，任正、副总理；参与倡立新加坡广东会馆，任副会长。心系故园，赈济潮汕风灾，与廖正兴等倡组潮安七都堤防局，募资回乡督修堤防。曾任南洋华侨中学董事会主席、义安女校董事长、同济医院总理、马来亚潮州公会联合会主席、南京政府侨务委员、新加坡华校董教联合会主席等。1964年获新加坡总统颁赐公共服务星章。

叶渊（1889—1952），名采真，福建安溪人，教育家。北京大学经济系毕业，1920年受聘任集美学校校长，后任校董会主席，主持学校工作长达14年，是集美学校的奠基者，陈嘉庚赞为"洞悉教育底细"的好校长。1923年倡议并缮具请愿书，向南北军政当局申请划集美为"永久和平学村"，经孙中山大元帅大本营批准，内政部电令给予特别保护，"集美学村"由此得名。1934年因受人诬陷卷入许卓然被刺案而辞职，转广西任省财政专员、省经济委员会监察处主管、省税务局局长、集美实业公司柳州分公司负责人。1938年任香港集友银行董事长。中华人民共和国成立后，任集友银行上海分行经理。

曾江水（1870—1941），字右甘，祖籍福建厦门，生于马六甲，华侨富商，陈嘉庚亲家。19世纪末，在马六甲开设"承龙发"号，经营橡胶业，引种橡胶成功后成为马六甲首富，多次蝉联马六甲中华商会会长。热心捐助公益和华文教育事业，1912年创办培风中小学校，1919年捐助仰光华侨中学购地办学，20世纪30年代初捐巨款支持厦门大学继续办学，还曾捐助新加坡华侨中学、马六甲中华中学及厦门中山医院等。抗战时期，带头购买战时公债，参加筹赈中国伤兵、难民活动。

张邦翰（1885—1958），字西林，云南镇雄人。昆明高等学堂肄业，选送越南南巴维学堂，加入同盟会。曾任新加坡《中兴报》及香港《中国报》主笔，参加镇南关、河口起义。1909年赴比利时布鲁塞尔留学，1911年奉令回滇任滇军都督府外交司司长，翌年辞职回比利时复学。1920年回滇，任无线电报局局长、云南大学筹备委员、外交部特派云南交涉员、省建设厅厅长等。抗战时期，任军委会运输统制局昆明办事处处长、云南省驿运处处长等。战后任云南省民政厅厅长、立法委员、云南省党部代理主任委员。1949年赴香港，后定居美国。

张殊明（1898—1998），字楚鸣，福建泉州人，新加坡归侨。17岁赴新加坡谋生，后任陈嘉庚总公司秘书，因发文揭发时弊，被迫回国。先就读厦门大学中文系，后在上海泉漳中学任教，转上海艺术大学深造。参与福建事变抗日反蒋活动，1941年赴菲律宾，在马尼拉建国中学任教。1946年赴香港任《菲侨商公报》特派员、《文艺生活》发行人、青年记者协会理事，组织参加反内战大同盟，任宣传部部长、达德学院董事。1949年陪同陈嘉庚参加中国人民政治协商会议。中华人民共和国成立后，任中侨委委员、全国侨联常委。著有《张殊明诗词选》。

郑古悦（1880—1949），福建金门人。1902年移居新加坡，创立顺源公司、益成兴公司，后在新加坡创立振裕成公司，专营印尼土产贸易。1938年创立郑古悦公共汽车公司，专营交通运输业，成为当时华商规模最大的交通运输企业。抗战期间，任新加坡华侨抗敌保卫团团长，指挥抗击日军入侵的战斗。后任新加坡筹赈会委员兼票务主任、南洋华侨筹赈祖国难民伤兵总会票务主任、福建省经济建设公债劝募主任等职。日占新加坡时避难爪哇，战后返新，任华侨集体鸣冤委员会主席、兴亚和启蒙学校董事长、同济医院总理、金门会馆主席、《中兴日报》董事长等职。

郑贞文（1891—1969），字幼坡，福建长乐人，化学家，在统一化学名词方面做了奠基性工作。晚清秀才，全闽师范学堂毕业，赴日本东京高等学校留学，加入中国同盟会，后考入日本东北帝国大学，学习理论化学。回国后任厦门大学教务长，后在上海商务印书馆编译所工作。曾任南京国民政府编译馆专任编审、福建省教育厅厅长，1944年辞职还乡。中华人民共和国成立后，任福建省政协委员、省文史馆馆员。著有《无机化学命名草案》《有机化学命名草案》《中国化学史》《电子与量子》等。

周献瑞（1887—1964），祖籍福建南安，生于厦门，新加坡华侨树胶公会创办人之一。1905年南渡新加坡，加入同盟会，为中华革命党议员。1921年加入中国国民党，曾任星洲阅书报社副总理、同德书报社监督、国民革命军总司令部咨议、国民政府侨委会委员、中华总商会董事和新加坡福建会馆常委等职。抗战时期，任新加坡华侨筹赈祖国难民委员会委员、南侨总会常委兼查账员和宣传主任、南安会馆主席、同济医院副主席。1940年收购新加坡孙中山住所晚晴园，获国民政府颁赐"见义勇为"匾额。战后续任新加坡南安会馆主席，发起创立马来亚南安总会，任主席。

庄奎章（1894—1969），福建惠安人。北京师范大学毕业，任教于集美中学、厦门大同中学。后任省立厦门中学校长、同安县和莆田县教育局局长。抗战爆发后赴印尼，任井里汶中学校长、荷印中华教师总会主席。后赴新加坡，任爱同学校和南侨师范学校校长，参与组织抗日同盟，曾任星洲华侨文化界战时工作团训练部部长。日据新加坡时，避居苏门答腊岛。二战后重返新加坡，任星洲华校教师公会主席。1949年因反对英殖民当局教育政策被吊销教师执照，弃教从商，创办光明书局。曾任新加坡福建会馆执委、中华总商会及中正中学董事、书业公会名誉会长等职。

庄明理（1909—1991），福建泉州人。早年赴槟城、苏门答腊经商。1928年任民礼华侨筹赈济南惨案救济会副团长，后被荷兰殖民当局驱逐出境。1930年再赴槟城，曾任槟城华侨筹赈东北伤兵难民委员会募捐委员、槟城华侨筹赈执委会总务主任、槟城汽车司机公会主席，组织500多名华侨机工回国抗战。1940年被英殖民当局驱逐出境，回国后任旅渝华侨青年联合会主任委员、闽台建设协进会总干事。1946年加入民盟，赴槟城组建民盟分部，创办机关报《商业日报》。1949年陪同陈嘉庚参加新政协筹备会。中华人民共和国成立后，任中侨委副主任、中国侨联副主席、华侨大学副董事长等职。1991年加入中国共产党。

庄西言（1885—1965），福建南靖人。华侨富商、社团领袖。1905年到雅加达谋生，后加入同盟会。1910年与友人合资创办三美公司，后独资创办全美有限公司，主营棉布进口。曾任雅加达励志社干事、棉布商会会长、福建会馆主席、中华商会主席、中华会馆副会长等职。1938年任雅加达华侨捐助祖国慈善委员会主席，与陈嘉庚、李清泉共同发起组织南侨总会，当选副主席，曾任国民参政会参政员。1940年任南洋华侨回国慰劳团副团长，随陈嘉庚回国慰劳。日军占领印尼后被拘禁，直到日本投降后获释，继续经商。曾任雅加达中华商会联合会副主席。

图书在版编目（CIP）数据

陈嘉庚文集. 著述/许金顶，陈毅明主编；刘葵波，郑福清副主编. —福州：福建教育出版社，2024.10
ISBN 978-7-5334-9978-5

Ⅰ.①陈… Ⅱ.①许… ②陈… ③刘… ④郑… Ⅲ.①陈嘉庚（1874—1961）—著作 Ⅳ.①C53

中国国家版本馆CIP数据核字（2024）第107126号

策划统筹：许贬甦　孙汉生　江金辉
责任编辑：祝静帆　吴鲁薇　黄彧修
装帧设计：季凯闻

Chen Jiageng Wenji · Zhushu

陈嘉庚文集·著述

主　编：许金顶　陈毅明
副主编：刘葵波　郑福清

出版发行	福建教育出版社
	（福州市梦山路27号　邮编：350025　网址：www.fep.com.cn
	编辑部电话：0591-83726290　83738540
	发行部电话：0591-83721876　87115073　010-62024258）
出 版 人	江金辉
印　　刷	福州万达印刷有限公司
	（福州市闽侯县荆溪镇徐家村166-1号厂房第三层　邮编：350101）
开　　本	710毫米×1000毫米　1/16
印　　张	44.25
字　　数	698千字
插　　页	2
版　　次	2024年10月第1版　2024年10月第1次印刷
书　　号	ISBN 978-7-5334-9978-5
定　　价	168.00元

如发现本书印装质量问题，请向本社出版科（电话：0591-83726019）调换。